Vorwort

Die **„Allgemeine Wirtschaftslehre für Steuerfachangestellte"** ist ein in **Lehre und Praxis** bewährtes Fachbuch, das nunmehr in der 15. Auflage vorliegt. Es richtet sich an

› **Steuerfachangestellte**
› **Schülerinnen und Schüler** an den Fachschulen und Berufskollegs
› **Studentinnen und Studenten** an Berufsakademien und Fachhochschulen
› **Dozenten und Teilnehmer** von Fort- und Weiterbildungen der Steuerfachwirte und Bilanzbuchhalter

Das systematisch und **gut verständlich aufgebaute Lehrbuch** kann sowohl im Unterricht als auch in steuerfachlichen Schulungen sowie zur **Vorbereitung auf Klausuren und Prüfungen** eingesetzt werden. Komplexe Wiederholungsfälle üben die Inhalte des gesamten Kapitels und behandeln sie im Kontext. Zugleich ist die „Allgemeine Wirtschaftslehre" ein wertvolles **Nachschlagewerk** in der Praxis.

Die **übersichtliche Strukturierung der Inhalte,** verbunden mit **aussagekräftigen Beispielen** erleichtert die **selbstständige Erarbeitung** der Lerninhalte. Hinzu kommen sehr viele problemorientierte Aufgaben zur Vertiefung und zur Vorbereitung auf Zwischen- und Abschlussprüfungen. Dazu ist ein Lösungsheft erhältlich.

Entsprechend dem KMK-Rahmenlehrplan deckt die „Allgemeine Wirtschaftslehre" die Grundlagen der wichtigsten Bereiche des Wirtschaftsrechts (Arbeitsrecht, Vertragsrecht, Sozialversicherungsrecht, Handelsrecht, Gesellschaftsrecht) ab. Vervollständigt wird der Inhalt durch die Kapitel „Investition und Finanzierung", „Insolvenzrecht" sowie die wichtigsten Bereiche der Volkswirtschaftslehre.

Die „Allgemeine Wirtschaftslehre" ist ein aktuelles Werk auf dem **Rechtsstand vom Januar 2019**, das laufend überarbeitet wird. Insbesondere die Änderungen in der Sozialversicherung werden jährlich auf den neuesten Stand gebracht.

Die **„Allgemeine Wirtschaftslehre"** bildet zusammen mit **„Steuerlehre"** und **„Rechnungswesen für Steuerfachangestellte"** ein in sich vernetztes Fachprogramm, das **lernfeld- und fächerübergreifendes Lernen und Lehren** ermöglicht und fördert. Alle drei Bücher bieten ein unverzichtbares **Fachwissen für die steuerliche Praxis.**

Ihr Feedback ist uns wichtig

Ihre Anmerkungen, Hinweise und Verbesserungsvorschläge zu diesem Buch nehmen wir gerne auf – schreiben Sie uns unter *lektorat@europa-lehrmittel.de*.

Düsseldorf, Mannheim, Neuss, Januar 2019   Die Verfasser

I Betriebswirtschaftliche Grundlagen

1. **Berufsausbildungsrecht** 7
    1. Duale Berufsausbildung 8
    2. Ausbildungsvertrag 9
    3. Jugendarbeitsschutzgesetz 12

2. **Grundlagen des Privatrechts** 17
    1. Rechtsgrundlagen 17
    1.1 Öffentliches und privates Recht 17
    1.2 Gerichtsbarkeit 20
    1.3 Rechtssubjekte 23
    1.4 Rechtsfähigkeit 23
    1.5 Geschäftsfähigkeit 25
    2. Rechtsobjekte 30
    2.1 Besitz 31
    2.2 Eigentum 32
    2.3 Eigentumsvorbehalt 34
    3. Rechtsgeschäfte 38
    3.1 Arten von Rechtsgeschäften 38
    3.2 Vertragsarten 39
    3.3 Form von Rechtsgeschäften 41
    3.4 Nichtigkeit von Rechtsgeschäften 42
    3.5 Anfechtbarkeit von Rechtsgeschäften 43

3. **Kaufvertragsrecht** 48
    1. Abschluss und Erfüllung des Kaufvertrages 48
    1.1 Zustandekommen des Kaufvertrages 49
    1.2 Arten des Kaufvertrages 50
    1.3 Inhalt des Kaufvertrages 51
    2. Störungen bei der Erfüllung des Kaufvertrages 62
    2.1 Nicht-Rechtzeitige Lieferung/Lieferungsverzug 63
    2.2 Schlechtleistung/Mangelhafte Lieferung 67
    2.3 Nicht-Rechtzeitige Annahme/Annahmeverzug 75
    2.4 Nicht-Rechtzeitige Zahlung/Zahlungsverzug 79
    3. Mahnverfahren 82
    3.1 Mahnverfahren 82
    3.2 Vollstreckungsbescheid 82
    3.3 Zwangsvollstreckung 83
    4. Verjährung 86
    4.1 Verjährungsfristen 86
    4.2 Hemmung der Verjährung 88
    4.3 Neubeginn der Verjährung 88

4. **Arbeitsrecht** 93
    1. Individuelles Arbeitsrecht 93
    1.1 Arbeitsvertrag 93
    1.2 Arbeitsschutzbestimmungen 99
    2. Kollektives Arbeitsrecht 102
    2.1 Tarifvertrag 102
    2.2 Betriebsvereinbarungen 105
    2.3 Betriebsverfassungsgesetz 105
    2.4 Mitbestimmung auf Unternehmensebene 108

5. Sozialversicherungsrecht ... 111
- 1. Krankenversicherung ... 113
- 2. Elternzeit/Elterngeld ... 120
- 3. Pflegeversicherung ... 121
- 4. Die Rentenversicherung ... 124
- 5. Arbeitslosenversicherung ... 129
- 6. Unfallversicherung ... 133
- 7. Bestimmungen für Geringverdiener ... 135
- Wiederholungsfälle ... 139

6. Handelsrecht ... 144
- 1. Kaufmann ... 144
- 2. Handelsregister ... 149
- 3. Firma ... 157
- 4. Stellvertretung ... 161
- 4.1 Prokura ... 162
- 4.2 Handlungsvollmacht ... 163
- 4.3 Vergleich zwischen Prokura und Handlungsvollmacht ... 164
- 5. Mitarbeiter des Kaufmanns ... 169
- 5.1 Handelsreisender ... 170
- 5.2 Handelsvertreter ... 170
- 5.3 Kommissionär ... 173
- 5.4 Handelsmakler ... 174

7. Gesellschaftsrecht ... 180
- 1. Einzelunternehmer ... 181
- 2. Personengesellschaften ... 182
- 2.1 Gesellschaft bürgerlichen Rechts ... 182
- 2.2 Offene Handelsgesellschaft ... 187
- 2.3 Kommanditgesellschaft ... 195
- 2.4 Stille Gesellschaft ... 201
- 2.5 Partnerschaftsgesellschaft ... 206
- 3. Kapitalgesellschaften ... 210
- 3.1 Gesellschaft mit beschränkter Haftung ... 210
- 3.2 Aktiengesellschaft ... 221
- 3.3 Genossenschaft ... 230
- 4. Sonderformen ... 235
- 4.1 Kommanditgesellschaft auf Aktien ... 236
- 4.2 GmbH & Co. KG ... 236

8. Investition und Finanzierung ... 243
- 1. Außenfinanzierung ... 246
- 2. Innenfinanzierung ... 246
- 3. Eigenfinanzierung ... 246
- 4. Beteiligungsfinanzierung ... 246
- 5. Selbstfinanzierung ... 247
- 6. Finanzierung durch Kapitalfreisetzung ... 248
- 7. Fremdfinanzierung ... 249
- 7.1 Der Kreditvertrag ... 249

7.2	Finanzierungsregeln	249
7.3	Kreditarten	254
8.	Kreditsicherung	257
8.1	Blankokredit	258
8.2	Bürgschaft	258
8.3	Zession	259
8.4	Pfandkredit	260
8.5	Sicherungsübereignungskredit	261
8.6	Grundpfandkredit	261
9.	Sonderformen der Finanzierung	263
9.1	Leasing	263
9.2	Factoring	267

9. Insolvenzrecht ... 275

1.	Sanierung	276
2.	Liquidation	277
3.	Unternehmensinsolvenz	277
4.	Verbraucherinsolvenz	282

II Volkswirtschaftliche Grundlagen

1. Volkswirtschaftliche Fragestellungen ... 289

2. Grundzüge der Wirtschaftsordnungen ... 289
- 2.1 Der Markt ... 291
- 2.2 Das Angebot ... 292
- 2.3 Die Nachfrage ... 294
- 2.4 Der Preis ... 297
- 2.5 Das Geld ... 303
- 2.6 Der Wirtschaftskreislauf ... 305
- 2.7 Die Volkswirtschaftliche Gesamtrechnung ... 307
- 2.8 Freie und soziale Marktwirtschaft ... 311

3. Ziele der sozialen Marktwirtschaft ... 322
- 3.1 Stabilität des Preisniveaus ... 323
- 3.2 Hoher Beschäftigungsstand ... 326
- 3.3 Außenwirtschaftliches Gleichgewicht ... 327
- 3.4 Stetiges und angemessenes Wirtschaftswachstum ... 329
- 3.5 Zielkonflikt – Magisches Viereck ... 330
- 3.6 Weitere Zielsetzungen ... 331

4. Wirtschaftspolitik ... 340
- 4.1 Träger der Wirtschaftspolitik ... 341
- 4.2 Konjunktur-/Fiskalpolitik ... 343
- 4.3 Geldpolitik ... 347
- 4.4 Wettbewerbspolitik ... 350
- 4.5 Einkommens- und Verteilungspolitik ... 354
- 4.6 Strukturpolitik ... 354
- 4.7 Umweltschutzpolitik ... 355
- 4.8 Außenwirtschaftspolitik ... 357
- 4.9 Steuerpolitische Maßnahmen im Rahmen der Wirtschaftspolitik ... 359

Stichwortverzeichnis ... 373

Kapitel 1: Berufsausbildungsrecht

Einführungssituation

Anne Bauer hat am 20. Mai ihren Ausbildungsvertrag zur Steuerfachangestellten unterschrieben.

a) Beschreiben Sie die Unterschiede zwischen Ihrem Ausbildungsvertrag und dem von Anne Bauer.

b) Ist der oben abgedruckte Ausbildungsvertrag vollständig?

1 Duale Berufsausbildung

Die rechtliche Grundlage für die Berufsausbildung ist das Berufsbildungsgesetz (BBiG). Es bestimmt, dass die Berufsausbildung an den zwei Lernorten Betrieb und Berufsschule durchgeführt wird.

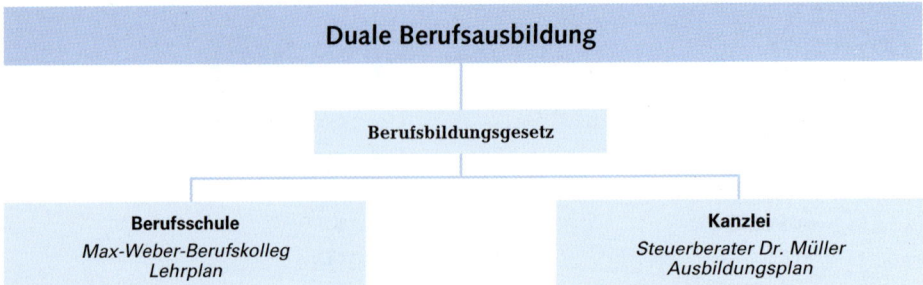

Für die schulische Ausbildung beschreiben der Rahmenlehrplan sowie die Lehrpläne der Bundesländer die Ziele und Inhalte. Die in der betrieblichen Ausbildung zu erwerbenden Fertigkeiten und Kenntnisse sind in der Ausbildungsordnung festgelegt. Der darauf aufbauende Ausbildungsrahmenplan enthält die Anleitung zur sachlichen und zeitlichen Gliederung der Berufsausbildung. Der Ausbildende kann so für den Auszubildenden auf der Grundlage des Ausbildungsrahmenplans einen individuellen Ausbildungsplan erstellen.

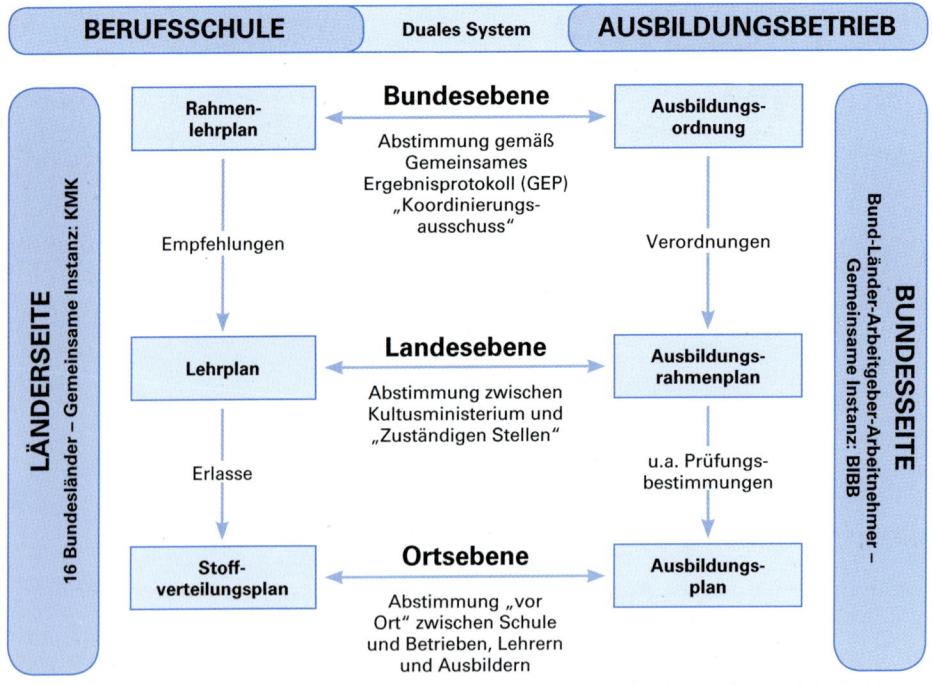

Rahmenlehrplan und Ausbildungsordnung werden gemeinsam im Bundesanzeiger veröffentlicht

Quelle: Wirtschaft u. Erziehung 6/95

Die Auszubildenden zum Steuerfachangestellten sollen während ihrer Ausbildung Fertigkeiten und Kenntnisse erwerben, um wirtschaftliche und steuerrechtliche Zusammenhänge zu verstehen. Hierzu gehören insbesondere folgende Gebiete:

Steuerwesen
- Einkommensteuer
- Körperschaftsteuer
- Gewerbesteuer
- Umsatzsteuer
- Abgabenordnung

Rechnungswesen
- Buchführung
- Jahresabschluss

Wirtschafts- und Sozialkunde
- Arbeitsrecht und die soziale Sicherung
- Schuld- und Sachenrecht
- Handels- und Gesellschaftsrecht
- Finanzierung
- Grundlagen der sozialen Marktwirtschaft
- Wirtschaftspolitik

Nach dem BBiG sind die Steuerberater- und Wirtschaftsprüferkammern für die Berufsausbildung der Steuerfachangestellten zuständig.

Die Steuerberaterkammern sind Körperschaften des öffentlichen Rechts. Alle Steuerberater, Steuerbevollmächtigten und auch die Steuerberatungsgesellschaften müssen Mitglieder einer Kammer sein. Zu ihren Aufgaben gehören:
- Wahrnehmung der beruflichen Belange ihrer Mitglieder
- Förderung der beruflichen Weiterbildung und Fortbildung
- Überwachung der Berufsausbildung der Steuerfachangestellten und Durchführung der Zwischen- und Abschlussprüfung

2 Ausbildungsvertrag

Der Auszubildende und der Ausbildende schließen einen schriftlichen Ausbildungsvertrag ab. Ist der Auszubildende noch nicht volljährig (hat das 18. Lebensjahr noch nicht vollendet), so muss dieser Vertrag auch von dem gesetzlichen Vertreter (Eltern oder Vormund) unterschrieben werden. Der Ausbildungsvertrag wird von der Steuerberaterkammer genehmigt und in das Berufsausbildungsverzeichnis eingetragen. Diese Eintragung ist Voraussetzung für die Zulassung zu den Prüfungen.

§§ 10, 11 BBiG

§ 36 BBiG
§ 43 BBiG

10 Berufsausbildungsrecht

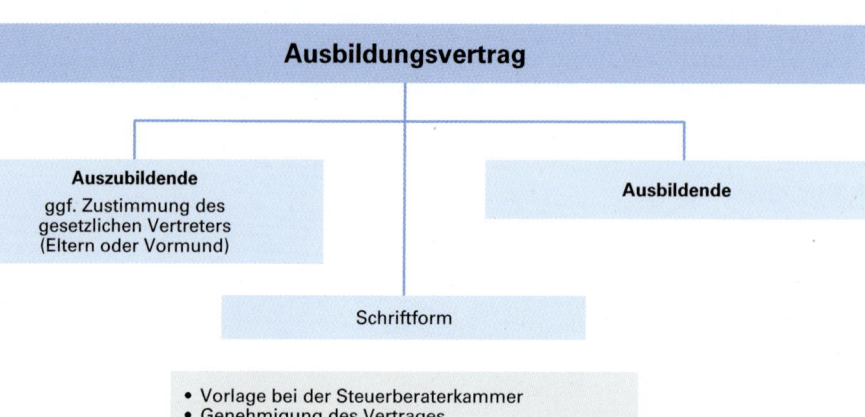

Mit Abschluss des Ausbildungsvertrages gehen der Auszubildende und der Ausbildende gegenseitige Rechte und Pflichten ein.

§ 14 BBiG
■ Rechte des Auszubildenden

- Vermittlung der Fertigkeiten und Kenntnisse, die er zum Erreichen des Ausbildungszieles benötigt
- planmäßige, zeitlich und sachlich gegliederte Berufsausbildung
- kostenlose Bereitstellung der Ausbildungsmittel

§ 15 BBiG
- Besuch der Berufsschule sowie anderer Ausbildungsmaßnahmen
- Freistellung zur Prüfung
- Übertragung von ausbildungsbezogenen Arbeiten

§ 17 ff. BBiG
- jährlich steigende Vergütung
- Jahresurlaub (möglichst während der Ferien in der Berufsschule)

§ 16 BBiG
- ein Zeugnis

§ 13 BBiG
■ Pflichten des Auszubildenden

- die ihm im Rahmen der Ausbildung übertragenen Aufgaben sorgfältig zu erledigen
- den Weisungen der Ausbildenden zu folgen
- die im Betrieb geltenden Vereinbarungen einzuhalten

§ 15 BBiG
- die Berufsschule zu besuchen
- zur Verschwiegenheit
- keine Nebenbeschäftigung ohne Genehmigung des Ausbildenden zu übernehmen.

■ Berufsschulpflicht

Die Pflicht, die Berufsschule zu besuchen, besteht während der Dauer der Ausbildung, die vor Vollendung des 21. Lebensjahres begonnen wurde. Wer nach dem 21. Lebensjahr eine Berufsausbildung beginnt, kann die Berufsschule besuchen. Er wird dann berechtigter Berufsschüler und unterliegt damit auch der Schulordnung.

■ Ausbildungsdauer

§ 8 BBiG

Die Ausbildung zum Steuerfachangestellten dauert i. d. R. drei Jahre. Bei Vertragsabschluss kann bereits eine Verkürzung aufgrund besonderer Qualifikationen vereinbart werden. Die Ausbildungszeit kann mit Einverständnis des Ausbilders auch während der Ausbildungszeit verkürzt werden. Über eine Verkürzung der Ausbildungsdauer sowie über eine Verlängerung (z. B. aufgrund einer längeren Krankheit oder wegen nicht bestandener Abschlussprüfung) entscheidet die Steuerberaterkammer auf Antrag des Auszubildenden. Bei nicht bestandener Abschlussprüfung verlängert sich das Ausbildungsverhältnis bis zur nächstmöglichen Wiederholungsprüfung, höchstens jedoch um ein Jahr.

■ Probezeit

§ 20 BBiG

Die Berufsausbildung beginnt mit einer Probezeit. Sie muss mindestens ein Monat und darf höchstens vier Monate betragen. Diese Zeit soll dem Auszubildenden und dem Ausbilder Auskunft darüber geben, ob die Voraussetzungen für eine erfolgreiche Ausbildung gegeben sind. Der Auszubildende und der Ausbildende haben daher während dieser Zeit jederzeit die Möglichkeit das Ausbildungsverhältnis ohne Einhaltung einer Frist und ohne Angabe von Gründen zu kündigen. Die Kündigung muss jedoch schriftlich erfolgen.

§ 22 (1) BBiG
§ 22 (3) BBiG

■ Auflösung des Ausbildungsverhältnisses

Nach der Probezeit kann das Ausbildungsverhältnis von beiden Vertragsparteien nur aufgrund schwer wiegender Vorfälle fristlos unter Angabe von Gründen gekündigt werden. Verstößt der Auszubildende beispielsweise gegen die Schweigepflicht oder erhält der Auszubildende keine Ausbildungsvergütung, kann dies zu einer fristlosen Kündigung führen.

§ 22 (2) BBiG

Der Auszubildende kann das Ausbildungsverhältnis mit einer Kündigungsfrist von vier Wochen beenden, wenn er den Ausbildungsberuf wechselt oder seine Berufsausbildung aufgibt. Die Kündigung muss schriftlich erfolgen und der Kündigungsgrund muss angegeben werden.

Entsprechendes gilt auch bei einer Vertragsauflösung in gegenseitigem Einvernehmen, wenn der Auszubildende z. B. den Ausbildungsbetrieb wechseln möchte.

■ Zwischen- und Abschlussprüfung

§§ 37 ff. BBiG

Der Auszubildende muss während der Berufsausbildung im zweiten Ausbildungsjahr an der Zwischenprüfung teilnehmen. Auszubildende, die an der Zwischenprüfung teilnahmen und den vorgeschriebenen Ausbildungsnachweis geführt haben, können an der i. d. R. jährlich zweimal (im Sommer und im Winter) stattfindenden Abschlussprüfung teilnehmen. Die Abschlussprüfung besteht aus einem schriftlichen und einem mündlichen Teil.

Berufsausbildungsrecht

§ 21 BBiG

■ Beendigung des Ausbildungsverhältnisses

Das Ausbildungsverhältnis endet mit Ablauf der vereinbarten Ausbildungsdauer. Dies gilt auch dann, wenn die Abschlussprüfung noch nicht abgelegt ist.

Besteht der Auszubildende vor Ablauf der vereinbarten Ausbildungsdauer die Abschlussprüfung, so endet das Ausbildungsverhältnis mit Bekanntgabe des Ergebnisses durch den Prüfungsausschuss.

Besteht das Arbeitsverhältnis nach bestandener Abschlussprüfung weiter, wird der Steuerfachangestellte unmittelbar danach in das Angestelltenverhältnis mit allen Rechten und Pflichten übernommen.

> **Beispiel:**
>
> Michael Müller besteht am 16. Juli die mündliche Abschlussprüfung zum Steuerfachangestellten. Sein Ausbildungsvertrag endet jedoch erst am 31. Juli. Am 17. Juli geht M. Müller wie immer ins Büro, um die anfallenden Arbeiten zu erledigen. Steuerberater Richards begrüßt ihn, gratuliert ihm zur bestandenen Prüfung und fordert ihn auf, nun fleißig weiterzuarbeiten.
>
> Der Steuerfachangestellte ist seit dem 17. Juli Angestellter und nicht mehr Auszubildender. Der Ausbildungsvertrag endete am 16. Juli.

3 Jugendarbeitsschutzgesetz

Ist der Auszubildende noch nicht volljährig, so gilt für ihn bis zur Vollendung des 18. Lebensjahres das Jugendarbeitsschutzgesetz. Dies bedeutet u. a.:

■ Arbeitszeit

Jugendliche dürfen nicht mehr als acht Stunden täglich und nicht mehr als 40 Stunden wöchentlich beschäftigt werden.

Wenn an einzelnen Werktagen die Arbeitszeit auf weniger als acht Stunden verkürzt ist, können die Jugendlichen an den übrigen Werktagen derselben Woche achteinhalb Stunden beschäftigt werden.

> **Beispiel:**
>
> Die 17-jährige Ulla Schmidtbauer hat Anfang August ihre Ausbildung zur Steuerfachangestellten begonnen. In der Schule erfährt sie, dass sie als Minderjährige nur acht Stunden am Tag arbeiten darf. In dem Büro, in dem sie arbeitet, ist es jedoch üblich, von Montag bis Donnerstag jeweils 8,5 Stunden zu arbeiten, um am Freitag zwei Stunden früher nach Hause gehen zu können. Ulla ist sich nun nicht sicher, ob auch für sie diese Regelung gilt.
>
> Auch für Ulla gilt diese Arbeitszeitregelung, denn das Jugendarbeitsschutzgesetz sieht diese Möglichkeit im § 8 (2a) vor. Die Arbeitszeit darf jedoch an den übrigen Tagen höchstens achteinhalb Stunden betragen.

Berufsschule

§ 9 JArbSchG

Jugendliche dürfen vor einem vor neun Uhr beginnenden Unterricht nicht beschäftigt werden. Hat ein Jugendlicher an zwei Berufsschultagen pro Woche mehr als fünf Unterrichtsstunden von mindestens 45 Minuten Dauer, so muss er an einem Berufsschultag nicht mehr arbeiten.

Nach Vollendung des 18. Lebensjahres gelten für die Auszubildenden die allgemeinen gesetzlichen Bestimmungen des Arbeitsrechts[1].

> **Beispiel:**
>
> Bernd Nieder ist 17 Jahre alt und im zweiten Ausbildungsjahr zum Steuerfachangestellten. Er besucht zweimal pro Woche die Berufsschule und hat am Dienstag sechs und Donnerstag sechs Stunden Unterricht.
>
> An einem der beiden Schultage muss der Auszubildende nach der Schule nicht mehr arbeiten gehen.
>
> ---
>
> Als Bernd Nieder 18 Jahre alt wird, möchte sein Ausbilder, dass er an beiden Unterrichtstagen nach der Berufsschule ins Büro kommt.
>
> Der Auszubildende muss nach Vollendung des 18. Lebensjahres an beiden Berufsschultagen noch arbeiten gehen.

Ruhepausen

§ 11 JArbSchG

Den Jugendlichen müssen im Voraus feststehende Ruhezeiten gewährt werden. Die Ruhepausen betragen mindestens:

> 30 Minuten bei einer Arbeitszeit von mehr als viereinhalb bis zu sechs Stunden,

> 60 Minuten bei einer Arbeitszeit von mehr als sechs Stunden.

Als Ruhepausen gilt nur eine Arbeitsunterbrechung von mindestens 15 Minuten.

Fünf-Tage-Woche

§ 15 JArbSchG

Jugendliche dürfen nur an fünf Tagen in der Woche beschäftigt werden.

Urlaub

§ 19 JArbSchG

Der Urlaub beträgt jährlich:

> mindestens 30 Werktage, wenn der Jugendliche zu Beginn des Kalenderjahres noch nicht 16 Jahre alt ist,

> mindestens 27 Werktage, wenn der Jugendliche zu Beginn des Kalenderjahres noch nicht 17 Jahre alt ist,

> mindestens 25 Werktage, wenn der Jugendliche zu Beginn des Kalenderjahres noch nicht 18 Jahre alt ist.

Der Urlaub soll Berufsschülern in der Zeit der Schulferien gegeben werden. Soweit dies nicht in den Schulferien erfolgen kann, ist für jeden Berufsschultag, an dem die Berufsschule während des Urlaubs besucht wird, ein weiterer Urlaubstag zu gewähren.

---

[1] vgl. 4. Kapitel Arbeitsrecht

Besonderheiten

Für berufsschulpflichtige Auszubildende, die über 18 Jahre alt sind, gilt ebenfalls, dass sie vor einem vor neun Uhr beginnenden Unterricht nicht beschäftigt werden dürfen.

Erarbeitungsfälle

1 Aufgabe (Ausbildungsverhältnis)

a) Was verstehen Sie unter dem Verzeichnis der Berufsausbildungsverhältnisse?

b) Bei welcher Stelle wird dieses Verzeichnis für Ihren Ausbildungsberuf geführt?

2 Aufgabe (Probezeit und Ausbildungsdauer)

Die 17-jährige Manuela Mayer schließt mit dem Steuerberater Esser ohne Wissen ihrer Eltern einen schriftlichen Ausbildungsvertrag ab. In diesem Vertrag wird eine Probezeit von 4 Monaten und eine Ausbildungsdauer von 3,5 Jahren vereinbart.

a) Die Eltern von Manuela Mayer sind mit diesem Ausbildungsvertrag nicht einverstanden und möchten diesen Vertrag rückgängig machen. Ist dies möglich?

b) Wie beurteilen Sie die Probezeit und die Ausbildungsdauer in diesem Vertrag?

3 Aufgabe (Rechte und Pflichten des Auszubildenden)

Prüfen Sie bei den folgenden Fällen, ob die geschilderten Sachverhalte den gesetzlichen Vorschriften entsprechen, und begründen Sie Ihre Entscheidung:

a) Der Auszubildende Jörg Hansen schildert in seinem Freundeskreis die Vermögensverhältnisse eines Mandanten.

b) Der Ausbildungsvertrag von Kirstin Schmidt sieht für die gesamte Zeit der Berufsausbildung eine Vergütung von 600 € vor.

c) Steuerberater Schlau weist seinen Auszubildenden an, seinem Sohn regelmäßig Latein-Nachhilfe-Unterricht während der Arbeitszeit zu geben.

d) Steuerberaterin Heuer möchte, dass die 19-jährige Auszubildende nach der Berufsschule noch in die Kanzlei kommt.

e) Die Auszubildende Uschi Klein wird öfter während der Arbeitszeit von ihrem Ausbilder beim Lesen eines Krimis angetroffen.

f) Herr Bauer, Ausbilder in der AK – Wirtschaftsprüfer GmbH, ist der Meinung, dass die Auszubildenden zu viel Papier verbrauchen und dieses in Zukunft selbst mitbringen sollten.

g) Die Ausbildung von Hennig Klein wird von der Sekretärin des Büros betreut, da der Steuerberater keine Zeit für solche Dinge hat. Andere Mitarbeiter gibt es zzt. in diesem Büro nicht.

4 Aufgabe (Kündigung während der Probezeit)

Der Auszubildende Alexander Kurz in der Steuerpraxis Blum kündigt mündlich während der Probezeit seinen Ausbildungsvertrag fristlos ohne Angabe von Gründen. Der Steuerberater möchte den Kündigungsgrund wissen.

a) Ist die Kündigung rechtsgültig?

b) Ist der Ausbildende berechtigt den Kündigungsgrund zu erfahren?

5 Aufgabe (Wechsel des Ausbildungsbetriebes)

Die auszubildende Steuerfachangestellte Ute Hansen will ihre Ausbildung nach einem Jahr beenden und bei einem befreundeten Steuerberater fortsetzen. Der Ausbildende ist damit nicht einverstanden. Wie beurteilen Sie die Rechtslage?

6 Aufgabe (Kündigung des Ausbildungsvertrages)

Die Auszubildende Michaela Bayer kündigt nach 16 Monaten ihren Ausbildungsvertrag zur Steuerfachangestellten, weil sie einen Studienplatz bekommen hat. Ist dies rechtlich zulässig und was muss Michaela Bayer beachten?

7 Aufgabe (Kündigung des Ausbildungsvertrages)

Die 17-jährige Ute Schmitz kündigt ohne Wissen ihrer Eltern ihren Ausbildungsvertrag. Als Model will sie in Zukunft mehr Geld verdienen. Wie beurteilen Sie die Rechtslage?

8 Aufgabe (Ende der Ausbildung)

Der Auszubildende Axel Fleißig hat einen dreijährigen Ausbildungsvertrag. Nach 2 ½ Jahren legt er jedoch seine Abschlussprüfung als Steuerfachangestellter mit Erfolg ab und wird danach ohne ausdrückliche Vereinbarung weiterbeschäftigt. Nach einem Monat verweigert ihm sein Ausbilder die Zahlung eines Angestelltengehaltes, mit der Begründung, der Ausbildungsvertrag wäre noch nicht beendet. Wie beurteilen Sie diese Situation?

9 Aufgabe (Fristlose Kündigung)

Nachdem der Auszubildende Joachim Walter mehrfach wegen unentschuldigten Fehlens in der Berufsschule vom Ausbildenden gemahnt wurde, entschließt sich der Ausbilder, nach nochmaligem unentschuldigten Fehlen, Herrn Walter fristlos zu kündigen. Ist die Kündigung rechtswirksam?

10 Aufgabe (Zeugnis)

Nach Beendigung der Ausbildung zur Steuerfachangestellten möchten Sie auch von Ihrem Ausbilder ein Arbeitszeugnis. Er verweigert Ihnen dieses Zeugnis mit der Bemerkung „...da würde ich nichts Gutes über Sie schreiben". Darf der Ausbilder Ihnen ein Zeugnis verweigern?

11 Aufgabe (Berufsschule und Ausbildungsbetrieb)

Ihr Ausbilder möchte, dass Sie nach jedem Berufsschultag, an dem Sie jeweils 6 Stunden Unterricht haben, noch ins Büro kommen, um die Ausgangspost zu erledigen. Wie ist die Rechtslage?

12 Aufgabe (Jugendarbeitsschutzgesetz)

Steuerberater Dr. Bauer beschäftigt zwei Auszubildende. Anne und Kati sind beide 17 Jahre alt und unterliegen damit noch dem Jugendarbeitsschutzgesetz. Beurteilen Sie, ob nach diesem Gesetz folgende Regelungen zulässig sind:

a) Anne besucht die Berufsschule zweimal in der Woche. An jedem Tag werden 6 Unterrichtsstunden erteilt. Im Anschluss an den Unterricht soll sie noch eine Stunde im Büro die Post erledigen.

b) Kati wird von Herrn Dr. Bauer gebeten, gegen gute Bezahlung täglich eine Stunde länger und auch samstags jeweils vier Stunden zu arbeiten.

c) Herr Dr. Bauer bietet den beiden Auszubildenden an, an vier Arbeitstagen jeweils ½ Stunde länger zu arbeiten, damit sie freitags bereits um 15:00 Uhr nach Hause gehen können.

13 Aufgabe (Berufsbildungsgesetz)

Der 17-jährige auszubildende Steuerfachangestellte Andre Kurz arbeitet täglich von 7:30 Uhr bis 16:30 Uhr (einschl. Pausen). Sein Ausbildungsbetrieb liegt in unmittelbarer Nähe der Berufsschule. Da der Unterricht an einem Berufsschultag erst um 8:45 Uhr beginnt, erwartet der Ausbilder, dass Andre vorher seiner üblichen Beschäftigung im Büro nachkommt. Kann der Ausbilder dies verlangen?

14 Aufgabe (Berufsschule und Ausbildungsbetrieb)

Um zur Berufsschule zu kommen, muss die minderjährige Auszubildende Monika morgens um 6:30 Uhr mit dem Bus losfahren. Ihr Unterricht dauert von 8:00 Uhr bis 12:30 Uhr. Nach einer üblichen Mittagszeit von 30 Minuten fährt der Bus in einer Stunde zurück, sodass die Auszubildende gegen 14:00 Uhr den Ausbildungsbetrieb erreicht. Wie lange muss Monika an diesem Tag noch arbeiten, wenn ihre tägliche Arbeitszeit 8 Stunden beträgt?

Kapitel 2 Grundlagen des Privatrechts

Einführungssituation

Der 23-jährige Steuerfachangestellte Alexander Fiedler verkauft der 17-jährigen Auszubildenden Christina Grün 25 CDs zum Preis von 80 €. Die CDs hatte er am letzten Wochenende von einem Freund gekauft. Als Christina eine Woche später erfährt, dass die CDs vom Flohmarkt stammen und mit großer Wahrscheinlichkeit schwarz gebrannt wurden, gibt sie die CDs zurück und will ihr Geld wieder zurückhaben. Wie beurteilen Sie die Rechtslage?

1 Rechtsgrundlagen

Jeder Mensch verfügt aufgrund seiner Erfahrung und der täglichen Anschauung seiner Umwelt über eine elementare Vorstellung von Gut und Böse; er besitzt ein „natürliches Rechtsgefühl". Das Rechtsgefühl ist jedoch subjektiv geprägt, abhängig von persönlichen Erfahrungen, von Einstellungen und politischen Orientierungen.

Für das Zusammenleben in einer Gesellschaft kann es aber nicht darauf ankommen, was jeder Einzelne für sich als „Recht" anerkennt. In einem Land mit einer demokratischen Grundordnung sind allgemein verbindliche Rechtsregeln festgelegt und akzeptiert.

Das objektive Recht bildet den gesetzlichen Rahmen. Das subjektive Recht übernimmt die Ausgestaltung.

> **Beispiel:**
>
> Ein Kaufvertrag wird auf der Rechtsgrundlage des § 433 BGB abgeschlossen. Welche konkreten Zahlungsbedingungen für den Kauf gelten, legen Verkäufer und Käufer im Kaufvertrag fest.

Das deutsche Rechtssystem beruht auf der Zweiteilung zwischen öffentlichem Recht und Privatrecht.

1.1 Öffentliches und privates Recht

Das öffentliche Recht regelt die Rechtsbeziehungen zwischen staatlichen Organisationen (Länder, Gemeinden, Verwaltungsbehörden) und dem Bürger.

Zum öffentliche Recht gehören u. a.:

› Staats- und Verfassungsrecht z. B. im Grundgesetz
› Verwaltungsrecht z. B. Steuerrecht, Baurecht, Sozialrecht
› Strafrecht z. B. im Strafgesetzbuch
› Prozessrecht z. B. Prozessordnung.

Das öffentliche Recht wird vom Grundsatz der Über- und Unterordnung bestimmt, d. h., die übergeordneten staatlichen Organisationen sind berechtigt, den ihnen untergeordneten Bürgern Pflichten aufzuerlegen. Das öffentliche Recht ist ein zwingendes Recht. Jeder Bürger und jede Institution muss sich diesem Recht unterwerfen, es gibt keine Gestaltungsfreiheit.

> **Beispiel:**
>
> Der Steuerpflichtige Michael Schweizer aus Karlsruhe versäumte es seine Steuerschuld rechtzeitig zu begleichen. Das Finanzamt Karlsruhe setzt deswegen bei einer Steuerschuld von 5.630 € einen Säumniszuschlag von 1% pro Monat an, die Säumnis betrug fünf Monate.
>
> Der Säumniszuschlag beträgt 280 €. Er kann sich der Steuerschuld nicht entziehen.

Das Privatrecht regelt die Rechtsbeziehungen der Bürger untereinander. Innerhalb des Privatrechts lassen sich u. a. folgende Teilgebiete unterscheiden:

– das Bürgerliche Recht, z. B. Schuldrecht, Sachenrecht, Familienrecht, Erbrecht
– das Handelsrecht, z. B. Gesellschaftsrecht, Aktienrecht.

Das Privatrecht wird vom Grundsatz der Gleichordnung bestimmt, d. h., die Bürger stehen sich als gleichberechtigte Partner gegenüber. Da die Vertragspartner ihre Rechtsbeziehungen abweichend von den gesetzlichen Bestimmungen frei gestalten können, spricht man hier auch von einem nachgiebigen Recht.

> **Beispiel:**
>
> Zwischen Käufer und Verkäufer wurde im Kaufvertrag vereinbart, dass die Ware 10 Tage nach Erhalt unter Abzug von 3% Skonto oder nach 30 Tagen netto zu bezahlen ist.
>
> Nach § 433 BGB ist der Käufer verpflichtet, die Ware sofort nach Erhalt zu bezahlen. Es kann hier von der gesetzlichen Regel abgewichen werden. Man ersetzt die strengere gesetzliche Rechtsgrundlage durch eine für den Käufer günstigere vertragliche Regelung.

Das Arbeitsrecht beinhaltet sowohl Aspekte des Öffentlichen Rechts als auch des privaten Rechts. Für den Abschluss des Arbeitsvertrages gilt der Grundsatz der Vertragsfreiheit. Die Freiheit zur inhaltlichen Gestaltung und zur Kündigung des Arbeitsverhältnisses ist jedoch in verschiedenen Gesetzen geregelt, z. B. Arbeitsschutzgesetz, Kündigungsschutzgesetz.

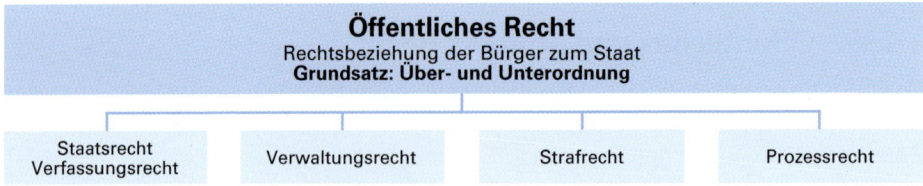

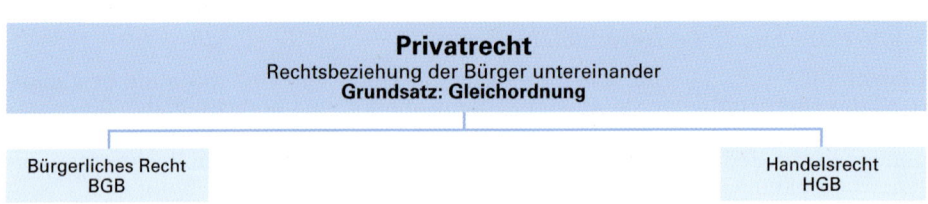

Rechtsgrundlagen

Erarbeitungsfälle

1 Aufgabe (Öffentliches Recht und Privatrecht)

Prüfen Sie, ob die nachstehenden Fälle durch öffentliches Recht oder Privatrecht geregelt sind, und begründen Sie Ihre Antwort.

a) Der Arbeitnehmer Andreas Schnell schließt mit dem Arbeitgeber Günther Mutig einen Arbeitsvertrag.

b) Der Arbeitgeber Günther Mutig hat die vierteljährliche Einkommensteuer-Vorauszahlung an das Finanzamt Bonn-Mitte zu entrichten.

c) Das Finanzamt Bonn-Mitte kauft beim Unternehmer Meyer einen neuen Fotokopierer.

d) Die Grundstückseigentümerin Angelika Wild, Dresden, erhält von der Stadt einen Bescheid über die zu zahlenden Erschließungskosten.

e) Axel Heuer möchte die Rechnung über den Neuwagen vom Händler Schulz mit einem Scheck bezahlen.

f) Zur Finanzierung eines Segelbootes nimmt Bernd Keller bei seiner ABC-Bank einen Kredit auf.

g) Die von der Stadt Kleve selbst durchgeführte Straßenreinigung kostet den Anlieger Krull pro Monat 25 €.

h) Maria Koller muss beim Einwohnermeldeamt für das Ausstellen eines Reisepasses 30 € bezahlen.

2 Aufgabe (Öffentliches Recht)

Ihre Mandantin Claudia Roller ist Inhaberin einer Sportboutique. Ihr Reingewinn für das letzte Jahr beträgt 40.000 €. Darüber schickt ihr das Finanzamt einen Einkommensteuerbescheid über 8.575 €. Kann sich Frau Roller der Zahlungsaufforderung entziehen?

3 Aufgabe (Öffentliches Recht und Privatrecht – Rechtsgebiete)

Prüfen Sie, ob bei den folgenden Sachverhalten das öffentliche Recht oder das Privatrecht betroffen ist, und nennen Sie auch die jeweiligen Gesetze.

a) Verkäufer und Käufer schließen vor dem Notar einen Kaufvertrag über den Kauf einer Eigentumswohnung ab.

b) Wegen Überschreitung der zulässigen Höchstgeschwindigkeit erhebt die Bußgeldstelle der Stadt Bochum von einem Autofahrer ein Bußgeld in Höhe von 50 €.

c) Das Finanzamt Solingen erteilt dem Steuerpflichtigen einen ESt-Vorauszahlungsbescheid, wonach dieser eine vierteljährliche Vorauszahlung von 1.500 € zu leisten hat.

d) Zwei Brüder gründen unter der Gesellschaftsform einer OHG einen Buchhandel. Die Firma wird ins Handelsregister eingetragen.

1.2 Gerichtsbarkeit

Unter Gerichtsbarkeit versteht man die Ausübung der Rechtsprechung und der Rechtspflege, die durch das Grundgesetz den Gerichten anvertraut ist. Hier soll nur auf die ordentliche Gerichtsbarkeit, die Arbeits- und Finanzgerichtsbarkeit näher eingegangen werden.

Ordentliche Gerichtsbarkeit

Die ordentliche Gerichtsbarkeit unterteilt sich in die Zivilgerichtsbarkeit und die Strafgerichtsbarkeit.

Die Zivilgerichtsbarkeit gliedert sich in die streitige und die freiwillige Gerichtsbarkeit. In der streitigen Gerichtsbarkeit wird u. a. über Schadenersatz-, Eigentums- und Kaufpreisansprüche und Familiensachen verhandelt. Die verfahrensrechtliche Grundlage hierfür ist die Zivilprozessordnung.

Die freiwillige Gerichtsbarkeit befasst sich mit der Durchsetzung von Ansprüchen einer Partei. Sie regelt und ordnet angestrebte Rechtsverhältnisse u. a. das Führen des Handelsregisters, des Genossenschaftsregisters, des Vereinsregisters, des Güterrechtsregisters und des Grundbuchs. Es werden Grundstückskaufverträge und öffentliche Testamente beurkundet. Die freiwillige Gerichtsbarkeit ernennt Betreuer und ordnet Pflegschaften an und sie regelt die Nachlassverwaltung durch die Bestellung eines Nachlasspflegers. Zu den Organen der freiwilligen Gerichtsbarkeit gehören neben den Amtsgerichten die Notare, Jugendämter und auch Standesämter der Gemeinden.

Die Strafgerichtsbarkeit ist zuständig für alle strafbaren Handlungen wie Körperverletzung, Beleidigung, Diebstahl, Betrug, Umweltverschmutzung und Steuerhinterziehungen.

Die ordentliche Gerichtsbarkeit ist vierstufig aufgebaut. Die Gerichte der ersten Instanz sind das Amtsgericht und das Landgericht. Das Oberlandesgericht ist in Zivilsachen Berufungsinstanz und in Strafsachen Revisionsgericht. Oberster Gerichtshof für Zivil- und Strafsachen ist der Bundesgerichtshof.

Arbeitsgerichtsbarkeit

Die Arbeitsgerichtsbarkeit ist eine den besonderen Bedürfnissen des Arbeitsrechts angepasste Zivilgerichtsbarkeit. Sie entscheidet über Streitigkeiten, die aus dem Arbeitsverhältnis zwischen Arbeitgeber und Arbeitnehmern z. B. Arbeitsvertrag entstehen oder zwischen Arbeitnehmern und tarifrechtlichen oder betriebsverfassungsrechtlichen Streitsachen.

Vor Beginn eines Arbeitsprozesses findet i. d. R. eine Güteverhandlung statt, um die Parteien zu einer Klagerücknahme oder einem Vergleich zu bewegen. Ohne Urteilsspruch wird das Verfahren abgekürzt, es sollen unnötige Gerichtskosten gespart werden.

Der Aufbau der Arbeitsgerichtsbarkeit ist dreistufig: Arbeitsgericht, Landesarbeitsgericht und Bundesarbeitsgericht. Die Arbeitsgerichte sind in allen Arbeitsstreitigkeiten die erste Instanz. Die Landesarbeitsgerichte können zur Nachprüfung von Entscheidungen der Arbeitsgerichte angerufen werden. Das Bundesarbeitsgericht ist als oberstes Gericht für die Revision gegen Entscheidungen der Landesarbeitsgerichte zuständig.

■ Finanzgerichtsbarkeit

Die Finanzgerichtsbarkeit ist eine besondere Verwaltungsgerichtsbarkeit. In der Hauptsache geht es um Streitigkeiten mit den Finanzbehörden, z. B. Klage gegen einen Steuerbescheid oder eine Feststellungsklage.

Geklagt wird beim Finanzgericht entweder in Form der Anfechtungsklage mit dem Ziel der Aufhebung eines Verwaltungsakts oder in Form der Verpflichtungsklage, aufgrund deren die zuständige Finanzbehörde zum Erlass eines abgelehnten oder unterbliebenen Verwaltungsakts verurteilt werden soll.

Zuständig ist je nach Instanz das Finanzgericht oder der Bundesfinanzhof. Gegen die Urteile des Finanzgerichts ist die Revision beim Bundesfinanzhof zugelassen, die grundsätzlich auf Rechtsfragen beschränkt ist. Voraussetzung ist ein Streitwert über 5.000 € oder eine besondere Zulassung wegen grundsätzlicher Bedeutung der Rechtssache und bei Verfahrensmängeln. Eine Berufungsinstanz gibt es hier nicht.

Die Finanzgerichte können auch gegen Entscheidungen der Finanzbehörden im Rahmen des Verwaltungsermessens tätig werden, so z. B. bei Anträgen auf Stundung und bei Anforderungen von Steuervorauszahlungen. Gegen alle Entscheidungen ist zunächst Einspruch bei der Verwaltungsbehörde einzulegen.

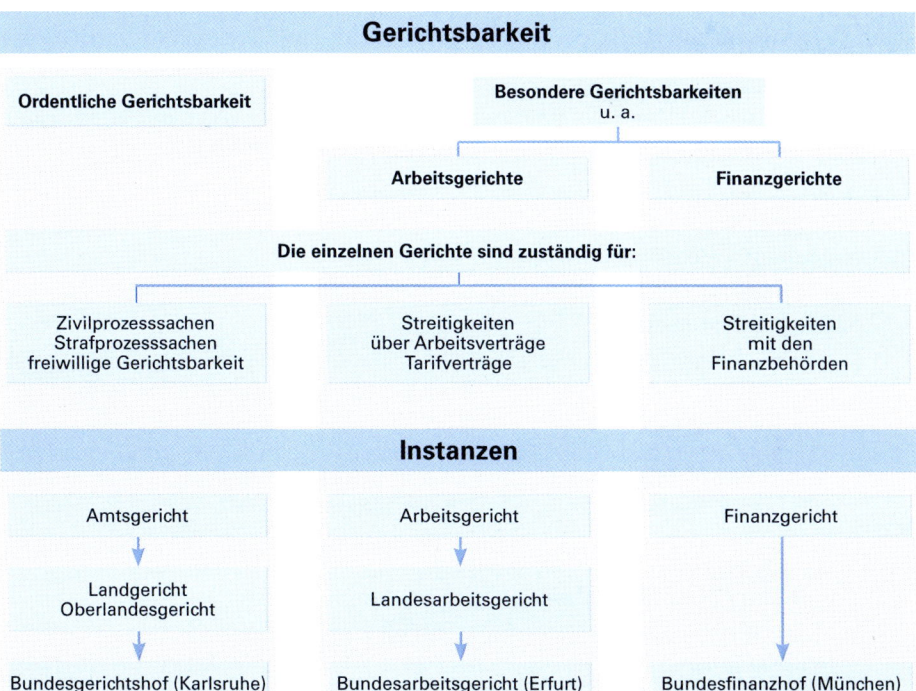

Sachliche Zuständigkeit

Wenn ein Anspruch gerichtlich geltend gemacht werden soll, muss zunächst die Frage geklärt werden, welches Gericht hierfür infrage kommt.

Amtsgericht

Die Amtsgerichte sind u. a. sachlich zuständig für:

- Vermögensrechtliche Streitigkeiten mit einem Streitwert bis 5.000 €
- Streitigkeiten ohne Rücksicht auf die Höhe des Streitwertes, insbesondere
    - Mietstreitigkeiten
    - Mahnverfahren[1]

Landgericht

Die Landgerichte sind erstinstanzlich u. a. zuständig für:

- alle vermögensrechtlichen Streitigkeiten ab einem Streitwert über 5.000 €
- Streitigkeiten
    - unter Kaufleuten
    - aus Gesellschaftsverträgen
    - wegen unlauteren Wettbewerbs

Örtliche Zuständigkeit

Nachdem geklärt ist, welches Gericht zuständig ist, muss geprüft werden an welchem Ort der Rechtsstreit verhandelt werden soll. Der allgemeine Gerichtsstand einer Person wird durch den Wohnsitz bestimmt. Bei juristischen Personen ist dies der Ort, an dem die Verwaltung ihren Sitz hat.

Besondere Gerichtsstände sind u. a. die des Erfüllungsortes. Für Streitigkeiten aus einem Vertragsverhältnis ist der Gerichtsstand dort, wo die Vertragspartner ihre Leistung zu erfüllen haben. Beim Kaufvertrag ist dies der Ort des Verkäufers zur Erfüllung seiner Verpflichtungen (Übergabe der Ware) und der Ort des Käufers für die Bezahlung des Kaufpreises. Kaufleute und juristische Personen des öffentlichen Rechts haben das Recht ihren Gerichtsstand frei zu vereinbaren.

Erarbeitungsfälle

1 Aufgabe (Gerichtsbarkeit)

Entscheiden Sie für die nachfolgenden Fälle, welche Gerichte in den folgenden Fällen zuständig sind:

a) Kerstin Weber und Katrin Müller beschließen nach ihrer Ausbildung ein Call-Center in der Rechtsform einer GmbH zu eröffnen. Die GmbH muss u. a. auch ins Handelsregister eingetragen werden.

b) Sandra Bölling ist bei einem Unfall schwer verletzt worden und muss sich einige Tage im Krankenhaus behandeln lassen. Da die Polizei nicht am Unfallort war, stellt sie Strafantrag bei der Staatsanwaltschaft.

c) Acht Freunde treffen sich regelmäßig, um in einer Halle Volleyball zu spielen. Nach einigen Monaten beschließen sie einen Volleyball-Verein zu gründen. Zur Gründung müssen sie sich ins Vereinsregister eintragen lassen.

d) Frank Birke entschließt sich nun endlich eine Eigentumswohnung zu kaufen. Am Wochenende hat er die passende Wohnung gefunden. Der Immobi-

---

[1] vgl. 3. Kap. Kaufvertragsrecht; Mahnverfahren

lienmakler vereinbarte mit dem Notar einen Termin, bei dem der Kauf der Wohnung notariell beurkundet wird.

e) Hans-Peter Klein, Lehrer an einem Berufskolleg, hat sich zur Vorbereitung für den Unterricht einen Personalcomputer gekauft. Das Finanzamt erkennt die Anschaffungskosten nicht als steuermindernde Ausgaben an. Auch seinem Einspruch gegen den Steuerbescheid wurde nicht stattgegeben. Klein will nun sein Recht mit einer Klage durchsetzen.

f) Carsten Pole verklagt seinen Arbeitgeber, weil er im vergangem Jahr den vereinbarten Urlaub aus betrieblichen Gründen nicht nehmen konnte.

2 Aufgabe (Zuständigkeit bei einer Klage)

Britta Wolf aus Aachen hat sich bei einem Versandhaus in Hamburg eine komplette Segelausrüstung zum Preis von 3.000 € bestellt. Als die Ausrüstung geliefert wurde, überprüfte Frau Wolf die Ausrüstung sofort und stellte erhebliche Mängel fest. Sie weigerte sich den Kaufpreis zu zahlen. Das Versandhaus verklagt sie daraufhin auf Zahlung. Welches Gericht an welchem Ort ist für diese Klage zuständig?

3 Aufgabe (Zuständigkeit beim Mahnbescheid)

Als Michael Naumann, der in Düsseldorf einen Blumengroßhandel betreibt, seine offenen Rechnungen durchgeht, stellt er fest, dass das Blumengeschäft von Frau Frick in Hilden ihre Rechnungen über 6.500 € immer noch nicht bezahlt hat. Er beschließt nun endgültig das gerichtliche Mahnverfahren einzuleiten. Wo muss Herr Naumann den Antrag auf Erlass eines Mahnbescheides stellen?

4 Aufgabe (Gerichtsbarkeit – Kaufleute)

Der Reifenhersteller Fira AG aus Gera beliefert täglich einen Automobilkonzern in Köln mit Reifen, die sofort montiert werden. In letzter Zeit mehren sich die Klagen von Kunden über defekte Reifen. Der Automobilkonzern fordert den Reifenhersteller auf, vor der Anlieferung eine weitere Produktkontrolle durchzuführen. Der Reifenhersteller lehnt dies mit der Begründung ab, dass die Fehler bei der Montage entstehen. Die Auseinandersetzung eskaliert. Vor welchem Gericht wird die Klage des Automobilkonzerns verhandelt?

1.3 Rechtssubjekte

Das Rechtssubjekt ist immer eine natürliche oder eine juristische Person. Natürliche Personen sind alle Menschen.

Juristische Personen sind Personenvereinigungen oder Vermögensmassen (AG, GmbH, die Stadt Köln, die Industrie- und Handelskammer)

1.4 Rechtsfähigkeit

§ 1 BGB

Rechtsfähigkeit ist die Fähigkeit von Personen, Träger von Rechten und Pflichten zu sein.

> **Beispiel:**
>
> Eine Person kann Eigentumsrechte erwerben. Jede natürliche Person mit Wohnsitz oder gewöhnlichem Aufenthalt im Inland ist unbeschränkt einkommensteuerpflichtig.

An unserem Rechtsverkehr nehmen natürliche und juristische Personen teil. Natürliche Personen sind Menschen, juristische Personen sind künstlich geschaffene Personen.

Grundlagen des Privatrechts

§ 1 BGB

■ Rechtsfähigkeit natürlicher Personen

Die Rechtsfähigkeit beginnt mit Vollendung der Geburt und endet mit dem Tod des Menschen. Jedem Menschen wird die Rechtsfähigkeit zuerkannt ohne Rücksicht auf sein Alter und seine körperliche oder geistige Fähigkeit. So kann auch schon ein neugeborenes Kind ein großes Vermögen erben.

■ Rechtsfähigkeit juristischer Personen

Juristische Personen sind Vereinigungen von Personen oder Vermögensmassen, die von der Rechtsordnung als selbstständige Rechtspersonen anerkannt sind.

Zu den juristischen Personen des öffentlichen Rechts gehören u.a.:

- Körperschaften des öffentlichen Rechts, z. B. Gebietskörperschaften wie Bund, Länder, Gemeinden
- Personalkörperschaften, z. B. Steuerberaterkammer
- Anstalten des öffentlichen Rechts, z. B. ZDF, WDR
- Stiftungen des öffentlichen Rechts, z. B. Stiftung Kunst und Kultur des Landes NRW

Zu den juristischen Personen des Privatrechts gehören u. a.:

- Kapitalgesellschaften, z. B. AG, GmbH
- Eingetragene Genossenschaften
- Stiftungen des Privatrechts, z. B. Stiftung Warentest
- eingetragene Vereine, z. B. Fortuna Düsseldorf e. V.

Juristische Personen des öffentlichen Rechts erlangen ihre Rechtsfähigkeit mit der Entstehung oder durch besondere staatliche Genehmigung. Juristische Personen des Privatrechts erlangen die Rechtsfähigkeit durch die Eintragung in ein öffentliches Register z. B. in das Handelsregister. Die Rechte und Pflichten der juristischen Personen werden durch die Organe z. B. Geschäftsführer wahrgenommen um handlungsfähig zu sein.

> **Beispiel:** 〉〉
>
> Die reiche Tante Erna legt in ihrem Testament fest, dass ihr Vermögen nach ihrem Tode wie folgt verteilt werden soll: Ihr Sohn Klaus erhält den Familienschmuck, die von ihr gegründete GmbH erhält alle Immobilien. Dem WDR vermacht die Tante ihre Wertpapiere und Kater Felix erbt das Bargeld.
>
> Klaus als natürliche Person ist rechtsfähig und kann das Erbe antreten. Die GmbH ist eine juristische Person des privaten Rechts, sie ist rechtsfähig und kann ebenfalls erben. Der WDR als juristische Person des öffentlichen Rechts ist auch rechtsfähig und kann erben. Der Kater Felix ist nicht rechtsfähig und kann somit nicht erben.

Erarbeitungsfälle 〉

1 ▸ **Aufgabe (natürliche und juristische Personen)**

Stellen Sie bei den u. a. Fällen fest, ob es sich um natürliche Personen oder um juristische Personen des öffentlichen oder privaten Rechts handelt:

a) Berufskolleg der Stadt Wuppertal

b) Textileinzelhandel Ute Meier e. K.

c) Kaufhaus „Alles für Sie AG"

d) Einkaufsgenossenschaft Meisterkauf e. G.

e) Sportverein Münster e. V.

f) Dr. Karl Müller, Steuerberater

g) Steuerberaterkammer München

h) Stadt Düsseldorf

2 Aufgabe (Rechtsfähigkeit)

Der wohlhabende Kaufmann Meier setzt in seinem Testament seinen geisteskranken Neffen Udo und seine Katze Wodka als seine Erben ein. Wer wird das Vermögen von Meier erben?

3 Aufgabe (Rechtsfähigkeit)

Auf einem Parkplatz wird eine Mutter mit ihrem fünf Monate alten Kind von einem angetrunkenen Autofahrer angefahren und verletzt. Die Mutter und das Kleinkind klagen auf Schadenersatz. Der Autofahrer ist der Ansicht, dass nur der Mutter ein Recht auf Schadenersatz zusteht. Wer hat Ihrer Meinung nach ein Recht auf Schadenersatz? Begründen Sie Ihre Antwort.

4 Aufgabe (Rechtsfähigkeit)

Die Farbenfabrik Rauch GmbH erwirbt ein bebautes Grundstück. Die Geschäftsführerin, Kerstin Rauch, unterschreibt vor einem Notar den Kaufvertrag. Wer wird als Eigentümer ins Grundbuch eingetragen?

1.5 Geschäftsfähigkeit

Geschäftsfähigkeit ist die Fähigkeit von Personen, Rechtsgeschäfte wirksam abzuschließen.

Nicht jeder Mensch ist in vollem Umfang geschäftsfähig. Das BGB unterscheidet zwei Ausnahmen:

› Geschäftsunfähigkeit und

› beschränkte Geschäftsfähigkeit.

Eine solche Ausnahme ist zum Schutz der nicht voll Geschäftsfähigen (vor allem Kinder und Jugendliche) sinnvoll, da diese möglicherweise nicht immer in der Lage sind, die Folgen ihrer rechtsgeschäftlichen Erklärung abzusehen.

Geschäftsunfähigkeit

§ 104 BGB

Zu dieser Personengruppe gehören:

Kinder bis zum vollendeten siebten Lebensjahr.

Personen, die sich in einem Dauerzustand schwerer Störungen ihrer Geistestätigkeit befinden.

Die Willenserklärung eines Geschäftsunfähigen ist nichtig.

§ 105 BGB

Auch eine Willenserklärung, die im Zustand der Bewusstlosigkeit oder vorübergehender Störung der Geistestätigkeit abgegeben wird, ist nichtig.

Der Geschäftsunfähige kann aufgrund der gesetzlichen Bestimmungen keine eigenen Willenserklärungen abgeben. Für ihn handelt der gesetzliche Vertreter, die Eltern oder der Vormund. Der Geschäftsunfähige kann allerdings in der Funktion des Boten fremde Willenserklärungen übermitteln.

> **Beispiel:**
>
> Die fünfjährige Nicole wird von ihrer Mutter mit einem Einkaufszettel und dem notwendigen Geld zum Einkaufen geschickt.
>
> Sie kann aufgrund ihres Alters noch keine Verträge abschließen. Sie erklärt lediglich als Bote den Willen ihrer Mutter, die geschäftsfähig ist. Der Kaufvertrag kommt zwischen der Mutter und dem Verkäufer zu Stande.
>
> Kauft sich Nicole zusätzlich noch ein Überraschungs-Ei, dann ist die von ihr abgegebene Willenserklärung nichtig.

§ 106 BGB

■ **Beschränkte Geschäftsfähigkeit**

Zu dieser Personengruppe gehören:

› Minderjährige vom 7. bis zum vollendeten 18. Lebensjahr

§ 107 BGB

Die Willenserklärungen von beschränkt Geschäftsfähigen sind nur mit Zustimmung der gesetzlichen Vertreter wirksam. Fehlt die Zustimmung des gesetzlichen Vertreters, ist die Willenserklärung schwebend unwirksam. Erteilt der gesetzliche Vertreter vor der Abgabe der Willenserklärung die Zustimmung, spricht man von einer Einwilligung und die abgegebene Willenserklärung des Minderjährigen ist von Anfang an gültig. Eine nachträglich erteilte Zustimmung nennt man Genehmigung. Die Verweigerung der Genehmigung führt zur Unwirksamkeit von Anfang an. Schweigt der gesetzliche Vertreter, gilt dies als Ablehnung.

§ 108 BGB

§§ 182 ff. BGB

> **Beispiel:**
>
> Der 16-jährige Thomas hat sich ein Mofa für 1.200 € gekauft.
>
> Wenn vor dem Kauf die Zustimmung (Einwilligung) der Eltern vorliegt, ist das Rechtsgeschäft gültig.
>
> Hat Thomas das Mofa ohne Zustimmung der Eltern gekauft, ist die von ihm abgegebene Willenserklärung schwebend unwirksam. Wenn die Eltern nachträglich ihre Zustimmung (Genehmigung) geben, gilt das Rechtsgeschäft als von Anfang als gültig.
>
> Verweigern die Eltern innerhalb von einem Zeitraum von zwei Wochen ihre Zustimmung, ist der von Thomas abgeschlossene Vertrag nichtig.

Beschränkt geschäftsfähige Personen können in folgenden Fällen auch ohne Zustimmung des gesetzlichen Vertreters rechtswirksame Willenserklärungen abgeben.

> Willenserklärungen, die nur rechtliche Vorteile erbringen. § 107 BGB

> Bewirken der Leistung mit eigenen Mitteln. Verträge, die mit Geld bezahlt werden, das dem beschränkt Geschäftsfähigen im Rahmen seines Taschengeldes[1] frei zur Verfügung steht. Dies gilt nicht für Raten- und Kreditgeschäfte. § 110 BGB

> Geschäfte, die der Minderjährige im Rahmen eines Dienst- oder Arbeitsverhältnisses tätigt, zu der der gesetzliche Vertreter vorher seine Genehmigung gab.[2] § 113 BGB

> Führen eines selbstständigen Erwerbsgeschäfts, zu dem der gesetzliche Vertreter und das Vormundschaftsgericht die Genehmigung erteilt haben. § 112 BGB

Beispiel:

Der 12-jährige Martin erhält von seiner Tante ein Sparbuch mit 500 €. Die Eltern von Martin wollen, dass er dieses Geschenk wieder zurückgibt.

Das Geschenk beinhaltet für Martin nur rechtliche Vorteile, sodass er alleine darüber entscheiden kann, ob er das Geschenk der Tante behält oder zurückgibt.

Der 16-jährige Daniel möchte sich von dem Geldgeschenk seiner Tante ein Mofa kaufen.

Da mit dem Kauf des Mofas Folgekosten wie Versicherung, Benzin, aber auch Risiken des Straßenverkehrs verbunden sind, ist zu diesem Kauf die Zustimmung der Eltern erforderlich.

Die 15-jährige Nora erhält ein monatliches Taschengeld von 40 €. Sie kauft sich davon die neue CD einer Pop-Gruppe, die ihren Eltern nicht gefällt.

Der Kaufvertrag ist rechtsgültig, auch wenn die Eltern mit dem Kauf nicht einverstanden sind. Nora kann über ihr Taschengeld in gewissen Grenzen frei verfügen.

Der 17-jährige Andreas nimmt mit Zustimmung seiner Eltern einen Ferienjob bei der Deutschen Post AG in der Briefvorsortierung an. Nach einigen Wochen beschließt er der Gewerkschaft „verdi" beizutreten. Sein Vater ist davon nicht begeistert und kündigt für Andreas wieder die Mitgliedschaft.

Die Kündigung des Vaters ist unwirksam, da Andreas im Rahmen seiner Tätigkeit rechtsgültige Willenserklärungen abgeben kann, dazu gehört auch der Beitritt zu einer Gewerkschaft.

Kurz vor ihrer Volljährigkeit erhält Karin von ihrem Vormund und dem Vormundschaftsgericht die Genehmigung erteilt, die Sport-Boutique ihrer verstorbenen Eltern weiterzuführen. Der für das Unternehmen dringend benötigte Kredit von der Bank wird ihr aufgrund ihrer Minderjährigkeit verweigert.

Aufgrund der Genehmigung des Vormundes und des Vormundschaftsgerichts ist sie teilgeschäftsfähig. Diese Teilgeschäftsfähigkeit umfasst alle Rechtshandlungen, die in diesem Geschäftszweig vorkommen. Sie kann voll gültige Kaufverträge abschließen und Mitarbeiter einstellen. Kredite kann sie jedoch nicht aufnehmen.

---

[1] Das Sparen des Taschengeldes ist generell erlaubt. Der Gesetzgeber schreibt nicht vor, für wie viel Geld der Minderjährige einkaufen darf. Die Anschaffungen sollen sich jedoch im Rahmen des Vernünftigen halten. Bei teuren Anschaffungen kann der Verkäufer die Zustimmung des gesetzlichen Vertreters verlangen oder die Eltern können das Rechtsgeschäft nachträglich rückgängig machen.

[2] Ein Ausbildungsverhältnis ist nach herrschender Meinung kein Dienst- oder Arbeitsverhältnis im Sinne des § 113 BGB

Geschäftsfähigkeit in vollem Umfang

Alle natürlichen Personen ab dem 18. Lebensjahr sind unbeschränkt geschäftsfähig. Ihre Willenserklärungen sind von Anfang an gültig.

Kann ein Volljähriger aufgrund einer psychischen Krankheit oder einer körperlichen oder seelischen Behinderung seine Angelegenheiten ganz oder teilweise nicht besorgen, so bestellt das Vormundschaftsgericht auf seinen Antrag oder von Amts wegen für ihn einen Betreuer. Der Betreuer ist gesetzlicher Vertreter des Betreuten. Er ist ohne Einwilligungsvorbehalte zur Abgabe rechtswirksamer Willenserklärungen für den Betreuten berechtigt.

§§ 1896 ff. BGB

Geschäftsfähigkeit		
Geschäftsunfähigkeit	Beschränkte Geschäftsfähigkeit	Geschäftsfähigkeit
Kinder bis zum 7. Lebensjahr Dauernd geistesgestörte Personen	Minderjährige von 7–18 Jahren	Personen ab dem 18. Lebensjahr
Rechtsfolge		
Willenserklärung ist nichtig	Willenserklärung ist schwebend unwirksam Nur mit Zustimmung wird die Willenserklärung gültig **Ausnahmen:** • Willenserklärungen, die einen rechtlichen Vorteil erbringen • Bewirken der Leistung mit eigenen Mitteln • Willenserklärungen im Rahmen eines Dienst- oder Arbeitsverhältnisses • Willenserklärungen beim Führen eines Erwerbsgeschäftes	Willenserklärung ist gültig

Erarbeitungsfälle

1 Aufgabe (Geschäftsfähigkeit)

Prüfen Sie in den folgenden Fällen, ob ein rechtswirksamer Vertrag zu Stande gekommen ist, und begründen Sie Ihre Lösung mithilfe des BGB:

a) Der 5-jährige Michael „kauft" eine Tüte Bonbons zu einem Euro.

b) Der 20-jährige Günther, der dauernd geistesgestört ist, „kauft" für 1.500 € ein gebrauchtes Auto.

c) Die Mutter schickt den 5-jährigen Ralf zum Bäcker, um ein Brot zu holen. Ralf reicht das abgezählte Geld über die Theke und erhält das Brot.

d) Die 16-jährige Julia kauft ein Handy, ohne dass sie ihre Eltern um Erlaubnis gefragt hat. Als die Eltern vom Handy-Kauf erfahren, erheben sie keine Einwände.

e) Die 15-jährige Marion kauft sich von ihrem Taschengeld einen Pullover für 30 €. Die Eltern sind von diesem Kauf nicht begeistert und Marion soll den Pullover zurückgeben.

f) Der 17-jährige Peter kauft sich von seinem Taschengeld und seinen Ersparnissen ein gebrauchtes Mofa. Er schließt außerdem einen Versicherungsvertrag für das Mofa ab.

g) Der 13-jährige Frank erhält von seiner Tante ein Geldgeschenk über 2.000 €. Die Eltern von Frank lehnen dieses Geschenk ab, weil sie seit Jahren mit der Tante zerstritten sind.

h) Die 17-jährige Katja hat zu Beginn der Sommerferien einen Job im Einzelhandel angenommen. Ihre Eltern waren sehr zufrieden, dass Katja in den Ferien arbeitet und sich so Geld für die Ferien verdient. Nach einigen Tagen beschließt Katja für alle Fälle eine Haftpflichtversicherung abzuschließen. Ihre Eltern sind damit nicht einverstanden, sie wollen den Versicherungsvertrag rückgängig machen.

2   Aufgabe (Geschäftsfähigkeit und Genehmigung)

Die Eltern des 16-jährigen Jens Berg erhalten von einem Elektro-Fachgeschäft die Aufforderung, den Kauf eines Laptops XXL ihres Sohnes nachträglich zu genehmigen. Den Kaufpreis von 1.500 € hatte Jens sich von seiner Oma geliehen.

a) Beurteilen Sie die Rechtslage unter der Voraussetzung, dass die Eltern bis jetzt noch keine Einwilligung zum Kauf gegeben haben.

b) Welche rechtlichen Konsequenzen ergeben sich für den Kaufvertrag, wenn die Eltern keine Genehmigung erteilen?

3   Aufgabe (Gültigkeit von Rechtsgeschäften)

Die 17-jährige Melanie erhält von ihren Eltern ein monatliches Taschengeld von 50 €. Prüfen Sie, ob folgende Rechtsgeschäfte gültig sind.

a) Im letzten Monat kaufte sich Melanie einen ipod für 85 €. Das Geld dafür hat sie sich in den letzten Monaten angespart.

b) Als letzte Woche ihre Armbanduhr „den Geist aufgab", kaufte sie sich spontan für 25 € eine neue

4   Aufgabe (beschränkte Geschäftsfähigkeit)

Die 13-jährige Ute Lind kauft sich bei einem Sportgeschäft einen Golfschläger zum Preis von 80 €. Sie hat mit dem Inhaber des Sportgeschäfts vereinbart, dass sie von ihrem Taschengeld 30 € anzahlt und den Rest in 5 Raten zu je 10 € begleicht. Ute verheimlicht ihren Eltern den Kauf. Eine Woche später gibt es Ärger zu Hause und ihre Eltern kürzen ihr für die nächsten drei Monate das Taschengeld, sodass sie ihren Verpflichtungen unmöglich nachkommen kann. Ute gesteht daraufhin ihren Eltern den Kauf des Golfschlägers. Der Vater bringt diesen in das Sportgeschäft zurück und verlangt die Rückgabe der Anzahlung. Wie beurteilen Sie die Rechtslage?

5   Aufgabe (Kündigung des Arbeitsvertrages)

Der 17-jährige Gernot Tisch arbeitet bis zum Beginn seiner Ausbildung als Aushilfe in einem Supermarkt. Seine Eltern sind mit dieser Tätigkeit einverstanden. Nach einigen Tagen findet Gernot diese Tätigkeit zu öde und kündigt termingerecht. Sein Vater, der mit der Kündigung nicht einverstanden ist, teilt dem Arbeitgeber mit, dass er als gesetzlicher Vertreter die Kündigung widerrufe. Wie ist die Rechtslage?

6   Aufgabe (Taschengeld)

Der 16-jährige Michael Gross hat sich ein gebrauchtes Schlagzeug gekauft. Zunächst ist sein Vater von dieser Errungenschaft begeistert. Als Michael nach fünf Wochen immer noch kein Rhythmusgefühl entwickelt hat, verlangt der Vater, dass das Instrument zum Händler zurückgebracht wird. Wie beurteilen Sie diese Rechtslage?

7 Aufgabe (Geldgeschenke)

Marion hat von ihrer Tante 2.000 € geschenkt bekommen. Die Eltern erfahren davon und verlangen, dass das Geld zurückgegeben werden soll.

Prüfen Sie, ob Marion das Geld zurückgeben muss, wenn sie

a) 5 Jahre

b) 15 Jahre alt ist.

8 Aufgabe (beschränkte Geschäftsfähigkeit)

Der 16-jährige Boris erhält von seinem Onkel unerwartet 800 €. Er überlegt nicht lange, wie er das Geld ausgeben wird.

a) Zuerst kauft er sich für 500 € ein neues Rennrad.

b) Für das restliche Geld kauft er seinem Freund Denis ein Mofa ab.

Konnte Boris in den o.a. Fällen rechtsgültige Willenserklärungen abgeben?

9 Aufgabe (Rechtsfähigkeit und Geschäftsfähigkeit)

Beurteilen Sie, ob die nachfolgenden Rechtssubjekte rechtsfähig sind und in welchem Maße sie darüber hinaus evtl. auch noch geschäftsfähig sind.

a) Die „Brauerei Golden – AG" beschäftigt in all ihren Niederlassungen insgesamt 2.500 Mitarbeiter.

b) Isabel Müller freut sich auf die Geburt ihres Wunschkindes.

c) Die 85-jährige Urgroßmutter fährt mit ihrem Enkel noch Fahrrad.

d) Die 4-jährige Yvonne Röhl feiert ihren Geburtstag.

e) Der „Fußballclub Eintracht" lässt sich ins Vereinsregister eintragen.

f) Der 18-jährige Auszubildende Denis Braun unterschreibt den Mietvertrag für seine erste Wohnung.

2 Rechtsobjekte

Rechtsobjekte sind Gegenstände des Rechtsverkehrs und können Sachen oder Rechte sein.

§ 90 BGB

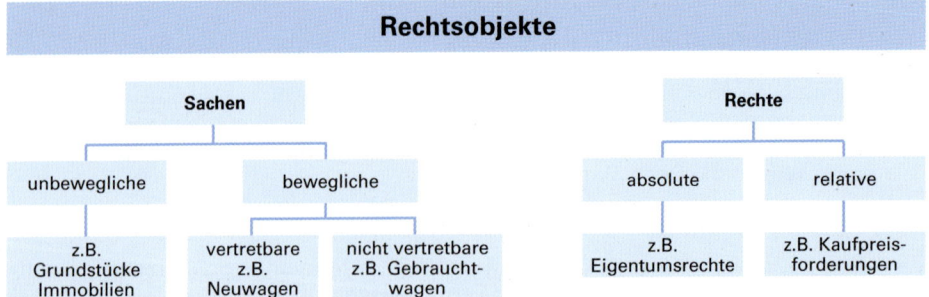

Sachen im Sinne des BGB sind nur körperliche Gegenstände. Tiere sind keine Sachen, sie werden durch besondere Gesetze geschützt. § 90a BGB

Zu den unbeweglichen Sachen gehören Grundstücke und Immobilien.

Bewegliche Sachen sind alle anderen Gegenstände. Hier wird unterschieden in vertretbare und nicht vertretbare Sachen. Vertretbare Sachen (Gattungssachen) sind untereinander austauschbar, sie sind durch Zahl, Maß und Gewicht bestimmt. Nicht vertretbare Sachen (Speziessachen) können nicht durch andere Sachen ersetzt werden, sie sind durch individuelle Merkmale bestimmt.

Unter Rechten versteht man die Berechtigung, von jemandem etwas zu verlangen. Absolute Rechte bestehen gegen jedermann und jedermann hat sie zu beachten. Relative Rechte bestehen nur zwischen bestimmten Personen.

Beispiel:

Frau Miller ist Eigentümerin eines Grundstücks.

Dieses Recht kann sie gegenüber jedem Bürger geltend machen. Verkauft Frau Miller dieses Grundstück, so besteht hier nur eine Rechtsbeziehung zwischen Käufer und Verkäufer und sie hat eine Kaufpreisforderung gegenüber dem Käufer.

2.1 Besitz § 854 BGB

Besitz ist die tatsächliche Herrschaft über eine Sache, gleichgültig ob dies auf rechtmäßigem oder unrechtmäßigem Weg geschehen ist.

Man unterscheidet folgende Besitzarten:

› **unmittelbarer Besitzer:** die Person, die die Sache tatsächlich in ihrem Gewahrsam hat.

› **mittelbarer Besitzer:** die Person, der die Sache zurückzugeben ist. § 868 BGB

› **Mitbesitzer:** die Person, die den unmittelbaren oder mittelbaren Besitz mit anderen gemeinschaftlich ausübt. Nur gemeinsam kann über die Sache verfügt werden. § 866 BGB

Beispiel:

Die Eheleute Elke und Günter Schwarz haben sich vor längerer Zeit eine große Wohnung mit sechs Zimmern gemietet. Als die Kinder ausgezogen waren, entschlossen sich die Eltern, die Wohnung trotzdem nicht aufzugeben. Sie vermieten drei Zimmer der Wohnung an Frau Kühne. Frau Kühne stellte nach einiger Zeit fest, dass die Miete für diese Wohnung für sie zu hoch ist, denn fast die Hälfte ihres Nettogehaltes gingen für die Miete weg. Sie entschloss sich ein Zimmer an Messegäste zu vermieten.

Die Eheleute Schwarz sind Mitbesitzer dieser Wohnung.

Frau Kühn ist mittelbare Besitzerin des vermieteten Zimmers.

Der jeweilige Messegast ist unmittelbarer Besitzer des gemieteten Zimmers.

2.2 Eigentum

§ 903 BGB

Eigentum ist die rechtliche Herrschaft über eine Sache. Dem Eigentümer gehört die Sache, er kann damit nach Belieben verfahren.

Man unterscheidet folgende Eigentumsarten:

› **Alleineigentum**

Eine Person hat die alleinige rechtliche Herrschaft über eine Sache

› **Miteigentum**

Mehrere Personen haben gemeinsam die rechtliche Herrschaft über eine Sache. Diese wird gemeinschaftlich verwaltet, über sie kann nur gemeinschaftlich verfügt werden. Jeder Miteigentümer kann aber jederzeit seinen Anteil verkaufen.

> **Beispiel:**
> Das Gemeinschaftseigentum einer Tiefgarage bei einer Eigentumswohnanlage.

› **Miteigentum zur gesamten Hand**

Mehrere Personen sind Miteigentümer, jeder kann jedoch nicht alleine über seinen Anteil am Vermögen verfügen bzw. diesen verkaufen, z. B. das Vermögen des Tennisclubs Schwarz-Gelb e. V.

■ Eigentumsübertragung an beweglichen Sachen

Zu einer Eigentumsübertragung ist immer eine Einigung notwendig. Dies kann der Abschluss eines Kaufvertrages sein[1].

§ 929 BGB

› **Einigung und Übergabe**

Die rechtliche Übertragung erfolgt durch Einigung über die Übergabe und durch die Übergabe selbst.

> **Beispiel:**
> Die Auszubildende Martina Klenk betritt die Buchhandlung Rothe. Sie sieht sich um und entschließt sich ein Taschenbuch zu kaufen. Sie geht mit dem Buch zur Kasse und signalisiert der Verkäuferin, dass sie dieses Buch kaufen möchte. Die Kassiererin nennt ihr den Preis. Martina bezahlt und steckt das Taschenbuch ein.

§ 929 S. 2 BGB

› **Einigung**

Der Käufer ist bereits Besitzer des Gegenstandes und soll nun auch noch Eigentümer werden.

> **Beispiel:**
> Frau Aller ist mit der Lampe einverstanden und kauft sie. Sie hatte sie zum Ausprobieren bereits mit nach Hause genommen.

§ 930 BGB

› **Einigung und Vereinbarung eines Besitzkonstituts**

Mit der Einigung wird vereinbart, dass der Käufer Eigentümer werden soll, der Verkäufer aber Besitzer bleibt.

---

[1] Das UStG definiert eine Lieferung als Verschaffung der Verfügungsmacht, dies stimmt i. d. R. mit der Eigentumsübertragung überein. Ausnahmen: bei Sicherungsübereignung, Eigentumsvorbehalt und bei gestohlenen Sachen.

Rechtsobjekte 33

> **Beispiel:**
>
> Ulli Dragon kauft bei einer Autoausstellung einen Oldtimer. Der Verkäufer übergibt ihm nach der Bezahlung der Kaufsumme den Kfz-Brief. Käufer und Verkäufer vereinbaren, dass der Oldtimer noch bis zum Ende der Woche in der Ausstellung stehen bleibt.

› **Einigung und Abtretung des Herausgabeanspruchs** § 931 BGB

Der gekaufte Gegenstand befindet sich bei einem Dritten. Durch die Abtretungserklärung (Lagerschein) wird der Käufer Eigentümer.

> **Beispiel:**
>
> Der Antiquitätenhändler Kay Fuchs entschließt sich von dem Hotelier Ingo Mainzer mehrere Antiquitäten zu kaufen. Da der Hotelier sein Haus schon vor einiger Zeit umgestaltet hat, ließ er diese Gegenstände in einem Lagerhaus einlagern.
>
> Durch den Kaufvertrag und die Übergabe des Lagerscheins wurde Kay Fuchs Eigentümer dieser Antiquitäten.

Eigentumsübertragung an unbeweglichen Sachen § 873 BGB / § 925 BGB

Die Eigentumsübertragung an unbeweglichen Sachen (Grundstücken) erfolgt durch Auflassung und Eintragung im Grundbuch. Die Auflassung ist die Einigung zwischen Verkäufer und Käufer, dass das Eigentum übergehen soll. Diese Erklärung muss durch Anwesenheit von Käufer und Verkäufer vor einem Notar erklärt und durch diesen beurkundet werden. Die Eintragung ins Grundbuch ist bei Grundstücken das äußere Zeichen des Eigentumsübergangs.

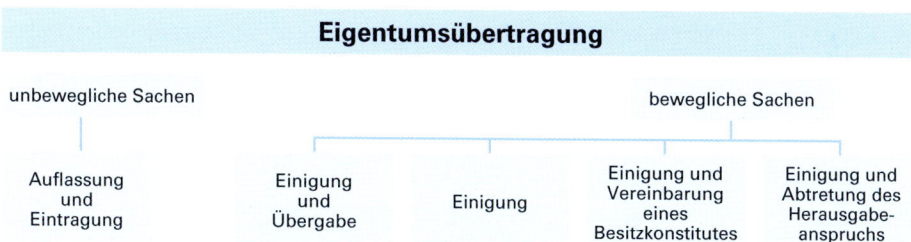

Gutgläubiger Eigentumserwerb § 932 BGB

Grundsätzlich kann man das Eigentum an einer Sache nur vom bisherigen Eigentümer erwerben. Nur im Ausnahmefall wird man Eigentümer einer Sache, die dem Veräußerer nicht gehört. In diesem Falle handelt der Erwerber im „guten Glauben". Gutgläubig heißt, dass man den Veräußerer den Umständen nach für den Eigentümer halten darf.

Wenn der Erwerber einer Sache jedoch weiß oder infolge Fahrlässigkeit nicht weiß, dass der Veräußerer nicht Eigentümer ist (bösgläubiger Erwerb), kann er das Eigentum an dieser Sache nicht erwerben.

An gestohlenen, verlorenen oder sonst abhanden gekommenen Sachen kann grundsätzlich kein Eigentum erworben werden, auch dann nicht, wenn der Käufer die gestohlene Sache in gutem Glauben gekauft hat. § 935 BGB

> **Beispiel:**
>
> Der Auszubildende Peter Krause hat seit längerer Zeit ein Keyboard von seinem Freund geliehen. Aus Geldmangel will Peter das geliehene Keyboard an Sabrina verkaufen. Sie ahnt nicht, dass Peter nicht Eigentümer dieses Boards ist. Er legt ihr eine gefälschte Rechnung als Beweis vor, sie kauft dieses Board von ihm und zahlt den gewünschten Kaufpreis.
>
> Da Sabrina in gutem Glauben gehandelt hat, wird sie rechtmäßige Eigentümerin.

2.3 Eigentumsvorbehalt

§ 449 BGB

Durch die Vereinbarung des Eigentumsvorbehalts bleibt der Verkäufer bis zur vollständigen Bezahlung des Kaufpreises Eigentümer der Sache. Dies stellte eine Kaufpreissicherheit dar. Der Käufer wird durch die Übergabe zunächst nur Besitzer.

■ Einfacher Eigentumsvorbehalt

Der Eigentumsvorbehalt erlischt, wenn der Kaufpreis vollständig bezahlt ist.

› **Der Eigentumsvorbehalt erlischt auch, wenn die Sache an einen gutgläubigen Dritten weiterveräußert oder verpfändet wird.**

> **Beispiel:**
>
> Der Sporthändler Wolfgang Klein verkauft ein Fahrrad, das er unter Eigentumsvorbehalt erworben und noch nicht bezahlt hat.
>
> Mit der Übergabe wird der gutgläubige Käufer Eigentümer des Rades.

› **Der Eigentumsvorbehalt erlischt auch, wenn die Sache verarbeitet wird.**

> **Beispiel:**
>
> Fliesenleger Mayer verlegte Bodenfliesen, die er unter Eigentumsvorbehalt eingekauft und noch nicht bezahlt hatte, in der Eigentumswohnung von Frau Linde.
>
> Mit dem Verlegen der Bodenfliesen geht das Eigentum an Frau Linde über

› **Der Eigentumsvorbehalt erlischt auch, wenn die Sache mit einer unbeweglichen Sache fest verbunden wird.**

> **Beispiel:**
>
> Ein Schreiner baut eine Holztreppe, die er unter Eigentumsvorbehalt erworben und noch nicht bezahlt hat, in das Haus eines Kunden ein.
>
> Mit dem Einbau wird der gutgläubige Kunde Eigentümer der Treppe.

› **Der Eigentumsvorbehalt erlischt auch, wenn die Sache vernichtet wird.**

> **Beispiel:**
>
> In einer Druckerei bricht Feuer aus und das unter Eigentumsvorbehalt gelieferte Papier wird unbrauchbar.
>
> Der Eigentumsvorbehalt ist erloschen, da das Papier nicht mehr verwendet werden kann.

Wie man an den Beispielen erkennen kann bietet der einfache Eigentumsvorbehalt keine hinreichende Sicherheit für den Gläubiger. Aus diesem Grunde wird oft der verlängerte oder erweiterte Eigentumsvorbehalt vereinbart.

Verlängerter Eigentumsvorbehalt

Vom verlängerten Eigentumsvorbehalt wird gesprochen, wenn bei der Verarbeitung hergestellte Gegenstände zur Sicherheit übereignet werden oder beim Weiterverkauf die entstehende Forderung abgetreten wird.

> **Beispiel:**
>
> Die Holzhandlung Müller liefert an den Schreiner Schmidt unter verlängertem Eigentumsvorbehalt Buchenholz. Der Schreiner erstellt daraus eine Holztreppe.
>
> Die Holzhandlung bleibt Eigentümer des verkauften Materials. Sie hat ein Zugriffsrecht auf die Neuware, soweit diese nicht wesentlicher Bestandteil einer Sache ist, bis die Schreinerei bezahlt hat.

Erweiterter Eigentumsvorbehalt

Ein erweiterter Eigentumsvorbehalt liegt vor, wenn der Käufer erst bei Begleichung aller seiner Schulden Eigentümer der Sache wird.

> **Beispiel:**
>
> Die Brauerei Bauer beliefert eine Gaststätte wöchentlich mit Bier und Limonade. Die Brauerei hat mit dem Wirt der Gaststätte einen erweiterten Eigentumsvorbehalt vereinbart.
>
> Die Brauerei bleibt bis zur vollständigen Bezahlung aller Forderungen Eigentümer der gelieferten Getränke.

Erarbeitungsfälle

1 Aufgabe (Besitzer und Eigentümer)

Stellen Sie bei den jeweiligen Situationen fest, wer Besitzer und wer Eigentümer ist!

a) Ein Kfz-Händler verkauft im Kundenauftrag einen Pkw an Wilhelm Straub.

b) Die Hans Krämer OHG least für ein Jahr von einem Büromaschinenhersteller vier Fotokopierer.

c) Eine Kundin kauft in einem Textilfachgeschäft ein Halstuch. Auf dem Nachhauseweg verliert sie das Halstuch. Ein Spaziergänger findet es.

d) Ein Kunde kauft einen Laptop, der dem Einzelhändler vom Hersteller zu Vorführzwecken leihweise überlassen wurde.

2 Aufgabe (Besitz und Eigentum)

Das Möbelhaus Paul überlässt einem Kunden für drei Tage probeweise einen Schreibtischstuhl. Nach drei Tagen ruft der Kunde an und teilt dem Möbelhaus mit, dass er den Stuhl kaufen möchte, da ihm dieser sehr gut gefällt. Am nächsten Tag kommt der Kunde in das Geschäft und zahlt den geforderten Kaufpreis.

a) Erläutern Sie die Besitz- und Eigentumsverhältnisse am Stuhl bis zum Anruf des Kunden!

b) Beschreiben Sie, wie in diesem Fall die Eigentumsübertragung stattfindet!

c) Erklären Sie, wann der Kunde Eigentümer des Stuhles wird!

3 ▶ **Aufgabe (Besitzer und Eigentümer)**

Frank Wellner hat mit 18 Jahren die Führerscheinprüfung bestanden und will sich ein Auto kaufen. Sein Mofa, das er seinem Freund Karl Bittner ausgeliehen hat, will er an Klaus Maurer verkaufen.

a) Wer ist Besitzer und wer ist Eigentümer des Mofas? Begründen Sie Ihre Meinung.

b) Wie vollzieht sich die Eigentumsübertragung an Klaus Maurer, wenn sich das Mofa noch im Besitz von Karl Bittner befindet?

4 ▶ **Aufgabe (Eigentumsübertragung)**

Entscheiden und begründen Sie, wann (Datumsangabe) das Eigentum in den nachfolgend geschilderten Fällen vom Verkäufer auf den Erwerber übergeht.

a) Doris Schenk, Inhaberin einer Modeboutique, bestellt per Fax am 4. November bei der Kleiderfabrik Stoffmann GmbH 50 Mäntel. Die Ware wird am 8. November ordnungsgemäß geliefert. Frau Schenk überweist den Rechnungsbetrag in Höhe von 7.500 € am 14. November.

b) Der Privatmann Björn Jung kauft am 6. November auf der Düsseldorfer Antiquitätenmesse eine alte englische Standuhr zum Preis von 11.500 € und zahlt 1.500 € an. Er vereinbart mit dem Händler, dass die Uhr bis zum Ende der Messe am 14. November auf dem Ausstellungsstand verbleibt und danach in das Einfamilienhaus des Björn Jung in Siegen geliefert wird. Dann ist der Restkaufpreis in Höhe von 10.000 € zu begleichen.

5 ▶ **Aufgabe (Eigentumsübertragung)**

Prüfen und begründen Sie in den nachfolgenden Fällen unter Angabe des Datums, wann das Eigentum auf den Erwerber übergegangen ist, und nennen Sie die entsprechende Rechtsgrundlage.

a) Der Händler Peter Werner bot seinem Kunden Ulli Sommer am 27. Oktober an, einen Flachbildschirm für zwei Wochen auszuprobieren. Ulli Sommer nahm den Flachbildschirm mit nach Hause. Er erschien am 3. November im Geschäft des Werner und bekundete, dass er mit dem Gerät sehr zufrieden sei. Gleichzeitig bat Sommer um Ausstellung einer Rechnung über 800 €, die er am 11. November per Banküberweisung begleichen will.

b) Der Künstler Uwe Kleber stellt seine Bilderserie „Sommerwind" in der Düsseldorfer Kunsthalle aus. Der Kunstliebhaber Kitschmann kaufte am 16. August die vollständige Bilderserie von Kleber zum Preis von 15.000 € auf und zahlt 10.000 € an. Es wurde vereinbart, dass die Bilderserie noch bis zum Ende der Ausstellung am 14. September in der Kunsthalle verbleiben soll und danach in das Einfamilienhaus in Düsseldorf-Oberkassel geliefert wird. Erst dann ist der Restkaufpreis in Höhe von 5.000 € zu begleichen.

c) Christian Hess betreibt einen Motorradhandel. Arne Schnell interessiert sich am 20. September für ein ganz bestimmtes Motorrad, das Hess zurzeit nicht auf Lager hat. Hess hat aber ein derartiges Modell zurzeit seinem Neffen Berti vermietet. Nach einem am 27. Oktober geführten Telefongespräch zwischen Hess und seinem Neffen wird am 28. Oktober vereinbart, dass sich Arne Schnell das Motorrad bei Berti abholen kann. Arne Schnell fährt am 2. November zu Berti und nimmt das Motorrad in Empfang. Den Kaufpreis begleicht er am 11. November.

6 **Aufgabe (Eigentumsvorbehalt)**

Die „Metallwaren-GmbH" aus Essen hat dem Bauherrn Neumann 40 Meter Dachrinnen geliefert. Neumann bringt diese an seinem Hausdach an. Nach 14 Tagen erhält er die Rechnung der Metallwaren-GmbH mit der Wiederholung der vereinbarten Vertragsklausel: „Die Ware bleibt bis zur vollständigen Bezahlung unser Eigentum."

a) Welchen rechtlichen Zweck hat diese Vertragsklausel?

b) Welche rechtliche Wirkung hat diese Vertragsklausel nach dem Einbau der Dachrinnen?

7 **Aufgabe (Eigentumsvorbehalt)**

Entscheiden und begründen Sie, wer in den nachfolgenden Fällen Eigentümer der Sache ist.

a) Tobias kauft in einem Sportgeschäft ein Paar Ski zu einem besonders günstigen Preis. Er weiß nicht, dass das Sportgeschäft die Ski unter Eigentumsvorbehalt bezogen hat.

b) Rudi Knöller lässt von einer Kfz-Werkstatt an seinem Auto eine neue Auspuffanlage einbauen. Die Auspuffanlage wurde an die Werkstatt unter Eigentumsvorbehalt geliefert.

c) Die Firma Klein & Schulz baut in das Badezimmer der Familie Neumann eine neue Dusche ein. Die Dusche war vom Hersteller unter Eigentumsvorbehalt geliefert worden.

d) Im Restaurant „Schöne Aussicht" werden Obst und Gemüse verarbeitet, die täglich frisch und unter Eigentumsvorbehalt geliefert werden.

8 **Aufgabe (Eigentumsvorbehalt)**

Das „Sägewerk Müller & Co" verkauft fertig zugeschnittenes Holz an die Schreinerei Rölle. Im Kaufvertrag wurde vereinbart, dass das Holz auch nach der Verarbeitung Eigentum des Sägewerks bleibt, wenn der Kaufpreis nicht bezahlt wurde. Die Schreinerei Rölle verarbeitet das Holz zu einer Treppe und baut diese in den Neubau der Familie Anton ein. Als das Sägewerk die noch offene Holzrechnung anmahnt, ist die Schreinerei Rölle der Meinung, dass das Holz bereits weiterverarbeitet wurde und somit der Eigentumsvorbehalt erloschen ist. Wie ist die Rechtslage?

9 **Aufgabe (Eigentumsvorbehalt)**

Die Firma Schnell erhält, wie vertraglich vereinbart, wöchentlich von der Felgenfabrik Maurer in Schleswig eine größere Lieferung von Autofelgen. Die Lieferung erfolgt unter erweitertem Eigentumsvorbehalt. Da die Firma Schnell seit Monaten die fälligen Rechnungen nicht bezahlt, beschließt die Felgenfabrik ihre Lieferungen einzustellen und die noch im Lager der Firma Schnell befindlichen Felgen abzuholen. Die Firma Schnell wehrt sich dagegen und vertritt die Meinung, dass nur die noch nicht bezahlte Ware abgeholt werden darf. Wie ist die Rechtslage? Begründen Sie Ihre Meinung.

10 **Aufgabe (Eigentum und Eigentumsvorbehalt)**

Die Firma Stark vereinbart mit allen ihren Kunden im Kaufvertrag einen Eigentumsvorbehalt. So lieferte sie an die Tiefbau-GmbH eine hochwertige Baumaschine für 250.000 €. Die Tiefbau-GmbH verkaufte diese Maschine bereits nach drei Monaten weiter, da die Auslastung dieser Maschine zu gering war. Eine weitere kleinere Baumaschine für 60.000 € wurde an die Hochbau AG geliefert. Beide Maschinen sind noch nicht bezahlt. Die Firma Stark möchte den Eigentumsvorbehalt geltend machen. Beurteilen Sie die Aussichten auf Erfolg.

11 Aufgabe (Eigentum und Umsatzsteuer)

Else Feid aus Magdeburg kauft in einem Kaufhaus einen Kühlschrank für 390 €. Der Kaufvertrag wird am 30. Januar abgeschlossen, die Lieferung erfolgt am 1. Februar. Frau Feid vereinbart mit dem Verkäufer eine sofort fällige Anzahlung über 90 € und drei Monatsraten, fällig am 15. Februar, 15. März und 15. April zu je 100 €. Die sofort fälligen Zinsen von 6% werden zusammen mit der Anzahlung beglichen. Im Kaufvertrag wird vereinbart, dass der Kühlschrank bis zur vollständigen Bezahlung Eigentum des Kaufhauses bleibt.

a) Wer ist im Februar Eigentümer und wer ist Besitzer des Kühlschrankes?

b) An welchem Tag wird Frau Feid Eigentümerin des Kühlschrankes?

c) In welcher Umsatzsteuer-Voranmeldung muss das Kaufhaus (Monatszahler, Sollversteuerer) die steuerbare Lieferung angeben?

3 Rechtsgeschäfte

Damit ein Rechtsgeschäft zu Stande kommt, muss ein Wille zum Ausdruck gebracht werden. Juristisch nennt man dies eine Willenserklärung. Rechtsbedeutsam wird ein Wille nur, wenn er auch erklärt wird. Dies kann geschehen durch:

› ausdrückliche Erklärung, z. B. schriftlich oder mündlich
› schlüssige Handlung, z. B. Kopfnicken, Handzeichen

3.1 Arten von Rechtsgeschäften

Es werden einseitige und zweiseitige Rechtsgeschäfte unterschieden.

Einseitige Rechtsgeschäfte

Hierbei ist die Willenserklärung nur einer Person erforderlich. Man unterscheidet Willenserklärungen, die schon mit ihrer Äußerung oder erst mit der Wahrnehmung durch den Empfänger rechtswirksam werden.

› **Empfangsbedürftige Willenserklärungen**

Diese müssen in den Herrschaftsbereich des Empfängers gelangen, um rechtswirksam zu werden.

> **Beispiel:**
> Eine Kündigung ist erst rechtswirksam, wenn sie beim Empfänger eingegangen ist.

› **Nicht empfangsbedürftige Willenserklärungen**

Sie werden bereits mit ihrer Abgabe rechtswirksam, z. B. Testament.

Rechtsgeschäfte

■ Zweiseitige Rechtsgeschäfte

Diese entstehen, wenn zwei oder mehr übereinstimmende Willenserklärungen vorliegen. Sie begründen ein Schuldverhältnis und werden Verträge genannt.

❯ Einseitig verpflichtende Verträge

Bei den einseitig verpflichtenden Verträgen ist nur ein Vertragspartner zu einer Leistung verpflichtet, der andere wird nur berechtigt, z. B. eine Bürgschaft.

❯ Zweiseitig verpflichtende Verträge

Beide Vertragspartner sind zu einer Leistung verpflichtet und berechtigt, z.B. ein Ausbildungsvertrag.

3.2 ❯ Vertragsarten

Ein rechtsgültiger Vertrag entsteht, wenn mindestens zwei übereinstimmende Willenserklärungen vorliegen. Die zeitlich erste Erklärung heißt Antrag und die spätere Annahme.

§§ 433 ff. BGB

Kreditvertrag

❯ der Kreditnehmer gibt die erste Willenserklärung (Antrag) ab.

§§ 488 ff. BGB

Kreditvertrag

❯ der Kreditgeber gibt die erste Willenserklärung (Antrag) ab.

Folgende weitere zweiseitige Rechtsgeschäfte können unterschieden werden:

Vertragsarten	Vertragspartner	Vertragsinhalt	Beispiele	Gesetzliche Regelungen
Kaufvertrag	Käufer und Verkäufer	Entgeltlicher Verkauf von Sachen und Rechten	Steuerberater kauft einen neuen PC.	BGB §§ 433–514
Leihvertrag	Entleiher Verleiher	Unentgeltliches Überlassen von Sachen zum Gebrauch	Die Steuerfachangestellte entleiht in der Stadtbücherei ein Buch.	BGB §§ 598–605
Mietvertrag	Mieter und Vermieter	Überlassung von Sachen zum Gebrauch gegen Entgelt	Steuerberater mietet Büroräume an.	BGB §§ 535–580
Leasingvertrag	Leasingnehmer und Leasinggeber	Überlassen von Sachen zum Gebrauch gegen Entgelt und späterer Kauf oder Rückgabe	Steuerberater schließt einen Leasingvertrag über einen Pkw ab.	BGB §§ 535–580
Pachtvertrag	Pächter und Verpächter	Überlassung von Sachen und Rechten zum Gebrauch und Fruchtgenuss gegen Entgelt	Steuerberater benutzt den Platz des angrenzenden Grundstücks für Parkplätze. Seine Mandanten müssen dafür Parkgebühren bezahlen.	BGB §§ 581–597
Werkvertrag	Besteller und Unternehmer	Herstellung eines Werkes gegen Vergütung	Der Steuerberater erstellt für einen Mandanten eine Einkommensteuererklärung	BGB §§ 631–650
Dienstvertrag	Dienstempfänger und Dienstleistender	Entgeltliche Leistung von Diensten ohne Erfolgsgarantie	Ein Rechtsanwalt vertritt einen Steuerberater in einem Klageverfahren.	BGB §§ 611–630
Arbeitsvertrag	Arbeitnehmer und Arbeitgeber	Verpflichtung einer Person gegen Entgelt zur Arbeit	Der Steuerberater stellt eine Steuerfachangestellte ein.	BGB §§ 611–630
Ausbildungsvertrag	Auszubildender und Ausbilder	Verpflichtung einer Person zur Ausbildung gegen Vergütung	Der Steuerberater stellt eine Auszubildende ein.	BBiG §§ 1 ff.
Schenkungsvertrag	Beschenkter und Schenker	Unentgeltliche Zuwendung von Sachen oder Rechten, durch die der Beschenkte bereichert wird	Steuerberater schenkt seiner Tochter ein Auto.	BGB §§ 516–534
Darlehensvertrag	Darlehensnehmer und Darlehensgeber	Entgeltliches oder unentgeltliches Überlassen von Geld oder anderen vertretbaren Sachen gegen spätere Rückgabe	Der Steuerberater nimmt bei seiner Bank ein Darlehen auf.	BGB §§ 488 ff.

3.3 Form von Rechtsgeschäften

Die meisten Rechtsgeschäfte bedürfen bei ihrem Abschluss und für ihre Rechtsgültigkeit keiner besonderen Form. Formzwang besteht nur dann, wenn diese durch ein Gesetz vorgeschrieben oder vertraglich vereinbart wurde. Dies geschieht i. d. R. aus Gründen einer besseren Beweissicherung, um größere Rechtssicherheit zu erreichen und um voreilige Schlüsse zu vermeiden.

■ Schriftliche Form § 126 BGB

Folgende Rechtsgeschäfte müssen in schriftlicher Form abgefasst werden. Dies geschieht durch eigenhändige Namensunterschrift.

Beispiele hierfür sind:
- Mietverträge mit einer Laufzeit von länger als einem Jahr § 550 BGB
- Kündigung von Mietverhältnissen
- Verbraucherkredite
- Bürgschaftserklärungen von Privatpersonen § 766 BGB
- Schuldanerkenntnisse
- eigenhändiges Testament § 2247 BGB
- Kündigung von Arbeitsverhältnissen § 623 BGB

■ Öffentliche Beglaubigung § 129 BGB

Die Erklärung muss schriftlich abgefasst und die Unterschrift des Erklärenden von einem Notar beglaubigt werden. Die Beglaubigung bestätigt nur die Echtheit der Unterschrift und bezieht sich nicht auf den Inhalt der Urkunde.

- Ausschlagung einer Erbschaft § 1945 BGB
- Antrag auf Eintragung in das Handelsregister § 12 HGB

■ Notarielle Beurkundung § 128 BGB

Die Willenserklärungen werden von einem Notar protokollarisch aufgenommen. Diese Niederschrift muss in Gegenwart des Notars und den Beteiligten vorgelesen, genehmigt und eigenhändig unterschrieben werden.

- Grundstückskaufvertrag § 873 BGB
- Schenkungsversprechen § 518 BGB
- Erbvertrag § 2276 BGB
- Ehevertrag § 1410 BGB
- Gesellschaftsvertrag einer Kapitalgesellschaft § 12 HGB

Fehlt bei einem Rechtsgeschäft die vorgeschriebene Form, ist dieses nichtig.

3.4 Nichtigkeit von Rechtsgeschäften

Nichtige Rechtsgeschäfte sind von Anfang an unwirksam. Bereits erbrachte Leistungen sind zu erstatten.

Folgende Gründe führen zur Nichtigkeit:

§ 125 BGB
> **Formmangel**

Ein Rechtsgeschäft, welches gegen die gesetzliche oder vertragliche Formvorschrift verstößt, ist nichtig.

> **Beispiel:**
> Bei einem nur schriftlich abgeschlossenen Kaufvertrag über eine Eigentumswohnung fehlt die notarielle Beurkundung.

§ 105 (1) BGB
> **Willenserklärungen von Geschäftsunfähigen**

> **Beispiel:**
> Der 5-jährige Martin verschenkt sein Dreirad an seinen Freund.

§ 105 (2) BGB
> **Willenserklärungen im Zustand der Bewusstlosigkeit oder Geistesstörung**

> **Beispiel:**
> Der volltrunkene Frank verkauft sein neues Auto für eine Flasche Campari an einen Freund.

§ 118 BGB
> **Scherzgeschäfte**

Eine nicht ernst gemeinte Willenserklärung ist nichtig, wenn erwartet werden kann, dass der Scherz zu erkennen ist.

> **Beispiel:**
> Ein Wohnungseigentümer teilt sämtlichen Mietern am 1. April mit, dass die neue Miete ab sofort 1 € beträgt.

§ 117 BGB
> **Scheingeschäfte**

Wird eine Willenserklärung, die einem anderen gegenüber abzugeben ist, mit dessen Einverständnis nur zum Schein abgegeben, so ist sie nichtig.

> **Beispiel:**
> Käufer und Verkäufer sind sich einig, dass im Kaufvertrag, der vor einem Notar geschlossen wird, nur ein Kaufpreis von 200.000 € aufgeführt werden soll, um Grunderwerbsteuer und Notarkosten zu sparen. Tatsächlich beträgt der Kaufpreis 500.000 €.

§ 138 BGB
> **Rechtsgeschäfte, die gegen die guten Sitten verstoßen**

> **Beispiel:**
> Ein privater Darlehensgeber verlangt 30 % Zinsen für ein Darlehen (Wucher).

§ 134 BGB
> **Rechtsgeschäfte, die gegen ein gesetzliches Verbot verstoßen**

> **Beispiel:**
> Ein Kaufvertrag über Rauschgift.

3.5 ▶ Anfechtbarkeit von Rechtsgeschäften

Man geht bei der Anfechtung davon aus, dass das Rechtsgeschäft zunächst rechtsgültig zu Stande gekommen ist. Das Rechtsgeschäft bleibt auch bis zur Anfechtung gültig. Erst durch die Anfechtungserklärung des Berechtigten wird das Rechtsgeschäft von Anfang an als nichtig angesehen. Wird das Rechtsgeschäft nicht angefochten, bleibt das Rechtsgeschäft bestehen. §142 BGB

Die Anfechtung erfolgt durch eine formlose empfangsbedürftige Willenserklärung.

Folgende Anfechtungsgründe sind möglich:

▶ Irrtum in der Erklärung
§ 119 BGB

Der Wille des Erklärenden entspricht nicht dem, was er äußern wollte. Dies könnte aufgrund von Versprechen, Verschreiben oder auch Verrechnen verursacht werden.

Beispiel:

Der Verkäufer nennt als Verkaufspreis 15 € statt 50 €.

▶ Irrtum in der Übermittlung
§ 120 BGB

Die Willenserklärung ist durch die mit der Übermittlung beauftragte Person oder Institution unrichtig weitergegeben worden.

Beispiel:

Der Käufer erhält von einem Verkäufer, zu dem er eine langjährige Geschäftsbeziehung unterhält, ein Angebot per E-Mail über 500 T-Shirts zu einem für ihn sehr günstigen Preis von 6 € pro Stück. Bei der Rechnung stellt sich jedoch heraus, dass der Preis tatsächlich 8 € beträgt. Dieser Fehler ist auf einen technischen Defekt in der EDV-Anlage zurückzuführen.

▶ Irrtum über eine wesentliche Eigenschaft einer Person oder Sache
§ 119 (2) BGB

Der Erklärende hat eine falsche Vorstellung von der Person oder Sache.

Beispiel:

Der Steuerberater stellt einen neuen Mitarbeiter ein und ist der Meinung, dass es sich um einen gut ausgebildeten Steuerfachangestellten handelt. Tatsächlich stellt sich nach kurzer Zeit heraus, dass der neue Mitarbeiter nur Buchführungskenntnisse hat aber keine Steuererklärungen erstellen kann.

Eine Kunstsammlerin glaubt mit dem gekauften Gemälde das Werk eines bekannten Künstlers erworben zu haben, tatsächlich hat sie eine gute Fälschung gekauft.

Anfechtungsberechtigt ist, wer sich geirrt hat. Die Anfechtung muss unverzüglich nach Entdeckung des Irrtums erfolgen, spätestens aber vor Ablauf von 10 Jahren. § 121 BGB

Wird ein Rechtsgeschäft angefochten und somit nichtig, kann derjenige, dem ein Schaden entstanden ist, diesen geltend machen.

> **Beispiel:**
>
> Ein Sportgeschäft erhält schriftlich ein sehr günstiges Angebot über Badeanzüge. Es werden daraufhin, ebenfalls schriftlich, 200 Badeanzüge zu dem angebotenen Preis von 25 € bestellt. Gleichzeitig wird eine Werbebroschüre mit den Badeanzügen zu einem Sonderpreis in Auftrag gegeben. Der Druck der Broschüre kostet 400 €. Nach einigen Tagen meldet sich der Hersteller der Badeanzüge und korrigiert den Preis auf 45 €.
>
> Der Vertrag wird vom dem Hersteller angefochten und für nichtig erklärt. Das Sportgeschäft benötigt die in Auftrag gegebene Broschüre nun nicht mehr. Das Sportgeschäft kann deshalb vom Hersteller der Badeanzüge Schadenersatz wegen Anfechtung in Höhe der 400 € verlangen.

Kein Anfechtungsrecht besteht bei einem Motivirrtum.

> **Beispiel:**
>
> Wolfgang kauft Aktien in der Annahme, dass die Kurse steigen. Leider ist dies nicht der Fall.
>
> Dieses Rechtsgeschäft kann nicht angefochten werden.
>
> ---
>
> Zehn Freunde wollen am 20. Mai ein Fest an einem See im Freien feiern. Sie bestellen bei einem Partyservice ein Kaltes Büfett für 600 €. Leider regnet es an diesem Tag. Die Freunde lassen das Fest ausfallen und bleiben im Bett. Der Partyservice stellt ihnen jedoch trotzdem 600 € in Rechnung.
>
> Die Freunde müssen diesen Betrag bezahlen, da es sich hierbei um einen Motivirrtum handelt.

§ 123 BGB

› **Arglistige Täuschung oder widerrechtliche Drohung**

Eine arglistige Täuschung liegt immer dann vor, wenn jemand bewusst falsche Tatsachen vorspiegelt oder Tatsachen verschweigt, um ein Geschäft herbeizuführen.

> **Beispiel:**
>
> Ein Autobesitzer verkauft sein Auto als unfallfrei. Später stellt der Käufer fest, dass dieser Pkw nach einem Unfall aufwändig repariert wurde.
>
> Das Rechtsgeschäft kann wegen arglistiger Täuschung angefochten werden.
>
> ---
>
> Ein Mitarbeiter setzt eine Gehaltserhöhung durch, indem er seinem Arbeitgeber mit einer Anzeige wegen Steuerhinterziehung droht.
>
> Da es sich hierbei um ein unrechtmäßiges Geschäft handelt, kann dies wegen widerrechtlicher Drohung angefochten werden.

§ 124 BGB

Eine Anfechtung wegen arglistiger Täuschung oder widerrechtlicher Drohung muss innerhalb eines Jahres nach Kenntnis der Täuschung oder seit Aufhören der Zwangslage, spätestens aber innerhalb von 10 Jahren erfolgen.

Nichtigkeit von Rechtsgeschäften	Anfechtbarkeit von Rechtsgeschäften
› Formmangel	› Irrtum in der Erklärung
› Willenserklärung von Geschäftsunfähigen	› Irrtum in der Übermittlung
› Willenserklärungen im Zustand der Bewusstlosigkeit oder Geistesstörung	› Irrtum über eine wesentliche Eigenschaft einer Person oder Sache
› Scherzgeschäfte	› Arglistige Täuschung
› Scheingeschäfte	› Widerrechtliche Drohung
› Verstoß gegen die guten Sitten	
› Verbotene Rechtsgeschäfte	

Erarbeitungsfälle

1 Aufgabe (Rechtsgeschäfte)

Prüfen Sie, ob es sich bei den folgenden Rechtsgeschäften um einseitige oder zweiseitige Rechtsgeschäfte handelt.

a) Kaufvertrag *zweiseitig*
b) Kündigung *einseitig*
c) Schenkungsvertrag *zweiseitig*
d) Testament *einseitig*
e) Leihvertrag *zweiseitig*

2 Aufgabe (Rechtsgeschäfte)

Dietmar Hund hat von seinem Großvater zum Geburtstag ein Fahrrad geschenkt bekommen. Monika Schön erhielt von ihrer Großmutter 300 €, für die sie sich ein Fahrrad kaufte.

a) Wie viele Rechtsgeschäfte liegen insgesamt vor? *3*
b) Welche Vertragsarten sind gegeben? *Kauf 2x Schenk 1x*
c) Entscheiden Sie, ob es sich um einseitige oder zweiseitige Rechtsgeschäfte handelt. *zweiseitig*

3 Aufgabe (Vertragsarten)

Geben Sie an, um welche Vertragsart es sich bei den folgenden Fällen handelt:

a) Ein Steuerberater überlässt seiner Angestellten unentgeltlich den Pkw-Kombi für ihren Umzug.
b) Uta Müller erwirbt eine Eigentumswohnung in Magdeburg für 285.000 €.
c) Die Bank gewährt dem Angestellten Zimmer einen Kredit in Höhe von 15.000 € zum Kauf eines Autos.
d) Malermeister Schön renoviert die Praxisräume des Anwalts Schlau. Der Malermeister stellt die Tapeten und Farben.
e) Die Otto Breuer OHG stellt Harald Schmidt als Einkäufer ein.
f) Heinz Schobel überlässt sein Bergsteigerzelt unentgeltlich seinem Freund Ferdi Fliege, der es auf einem einwöchigen Urlaub in Tirol nutzt und anschließend zurückgibt.
g) Rene Schlauch und Britta Grün nutzen von der „Brauerei Starkbier" eine Kneipe.

4 Aufgabe (Vertragsarten)

Stellen Sie in den nachfolgenden Fällen fest, um welche Vertragsart es sich handelt, und geben Sie an, in welchen Gesetzen diese geregelt sind:

a) Veräußerung von Sachen und Rechten gegen Entgelt.

b) Überlassung von Sachen zum Gebrauch gegen Entgelt.

c) Herstellung eines Werkes gegen Entgelt, wobei der Auftraggeber das Material liefert.

d) Überlassung von Sachen zum Gebrauch und Fruchtgenuss gegen Entgelt.

5 Aufgabe (Formvorschriften)

In welcher Form müssen die folgenden Rechtsgeschäfte abgeschlossen werden?

a) Anmietung eines Hotelzimmers für drei Übernachtungen.

b) Anmeldung der Prokura beim Handelsregister.

c) Kauf eines Grundstücks, Kaufpreis 150.000 €.

d) Kauf eines Pkw, Kaufpreis 30.000 €.

e) Abschluss eines Mietvertrages über eine 3-Zimmer-Wohnung für vier Jahre.

f) Übernahme einer Bürgschaft durch eine Privatperson.

6 Aufgabe (nichtige Rechtsgeschäfte)

Beurteilen Sie die folgenden Rechtsfälle hinsichtlich ihrer Gültigkeit bzw. Nichtigkeit. Begründen Sie Ihre Antwort und geben Sie die Rechtsgrundlage an.

a) Ein Hehler schließt einen Vertrag über die Lieferung von Autoradios ab.

b) Ein Juwelier kauft einem verarmten Kunden Schmuckgegenstände für 100 € ab, die einen tatsächlichen Wert von 10.000 € haben.

c) Herr Rolf Mauser hat einen Hochdruckreiniger zum Preis von 1.200 € gekauft. Eine Woche später sieht er das gleiche Gerät bei einem anderen Händler zum Preis von 900 €.

d) Die Sauer KG hat für 1 Mio. Euro Aktien der Maschinenbau AG gekauft, in der Hoffnung, dass die Kurse steigen. Die Kurse fallen jedoch.

7 Aufgabe (gültige, anfechtbare und nichtige Rechtsgeschäfte)

Entscheiden Sie, ob es sich bei den nachfolgenden Sachverhalten um ein rechtsgültiges, anfechtbares oder nichtiges Rechtsgeschäft handelt. Geben Sie jeweils eine kurze Begründung.

a) Beim Abschluss des Gesellschaftsvertrages zwecks Errichtung einer Kapitalgesellschaft verzichten die Vertragsparteien aus Kostengründen einvernehmlich auf eine notarielle Beurkundung des Vertrages.

b) Der Käufer eines Personalcomputers stellt nach 2 Monaten fest, dass die Speicherkapazität des Gerätes wegen der Übernahme weiterer Softwareprogramme für seine Zwecke nicht mehr ausreicht.

c) Drei Monate nach Einstellung eines neuen Mitarbeiters stellt sich heraus, dass das Arbeitszeugnis des vorherigen Arbeitgebers vom Mitarbeiter gefälscht worden war.

d) Beim Angebot für einen Parkettfußboden „Mooreiche massiv" hatte das anfertigende Unternehmen versehentlich den Materialpreis für „Eiche furniert" kalkuliert, sodass der Endpreis um das Dreifache zu niedrig ausgewiesen wurde. Der Auftraggeber hatte den Auftrag zu den im Angebot genannten Bedingungen erteilt.

e) Zwei Freunde schließen einen Mietvertrag über die Benutzung von Büroräumen ab, um gegenüber dem Finanzamt Werbungskosten ansetzen zu können.

f) Monika verschenkt voller Glücksgefühle nach bestandener Abschlussprüfung ihre neue Stereo-Anlage.

8 Aufgabe (Anfechtung)

Theo Traurig bestellt bei der Firma Arnolds wegen des von ihm erwarteten Aufstiegs der ersten Mannschaft seines Fußballclubs 400 Schals in den Vereinsfarben zur kostenlosen Verteilung an die Fans. Wider Erwarten geht das Aufstiegsspiel verloren, sodass Traurig den Vertrag anfechten möchte. Nehmen Sie zu dieser Absicht Stellung.

9 Aufgabe (Anfechtung)

Versehentlich bietet die Firma Mode GmbH ihrem Kunden Jochen Klever Oberhemden zum Preis von 15 € pro Stück an. Der richtige Preis wäre 25 € gewesen, was die Mode GmbH aber nicht bemerkte. Klever bestellt umgehend 1.000 Hemden zum Stückpreis von 15 € und plant wegen des vermeintlich günstigen Preises sofort eine Werbekampagne, deren Vorbereitung Kosten in Höhe von 2.000 € verursacht. Bei Eingang der Bestellung bemerkt die Mode GmbH den Fehler.

Beantworten Sie folgende Fragen und begründen Sie Ihre Entscheidung:

a) Kann die Mode GmbH den Kaufvertrag anfechten?

b) Hat Klever Anspruch auf Schadenersatz in Höhe von 2.000 € wegen der vorbereiteten Werbekampagne?

10 Aufgabe (Anfechtung)

Uli Braun verkauft an einem Samstagnachmittag seinen VW-Golf an Martin Schön. Im Kaufvertrag wurde festgelegt, dass das Auto unfallfrei ist. Uli Braun hatte aber vor drei Monaten einen größeren Unfallschaden an dem Pkw, der aber aufwendig in einer Werkstatt repariert wurde. Martin Schön stellte diesen Sachverhalt nach wenigen Wochen fest. Nach 14 Monaten entschloss sich Herr Schön den Golf weiter zu verkaufen. Der Automarkt ging schlecht und er konnte den von ihm erwarteten Preis für das Auto nicht verlangen. Daraufhin erinnerte er sich, dass dieser Golf einen Unfallschaden hatte und ihm lt. Kaufvertrag aber ein unfallfreies Auto verkauft wurde. Welchen Erfolg hat Martin Schön den Kaufvertrag anzufechten?

Kapitel 3 Kaufvertragsrecht

Einführungssituation

Der 20-jährige Steuerfachangestellte Thomas Lauer hat seinem Arbeitskollegen Alex Klein sein gebrauchtes Auto angeboten. Beide einigen sich auf einen Kaufpreis von 7.000 €, der aber erst am 27. April fällig ist. Das Auto übergibt Thomas Lauer sofort. Trotz wiederholter Erinnerungen hat Alex Klein bis zum 22. August noch nicht bezahlt. Wegen dieser unterbliebenen Zahlung musste Thomas zur Finanzierung seines neuen Wagens einen Kredit bei seiner Hausbank über 8.000 € zu 10 % Zinsen aufnehmen.

Am 30. September stellt sich Thomas Lauer folgende Fragen:

a) Ist überhaupt ein Kaufvertrag zustande gekommen?

b) Wie komme ich an die noch immer nicht bezahlten 7.000 €?

c) Wer erstattet mir die angefallenen Zinsen?

1 Abschluss und Erfüllung des Kaufvertrages

Ein Kaufvertrag kommt durch zwei übereinstimmende Willenserklärungen zustande. Dabei kann die Initiative zum Abschluss des Kaufvertrages (Antrag) sowohl vom Käufer als auch vom Verkäufer ausgehen. Die Zustimmung zum Kaufvertrag erfolgt durch die Annahme des Verkäufers bzw. Käufers.

§ 433 BGB

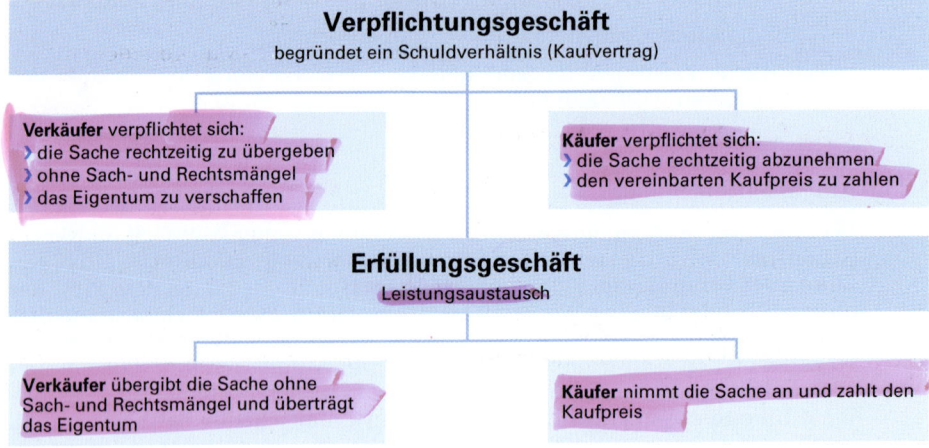

Aus dem Kaufvertrag entstehen für die Vertragsparteien Rechte und Pflichten. Mit dem Vertragsabschluss (Verpflichtungsgeschäft) verpflichten sich die Vertragsparteien, den Vertrag zu erfüllen (Erfüllungsgeschäft). Der Verkäufer ist verpflichtet, dem Käufer die Sache ohne Sach- und Rechtsmängel zu übergeben und ihm das Eigentum an der Sache zu verschaffen. Der Käufer ist verpflichtet, die gekaufte Sache anzunehmen und den vereinbarten Kaufpreis zu zahlen.

§ 362 BGB

1.1 Zustandekommen des Kaufvertrages

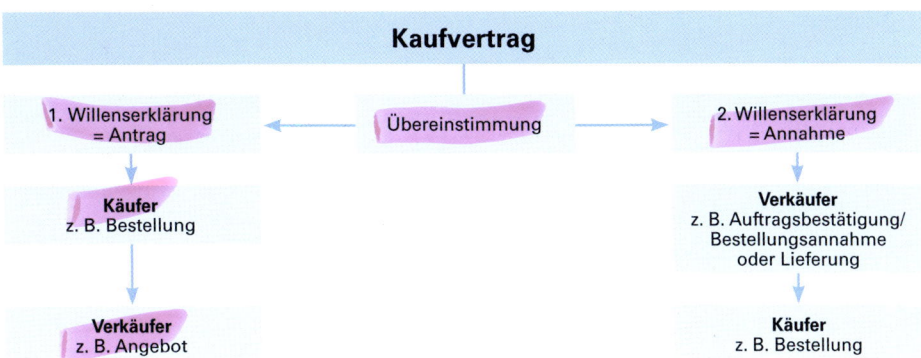

■ Die Anfrage

Durch die Anfrage will der Käufer feststellen, zu welchen Bedingungen der Verkäufer bereit ist Waren zu liefern oder eine Leistung zu bewirken. Anfragen dienen meistens der Einholung von Angeboten. Die Anfrage unterliegt keiner besonderen Formvorschrift. Der Anfragende ist rechtlich nicht gebunden. Es ist möglich gleichzeitig mehrere Anfragen zu verschicken, um sich einen Überblick z. B. über Preise, Liefer- und Zahlungsbedingungen zu verschaffen.

■ Das Angebot

Das Angebot ist eine an eine bestimmte Person gerichtete Willenserklärung, Güter und Dienstleistungen zu den angebotenen Bedingungen zu verkaufen. Das Angebot unterliegt ebenso wie die Anfrage keiner Formvorschrift. Es kann schriftlich, mündlich, durch schlüssiges Handeln oder fernmündlich oder per E-Mail abgegeben werden.

■ Rechtliche Wirkung des Angebots:

Das Angebot ist nur dann rechtswirksam, wenn es an eine bestimmte Person gerichtet ist. Eine Schaufensterauslage oder Waren, die in Prospekten oder Katalogen angeboten werden, sind im rechtlichen Sinne kein Angebot. Das Gleiche gilt auch für aushängende Speisekarten. Hierbei handelt es sich nur um Aufforderung an den Kunden, selbst einen Antrag an den Verkäufer zu richten.

Grundsätzlich sind alle Angebote verbindlich. Dies bedeutet, der Verkäufer ist bei Anwesenheit des Käufers normalerweise solange an sein Angebot gebunden, wie die Unterredung dauert. Der Antrag an einen Abwesenden ist nur solange gültig, wie unter regelmäßigen Umständen eine Antwort erwartet werden kann.

> **Beispiel:**
>
> Beate Röller erhält von der Firma „Klaus Wessel e. K." ein schriftliches Angebot. Ihr werden darin mehrere Weinsorten zu sehr günstigen Preisen angeboten.
>
> Die Firma „Klausel Wessel e. K." ist solange an das Angebot gebunden, wie unter normalen Umständen die Rückantwort dauern würde, d. h. bei einem schriftlichen Angebot ca. eine Woche.

Der Verkäufer kann seine Bindung an das Angebot auch befristen oder durch sogenannte Freizeichnungsklauseln einschränken.

	Angebot	
Freizeichnungsklauseln	ist **verbindlich** hinsichtlich:	ist **unverbindlich** hinsichtlich:
solange Vorrat reicht	Preis, Lieferzeit	Menge
freibleibend	–	aller Bedingungen
ohne Gewähr	–	aller Bedingungen
Preise freibleibend	Lieferzeit, Menge	Preis
Lieferzeit freibleibend	Preis, Menge	Lieferzeit

■ Die Bestellung

Die Bestellung ist eine empfangsbedürftige Willenserklärung des Käufers, eine bestimmte Ware zu den angebotenen Bedingungen zu kaufen. Sie bindet den Käufer, wenn sie ohne Einschränkung abgegeben wird. Auch ist sie an keine Formvorschrift gebunden, sie kann schriftlich, mündlich, durch schlüssiges Handeln, fernmündlich sowie per E-Mail erfolgen.

Weicht die Bestellung vom Angebot ab, so liegen keine übereinstimmenden Willenserklärungen vor und ein Kaufvertrag kommt nicht zustande. Die Bestellung gilt als neuer Antrag. Nimmt der Verkäufer diesen neuen Antrag durch eine Auftragsbestätigung oder gar durch Lieferung (Annahme) an, ist ein Kaufvertrag zustande gekommen.

§ 241a BGB — Die Zusendung unbestellter Ware gilt rechtlich als Antrag. Unternimmt der Empfänger auf die Zusendung nichts, gilt dies als Ablehnung. Er ist grundsätzlich auch nicht zur Aufbewahrung oder Rücksendung der Ware verpflichtet. Bezahlt der Empfänger der unbestellten Ware jedoch den Kaufpreis, so gilt dies als Annahme und es kam ein Kaufvertrag zustande.

Handelt der Empfänger jedoch als Kaufmann und liegt eine langjährige Geschäftsbeziehung vor, so wird das Schweigen auf die Zusendung unbestellter Ware als Annahme gewertet.

1.2 ■▶ Arten des Kaufvertrages

Die Partner beim Kaufvertrag sind Verkäufer und Käufer. Sie können ihrer rechtlichen Stellung nach Unternehmer/Kaufleute oder Verbraucher/Privatleute sein.

§ 13 BGB — **Verbraucher**
Ist jede natürliche Person, die ein Rechtsgeschäft zu einem Zweck abschließt, der weder ihrer gewerblichen noch ihrer selbstständigen beruflichen Tätigkeit zugerechnet werden kann.

§ 14 BGB — **Unternehmer**
Ist eine natürliche oder juristische Person oder eine rechtsfähige Personengesellschaft, die bei Abschluss eines Rechtsgeschäftes in Ausübung ihrer gewerblichen oder selbstständigen Tätigkeit handelt.

Kaufverträge lassen sich nach der rechtlichen Stellung der Vertragspartner und dem Zweck des Vertragsabschlusses wie folgt unterscheiden:

Die Partner beim Kaufvertrag sind Käufer und Verkäufer. Für jeden Kaufvertrag gilt das BGB mit den Ausnahmen des Verbrauchsgüterkaufs und des Handelskaufs.

Abschluss und Erfüllung des Kaufvertrages

■ **Verbrauchsgüterkauf** § 474 BGB

Dies ist ein Kaufvertrag über bewegliche Sachen zwischen einem Verkäufer als Unternehmer und einem Käufer als Verbraucher.

Die Regeln zum Verbrauchsgüterkauf sind gemäß § 475 (1) BGB zwingendes Recht. Das bedeutet, dass die Vertragspartner nicht vereinbaren können, dass diese Vorschriften nicht gelten sollen. So soll ein unabdingbarer Mindestschutz gewährleistet werden.

> **Beispiel:**
> Die Frau des Steuerberaters kauft Lebensmittel in einem Supermarkt.

■ **Handelskauf** §§ 373 ff. BGB

Dies ist ein Kauf, bei dem beide Vertragspartner als Unternehmer zum Zwecke ihres Handelsgewerbes tätig werden. Hier gelten in erster Linie die Bestimmungen des HGB und, soweit diese nicht ausreichen, auch die des BGB.

> **Beispiel:**
> Die Wirtschaftsprüfungsgesellschaft mbH kauft bei der Firma Kobis-Computer e. K. eine neue EDV-Anlage.

■ **Stückkauf**

Beim Stückkauf ist der Kaufgegenstand eine nicht vertretbare, nicht ersetzbare Sache.

> **Beispiel:**
> Anfertigung eines Hochzeitskleides.

■ **Gattungskauf** § 243 BGB

Ein Gattungskauf liegt vor, wenn der Kaufgegenstand eine vertretbare Sache ist. Vertretbare Sachen sind gleichartige Sachen, sie sind ersetzbar.

> **Beispiel:**
> Kauf von einer Tonne Zucker.

1.3 Inhalt des Kaufvertrages

Angebote und Bestellungen sollten u. a. über folgende Bedingungen Vereinbarungen enthalten. Wurden im Kaufvertrag keine Vereinbarungen getroffen, so gelten die gesetzlichen Bestimmungen.

■ **Art, Güte und Beschaffenheit**

Die Art der Ware wird durch handelsübliche Bezeichnungen festgelegt, z. B. „hp Laserjet 5 p".

Die Güte wird u. a. bestimmt durch Handelsklassen, z. B. Handelsklasse A für Äpfel.

Die Beschaffenheit einer Ware kann durch Marken und Gütezeichen gekennzeichnet werden, z. B. „NIVEA".

Wird in einem Kaufvertrag nichts vereinbart, so ist die Ware mittlerer Art, Beschaffenheit und Güte zu liefern. § 243 (1) BGB
§ 360 HGB

Menge

Die Menge einer Ware wird in der handelsüblichen Bezeichnung z. B. Stück oder in den gesetzlichen Maßeinheiten, z. B. kg, m angeboten.

Preis

Der Preis einer Ware ist entweder der Preis pro Stück oder der Gesamtpreis. Meist ist der Listenpreis nicht der endgültige Preis, denn der Verkäufer gewährt häufig noch einen Preisnachlass in Form von Rabatt oder Boni.

Rabatte werden sofort vom Listenpreis abgezogen und können Mengen-, Wiederverkäufer-, Treue- oder Personalrabatte sein. Boni werden nachträglich ab einer bestimmten Umsatzhöhe gewährt.

§ 271 BGB

Lieferzeit

Wird in einem Kaufvertrag keine bestimmte Lieferzeit vereinbart, so kann der Käufer sofortige Lieferung verlangen und der Verkäufer muss auch sofort liefern.

§ 323 (2) Nr. 2 BGB
§ 376 HGB

Fixkauf

Sowohl beim bürgerlichen Fixkauf als auch beim handelsrechtlichen Fixkauf hat die Lieferung bis zu einem bestimmten Zeitpunkt zu erfolgen. Der Vertrag steht und fällt mit der Einhaltung der Fixklausel.

> **Beispiel:**
>
> Frau Anne Wilhelm bestellt telefonisch zum 29. November fix 20 Adventskränze. Die Lieferung muss bis zum 29.11. erfolgen. Erfolgt die Lieferung nach diesem Termin, braucht Frau Wilhelm die Adventskränze nicht mehr abzunehmen.
>
> Ist die Lieferung für einen bestimmten Zweck gedacht (Zweckkauf), so muss die Lieferung vor oder zu diesem Ereignis erfolgen, da eine Lieferung nach diesem Termin nicht mehr sinnvoll ist, z. B. Schoko-Osterhasen, die nach Ostern geliefert werden.

Terminkauf

Wird zwischen Käufer und Verkäufer ein Terminkauf vereinbart, so muss die Ware zu einem bestimmten Termin oder innerhalb einer bestimmten Zeitspanne geliefert werden. So kann in einem Kaufvertrag vereinbart werden, dass die „Lieferung Mitte Mai" erfolgen soll.

Lieferbedingungen

Beim Versendungskauf wird die Ware von einem Dritten, z. B. einem Spediteur vom Verkäufer zum Käufer gebracht. Im Kaufvertrag sollte vereinbart werden, wer die Versandkosten trägt.

Lieferbedingungen	Bedeutung
ab Werk, ab Lager	Käufer trägt alle Versandkosten
frei Haus, frei Werk	Verkäufer trägt alle Versandkosten
unfrei, ab Bahnhof hier	Käufer trägt die Kosten ab Versandstation (Bahnhof) **(gesetzliche Regelung)**
frachtfrei	Käufer trägt die Kosten ab Empfangsstation (Bahnhof)

Der Gesetzgeber legte fest, dass **Warenschulden Holschulden sind**. Dies bedeutet, dass der **Käufer die Kosten des Warenbezugs übernehmen muss**.

§ 448 BGB

Die gesetzliche Regelung bestimmt, dass beim Versendungskauf die Kosten der Übergabe (Rollgeld) der Verkäufer und die Verpackungskosten, Kosten der Versendung (Fracht) und Abnahme (Rollgeld) der Käufer trägt.

■ Erfüllungsort/Leistungsort

§ 269 BGB

Der **Erfüllungsort ist der Ort**, an dem der **Verkäufer zu liefern und der Käufer zu zahlen hat**. An diesem Ort geht die Gefahr des zufälligen Untergangs der Ware auf den Käufer über.

§ 447 BGB

Wird im Kaufvertrag der Erfüllungsort vertraglich vereinbart, kann dies der Ort des Verkäufers oder des Käufers sein. Ist **die Leistung ihrer Natur oder den Umständen nach an einem bestimmten Ort zu bewirken, dann handelt es sich um den natürlichen Erfüllungsort.**

§ 29 BGB

> **Beispiel:**
> Der Einbau einer Dusche ist nur an Ort und Stelle sinnvoll.

Wurde im **Kaufvertrag kein Erfüllungsort festgelegt**, so gilt die gesetzliche Regelung. Die besagt, dass der gesetzliche Erfüllungsort der Wohn- oder Geschäftssitz des Schuldners zurzeit der Entstehung des Schuldverhältnisses ist. Bei jedem Kaufvertrag gibt es zwei Schuldner.

Warenschulden	Geldschulden	
Erfüllungsort	Erfüllungsort	
Wohnsitz oder Geschäftssitz des Verkäufers	Wohnsitz oder Geschäftssitz des Käufers	§ 448 BGB § 270 BGB
Warenschulden sind Holschulden	aber: **Geldschulden sind Schickschulden**	

■ Gefahrenübergang beim Verbrauchsgüterkauf

§ 474 BGB

Normalerweise geht die Gefahr auf den Käufer bei einem Versendungskauf mit Auslieferung an die Frachtperson über. Dies gilt hier nicht. Vielmehr geht die Gefahr erst bei Eintreffen der Sache beim Käufer/Verbraucher auf diesen über. Das bedeutet, dass der Verbraucher die Kaufsache nicht bezahlen muss, wenn sie auf dem Weg zu ihm zerstört wurde. Warenschulden sind beim Verbrauchsgüterkauf **Bringschulden.**

■ Zahlungsort

§ 270 BGB

Das **Geld hat der Schuldner im Zweifel auf seine Gefahr und seine Kosten dem Gläubiger an dessen Geschäftssitz zu übermitteln.**

■ Gerichtsstand

Wenn im Kaufvertrag nichts anderes vereinbart wurde, ist der gesetzliche Erfüllungsort gleichzeitig der gesetzliche Gerichtsstand. Eine Warenklage ist am Sitz des Verkäufers, eine Klage auf Zahlung am Sitz des Käufers vorzubringen.

§ 13 ZPO

Sachlich zuständig ist entweder das Amtsgericht, bei einem Streitwert bis 5.000 € oder das Landgericht bei einem Streitwert über 5.000 €.

§ 1 ZPO
§§ 23, 71 GVG

Warenschulden	Geldschulden
Gericht am	Gericht am
Wohnsitz oder Geschäftssitz	Wohnsitz oder Geschäftssitz
des **Verkäufers**	des **Käufers**

Zahlungsbedingungen

§ 271 BGB

Ist über den Zeitpunkt der Zahlung nichts vereinbart, so kann der Gläubiger sofortige Zahlung verlangen. Sehr häufig wird ein Zielkauf vereinbart und bei vorzeitiger Bezahlung ein Skontoabzug in Aussicht gestellt.

Regelungen zum Schutz des Verbrauchers

Verbraucherschutz hat das Ziel, den Endverbraucher vor einer Gefährdung seiner Sicherheit und Gesundheit sowie vor Täuschungen und Übervorteilung durch die Verkäufer von Waren und Dienstleistungen zu schützen. Zum Schutz des Verbrauchers wurden im BGB Schutzrechte aufgenommen.

Allgemeine Geschäftsbedingungen

§§ 305 ff. BGB

Vertragsbedingungen werden häufig für eine Vielzahl von Verträgen vorformuliert und als „Allgemeine Geschäftsbedingungen" (AGB) schriftlich festgehalten. Unternehmen ist es somit untersagt ihre Geschäftsrisiken auf den Kunden abzuwälzen. In erster Linie soll damit der Verbraucher geschützt werden. Diese AGB werden dann Vertragsbestandteil, wenn beide Vertragsparteien diesen ausdrücklich zustimmen.

Der Verkäufer darf die im Kaufvertrag versprochene Leistung nicht abändern, wenn die Änderung für den Käufer nicht zumutbar ist.

Beispiel:

Es ist einem Autohändler nicht gestattet, das bestellte Auto in einer anderen Farbe als der bestellten zu liefern.

§ 309 Nr. 1 BGB

Dem Verkäufer ist es nicht erlaubt, eine Preiserhöhung an den Käufer weiterzugeben, wenn die Lieferung innerhalb von vier Monaten nach Vertragsabschluss erfolgt.

Bestimmungen sind unwirksam, die eine unangemessene Benachteiligung beinhalten. Dies kann eine kurze Rügefrist oder eine unzumutbare Lieferbedingung sein.

Beispiel:

„Reklamationen können nur innerhalb von 8 Tagen nach Warenempfang angenommen werden."

§ 309 Nr. 7a BGB

Ein Ausschluss oder eine Begrenzung der Haftung für Schäden aus der Verletzung des Lebens, des Körpers oder der Gesundheit, die auf eine fahrlässige Pflichtverletzung hinweist, ist ebenfalls nicht wirksam.

Verbraucherverträge

§§ 312 ff. BGB
§ 491 (1) BGB
§ 355 BGB

Bei Verbraucherverträgen (z. B. Haustürgeschäfte, Fernabsatzverträge, Verbraucherdarlehensverträge) hat der Verbraucher grundsätzlich ein Widerrufsrecht oder gegebenenfalls ein Rückgaberecht. Der Widerruf oder die Rücksendung muss innerhalb von zwei Wochen erfolgen. Das Widerrufsrecht erlischt spätestens sechs Monate nach Vertragsabschluss.

> **Beispiel:**
>
> Tante Irma bestellt während einer Kaffeefahrt einen Luftzirkulationseinsatz für die Badewanne zum Preis von 1.200 €. Sie unterschreibt bei Vertragsabschluss auch die Belehrung über ihr Widerrufsrecht. Zu Hause überlegt Tante Irma ihren Kauf noch einmal und kommt zu dem Schluss, dass sie den Luftzirkulationseinsatz für die Badewanne doch nicht benötigt. Sie widerspricht dem Vertrag am nächsten Tag.
>
> Tante Irma ist mit dem Widerspruch nicht mehr an den Kaufvertrag gebunden.

> **Beispiel:**
>
> Timo Karge hat sich im Online-Shop Games&More eine Playstation mit einem farbigen Logo für 220 € bestellt. Die Widerrufsbelehrung hat er bei der Bestellung im Internet akzeptiert. Als die Ware eintrifft, entspricht das Logo nicht den Vorstellungen von Timo.
>
> Timo Karge kann die Playstation innerhalb der Widerspruchsfrist von 14 Tagen zurückgeben. Die Versandkosten übernimmt dabei der Online-Shop.

Online-Käufe

Auch bei einem Online-Kauf hat der Verbraucher (nur bei Kauf zwischen Verbraucher und Händler) ein 14-tägiges Widerspruchsrecht. Bei Abschluss des Vertrages muss der Verbraucher eine Widerrufsbelehrung erhalten. Erfolgt keine Widerrufsbelehrung, ist der Widerruf unbegrenzt. Seit dem 13. Juni 2014 dürfen die Kosten für die Rücksendung beim Online-Kauf dem Kunden in Rechnung gestellt werden.

Ausnahmen beim Widerruf:

Verträge über Lebensmittel, Sonderanfertigungen, Datenträger, Zeitungen und Magazine.

Käufe bei eBay sind normale Internetkäufe.

Produkthaftungsgesetz

Auch das Gesetz über die Haftung für fehlerhafte Produkte dient dem Verbraucherschutz. Das Gesetz ergänzt die kaufvertraglichen Gewährleistungsrechte für Sachmängel. Es regelt den Ersatz für Folgeschäden, die durch den Ver- und Gebrauch eines fehlerhaften Produkts an Sachen oder Personen entstehen.

Erarbeitungsfälle

1. **Aufgabe (Angebot und Bestellung)**

   Elke Werner ist Inhaberin eines Fotogeschäftes. Sie erhält von der Firma STAR-Filme am 12. Februar ein schriftliches Angebot über 100 Memory-Sticks zum Preis von 25 € pro Stick. Da ihre Mitarbeiterin zz. im Urlaub ist, muss sie die anfallenden Arbeiten alleine erledigen. Am 25. Februar wird sie von einem Handelsvertreter der Firma Globus-Filme besucht. Er bietet ihr ebenfalls Memory-Sticks an. Diese sollen jedoch 28 € pro Stick kosten. Jetzt erinnert sie sich wieder an das Angebot der Firma STAR-Filme.

   a) Wie lange ist die Firma STAR-Filme und die Firma Globus-Filme an ihre Angebote gebunden?

   b) Innerhalb welcher Frist müsste Elke Werner ihre Bestellung jeweils aufgeben?

2 Aufgabe (Schaufensterauslage)

Im Schaufenster des Haushaltswarengeschäftes Schöller e. K. ist eine handbemalte Blumenvase, die eigentlich mit 100 € ausgezeichnet werden sollte, versehentlich mit 10 € ausgezeichnet. Eine Kundin betritt den Laden und will die Vase für 10 € kaufen. Die Verkäuferin ist nur bereit, die Vase für 100 € zu verkaufen. Beurteilen Sie die Rechtslage.

3 Aufgabe (Zeitungsanzeige)

Der 19-jährige Frank Will hat 7.000 € gespart und möchte von diesem Geld ein gebrauchtes Auto kaufen. In der Tageszeitung liest er die Anzeige des Karl Trapp, der einen Wagen für 8.000 € zum Verkauf anbietet. Frank Will begibt sich zu Trapp und erklärt diesem, den PKW für 7.000 € kaufen zu wollen.

a) Entscheiden Sie, ob es sich bei der Zeitungsanzeige oder bei der Erklärung des Frank Will um den ersten rechtlichen Schritt zum Abschluss eines Kaufvertrages handelt. Begründen Sie Ihre Entscheidung.

b) Wie ist der Sachverhalt zu beurteilen, wenn sich Frank Will und Karl Trapp auf einen Kaufpreis von 7.500 € einigen (mit Begründung)?

4 Aufgabe (Angebot)

Die Firma Schall und Rauch KG schickt Ihnen aufgrund Ihrer Anfrage folgendes Angebot:

Schall und Rauch KG
Schlösser und Schlüssel für Möbel

Schall und Rauch KG, Birkenweg 124, 41469 Neuss

Möbelhaus GmbH
Dohmstr. 188

50933 Köln

Ihr Zeichen:
Ihre Nachricht vom: 20..-05-15
Unser Zeichen:
Unsere Nachricht vom:

Name: Freund
Telefon: 02131 72114
Telefax: 02131 72119

Datum: 20..-05-20

Angebot

Sehr geehrte Damen und Herren,

wir möchten uns für Ihr Interesse an unseren Schlössern und Schlüsseln bedanken.

Anbei übersenden wir Ihnen einen Katalog, der unsere Produkte enthält.

Pro Schloss berechnen wir einen Preis von 1,80 €. Bei einer Bestellung von mehr als 1.000 Stück gewähren wir einen Rabatt von 5 %.

Bei Zahlung innerhalb von 20 Tagen erhalten Sie 2 % Skonto.

Unsere Produkte werden bis zu einem Umkreis von 200 km frei Haus geliefert.

Die Lieferungen erfolgen innerhalb von zwei Wochen, allerdings nur solange der Vorrat reicht. Wegen der starken Nachfrage sind die Liefermengen freibleibend.

Wir hoffen, dass Ihnen unser Angebot zusagen wird.

Mit freundlichen Grüßen
Schall und Rauch KG
i. A.
Freund (Gruppenleiterin Marketing)

Anlagen

Bankverbindung: Sparkasse Neuss, BLZ 305 500 00, Kto.-Nr. 123 452 234

Aufgabe:

a) Prüfen Sie, ob das Angebot der Firma Schall und Rauch KG rechtswirksam ist.
b) Welche Freizeichnungsklauseln enthält dieses Angebot?
c) Welche Konsequenzen ergeben sich daraus?
d) Wie könnte ein Kaufvertrag aufgrund dieses Angebotes zustande kommen?

5 **Aufgabe (Angebot)**

Die Firma Schneller KG hat vor längerer Zeit einem Architekturbüro ein Angebot über Büroschreibtische zu einem Preis von 1.800 € unterbreitet. Seit Monaten hat man keine Reaktion auf dieses Angebot erhalten. Gestern meldete sich der Architekt und möchte drei Büroschreibtische aufgrund dieses Angebots bestellen. Leider haben sich mittlerweile die Preise erhöht. Wie beurteilen Sie die Rechtslage?

6 **Aufgabe (Angebotsvergleich)**

Der Steuerberater Kühne benötigt 1000 neue Stehordner DIN A4. Er holt sich von verschiedenen Anbietern Angebote ein. Folgende drei Anbieter kommen in die nähere Auswahl:

Interbüro AG, Köln

Besten Dank für Ihre Anfrage. DIN-A4-Stehordner, besonders standfest, können wir Ihnen zum Preis von 2,50 € je Stück liefern.

Auf diesen Preis gewähren wir folgende Mengenrabatte:

bei Abnahme ab 100 Stück 5 %
ab 500 Stück 8 %
ab 1000 Stück 10 %.

Unsere Rechnungen sind zahlbar innerhalb von 14 Tagen netto Kasse.

Die Lieferung erfolgt acht Tage nach Auftragseingang. Die Lieferung erfolgt frei Haus, Verpackung wird nicht berechnet.

Gesellschaft für Bürotechnik mbH, Mainz

Für Ihre Anfrage danken wir Ihnen. 1000 Stehordner, DIN A4, garantiert standfest, können wir Ihnen wie folgt liefern:

Preis/Stück: 2,20 €
Zahlbar: innerhalb von 10 Tagen mit 2 % Skonto, 30 Tage netto Kasse.
Verpackungskosten: 3 € je 50 Ordner
Transportkosten: 150 €
Lieferzeit: 14 Tage

Lietz KG, Dortmund

Wir danken Ihnen für Ihre Anfrage und bieten Ihnen an:

1000 Stehordner, DIN A4, stabile Ausführung,
pro Stück 2,60 € ./. 15 % Mengenrabatt.

Die Lieferung erfolgt innerhalb von drei Wochen nach Auftragseingang frei Haus. Für Versandkosten berechnen wir eine Pauschale in Höhe von 30 €.

Unsere Rechnungen sind zahlbar innerhalb von 8 Tagen mit 3 % Skonto oder innerhalb von vier Wochen ohne Abzug.

Erstellen Sie einen Angebotsvergleich. Verwenden Sie dazu das Ihnen bekannte Kalkulationsschema.

a) Welcher Anbieter bietet die 1000 Stehordner am günstigsten an?
b) Bei welchem Anbieter würden Sie am 12. Januar bestellen, wenn der Steuerberater die Ordner bis zum 24. Januar benötigt?
c) Welche Konsequenzen können aus einer benötigten kurzen Lieferzeit entstehen?

7 ▶ Aufgabe (Kaufvertrag/Antrag und Annahme)

Prüfen Sie, ob in den folgenden Fällen ein Kaufvertrag wirksam zustande gekommen ist. Bestimmen Sie ggf. den Antrag und die Annahme.

a) Arne Schmidt möchte eine Armbanduhr kaufen. Der Verkäufer zeigt ihm verschiedene Modelle. Arne Schmidt sucht sich eine Uhr aus und bezahlt.

b) Der Unternehmer Claus Aller beabsichtigt für sein Büro einen Computer zu kaufen. Er hat von dem Verkäufer ein schriftliches Angebot erhalten. Er sendet dem Verkäufer ein Fax, in dem es heißt: „Ich nehme Ihr Angebot an, allerdings möchte ich 100 € weniger bezahlen und der Liefertermin soll nicht erst in zwei sondern in einer Woche sein."

c) Ein Versandunternehmen schickt Ihnen ohne Bestellung einen Lexikonband zu. In einem Begleitbrief steht, dass Sie die Lieferung annehmen, wenn Sie den Band nicht binnen zehn Tage zurückschicken. Sie lassen die zehn Tage verstreichen.

d) Sie gehen an einem Schaufenster vorbei und sehen einen Pullover, der mit 100 € ausgezeichnet ist. Sie gehen in das Geschäft und wollen den Pullover kaufen. An der Kasse stellt sich heraus, dass der Preis nicht 100 € sondern 300 € ist. Sie sind der Meinung, dass der Verkäufer an seinen Preis im Schaufenster gebunden sei.

e) Brigitte Wolf bestellt schriftlich bei einem Glasfachgeschäft Fensterglas einer bestimmten Art. Der Verkäufer teilt ihr schriftlich mit, dass dieses Glas nicht zu liefern sei. Das Glasfachgeschäft bietet ihr ein anderes Glas gleicher Qualität an. Wenn sich Frau Wolf innerhalb von zwei Wochen nicht melden würde, würde das Glas geliefert.

f) Sie sehen in einer Zeitungsanzeige einen Spielcomputer zu einem sehr günstigen Preis. Als Sie in das Geschäft gehen, um den Computer zu kaufen, erfahren Sie, dass der Preis zu niedrig war. Sie wollen zu dem Preis aus der Anzeige kaufen. Können Sie darauf bestehen?

g) Claudia Kahle bestellt per Fax bei einem Sportartikelvertrieb einen Tennisschläger. Das Unternehmen sendet Claudia den Schläger zu. Die Rechnung ist in zwei Wochen zu begleichen. Claudia gefällt der Schläger nicht mehr und sie teilt dem Verkäufer mit, dass überhaupt kein Vertrag zustande gekommen ist, da sie das Angebot nicht angenommen hat. Sie schickt den Schläger zurück. Zu Recht?

8 ▶ Aufgabe (Kaufvertrag)

Das Sporthaus Hans Klein aus Krefeld bestellte telefonisch bei der Firma Allila GmbH in Dortmund 150 Dosen Tennisbälle zu einem Preis von je 8 €. Weitere Bedingungen wurden nicht vereinbart. Bestimmen und erklären Sie die wichtigsten Vereinbarungen für den Kaufvertrag.

9 ▶ Aufgabe (Erfüllungsort)

Paul Oster aus Köln hat mit allen Geschäftspartnern die Vertragsklausel „Erfüllungsort für beide Teile ist Köln" wirksam vereinbart. In einem Vertrag mit dem Kunden Abel in München hat Oster als Liefertermin den 8. Mai vereinbart. Am 8.Mai übergibt er die Waren einem Speditionsunternehmen in Köln. Am 12. Mai wird die Ware dem Kunden in München ausgehändigt. Abel ist der Ansicht, dass Oster nicht rechtzeitig geliefert hat. Prüfen Sie die Ansicht von Abel und begründen Sie Ihre Meinung.

10 ▶ Aufgabe (Beförderungskosten und Gefahrenübergang)

Eugen Huber, Maschinenfabrikant in Köln, erhält von einem Lieferanten in Düsseldorf ein Angebot mit der Angebotsklausel „Die Lieferung erfolgt unfrei". Beurteilen Sie dies hinsichtlich der Beförderungskosten und des Gefahrenübergangs der Warenlieferung.

11 ▶ Aufgabe (Erfüllungsort und Gerichtsstand)

Die Firma Grüner und Bunt aus Weimar kauft vier Kopiergeräte bei der Firma 5-M in Leipzig. Im Kaufvertrag wurde zum Erfüllungsort und zum Gerichtsstand nichts vereinbart.

a) Wo befindet sich der gesetzliche Erfüllungsort für die Lieferung und die Zahlung?

b) Wo befindet sich der Gerichtsstand?

12 ▶ Aufgabe (Erfüllungsort)

Die Firma Bleier, Berlin-Steglitz, kauft bei der Firma Schmohl AG in Bremen acht Drehmaschinen. Im Kaufvertrag wurde als Erfüllungsort Bremen vereinbart.

Klären Sie für die folgenden Fälle, wo die Gefahr der zufälligen Beschädigung oder Vernichtung vom Verkäufer auf den Käufer übergeht.

a) Die Drehmaschinen werden der Deutschen Bahn AG ordnungsgemäß übergeben, auf dem Transport werden sie beschädigt.

b) Die Drehmaschinen werden dem Spediteur übergeben, beim Aufladen der Maschinen wird eine beschädigt.

13 ▶ Aufgabe (Gerichtsstand)

Sabine Guthmann, Inhaberin eines Sonnenstudios in Unna, bestellte bei der Firma Solar-Braun GmbH in Hannover drei neue Sonnenstrahler der Marke QVC 900 zu einem Preis von je 1.500 €. Im Kaufvertrag wurde eine Anzahlung von 300 € vereinbart, weitere Vereinbarungen gab es nicht.

a) Wo befindet sich der gesetzliche Gerichtsstand für die Warenschuld und für die Geldschuld?

b) Vor welchem Gericht würden die Streitigkeiten ausgetragen werden?

14 ▶ Aufgabe (Kaufvertrag)

Der 20-jährige Schüler Peter Schneider aus Staufen schließt mit dem Computer-Fachgeschäft Happy in Freiburg einen Kaufvertrag über die Lieferung eines Personal-Computers für 900 € ab. Schneider zahlt 500 € an und will den Rest in fünf Monatsraten begleichen. Das Gerät soll durch einen Spediteur nach Staufen gebracht werden.

Entscheiden und begründen Sie, ob

a) Schneider die Lieferung sofort verlangen kann, wenn Happy zwei Tage später mit Hinweis auf die vereinbarte Ratenzahlung einwenden würde, den Computer noch in einer Ausstellung vorführen zu wollen.

b) Happy die anfallenden Kosten in Höhe von 50 € für Transport und Verpackung in Rechnung stellen darf.

c) Schneider die ihm entstehenden Kosten für die Überweisung seiner Raten abziehen darf.

d) Schneider den Kaufpreis voll entrichten muss, wenn der Computer dem Spediteur ordnungsgemäß übergeben wurde, jedoch auf dem Transport nach Staufen beschädigt wird.

15 Aufgabe (Angebot)

Hoch AG
Baustoffgroßhandel

Hoch AG, Baustoffgroßhandel, Postfach, 50321 Köln

Firma
Bernd Maurer
Königsallee 48

53012 Bonn

Ihr Zeichen, Ihre Nachricht vom	Unser Zeichen, unsere Nachricht vom	Telefon, Name	Datum
..-0 3-27		0211 8967-	20..-04-02

Angebot über Baustahlmatten

Sehr geehrte Damen und Herren,

wir bieten Ihnen an:

Baustahlmatten in der Abmessung 200 x 350 cm (solange Vorrat reicht) zum Preis von 80 € pro qm.

Die Preise verstehen sich frei Bahnhof Bonn-Beuel zuzüglich gesetzliche Mehrwertsteuer.

Bei einer Abnahme von jeweils mehr als 100 Matten gewähren wir Ihnen 10 % Rabatt. Unsere Zahlungsbedingungen lauten: 30 Tage netto Kasse oder 2 % Skonto bei Zahlung innerhalb von 10 Tagen.

Die Lieferung kann innerhalb 1 Woche nach Bestellung ausgeführt werden.

Erfüllungsort und Gerichtsstand für beide Seiten ist unser Geschäftssitz.

Über Ihren Auftrag würden wir uns sehr freuen.

Mit freundlichen Grüßen

Hoch AG
Baustoffgroßhandel

ppa. Gabi Schmidt

a) Prüfen Sie, ob das vorliegende Angebot der AG in allen Teilen verbindlich ist.
b) Wie lange ist die Hoch AG (Anbieter) grundsätzlich an dieses Angebot gebunden?
c) Bis wann kann die Firma Bernd Mauer zu den im Angebot genannten Bedingungen bei der Hoch AG bestellen?
d) Bernd Mauer bestellt noch am gleichen Tag (3. April) per Fax zu den im Angebot genannten Bedingungen Baustahlmatten im Gesamtwert von 36.000 €. Die Matten wurden von der Hoch AG am 8. April der Deutschen Bahn AG in Köln übergeben und treffen am 14. April in Bonn-Beuel ein. Beurteilen Sie, ob die Hoch AG rechtzeitig geliefert hat.
e) Wer trägt die Beförderungskosten?

16 Aufgabe (Rechnungswesen)

Der Getränkegroßhandel Münz bezieht von der Bier und Wasser AG folgende Getränke:

50 Kästen Mineralwasser „Pur" zum Preis von 3,50 € je Kasten zuzüglich USt.

30 Kästen Mineralwasser „Lemon" zum Preis von 4,20 € je Kasten zuzüglich USt.

30 Kästen Mineralwasser „Medium" zum Preis von 3,80 € je Kasten zuzüglich USt.

Für jeden Kasten berechnet die Bier und Wasser AG ein Pfand von 3 €.

Bei der Anlieferung der bestellten Ware gibt der Getränkegroßhändler 60 Kästen an die Bier und Wasser AG als Pfand zurück.

a) Erstellen und buchen Sie die Rechnung für den Getränkegroßhändler.
b) Erstellen und buchen Sie die Gutschrift für die zurückgegebenen Kästen.
c) Buchen Sie die Bezahlung der Rechnung, wenn diese unter Abzug von 3 % Skonto vom Warenwert (ohne Pfand) per Banküberweisung bezahlt wird. Bei der Bezahlung wird die Gutschrift verrechnet.

17 Aufgabe (Kaufvertrag)

Hans Keller und Frau Uschi Klein einigen sich am 31. Januar in einer Verhandlung dahingehend, dass Frau Uschi Klein das 8-Familienhaus „Unna, Birkenweg 3" zum Preis von 600.000 € von Herrn Hans Keller erwirbt.

Der Kaufvertrag wird am 9. Februar vom Notar beurkundet.

Der Kaufvertrag enthält u. a. folgende Vereinbarungen:

› „Der Übergang von Besitz und Nutzen, Lasten und Gefahren wird zum 1. März vollzogen.
› Der Gesamtkaufpreis von 600.000 € ist vom Käufer spätestens bis zum 15. März zu entrichten.
› Die Umschreibung durch das Amtsgericht Unna erfolgt zum 18. April."

a) Wann (Angabe des Datums) wurde der Kaufvertrag rechtswirksam abgeschlossen?
b) Ab wann stehen Frau Klein die Mieten aus diesem Objekt zu?
c) Wann wird Frau Klein Eigentümerin des Miethauses?

2 Störungen bei der Erfüllung des Kaufvertrages

Ein Kaufvertrag kommt durch zwei übereinstimmende Willenserklärungen zustande. Dabei kann die Initiative zum Abschluss des Kaufvertrages (Antrag) sowohl vom Käufer als auch vom Verkäufer ausgehen. Die Zustimmung zum Kaufvertrag erfolgt durch die Annahme des Verkäufers bzw. Käufers.

§ 433 BGB

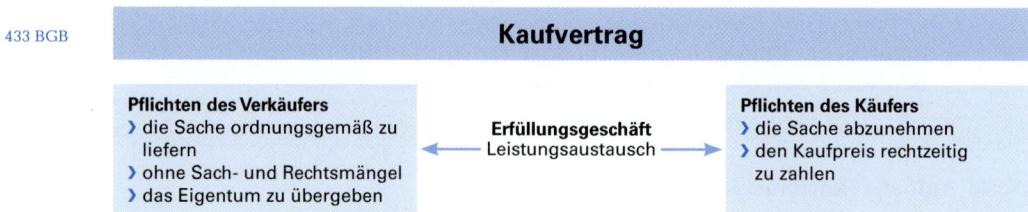

Von einer Kaufvertragsstörung spricht man, wenn die Vertragspartner ihren Verpflichtungen aus dem Kaufvertrag nicht oder nur schlecht nachkommen. Liefert der Verkäufer nicht, zu spät oder verletzt er eine sonstige Vertragspflicht, so befindet er sich im Lieferungsverzug. Eine mangelhafte Lieferung bzw. eine Schlechtleistung liegt vor, wenn die gelieferte Ware mit einem Sach- oder Rechtsmangel behaftet ist.

Nimmt der Käufer die von ihm bestellte Ware nicht oder nicht rechtzeitig an, so gerät er in Annahmeverzug. Zahlungsverzug liegt vor, wenn der Käufer seiner Pflicht, rechtzeitig zu zahlen, nicht nachkommt.

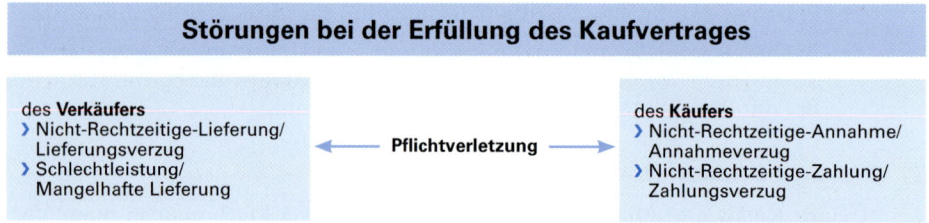

In folgenden Fällen spricht man von einer Pflichtverletzung des Verkäufers:

- ⟩ er liefert überhaupt nicht
- ⟩ er liefert zu spät
- ⟩ er liefert nicht frei von Sach- und Rechtsmängeln
- ⟩ eine sonstige Vertragspflicht wurde verletzt

    die Kaufsache selbst wird ordnungsgemäß und pünktlich geliefert, aber eine sonstige Vertragspflicht wurde verletzt *(z. B.: die Bedienungsanleitung für die Videoanlage fehlt)* oder

    eine vertragliche Nebenleistung wurde verletzt *(z. B.: bei Anlieferung einer Waschmaschine werden die Wände im Treppenhaus durch Schleifspuren beschädigt).*

2.1 Nicht-Rechtzeitige Lieferung/Lieferungsverzug

Der Verkäufer hat sich im Kaufvertrag verpflichtet, rechtzeitig zu liefern.

■ Voraussetzungen für die Nicht-Rechtzeitige Lieferung: §286 BGB

tatsächliche Nichtleistung

1. Fälligkeit der Leistung

Ist eine Zeit für die Leistung weder bestimmt noch aus den Umständen zu entnehmen, so kann der Käufer sofortige Lieferung verlangen. §271 BGB

Ist die Leistung kalendermäßig bestimmt, z. B. „Lieferung am 1. Februar…"; „…Ende Mai…", dann kommt der Lieferer mit Eintritt der Fälligkeit[1] in Verzug. §286 (2) BGB

> **Beispiel:**
> Es wurde vereinbart, dass die Ware am 3.6. (01) angeliefert werden soll. Liefert der Verkäufer nicht bis zum 3.6. (01), 24:00 Uhr, ist er ab dem 4.6. (01) 00:00 Uhr, im Verzug.

2. Mahnung

Ist die Lieferung nicht kalendermäßig bestimmt, z. B. „Lieferung ab Mai…", muss der Käufer dem Verkäufer eine Mahnung schicken und ihm einen genauen Liefertermin mitteilen. §286 (1) BGB

Eine Mahnung ist nicht erforderlich, wenn der Verkäufer ausdrücklich erklärt, dass er nicht liefern kann oder nicht will. Dies gilt auch für den Zweckkauf, d. h. der Käufer hat kein Interesse mehr an der Lieferung, weil der Grund des Kaufs weggefallen ist. §286 (2) BGB

Handelt es sich um einen Fixhandelskauf zwischen Kaufleuten, kann der Käufer – bei Nichteinhaltung des Liefertermins – ohne Mahnung und Nachfristsetzung sofort vom Vertrag zurücktreten und/oder Schadenersatz verlangen. §376 BGB

3. Verschulden des Lieferers

Eine grundsätzliche Voraussetzung für die Nicht-Rechtzeitige Lieferung ist das Verschulden des Verkäufers. Ein Verschulden liegt vor, wenn der Verkäufer Vorsatz und Fahrlässigkeit zu vertreten hat. §287 BGB

Fahrlässig handelt, wer die im Verkehr erforderliche Sorgfalt außer Acht lässt. §276 BGB

Vorsätzlich handelt, wer die Rechtsverletzung will.

> **Beispiel:**
> Der Verkäufer versäumt, rechtzeitig einen Spediteur für die Auslieferung der Ware zu bestellen.

Ist höhere Gewalt, z. B. ein Erdbeben, die Ursache für die verspätete Lieferung, so gerät der Lieferer nicht in Lieferungsverzug.

Der Schuldner hat während des Verzugs jede Fahrlässigkeit zu vertreten. Er ist auch für die während des Verzugs durch Zufall eintretende Unmöglichkeit der Leistung verantwortlich.

Nachholbarkeit der Lieferung

Die Nicht-Rechtzeitige Lieferung ist lediglich eine vorübergehende Leistungsstörung, d.h. der Verkäufer liefert zwar nicht rechtzeitig, er kann die Ware aber später bereitstellen.

Kann die Lieferung allerdings auf Dauer nicht mehr erbracht werden, so wird die Durchführung des gesamten Kaufvertrages unmöglich.

---

[1] Fälligkeit bedeutet der Tag, an dem die Lieferung erfolgen soll.

Kaufvertragsrecht

■ Rechte des Käufers bei Nicht-Rechtzeitiger Lieferung

Kommt der Lieferer mit seiner Leistung in Verzug, so kann der Käufer wahlweise folgende Rechte in Anspruch nehmen:

Ohne Nachfristsetzung hat der Käufer das Recht:

§ 286 BGB ❯ auf Erfüllung des Kaufvertrages und

§ 280 BGB ❯ auf Schadenersatz wegen der verspäteten Lieferung (Verzögerungsschaden).

> **Beispiel:**
> Durch die verspätete Lieferung einer Maschine war der Unternehmer Brandt nicht in der Lage seinen Auftrag termingerecht zu erledigen. Ihm entstand ein Schaden in Höhe von 3.000 €.
> Der Lieferer muss die Kosten in Höhe von 3.000 € übernehmen.

§ 280 BGB **Mit Nachfristsetzung**

§ 286 BGB Der Käufer hat darüber hinaus noch weitere Rechte. Diese kann er allerdings nur geltend machen, wenn er dem Verkäufer eine angemessene[1] Nachfrist setzt. Nach Ablauf der gesetzten Nachfrist kann der Käufer

§ 323 BGB ❯ vom Kaufvertrag zurücktreten und/oder

§ 280 (1) BGB ❯ Schadenersatz statt der Lieferung oder

§ 284 BGB ❯ Ersatz vergeblicher Aufwendungen verlangen.

Erklärung

Voraussetzung für einen Schadenersatz ist das Verschulden des Verkäufers.

§ 280 BGB ❯ Schadenersatz neben der Leistung: ein tatsächlicher Schaden, den der Käufer erleidet, muss vom Verkäufer beglichen werden

§ 280 (1) S. 1 BGB ❯ Schadenersatz statt der Leistung: es wird nicht nachgebessert, sondern der Schaden wird in Euro bezahlt

§ 280 (1) BGB ❯ Schadenersatz statt der gesamten Leistung: es erfolgt eine Neulieferung oder der Kaufpreis wird zurückerstattet; es kann auch ein entgangener Gewinn geltend gemacht werden

§ 437 BGB
§ 284 BGB ❯ Schadenersatz vergeblicher Aufwendungen: anstelle des Schadenersatzes kann der Käufer Ersatz der Aufwendungen verlangen, die er im Vertrauen auf den Erhalt der Leistung getätigt hat

Das Recht des Käufers vom Vertrag zurückzutreten und das Recht auf Schadenersatz wegen Nichterfüllung kann vom Käufer gem. § 326 BGB gleichzeitig geltend gemacht werden.

> **Beispiel:**
> Beim Kauf eines Autos wurde im Kaufvertrag als Liefertermin „Lieferung ab September" vereinbart. Als der Käufer Anfang Oktober sein Auto immer noch nicht erhalten hat, ist er sehr verärgert. Das Autohaus vertritt jedoch die Ansicht, dass noch kein Lieferverzug eingetreten ist.
> Da die Lieferung nicht kalendermäßig bestimmt war, liegt noch kein Lieferungsverzug vor. Der Käufer muss das Autohaus zuerst mahnen und einen genauen Liefertermin nennen. Erst nach Ablauf dieses Termins ist der Verkäufer in Lieferungsverzug.
> Sollte das Autohaus auch nach diesem Termin das Auto nicht liefern, hat der Käufer zwei Möglichkeiten. Er kann ohne Nachfristsetzung weiterhin auf die Lieferung des Autos bestehen oder er kann Lieferung und ggf. Schadenersatz wegen verspäteter Lieferung verlangen.
> Der Käufer hat aber auch die Möglichkeit dem Autohaus eine erneute Nachfrist zu setzen. Nach Ablauf dieser zweiten Frist kann der Käufer vom Vertrag zurück treten und/oder Schadenersatz statt der Leistung verlangen.

---

[1] Eine Nachfrist ist angemessen, wenn der Lieferer die Möglichkeit hat, die Ware zu liefern, ohne diese erst beschaffen oder anfertigen zu müssen.

Eine Fristsetzung ist entbehrlich, wenn
- ein Fix-, Termin- oder Zweckkauf vorliegt,
- der Verkäufer sich selbst in Verzug setzt, indem er die Lieferung ausdrücklich verweigert,
- besondere Umstände vorliegen, die einen Rücktritt in beiderseitigem Interesse nahe legen.

Verlangt der Gläubiger Schadenersatz statt der noch ausstehenden Lieferung, so ist der Schuldner zur Rückforderung des Geleisteten berechtigt.

■ Schadensberechnung

Der Verkäufer hat den Käufer so zu stellen, als wenn er seine Leistung erbracht hätte. Die Entschädigung erfolgt meistens in Geld. Hier wird unterschieden:

Konkreter (tatsächlicher) Schaden

Der Käufer kauft die nicht gelieferte Ware anderweitig (Deckungskauf). Der evtl. zu zahlende höhere Preis gilt als Schaden und muss vom Verkäufer ersetzt werden.

Angenommener (abstrakter) Schaden

Der zu ersetzende Schaden umfasst auch den entgangenen Gewinn, der erwartet werden kann. Dieser muss jedoch nachgewiesen werden.

Konventionalstrafe

Damit die Problematik der Schadensberechnung vermieden wird, vereinbart man bereits bei Vertragsabschluss eine Geldstrafe für eine evtl. Nichterfüllung.

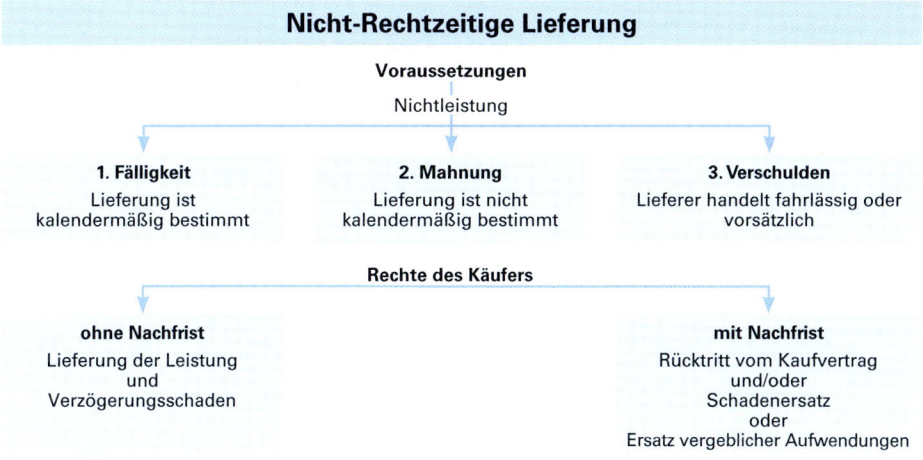

Erarbeitungsfälle

1 Aufgabe (Nicht-Rechtzeitige Lieferung)

Herr Karl aus Köln will am 1. Juli ein Einzelhandelsgeschäft eröffnen. Er schließt deshalb mit der Rumpf KG einen Kaufvertrag über die Lieferung von Waren ab. Die Ware ist bis zum 10. Mai zu liefern. Die Lieferung ist am 25. Mai noch nicht eingetroffen.

a) Welche Störung liegt bei der Erfüllung des Kaufvertrags vor?

b) Wann tritt die Störung ein (Datumsangabe)?

c) Welche Rechte kann Herr Karl geltend machen?

2 Aufgabe (Nicht-Rechtzeitige Lieferung)

Die Boutique Kult in Köln, Inhaber Frank Bauer, bestellt im März bei dem Textilhersteller Ralf Lang in München für 12.000 € modische Damenwinterjacken lt. vorliegendem verbindlichem Angebot. Als Lang Anfang September noch nicht geliefert hat, mahnt Bauer am 10. September und verlangt Lieferung bis zum 30. September. Anfang Oktober erklärt Lang, dass er die Jacken wegen Auftragsüberlastung erst im März nächsten Jahres liefern kann.

Entscheiden und begründen Sie:

a) Ist ein Kaufvertrag zustande gekommen?

b) Befindet sich die Firma Ralf Lang im Verzug?

c) Kann Frank Bauer Anfang Oktober gegebenenfalls Schadenersatz statt der Lieferung verlangen?

3 Aufgabe (Nicht-Rechtzeitige Lieferung)

Die Firma Kurt Kunze (e.K.) bestellte bei der Firma Groß (e.K.) 50 Kisten Champagner zum 10. Dezember. Die Firma Groß liefert den Champagner nicht zum vereinbarten Termin. Kunze ist froh darüber und kauft unverzüglich bei einem anderen Händler, der den gleichen Champagner zu einem niedrigeren Preis anbietet. Nach dem Kauf informiert Kunze die Firma Groß, dass er die 50 Kisten Champagner nicht mehr benötigt. Die Firma Groß besteht jedoch auf Abnahme und Zahlung.

Wie beurteilen Sie die Rechtslage?

4 Aufgabe (Nicht-Rechtzeitige Lieferung – Haftung)

Der Bürogroßhändler Werner Münch hat mit dem Computerhersteller Reiner Schwarz einen Kaufvertrag über 100 Flachbildschirme der Marke BBM 850 abgeschlossen. Die Lieferung soll zum 31. Oktober erfolgen. Am 2. November ruft Schwarz bei Münch an und teilt ihm mit, dass er bedauerlicherweise den Auftrag verlegt hatte und die Bildschirme noch nicht abgeschickt wurden. Er sichert ihm aber zu, dass die Bildschirme noch heute mit einer Spedition losgeschickt werden und am nächsten Tag bei Münch sein werden. Münch erklärt sich mit diesem Vorschlag einverstanden. Schwarz übergibt die Bildschirme ordnungsgemäß der Spedition. Auf dem Weg zu Münch werden die Bildschirme bei einem Unfall vollständig zerstört. Werner Münch besteht auf Lieferung.

a) Befand sich Schwarz in Lieferungsverzug?

b) Von welchem Recht hat Münch Gebrauch gemacht?

c) Wer trägt die Haftung, wenn sich Schwarz im Lieferungsverzug befindet?

5 Aufgabe (Nicht-Rechtzeitige Lieferung – Rechte)

Steuerberater Brender bestellt bei der Druckerei Schön 5.000 Blatt Geschäftsbriefe. Die Lieferung wird zum 15. August fest zugesagt. Durch ein Versehen in der Verkaufsabteilung wird der Auftrag erst am 13. August an die Druckabteilung gegeben, die das erforderliche Spezialpapier jedoch nicht vorrätig hat, sodass frühestens am 25. August geliefert werden kann.

a) Prüfen Sie, ob die Druckerei mit der Lieferung in Verzug geraten ist.

b) Nennen Sie die Rechte, die Steuerberater Brender grundsätzlich gegenüber der Druckerei geltend machen kann.

c) Von welchem Recht sollte der Steuerberater im vorliegenden Fall Gebrauch machen, wenn die Preise in der Zwischenzeit gestiegen sind?

6 ▶ Aufgabe (Nicht-Rechtzeitige Lieferung)

Die Grau Wirtschaftsprüfergesellschaft mbH vereinbart mit der Firma Computer Müller und Meyer GbR die Lieferung von 20 Laptops. Ein Liefertermin wurde nicht vereinbart. Nachdem Müller und Meyer mit einem anderen Käufer einen höheren Preis für die Laptops ausgehandelt hat, verweigert der Verkäufer die Lieferung der 20 Laptops an die Grau Wirtschaftsprüfergesellschaft mbH. Kann die Firma Grau Wirtschaftsprüfergesellschaft mbH wegen der nicht gelieferten Laptops Schadenersatz verlangen? (Begründung)

7 ▶ Aufgabe (Schadensberechnung)

Sabrina Paul betreibt in Mönchengladbach ein Kinderbekleidungsgeschäft. Sie bestellte bei der Firma Müller KG in Krefeld im Februar mit Liefertermin am 10. April für das Sommergeschäft eine Kollektion Sommeroberbekleidung für Mädchen. Der Gesamtwert der Bestellung beträgt 8.000 €. Am 20. April ist die Lieferung in dem Kinderbekleidungsgeschäft noch nicht eingetroffen. Da Sommermode bereits häufig nachgefragt wird, setzt sich Frau Paul mit der Firma Müller telefonisch in Verbindung und bittet um dringende Lieferung bis zum 30. April. Am 28. April erhält sie von der Firma Müller ein Schreiben, in dem ihr schriftlich mitgeteilt wird, dass eine Lieferung aufgrund technischer Probleme zz. nicht möglich ist und bittet vielmals um Entschuldigung. Frau Paul überlegt, was sie nun unternehmen soll, da sie bis heute schon einen Umsatzrückgang und somit einen Gewinnausfall hatte. Sie beschließt bei einem anderen Hersteller nun noch Sommerware zu ordern. Dies stellt sich als sehr schwierig dar und die Einkaufspreise liegen weit über dem sonst Üblichen. Sie wird mindestens 4.000 € für ihre Sommerkollektion mehr ausgeben müssen. Sie beschließt, den Mehraufwand sowie die ihr entstandenen Kosten in Höhe von 500 € der Firma Müller KG in Krefeld in Rechnung zu stellen.

a) Kann sich Sabrina Paul den Mehraufwand und die Kosten von der Firma Müller KG ersetzen lassen?

b) Ist es auch möglich, den entgangenen Gewinn von der Firma Müller KG erstattet zu bekommen?

2.2 ▶ Schlechtleistung/Mangelhafte Lieferung

Der Verkäufer verpflichtet sich im Kaufvertrag die Sache frei von Sach- und Rechtsmängeln zu liefern.

■ Sachmangel liegt vor, § 434 BGB

wenn die verkaufte Sache nicht die vereinbarte Beschaffenheit aufweist.

Wenn nichts vereinbart wurde, ist die nach dem Vertrag vorausgesetzte bzw. gewöhnliche Verwendung maßgeblich.

Folgende Sachmängeln lassen sich unterscheiden:

■ Beschaffenheit war vertraglich vereinbart § 434 (1) BGB

› Die verkaufte Sache weicht von der tatsächlich vereinbarten Beschaffenheit ab.

> **Beispiel:** ▶
>
> Im Kaufvertrag wurde vereinbart, dass die Töpfe Edelstahl rostfrei zu liefern sind. Nach mehrmaligem Gebrauch stellt sich heraus, dass die Töpfe rosten.

Beschaffenheit war vertraglich nicht vereinbart

434 (1) S. 2 Nr. 1 › Die verkaufte Sache kann nicht zu dem Zweck verwendet werden, zu dem sie gekauft wurde. Dem Verkäufer war dieser Zweck jedoch bekannt.

> **Beispiel:**
>
> Das gelieferte Kopierpapier kann in dem vorhandenen Kopierer nicht verwendet werden.

434 (1) S. 2 Nr. 2 › Die verkaufte Sache weist nicht die Beschaffenheit auf, die der Käufer erwarten kann, um die Sache so zu verwenden, wie es bei solchen Sachen gewöhnlich ist.

> **Beispiel:**
>
> Lebensmittel sind verdorben

434 (1) S. 3 › Die verkaufte Sache weicht von den Angaben in der Werbung ab

> **Beispiel:**
>
> Das in der Werbung viel gepriesene 5-Liter-Auto verbraucht tatsächlich 8 Liter Benzin auf 100 km.

434 (1) S. 3 › Die verkaufte Sache weicht von der Kennzeichnung auf der Verpackung oder auf der Ware selbst ab.

> **Beispiel:**
>
> Lachs wird auf der Folie als fangfrischer kanadischer Fluss-Wildlachs gekennzeichnet. In Wirklichkeit stellt sich heraus, dass er in Irland im Meer gezüchtet wurde.

434 (2) S. 1 › Die Montage der verkauften Sache wurde fehlerhaft durchgeführt.

> **Beispiel:**
>
> Bei der Montage der gekauften Waschmaschine wurde der Wasseranschluss nicht ordnungsgemäß abgedichtet.

434 (2) S. 2 › Bei der verkauften Sache fehlte die Montageanleitung. Dies hat zur Folge, dass die Sache nicht oder nur fehlerhaft montiert werden kann.

> **Beispiel:**
>
> Aufgrund der fehlerhaften Montageanleitung kann ein Bürostuhl nicht zusammengeschraubt werden.

434 (3) BGB › Es wurde eine ganz andere Sache geliefert.

> **Beispiel:**
>
> Der Käufer bestellte zehn Dosen Lack Hochglanz. Der Verkäufer lieferte jedoch zehn Dosen Lack, Seidenmatt.

434 (3) BGB › Es wurde eine zu geringe Menge geliefert.

> **Beispiel:**
>
> Der gelieferte Vorhang hatte nicht die vereinbarte Länge von 2,30 m.

Mängel im Hinblick auf ihre Erkennbarkeit

Sachmängel lassen sich auch im Hinblick auf ihre Erkennbarkeit wie folgt unterscheiden:

Offener Mangel

Sie sind bei der Prüfung der gekauften Sache sofort erkennbar.

> **Beispiel:**
> Bei Anlieferung der zwölf Gläser sind zwei zerbrochen.

Versteckter Mangel

Sie sind bei der Lieferung und Prüfung nicht sofort erkennbar.

> **Beispiel:**
> Die gekaufte Armbanduhr ist nicht wasserdicht, wie vom Hersteller zugesichert.

Arglistig verschwiegener Mangel

Dies sind Mängel, die der Verkäufer dem Käufer bewusst verschweigt.

> **Beispiel:**
> Ulla Fischer verkauft ihr Auto, mit dem sie vor drei Monaten einen Unfall hatte, als unfallfreies Auto.

Rechtsmangel liegt vor,

§ 435 BGB

wenn die verkaufte Sache nicht frei von Rechten Dritter ist. Dies können Eigentumsrechte, Nießbrauch oder eine Hypothek sein.

> **Beispiel:**
> Diana Kern verkauft Irene Grün eine CD, die sie sich von einem Freund ausgeliehen hat.

Arten von Mängeln

Sachmängel	Rechtsmängel
› Die verkaufte Sache war bei Übergabe nicht in Ordnung	› An der gelieferten Sache können Dritte gegenüber dem Käufer Rechte geltend machen.

Mängel können auch wie folgt eingeteilt werden:

offener Mangel	versteckter Mangel	arglistig verschwiegener Mangel

Wenn die Sache mangelhaft geliefert wird, kann der Käufer daraus bestimmte Ansprüche ableiten. Voraussetzung für alle diese Ansprüche ist, dass der Mangel schon bei Übergabe der Kaufsache an den Käufer vorhanden war.

Sämtliche Ansprüche des Käufers wegen Mängel sind ausgeschlossen, wenn er den Mangel bei Abschluss des Kaufvertrages kannte.

§ 442 BGB

Kannte der Käufer den Mangel nicht, war der Mangel jedoch so offensichtlich, dass er sofort hätte ins Auge fallen müssen (grob fahrlässige Unkenntnis), hat der Käufer nur unter ganz bestimmten Voraussetzungen Ansprüche wegen Mängel. Ansprüche bestehen nur dann, wenn der Verkäufer den Mangel arglistig verschwiegen hat oder wenn er genau die Beschaffenheit garantiert hat, die aufgrund des Mangel in Wahrheit nicht vorhanden ist.

■ Pflichten des Käufers

Will der Käufer seine Rechte aufgrund einer mangelhaften Lieferung durchsetzen, muss er folgende Pflichten erfüllen:

Beim Handelskauf:

§ 377 HGB

1. Prüfpflicht

Der Käufer muss die gelieferte Ware unverzüglich auf Menge, Güte und Art und Beschaffenheit überprüfen. Stellt der Käufer bereits bei der Anlieferung einen Mangel fest, kann er die Annahme verweigern.

§ 438 BGB

2. Rügepflicht

Bei Feststellung von Mängeln muss der Käufer unverzüglich nach der Prüfung dem Verkäufer eine Mängelrüge zukommen lassen. Handelt es sich um einen versteckten Mangel, so muss die Mängelrüge unverzüglich nach Entdeckung erfolgen. Bleiben dem Käufer Mängel unerkannt, so kann er seine Rechte später nur geltend machen, wenn die Mängel arglistig verschwiegen wurden oder der Verkäufer eine längere Garantie auf die Beschaffenheit der Sache übernommen hat.

Für die Mängelrüge gibt es keine Formvorschrift, Schriftform ist jedoch sinnvoll.

Kommt der Käufer seiner Rügepflicht nicht nach, verliert er alle Ansprüche aus der mangelhaften Lieferung gegen den Verkäufer.

§ 379 HGB

3. Aufbewahrungspflicht

Beim Versendungskauf muss der Käufer, um unnötige Transportkosten zu sparen, die beanstandete Ware aufbewahren. Beim Platzkauf kann die Ware sofort zurückgeschickt werden.

§ 474 (1) BGB

Beim Verbrauchsgüterkauf:

Ein Verbrauchsgüterkauf liegt vor, wenn ein Unternehmer einem Verbraucher eine bewegliche Sache verkauft (einseitiger Handelskauf).

§ 476 BGB

Tritt bei einem Verbrauchsgüterkauf innerhalb von sechs Monaten seit Übergabe der Sache ein Sachmangel auf, so wird vermutet, dass der Mangel von Anfang an bestanden hat. Es gilt die **Beweislastumkehr**, d. h. der Verkäufer muss nun nachweisen, dass die Sache bei Übergabe in Ordnung war.

434 (3) BGB

Verjährungsfrist für die Gewährleistungsansprüche

Der Käufer kann seine Rechte aus mangelhafter Lieferung innerhalb von zwei Jahren durchsetzen. Bei arglistig verschwiegenen Mängeln muss er innerhalb von drei Jahren nach Kenntnis des Mangels reklamieren. Die 2-jährige Gewährleistungsfrist gilt unabhängig davon, ob der Käufer Unternehmer oder Verbraucher ist.

> **Beispiel:** 〉〉〉
>
> Ein Gebrauchtwagenhändler verschweigt, trotz Nachfrage des Käufers, dass der erworbene Pkw einen Unfallschaden hatte.

434 (3) BGB

Da es sich hier um einen arglistig verschwiegenen Mangel handelt, hat der Käufer die Möglichkeit, diesen auch später noch zu rügen. Die Rüge muss jedoch innerhalb von drei Jahren nach Kenntnis des Mangels erfolgen.

Gewährleistungsfristen aus einer Schlechtleistung/mangelhafter Lieferung		
	Käufer ist Verbraucher	Käufer ist Unternehmer
Neue Sache	Mind. 2 Jahre	Verkürzung auf 1 Jahr möglich
Gebrauchte Sache	Verkürzung auf 1 Jahr möglich	keine Mindestfrist

Recht des Käufers

Liegen die Voraussetzungen für eine mangelhafte Lieferung vor, so kann der Käufer gegenüber dem Verkäufer verschiedene Rechte geltend machen.

Diese Ansprüche des Käufers folgen einem Stufenprinzip:

1. Stufe (vorrangig) ohne Nachfristsetzung § 439 (1) BGB

Der Käufer hat einen Nacherfüllungsanspruch, d. h. er kann wahlweise

› Nachbesserung oder

› Ersatzlieferung verlangen.

In bestimmten Fällen ist eine Nacherfüllung nicht möglich. So kann der Käufer bei einer gebrauchten Sache oder bei einem Einzelstück keine Ersatzlieferung verlangen. In diesen Fällen ist nur Nachbesserung möglich.

Der Verkäufer kann jedoch die vom Käufer geforderte Art der Nacherfüllung verweigern, wenn sie unverhältnismäßig hohe Kosten erfordert. § 439 (3) BGB

Verlangt der Käufer Lieferung einer Ersatzsache, kann der Verkäufer vom Käufer Herausgabe der mangelhaften Kaufsache fordern.

> **Beispiel:**
>
> Nico kauft für seinen Neffen ein elektrisches Auto. Beim Ausprobieren zu Hause stellt Nico fest, dass das Auto nicht richtig funktioniert. Nico will seinen Anspruch auf Nacherfüllung geltend machen.
>
> Der Verkäufer wird Nico ein neues Auto (Ersatzlieferung) anbieten, da die Kosten für eine Nachbesserung sicher zu hoch sind.

Grundsätzlich gilt eine Leistung als nicht erbracht, wenn der Verkäufer zweimal vergeblich eine Nachbesserung versucht hat und diese fehlgeschlagen ist.

2. Stufe (nachrangige) nach Ablauf einer angemessenen Nachfrist

Nach Ablauf der Nachfrist stehen dem Käufer bei erheblichen Mängeln wahlweise weitere Rechte zu:

› Rücktritt vom Kaufvertrag § 437 Nr. 2 BGB

　Der Käufer kann den Kaufvertrag aufheben, ohne dass der Verkäufer zustimmen muss, oder § 323 BGB

› Minderung des Kaufpreises und § 441 (1) BGB

› Schadenersatz statt der Leistung oder §§ 439, 281 BGB

› Ersatz vergeblicher Aufwendungen § 284 BGB

Ist der Mangel nur geringfügig hat der Käufer nur das Recht auf Minderung des Kaufpreises und auf Schadenersatz statt der Leistung

Erklärung:

Voraussetzung für einen Schadenersatz ist das Verschulden des Verkäufers. § 280 BGB

› Schadenersatz neben der Leistung: ein tatsächlicher zusätzlicher Schaden, den der Käufer erleidet, muss vom Verkäufer beglichen werden

› Schadenersatz statt der Leistung: es wird nicht nachgebessert, sondern der Schaden wird in Euro bezahlt § 280 (1) S. 1 BGB

72 Kaufvertragsrecht

§ 280 (1) S. 3 BGB
> Schadenersatz statt der gesamten Leistung: es erfolgt eine Neulieferung oder der Kaufpreis wird zurückerstattet; es kann auch ein entgangener Gewinn geltend gemacht werden

§§ 437, 284 BGB
> Schadenersatz vergeblicher Aufwendungen: anstelle des Schadenersatzes kann der Käufer Ersatz der Aufwendungen verlangen, die er im Vertrauen auf den Erhalt der Leistung getätigt hat

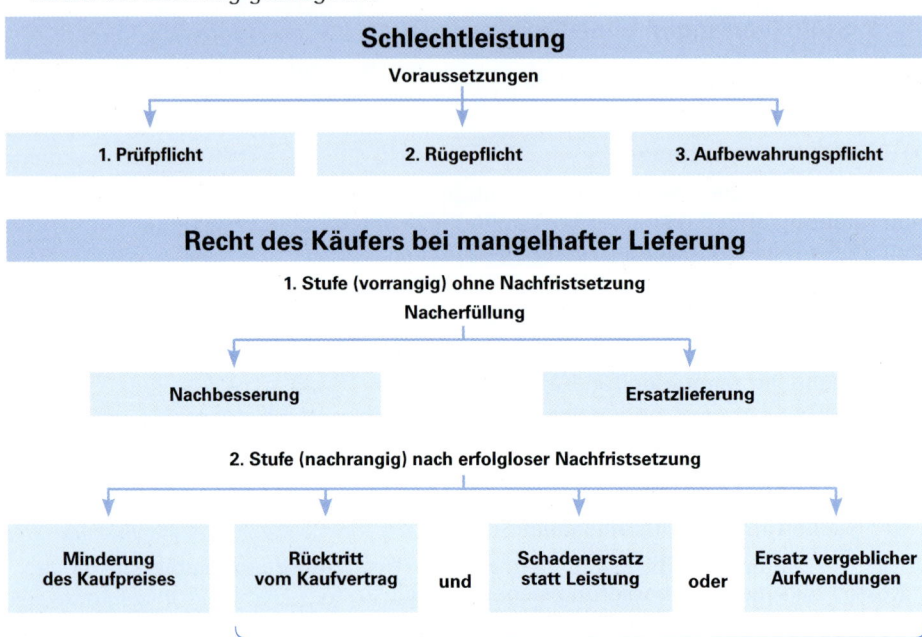

Erarbeitungsfälle

1 ▸ Aufgabe (Mängelarten)

Bestimmen Sie in den nachfolgenden Fällen die Mängelart.

a) Es wurde ein fabrikneues Auto bestellt, bei der Auslieferung stellt der Käufer fest, dass der Motor nicht die vertraglich zugesagte PS-Leistung hat.

b) Eine Schülerin bestellte bei einem Versandhaus drei Sweatshirts; geliefert wird jedoch ein Sweatshirt.

c) Ein Einzelhändler bestellt bei einem Großhändler 50 ipods; er erhält jedoch 50 CD-Player.

d) Ein Kunde kauft ein bügelfreies Hemd der Marke „Chef", muss jedoch nach dem ersten Waschen feststellen, dass es Knitterfalten hat.

e) Ein Auszubildender kauft sich von seinem ersten Gehalt einen Gebrauchtwagen. Der Verkäufer sichert ihm auf Nachfragen im Kaufvertrag schriftlich zu, dass der PKW unfallfrei sei. Der Verkäufer wusste aber, dass das Auto einen Auffahrunfall hatte und aufwendig repariert wurde. Schon wenige Tage später muss der Auszubildende sein Auto in die Werkstatt bringen. Dort stellt man fest, dass die Lenkung infolge des früheren Unfalls beschädigt ist.

f) Ein Kaninchenzüchter erhält statt Kaninchenfutter Hamsterfutter geliefert. Dieses ist anhand der Verpackung ersichtlich.

g) Ein Golfcenter bestellte 500 Golfbälle Marke „Superior" beim Hersteller. Geliefert werden 300 Golfbälle der Marke „Medium".

h) Ihre Freundin bestellt ein mehrteiliges Kaffeeservice. Sie muss jedoch bei der Lieferung feststellen, dass bei fünf Tassen die Henkel abgebrochen sind.

i) Sie kaufen zwei Tüten Vollmilch und stellen nach Öffnen der Tüten fest, dass die Milch sauer ist, obwohl das Haltbarkeitsdatum noch nicht überschritten ist.

j) Beim Auspacken des neuen Blue-Ray-Players stellen Sie fest, dass die Bedienungsanleitung fehlt.

k) Eine Auszubildende verkauft ihren Laptop, obwohl dieser noch nicht bezahlt war und er unter Eigentumsvorbehalt geliefert wurde.

2 Aufgabe (Rechte bei der Schlechtleistung)

Die Blitz KG hat im Oktober bei der PC GmbH in Hamburg Hilfsprogramme zur Verarbeitung als Software im Rahmen von Abrechnungsprogrammen erworben. Beim Einsatz in den hauseigenen Serviceprogrammen stellt sich heraus, dass die eingekauften Programme – entgegen einer eindeutigen Zusicherung im Kaufvertrag – nicht virenfrei sind und andere Programme beschädigt wurden.

a) Nennen Sie alle Rechte, welche die Blitz KG wahlweise in diesem Fall in Anspruch nehmen kann.

b) Welches Recht sollte die Firma Blitz KG Ihrer Meinung nach in Anspruch nehmen?

3 Aufgabe (Rechte bei der Schlechtleistung)

Irene Kroll kauft sich bei einem Möbel-Mitnahme-Markt einen Schrank zum Selbstaufbau. Nach mehrmaligem Versuch, den Schrank zusammenzubauen, gibt sie auf, auch weil keine Montageanleitung vorhanden ist. Um was für einen Mangel handelt es sich hier und welches Recht sollte Irene Kroll geltend machen?

4 Aufgabe (Recht bei der Schlechtleistung)

Sven Moon kauft in einem Kaufhaus einen Flachbildschirm. Zu Hause stellt er fest, dass das Gerät Kratzer aufweist. Zu welchem Recht raten Sie ihm?

5 Aufgabe (Rügepflicht)

Prüfen und begründen Sie, wann in den folgenden Fällen reklamiert werden muss:

a) Eine Konservenfabrik erhält von einem Obstgroßhändler verdorbene Erdbeeren.

b) Herr Roth entdeckt beim Lesen eines vor vier Wochen in einer Buchhandlung gekauften Buches, dass einige Seiten fehlen.

c) Ein Lebensmitteleinzelhändler versucht, Fleischkonserven an einen Großhändler zurückzugeben, da sie schlecht sind. Er hat diese vor acht Monaten geliefert bekommen.

6 Aufgabe (Schlechtleistung)

Franziska Hartmann, Bankkauffrau, bestellt am 10. März bei einem Versandhaus in Hamburg für ihre Tochter ein Kleid. Das Kleid wird am 21. März per Nachnahme geliefert. Da Frau Hartmann stets nur einwandfreie Ware von diesem Unternehmen erhalten hat, legt sie das Kleid in der Originalverpackung bis zum Geburtstag der Tochter am 25. Mai zur Seite. Beim Auspacken stellt sich heraus, dass das Kleid mehrere Löcher an sichtbaren Stellen hat und deshalb nicht getragen werden kann.

a) Um welche Art von Mangel handelt es sich?
b) Hat Frau Hartmann die Löcher rechtzeitig entdeckt, um ihre Rechte gegenüber dem Versandhaus geltend machen zu können?
c) Welche Rechte kann der Käufer bei einer solchen Störung grundsätzlich geltend machen?
d) Welches Recht wird Frau Hartmann geltend machen?
e) Wie wäre der Sachverhalt zu beurteilen, wenn Frau Hartmann als Inhaberin eines Modehauses das Kleid für ihr Unternehmen gekauft hätte?

7 Aufgabe (Rügepflicht – Schlechtleistung)

Klaus Klein wohnt in Leverkusen und betreibt einen Radio- und Fernsehhandel in Köln. Ihm werden am 1. April fristgerecht 240 CD in handelsüblicher Verpackung für seinen Radio- und Fernsehhandel geliefert. Außerdem erhält er zur privaten Verwendung auch am 1. April fristgerecht 24 in einem Karton verpackte Sektkelche geliefert. Wegen der Arbeitsüberlastung im Betrieb ist es ihm erst am 13. April möglich die CD und die Sektkelche auszupacken. Dabei stellt sich heraus, dass 30 CD stark beschädigt sind und fünf Sektkelche Sprünge haben.

Beurteilen Sie die Erfolgsaussichten der Mängelrügen bezüglich der CD und der Sektkelche, die Klaus Klein am 13. April dem Lieferer erteilt.

8 Aufgabe (Schlechtleistung)

Michaela Wenking kauft beim Juwelier für ihre Tochter eine Sportuhr. Der Juwelier sichert ihr zu, dass ihre Tochter mit dieser Uhr auch ins Wasser gehen kann, denn sie ist „wasserdicht bis in 30 Meter Tiefe". Als die Tochter nach den Ferien in Spanien wieder nach Hause kommt, zeigt sie der Mutter diese Uhr, die nicht mehr funktioniert. Für die Tochter war es selbstverständlich, auch mit dieser Uhr schwimmen zu gehen. Als die Mutter bei dem Juwelier den Fehler reklamiert, zeigt dieser kein Verständnis, da der Kauf schon neun Monate zurückliegt. Frau Wenking besteht auf einer neuen Uhr. Beurteilen Sie die Rechtslage.

9 Aufgabe (Schlechtleistung)

Martina Huber erwarb am 19. Oktober 2008 in einem Kölner Kaufhaus einen neuen Laptop. Als sie am 20. Oktober 2008 den Laptop ausprobieren will, stellt sie fest, dass das Gerät defekt ist. Da sie ab 21. Oktober 2008 einen 3-wöchigen Türkei-Urlaub gebucht hatte, konnte sie den defekten Laptop erst am 11. November 2008 zum Kaufhaus zurückbringen und den Mangel anzeigen.

Nachdem sie dem Abteilungsleiter des Kaufhauses den Sachverhalt geschildert hat, erklärt dieser ihr, dass sie keine Ansprüche mehr geltend machen könne, denn sie hätte den Defekt sofort nach Entdeckung anzeigen müssen. Im Übrigen habe er den Verdacht, dass sie, Martina Huber, durch unsachgemäße Bedienung den Defekt selbst verursacht habe.

a) Prüfen Sie unter Angaben der entsprechenden gesetzlichen Bestimmungen, ob die allgemeinen Voraussetzungen für die Sachmängelhaftung im o. a. Sachverhalt vorliegen. Gehen Sie dabei auch auf die Einwände des Verkäufers ein.
b) Prüfen Sie die Rechtslage im Rahmen möglicher Primäransprüche (= vorrangige Rechtsansprüche), die Martina Huber gegenüber dem Kaufhaus hat. Geben Sie bei der Lösung die gesetzliche Grundlage an.

2.3 Nicht-Rechtzeitige Annahme/Annahmeverzug

§ 293 BGB

Wird eine vom Käufer bestellte Ware angeliefert, so kann es sein, dass dieser die Annahme der Ware verweigert, weil er kein Interesse mehr an der Ware hat, er zz. nicht über das nötige Geld verfügt oder er die Bestellung inzwischen vergessen hat. Es könnte aber auch sein, dass er sich die Ware in der Zwischenzeit anderweitig besorgt hat.

Durch den Kaufvertrag ist der Käufer verpflichtet, die Leistung des Verkäufers bei Fälligkeit anzunehmen.

■ Voraussetzungen für die Nicht-Rechtzeitige Annahme:

1. **Fälligkeit der Leistung** §§ 271, 299 BGB
   Der Verkäufer muss den vereinbarten Liefertermin einhalten.

2. **Tatsächliches Anbieten der Leistung** § 294 BGB
   Der Verkäufer muss dem Käufer die Ware am richtigen Ort und in der richtigen Menge, Art, Beschaffenheit und Qualität anbieten.

   > **Beispiel:**
   >
   > Der Käufer vereinbart mit dem Elektrohändler, dass das Fernsehgerät am Montag, dem 5. Mai zwischen 10:00 und 12:00 Uhr geliefert werden soll. Der Elektrohändler will an diesem Tag um 11:00 Uhr das Gerät liefern.
   >
   > Der Käufer lehnt die Annahme ab und befindet sich somit in Annahmeverzug.

3. **Annahmeverweigerung** § 293 BGB
   Der Käufer nimmt die ihm angebotene Leistung nicht an.

Die Nicht-Rechtzeitige Annahme setzt kein Verschulden voraus. Die Gründe des Käufers für die Nichtannahme der Ware sind unerheblich.

■ Wirkungen der Nicht-Rechtzeitigen Annahme

§ 300 BGB

Einschränkung der Haftung

Der Käufer haftet bei Nicht-Rechtzeitiger Annahme für die Gefahr der zufälligen unverschuldeten Beschädigung oder den Untergang der Ware.

> **Beispiel:**
>
> Auf dem Rückweg von dem Kunden wird der Elektrohändler in einen nicht von ihm verursachten Unfall verwickelt. Das nicht abgenommene Fernsehgerät wird erheblich beschädigt.
>
> Den entstandenen Schaden an dem Fernsehgerät muss der Käufer tragen.

Die Haftung des Verkäufers wird eingeschränkt und die des Käufers erweitert. Der Verkäufer haftet nur noch für Vorsatz und grobe Fahrlässigkeit. Grob fahrlässig handelt, wer die im Verkehr erforderliche Sorgfalt in besonders schwerer Weise verletzt.

> **Beispiel:**
>
> Die nicht abgenommenen Möbel werden von dem Möbelspediteur vor dem Haus des Käufers abgestellt und durch Regen erheblich beschädigt.
>
> Der Verkäufer muss für den Schaden aufkommen, da er grob fahrlässig gehandelt hat.

Rechte des Verkäufers

Aufgrund der Nicht-Rechtzeitigen Annahme stehen dem Verkäufer wahlweise folgende Rechte zu:

ohne Nachfrist

§§ 373, 374 BGB

› Abnahme der Leistung

Der Verkäufer kann auf Abnahme der Leistung bestehen. Er kann die nicht abgenommene Ware in eigene Verwahrung nehmen oder einlagern lassen. Er wird dann auf außergerichtlichem oder auf gerichtlichem Weg versuchen die Abnahme zu erwirken. Dies wird der Verkäufer dann tun, wenn er keine Chancen sieht, diese Ware anderweitig zu verkaufen. Die Kosten der Einlagerung gehen zulasten des Käufers.

› Ersatz von Mehraufwendungen

mit Nachfristsetzung

› Selbsthilfeverkauf

In einer öffentlichen Versteigerung oder durch einen freihändigen Verkauf kann der Verkäufer Waren mit einem Markt- oder Börsenpreis veräußern. Hierbei muss der Verkäufer zum Schutz des Käufers folgende Pflichten erfüllen:

§ 384 BGB

› Informationspflicht

Der Käufer muss darüber informiert werden, dass die Ware im Selbsthilfeverkauf, wenn er die Ware nicht bis zu einem vorgegebenen Termin abnimmt, versteigert wird. Ihm muss mitgeteilt werden, wo sich die Ware befindet und wann und wo die Ware versteigert wird.

› Nachfrist

Der Käufer erhält eine angemessene Nachfrist, damit auch er an der Versteigerung teilnehmen kann.

› Abrechnung

§ 304 BGB

Nach Abschluss des Selbsthilfeverkaufs erhält der Käufer eine Abrechnung über den Verkauf. Die entstandenen Mehraufwendungen für Lagerung und Versteigerung sowie den Mindererlös muss der Käufer tragen. Ein evtl. erzielter Mehrerlös geht an den Käufer.

› Rücktritt vom Vertrag

Bei leicht verderblichen Waren kann der Verkäufer ohne vorherige Mitteilung an den Käufer einen Notverkauf einleiten.

§ 384 BGB
§ 373 HGB

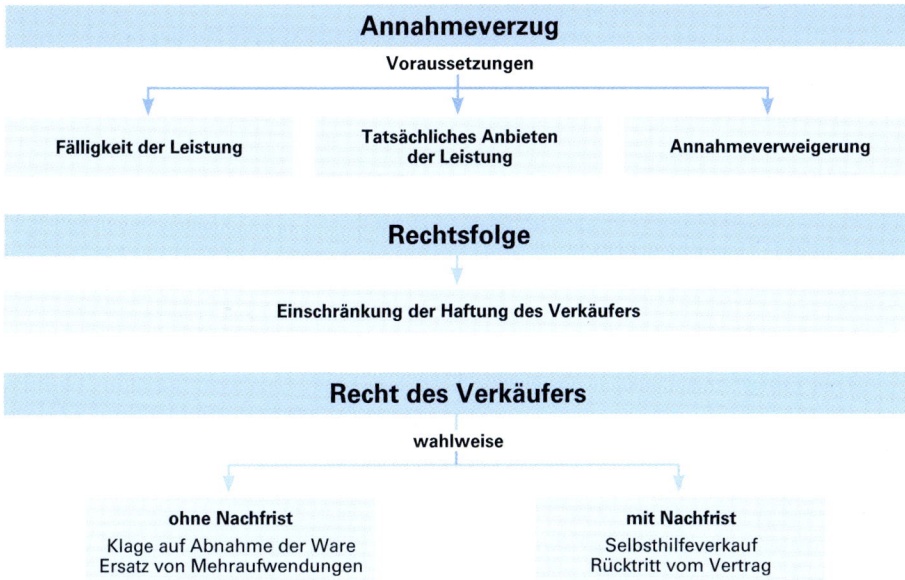

Erarbeitungsfälle

1 Aufgabe (ordnungsgemäße Lieferung)

Wie beurteilen Sie folgende Situationen?

a) Eine Sendung Weihnachtsgebäck, die zum 15. Dezember bestellt war, trifft am 20. Dezember ein. Der Großhändler verweigert die Annahme.

b) Ein Schuheinzelhändler erhält eine Sendung Schuhe in seine Privatwohnung statt in sein Geschäft geliefert. Da dies schon mehrfach geschah, ist er verärgert und lehnt die Annahme der Ware ab.

c) Das Ehepaar Minde bestellte zur Lieferung am 18. August einen Schrank. Herr Minde verweigert die Annahme der vorzeitigen Lieferung am 15. August, da er sich zwischenzeitlich ein neues Auto gekauft hat und den Schrank nicht mehr bezahlen kann.

2 Aufgabe (Nicht-Rechtzeitige Annahme)

Peter Dose betreibt in Bochum ein Elektrofachgeschäft. Am 10. Februar bestellt er bei der Elektro-Handel-GmbH in Dortmund 20 Blue-Ray-Player und 20 Fernsehgeräte zur Lieferung bis zum 10. März. Inzwischen hat Dose jedoch gleiche Blue-Ray-Player und Fernsehgeräte anderweitig wesentlich günstiger einkaufen können. Deshalb lehnt er die Annahme der von der Elektro-Handel-GmbH ordnungsgemäß am 10. März angebotenen Geräte ab.

a) Prüfen Sie, ob Dose gegenüber der Elektro-Handel-GmbH in Annahmeverzug geraten ist.

b) Welche Rechte kann die Elektro-Handel-GmbH geltend machen, wenn die Geräte wegen eines zwischenzeitlichen Preisverfalls zu den am 10. Februar vereinbarten Preisen nicht weiterverkauft werden können?

3 **Aufgabe (Nicht-Rechtzeitige Annahme – Haftung)**

Der Unternehmer Stark bestellt bei einem Baumaschinenhändler eine Maschine, die am 10. Oktober geliefert werden soll. Bei der Anlieferung am 10. Oktober verweigert Stark die Annahme mit der Begründung, sein Kunde sei in Insolvenz geraten.

a) Welche Wirkung hat die Annahmeverweigerung auf die Haftung des Käufers und Verkäufers?

b) Das Maschinenbauunternehmen möchte durch eine öffentliche Versteigerung einen Selbsthilfeverkauf vornehmen lassen. Welche gesetzlichen Pflichten hat es dabei zu berücksichtigen?

4 **Aufgabe (Nicht-Rechtzeitige Annahme)**

Das Obst- und Gemüsegeschäft Frisch hat beim Großhändler eine Ladung Frischobst bestellt, die am 4. November geliefert werden soll. Als der Lieferant die Ware zum vereinbarten Termin liefern will, verweigert Frisch die Annahme mit der Begründung, er hätte inzwischen günstiger eingekauft.

a) Prüfen Sie, ob Frisch sich im Annahmeverzug befindet.

b) Welche Rechte hat der Großhändler?

c) Welches Recht wird der Großhändler geltend machen und warum?

5 **Aufgabe (Nicht-Rechtzeitige Annahme – Haftung)**

Marion Mende bestellte im Gartencenter für ihren Balkon acht Kästen mit Geranien. Als das Gartencenter die Balkonkästen am vereinbarten Termin liefern wollte, war Frau Mende für längere Zeit verreist und hatte ihre Blumenbestellung total vergessen. Der Mitarbeiter des Gartencenters stellte die bepflanzten Blumenkästen in den Vorgarten des Hauses, weil er auf der Rückfahrt noch Blumenerde zuladen wollte. Als Frau Mende aus dem Urlaub nach Hause kommt, hat sie die Rechnung des Gartencenters im Briefkasten, von den Blumenkästen fehlt jede Spur. Sie ist nicht bereit die Rechnung zu bezahlen. Wie ist die Rechtslage?

6 **Aufgabe (Nicht-Rechtzeitige Annahme)**

Beurteilen Sie folgende Situationen:

a) Ein langjähriger guter Kunde verweigert am Fälligkeitstag aus unerklärlichen Gründen die Annahme einer Lieferung.

b) Eine Warensendung wird nicht angenommen, weil der Empfänger kurzfristig verreist ist. Über den Zeitpunkt der Lieferung gab es keine Absprache und der Verkäufer hat den Zeitpunkt der Lieferung nicht angekündigt.

c) Der Verkäufer lässt ohne Mitteilung an den Käufer eine nicht angenommene Maschine versteigern. Den Mindererlös und die Kosten stellt er dem Käufer in Rechnung.

d) Eine Ladung Tomaten aus Italien wird vom Käufer nicht abgenommen. Der Verkäufer lässt diese am nächsten Tag versteigern. Den aufgrund der gestiegenen Preise erzielten Mehrerlös verlangt der Käufer.

2.4 Nicht-Rechtzeitige Zahlung/Zahlungsverzug

Der Kaufvertrag verpflichtet den Käufer den Kaufpreis zu zahlen. Kommt der Käufer dieser Verpflichtung nicht oder nicht rechtzeitig nach, gerät er in Zahlungsverzug. § 286 BGB

■ Voraussetzung für die Nicht-Rechtzeitige Zahlung:

1. Fälligkeit der Zahlung

Wurde im Kaufvertrag keine Vereinbarung über die Fälligkeit der Zahlung getroffen, kann der Kaufpreis bereits bei Abschluss des Kaufvertrages aber spätestens nach Eingang der Lieferung fällig sein. § 271 BGB

2. Mahnung

Zahlt der Käufer den Kaufpreis nicht, wird der Verkäufer die Zahlung anmahnen. Diese Mahnung kann unterbleiben, wenn ein bestimmter Zahlungstermin vereinbart wurde oder der Schuldner die Zahlung ernsthaft und endgültig verweigert.

§ 286 (1) BGB
§ 286 (2) BGB

Zahlt der Käufer trotz Fälligkeit und Mahnung nicht, gerät er in Zahlungsverzug. Unabhängig davon gerät er spätestens dreißig Tage nach Fälligkeit und Zugang einer Rechnung in Verzug. Die maximale Zahlungsfrist beträgt 60 Tage.

§ 286 (3) BGB
§ 271 BGB,
§ 271a BGB,
§ 288 BGB

Anmerkung: Das Bundesgesetzblatt vom 28. Juli 2014 veröffentlichte neue Richtlinien für den Geschäftsverkehr. Geregelt werden Zahlungsfristen und Verzugszinsen für Schuldverhältnisse u. a. zwischen Kaufleuten untereinander.

3. Verschulden § 2 BGB

■ Rechte des Verkäufers

Bei Nicht-Rechtzeitiger Zahlung des Käufers, stehen dem Verkäufer wahlweise folgende Rechte zu:

■ Ohne Nachfristsetzung hat der Verkäufer das Recht auf:

› Erfüllung des Kaufvertrages (d. h. er kann Zahlung verlangen) und § 286 BGB
› Erfüllung des Kaufvertrages und Schadenersatz wegen verspäteter Zahlung

Ab Beginn des Verzugs schuldet der Käufer dem Verkäufer zusätzlich zum Kaufpreis Verzugszinsen. Bei der Berechnung der Verzugszinsen wird unterschieden, ob bei dem Kaufvertrag ein Verbraucher oder nur Unternehmer beteiligt sind.

Verbraucher 5 % § 288 (1) BGB

Ist ein Verbraucher an dem Kaufvertrag beteiligt, beträgt der Zinssatz für die Verzugszinsen fünf Prozent über dem Basiszinssatz[1] der Europäischen Zentralbank.

Unternehmer 9 % § 288 (2) BGB

Bei Kaufverträgen zwischen Unternehmern beträgt der Zinssatz neun Prozent über dem Basiszinssatz. Zusätzlich kann der Gläubiger bei Eintritt des Verzugs eine Pauschale von 40 € vom Schuldner verlangen.

Entsteht dem Verkäufer nachweislich ein höherer Verzugsschaden, etwa durch die Notwendigkeit einer Kreditaufnahme, so kann er diese Aufwendungen ebenfalls geltend machen. § 288 BGB

---

[1] Zinssatz für das Hauptrefinanzierungsgeschäft (Haupttender). Dem Finanzsektor wird hiermit ein Refinanzierungsvolumen mit einer Laufzeit von zwei Wochen zur Verfügung gestellt; Basiszinssatz ab 1.1.2017 –0,88 %. § 247 BGB

■ Mit Nachfristsetzung hat der Verkäufer das Recht:

Nach Ablauf einer angemessenen Frist

§ 323 BGB   ❯ vom Kaufvertrag zurückzutreten und/oder

§ 281 BGB   ❯ Schadenersatz statt der Leistung oder

§ 284 BGB   ❯ Ersatz vergeblicher Aufwendungen zu verlangen

Vom Rücktritt wird der Verkäufer z. B. dann Gebrauch machen, wenn er damit rechnen muss, dass der Käufer zahlungsunfähig ist und er durch den Rücktritt vom Kaufvertrag die Ware zurückerhält.

§ 323 (2) BGB   Die Nachfrist für den Rücktritt vom Kaufvertrag entfällt, wenn der Käufer die Zahlung endgültig verweigert, der Tag kalendermäßig bestimmt war oder besondere Umstände vorliegen, die einen sofortigen Rücktritt rechtfertigen.

Nicht-Rechtzeitige Zahlung

Voraussetzungen
1. Fälligkeit
2. Verschulden

Rechte des Verkäufers

Ohne Nachfrist
❯ Erfüllung des Kaufvertrages
❯ Erfüllung des Kaufvertrages und Verzugszinsen

Mit Nachfrist
❯ Rücktritt vom Kaufvertrag und/oder
❯ Schadenersatz statt der Leistung

Erarbeitungsfälle

1 ❯ Aufgabe (Fälligkeit der Zahlung)

Bestimmen Sie die Fälligkeit und den Beginn des Verzugs bei folgenden Vereinbarungen:

a) „zahlbar sofort"

b) „zahlbar 10 Tage nach Erhalt der Rechnung"

c) „zahlbar am 20. September"

2 ❯ Aufgabe (Nicht-Rechtzeitige Zahlung)

Steuerberater Hahne erstellt für den Mandanten Krämer am 20. April die Einkommensteuererklärung für das Vorjahr. Am 25. Mai übersendet er die Rechnung. Als Zahlungsziel wird der 25. Juni vereinbart. Wann ist die Zahlung fällig?

3 ❯ Aufgabe (Nicht-Rechtzeitige Zahlung)

Am 20. Februar liefert Kaufmann Groß an die Bauunternehmung Spieß in Münster Baumaterial zum Bruttopreis von 50.000 €. Die Rechnung erhielt die Bauunternehmung am 5. März. Über den Zeitpunkt der Zahlung wurde keine besondere zeitliche Vereinbarung getroffen. Am 20. April stellt Groß fest, dass die Forderung noch immer nicht beglichen wurde.

a) Befindet sich die Bauunternehmung Spieß im Zahlungsverzug?

b) Welche Rechte hat Groß grundsätzlich?

c) In welcher Höhe kann Groß Verzugszinsen von der Firma Spieß verlangen?

4 Aufgabe (Schadenersatz)

Nora Finke verkauft am 20. Mai ihrer Freundin Sabine Hölle ihr altes Auto für 3.000 €. Es war vereinbart gewesen, dass Sabine am Tag der Übergabe am 23. Mai an Nora das Geld bar bezahlen sollte. Nora übergibt am 23. Mai das Auto an Sabine, obwohl sie an diesem Tag den vereinbarten Kaufpreis nicht bezahlen konnte. Sie versprach die 3.000 € in drei Tagen bei Nora vorbeizubringen. Nora hatte das Geld für den Kauf eines neuen Autos vorgesehen. Da sie das Geld auch am 25. Juli immer noch nicht hat, muss Nora ihr Girokonto mit 12 % Zinsen überziehen. Von Sabine bekommt sie erst am 25. September die fehlenden 3.000 € (Information: aktueller Basiszinssatz −0,88 %).

a) Kann Nora von ihrer Freundin Verzugszinsen verlangen?

b) Wie hoch ist ggf. der Verzugsschaden, den Sabine an Nora bezahlen muss?

5 Aufgabe (Nicht-Rechtzeitige Zahlung)

Olaf Thomsen überweist seinem Lieferanten mit richtig ausgefüllter Überweisung am 10. August durch seine Bank einen am 15. August fälligen Rechnungsbetrag über 17.100 €. Der Lieferer informierte Olaf Thomsen am 1. September, dass die Zahlung noch nicht eingegangen ist. Kann der Lieferer von Thomas die Zahlung verlangen, wenn das Geld auf das Konto eines Dritten gutgeschrieben wurde?

Begründen Sie Ihre Antwort!

6 Aufgabe (Nicht-Rechtzeitige Zahlung)

Die Schlau und Fuchs OHG in Wuppertal hat am 2.9.20.. der Max Müller GmbH in Münster Schreibtische im Wert von 16.000 € (einschl. 19 % Umsatzsteuer) geliefert. Die von der Schlau und Fuchs OHG erstellte Rechnung enthält folgende Angaben:

Rechnungsdatum	Zahlungstermin	Rechnungsbetrag in Euro
06.09.20..	zahlbar spätestens am 30.09.20..	16.000,00

Die Schlau und Fuchs OHG stellt fest, dass der Rechnungsbetrag erst am 11.11.20.. (Wertstellung) auf ihrem Konto eingegangen ist. Eine Mahnung an die Max Müller GmbH wegen der verspäteten Zahlung ist zwischenzeitlich nicht erfolgt. Der Kaufvertrag enthält keine Vereinbarung hinsichtlich eventueller Verzugszinsen bei verspäteter Zahlung.

a) Liegt trotz unterbliebener Mahnung eine Nicht-Rechtzeitige Zahlung vor? Begründen sie Ihre Ansicht unter Angabe der Rechtsvorschrift des BGB!

b) Berechnen Sie ggf. die Höhe der Verzugszinsen in Euro, welche die OHG in Rechnung stellen kann.

3 ▎ Mahnverfahren

Damit der Gläubiger immer zahlungsfähig ist, muss er die Zahlungstermine seiner Schuldner laufend überwachen und gegebenenfalls geeignete Maßnahmen ergreifen.

Von einem außergerichtlichen oder kaufmännischen Mahnverfahren spricht man, wenn der Gläubiger ohne gerichtliche Maßnahmen versucht, seine Forderungen einzutreiben. Dies kann mit einer Zahlungserinnerung, einem Kontoauszug oder danach auch in der ersten und evtl. zweiten Mahnung geschehen. Diese Zahlungsaufforderungen haben keine rechtliche Wirkung auf das gerichtliche Mahnverfahren und auf die Verjährung.

Wenn das kaufmännische Mahnverfahren nicht zum Erfolg führt und der Schuldner weiterhin nicht zahlt, hat der Gläubiger die Möglichkeit, das gerichtliche Mahnverfahren einzuleiten. Der Gläubiger kann aber auch direkt Klage erheben.

3.1 ▎ Mahnverfahren

§ 886 ZPO

Das Mahnverfahren ermöglicht die Vollstreckung einer Geldforderung ohne Klageerhebung. In Deutschland wird nur noch das automatische, zentrale Mahnverfahren verwendet. Es wird eingeleitet durch den Antrag auf Erlass eines Mahnbescheides. Die örtliche Zuständigkeit liegt beim zentralen Mahngericht des jeweiligen Bundeslandes, in dem der Antragsteller seinen Sitz bzw. Wohnort hat. In Nordrhein-Westfalen gibt es zwei zentrale Mahngerichte: das Amtsgericht Hagen und das Amtsgericht Euskirchen. Der Antrag auf Erlass eines Mahnbescheides kann per Barcodeverfahren oder per Internet erfolgen.

Das Amtsgericht prüft den Antrag nur auf formelle Richtigkeit. Der Mahnbescheid stellt eine Mahnung durch das Gericht dar, in dem der Schuldner aufgefordert wird, den ausstehenden Betrag sowie die entstandenen Kosten innerhalb von zwei Wochen zu zahlen oder Widerspruch einzulegen. Das Mahngericht erlässt den Mahnbescheid und stellt ihn von Amts wegen zu.

Der Schuldner hat nach der Zustellung des Mahnbescheides drei Möglichkeiten zu reagieren:

› Er zahlt die Forderung und die Kosten an den Gläubiger. Das Verfahren ist damit beendet.

§ 694 ZPO

› Er kann Widerspruch beim Gericht einlegen.

§§ 696, 697 ZPO

Dies ist innerhalb der nächsten sechs Monate auch nach Ablauf der Widerspruchsfrist von zwei Wochen möglich, sofern der Mahnbescheid noch nicht für vollstreckbar erklärt worden ist. Das Gericht informiert daraufhin den Gläubiger über den Widerspruch und es kann zu einem Zivilprozess kommen.

› Er unternimmt nichts.

Der Gläubiger kann nach Ablauf der Widerspruchsfrist innerhalb von sechs Monaten einen Antrag auf Vollstreckungsbescheid stellen. Er treibt somit das Verfahren weiter voran, um seine Rechte durchzusetzen.

§ 699 ZPO

3.2 ▎ Vollstreckungsbescheid

Auf der Grundlage des Mahnbescheids erlässt das Gericht den Vollstreckungsbescheid. Der Vollstreckungsbescheid wird ebenfalls durch das Gericht zugestellt.

Der Schuldner hat nach der Zustellung des Vollstreckungsbescheids wiederum drei Möglichkeiten zu reagieren:

› Er zahlt die Forderung und die angefallenen Kosten. Das Verfahren ist beendet.

› Er erhebt Einspruch gegen den Vollstreckungsbescheid.   § 700 ZPO

Die Einspruchsfrist beträgt zwei Wochen. Auf Antrag des Gläubigers kann es zu einem Zivilprozess kommen.

› Er unternimmt nichts.

Der Gläubiger kann nach Ablauf der Einspruchsfrist durch den Gerichtsvollzieher beim Schuldner eine Zwangsvollstreckung (= Pfändung) vornehmen lassen.

3.3 › Zwangsvollstreckung

Die Zwangsvollstreckung ist das Verfahren zur zwangsweisen Eintreibung einer Geldforderung mithilfe des Gerichtsvollziehers. Sie erfolgt durch Pfändung und Verwertung von beweglichem und unbeweglichem Vermögen. Nicht pfändbar sind Gegenstände des persönlichen Gebrauchs (Kleidung, Haus- und Küchengeräte), sowie Sachen, die dazu dienen, einer Erwerbstätigkeit nachzugehen, z. B. Berufskleidung, PC, Auto. Hat der Gerichtsvollzieher beim Schuldner verwertbare Gegenstände gepfändet, so werden diese nach einer Frist von sieben Tagen öffentlich versteigert. Der Gläubiger erhält den Erlös der Versteigerung abzüglich der entstandenen Kosten.   §§ 753, 794, 803 ff- ZPO   § 811 ZPO

Übersicht über das gerichtliche Mahnverfahren

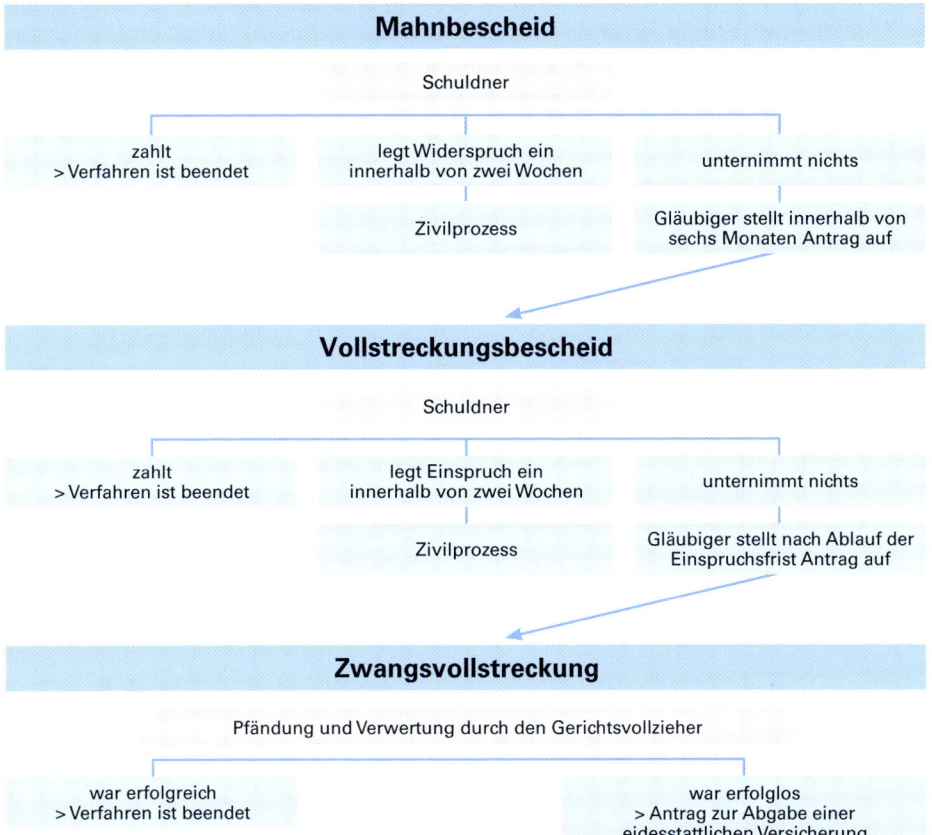

Steuerschulden werden durch die Vollstreckungsstelle des Finanzamts eingezogen.

Eidesstattliche Versicherung

§ 807 ZPO

Sehr häufig ist dem Gläubiger eine Zwangsvollstreckung zu aufwendig oder sie wird als erfolglos eingestuft. Dann kann er den Schuldner auffordern, eine eidesstattliche Versicherung über seine Vermögensverhältnisse abzulegen. Bei dieser Erklärung versichert der Schuldner, dass er keine weiteren Vermögensgegenstände besitzt als die von ihm angegebenen. Eine eidesstattliche Versicherung darf innerhalb von drei Jahren nur einmal abgegeben werden und wird beim Amtsgericht in das Schuldnerverzeichnis eingetragen.

Erarbeitungsfälle

1 ▶ Aufgabe (Ablauf des Mahnbescheides)

Am 20. Februar liefert die Firma Groß, Baustoffhandel, Gronau an die Bauunternehmung Spieß GmbH in Münster Baumaterial zum Bruttopreis von 23.940 €. Am 20. Mai stellt Groß fest, dass die Forderung noch immer nicht ausgeglichen war. Außerdem war die Zahlungsmoral der Firma Spieß in letzter Zeit sehr schlecht.

a) Wie sollte sich die Firma Groß Ihrer Meinung nach verhalten?

b) Erläutern Sie, wie sich die Spieß GmbH nach Zustellung des Mahnbescheides verhalten kann und welche Auswirkungen ihr Verhalten jeweils auf den Ablauf des gerichtlichen Mahnbescheides hat.

c) Welche weiteren Kosten kann die Firma Groß der Bauunternehmung Spieß GmbH in Rechnung stellen?

2 ▶ Aufgabe (Folgen des Mahnbescheides)

Die Steuerfachangestellte Renate Becker erhält per Post einen Mahnbescheid zugesandt, in welchem sie von einer Versandhandlung aufgefordert wird, 1.000 € zu zahlen. Da Frau Becker keine Einkäufe bei der Versandhandlung getätigt hat, ist sie der Überzeugung, dass es sich um einen Irrtum handeln muss, der sich von selbst aufklärt. Infolgedessen unternimmt sie nichts.

Beschreiben Sie die Folgen, die sich für Renate aus ihrem Schweigen ergeben können.

3 ▶ Aufgabe (Zahlungsverzug und Mahnbescheid)

Am 16. Juni liefert die Kurz KG, Essen, an die Stahl GmbH in Soest eine Maschine im Wert von 46.000 €. Am 22. Juni ging die Rechnung bei der Stahl GmbH ein, ein Zahlungsziel wurde nicht vereinbart. Am 28. Juli stellt die Kurz KG fest, dass die Forderung noch immer nicht ausgeglichen wurde.

a) Befindet sich die Stahl GmbH in Zahlungsverzug?

b) Welchen Schadenersatz kann die Kurz KG grundsätzlich im Falle des Zahlungsverzugs von der Stahl GmbH verlangen, wenn ihr bisher Kosten in Höhe von 1.480 € entstanden sind und der Basiszinssatz zzt. −0,88 % beträgt?

4 ▶ Aufgabe (Ablauf des Mahnbescheides)

Der Steuerberater Martin Bruder aus Stuttgart beabsichtigt, durch einen Rechtsanwalt gegen den Privatmann Thomas Naumann aus Karlsruhe wegen eines fälligen Gebührenanspruchs das gerichtliche Mahnverfahren einzuleiten, zumal außergerichtliche Maßnahmen bislang ohne Erfolg geblieben sind.

Bringen Sie die nachfolgenden Sachverhalte im Rahmen des gerichtlichen Mahnverfahrens durch Eintragen der Ziffern 1 bis 8 in die richtige Reihenfolge:

Sachverhalte	
Thomas Naumann zahlt nicht und erhebt auch keinen Widerspruch gegen den Mahnbescheid.	
Thomas Naumann zahlt nicht und erhebt auch keinen Einspruch gegen den Vollstreckungsbescheid.	
Das Amtsgericht erlässt den Mahnbescheid und stellt ihn Thomas Naumann zu.	
Steuerberater Martin Bruder stellt bei dem zuständigen Amtsgericht den Antrag auf Erlass des Mahnbescheides.	
Steuerberater Bruder zwingt mithilfe des Gerichts den Thomas Naumann zur Abgabe einer eidesstattlichen Versicherung.	
Steuerberater Bruder veranlasst die Zwangsvollstreckung.	
Steuerberater Bruder erwirkt einen Vollstreckungsbescheid.	
Der Gerichtsvollzieher stellt dem Steuerberater Bruder nach fruchtloser Pfändung eine Unpfändbarkeitsbescheinigung aus.	

5 ▶ **Aufgabe (Mahnbescheid und Vollstreckungsbescheid)**

Die Kahle GmbH hatte gegen einen säumigen Kunden beim zuständigen Amtsgericht am 18.10. einen Antrag auf Erlass eines Mahnbescheides gestellt. Das Gericht hat mit Datum 24.10. dem Antrag entsprochen und dem Schuldner am 25.10.01 den Mahnbescheid zugestellt. Bis zum 14.11. hat der Schuldner weder gezahlt noch Widerspruch erhoben.

Wie sollte Ihrer Meinung nach die Kahl GmbH weiter vorgehen, um die ausstehende Forderung einzutreiben?

4 Verjährung

Unter Verjährung versteht man den Ablauf einer gesetzlich festgelegten Frist, nach der ein Anspruch nicht mehr gerichtlich durchgesetzt werden kann. Nach Eintritt der Verjährung ist der Schuldner berechtigt, die Leistung zu verweigern. Bezahlt der Schuldner nach Ablauf der Verjährung, kann er die geleistete Zahlung nicht zurückfordern.

Die Verjährung einer Forderung richtet sich nach neuem Recht an alle Ansprüche, die ab 01.01.02 entstehen.

4.1 Verjährungsfristen

Das BGB unterscheidet folgende Verjährungsfristen:

§ 195 BGB **Regelmäßige Verjährungsfrist: 3 Jahre**

§ 199 BGB Sie gilt u. a. für:

- Forderungen der Verbraucher und Unternehmer,
- Ansprüche auf Rückzahlung und Verzinsung eines Bankdarlehens,
- Schadenersatzansprüche aus Dienst- und Werkverträgen,
- Schadenersatzansprüche nach dem Produkthaftungsgesetz,

§ 438 (3) BGB
- Schadenersatzansprüche bei arglistig verschwiegenen Mängeln.[1]

Die Verjährungsfrist beginnt mit dem Ablauf des Jahres, in dem der Anspruch entstanden ist.

> **Beispiel:**
>
> Frank Adler verkauft seinem Freund Markus Weller am 15. September 02 einen gebrauchten PKW. Markus verspricht, die fällige Summe umgehend zu bezahlen. Im Januar 06 hat Frank noch immer kein Geld von seinem Freund Markus erhalten.
>
> Hier gilt die regelmäßige Verjährungsfrist von drei Jahren. Die Frist beginnt am 31.12.02, 24:00 Uhr/01.01.03, 0:00 Uhr und endet am 31.12.05, 24:00 Uhr. Somit ist der Anspruch von Frank Adler verjährt.

Besondere Verjährungsfristen

Die zwei-, fünf- und zehnjährige Verjährung können als besondere Verjährungsfristen angesehen werden.

Zweijährige Verjährungsfrist

- Ansprüche wegen Sachmängeln aus einem Kaufvertrag von beweglichen Sachen. Die Verjährung beginnt mit der Ablieferung der Sache.[2]

§ 438 (1) Nr. 3 BGB
- Ansprüche wegen Sachmängeln aus einem Werkvertrag von beweglichen Sachen. Die Verjährung beginnt mit dem Zeitpunkt der Abnahme des Werkes.

---

[1] In diesem Falle beginnt die Verjährungsfrist mit dem Ende des Jahres, in dem der Käufer von dem arglistigen Verhalten des Käufers Kenntnis erlangt hat. Diese für den Käufer günstigere Verjährungsfrist gilt selbstverständlich uneingeschränkt nur für die zweijährige Verjährung. Bei den Ansprüchen, die erst nach fünf Jahren verjähren, kann die Verjährung nicht vor Ablauf von fünf Jahren erfolgen. Für die 30-jährige Verjährungsfrist gilt § 438 (3) BGB überhaupt nicht.

[2] vgl. Kap. 2 Grundlagen des Privatrechts

Verjährung

Fünfjährige Verjährungsfrist   § 634a BGB

› Mängelansprüche beim Kauf eines Bauwerks
› Sachmängelansprüche beim Kauf von Baumaterial

Die Verjährungsfrist beginnt bei Bauwerken mit der Übergabe, bei dem Kauf von Baumaterial mit der Ablieferung der Sache.   § 438 (1) S. 2 BGB

Zehnjährige Verjährungsfrist

Die Höchstfrist der Verjährung beträgt zehn Jahre und beginnt mit der Entstehung (= Fälligkeit) des Anspruchs.   § 199 (4) BGB

› Ansprüche aus der Übertragung an einem Grundstück   § 199 BGB
› Schadenersatzansprüche aus unerlaubter Handlung

Dreißigjährige Verjährungsfrist

Es ist die längste Verjährungsfrist. Sie beginnt mit der Entstehung des Anspruchs und der Kenntnis oder mit der Rechtskraft der Entscheidung.   § 197 BGB

› Herausgabeanspruch aus Eigentum und anderen dinglichen Rechten
› familien- und erbrechtliche Ansprüche
› Ansprüche aus vollstreckbaren Vergleichen und vollstreckbaren Urkunden
› vollstreckbare Ansprüche aus Insolvenzverfahren

Nach § 202 BGB sind sowohl Erleichterungen als auch Erschwerungen der gesetzlich bestimmten Verjährung durch Rechtsgeschäfte zulässig.

Beim Verbrauchsgüterkauf[1] darf die Verjährung bei gebrauchten Sachen jedoch nicht weniger als ein Jahr und bei neuen Sachen nicht weniger als zwei Jahre betragen.

> **Beispiel:**
>
> Die Eheleute Doris und Max Uhlich haben von der Firma Schnell Automobile einen BMW für 36.000 € erworben. Da die Eheleute am vereinbarten Termin nicht zahlten, beantragte die Firma Schnell zunächst einen gerichtlichen Mahnbescheid. Da die Eheleute hierauf nicht reagieren, erwirkt die Firma Schnell am 23. Mai 02 einen Vollstreckungsbescheid.
>
> Der Anspruch aus dem Vollstreckungsbescheid unterliegt der Verjährungsfrist von 30 Jahren. Sie beginnt am 23. Mai 02, 24:00 Uhr und endet am 23. Mai 32, 24:00 Uhr.

Wichtige Verjährungsfristen gemäß BGB

2 Jahre	3 Jahre	5 Jahre	10 Jahre	30 Jahre
Gewährleistungsansprüche aus einem Kaufvertrag oder Werkvertrag	regelmäßige Verjährung für alle Ansprüche, z. B. Kaufpreisforderungen (§ 195 BGB)	Gewährleistungsansprüche aus Baumängeln	bei Ansprüchen aus Grundstücken (§ 196 BGB)	z. B.: rechtskräftige Urteile, Schadenersatzansprüche
Beginn: mit Entstehung des Anspruchs, Übergabe der Sache	Beginn: Ende des Jahres	Beginn: mit Entstehung des Anspruchs, Übergabe der Sache	Beginn: mit Entstehung des Anspruchs, ab Fälligkeit	Beginn: mit Entstehung des Anspruchs

---

[1] vgl. Kap. 2 Grundlagen des Privatrechts

4.2 Hemmung der Verjährung

Bevor die Verjährungsfrist abläuft, kann sie aufgrund bestimmter Ereignisse vorübergehend gehemmt werden. Die Verjährungsfrist wird dann um den Zeitraum der Hemmung verlängert.

Der Ablauf der Verjährungsfrist wird u. a. gehemmt, bei

- Klageerhebung
- Zustellung eines Mahnbescheides
- Geltendmachung des Anspruchs in einem Prozess
- Anmeldung des Anspruchs im Insolvenzverfahren
- Stillstand der Rechtspflege

In diesen Fällen endet die Hemmung sechs Monate nach der rechtskräftigen Entscheidung.

> **Beispiel:**
>
> Die 20-jährige Kati Schwarz nimmt am 25. September 01 ein Darlehen in Höhe von 25.000 € bei der ABC-Bank auf, das sie am 25. September 06 in einer Summe zurückzahlen will. Die jeweils fälligen Zinsen zahlt sie jeden Monat regelmäßig. Leider kann Kati Schwarz am 25. September 06 das Darlehen nicht zurückzahlen. Nach mehreren Mahnungen wird ihr am 10. Dezember 07 ein Mahnbescheid zugestellt, in dem sie zur Zahlung aufgefordert wird.
>
> Das Darlehen ist am 25. September 06 fällig und somit entsteht auch der Anspruch. Da es sich hier um eine dreijährige Verjährungsfrist handelt, beginnt die Verjährung am 31.12.06 24:00 Uhr/1.1.07 0:00 Uhr. Der Anspruch ist somit am 1.1.10 0:00 Uhr verjährt. Durch die Zustellung eines Mahnbescheides wird die Verjährungsfrist um sechs Monate verlängert. Der Anspruch ist durch die Hemmung erst am 1.7.10 0:00 Uhr verjährt.

4.3 Neubeginn der Verjährung

Die Verjährungsfrist beginnt neu, wenn der Schuldner

- eine Abschlagszahlung oder Zinszahlung leistet,
- eine Sicherheit leistet,
- um eine Stundung bittet oder
- in anderer Weise seine Schuld anerkennt.

Sie beginnt ebenfalls neu, wenn der Gläubiger

- eine gerichtliche oder behördliche Vollstreckungshandlung vorgenommen oder beantragt hat.

> **Beispiel:**
>
> Der Mandant Klaus Ziege schuldet seinem Steuerberater 2.000 € Honorar. Der Anspruch droht am 31.12.05 24:00 Uhr zu verjähren. Aufgrund einer Mahnung zahlt Klaus Ziege am 20.12.05 500 €.
>
> Durch die Teilzahlung hat der Schuldner seine Schuld anerkannt. Die Verjährungsfrist beginnt neu zu laufen. Da es sich um die regelmäßige Verjährungsfrist von drei Jahren handelt, beginnt die Verjährungsfrist neu am 21.12.05, 0:00 Uhr und endet am 20.12.08, 24:00 Uhr.

Verjährung

Erarbeitungsfälle

1 Aufgabe (Verjährungsfristen)

Bestimmen Sie für folgende Fälle die Verjährungsfristen:

a) Eine Auszubildende kauft sich einen Motorroller.

b) Ein Kläger erhält vom Amtsgericht einen vollstreckbaren Titel.

c) Ein Unternehmer kauft für seine Kanzlei eine neue PC-Anlage.

d) Ein Steuerberater nimmt ein Darlehen auf.

e) Ein Angestellter lässt die Bremsen seines Autos reparieren.

f) Ein Handwerker kauft Baumaterial.

2 Aufgabe (Verjährungsfrist – Beginn und Ende)

Malermeister Kay Wenzel restauriert für die Familie Süß einen alten Wohnzimmerschrank. Er stellt der Familie dafür am 25.6.01 600 € zuzüglich USt in Rechnung. Im Dezember 03 stellt Frau Süß fest, dass der Farbanstrich nicht hält und abblättert. Sie will daraufhin von dem Malermeister den Schrank neu gestrichen haben. Dieser ist dazu nicht bereit. Wie ist die Rechtslage?

3 Aufgabe (Verjährungsfrist – Beginn und Ende der Verjährung)

Bruno Bender kauft vom einem Gebrauchtwagenhändler am 20. Mai 12 einen PKW. Das Auto wurde am 25. Mai 12 übergeben. Wann verjährt der Anspruch auf Zahlung?

4 Aufgabe (Verjährungsfrist – Beginn und Ende der Verjährung)

Die Firma Müller KG verkauft am 12. September 12 an die Firma Roller GmbH eine PC-Anlage für 12.000 €. Im Kaufvertrag wurde als Zahlungsziel 30 Tage netto Kasse vereinbart. Am 30. Oktober hatte die Firma Roller immer noch nicht bezahlt. Bestimmen Sie die Verjährungsfrist und geben Sie Beginn und Ende der Verjährung an

5 Aufgabe (Verjährungsfrist – Beginn und Ende der Verjährung)

Die 20-jährige Auszubildende Beate Klein nimmt am 20. März 01 ein Darlehen in Höhe von 10.000 € zum Kauf eines Autos bei der ABC-Bank auf. Im Darlehensvertrag wird eine monatliche Zinszahlung vereinbart, das Darlehen soll in einer Summe am 20. März 06 zurückgezahlt werden. Beate Klein kann das Darlehen jedoch nicht zurückzahlen. Bestimmen Sie Anfang und Ende der Verjährung.

6 Aufgabe (Eigentum und Verjährung)

Großhändler Alfred Arndt lieferte unter Eigentumsvorbehalt an Einzelhändler Bernd Becker am 20. Oktober 02 mit Rechnung vom gleichen Tage Waren im Wert von 40.000 € und räumte ein Zahlungsziel von 2 Monaten ein. Aufgrund einer Mahnung vom 5. Januar 03 leistete Becker am 16. März 03 eine Teilzahlung von 16.000 €.

a) Welche Bedeutung hat der vereinbarte Eigentumsvorbehalt hinsichtlich der Eigentums- und Besitzverhältnisse?

b) Welche Bedeutung hat der Eigentumsvorbehalt, wenn Becker die Waren weiterverkauft?

c) Welche Verjährungsfrist gilt für die Forderung des Großhändlers Arndt?

d) Welche Auswirkung hat die Mahnung auf den Ablauf der Verjährungsfrist?

e) Wie wirkt sich die Teilzahlung auf die Verjährung aus?

7 Aufgabe (Verjährung und Mahnbescheid)

Herr Müller hat sich am 20. Mai 12 im Möbelhaus eine neue Sitzgarnitur für 3.800 € gekauft. 3.000 € bezahlt Herr Müller an, den Rest will er bei Lieferung begleichen. Am 29. Juli 12 wir die Sitzgarnitur geliefert, Müller zahlt jedoch nicht.

a) Am 31. August 12 erhält das Möbelhaus nach einer schriftlichen Mahnung am 1. August 12 eine Abschlagszahlung von 300 €. Wann verjährt die Restforderung?

b) Am 10. Februar 13 beantragt das Möbelhaus nach mehreren erfolglosen Mahnungen den Erlass eines Mahnbescheides gegen Müller, der am 23. Februar 13 zugestellt wird. Welche Wirkung hat dieses Vorgehen?

8 Aufgabe (Neubeginn der Verjährungsfrist)

Der Rentner Hans Hauser kauft am 23. Oktober 12 bei der Holzhandlung Junggeburt einen Verandatisch aus Buchenholz zum Preis von 450 €. Ein Zahlungstermin wurde nicht vereinbart. Bei der Lieferung des Tisches am 15. November 12 wird die Rechnung übergeben. Am 10. Januar 13 hat Herr Hauser immer noch nicht gezahlt. Die Firma Junggeburt schickt eine Mahnung mit der Aufforderung, spätestens bis zum 20. Januar 13 zu zahlen. Endlich, am 20. Januar 13 zahlt Herr Hauser die 450 € durch Banküberweisung.

a) Ab wann ist Herr Hauser in Zahlungsverzug?

b) Wie viel Euro Schadenersatzansprüche kann die Firma Junggeburt geltend machen?

c) Welchen Einfluss hat die Mahnung am 10. Januar auf die Verjährungsfrist?

d) Bestimmen Sie Anfang und Ende der Verjährungsfrist.

9 Aufgabe (Verjährung)

Bestimmen Sie in den folgenden Fällen unter Nennung der gesetzlichen Grundlage die Dauer und das Ende der Verjährungsfrist (Bitte mit genauer Datumsangabe).

a) Der Kfz-Meister Peter Schmidt (Gewerbetreibender) hat eine Forderung gegenüber dem Kunden Frederik Bayer, fällig am 12.7.2008, wegen der Lieferung von vier neuen Reifen plus dazugehörenden Felgen. Frederik Bayer hat immer noch nicht bezahlt.

b) Die Eheleute Weller haben von der Firma CPU einen hochwertigen Laser-Farbdrucker für 250 € erworben. Da das Ehepaar am vereinbarten Termin nicht zahlte, beantragte das Unternehmen zunächst einen gerichtlichen Mahnbescheid. Nachdem die Eheleute hierauf nicht reagierten, erwirkte die CPU am 10.03.2008 einen Vollstreckungsbescheid.

c) Die Rechtsanwältin Ute Müller hat gegenüber dem Unternehmer Rolf Bauer eine Gebührenforderung in Höhe von 1.500 €, fällig am 10.12.2003. Am 15.3.2004 bat Rolf Bauer die Rechtsanwältin um Stundung bis zum 1.5.2004, womit Ute Müller einverstanden war.

Wiederholungsfall

Gesamtaufgabe Kaufvertragsrecht

Der Elektrofachmarkt Martin Blitz in Arnsberg, Donnerstr. 64, bestellt am 20. September 2013 bei der Grünpunkt AG in Köln 10 Fernsehgeräte VEGA V. Am 25. September 2013 werden die Fernsehgeräte durch die Spedition Schnell mit beiliegender Rechnung geliefert (Anlage 1).

a) Erläutern Sie, wie in diesem Fall der Kaufvertrag zustande kommt.

b) Begründen Sie, wann der Elektrofachmarkt Martin Blitz Eigentümer der Fernsehgeräte wird.

c) Ordnen Sie den Leistungen von Käufer und Verkäufer den jeweiligen Erfüllungsort zu.

d) Am 28. September 2013 erhält die Grünpunkt AG von der Spedition Schnell die Rechnung über die Transportkosten für die Fernsehgeräte in Höhe von 350 € zzgl. 19% USt. Die Grünpunkt AG weigert sich, die Rechnung zu begleichen. Erläutern Sie die Rechtslage.

e) Am 20. Oktober 2013 ist die vorliegende Rechnung (Anlage 1) noch nicht bezahlt. Beurteilen Sie, ob sich der Elektrofachmarkt Martin Blitz im Zahlungsverzug befindet.

f) Die Grünpunkt AG sendet dem Elektrofachmarkt Martin Blitz am 24. November 2013 eine Mahnung über den fälligen Kaufpreis zzgl. Verzugszinsen und einer Mahngebühr in Höhe von 8,00 €. Berechnen Sie die geforderte Gesamtsumme bei einem Basiszinssatz von −0,88 %.

g) Zu welchem Zeitpunkt würde die Forderung der Grünpunkt AG gegen den Elektrofachmarkt verjähren?

h) Beschreiben Sie die Auswirkungen der Verjährung für die Grünpunkt AG.

i) Immer wieder werden Rechnungen der Grünpunkt AG nicht bzw. nicht rechtzeitig bezahlt. Schlagen Sie zwei Möglichkeiten vor, wie die Grünpunkt AG künftig das Zahlungsausfallrisiko verringern kann.

j) Welche Probleme können für die Grünpunkt AG entstehen, wenn sie die zunehmenden Zahlungsausfälle nicht reduzieren kann?

k) Der private Kunde Heinrich Graf bestellt bei der Grünpunkt AG einen neuen Flachbildschirm für 1.800 € netto. Dem Angebot der Grünpunkt AG liegen die allgemeinen Geschäftsbedingungen bei.

(1) Wie werden die AGB grundsätzlicher Bestandteil des Kaufvertrages?

(2) Zwei Monate später wird der bestellte Flachbildschirm zum Preis von 2.100 € netto geliefert. Die Grünpunkt AG begründet die Preiserhöhung mit gestiegenen Einkaufspreisen und verweist gleichzeitig auf Punkt 2 ihrer AGB: „Preiserhöhungen, die 4 Wochen nach Bestellung erfolgen, hat der Käufer zu übernehmen."

Beurteilen Sie, ob Herr Graf diese Preiserhöhung hinnehmen muss.

GRÜNPUNKT AG

Grünpunkt AG, Kleiner Wall 45-55, 50677 Köln

Elektrofachmarkt
Martin Blitz
Donnerstr. 64

59759 Arnsberg

Ihr Zeichen/Bestellung Nr. vom	Kunden-Nr.	Rechnung Nr.	vom:
20. September 20..	10204	9246	25.9.20..

Rechnung

Artikel-Nr.	Bezeichnung	Menge/Stück	Einzelpreis in Euro	Betrag in Euro
A 123	Fernsehgeräte VEGA V	10	850,00	8.500,00
	+ Verpackung			240,00
	+ Fracht			660,00
				9.400,00
	+ 19% Umsatzsteuer			1.786,00
				11.186,00

Zahlungsbedingungen lt. Vereinbarungen im Kaufvertrag:
3% Skonto innerhalb von 10 Tagen, innerhalb von 30 Tagen rein netto

Lieferung ab Werk

Telefon	Telefax	Stadtsparkasse Köln
(0221) 54 66 74-0	(0221) 54 66 74-80	BLZ 370 501 98
		Konto 845 377 19

 # 4 Arbeitsrecht

Einführungssituation

Die Steuerfachangestellte Christina Feder hat nach ihrer Ausbildung eine Stelle in einem Kreditinstitut angenommen. Ihr Arbeitsvertrag enthält neben dem Namen und der Anschrift der Vertragspartner, den Vertragsbeginn, die Dauer der Probezeit sowie die Beschreibung ihrer neuen Tätigkeit. An Stelle der Vergütung, der Arbeitszeit, des Urlaubs und der Kündigungsfrist verweist der Arbeitsvertrag auf gesetzliche und betriebliche Regelungen. Frau Feder ist etwas irritiert, da sie diese Bestimmungen nicht genau kennt.

Erläutern Sie Frau Feder die unklaren Punkte in ihrem Arbeitsvertrag und nennen Sie die gesetzlichen Bestimmungen.

1 Individuelles Arbeitsrecht

Das individuelle Arbeitsrecht regelt die Beziehungen zwischen dem einzelnen Arbeitgeber und dem Arbeitnehmer. Es beinhaltet den Arbeitsvertrag und die Arbeitsschutzbestimmungen.

1.1 Arbeitsvertrag

§§ 611 ff. BGB
§ 59 HGB

Der Arbeitsvertrag ist aus juristischer Sicht ein Dienstvertrag, der die Grundlage für die Beziehung von Arbeitgeber und Arbeitnehmer bildet. In ihm verpflichten sich der Arbeitnehmer zur Leistung der vereinbarten Dienste, der Arbeitgeber zur Zahlung der entsprechenden Vergütung. Der Arbeitsvertrag kommt wie jeder andere Vertrag durch zwei übereinstimmende Willenserklärungen zu Stande. Auch für diesen Vertrag gilt der Grundsatz der Vertragsfreiheit. Um Benachteiligungen zu vermeiden, ist die Vertragsfreiheit durch Gesetze, Verordnungen, den Tarifvertrag und die Betriebsvereinbarungen eingeschränkt. Diese Regelungen sind Mindestvereinbarungen und dürfen im Arbeitsvertrag nicht unterschritten werden. Günstigere Vereinbarungen für den Arbeitnehmer sind jedoch zulässig.

Der Arbeitsvertrag sollte immer schriftlich abgeschlossen werden, denn nur die Schriftform gewährleistet die notwendige Rechtssicherheit für beide Seiten. Folgende Punkte sind in einem Arbeitsvertrag festzuhalten:

› Name und Anschrift der Vertragspartner
› Vertragsbeginn und evtl. Dauer des Arbeitsverhältnisses
› Probezeit
› Beschreibung der Tätigkeit
› Arbeitsentgelt
› Arbeitszeit
› Sozialleistungen

- Urlaub
- Kündigungsfristen.

Minderjährige Arbeitnehmer benötigen für den Abschluss eines Arbeitsvertrages die Zustimmung des gesetzlichen Vertreters.

Mit dem Abschluss des Arbeitsvertrages übernehmen Arbeitnehmer und Arbeitgeber Rechte und Pflichten.

■ Rechte und Pflichten aus dem Arbeitsvertrag

Die Pflichten des Arbeitnehmers sind die Rechte des Arbeitgebers.

§ 613 BGB

› Persönliche Verpflichtung zur Leistung

Der Arbeitnehmer hat die Pflicht, die im Arbeitsvertrag vereinbarten Dienste persönlich zu erbringen. Er verpflichtet sich den Anordnungen des Arbeitgebers Folge zu leisten.

› Treuepflicht und Verschwiegenheit

Der Arbeitnehmer hat die Interessen des Arbeitgebers nach Kräften zu unterstützen. Über Geschäfts- und Betriebsgeheimnisse muss Stillschweigen bewahrt werden.

§§ 60, 61 HGB

› Handels- und Wettbewerbsverbot

Der Arbeitnehmer darf ohne Einwilligung des Arbeitgebers kein eigenes Handelsgewerbe betreiben oder im selben Handelszweig für eigene oder fremde Rechnung Geschäfte tätigen.

Die Rechte des Arbeitnehmers sind die Pflichten des Arbeitgebers.

§§ 612, 614 BGB
§§ 59, 64 HGB

› Vergütung

Der Arbeitnehmer hat das Recht auf Lohn oder Gehalt. Die Höhe richtet sich nach dem Tarifvertrag oder ist Verhandlungssache. Die Zahlung der Vergütung muss spätestens am letzten Werktag eines Monats erfolgen. Im Krankheitsfall wird das Gehalt vom Arbeitgeber für die Dauer von sechs Wochen weiterbezahlt.

§§ 617, 619 BGB
§ 62 HGB

› Fürsorgepflicht

Der Arbeitgeber muss den Arbeitnehmer bei der Krankenkasse anmelden und die Sozialversicherungsbeiträge abführen.

§ 618 BGB

Er hat dafür Sorge zu tragen, dass die Geschäftsräume und die Arbeitsmittel so beschaffen sind, dass das Leben und die Gesundheit des Mitarbeiters geschützt sind.

BUrlG

Der Arbeitnehmer hat Anspruch auf bezahlten Erholungsurlaub. Das Bundesurlaubsgesetz garantiert einen Mindesturlaub von 24 Werktagen im Kalenderjahr.

§ 630 BGB
§ 73 HGB

› Zeugnis

Der Arbeitnehmer hat das Recht auf ein einfaches Zeugnis. Dieses enthält lediglich die Angaben über die Person des Arbeitnehmers sowie die Art und Dauer der Tätigkeit. Ein qualifiziertes Zeugnis kann auf Wunsch ausgestellt werden und enthält zusätzliche Angaben über Führung und Leistung des Arbeitnehmers.

Lohnformen

Die wesentlichen Formen des Arbeitsentgeltes sind Lohn und Gehalt. Von Gehalt spricht man bei der Entlohnung von Angestellten. Häufig besteht es aus dem Grundgehalt und den Zulagen. Die Zulagen können leistungsbezogen sein, z. B. Provisionen bei Außendienstmitarbeitern, oder sie werden unabhängig von der Leistung bezahlt wie das Weihnachts- oder Urlaubsgeld.

Der Lohn ist das Entgelt für die von einem gewerblichen Mitarbeiter geleistete Arbeit. Dieser wird nach unterschiedlichen Grundlagen berechnet. Entsprechend gibt es den Zeitlohn und den Leistungslohn.

Zeitlohn

Beim Zeitlohn ist ausschließlich die Dauer der Arbeitszeit der Maßstab für die Entlohnung. Man unterscheidet nach dem Berechnungszeitraum Stunden-, Tag-, Wochen- und Monatslohn. Die Zeitlöhne der Arbeiter werden meist nach Stunden oder Wochen, die Gehälter der Angestellten und Beamten nach Monaten berechnet.

Der Zeitlohn wird überall dort angewendet, wo der Anreiz zu überhöhter Leistung unzweckmäßig erscheint oder die Arbeitnehmer selbst wenig Einfluss auf ihre eigene Leistung nehmen können.

Vorteile	Nachteile
› einfache Abrechnung	› es besteht kein Leistungsanreiz
› geringer Leistungsdruck	› zusätzliche Kontrollen notwendig
› feste Kosten	› Leerlauf muss bezahlt werden

Leistungslohn

Maßstab für die Berechnung der Lohnhöhe sind die geleisteten Mengeneinheiten. Ausgangspunkt der Berechnung ist auch hier ein Stundenlohnsatz. Beim Leistungslohn gibt es einen direkten Zusammenhang zwischen Leistung und Entgelt. Dies bedeutet, je höher die Arbeitsleistung, desto höher das Entgelt. Der Mitarbeiter kann so durch die Steigerung seiner Arbeitsleistung sein Entgelt erhöhen.

Es besteht jedoch auch die Gefahr, dass er seine Normalleistung nicht erbringt. Aus diesen Gründen besteht der Akkordlohn aus zwei Bestandteilen:

› Garantierter Mindestlohn

  Er entspricht dem Zeitlohn und orientiert sich an tariflichen Vereinbarungen. Er legt eine Normalleistung und einen Leistungsgrad von 100 % zu Grunde.

› Akkordzuschlag

  Dies ist ein prozentualer Zuschlag, der etwa 15 bis 25 % des Mindestlohnes ausmacht.

Der Arbeitnehmer kann davon ausgehen, dass der Mindestlohn unabhängig von seiner Leistung immer gezahlt wird. Aus dem garantierten Mindestlohn und dem Akkordzuschlag wird der Akkordrichtsatz (oder Grundlohn) ermittelt.

Der Leistungslohn wird als Geldakkord oder als Zeitakkord berechnet.

› Beim Geldakkord wird ein fester Geldbetrag pro Stück festgelegt. Diesen bezeichnet man als Stückgeldakkordsatz.

> Beim Zeitakkord gibt man eine feste Zeit vor (Vorgabezeit), in der eine Mengeneinheit produziert werden muss. Der Mitarbeiter wird mit einem Preis pro Minute, dem so genannten Minutenfaktor, entlohnt; dieser errechnet sich aus dem Akkordrichtsatz geteilt durch 60.

Beispiel: ⟩⟩⟩

Eine Mitarbeiterin arbeitet 37,5 Stunden pro Woche. Der Stundenlohn beträgt 14,40 €. Die Normalleistung je Stunde beträgt 20 Stück.

Geldakkordsatz: 14,40 € : 20 = 0,72 € je Stück

Zeitakkordsatz: 100-Minuten-Stunde : 20 = 5 Dezimalminuten je Stück.

Berechnung des Bruttoverdienstes bei einer Normalleistung von 750 Stück.

Geldakkord	Zeitakkord
Geldakkordsatz je Stück × Stückzahl = Bruttoverdienst	Zeitakkordsatz je Stück × Stückzahl × Dezimalminutenfaktor = Bruttoverdienst
0,72 € × 750 Stück = 540 €	$5 \times 750 \times \dfrac{14{,}40}{100} = 540\ €$

Wenn in beiden Fällen Normalleistung unterstellt wird, so ergibt sich immer der gleiche Monatslohn. Der Anreiz für die Akkordarbeit besteht darin, die Stückzahl pro Stunde durch schnelleres Arbeiten zu erhöhen. Dadurch steigt die Leistung und somit auch der Bruttoverdienst.

Der Zeitakkord hat gegenüber dem Geldakkord den Vorteil, dass die Akkordtabellen bei Tarifänderungen nicht geändert werden müssen, weil der festgelegte Zeitsatz gleich bleibt.

Vorteile	Nachteile
⟩ Anreiz zur Leistungssteigerung	⟩ Qualitätsmängel
⟩ feste Lohnkosten je Stück	⟩ Kontrollen sind notwendig
⟩ kein Risiko	⟩ hoher Krankenstand

■ Beendigung des Arbeitsverhältnisses

§ 620 BGB

■ Zeitablauf, Zweckerreichung

Wurde der Arbeitsvertrag nur für eine bestimmte Zeit oder nur zur Erreichung eines bestimmten Zwecks abgeschlossen, so endet das Arbeitsverhältnis nach Ablauf der Zeit oder wenn der Zweck erreicht ist. Eine Kündigung ist somit nicht notwendig.

In der Regel wird ein Arbeitsverhältnis auf unbestimmte Zeit eingegangen. Dies hat zur Folge, dass mit einer Kündigung oder einem Aufhebungsvertrag dieses Arbeitsverhältnis gelöst wird.

■ Aufhebungsvertrag

Nach dem Grundsatz der Vertragsfreiheit ist es möglich, einen Arbeitsvertrag im gegenseitigen Einvernehmen durch einen Aufhebungsvertrag aufzulösen.

Kündigung

Die Kündigung ist eine einseitig empfangsbedürftige Willenserklärung und kann vom Arbeitnehmer und vom Arbeitgeber ausgesprochen werden. Eine Kündigung muss schriftlich erfolgen. Sie wird wirksam, wenn sie dem Vertragspartner zugegangen ist. Eine Kündigung per Fax oder E-Mail ist unwirksam, da die Original-Unterschrift fehlt.

§ 623 BGB

Bei der Kündigung von Arbeitsverträgen unterscheidet man die ordentliche und die außerordentliche Kündigung.

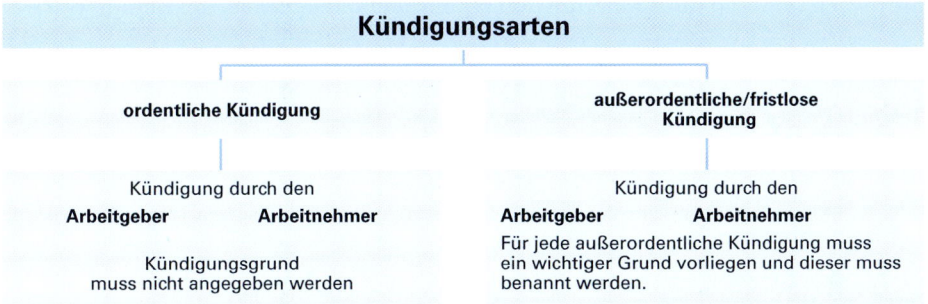

› Ordentliche Kündigung

§ 622 BGB

Die ordentliche Kündigung erfolgt, wenn im Arbeitsvertrag keine besondere Kündigungsfrist vereinbart wurde, für beide Vertragsparteien, unter Einhaltung einer Kündigungsfrist von vier Wochen zum 15. oder zum Ende eines Kalendermonats.

> **Beispiel:**
>
> Frank Buhl möchte sein Arbeitsverhältnis zum 31. Oktober kündigen.
>
> Eine Kündigung zum 31. Oktober muss dem Arbeitgeber spätestens am 3. Oktober zugegangen sein. Am 4. Oktober wäre eine Kündigung zum Monatsletzten nicht mehr möglich, da der Zeitraum zwischen dem Eingang der Kündigung und dem Kündigungstermin keine vier Wochen mehr ausmacht.

Mit zunehmender Dauer des Beschäftigungsverhältnisses verlängert sich die gesetzliche Kündigungsfrist für den Arbeitgeber, nicht für den Arbeitnehmer. Für die Berechnung der Dauer des Beschäftigungsverhältnisses werden die Zeiten, die vor Vollendung des 25. Lebensjahres liegen, nicht berücksichtigt[1].

Dauer des Arbeitsverhältnisses	Kündigungsfrist	Lebensalter von
bis zu 2 Jahre	4 Wochen zum 15. oder zum Ende eines Kalendermonats	–
ab 2 Jahre	1 Monat zum Ende eines Kalendermonats	27 Jahre
ab 5 Jahre	2 Monate zum Ende eines Kalendermonats	30 Jahre
ab 8 Jahre	3 Monate zum Ende eines Kalendermonats	33 Jahre
ab 10 Jahre	4 Monate zum Ende eines Kalendermonats	35 Jahre
ab 12 Jahre	5 Monate zum Ende eines Kalendermonats	37 Jahre
ab 15 Jahre	6 Monate zum Ende eines Kalendermonats	40 Jahre

---

[1] Die deutschen Arbeitsgerichte sind vom EuGH explizit darauf hingewiesen worden, diese Vorschrift wegen Altersdiskriminierung nicht mehr anzuwenden.

Längere Kündigungsfristen können durch einzelvertragliche Regelungen frei vereinbart werden. Für Aushilfsarbeitsverhältnisse bis zu drei Monaten Dauer existiert keine Kündigungsfrist. Für die maximal sechsmonatige Probezeit beträgt die Kündigungsfrist zwei Wochen.

Besonderen Kündigungsschutz genießen:

§ 15 KSchG **Betriebsratsmitglieder, Mitglieder der Jugend- und Ausbildungsvertretung**

Sie dürfen während ihrer Amtszeit und bis ein Jahr danach nicht gekündigt werden.

§ 9 MuSchG **Mütter**

Während der Schwangerschaft sowie während der vier Monate nach der Entbindung und während des Erziehungsurlaubs ist eine Kündigung durch den Arbeitgeber grundsätzlich unzulässig.

SGB IX **Schwerbehinderte**

Menschen, die eine 50 %ige Erwerbsminderung haben, darf nur mit Zustimmung der Hauptfürsorgestelle gekündigt werden. Die Kündigungsfrist beträgt mindestens vier Wochen.

§ 15 BBiG **Auszubildende**

Ihnen kann während der Ausbildungszeit i. d. R. nicht gekündigt werden.

§ 2 ArPlSchG **Wehr- und Zivildienstleistende**

Für die Dauer der Wehr- und Zivildienstzeit besteht Kündigungsschutz.

§ 626 BGB **❯ Außerordentliche/fristlose Kündigung**

Die außerordentliche oder fristlose Kündigung erfolgt, wenn ein wichtiger Grund vorliegt und die Fortsetzung des Arbeitsverhältnisses bis zum Ablauf der ordentlichen Kündigungsfrist nicht mehr zumutbar ist. Der Kündigungsgrund muss dem Vertragspartner schriftlich mitgeteilt werden und die Kündigung muss innerhalb von zwei Wochen nach Bekanntwerden des Vorfalls erfolgen. Wichtige Gründe für eine außerordentliche Kündigung sind:

Von Seiten des Arbeitgebers:

- ❯ Verweigerung der Dienstpflicht
- ❯ Diebstahl, Unterschlagung, Betrug
- ❯ grobe Beleidigung oder Tätlichkeiten

Von Seiten des Arbeitnehmers:

- ❯ keine Gehaltszahlung
- ❯ Verletzung der Fürsorgepflicht
- ❯ grobe Beleidigung oder Tätlichkeiten

Nach dem Betriebsverfassungsgesetz muss, soweit vorhanden, der Betriebsrat vor jeder Entlassung informiert werden. Er wird über die Gründe unterrichtet und kann Bedenken äußern oder Widerspruch einlegen.

1.2 Arbeitsschutzbestimmungen

Der Arbeitnehmer ist der sozial und wirtschaftlich schwächere Partner des Arbeitsvertrages. Deshalb ist das Arbeitsrecht weitgehend ein Arbeitnehmer-Schutzrecht. Neben den gesetzlich vorgeschriebenen Kündigungsfristen und dem Kündigungsschutzgesetz gibt es noch weitere gesetzliche Arbeitsschutzbestimmungen, wie das Jugendarbeitsschutzgesetz[1], das Arbeitszeitgesetz, das Bundesurlaubsgesetz und das Mutterschutzgesetz. Der Arbeitsschutz dient dem Wohl des Arbeitnehmers und soll dazu beitragen, den sozialen Frieden zu bewahren. Auf betrieblicher Ebene wird der Arbeitsschutz durch einen Sicherheitsbeauftragten, auf überbetrieblicher Ebene durch die staatlichen Aufsichtsorgane wie die Gewerbeaufsicht wahrgenommen.

■ Gewerbeordnung

Sie legt u. a. fest, dass der Arbeitgeber die Arbeitsräume, Maschinen und Gerätschaften so einzurichten und zu unterhalten hat, dass die Arbeitnehmer gegen jegliche Gefahren für Leben und Gesundheit geschützt sind. Der betriebliche Arbeitsschutz umfasst die Unfallverhütung, die Betriebshygiene und den Schutz der guten Sitten (z. B. getrennte Toiletten für Frauen und Männer).

■ Arbeitszeit

Das Arbeitszeitgesetz legt fest, dass die regelmäßige Arbeitszeit die Dauer von 8 Stunden nicht überschreiten darf. Eine tägliche Arbeitszeit von 10 Stunden ist zulässig, wenn innerhalb von 6 Kalendermonaten oder innerhalb von 24 Wochen im Durchschnitt 8 Stunden werktäglich nicht überschritten werden. Nach dem Arbeitszeitgesetz gilt also noch die 48-Stunden-Woche, obwohl in vielen Tarifverträgen die Arbeitszeit auf weniger als 40 Stunden pro Woche festgeschrieben ist. §§ 3 ArbZG, § 20 ff. ArbZG

Nach Beendigung der Arbeitszeit ist eine Ruhezeit von 11 Stunden festgeschrieben. Arbeitnehmern stehen nach einer Arbeitszeit von mehr als 6 Stunden bis zu 9 Stunden mindestens 30 Minuten oder mindestens zweimal 15 Minuten und bei einer Arbeitszeit von mehr als 9 Stunden mindestens 45 Minuten oder mindestens dreimal 15 Minuten Ruhepause zu. Länger als 6 Stunden hintereinander dürfen Arbeitnehmer nicht ohne Ruhepause beschäftigt werden. §§ 4, 5 ArbZG

■ Urlaub

§ 3 BUrlG

Die gesetzliche Mindesturlaub beträgt 24 Werktage im Kalenderjahr. Als Werktage gelten alle Kalendertage, die nicht Sonn- oder Feiertage sind, also grundsätzlich auch die freien Samstage. Werden nur fünf Tage pro Woche gearbeitet, hat ein Arbeitnehmer Anspruch auf 20 Arbeitstage Urlaub.

■ Kündigungsschutz

§ 1 KSchG

Das Kündigungsschutzgesetz gilt nur für Betriebe, die regelmäßig mehr als 10 Arbeitnehmer (ohne Auszubildende) beschäftigen. Diese Arbeitnehmer werden bei sozial ungerechtfertigten Kündigungen durch den Arbeitgeber geschützt, wenn sie länger als sechs Monate ununterbrochen einem Unternehmen angehört haben. Sozial gerechtfertigt ist eine Kündigung nur, wenn sie durch die Gründe: § 23 KSchG

› die in der Person, z. B. fehlende Eignung;
› in dem Verhalten des Arbeitnehmers liegen, z. B. dauernde Unpünktlichkeit oder
› durch dringende betriebliche Erfordernisse (z. B. Produktionseinschränkungen)

einer Weiterbeschäftigung entgegenstehen.

---
[1] vgl. 1. Kapitel Berufsausbildungsrecht

Mutterschutz

§§ 2 ff. MuSchG

Das Mutterschutzgesetz gilt für jede Mutter, die in einem Arbeitsverhältnis steht. Es gilt auch für Auszubildende. Bei der Gestaltung des Arbeitsplatzes muss der Arbeitgeber gegenüber einer werdenden oder stillenden Mutter besondere Fürsorge tragen. So darf sie nicht zu schwerer körperlicher Arbeit, zu Mehrarbeit, Akkord- und Fließbandarbeit, Nacht- und Sonntagsarbeit herangezogen werden.

§ 5 MuSchG

Werdende Mütter sollen dem Arbeitgeber ihre Schwangerschaft und den mutmaßlichen Tag der Entbindung mitteilen, sobald ihnen ihr Zustand bekannt ist.

§ 6 MuSchG

Schwangere dürfen sechs Wochen vor der Entbindung nicht beschäftigt werden, es sei denn, dass sie sich ausdrücklich dazu bereit erklären. Diese Erklärung kann jedoch jederzeit widerrufen werden. Nach der Entbindung dürfen Mütter acht Wochen nicht beschäftigt werden, auch wenn die Mutter dies wollte.

Entbindet eine Frau vorzeitig, werden die Tage, um die die Frist vor der Entbindung verkürzt wurde, an die Achtwochenfrist nach der Entbindung angehängt.

Während der sechs Wochen vor und acht Wochen nach der Geburt erhalten die Frauen Mutterschaftsgeld von der gesetzlichen Krankenversicherung. Nach der Geburt eines Kindes kann die Mutter oder der Vater Erziehungsurlaub beanspruchen.

Einer werdenden Mutter darf während der Schwangerschaft und bis zu vier Monaten nach der Entbindung nicht gekündigt werden. Dem Arbeitgeber muss die Schwangerschaft jedoch bekannt sein oder ihm innerhalb von zwei Wochen nach Zugang der Kündigung mitgeteilt werden[1].

Schwerbehinderte

SGB IX

Um Schwerbehinderte (50%ige Erwerbsminderung) in den Arbeitsprozess einzugliedern, müssen alle Betriebe, die über mindestens sechzehn Arbeitsplätze verfügen, einen bestimmten Prozentsatz davon mit Schwerbehinderten besetzen. Für jeden unbesetzten Pflichtplatz muss eine monatliche Ausgleichsabgabe bezahlt werden.

Arbeitgeber haben die Schwerbehinderten so zu beschäftigen, dass diese ihre Fähigkeiten und Kenntnisse möglichst voll verwerten und weiterentwickeln können.

Schwerbehinderte haben Anspruch auf einen bezahlten zusätzlichen Urlaub von fünf Arbeitstagen im Jahr.

Erarbeitungsfälle

1 Aufgabe (Abschluss eines Arbeitsvertrages)

Der Steuerfachangestellte Martin Jäger stellt sich bei der Steuerberaterin Karin Keller auf deren Anzeige in der Tageszeitung hin vor. Nach einer längeren Unterredung ist man sich einig, dass Herr Jäger zum nächsten Ersten bei der Steuerberaterin seine Tätigkeit aufnehmen soll. Ist ein Arbeitsvertrag zustande gekommen?

2 Aufgabe (Urlaubsanspruch)

Zwischen dem Steuerberater Klaus Schwarze und der Steuerfachangestellten Julia Nelles ist ein schriftlicher Arbeitsvertrag geschlossen worden. In diesem wurde u. a. festgelegt, dass Frau Nelles am nächsten Ersten die Arbeit aufnehmen soll, welche Arbeiten ihr übertragen werden und wie hoch ihr Gehalt ist. Über Urlaubstage wurde nichts schriftlich festgehalten. Hat Frau Nelles Anspruch auf Urlaub? Begründen Sie Ihre Antwort.

---

[1] vgl. 5. Kapitel Sozialversicherungsrecht

3 ▸ Aufgabe (Pflichten aus dem Arbeitsvertrag)

Sarah Held ist schon seit einigen Jahren bei der Wirtschaftsprüfungsgesellschaft Service GmbH als Steuerfachangestellte tätig. Sie möchte sich im nächsten Jahr ein größeres und schnelleres Auto kaufen. Schon öfter wurde sie von Bekannten um steuerrechtlichen Rat gefragt. Seit einigen Monaten berät sie diese Bekannte nun gegen Entgelt in steuerrechtlichen Fragen. Ist Sarah Held dazu berechtigt?

4 ▸ Aufgabe (Lohnformen)

Die Mitarbeiterin Gabi Schulz hat eine wöchentliche Arbeitszeit von 37,5 Stunden. Der Stundenlohn beträgt 12,50 €. Die Normalleistung je Stunde beträgt 16 Stück.

a) Ermitteln Sie mit dem Geldakkordsatz den wöchentlichen Bruttoverdienst von Gabi Schulz.

b) Wie hoch wäre der Bruttoverdienst, wenn 6 Stück je Zeitakkord gefertigt würden?

5 ▸ Aufgabe (Berechnung von Kündigungsfristen)

Die STABO GmbH beschäftigt zurzeit 35 Arbeiter und 17 Angestellte. Ende August 2012 beabsichtigt der Geschäftsführer folgenden Mitarbeitern aus betrieblichen Gründen zu kündigen:

› Facharbeiter Dieter Roth, geb. 21.03.1948, ist seit dem 15.11.2000 bei der STABO GmbH beschäftigt.

› Buchhalterin Anja Glaser, geb. 03.03.1971, ist seit dem 01.05.2003 bei der STABO GmbH beschäftigt.

a) Da es keine einzel- oder tarifvertraglichen Vereinbarungen gibt, gelten die Bestimmungen des BGB. Zu welchem frühesten Zeitpunkt können die zwei Arbeitsverhältnisse beendet werden? Begründen Sie Ihre Entscheidung.

b) Ermitteln und begründen Sie den frühestmöglichen Zeitpunkt, falls Herr Roth und Frau Glaser ihrerseits das Arbeitsverhältnis beenden möchten.

6 ▸ Aufgabe (Kündigung während der Probezeit))

Der Steuerfachangestellte Stefan Rucke hat nach bestandener Abschlussprüfung bei seinem Ausbildungsbetrieb einen Arbeitsvertrag unterschrieben. Es wurde eine Probezeit von vier Monaten vereinbart. Nach drei Monaten erhält er die Kündigung. Die Kündigungsfrist beträgt eine Woche, ein Kündigungsgrund wird nicht angegeben. Wie ist die Rechtslage?

7 ▸ Aufgabe (Kündigung während der Schwangerschaft)

Die 30-jährige Lisa Grün erhält von ihrem Steuerberater die Kündigung. Sie begibt sich daraufhin sofort zu ihrem Arzt, der eine Schwangerschaft feststellt. Frau Grün teilt dies noch am selben Tag ihrem Arbeitgeber mit. Beurteilen Sie, ob die Kündigung wirksam ist.

8 ▸ Aufgabe (Schutz während und nach der Schwangerschaft))

Die Steuerfachangestellte Nadine Rose übergibt ihrem Arbeitgeber eine ärztliche Bescheinigung über ihre Schwangerschaft. Der voraussichtliche Tag der Entbindung ist der 1. Oktober.

a) Wie lange hat Frau Rose Mutterschutz?

b) Wegen eines Personalengpasses bittet der Arbeitgeber Frau Rose doch bis Anfang September weiter zu arbeiten. Er bittet sie außerdem, ab Mitte Oktober ihre Arbeit wieder aufzunehmen. Kann Frau Rose der Bitte des Arbeitgebers nachkommen? Begründen Sie Ihre Antwort.

9 Aufgabe (Arbeitszeit)

In den Monaten Februar, März und April müssen alle Mitarbeiter der Steuerberatungsgesellschaft Albert und Partner jeden Tag drei Stunden länger, also elf Stunden, arbeiten, um die anfallende Arbeit zu bewältigen. Im Monat April muss außerdem an jedem Samstag gearbeitet werden. Ist dies zulässig? Begründen Sie Ihre Meinung.

10 Aufgabe (Kündigungsschutz)

Der 28-jährige Steuerfachangestellte Carsten Diehl ist seit vielen Jahren bei der Steuerberatungs-GmbH beschäftigt. Die GmbH beschäftigt regelmäßig 40 Mitarbeiter. Mit 22 Jahren hatte Herr Diehl seine Ausbildung bei der GmbH abgeschlossen und bearbeitet seit dieser Zeit Löhne und Gehälter. Seit einigen Monaten ist Herr Diehl sehr unkonzentriert, weit reichende Fehler häufen sich und eine permanente Kontrolle war in den letzten Wochen notwendig. Am 31. Juli erhält Carsten Diehl die Kündigung zum 31. August. Herr Diehl vertritt die Ansicht, die Kündigung sei sozial ungerechtfertigt und deshalb unwirksam. Wie beurteilen Sie die Situation?

2 Kollektives Arbeitsrecht

Im kollektiven Arbeitsrecht sind die Rechtsfragen geregelt, bei denen nicht ein Arbeitnehmer als Einzelperson, sondern eine Gruppe von Arbeitnehmern betroffen ist. Dies können alle Arbeitnehmer eines Betriebes oder alle Arbeitnehmer einer bestimmten Branche sein. Ein Schwerpunkt ist die Beziehung zwischen den Gewerkschaften einerseits und den Arbeitgeberverbänden andererseits beim Abschluss von Tarifverträgen. Außerdem sind die innerbetriebliche Mitbestimmung und Mitwirkung durch das Betriebsverfassungsgesetz und die Mitbestimmung auf Unternehmensebene (Arbeitnehmervertretung in den Aufsichtsräten) wichtige Bestandteile des kollektiven Arbeitsrechts.

2.1 Tarifvertrag

In einem Staat mit einer sozialen Marktwirtschaft werden die Löhne und Arbeitsbedingungen nicht durch den Staat oder das Parlament festgelegt. Sie sind Gegenstand von Tarifverhandlungen zwischen den Tarifvertragsparteien. Die Gewerkschaften und Arbeitgeberverbände handeln gem. Art. 9 Grundgesetz eigenverantwortlich Tarifverträge aus. Die Tarifautonomie gibt ihnen das Recht dies ohne staatliche Einmischung zu tun. Der Staat darf auch dann nicht eingreifen, wenn abzusehen ist, dass das Ergebnis negative Auswirkungen auf die Wirtschaftslage haben könnte.

■ Tarifverhandlungen

§§ 1 ff. TVG

Gewerkschaften und Arbeitgeberverbände tragen ihre Interessensgegensätze in Tarifverhandlungen aus. Ist ein alter Tarifvertrag abgelaufen oder wurde er von einem Tarifpartner gekündigt, sind neue Tarifverhandlungen notwendig. Jeder Tarifpartner ernennt Vertreter für die Tarifkommission, in der die Forderungen bzw. die Angebote vorgetragen und beraten werden. Können sich die Vertragspartner einigen, kommt ein neuer Tarifvertrag zu Stande. Kommt es zu keiner Einigung, versuchen die Gewerkschaften z. B. durch Warnstreiks Druck auf die Arbeitgeberseite auszuüben. Sind die Tarifverhandlungen gescheitert, wird häufig von einem Tarifpartner die Schlichtung beantragt. Dies ist ein Verfahren zur Erhaltung des Arbeitsfriedens. Es wird eine Kommission aus Vertretern beider Tarifparteien gebildet, deren Mitglieder einen unparteiischen Schlichter hinzurufen. Er hat die schwierige Aufgabe einen tragfähigen Kompromiss zu finden. Häufig können durch ein Schlichtungsverfahren Arbeitskämpfe vermieden werden.

■ Arbeitskampf

Führt die Schlichtung nicht zu einer Einigung, so kommt es zum Arbeitskampf. Das Kampfmittel der Arbeitnehmer zur Erreichung ihrer Ziele ist der Streik. Der Streik ist ein erlaubtes Mittel der kollektiven Arbeitsniederlegung und ist aus dem Grundgesetz und der Rechtsprechung abgeleitet. Ein Streik kann nur unter folgenden Voraussetzungen geführt werden:

› der Tarifvertrag muss abgelaufen oder gekündigt sein
› die Schlichtungsverhandlungen sind gescheitert
› eine Urabstimmung fand statt, bei der mindestens 75 % der abstimmungsberechtigten Gewerkschaftsmitglieder eines Tarifbezirkes sich für einen Streik ausgesprochen haben.

Mögliche Gegenmaßnahme der Arbeitgeber ist die Aussperrung, d. h. die vorübergehende Aufhebung der Arbeitsverhältnisse aller Mitarbeiter eines Betriebes oder der gesamten Branche. Die Aussperrung ist rechtlich nur in einem Umfang zulässig, der dem Grundsatz der Verhältnismäßigkeit entspricht.

Die Arbeitsverhältnisse der streikenden und ausgesperrten Mitarbeiter sind während des Arbeitskampfs unterbrochen. Dies bedeutet, dass die Arbeitnehmer kein Entgelt erhalten. Die Gewerkschaften zahlen an ihre Mitglieder Beiträge aus der Streikkasse.

Kommt es nach neuen Verhandlungen zu einem Tarifabschluss, so muss dieser von den abstimmungsberechtigten Gewerkschaftsmitgliedern in einer Urabstimmung mit mindestens 25 % der Stimmen angenommen werden. Damit ist der Arbeitskampf beendet.

Rechtswirkungen des Tarifvertrages

§ 4, 5 TVG

Die Rechtsnormen des Tarifvertrages erfassen nur die Mitglieder der Tarifvertragsparteien. Durch eine staatliche Allgemeinverbindlichkeitserklärung kann der Gültigkeitsbereich des Tarifvertrages auch auf nicht tarifgebundene Arbeitnehmer und Arbeitgeber ausgeweitet werden. Die Allgemeinverbindlichkeitserklärung wird auf Antrag einer der beiden Tarifvertragsparteien durch das Bundesministerium für Arbeit und Sozialordnung ausgesprochen.

§ 6 TVG

Abschluss, Änderungen, Beendigung und Allgemeinverbindlichkeitserklärung von Tarifverträgen werden im Tarifregister eingetragen.

Für die Tarifvertragsparteien beginnen mit dem schriftlichen Abschluss des Tarifvertrages die gegenseitigen Rechte und Pflichten, die da sind:

Tarifgebundenheit

§ 3 TVG
§ 4 (3) TVG

Die Tarifpartner sind verpflichtet dafür zu sorgen, dass ihre Mitglieder den Tarifvertrag einhalten. Dabei ist der Grundsatz der Unabdingbarkeit zu berücksichtigen. Danach dürfen die Bedingungen eines Einzelarbeitsvertrages für den Arbeitnehmer nicht ungünstiger sein als die des Tarifvertrages.

Friedenspflicht

§ 3 TVG

Die Tarifvertragsparteien dürfen während der Laufzeit eines Tarifvertrages nicht versuchen neue Forderungen oder eine bestimmte Auslegung des Tarifvertrages durchzusetzen. Es dürfen auch keine Kampfmaßnahmen ergriffen werden.

Nachwirkung

§ 4 TVG

Der Tarifvertrag endet mit Ablauf des in ihm festgesetzten Zeitpunktes. Bei Abschluss auf unbestimmte Zeit endet der Tarifvertrag durch Kündigung oder durch den Abschluss eines neuen Vertrages. Die Bestimmungen des alten Tarifvertrages bleiben solange in Kraft, bis ein neuer Vertrag abgeschlossen ist.

Arten von Tarifverträgen

Tarifverträge lassen sich nach verschiedenen Kriterien unterscheiden.

Tarifverträge	
Nach dem Inhalt – Manteltarifvertrag – Rahmentarifvertrag – Lohn- und Gehaltstarifvertrag	**Nach den beteiligten Personen** – Verbandstarifvertrag – Haus- oder Firmentarifvertrag

Manteltarifvertrag

Im Manteltarifvertrag werden allgemeine Arbeitsbedingungen, die über einen längeren Zeitraum gleich bleiben, festgelegt. So z. B. die wöchentliche Arbeitszeit, Urlaub, Kündigungsfristen und Vermögenswirksame Leistungen.

Rahmentarifvertrag

Er enthält die Lohnarten und Lohngruppen, in die Arbeitnehmer nach ihrer Vorbildung oder nach dem Schwierigkeitsgrad ihrer Arbeitsaufgabe eingeteilt werden. Auch dieser Tarifvertrag hat i. d. R. eine Laufzeit von zwei bis drei Jahren.

Lohn- und Gehaltstarifvertrag

In den Lohn- und Gehaltstarifen wird ein Grundgehalt (Ecklohn) vereinbart. Auf dieser Basis werden dann Zu- und Abschläge für die verschiedenen Lohn- und Gehaltsgruppen berechnet. In diesem Tarif wird auch eine evtl. Erfolgsbeteiligung festgelegt. Dieser Tarifvertrag hat meist nur eine Laufzeit von 12 bis 24 Monaten.

Verbandstarifvertrag

Verbandstarifverträge werden zwischen Gewerkschaften und Arbeitgeberverbänden einer bestimmten Branche vereinbart. So schließt z. B. die Gewerkschaft IG Metall und der Verband der Metall- und Elektro-Industrie einen Verbandstarif ab.

Haus- oder Firmentarifvertrag

Eine Gewerkschaft und ein Werk oder ein Unternehmen schließen einen Tarifvertrag ab. Die Volkswagen AG schließt z. B. mit der Gewerkschaft IG Metall einen Tarif über die wöchentliche Arbeitszeit ihrer Mitarbeiter ab.

2.2 Betriebsvereinbarungen

Betriebsvereinbarungen werden zwischen dem Betriebsrat und dem Arbeitgeber eines bestimmten Betriebes getroffen. Sie dürfen den Bestimmungen des Tarifvertrages nicht entgegenstehen, sondern sollen diese ergänzen und den besonderen Bedürfnissen des Betriebes entsprechen. In den Betriebsvereinbarungen werden Beginn und Ende der täglichen Arbeitszeit, u. a. die Gleitzeit, Pausenregelungen, Kantinenbesuche, Parkplatzbenutzung, sowie Regelungen über das Rauchen und Urlaubspläne festgehalten.

2.3 Betriebsverfassungsgesetz

Grundlage des Betriebsverfassungsgesetzes ist es, dem Betrieb eine Ordnung zu geben, in der einerseits die berechtigten Belange der Belegschaft wie auch der einzelnen Arbeitnehmer geltend gemacht werden können und in der andererseits die wirtschaftliche Entscheidungsfreiheit des Arbeitgebers im Grundsatz gewährt bleibt.

Von besonderer Bedeutung im Zusammenhang mit der Mitbestimmung auf Betriebsebene ist der Betriebsrat als Organ der Arbeitnehmer eines Betriebes.

Betriebsrat

Nach dem Betriebsverfassungsgesetz kann auf Initiative der Arbeitnehmer in allen Betrieben mit mindestens fünf ständigen, wahlberechtigten Arbeitnehmern ein Betriebsrat gebildet werden. Wahlberechtigt sind alle Arbeitnehmer, die das 18. Lebensjahr vollendet haben und mindestens zehn Stunden pro Woche beschäftigt sind. Zum Betriebsrat wählbar sind alle Wahlberechtigten, die mindestens ein halbes Jahr dem Betrieb angehören. Die Amtszeit beträgt vier Jahre.

§ 1 BetrVG
§ 7 BetrVG

§ 21 BetrVG

Die Zahl der Betriebsratsmitglieder richtet sich nach der Zahl der wahlberechtigten Mitarbeiter. Sie ist im Betriebsverfassungsgesetz festgelegt.

§ 9 BetrVG

wahlberechtigte Arbeitnehmer	Betriebsräte
5 bis 20	1
21 bis 50	3
51 bis 100	5
101 bis 200	7
201 bis 400	9
401 bis 700	11
701 bis 1000	13
1001 bis 1500	15
1501 bis 2000	17
2001 bis 2500	19
2501 bis 3000	21

Die Arbeit im Betriebsrat ist ein unentgeltliches Ehrenamt, für das die Betriebsratsmitglieder in dem zur Ausübung ihrer Aufgabe erforderlichen zeitlichen Umfang bei Fortzahlung des Arbeitsentgeltes von der Arbeit freigestellt sind. Abhängig von der Zahl der Beschäftigten eines Betriebes sind in Betrieben mit mindestens 200 Arbeitnehmern eine gewisse Anzahl von Betriebsratsmitgliedern von ihrer Tätigkeit freizustellen. Die Zusammensetzung des Betriebsrates muss dem zahlenmäßigen Verhältnis der Arbeiter und Angestellten und dem der Frauen und Männer im Betrieb entsprechen.

§§ 10, 15 BetrVG

§ 74 BetrVG

Zusammenarbeit von Betriebsrat und Arbeitgeber

Für die Zusammenarbeit zwischen Betriebsrat und Arbeitgeber gelten folgende Grundsätze:

› Arbeitgeber und Betriebsräte haben vertrauensvoll zusammenzuarbeiten und sich einmal im Monat mit dem ernsten Willen zur Einigung zu treffen.

› Die Friedenspflicht verbietet jede Betätigung, die den Arbeitsablauf und den Betriebsfrieden gefährdet oder parteipolitisch ist.

› Mitglieder des Betriebsrates dürfen weder in ihrer Amtsausübung behindert noch bevorteilt oder benachteiligt werden.

› Zur Unterstützung des Betriebsrates haben die Gewerkschaften einen Zugangsanspruch zum Betrieb.

§ 43 BetrVG

Der Kontakt zwischen Betriebsrat und Belegschaft kann auf verschiedene Weise hergestellt werden. Der Betriebsrat hat das Recht, während der Arbeitszeit Sprechstunden einzurichten, um die Arbeitnehmer zu beraten. Außerdem hat der Betriebsrat das Recht vierteljährlich eine Betriebsversammlung einzuberufen, in der er über seine Tätigkeit berichtet. Der Arbeitgeber hat im Rahmen der Betriebsversammlung einmal pro Jahr einen Bericht über die wirtschaftliche Lage und Entwicklung des Betriebes abzulegen und über das Personal- und Sozialwesen zu berichten.

§ 80 BetrVG

Allgemeine Aufgaben

Die allgemeinen Aufgaben des Betriebsrates bestehen im Eintreten für gerechte, gleiche und angemessene Behandlung der Arbeitnehmer und in der Beseitigung von Meinungsverschiedenheiten zwischen Arbeitgeber und Belegschaft. Insbesondere hat der Betriebsrat darauf zu achten, dass jede Ungleichbehandlung aufgrund von Abstammung, Nationalität, Religion, politischer Anschauung oder Geschlecht unterbleibt.

So wacht er auch darüber, dass die geltenden Gesetze, die Unfallverhütungsvorschriften, die Tarifverträge und die Betriebsvereinbarungen eingehalten werden. Er setzt sich für die Belange von Jugendlichen, Älteren, Ausländern und Schwerbehinderten ein.

■ Rechte des Betriebsrats

§§ 81 ff. BetrVG

Der Betriebsrat hat Mitentscheidungs- und Mitwirkungsrechte, die sich insbesondere auf folgende Bereiche beziehen:

› Soziale Angelegenheiten
› Personelle Angelegenheiten
› Wirtschaftliche Angelegenheiten.

Mitbestimmungs- und Mitwirkungsrechte des Betriebsrates nach dem Betriebsverfassungsgesetz

Mitentscheidungsrecht	Widerspruchsrecht	Informations- und Beratungsrecht
Eine Entscheidung kommt nur mit Zustimmung des Betriebsrates zu Stande.	Der Betriebsrat kann aus schwer wiegenden Gründen der Entscheidung widersprechen.	Der Betriebsrat wird über anstehende Entscheidungen unterrichtet. Ein Widerspruch ist wirkungslos.
– betriebliche Berufsausbildung – betriebliche Sozialeinrichtungen – Betriebsordnung – Fragen der Arbeitszeit und Pausen – Urlaubsplan – Zeit, Ort, Art der Entgeltszahlung – Kurzarbeit/Mehrarbeit – Sozialpläne	– Einstellung – Ein- und Umgruppierung – Versetzung – Beurteilungsfragen – Arbeitsplatzgestaltung – Abberufung von Ausbildern – Kündigung	– Betriebsänderungen – Personalplanung – Gestaltung des Arbeitsplatzes – Förderung der Berufsausbildung
Bei Nichteinigung entscheidet die Einigungsstelle	Bei Nichteinigung wird die Einigungsstelle oder das Arbeitsgericht angerufen.	Ein Widerspruch bleibt ohne Rechtsfolge.

■ Jugend- und Ausbildungsvertretung

§§ 60–73 BetrVG

In Betrieben, in denen regelmäßig mindestens fünf jugendliche Arbeitnehmer (Auszubildende, Praktikanten, Umschüler, Volontäre) beschäftigt sind, die das 18. Lebensjahr noch nicht vollendet haben oder noch in ihrer Ausbildung sind und das 25. Lebensjahr noch nicht vollendet haben, kann eine Jugend- und Ausbildungsvertretung gewählt werden. Wahlberechtigt sind jugendliche Arbeitnehmer unter 18 Jahre und Auszubildende unter 25 Jahre.

Die Jugend- und Ausbildungsvertretung wird auf zwei Jahre gewählt. Sie ist kein eigenständiges Organ, sondern unterstützt den Betriebsrat. Sie

› überwacht die Einhaltung der Gesetze für Jugendliche

› leitet Anregungen der Jugendlichen an den Betriebsrat weiter und wirkt auf ihre Erledigung hin

› kann an allen Betriebsratssitzungen teilnehmen, die besonders jugendliche Arbeitnehmer betreffen. Bei den entsprechenden Sitzungen hat sie ein Stimmrecht.

› kann vor oder nach jeder Betriebsversammlung im Einvernehmen mit dem Betriebsrat eine Jugendversammlung einberufen.

› kann Sprechstunden abhalten.

2.4 Mitbestimmung auf Unternehmensebene

Die Mitbestimmung auf Unternehmensebene im Aufsichtsrat wird im Wesentlichen in folgenden drei Gesetzen geregelt:

› Montan-Mitbestimmungsgesetz von 1951
› Betriebsverfassungsgesetz von 1952
› Mitbestimmungsgesetz von 1976

Welches dieser Gesetze jeweils für ein Unternehmen gültig ist, wird durch dessen Rechtsform, von der Art des Unternehmensgegenstandes und von der Anzahl der Mitarbeiter bestimmt.

§§ 1 ff. Montana-MitbestG

Montan-Mitbestimmung

Sie findet bei Unternehmen des Bergbaus oder der Eisen und Stahl erzeugenden Industrie Anwendung, die in der Rechtsform einer Kapitalgesellschaft (z. B. AG, GmbH) betrieben werden und i. d. R. mehr als 1000 Mitarbeiter beschäftigen.

Die Anzahl der Sitze im Aufsichtsrat ist von der Höhe des Grund- bzw. Stammkapitals abhängig, es können 11, 15 oder 21 Sitze sein.

Die Zusammensetzung des Aufsichtsrates wird am Beispiel eines 11-köpfigen Gremiums dargestellt:

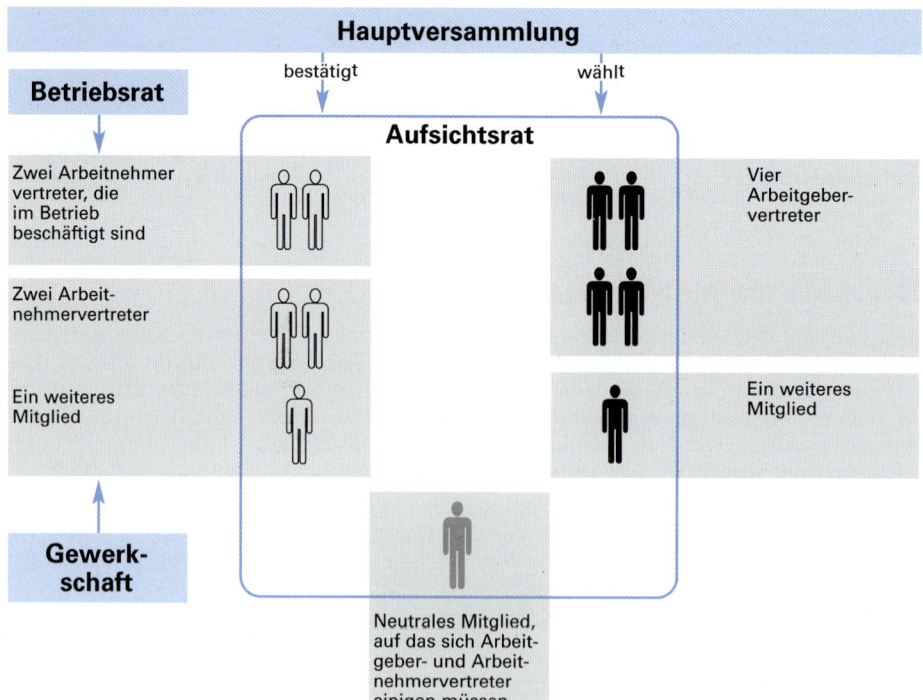

Die Anteilseigner entsenden 5 Mitglieder, die Arbeitnehmerseite ebenfalls 5 Mitglieder. Für die Zusammensetzung der Arbeitnehmerseite ist vorgeschrieben, dass mindestens 2 Mitglieder aus der Belegschaft kommen müssen, und zwar je ein Arbeiter und ein Angestellter. Die weiteren Mitglieder sowohl von den Anteilseignern als auch von der Arbeitnehmerseite dürfen weder Arbeitgeber noch Arbeitnehmer in diesem Unternehmen sein, noch dürfen sie ein wirtschaftliches Interesse an dem Unternehmen haben.

Das im Gesetz vorgesehene neutrale Mitglied soll als 11. Mitglied Patt-Situationen verhindern. Es soll sicherstellen, dass im paritätisch besetzten Aufsichtsrat eine Mehrheit bei Abstimmungen zu Stande kommt.

Die Montan-Mitbestimmung kennt darüber hinaus noch den Arbeitsdirektor. Er ist gleichberechtigtes Vorstandsmitglied, kann aber nicht gegen die Mehrheit der Arbeitnehmervertreter in den Aufsichtsrat berufen oder abberufen werden.

Mitbestimmung nach dem Betriebsverfassungsgesetz

§§ 76 ff. BetrVG 1952

Die Bestimmungen dieses Gesetzes gelten für die AG und die KGaA mit weniger als 2000 Mitarbeitern sowie für die GmbH und die Genossenschaften mit 500 bis 2000 Arbeitnehmern. Die Größe des Aufsichtsrates wird von der Hauptversammlung festgelegt, er besteht aus mindestens drei und maximal 21 Mitgliedern. In diesen Unternehmen wählen die Anteilseigner ²/₃ der Aufsichtsratsmitglieder und die Arbeitnehmerseite ¹/₃.

Mitbestimmung nach dem Mitbestimmungsgesetz von 1976

§§ 1 ff. MitbestG

Das Mitbestimmungsgesetz gilt für alle Kapitalgesellschaften und Genossenschaften mit mehr als 2000 Beschäftigten. In der Satzung des Unternehmens kann vorgesehen werden, dass ein nach dem Gesetz aus 12 Mitgliedern zu bildender Aufsichtsrat auf 16 oder 20 Mitglieder vergrößert werden kann. Die Aufsichtsräte werden mit der gleichen Anzahl von Mitgliedern der Anteilseigner und der Arbeitnehmer besetzt, wie die folgende Abbildung mit 12 Aufsichtsratsmitgliedern zeigt.

§§ 7 ff. MitbestG

Da der Aufsichtsrat paritätisch besetzt ist, können bei Abstimmungen Patt-Situationen auftreten. Um die Beschlussfähigkeit zu gewährleisten, erhält der Aufsichtsrats-

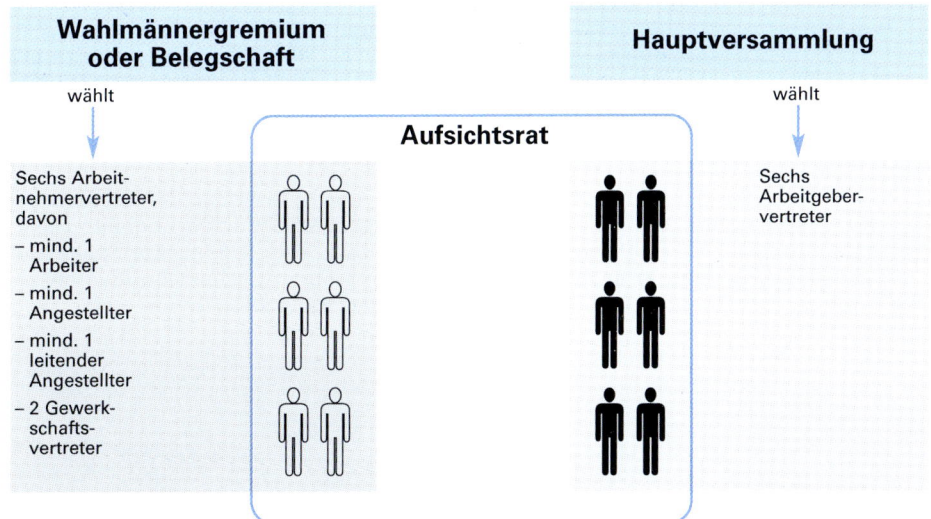

vorsitzende bei wiederholter Stimmengleichheit eine zweite Stimme. Der Aufsichtsratsvorsitzende und seine Stellvertreter benötigen zu ihrer Wahl vom Aufsichtsrat eine 2/3-Mehrheit. Wird jedoch die 2/3-Mehrheit nicht erreicht, wählen die Vertreter der Anteilseigner den Vorsitzenden und die Arbeitnehmervertreter seinen Stellvertreter.

§ 33 MitbestG Auch dieses Mitbestimmungsgesetz sieht einen Arbeitsdirektor als gleichberechtigtes Mitglied im Vorstand vor. Im Gegensatz zum Montan-Mitbestimmungsgesetz wird der Arbeitsdirektor wie alle anderen Vorstandsmitglieder von den Anteilseignern gewählt.

Erarbeitungsfälle

1 Aufgabe (Arbeitsvertrag – Tarifvertrag)

Mit dem Angestellten Max Thoma wurde am 1. April ein Einzelarbeitsvertrag abgeschlossen. Es wurde ihm schriftlich ein Gehalt zugesichert, welches 15% über dem gültigen Tarifgehalt lag. Als sich das Tarifgehalt am 1. Mai des folgenden Jahres um 4% erhöhte, wollte Max Thoma an dieser Erhöhung ebenfalls teilhaben. Der Arbeitgeber verweigerte ihm jedoch die Erhöhung mit der Begründung, dass er immer noch übertariflich bezahlt werde. Wie sehen Sie die Situation?

2 Aufgabe (Wirkungen aus dem Tarifvertrag)

Sie lesen in Ihrer Zeitung, dass das Bundeswirtschaftsministerium den zuletzt ausgehandelten Tarifvertrag für Ihre Branche für allgemeinverbindlich erklärt hat. Welche Auswirkungen hat die Allgemeinverbindlichkeit auf Ihren Arbeitsvertrag, wenn Sie keiner Gewerkschaft angehören?

3 Aufgabe (Kündigung eines Betriebsratsmitglieds)

Zwischen dem Arbeitgeber und dem Betriebsratsmitglied Klaus Wild, der für vier Jahre bis zum 30.6.2014 gewählt wurde, gibt es ständig Meinungsverschiedenheiten. Um diesen Zustand zu beenden, entschließt sich der Arbeitgeber, Herrn Wild zu kündigen. Zu welchem Zeitpunkt kann Herrn Wild frühestens gekündigt werden?

4 Aufgabe (Kündigung eines Mitarbeiters)

Frau Sabine Gleich wurde von ihrem Arbeitgeber aus der Finanz- in die Kontokorrentbuchhaltung versetzt. Ihr Gehalt und ihre Arbeitszeit ändern sich dadurch nicht. Trotzdem ist sie mit der Versetzung nicht einverstanden und beschwert sich beim Betriebsrat. Der ist der Ansicht, dass ohne seine Mitwirkung eine Versetzung nicht zulässig sei. Kann Frau Gleich hoffen, in der Finanzbuchhaltung zu bleiben?

5 Aufgabe (Rechte des Betriebsrats)

In der letzten Betriebsversammlung wurden die Mitarbeiter der Steuerberatungsgesellschaft XENOX GmbH von der Geschäftsführung darüber informiert, dass ein neues EDV-System eingeführt werden soll. Frau Ulla Rickert, die in der Finanzbuchhaltung beschäftigt ist, möchte mehr über die Umstellung erfahren. Auf welches Recht im Betriebsverfassungsgesetz kann sie sich berufen?

Kapitel 5 Sozialversicherungsrecht

Einführungssituation

Die Auszubildende Sabine Koch, 19 Jahre alt, hat ihre Berufsausbildung zur Steuerfachangestellten vor einem Monat begonnen. Jetzt freut sie sich auf ihre erste Gehaltszahlung. Als sie ihre Gehaltsabrechnung erhält, ist sie enttäuscht.

Lohn-/Gehaltsabrechnung
(Beträge in Euro)

Firma: 414 Blatt 1
Monat 02/19 Freibetrag: –

Diese Abrechnung gilt als Verdienstbescheinigung.
Bitte aufbewahren!

Pers. Nr.	Gruppe	Kosten-stelle	Eintritt	SV-Schlüssel	Urlaub VJ	Urlaub
30	5/0	45	31.01.19	11111	6	30

Gehaltsart	Bezeichnung	Anzahl	Euro
210	Ausbildungsvergütung	1	920,00
370	AG-Anteil – VWL	1	26,00
990	VWL-Abzug	1	– 26,00

Stpfl.	LSt	KiSt	SoliZ	Sozialvers. Brutto	KV	Pflege	RV	AL
946,00	–	–	–	946,00	74,26	14,43	87,98	11,83

Auszahlung				Stpfl.-Summe		SV-Summe		
757,50				946,00		946,00		

IKK Nordrhein

15,7 %

„Wieso wurden mir Beiträge zur Sozialversicherung einbehalten? Ich habe mich doch bei keiner Versicherung angemeldet."

Erklären Sie Sabine Koch, wie es zu der Mitgliedschaft in den verschiedenen Zweigen der Sozialversicherung kommt und wie sich die Beiträge zusammensetzen.

Der Mensch ist in seinem alltäglichen Leben von den unterschiedlichsten Risiken bedroht, so z. B. von Unfällen, Krankheiten und Tod. Versicherungen können diese Risiken nicht ganz ausschalten, helfen aber, deren mögliche Folgen abzumildern. Das Grundprinzip einer Versicherung besteht darin, dass viele Versicherte sich zusammenschließen, um einen möglichen Schaden eines einzelnen Versicherten gemeinsam zu tragen (sog. Solidarprinzip). So tragen die jetzigen Arbeitnehmer die heute gezahlten Renten, das Arbeitslosengeld wird durch die beschäftigten Arbeitnehmer finanziert und die Gesunden zahlen für die medizinische Versorgung der Kranken. Ein Versicherter hat immer Anspruch auf Leistungen aus der Versicherung im Schadensfalle, unabhängig davon, wie viel er in die Versicherung eingezahlt hat. Eine direkte und unmittelbare Gegenleistung findet nicht statt.

Durch die Industrialisierung in Deutschland in der zweiten Hälfte des 19. Jahrhunderts und die dadurch steigende Zahl der Arbeitnehmer sah sich der Staat gezwungen, folgende gesetzliche Versicherungen zu begründen:

Kranken-versicherung	Unfall-versicherung	Renten-versicherung	Arbeitslosen-versicherung	Pflege-versicherung
1883	1884	1889	1927	1995
SGB[1] V	SGB VII	SGB VI	SGB II, III	SGB XI

Grundsätzlich sind alle Arbeiter, Angestellte und Auszubildende Pflichtmitglieder in der gesetzlichen Sozialversicherung, während Selbstständige, Beamte und Richter nicht pflichtversichert sind.

Für bestimmte Personengruppen, z. B. für Studenten, Rentner, Geringverdiener, gelten Befreiungstatbestände oder Sonderregelungen.

Diejenigen Personen, die nicht pflichtversichert sind, können als freiwilliges Mitglied die Leistungen der gesetzlichen Sozialversicherungen in Anspruch nehmen oder private Versicherungsunternehmen mit ihrer Absicherung beauftragen.

Der Versicherungsträger eines Versicherungszweiges ist für die Leistungen sowie für die Verwaltung der Beiträge zuständig. Der Einzug der Beiträge erfolgt dabei zentral durch den gesetzlichen Krankenversicherungsträger.

In diesem Kapitel werden nur die gesetzlichen Sozialversicherungen erläutert. Die privaten Versicherungsmöglichkeiten werden nicht dargestellt.

---

[1] Sozialgesetzbuch

1 ▶ Krankenversicherung

Ziel der gesetzlichen Krankenversicherung ist es „als Solidargemeinschaft … die Gesundheit der Versicherten zu erhalten, wiederherzustellen oder ihren Gesundheitszustand zu verbessern."

§ 1 SGB V

■ Versicherungsträger

Träger der gesetzlichen Krankenversicherung sind:[1]

§ 4 SGB V

❯ Allgemeine Ortskrankenkassen (AOK)	❯ Barmer Ersatzkasse (BEK)
❯ Betriebskrankenkassen (BKK)	❯ Deutsche Angestelltenkrankenkasse (DAK)
❯ Innungskrankenkassen (IKK)	❯ Techniker Krankenkasse (TKK)
❯ Landwirtschaftliche Krankenkassen (LKK)	❯ Kaufmännische Krankenkasse Halle (KKH)
❯ Deutsche Rentenversicherung Knappschaft-Bahn-See	

Alle versicherungspflichtigen Arbeitnehmer können ihre gesetzliche Krankenkasse frei wählen. Für alle gesetzlichen Krankenkassen besteht Aufnahmepflicht, wenn die Voraussetzungen für die Pflichtversicherung bestehen.

Die Finanzierung der gesetzlichen Krankenversicherungen wird über den sogenannten Gesundheitsfond organisiert. In diesen Fond zahlen die Arbeitnehmer und Arbeitgeber den Krankenkassenbeitrag ein. Außerdem zahlt der Staat aus Steuermittel jährlich einen Betrag für gesamtgesellschaftliche Aufgaben der Krankenkassen.

Aus dem Gesundheitsfond erhalten die Krankenkassen für jeden Versicherten eine Pauschale. Benötigt eine Kasse mehr Geld für die medizinische Behandlung ihrer Versicherten als sie aus dem Fonds erhält, kann sie einen zusätzlichen Beitrag von ihren Mitgliedern erheben. Außerdem werden über den Risikostrukturausgleich unterschiedliche Risiken in den Krankenkassen ausgeglichen.

■ Versicherungspflicht

§ 5 SGB V

Grundsätzlich sind Arbeiter, Angestellte und Auszubildende in der gesetzlichen Krankenversicherung pflichtversichert, wenn sie gegen Arbeitsentgelt beschäftigt werden und bei ihnen keine Tatbestände vorliegen, die zur Versicherungsfreiheit führen. Auch Arbeitslose und Rentner sind grundsätzlich versicherungspflichtig.

§ 6 SGB V

Wer als Arbeitnehmer die sogenannte Jahresarbeitsentgeltgrenze überschreitet ist versicherungsfrei in der gesetzlichen Krankenversicherung und kann sich freiwillig bei der gesetzlichen Krankenkasse oder privat versichern. Die Jahresarbeitsentgeltgrenze beträgt im Jahre 2019 60.750,00 €.

Der Ehegatte und die Kinder eines Versicherten sind unter bestimmten Voraussetzungen ohne einen zusätzlichen Beitrag bei derselben Krankenversicherung mitversichert (sogenannte Familienmitversicherung).

§ 10 SGB V

Versicherungsfrei sind z. B. Beamte, Richter, Pensionäre und kurzfristig Beschäftigte. Diese Personen können sich in einer gesetzlichen Krankenversicherung freiwillig versichern lassen oder einer privaten Krankenversicherung beitreten.

In der Bundesrepublik Deutschland müssen alle Einwohner krankenversichert sein, in einer gesetzlichen Krankenversicherung oder bei einem privaten Versicherer.

---

[1] Aufzählung nicht vollständig

Beitragshöhe

Der Beitragssatz beträgt 14,6 % vom Arbeitsentgelt, höchstens von der Beitragsbemessungsgrenze von monatlich 4.537,50 € im Jahr 2019.

Der Beitragssatz erhöht sich um einen Zusatzbeitrag, der von den Krankenkassen individuell festgelegt wird und der unterschiedlich hoch ist. Für 2019 beträgt der durchschnittliche Zusatzbeitrag 0,9 %. Der gesamte Krankenkassenbeitrag wird von Arbeitnehmer und Arbeitgeber in gleicher Höhe getragen.

> **Beispiel:**
>
> Eine Arbeitnehmerin bezieht ein monatliches Bruttogehalt von 2.100,00 €.
>
> Der Krankenkassenbeitrag errechnet sich bei einem Beitragssatz von 14,6 % und einem Zusatzbeitrag von 1,1 % wie folgt:
>
> 2.100,00 € × 15,7 % = 329,70 €
>
> Davon tragen Arbeitgeber und Arbeitnehmer je 164,85 €.

Krankenversicherung 2019	Monat	Jahr
Beitragsbemessungsgrenze	4.537,50 €	54.450,00 €
Arbeitsentgeltgrenze	5.062,50 €	60.750,00 €

> **Beispiel:**
>
> Ein Arbeitnehmer mit einem Bruttogehalt von 2.000,00 € ist demnach in der gesetzlichen Krankenversicherung pflichtversichert. Bei einem monatlichen Bruttogehalt von 5.000,00 € ist der Arbeitnehmer immer noch pflichtversichert, sein Beitrag berechnet sich aber nur von 4.537,50 €.
>
> Überschreitet das regelmäßige Arbeitsentgelt die Jahresarbeitsentgeltgrenze von 60.750,00 € und wird der Arbeitnehmer dadurch versicherungsfrei, hat er die Wahl, ob er sich freiwillig in der gesetzlichen Krankenversicherung oder in einer privaten Krankenversicherung versichern will.

Arbeitnehmer, die wegen der Überschreitung der Jahresarbeitsentgeltgrenze nicht krankenversicherungspflichtig sind, erhalten von ihrem Arbeitgeber einen Zuschuss zu ihrem freiwilligen Beitrag in der gesetzlichen Krankenversicherung oder zu ihrer privaten Krankenversicherung. Ausgangswert für die Zuschussberechnung bei den Mitgliedern der gesetzlichen Krankenversicherung ist die monatliche Beitragsbemessungsgrenze. Mitglieder in der privaten Krankenversicherung erhalten als Zuschuss die Hälfte ihrer monatlich zu zahlenden Beiträge. Für das Jahr 2019 beträgt der höchste monatliche Zuschuss für Mitglieder der privaten Krankenversicherung 14,6 % + 0,9 % = 15,5 %/2 = 7,75 % von 4.537,50 € = 351,66 €. Für die Pflegeversicherung gilt 1,525 % von 4.537,50 € = 69,20 €. In Sachsen 1,025 % von 4.537,50 € = 46,51 €. Ein höher gezahlter Zuschuss gehört zum steuerpflichtigen Arbeitsentgelt und muss auch der Renten- und Arbeitslosenversicherung unterworfen werden.

Beitragszahlung

Die aus dem Arbeitsentgelt zu zahlenden Sozialversicherungsbeiträge muss der Arbeitgeber bei der Lohn- und Gehaltszahlung an den Arbeitnehmer einbehalten. Sie müssen spätestens am drittletzten Bankarbeitstag eines Monats bei der Krankenkasse eingegangen sein (Fälligkeitstag). An diesem Tag müssen die Beiträge bereits auf dem Konto der Krankenkasse zur Verfügung stehen. Die Krankenkassen leiten die Beiträge an den Gesundheitsfond weiter.

Beitragsmeldungen dürfen nur aus maschinell geführten Lohn- und Gehaltsabrechnungsprogrammen oder mittels zugelassener Ausfüllhilfen erzeugt werden. Der Datenaustausch ist nur per Datenübertragung zugelassen.

Für Leistungen der gesetzlichen Krankenkassen müssen die Versicherten grundsätzlich eine Zuzahlung leisten. Sie beträgt 10 % der Kosten, höchstens 10,00 €, mindestens 5,00 €. Wenn die Kosten unter 5,00 € liegen, wird der tatsächliche Preis gezahlt.

Soweit die Summe der jährlichen Zuzahlungen 2 % der Bruttoeinnahmen bzw. 1 % bei chronisch kranken Menschen der Bruttoeinnahmen überschreitet (Zuzahlungsgrenze), endet die Zuzahlungsverpflichtung für das laufende Kalenderjahr. Für die Befreiung von weiteren Zuzahlungen ist bei der zuständigen Krankenkasse ein Befreiungsantrag zu stellen. Kinder und Jugendliche bis zum vollendeten 18. Lebensjahr sind grundsätzlich von Zuzahlungen befreit. Einzige Ausnahme ist die Zuzahlung bei Fahrkosten, die auch von nicht volljährigen Versicherten zu entrichten ist.

Zuzahlungen	Höhe
Arztbesuch	ab 01.01.2013 wird keine Praxisgebühr mehr erhoben
verschreibungspflichtige Arzneimittel	10 % des Preises, jedoch mindestens 5,00 € und maximal 10,00 €
Krankenhausaufenthalt und Rehabilitationsmaßnahmen	10,00 € pro Tag, max. für 28 Tage im laufenden Kalenderjahr
Heilmittel und häusliche Krankenpflege	10 % der Kosten, max. für 28 Tage zzgl. 10,00 € je Verordnung

■ Leistungen

Alle Krankenversicherungen bieten neben ihrem gesetzlichen Leistungskatalog auch Wahlleistungen an, die gegen einen höheren Beitrag zusätzliche Risiken abdecken (z. B. Krankheit im Ausland, Krankenhauszuzahlungen, Einbettzimmer im Krankenhaus oder Kostenerstattungen von Zahnersatz).

■ Früherkennung von Krankheiten §§ 20 ff. SGB V

Dazu gehört der Anspruch auf Gesundheitsuntersuchungen ab einem bestimmten Lebensjahr (z.B. Krebsvorsorgeuntersuchungen).

■ Behandlung von Krankheiten §§ 27 ff. SGB V

Dazu zählen die ärztliche und die zahnärztliche Behandlung einschließlich der Versorgung mit Zahnersatz, die Versorgung mit Arznei-, Verband- und Heilmittel, die häusliche Krankenpflege und die Krankenhausbehandlung. Nicht verschreibungspflichtige Medikamente werden nicht erstattet

■ Medizinische Rehabilitationsmaßnahmen (Kuren) §§ 40 ff. SGB V

Um einer Krankheit vorzubeugen oder die Folgen einer Krankheit zu behandeln, kann die Krankenkasse auf Antrag eine Behandlung in einer ambulanten oder stationären Rehabilitationseinrichtung gestatten.

Krankengeld

§§ 44 ff. SGB V

Jeder Versicherte hat Anspruch auf Krankengeld, wenn er durch eine Krankheit arbeitsunfähig wird. Der Anspruch auf Krankengeld entsteht von der siebten Woche der Arbeitsunfähigkeit an. Die ersten sechs Wochen hat der Arbeitnehmer Anspruch auf Entgeltfortzahlung durch den Arbeitgeber.

§ 5 EntgeltfortzahlungsG

Die Höhe des Krankengeldes beträgt 70 % des zuvor erzielten regelmäßigen Arbeitsentgeltes (Brutto-Arbeitseinkommen), maximal aber 90 % des entsprechenden Nettoarbeitsentgelts. Es wird für Kalendertage gezahlt. Die Dauer ist auf 78 Wochen seit Beginn der Arbeitsunfähigkeit innerhalb von je drei Jahren begrenzt.

§ 3 EntgeltfortzahlungsG

§ 7 EntgeltfortzahlungsG

Der Arbeitnehmer ist verpflichtet, dem Arbeitgeber die Arbeitsunfähigkeit und deren voraussichtliche Dauer anzuzeigen. Dauert die Arbeitsunfähigkeit länger als drei Tage, ist am darauf folgenden Arbeitstag dem Arbeitgeber ein ärztliches Attest vorzulegen. Der Arbeitgeber darf diese Bescheinigung auch schon früher verlangen. Kommt der Arbeitnehmer dieser Pflicht nicht nach, darf der Arbeitgeber die Fortzahlung des Arbeitsentgelts verweigern.

> **Beispiel:**
>
> Der Angestellte Herbert Winkel hatte eine Bypassoperation. Der Krankenhausaufenthalt dauerte 2 Wochen. Daran schloss sich eine aufwendige Rehabilitation von 6 Wochen an. Sein regelmäßig erzieltes Arbeitsentgelt beträgt monatlich 2.400,00 €.
>
> Herr Winkel erhält für 6 Wochen sein Gehalt von seinem Arbeitgeber weitergezahlt. Voraussetzung ist, dass er seinem Arbeitgeber ein entsprechendes Attest vorlegt. Für die restlichen 2 Wochen der Krankheit erhält er Krankengeld von der Krankenkasse in Höhe von 70 % des erzielten regelmäßigen Arbeitsentgeltes.
>
> Berechnung Krankengeld:
> 2.400,00/30 Tage = 80,00 € 14 Tage = 1.120,00 € 70 % = 784,00 €

Sehhilfen/Brillen

Ein Leistungsanspruch besteht nur für Kinder und Jugendliche bis zum vollendeten 18. Lebensjahr und für schwer sehbeeinträchtigte Menschen.

Fahrtkosten

§ 60 SGB V

Nur bei zwingenden medizinischen Gründen beteiligt sich die Krankenkasse an den Kosten für Krankenfahrten.

Zahnersatz

Für Zahnersatz werden 50 % der bundeseinheitlich festgesetzten Beträge der Regelversorgung als Festzuschüsse gezahlt.

Mutterschaftshilfe

§§ 195 ff. RVO

Diese umfasst die ärztliche Betreuung, die stationäre Entbindung, die häusliche Pflege, ggf. eine Haushaltshilfe und das Mutterschaftsgeld. Das Mutterschaftsgeld wird für die Dauer von mindestens 6 Wochen vor der Entbindung, den Entbindungstag und 8 Wochen nach der Entbindung (= 99 Tage) gezahlt. Bei berufstätigen Müttern besteht ein Anspruch auf das bisherige durchschnittliche Nettogehalt. Zur Berechnung des durchschnittlichen Gehalts werden die letzten drei Kalendermonate vor Beginn der Mutterschaftsfrist zugrunde gelegt. Übersteigt das Nettogehalt 13,00 € pro Kalendertag, hat der Arbeitgeber die Differenz zu übernehmen.

Nicht berufstätige Mütter erhalten kein Mutterschaftsgeld. Arbeitslose Frauen, die bei Beginn der Schutzfrist als Bezieherinnen von Arbeitslosengeld I gesetzlich krankenversichert sind, erhalten Mutterschaftsgeld durch die gesetzliche Krankenkasse. Die Höhe des Mutterschaftsgeldes entspricht dem Betrag des Arbeitslosengeldes I bei Arbeitslosigkeit.

> **Beispiel:**
>
> Helga Traut hat ihren gesetzlichen Mutterschaftsschutz (6 Wochen vor der Entbindung, den Entbindungstag und 8 Wochen nach der Geburt = 99 Tage) angetreten. Das durchschnittliche Nettogehalt der letzten drei Monate betrug 1.350,00 €.
>
> Berechnung des Mutterschaftsgeldes:
> 1.350,00 €/30 Tage = 45,00 € pro Tag.
>
> Hiervon erhält Frau Traut 13,00 € × 99 Tage = 1.287,00 € von der Krankenkasse und 32,00 € × 99 Tage = 3.168,00 € vom Arbeitgeber.

■ Umlageverfahren

§§ 10 ff. LohnfortzahlungsG

Da die Arbeitgeber bei Krankheit oder Mutterschaft ebenfalls Zahlungen an die Arbeitnehmer leisten müssen, werden diese Aufwendungen durch das sogenannte Umlageverfahren abgesichert.

An dem **Umlageverfahren 1 (U 1)** müssen Arbeitgeber mit weniger als 30 Arbeitnehmern (ohne Auszubildende) teilnehmen. Es werden die Aufwendungen ersetzt, die der Arbeitgeber durch die Entgeltfortzahlung im Krankheitsfall von Mitarbeitern hat.

Der Arbeitgeber hat die Wahlmöglichkeit zwischen unterschiedlichen Erstattungshöhen. Jede Krankenkassen kann jährlich unterschiedliche Umlagesätze festsetzen. Beispiel:

Erstattung der Aufwendungen in Höhe von	Beitrag in % der Bruttoarbeitsentgelte aller Mitarbeiter
70 % (erhöhter Satz)	3,5 %
60 % (allgemeiner Satz)	2,0 %
50 % (ermäßigter Satz)	1,4 %

> **Beispiel:**
>
> Ein Arbeitgeber beschäftigt 10 Arbeitnehmer. Ein Arbeiter erkrankt für 8 Wochen. Sein monatlicher Bruttolohn beträgt 1.250,00 €. Die ersten 6 Wochen muss der Arbeitgeber den Lohn fortzahlen. Der Arbeitgeber hat einen Beitrag von 3,5 % für U1 an die örtliche AOK geleistet. Er erhält 70 % des fortgezahlten Lohns (1.250,00 €/30 Tage = 41,67 € pro Tag × 42 Tage = 1.750,00 € × 70 % = 1.225,00 €) durch die AOK ersetzt. Für die restlichen 2 Wochen seiner Arbeitsunfähigkeit erhält der Arbeiter Krankengeld von seiner zuständigen Krankenkasse in Höhe von 1.250,00/30 × 14 = 583,33 € × 70 % = 408,33 €.

An der Umlage 2 (U2) müssen alle Arbeitgeber teilnehmen. Es werden die Aufwendungen ersetzt, die der Arbeitgeber durch die Zahlung des Zuschusses zum Mutterschaftsgeld oder im Falle eines Beschäftigungsverbots zu leisten hat. Die Erstattungshöhe beträgt immer 100 % der geleisteten Zahlungen.

Der Beitragssatz für die U2 wird von jeder Krankenkasse jährlich festgelegt und wird vom Bruttoarbeitsentgelt aller (auch der männlichen) Beschäftigten berechnet.

Für beide Umlagen gilt die Beitragsbemessungsgrenze der Rentenversicherung.

> **Beispiel:**
> Eine Mutter hat ihren gesetzlichen Mutterschaftsschutz (6 Wochen vor und 8 Wochen nach der Geburt = 99 Tage) angetreten. Das durchschnittliche Nettogehalt der letzten drei Monate beträgt 1.100,00 €. Ihr stehen damit 1.100,00 €/ 30 Tage = 36,67 € kalendertäglich zu. 13,00 € erhält sie durch die Krankenkasse ersetzt. Die Differenz von 23,67 € 99 Tage = 2.343,33 € muss der Arbeitgeber zahlen. Er hat die Umlage U2 in Höhe von 0,48 % an die örtliche AOK abgeführt. Seine entstandenen Aufwendungen erhält er von der AOK zu 100 % ersetzt.

§ 358 SGB III

■ Insolvenzgeldumlage

Bei Zahlungsunfähigkeit des Arbeitgebers hat der Arbeitnehmer einen Anspruch auf Ersatz des Arbeitslohnes, den ihm der Arbeitgeber für die letzten drei Monate vor Eröffnung des Insolvenzverfahrens noch nicht gezahlt hat. Die notwendigen Mittel werden durch die Insolvenzumlage erbracht. Umlagepflichtig sind grundsätzlich alle Arbeitgeber. Die Höhe des Beitragssatzes für diese Umlage beträgt im Jahr 2019 0,06 %.

Das Insolvenzgeld wird in Höhe des Nettoarbeitsentgelts geleistet, das sich ergibt, wenn das auf die monatliche Beitragsbemessungsgrenze der Rentenversicherung begrenzte Bruttoarbeitsentgelt um die gesetzlichen Abzüge vermindert wird.

Erarbeitungsfälle

1 ▶ Aufgabe (Krankenversicherungspflicht)

Friedhelm Romberg aus Potsdam, verheiratet, zwei Kinder, ist bei der Jansen OHG als Buchhalter angestellt. Er ist bei der AOK Potsdam krankenversichert, die einen Zusatzbeitrag von 0,9 % erhebt. Er verdient monatlich 2.250,00 € brutto. Seine Frau ist nicht berufstätig.

a) Da Herr Romberg der Meinung ist, die Leistungen der privaten Krankenversicherungen seien umfangreicher, möchte er seine Mitgliedschaft bei der AOK kündigen und in eine private Krankenversicherung eintreten. Ist dies möglich?

b) Berechnen Sie den Krankenversicherungsbeitrag!

c) Wer muss den Beitrag in welcher Höhe leisten?

d) Die AOK Potsdam verlangt von Herrn Romberg einen zusätzlichen Beitrag für seine Ehefrau und seine Kinder. Zu Recht?

e) Herr Romberg wird vorübergehend arbeitslos. Nach seiner Kündigung teilt ihm die AOK mit, dass damit seine Mitgliedschaft in der AOK ende und er nicht mehr krankenversichert sei. Zu Recht?

2 ▶ Aufgabe (Beitragsbemessungsgrenze)

Frau Renate Walter wohnt in Dresden und hat eine neue Stelle als Geschäftsführerin der Straub GmbH angetreten. Ihr monatliches Bruttogehalt beträgt 5.400,00 €. Ihr Arbeitgeber fordert sie auf, ihre Krankenkasse anzugeben.

a) Ist Frau Walter in der gesetzlichen Krankenversicherung pflichtversichert?

b) Welche Möglichkeiten der Krankenversicherung stehen Frau Walter zur Verfügung?

3 ▶ Aufgabe (Krankenversicherungspflicht Selbstständiger)

Lutz Keil hat seine Steuerberaterprüfung vor einem Jahr bestanden und eine eigene Steuerberatungspraxis in Augsburg eröffnet. Sein Gewinn aus der Steuerberatungspraxis betrug im ersten Jahr 30.000,00 €. Herr Keil erhält von der zuständigen AOK Augsburg folgenden Brief:

Krankenversicherung

> Sehr geehrter Herr Keil,
>
> Sie haben im letzten Jahr einen Gewinn von 30.000,00 € aus Ihrer Steuerberatungspraxis erzielt. Damit liegen Sie unter der Arbeitsentgeltgrenze von 59.400,00 € jährlich. Dies begründet eine Pflichtversicherung in der gesetzlichen Krankenversicherung. Daher fordern wir Sie auf, einen Versicherungsträger der gesetzlichen Krankenversicherung auszuwählen und die entsprechenden Beiträge für das abgelaufene Jahr nachzuentrichten.
>
> Mit freundlichen Grüßen

Prüfen Sie die Auffassung der AOK Augsburg!

4 Aufgabe (Leistungen)

Siegfried Reif und Eva Lange sind im selben Betrieb beschäftigt. Herr Reif ist Malergeselle und Frau Lange Buchhalterin. Neben den beiden arbeiten noch 5 weitere Arbeiter und 2 Angestellte in dem Betrieb. Aufgrund eines Bandscheibenvorfalls muss Herr Reif operiert werden und ist für voraussichtlich 8 Wochen krank geschrieben. Frau Lange erkrankt an einer Lungenentzündung und muss ebenfalls im Krankenhaus stationär behandelt werden. Sie ist voraussichtlich 7 Wochen arbeitsunfähig.

a) Welche Leistungen der Krankenkasse können Herr Reif und Frau Lange in Anspruch nehmen?
b) Auf welche Zahlungen haben sie Anspruch?
c) Für welche Zeiträume erfolgen diese Zahlungen?
d) In welcher Höhe erfolgen diese Zahlungen?
e) Der Arbeitgeber von Herrn Reif und Frau Lange ist darüber verärgert, dass er den Lohn bzw. das Gehalt weiter zahlen muss, ohne eine Arbeitsleistung zu erhalten. Ist der Arbeitgeber gegen dieses Risiko abgesichert?

5 Aufgabe (Attestvorlage)

Die Auszubildende zur Steuerfachangestellten, Franziska Sieg, liegt mit einer schweren Grippe im Bett. Sie hat ihren Arbeitgeber von der Krankheit und der voraussichtlichen Dauer unterrichtet. Trotz Aufforderung hat sie dem Arbeitgeber kein ärztliches Attest vorgelegt. Die Krankheit dauerte insgesamt 14 Tage. Auf ihrer Gehaltsabrechnung entdeckt sie, dass ihr Gehalt für 14 Tage einbehalten wurde. Zu Recht?

6 Aufgabe (Mutterschaftsschutz)

Martina Krause ist im 8. Monat schwanger und nimmt den ihr zustehenden Mutterschutz. Ihr monatliches Nettoeinkommen beträgt 1.150,00 €. In ihrem Betrieb arbeiten 10 Angestellte davon 8 Männer.

a) Das voraussichtliche Geburtsdatum ist der 1. September. Wie lange dauert der Mutterschutz (Datumsangabe erforderlich)?
b) Welchen Anspruch hat Frau Krause während des Mutterschutzes?
c) Gegen wen hat Frau Krause diese Ansprüche und wie hoch sind sie?
d) Ihr Arbeitgeber ist über die zusätzliche finanzielle Belastung verärgert. Ist der Arbeitgeber gegen dieses Risiko abgesichert?

7 **Aufgabe (Umlageverfahren)**

Die Arbeitgeberin Monika Krämer hat insgesamt 15 Mitarbeiter, die insgesamt monatliche Bruttogehälter von 18.800,00 € erhalten:

a) Muss Frau Krämer Beiträge in die Umlagen U1 und U2 leisten?

b) Berechnen Sie die Höhe der jeweiligen Umlage unter der Annahme, dass Frau Krämer die Umlagen ihrer Krankenkasse bei 60 % Erstattung und 2,0 % Beitrag gewählt hat! Der Beitragssatz für die Umlage 2 betrug 0,48 %.

8 **Aufgabe (Lohnfortzahlung)**

Der Malermeister Stefan Braun aus Remscheid hat 5 Malergesellen. Sie erhalten insgesamt einen monatlichen Bruttoarbeitslohn von 10.000,00 €. Einer der Malergesellen, Rainer Heller, erleidet einen Schlüsselbeinbruch und ist für 9 Wochen arbeitsunfähig. Herr Braun hat für das Umlageverfahren 1 (U1) bei der AOK Remscheid einen Erstattungssatz von 60 % und einen Beitragssatz von 2 % gewählt. Der Bruttoarbeitslohn von Herrn Heller beträgt monatlich 1.750,00 €.

a) Berechnen Sie, für welchen Zeitraum und in welcher Höhe Herr Braun Lohnfortzahlung an den Malergesellen Heller leisten muss.

b) Auf welche Erstattungshöhe von der AOK Remscheid hat Herr Braun Anspruch?

c) Welche Leistung erhält Herr Heller, nachdem die Lohnfortzahlung abgelaufen ist? Wer erbringt diese Leistung?

2 Elternzeit/Elterngeld

Ein Anspruch auf Elternzeit besteht für jeden Elternteil zur Betreuung und Erziehung seines Kindes bis zur Vollendung dessen dritten Lebensjahres. Die Elternzeit ist ein Anspruch des Arbeitnehmers gegenüber dem Arbeitgeber auf unbezahlte Freistellung von der Arbeit und muss mindestens 7 Wochen vor Antritt beantragt werden. Während der Elternzeit ruht das Arbeitsverhältnis. Es bleibt aber bestehen und nach Ablauf der Elternzeit hat der Arbeitnehmer einen Anspruch auf Rückkehr zur früheren Arbeitszeit. Beide Elternteile können auch gleichzeitig bis zu drei Jahre Elternzeit in Anspruch nehmen.

Auch ohne Zustimmung des Arbeitsgebers ist eine Übertragung von bis zu 24 Monaten auf die Zeit zwischen dem 3. und 8. Geburtstag des Kindes, zum Beispiel während des 1. Schuljahres, möglich. Die Elternzeit kann auf drei Abschnitte verteilt werden.

Das **Basiselterngeld** wird an Väter und Mütter für maximal 14 Monate gezahlt; beide können den Zeitraum frei untereinander aufteilen. Ein Elternteil kann dabei höchstens zwölf Monate für sich in Anspruch nehmen, zwei weitere Monate gibt es, wenn sich der Partner an der Betreuung des Kindes beteiligt und dabei Erwerbseinkommen wegfällt. Alleinerziehende, die das Elterngeld zum Ausgleich des wegfallenden Erwerbseinkommens beziehen, können aufgrund des fehlenden Partners die vollen 14 Monate Elterngeld in Anspruch nehmen.

Das Elterngeld fängt einen Einkommenswegfall nach der Geburt des Kindes auf. Es beträgt 67 % (65 % bei einem Nettoeinkommen ab 1.200,00 €/Monat) des durchschnittlichen Erwerbseinkommens vor der Geburt, höchstens jedoch 1.800,00 € und mindestens 300,00 €. Wer mehr als 250.000,00 € (Alleinerziehende) oder 500.000,00 € (Ehepaar) im Jahr versteuert, bekommt kein Elterngeld.

Für Geringverdiener mit einem Einkommen unter 1.000,00 € vor der Geburt des Kindes wird die Ersatzrate auf bis zu 100 Prozent angehoben. Nicht erwerbstätige Elternteile erhalten den Mindestbetrag zusätzlich zum bisherigen Familieneinkommen.

Das **Elterngeld Plus** kann für Kinder in Anspruch genommen werden, die nach dem 01.07.2015 geboren sind. Die Eltern haben das Wahlrecht, das Basiselterngeld oder das Elterngeld Plus in Anspruch zu nehmen. Das Elterngeld Plus beträgt höchstens die Hälfte des Basiselterngeldes und verlängert den Bezugsraum über den 14. Lebensmonat des Kindes hinaus.

Das Elterngeld Plus ohne Zuverdienst bedeutet letztlich die Halbierung des Basiselterngeldes bei verlängerter Bezugsdauer. Das Elterngeld Plus mit Zuverdienst bedeutet zusätzliches Elterngeld, denn durch die Inanspruchnahme von Elterngeld Plus erhöht sich die Anzahl der Bezugsmonate. Daher erfolgen die Anrechnung des Zuverdienstes und die entsprechende Auszahlung des Teil-Elterngeldes in mehr Bezugsmonaten.

Durch die Inanspruchnahme von vier **Partnerschaftsbonusmonaten** kann die Bezugsdauer auf maximal 28 Monate ausgedehnt werden. Voraussetzung ist, dass sich die Eltern für das Elterngeld Plus entschieden haben und beide Elternteile Teilzeitarbeit von 25 bis 30 Wochenstunden innerhalb dieser vier Monate leisten.

Die drei Teile des Elterngeldes, Basiselterngeld, Elterngeld Plus und die Partnerschaftsbonusmonate können miteinander kombiniert werden.

Das Elterngeld muss schriftlich bei den zuständigen Elterngeldstellen der Bundesländer (meist bei Kreisen und Gemeinden) beantragt werden.

3 Pflegeversicherung

Ziel der Pflegeversicherung ist die „soziale Absicherung des Risikos der Pflegebedürftigkeit". §1 SGB XI

■ Versicherungsträger §46 SGB XI

Versicherungsträger sind die Pflegekassen, die bei jeder Krankenkasse eingerichtet wurden. Dabei sind die Pflegekassen eigenständige rechtsfähige Körperschaften des öffentlichen Rechts mit Selbstverwaltung. Die privaten Krankenversicherungen sind ebenfalls verpflichtet, eine Pflegekasse einzurichten.

■ Versicherungspflicht §§ 20 ff SGB XI

Versicherungspflichtig sind

› alle Mitglieder (auch die freiwillig Versicherten) der gesetzlichen Krankenversicherung.
› alle Mitglieder einer privaten Krankenversicherung. Sie haben ein Wahlrecht, in welcher privaten Pflegeversicherung sie sich versichern lassen wollen.

Unterhaltsberechtigte Kinder und Ehegatten sind im Rahmen der Familienversicherung beitragsfrei mitversichert. §56 SGB XI

Beitragsbemessungsgrenze

§ 55 SGB XI

Pflegeversicherung 2019	Monat	Jahr
Beitragsbemessungsgrenze	4.537,50 €	54.450,00 €
Arbeitsentgeltgrenze	5.062,50 €	60.750,00 €

Beitragshöhe 2019

§§ 55, 58 SGB XI

	Insgesamt	Arbeitnehmer	Arbeitgeber
Beitragssatz Pflegeversicherung	3,05 %	1,525 %	1,525 %
Beitragssatz PV Sachsen	3,05 %	2,025 %	1,025 %
+ Zuschlag für Kinderlose 0,25 %	3,3 %	1,775 %	1,525 %
+ Zuschlag für Kinderlose in Sachsen	3,3 %	2,275 %	1,025 %

Der Zuschlag von 0,25 % gilt für kinderlose Beitragszahlung im Alter zwischen 23 Jahren und 64 Jahren. Er gilt nicht für Mitglieder, die vor dem 1. Januar 1940 geboren wurden, für Wehr- und Zivildienstleistende sowie für Bezieher von Arbeitslosengeld II.

Leistungen

Häusliche Pflege

§§ 36 ff. SGB XI

> Pflege durch eine professionelle Pflegekraft (sog. Pflegesachleistung), die mit der Pflegekasse selbst in einem Vertragsverhältnis steht.
> Pflege durch eine selbst beschaffte Pflegekraft (z. B. Angehörige). Dafür erhält der Pflegende ein Pflegegeld.
> Versorgung mit Pflegemitteln (z. B. Krankenbett, Rollstuhl) und technischen Hilfen im Haushalt (z. B. Aufzug).

Teilstationäre und/oder kurzzeitige Pflege

§§ 41 ff. SGB XI

> Tages- und Nachtpflege in einer Pflegeeinrichtung, falls die häusliche Pflege nicht in ausreichendem Umfang sichergestellt werden kann.
> Kurzzeitpflege in einer Pflegeeinrichtung bis zu 4 Wochen im Kalenderjahr, falls die häusliche Pflege kurzfristig nicht ausreichend ist.

Vollstationäre Pflege

§ 43 SGB XI

Pflege in einer vollstationären Einrichtung, wenn die häusliche und teilstationäre Pflege nicht mehr infrage kommt.

Pflegegrade

§ 15 SGB XI

Pflegebedürftige werden durch den medizinischen Dienst der Krankenkassen in 5 Pflegegrade eingeteilt. Dabei werden die folgenden Bereiche und Fähigkeiten berücksichtigt:

1. Mobilität
2. Kognitive und kommunikative Fähigkeiten
3. Verhaltensweisen und psychische Problemlagen

4. Selbstversorgung
5. Bewältigung von und selbständiger Umgang mit krankheits- oder therapiebedingten Anforderungen und Belastungen
6. Gestaltung des Alltagslebens und soziale Kontakte

Unterschieden wird zwischen den Leistungen bei ambulanter Pflege und den Leistungen bei vollstationärer Unterbringung.

Pflegegrade	Häusliche Pflege durch Angehörige (Pflegegeld) ambulant	Häusliche Pflege durch Pflegedienst ambulant	Vollstationärer Aufenthalt
1	–	–	125,00 €
2	316,00 €	689,00 €	770,00 €
3	545,00 €	1.298,00 €	1.262,00 €
4	728,00 €	1.612,00 €	1.775,00 €
5	901,00 €	1.995,00 €	2.005,00 €

Beispiel:

Anna Schneider, 73 Jahre, Hannover, kann sich in ihrer eigenen Wohnung nicht mehr allein versorgen. Der medizinische Dienst der Krankenkasse hält eine häusliche Pflege für ausreichend und hat Frau Schneider den Pflegegrad 3 zugewiesen. Sie wird von einem professionellen Pflegedienst betreut.

Frau Schneider erhält von der Pflegeversicherung monatlich 1.298,00 €.

Für Maria Renz, 80 Jahre, Kiel, kommt die häusliche Pflege wegen der erheblichen Pflegebedürftigkeit nicht mehr in Betracht. Sie benötigt vollstationäre Pflege. Sie ist in den Pflegegrad 4 eingeordnet.

Die Leistung der Pflegeversicherung beträgt 1.775,00 €.

Erarbeitungsfälle

1 Aufgabe (Pflegeversicherungspflicht)

Der Angestellte Werner Münch aus Frankfurt ist verheiratet und hat 1 Kind. Er erhält ein Bruttogehalt von 2.000,00 € monatlich und ist bei der Deutschen Angestellten Krankenkasse (DAK) krankenversichert.

a) Prüfen Sie die Pflegeversicherungspflicht von Herrn Münch.
b) Berechnen Sie den Beitrag zur Pflegeversicherung von Herrn Münch, sowie die Anteile des Arbeitgebers und des Arbeitnehmers.
c) An welche Pflegekasse muss der Beitrag abgeführt werden?

2 Aufgabe (Beitragsbemessungsgrenze)

Der angestellte Geschäftsführer Rudolf Gläser erhält seit vielen Jahren ein Bruttogehalt von 6.000,00 €. Er hat sich bei einer privaten Krankenversicherung versichern lassen.

a) Ist Herr Gläser pflegeversicherungspflichtig?
b) Wäre Herr Gläser pflegeversicherungspflichtig, wenn er selbstständiger Rechtsanwalt wäre und sich ebenfalls privat krankenversichert hätte?

3 **Aufgabe (Leistungen)**

Stefan Seidel aus Bochum (45 Jahre) ist Angestellter und erhält ein monatliches Bruttogehalt von 1.750,00 €. Seine Krankenkasse erhebt einen Zusatzbeitrag von 1,1 %. Seine Frau, Renate Seidel (43 Jahre), pflegt ihre pflegebedürftige Mutter bei sich zu Hause. Die Eheleute sind kinderlos. Der medizinische Dienst hat der Mutter den Pflegegrad 2 zugeordnet.

a) Ist Herr Seidel bzw. Frau Seidel kranken- und pflegeversicherungspflichtig?

b) Berechnen Sie den Anteil des Arbeitgebers und des Herrn Seidel am Kranken- und Pflegeversicherungsbeitrag!

c) Welche Ansprüche auf Leistungen der Pflegeversicherung hat Frau Seidel?

d) Welche Ansprüche hätte die Mutter von Frau Seidel, wenn eine vollstationäre Pflege notwendig wäre und sie in einem Heim gepflegt würde?

4 **Aufgabe (Versicherungsbeitrag Sachsen)**

Die ledige Melanie Görtz, 20 Jahre alt, ist als angestellte Steuerfachwirtin bei einem Steuerberater in Dresden eingestellt worden. Ihr monatliches Bruttogehalt beträgt 1.900,00 €. Sie ist bei der Barmer Ersatzkasse (BEK) krankenversichert. Auf ihrer ersten Gehaltsabrechnung entdeckt sie, dass ihr ein Pflegeversicherungsbeitrag in Höhe von 38,48 € von ihrem Gehalt einbehalten wurde und ist über die Höhe verwundert. Erfolgt der Abzug des Beitrages zur Pflegeversicherung in dieser Höhe zu Recht?

4 Die Rentenversicherung

§ 23 SGB I

Ziel der Rentenversicherung ist die „Erhaltung, Besserung und Wiederherstellung der Erwerbstätigkeit" sowie die Zahlung von „Renten wegen Alters und verminderter Erwerbsfähigkeit".

§ 125 SGB VI

Versicherungsträger

Versicherungsträger der gesetzlichen Rentenversicherung ist die „Deutsche Rentenversicherung" mit Niederlassungen in ganz Deutschland. Bundesträger sind die „Deutsche Rentenversicherung Bund" und die „Deutsche Rentenversicherung Knappschaft-Bahn-See".

§§ 1 ff. SGB VI

Versicherungspflicht

- alle Arbeiter, Angestellten und Auszubildenden
- Arbeitslose
- Selbstständige, wenn sie die Versicherungspflicht innerhalb von fünf Jahren nach der Aufnahme der selbstständigen Tätigkeit beantragen
- alle Personen, für die Kindererziehungszeiten anzurechnen sind

§ 7 SGB VI

Freiwillig können sich alle Personen versichern lassen, die nicht pflichtversichert sind und das 16. Lebensjahr vollendet haben.

Beitragsbemessungsgrenze

§ 159 SGB VI

Rentenversicherung 2019	Alte Bundesländer		Neue Bundesländer	
	Monat	Jahr	Monat	Jahr
Beitragsbemessungsgrenze	6.700,00 €	80.400,00 €	6.150,00 €	73.800,00 €

Beitragshöhe

§ 158 SGB VI

Der Beitragssatz beträgt im Jahr 2019 18,6 % vom Bruttoverdienst.

Beitragszahlung

§ 168 SGB VI

Die Beitragszahlung erfolgt grundsätzlich je zur Hälfte durch Arbeitgeber und Arbeitnehmer.

Beispiel:

Der Arbeiter Werner Schüler, Heidelberg, erhält einen monatlichen Bruttoarbeitslohn von 1.700,00 €.

Er ist damit in der Rentenversicherung pflichtversichert. Der Beitrag beträgt insgesamt 316,20 €, wovon Arbeitgeber und Arbeitnehmer je 158,10 € zu tragen haben. Der Beitrag des Arbeitnehmers wird von seinem Lohn durch den Arbeitgeber einbehalten und abgeführt.

Die Angestellte Anita Hoffmann, Leipzig, erhält ein monatliches Bruttogehalt von 7.100,00 €.

Frau Hoffmann ist in der Rentenversicherung pflichtversichert, da sie Angestellte ist. Da ihr Bruttogehalt die Beitragsbemessungsgrenze übersteigt, wird der Beitrag höchstens von der Beitragsbemessungsgrenze berechnet. Er beträgt 6.150,00 € × 18,6 % = 1.143,90 € für die neuen Bundesländer, wovon Arbeitgeber und Arbeitnehmer je 571,95 € zu tragen haben.

Leistungen

Leistungen zur Rehabilitation

§§ 9 ff. SGB VI

Um Beeinträchtigungen der Erwerbsfähigkeit oder des vorzeitigen Ausscheidens aus der Erwerbstätigkeit durch Krankheit oder Behinderung zu verhindern, werden Leistungen zur Rehabilitation gewährt.

Dazu gehören medizinische Leistungen und berufsfördernde Leistungen.

Gewährung von Renten wegen Alters

§§ 35 ff. SGB VI

Die Regelaltersrente wird ab dem 65. Lebensjahr (+ x Monate) gewährt, wenn die allgemeine Wartezeit[1] von 5 Jahren erfüllt ist.

Beginnend mit dem Geburtsjahrgang 1947 erfolgt die Anhebung des Lebensalters auf 67 Jahre, sodass für Versicherte ab Jahrgang 1964 die Regelaltersgrenze von 67 Jahren gilt.

Daneben gibt es noch die Altersrente für langjährig Versicherte, die eine Altersrente vor dem 65. Lebensjahr in Anspruch nehmen können, wenn sie eine Wartezeit

---

[1] Die Wartezeit, die eine Voraussetzung für die Gewährung aller Renten darstellt, setzt sich zusammen aus Beitragszeiten, in denen Beiträge zur Rentenversicherung gezahlt wurden, Kindererziehungszeiten, die für die Erziehung des Kindes angerechnet wurden, Zeiten geringfügiger Beschäftigung u. a.

von 35 Jahren erfüllt haben. Wird diese vorzeitige Altersrente in Anspruch genommen, muss ein Abschlag von 0,3 % der Rente pro Monat, bis zum Beginn der Regelaltersrente, in Kauf genommen werden.

§§ 43 ff. SGB VI

Renten wegen Erwerbsminderung

Diese Rente wird bis zur Vollendung des 65. Lebensjahres gewährt, wenn Arbeitnehmer teilweise oder voll erwerbsgemindert sind, in den letzten 5 Jahren vor Eintritt in die Erwerbsminderung drei Jahre Pflichtbeiträge geleistet haben und die allgemeine Wartezeit von 5 Jahren erfüllt haben.

§§ 46 ff. SGB VI

Renten an Hinterbliebene

Hierunter fallen die Witwen- und Witwerrente, die Erziehungsrente und die Waisenrente.

Erarbeitungsfälle

1 Aufgabe (Rentenversicherungspflicht)

Andreas Seidel, Duisburg, ist bei der Handke KG als Industriekaufmann angestellt. Er bezieht ein monatliches Bruttogehalt von 1.850,00 €.

a) Ist Herr Seidel rentenversicherungspflichtig?

b) Wie hoch ist der gesamte Beitrag zur Rentenversicherung?

c) Welchen Anteil müssen Arbeitgeber und Arbeitnehmer jeweils tragen?

2 Aufgabe (Rentenversicherungspflicht und -beitrag)

Die Angestellte Ute Meier aus Hannover bezieht ein jährliches Bruttogehalt von 84.000,00 €.

a) Prüfen Sie die Rentenversicherungspflicht von Frau Meier.

b) Wie hoch ist der jährliche Beitrag zur Rentenversicherung?

c) Welchen Anteil müssen Arbeitgeber und Arbeitnehmer jeweils tragen?

3 Aufgabe (Rentenversicherungspflicht und -beitrag)

Die MBI GmbH mit Sitz in Minden ist eine europaweit tätige Handelsgesellschaft.

Die MBI GmbH hat folgende Angestellte beschäftigt:

Name	Status	monatliches Bruttogehalt
Clemens Lüke	Angestellter	2.800,00 €
Jasmin Erikson	Angestellte	7.400,00 €

a) Prüfen Sie die Versicherungspflicht in der gesetzlichen Rentenversicherung!

b) Berechnen Sie die Beiträge zur gesetzlichen Rentenversicherung!

4 Aufgabe (Leistungen)

Herr Bernd Nahler, Arbeiter, 50 Jahre alt, seit 27 Jahren Rentenversicherungsbeitragszahler leidet seit Kurzem unter starken Kreislaufbeschwerden, die befürchten lassen, dass er seinen Beruf nicht mehr ausüben kann.

Welche Leistungen der Rentenversicherung kann er in Anspruch nehmen

a) bis zur Rückgewinnung seiner Leistungsfähigkeit?

b) bei einer weiteren Verschlechterung seiner Krankheit, die eine weitere Ausübung seines speziellen Berufes unmöglich macht?

c) bei einer weiteren Verschlechterung seiner Krankheit, sodass eine Ausübung eines Berufes im Allgemeinen nicht mehr möglich ist?

5 ▶ Aufgabe (Rentenversicherungspflicht Selbstständiger)

Die seit zwei Jahren selbstständig tätige Steuerberaterin Gisela Hackländer, Wuppertal, hat im letzten Jahr einen Gewinn aus ihrer Praxis, in Höhe von 90.500,00 € erzielt. Die Bundesversicherungsanstalt für Angestellte fordert sie auf, Rentenversicherungsbeiträge ab dem folgenden Jahr zu entrichten, da sie pflichtversichert sei.

a) Muss Frau Hackländer Beiträge zur gesetzlichen Rentenversicherung entrichten?

b) Gibt es eine Möglichkeit, dass Frau Hackländer trotzdem Mitglied der gesetzlichen Rentenversicherung wird?

■ Altersvorsorgezulage

Das System der gesetzlichen Rentenversicherung ist in der Zukunft nicht mehr finanzierbar, weil es immer mehr alte Menschen und immer weniger junge Menschen in Deutschland gibt, die die Renten durch ihre Beiträge finanzieren. Deshalb muss das Rentenniveau abgesenkt werden. Um die entstehende Rentenlücke zu schließen, fördert der Staat eine freiwillige private Rentenversicherung, die sogenannte „Riester-Rente"[1]. Dazu wird mit einem zertifizierten Versicherungsunternehmen[2] ein Rentenvertrag abgeschlossen. Der Versicherungsnehmer erwirbt das Anrecht auf eine lebenslange Rente (Beginn zwischen dem 60. und 65. Lebensjahr), die bei der Auszahlung nach § 22 Nr. 5 EStG versteuert werden muss.

Zu dem berechtigten Personenkreis gehören versicherungspflichtige Arbeitnehmer, Arbeitslose und Beamte. Werden diese für die Einkommensteuer mit ihrem Ehepartner zusammen veranlagt, kann auch der Ehepartner einen Vorsorgevertrag abschließen und die Grundzulage erhalten. Staatlich gefördert wird der Rentenvertrag durch die Grundzulage, die Kinderzulage und evtl. durch einen Sonderausgabenabzug im Rahmen der Berechnung des zu versteuernden Einkommens. Die Zulagen betragen:

Grundzulage	175,00 €
Kinderzulage	185,00 €
Kinderzulage für Kinder, die ab dem 01.01.2008 geboren wurden	300,00 €
Einmalige Zulage für Berechtigte, die das 25. Lebensjahr noch nicht vollendet haben (Berufseinsteigerbonus)	200,00 €

Um in den Genuss dieser Leistungen zu kommen, müssen mindestens folgende Zahlungen (einschließlich Zulage) geleistet werden:

Mindesteinzahlung	4 % vom RVP[3] max. 2.100,00 €

---

[1] Benannt nach dem ehemaligen Arbeits- und Sozialminister Walter Riester (SPD).
[2] Die Bundesregierung hat bestimmte Anforderungen an die angebotenen Rentenverträge gestellt. Wenn diese Anforderungen erfüllt werden, erhält das Versicherungsunternehmen die Zertifizierung.
[3] rentenversicherungspflichtiges Bruttoeinkommen des Vorjahres

> **Beispiel:**
>
> Ein zusammen veranlagtes Ehepaar mit zwei Kindern hat einen staatlich geförderten Vorsorgevertrag bei einem Versicherungsunternehmen abgeschlossen. Der allein verdienende Ehemann hatte im Jahr 2017 ein rentenversicherungspflichtiges Bruttoeinkommen von 32.000,00 €.
>
> 32.000,00 € × 4 % = 1.280,00 € (Mindesteinzahlung)
>
> abzüglich der Zulagen: 175,00 € + 185,00 € + 185,00 € = 545,00 €
>
> Das Ehepaar muss mindestens 1.280,00 € im Jahr 2019 einzahlen, wovon der Staat 545,00 € übernimmt. Der eigene Beitrag beträgt somit 735,00 €.
>
> Würde die Ehefrau ebenfalls einen Vorsorgevertrag abschließen, erhöhen sich die Zulagen um 175,00 € auf 720,00 €. Der eigene Beitrag sinkt dann auf 560,00 €.

Der eigene Beitrag (also ohne Zulage) muss mindestens 60,00 €/Jahr betragen (Sockelbeitrag).

Die Auszahlung der Zulage erfolgt durch die Deutsche Rentenversicherung in Berlin.

Die Mindesteinzahlung kann bis zum Höchstbetrag (2.100,00 €) als Sonderausgaben abgezogen werden, wenn der Steuervorteil aus diesem Abzug höher ist als die gewährten Zulagen. Das Finanzamt führt jedes Jahr von Amts wegen eine Günstigkeitsprüfung durch. Entweder erhält der Steuerpflichtige dann den Sonderausgabenabzug oder die Grund- und Kinderzulagen.

Für Pflichtversicherte in der gesetzlichen Rentenversicherung hat die Bundesregierung eine betriebliche Altersvorsorge beschlossen, die ähnlich wie die Riester-Rente durch Zulagen staatlich gefördert wird. Dabei wird zwischen dem Arbeitgeber und dem Arbeitnehmer eine Vereinbarung geschlossen, in der Gehaltsbestandteile in steuerfreie Beiträge für diese private Rentenversicherung umgewandelt werden. Die Rentenanstalt für Angestellte zahlt die Zulagen dann ebenfalls in diese private Rentenversicherung ein. Die Zulagenhöhe orientiert sich an der Höhe der Zulagen für die Riester-Rente.

5 Arbeitslosenversicherung

Ziel der Arbeitslosenversicherung ist die Beratung der „Ausbildungs- und Arbeitssuchenden über die Lage des Arbeitsmarktes und der Berufe", die zügige Besetzung von offenen Stellen sowie der Schutz vor sozialem Abstieg durch Arbeitslosigkeit.

§ 1 SGB III

■ Versicherungsträger

§ 367 SGB III

Versicherungsträger ist die Bundesagentur für Arbeit in Nürnberg.

■ Versicherungspflicht

§ 25 SGB III

Versicherungspflichtig sind grundsätzlich alle Arbeitnehmer und Auszubildende.

■ Beitragsbemessungsgrenze

§ 341 SGB III

Die Beitragsbemessungsgrenze ist identisch mit der der Rentenversicherung.

Arbeitslosenversicherung 2019	Alte Bundesländer		Neue Bundesländer	
	Monat	Jahr	Monat	Jahr
Beitragsbemessungsgrenze	6.700,00 €	80.400,00 €	6.150,00 €	73.800,00 €

■ Beitragshöhe

§ 341 SGB III

Der Beitragssatz beträgt 2,5 % vom Bruttoverdienst für das Jahr 2019.

■ Beitragszahlung

§ 346 SGB III

Die Beitragszahlung erfolgt grundsätzlich jeweils zur Hälfte durch den Arbeitgeber und den Arbeitnehmer.

> **Beispiel:**
>
> Der Arbeiter Mirko Hardt, Saarbrücken, erzielte ein monatliches Bruttogehalt von 1.400,00 €.
>
> Herr Hardt ist in der Arbeitslosenversicherung pflichtversichert, da er als Arbeiter beschäftigt ist. Sein Beitrag beläuft sich auf 2,5 % von 1.400,00 € = 35,00 €, der je zur Hälfte von Arbeitgeber und Arbeitnehmer getragen wird.
>
> Die Angestellte Silke Albert, Hamburg, erhält einen monatlichen Bruttoarbeitslohn von 6.850,00 €.
>
> Sie ist in der Arbeitslosenversicherung pflichtversichert, da sie Angestellte ist. Ihr Beitrag berechnet sich allerdings höchstens von der Beitragsbemessungsgrenze. Ihr Beitrag beträgt also 2,5 % von 6.700,00 € = 167,50 €, wovon Arbeitgeber und Arbeitnehmer wiederum je die Hälfte tragen.
>
> Der kaufmännische Angestellte Walter Misser, Rostock, erhält einen Bruttoarbeitslohn im Jahr von 80.000,00 €.
>
> Er ist in der Arbeitslosenversicherung pflichtversichert, da er Angestellter ist. Sein Beitrag berechnet sich allerdings höchstens von der Beitragsbemessungsgrenze. Der Beitrag beträgt also 2,5 % von 73.800,00 € = 1.845,00 €, wovon Arbeitgeber und Arbeitnehmer wiederum je die Hälfte tragen.

Leistungen

Beratung und Vermittlung

§§ 29 ff. SGB III

Die Beratung umfasst die Erteilung von Auskünften zur Berufswahl, zum Berufswechsel, zur Lage und Entwicklung des Arbeitsmarktes, zu den Möglichkeiten der beruflichen Bildung und zur Arbeits- und Ausbildungsplatzsuche.

Eine Hauptaufgabe der Arbeitsagenturen ist die Vermittlung von Arbeitskräften und Auszubildenden an Arbeitgeber oder Ausbilder. Dazu haben sowohl der Arbeitgeber als auch der Arbeitnehmer erforderliche Auskünfte zu erteilen und Unterlagen vorzulegen.

Arbeitslosengeld

§§ 136 ff. SGB III

Anspruch auf Arbeitslosengeld I haben Arbeitnehmer, die bei der Arbeitsagentur als arbeitslos gemeldet sind und die Anwartschaftszeit (Versicherungszeit) von 12 Monaten erfüllt haben. Diese Anwartschaftszeit muss innerhalb der letzten 2 Jahre erfüllt worden sein. Die Höchstdauer des Anspruchs auf Arbeitslosengeld beträgt grundsätzlich 12 Monate. Für über 55-jährige Arbeitslose wird unter bestimmten Bedingungen die Bezugsdauer auf bis zu 24 Monate erhöht.

Die Höhe des Arbeitslosengeldes beträgt 60 % der versicherungspflichtigen Arbeitsentgelte aus typischen Beschäftigungsverhältnissen, das sich aus dem Durchschnitt der letzten 12 Monate ergibt. Für Arbeitslose mit mindestens einem Kind erhöht sich der Satz auf 67 %.

Arbeitslosengeld II (Hartz IV)

SGB III

Für Arbeitsuchende, die keinen Anspruch auf Arbeitslosengeld I haben, wird unter bestimmten Voraussetzungen das Arbeitslosengeld II gewährt. Wichtigste Voraussetzung ist die Bedürftigkeit. Vermögen und Einkommen der Anspruchsberechtigten und deren Angehörige werden auf die staatlichen Zahlungen angerechnet. Zum Einkommen gehören z. B. Mieten, Zinsen, Krankengeld u. a.

Bei der Anrechnung des Vermögens werden bei jedem Anspruchsberechtigten und Partner ein Freibetrag von 150,00 € je vollendetem Lebensjahr, mindestens 3.100,00 € und höchstens 9.750,00 €, berücksichtigt. Nicht als Vermögen gilt ein angemessener Hausrat, ein angemessenes Kraftfahrzeug und angemessenes selbst bewohntes Wohneigentum. Nicht als Vermögen gelten auch die „Riester-Anlageformen". Für andere Altersvorsorgebeiträge gelten unter bestimmten Voraussetzungen die o. g. Freibeträge.

Die Höhe des Arbeitslosengeldes II richtet sich nach dem Familienstand und nach der Kinderzahl. Angemessene Unterkunftskosten (Mieten) werden in tatsächlicher Höhe übermommen. Alle Leistungen können auch als Sachleistungen (Gutscheine) erbracht werden, wenn beim Empfänger ein unwirtschaftliches Verhalten vorliegt.

> **Beispiel:**
>
> Lutz Vollmer, Bremen, 30 Jahre, 1 Kind, war in den letzten zwei Jahren insgesamt 16 Monate als Angestellter beschäftigt. Sein durchschnittliches Nettogehalt betrug 1.250,00 €. Durch eine nicht von ihm zu vertretende Kündigung seitens des Arbeitgebers wird er arbeitslos.
>
> Dadurch hat er einen Anspruch auf Arbeitslosengeld in Höhe von 67 % von 1.250,00 € = 837,50 € für die Dauer von 12 Monaten erworben.

Kurzarbeitergeld

§§ 95 ff. SGB III

Die Bundesagentur für Arbeit zahlt an Arbeitnehmer Kurzarbeitgeld, wenn ein vorübergehender Arbeitsausfall mit Entgeltausfall vorliegt und durch die Gewährung zu erwarten ist, dass die Arbeitsplätze erhalten bleiben.

Insolvenzgeld

§§ 165 ff. SGB III

Insolvenzgeld wird gezahlt, wenn ein Insolvenzverfahren über das Vermögen des Arbeitgebers eröffnet oder dieses Verfahren mangels Masse abgelehnt wird und die Arbeitnehmer für die vorausgehenden drei Monate noch Ansprüche auf Gehalt oder Lohn haben.

Krankenversicherungsbeiträge für Arbeitslose

§ 251 SGB V

Saison-Kurzarbeitergeld (Winterausfallgeld)

§§ 101 f. SGB III

Die Mittel für das Saison-Kurzarbeitergeld werden von Arbeitgebern der Bauwirtschaft durch eine Umlage aufgebracht, die sich nach einem Prozentsatz der Bruttoarbeitsentgelte des Betriebes an die Arbeitslosenversicherung bemisst.

Erarbeitungsfälle

1 Aufgabe (Arbeitslosenversicherungspflicht)

Andreas Dupke ist Angestellter der Sekura Versicherung in Erfurt. Er erhält ein monatliches Bruttogehalt von 2.150,00 €.

Michael Kunkel ist ebenfalls bei der Sekura Versicherung in Erfurt angestellt. Er ist Abteilungsleiter und erhält ein Bruttogehalt von 7.870,00 €.

a) Prüfen Sie die Arbeitslosenversicherungspflicht von Herrn Dupke und Herrn Kunkel!

b) Berechnen Sie die Beiträge zur Arbeitslosenversicherung.

c) Welchen Anteil müssen Arbeitgeber und Arbeitnehmer jeweils tragen?

2 Aufgabe (Arbeitslosengeld)

Simone Engstfeld, 32 Jahre, 1 Kind, ist seit 2 Jahren ununterbrochen als Angestellte beschäftigt. Davor hat sie wegen der Erziehung ihres Kindes nicht gearbeitet. Ihr Nettogehalt betrug 1.350,00 €. Aus betrieblichen Gründen wird ihr gekündigt. Sie hat sich beim Arbeitsamt arbeitslos gemeldet.

a) Hat Frau Engstfeld Anspruch auf Arbeitslosengeld?

b) Für welchen Zeitraum hat sie diesen Anspruch?

c) In welcher Höhe steht ihr Arbeitslosengeld zu?

d) Welche Leistung erhält sie, falls sie keinen Anspruch mehr auf Arbeitslosengeld hat?

e) Die Krankenkasse hat Frau Engstfeld mitgeteilt, ihre Mitgliedschaft aufzukündigen, da ihre Krankenkassenbeiträge nun nicht mehr gezahlt würden. Wer muss die Krankenversicherungsbeiträge zahlen?

f) Die Bundesagentur für Arbeit hat Frau Engstfeld eine Tätigkeit angeboten, die nicht genau der Stellenbeschreibung ihrer letzten Beschäftigung entspricht. Trotzdem ist diese angebotene Tätigkeit mit der letzten vergleichbar. Muss Frau Engstfeld die angebotene Stellung annehmen? Welche weiteren Pflichten werden ihr auferlegt?

3 ▶ Aufgabe (Kurzarbeit)

Die Firma Pool GmbH, Hersteller von Bademoden, hat wegen eines verregneten Sommers mit starken Auftragsrückgängen zu kämpfen. Zurzeit hat die Firma nicht genügend Aufträge, um alle Arbeitnehmer voll zu beschäftigen, und ordnet Kurzarbeit an.

Auf welche Leistungen der Bundesanstalt für Arbeit haben die Arbeitnehmer der Firma Pool GmbH Anspruch? Erläutern Sie auch die Voraussetzungen für die Gewährung!

4 ▶ Aufgabe (Insolvenz)

Die Firma Meier & Co. hat wegen Zahlungsunfähigkeit das Insolvenzverfahren beantragt. Das zuständige Amtsgericht hat das Verfahren mangels Masse abgelehnt. Die Arbeitnehmer der Firma haben in den letzten 5 Monaten keinen Lohn und Gehalt erhalten.

Auf welche Leistung der Bundesanstalt für Arbeit und für welchen Zeitraum haben die Arbeitnehmer der Firma Meier & Co. Anspruch?

5 ▶ Aufgabe (Arbeitslosenversicherungspflicht Selbstständiger)

Der selbstständig tätige Arzt Dr. Ralf Schuster, Düsseldorf, hat im vergangenen Jahr einen Gewinn aus seiner Arztpraxis in Höhe von 147.500,00 € erzielt. Die Agentur für Arbeit der Stadt Düsseldorf fordert ihn auf, Beiträge zur Arbeitslosenversicherung abzuführen, da man in der letzten Zeit von häufigen Praxisschließungen erfahren habe. Zu Recht?

6 ❯ Unfallversicherung

§ 1 SGB VII

Ziel der Unfallversicherung ist „mit allen geeigneten Mitteln Arbeitsunfälle und Berufskrankheiten sowie arbeitsbedingte Gesundheitsgefahren zu verhüten und nach Eintritt von Arbeitsunfällen oder Berufskrankheiten die Gesundheit und die Leistungsfähigkeit der Versicherten wiederherzustellen".

■ Versicherungsträger

§§ 114 ff. SGB VII

Versicherungsträger sind die berufstypisch gegliederten Berufsgenossenschaften und die Unfallkassen von Ländern und Gemeinden. Für die Steuerberater ist die Verwaltungs-Berufsgenossenschaft zuständig.

■ Versicherungspflicht

§ 2 SGB VII

❯ alle Beschäftigte eines Betriebes
❯ Lernende während der Aus- und Fortbildung
❯ Kinder während des Besuchs des Kindergartens oder ähnlichen Einrichtungen
❯ Schüler während des Besuchs der Schule

Freiwillig versichern lassen können sich auf Antrag Unternehmer.

■ Beitragshöhe

§§ 152 ff. SGB VII

Die Beitragshöhe ergibt sich aus dem Finanzbedarf der Berufsgenossenschaft, der gezahlten Arbeitsentgelte des Betriebes und der Gefahrenklasse, in die die Arbeitnehmer aufgrund ihrer unterschiedlichen Tätigkeiten eingeordnet werden.

■ Beitragszahlung

§ 150 SGB VII

Die Beitragszahlung erfolgt nur durch den Arbeitgeber direkt an die zuständige Berufsgenossenschaft. Die Unfallversicherung von Kindern und Schülern wird durch die Länder und Gemeinden finanziert.

■ Leistungen

Die Leistungen der Unfallversicherung sind vergleichbar mit den Leistungen der Krankenversicherung, werden aber nur im Falle eines Arbeitsunfalls oder einer Berufskrankheit gewährt.

■ Prävention

§§ 14 ff. SGB VII

Die Prävention umfasst die Verhütung von Arbeitsunfällen und Berufskrankheiten. Dafür erlässt jede Berufsgenossenschaft Unfallverhütungsvorschriften, die sie auch überwacht.

Leistungen bei einem Arbeitsunfall oder einer Berufskrankheit[1]

§ 1 SGB III
› **Heilbehandlung,** die die ärztliche Versorgung, die zahnärztliche Behandlung einschließlich Zahnersatz, die Versorgung mit Arznei- und Heilmitteln, die häusliche Krankenpflege sowie die Behandlung in Krankenhäusern und Rehabilitationseinrichtungen umfasst.

§ 1 SGB III
› **Verletztengeld,** das im Anschluss an die Lohnfortzahlung durch den Arbeitgeber geleistet wird.

§ 1 SGB III
› **Berufsfördernde Leistungen zur Rehabilitation,** die die Erhaltung und Erlangung eines Arbeitsplatzes sowie die berufliche Anpassung durch Fortbildung, Ausbildung und Umschulung ermöglichen soll.

§ 1 SGB III
› **Leistungen zur sozialen Rehabilitation,** worunter z. B. Wohnungshilfen, psychosoziale Betreuung sowie Haushaltshilfen fallen.

§ 1 SGB III
› **Erwerbsunfähigkeitsrente,** wenn die Erwerbsfähigkeit durch einen Arbeitsunfall um mindestens 20 % langfristig gemindert ist.

§ 1 SGB III
› **Leistungen an Hinterbliebene,** die einen Anspruch auf Sterbegeld und Hinterbliebenenrente haben.

Erarbeitungsfälle

1 Aufgabe (Unfallversicherungspflicht/Leistungen)

Der angestellte Malergeselle Peter Hardt, Flensburg, stürzt bei der Arbeit von einem Gerüst und zieht sich schwere Verletzungen zu.

a) Ist Herr Hardt in der Unfallversicherung versichert?

b) Welche Leistungen kann Herr Hardt erwarten, wenn

› die Verletzung nur vorübergehend ist?

› die Verletzung von Dauer ist und er als Maler nicht mehr arbeiten kann, aber die Ausübung eines anderen Berufs möglich wäre?

› die Verletzung von Dauer ist und Herr Hardt keinen Beruf mehr ausüben kann?

c) Der Arbeitgeber von Herrn Hardt behält von seinem Lohn monatlich die Hälfte der Beitragszahlung zur Unfallversicherung ein. Zu Recht?

2 Aufgabe (Unfallversicherung bei Selbstständigen)

Herr Wolter ist selbstständiger Schreiner in Würzburg. Er führt seinen Betrieb mit einem angestellten Arbeiter. Durch einen Unfall an einer Sägemaschine wird er schwer verletzt.

a) Kann Herr Wolter Leistungen aus der Unfallversicherung beanspruchen?

b) Was hätte Herr Wolter unternehmen müssen, um in der gesetzlichen Unfallversicherung versichert zu sein?

c) Ist sein angestellter Arbeiter in der Unfallversicherung versichert und wonach richtet sich die Höhe des Beitrages für diesen Angestellten?

---

[1] Arbeitsunfälle sind Unfälle infolge einer versicherten Tätigkeit. Zu den versicherten Tätigkeiten gehört auch das Zurücklegen des Weges nach und von dem Ort der Tätigkeit.

Berufskrankheiten sind solche Krankheiten, die aufgrund einer Rechtsverordnung als solche anerkannt sind.

3 ▶ **Aufgabe (Anspruch auf Leistungen)**

Der Auszubildende zum Steuerfachangestellten, Jürgen Schwarz, fährt jeden Morgen mit dem eigenen Pkw die 30-minütige Fahrstrecke zu seinem Arbeitsplatz. An einem Morgen hat er einen Unfall auf dem Weg zur Arbeit, bei dem er schwer verletzt wird. Dadurch wird ein längerer Krankenhausaufenthalt mit anschließender Rehabilitation notwendig.

Anita Hapke ist ebenfalls Auszubildende zur Steuerfachangestellten. Als Schwimmerin muss sie in ihrer Freizeit viel trainieren. Dazu muss sie mit ihrem Pkw täglich zum Training von ihrem Wohnort in die Schwimmhalle fahren. Auf einer dieser Fahrten hat auch sie einen Unfall, der einen Krankenhausaufenthalt notwendig macht.

Auf welche Leistungen der Sozialversicherungen haben Jürgen Schwarz und Anita Hapke Ansprüche und welcher Versicherungszweig erbringt diese Leistungen?

7 ▶ Bestimmungen für Geringverdiener

Sowohl das Sozialversicherungsrecht als auch das Lohnsteuerrecht enthalten Bestimmungen für Personen, die nur in einem geringen Umfang beschäftigt sind.

■ Kurzfristig Beschäftigte

§ 8 SGB IV

Kurzfristig Beschäftigte sind in der gesetzlichen Sozialversicherung nicht versicherungspflichtig. Steuerrechtlich haben sie das Wahlrecht zwischen der Besteuerung nach der Lohnsteuerkarte und der pauschalen Besteuerung durch den Arbeitgeber.

Sozialversicherungs-frei	Voraussetzungen ❯ max. 3 Monate Beschäftigung oder ❯ max. 70 Arbeitstage (wenn weniger als 5 Tage in der Woche gearbeitet wird) im Laufe von 12 Monaten ❯ Beginn und Ende der Beschäftigung muss vor der Arbeitsaufnahme schriftlich festgelegt werden ❯ die Tätigkeit darf nicht berufsmäßig ausgeübt werden, also für Rentner, Hausfrauen und Schüler geeignet
Lohnsteuerpau-schalierung 25 %[1] durch den Arbeitgeber möglich	Voraussetzungen ❯ gelegentliche, nicht regelmäßige Beschäftigung ❯ max. 18 Arbeitstage ❯ max. 12,00 € Stundenlohn und ❯ max. 72,00 € durchschnittlich je Arbeitstag oder ❯ die Beschäftigung wird zu einem unvorhersehbaren Zeitpunkt sofort erforderlich.

---

[1] Evtl. zuzüglich Kirchensteuer, je nach Bundesland, die der Arbeitgeber alleine trägt. Der Solidaritätszuschlag wird ebenfalls erhoben.

Eine oder mehrere kurzfristige Beschäftigungen dürfen gleichzeitig neben einer versicherungspflichtigen Hauptbeschäftigung versicherungsfrei ausgeübt werden. Eine Zusammenrechnung mit der Hauptbeschäftigung kommt nicht infrage.

Mehrere kurzfristige Beschäftigungen werden bei der Prüfung (70 Arbeitstage bzw. 3 Monate) zusammengerechnet. Werden die Zeiten überschritten, tritt Versicherungspflicht ab dem Zeitpunkt ein, ab dem das Überschreiten erkennbar wird.

■ Geringfügig Beschäftigte (Minijob)

Für Arbeitnehmer, die regelmäßig im Monat nicht mehr als 450,00 € Arbeitsentgelt erzielen, muss der Arbeitgeber die Beiträge zur Kranken- und Rentenversicherung pauschal an die „Deutsche Rentenversicherung Knappschaft-Bahn-See" (Minijob-Zentrale) abführen. Dabei werden für haushaltsnahe Beschäftigungen in einem Privathaushalt geringere Beiträge fällig.

§ 8a SGB IV   Ab 2013 ist der Arbeitnehmer in der Rentenversicherung automatisch pflichtversichert und muss deshalb den Aufstockungsbeitrag leisten. Auf Antrag kann er sich aber von der Verpflichtung befreien lassen.

Geringfügig Beschäftigte (Minijob)	bis 450,00 €	bis 450,00 €, im Haushalt
Rentenversicherung	15 %	5 %
Krankenversicherung	13 %	5 %
Einkommensteuer	2 %	2 %
Umlage U1	0,9 %	0,9 %
Umlage U2	0,24 %	0,24 %
Umlage Insolvenzgeld	0,06 %	keine
Unfallversicherung	individuell	1,6 %
Arbeitgeber zahlt an die Knappschaft-Bahn-See	31,2 %	14,74 %
Arbeitnehmerbeitrag zur Rentenversicherung (Aufstockungsbeitrag)	3,6 %	13,6 %

Mehrere geringfügige Beschäftigungen werden zusammengerechnet. Bei Überschreitung der 450-Euro-Grenze entsteht SV-Pflicht.

Eine geringfügige Beschäftigung kann neben einer versicherungspflichtigen Hauptbeschäftigung ausgeübt werden. Werden mehrere geringfügige Beschäftigungen neben einer versicherungspflichtigen Hauptbeschäftigung ausgeübt, bleibt eine geringfügige Beschäftigung versicherungsfrei (die am frühesten aufgenommene) und die anderen werden versicherungspflichtig.

Nicht zusammengerechnet werden geringfügige Beschäftigungen mit kurzfristigen Beschäftigungen.

Ist ein nicht gesetzlich, also privat krankenversicherter Arbeitnehmer in seiner Hauptbeschäftigung krankenversicherungsfrei (oberhalb der Pflichtversicherungsgrenze, Beamter, Ehegatte eines Beamten), so müssen für die geringfügige Beschäftigung keine pauschalen Beiträge für die Krankenversicherung abgeführt werden. Der Ehegatte eines Beamten ist in einer mehr als geringfügigen Beschäftigung nicht krankenversicherungsfrei.

Die Sonderregelungen für geringfügig Beschäftigte gelten nicht für Auszubildende.

> **Beispiel:**
>
> Sieglinde Schürmann, Düsseldorf, arbeitet als Putzfrau in einer Arztpraxis. Sie arbeitet dort 10 Stunden in der Woche bei einem monatlichen Lohn von 380,00 €.
>
> Hier liegt sozialversicherungsrechtlich und lohnsteuerrechtlich ein Minijob vor. Der Arbeitgeber zahlt monatlich 31,2 % von 380,00 € = 118,56 € an die Bundesknappschaft.
>
> Frau Schürmann muss 3,6 % = 13,68 € an die Rentenversicherung zahlen, wenn sie keinen Antrag auf Befreiung gestellt hat.

Für im Haushalt beschäftigte Arbeitnehmer kann der Arbeitgeber die Aufwendungen für diese haushaltsnahen Tätigkeiten von der tariflichen Einkommensteuer abziehen.

› 20 % der Aufwendungen, höchstens 510,00 €, bei geringfügig Beschäftigten

› 20 % der Aufwendungen, höchstens 4.000,00 €, bei anderen haushaltsnahen Beschäftigungsverhältnissen oder für die Inanspruchnahme von haushaltsnahen Dienstleistungen

§ 35 a EStG

Voraussetzung für den Abzug ist in jedem Fall, dass die Aufwendungen nicht als Betriebsausgaben, Werbungskosten oder außergewöhnliche Belastungen geltend gemacht wurden.

Gleitzonenjobs

§ 20 SGB IV

Für Arbeitnehmer, die zwischen 450,01 € und 850,00 € regelmäßiges Arbeitsentgelt erzielen, gilt eine Gleitzone für die Beiträge zur Sozialversicherung. Dabei zahlt der Arbeitgeber die Beiträge zur Sozialversicherung in „normaler" Höhe. Die Beiträge der Arbeitnehmer steigen mit dem Arbeitsentgelt schrittweise bis zur „normalen" Höhe.

Ab 01.07.2019 steigt der Höchstbetrag auf 1.300,00 €. Neu ist dann auch, dass trotz niedrigerer Beiträge für die Arbeitnehmer der Rentenanspruch im Alter nicht sinkt.

Beim Gleitzonenjob wird die Lohnsteuer mit dem individuellen Steuersatz über die Lohnsteuerkarte abgerechnet.

Erarbeitungsfälle

1 **Aufgabe (Minijob)**

Susanne Kemper ist ausgebildete Steuerfachangestellte in Kiel. Sie ist verheiratet und hat wegen der Geburt ihres Kindes für ein Jahr in ihrem Beruf pausiert. Jetzt möchte sie wieder langsam in das Berufsleben einsteigen. Sie arbeitet deswegen zunächst 7 Stunden wöchentlich (= 28 Stunden monatlich) in einer Steuerberatungspraxis in der Nähe ihrer Wohnung. Dafür erhält sie ein monatliches Gehalt von 280,00 €. Dies ist momentan ihre einzige Beschäftigung.

a) Prüfen Sie aus sozialversicherungsrechtlicher und lohnsteuerrechtlicher Sicht, ob Frau Kemper eine geringfügig Beschäftigte ist.

b) Welche Abgaben entstehen durch die Beschäftigung von Frau Kemper?

c) Wer muss diese Abgaben in welcher Höhe tragen?

2 ▶ Aufgabe (kurzfristig Beschäftigte)

Jochen Brüggemann, Dortmund, hat sein Studium beendet und ist nun auf Arbeitssuche. Seinen notwendigen Unterhalt verdient er sich mit kleineren Jobs. Momentan ist er bei einem Versandhandelsunternehmen in der Verpackungsabteilung tätig. Sein Vertrag ist befristet auf 15 Tage. Er erhält 9,00 € pro Stunde bei einer Arbeitszeit von 6 Stunden täglich. Dies ist die erste Beschäftigung dieser Art.

a) Prüfen Sie aus sozialversicherungsrechtlicher und lohnsteuerrechtlicher Sicht, ob Herr Brüggemann eine kurzfristige Beschäftigung ausübt.

b) Welche Abgaben entstehen durch die Beschäftigung und wer muss diese Abgaben in welcher Höhe tragen?

c) Herr Brüggemann übernimmt nach dieser Tätigkeit eine Beschäftigung für 100 Tage in einem Kaufhaus als Urlaubsvertretung. Sein Gehalt beträgt 7,00 € pro Stunde bei einer Arbeitszeit von 8 Stunden täglich. Wie beurteilen sie diese Beschäftigung aus sozialversicherungsrechtlicher und lohnsteuerrechtlicher Sicht?

3 ▶ Aufgabe (Einordnung der Beschäftigung)

Der Student Ralf Juste aus Dortmund hat eine Krankheitsvertretung in einem Kaufhaus übernommen. Die Beschäftigung dauert 1 Monat, wofür er 1.250,00 € erhält. Eine weitere Beschäftigung hat er in dem Jahr nicht ausgeübt.

Prüfen sie die Beschäftigung aus sozialversicherungs- und lohnsteuerrechtlicher Sicht!

4 ▶ Aufgabe (Abrechnungserstellung)

Ihr Mandant, Herr Alfred Drees, Köln, ist Inhaber einer gut gehenden Gaststätte. Da es sich bei seiner Gaststätte um einen Saisonbetrieb handelt, beschäftigt er in den Spitzenzeiten auch Aushilfen. Für den Monat Mai reicht er Ihnen folgende Liste mit den beschäftigten Aushilfen ein und bittet Sie, soweit möglich, die entsprechenden Beiträge zu den Sozialversicherungen sowie die Lohnsteuer zu berechnen und ihn über die Abrechnung zu informieren.

Aushilfe	Beschreibung
Manuela Droste	für mehrere Monate beschäftigt monatlicher Lohn 380,00 € wöchentliche Arbeitszeit 12 Stunden keine weitere Beschäftigung
Michael Moll	für mehrere Monate beschäftigt monatlicher Lohn 270,00 € wöchentliche Arbeitszeit 10 Stunden ist bei weiteren Gaststätten beschäftigt, wöchentlich 15 Stunden, monatlicher Lohn 310,00 €
Anita Spelsberg	10 Tage als Krankheitsvertretung beschäftigt 6,50 € Stundenlohn bei 5 Stunden täglicher Arbeitszeit hat keine Hauptbeschäftigung

Wiederholungsfälle

1 Aufgabe (Krankheitsfall)

Der 63-jährige Alfred Lau ist als Schreinermeister (Arbeiter) bei der Dreher OHG, Holzbedarf aller Art, beschäftigt. Sein monatlicher Bruttolohn beträgt 2.100,00 €. Herr Lau erkrankt an einer schweren Grippe. Seine Krankheit verschlechtert sich so sehr, dass er zur Behandlung auch noch in ein Krankenhaus eingeliefert werden muss. Die Krankheitsdauer beträgt insgesamt 8 Wochen.

Prüfen Sie, auf welche Leistungen Herr Lau gegenüber seinem Arbeitgeber und der Sozialversicherung (welcher Zweig?) Anspruch hat.

2 Aufgabe (Altersrente)

Herr Lau (1. Aufgabe) ist seit 35 Jahren bei der Dreher OHG als Schreinermeister beschäftigt. Aufgrund der schweren Krankheit hat er sich überlegt, beruflich kürzer zu treten. Er möchte so schnell wie möglich seinen Ruhestand beginnen. Sein Arbeitgeber möchte auf ihn aber wegen seiner großen Erfahrung nicht verzichten und ihn erst mit 65 Jahren in Rente gehen lassen.

Hat Herr Lau schon jetzt die Möglichkeit in Rente zu gehen? Begründen Sie Ihre Antwort!

3 Aufgabe (Arbeitsunfall)

Ein Kollege von Herrn Lau, Günther Bamberger, 55 Jahre, ist ebenfalls als Schreiner bei der Dreher OHG beschäftigt. Bei einem Arbeitsunfall hat er seinen Arm schwer verletzt und muss sich ebenfalls im Krankenhaus stationär behandeln lassen. Die Dauer des Krankenhausaufenthaltes beträgt 3 Wochen. Danach ist noch der Aufenthalt in einem Rehabilitationszentrum für 5 Wochen notwendig. Die abschließende Untersuchung ergibt allerdings, dass die Verletzungen des Armes so schwer sind, dass Herr Bamberger nicht mehr in seinem Beruf als Schreiner wird arbeiten können.

Prüfen Sie auch hier, auf welche Leistungen des Arbeitgebers und der Sozialversicherungen (welcher Zweig?) Herr Bamberger Anspruch hat!

4 Aufgabe (Ansprüche Arbeitslosenversicherung)

Johann Bienert, Geschäftsführer der Bienert GmbH, Handel mit Computerartikeln, hat seiner Sekretärin, Petra Henning, fristgerecht aus betrieblichen Gründen gekündigt. Frau Henning erhält ein Nettogehalt von 1.450,00 €. Sie ist nicht verheiratet und hat keine Kinder. Insgesamt hat sie 16 Monate eine pflichtversicherte Beschäftigung ausgeübt.

Prüfen Sie, welche Ansprüche (ggf. unter Angabe der Höhe und der Dauer) sie aus der Arbeitslosenversicherung hat und welche Pflichten sie dafür erfüllen muss!

5 Aufgabe (Pflegeversicherung)

Horst Sunder verdient als angestellter Buchhalter monatlich 2.500,00 € brutto. Er ist seit 10 Jahren mit seiner Frau Alma verheiratet. Sie haben die 87 Jahre alte Mutter von Frau Sunder (Einordnung in den Pflegegrad 3) zur Pflege bei sich zu Hause aufgenommen. Die tägliche Pflege wird von Frau Sunder übernommen.

a) Prüfen Sie die Pflegeversicherungspflicht von Herrn Sunder!

b) Hat die Familie Sunder Ansprüche aus der Pflegeversicherung? Geben Sie auch die Höhe an!

c) Alma Sunder hat sich schweren Herzens entschlossen, da sie die Pflege selber nicht mehr bewältigen kann, ihre Mutter zur stationären Pflege in einem Altenheim unterzubringen. Welche Ansprüche aus der Pflegeversicherung ergeben sich?

d) Wer kommt für die Kosten des Pflegeheims auf, falls die Leistungen der Pflegeversicherung nicht ausreichen?

6 ▶ Aufgabe (Erstellung Abrechnung Sozialversicherungsbeiträge)

Ihr Mandant, die Lohmeyer & Holberg OHG aus Dortmund, hat folgende Mitarbeiter, für die der Beitragsnachweis März/15 erstellt werden muss. Folgende Informationen über die Belegschaft für den März stehen Ihnen zur Verfügung.

Herr Fred Scherk, verheiratet, 1 Kind, ist als Schlosser bei der Lohmeyer & Holberg OHG angestellt. Er verdient 2.250,00 € monatlich.

Frau Paula Steid, nicht verheiratet, keine Kinder, ist als Geschäftsführerin bei der Lohmeyer & Holberg OHG angestellt. Sie hat ein monatliches Bruttogehalt von 7.100,00 €. Frau Steid ist privat krankenversichert.

Der Auszubildende zum Bürokaufmann Klaus Wandner, 19 Jahre alt, erhält eine monatliche Ausbildungsvergütung von 500,00 €.

Frau Sieglinde Stamm ist als Putzfrau (Arbeiterin) geringfügig beschäftigt und erhält einen monatlichen Arbeitslohn von 300,00 €.

Berechnen Sie die Beiträge zu den gesetzlichen Sozialversicherungsträgern in einer übersichtlichen Darstellung. Der Zusatzbeitrag in der Krankenversicherung beträgt in allen Fällen 1,1 %.

7 ▶ Aufgabe (Krankheitsfall)

Zwei Mitarbeiter der Firma Grah GmbH werden krank. Die beiden Mitarbeiter wenden sich an Sie mit folgenden Fragen:

a) Innerhalb welcher Frist müssen sie dem Arbeitgeber eine ärztliche Krankmeldung vorlegen?

b) Einer der Mitarbeiter ist auch noch nach 2 Monaten von seinem Arzt krankgeschrieben. Mit welchen Geldleistungen kann er in dieser Zeit rechnen?

8 ▶ Aufgabe (Versicherungszweige)

Welcher Versicherungszweig erbringt in den folgenden Fällen welche Leistung?

a) Ein Angestellter bleibt wegen einer Grippe auf ärztlichen Rat 5 Tage zu Hause.

b) Ein 50-jähriger stirbt bei einem nicht betrieblich veranlassten Autounfall. Er hinterlässt seine Frau und drei Kinder.

c) Ein 55-jähriger Angestellter verletzt sich auf dem Weg von seiner Arbeitsstelle nach Hause schwer. Er nimmt ärztliche Hilfe in Anspruch.

d) Eine Angestellte kann nach einem privaten Autounfall ihren Beruf nicht mehr ausüben.

e) Ein 65-jähriger Angestellter begibt sich in den Ruhestand.

f) Eine Firma ist zahlungsunfähig und beantragt das Insolvenzverfahren. Das zuständige Gericht lehnt die Eröffnung des Insolvenzverfahrens mangels Masse ab. Den Arbeitnehmern wurde seit 4 Monaten kein Arbeitsentgelt mehr gezahlt.

9 Aufgabe (Mutterschutz)

Die kaufmännische Angestellte Andrea Beck ist im 4. Monat schwanger. Sie teilt ihrem Arbeitgeber die Schwangerschaft ordnungsgemäß mit. Der voraussichtliche Entbindungstermin ist der 1. August. Ihr monatliches Nettogehalt beträgt 1.350,00 €. Sie hat in der letzten Zeit keine Gehaltserhöhungen bekommen.

a) Berechnen Sie das Datum des Beginns und des Endes der Mutterschutzfrist! (Siehe Kalenderauszug.)
b) Wann endet die gesetzliche Mutterschutzfrist, wenn das Kind nicht am 1. August, sondern am 4. August zur Welt käme?
c) Von wem erhält Frau Beck in welcher Höhe das Mutterschaftsgeld?
d) Frau Beck möchte gerne bis zur Geburt und 2 Wochen nach der Geburt wieder arbeiten. Ist dies möglich?

Kalenderauszug:

	Juni	Juli	August	September
Mo	5 12 19 26	3 10 17 24 31	7 14 21 28	4 11 18 25
Di	6 13 20 27	4 11 18 25	1 8 15 22 29	5 12 19 26
Mi	7 14 21 28	5 12 19 26	2 9 16 23 30	6 13 20 27
Do	1 8 15 22 29	6 13 20 27	3 10 17 24 31	7 14 21 28
Fr	2 9 16 23 30	7 14 21 28	4 11 18 25	1 8 15 22 29
Sa	3 10 17 24	1 8 15 22 29	5 12 19 26	2 9 16 23 30
So	4 11 18 25	2 9 16 23 30	6 13 20 27	3 10 17 24

10 Aufgabe (Verfahrensrecht)

Manfred Stift ist technischer Zeichner. Am 1. März begann er sein Beschäftigungsverhältnis in einem Architekturbüro in Leverkusen.

a) Welche Unterlagen muss Manfred Stift üblicherweise bei Beginn der Beschäftigung seinem Arbeitgeber vorlegen? (3 Angaben werden erwartet!)
b) Wo muss der Arbeitgeber den Angestellten Manfred Stift bei Beginn des Beschäftigungsverhältnisses anmelden? Innerhalb welcher Frist hat die Anmeldung zu erfolgen?

11 Aufgabe (Sozialversicherungszweige)

Welche Sozialversicherungszweige erbringt die Leistungen in den folgenden Fällen?

a) Arztkosten für einen Arbeiternehmer, der sich bei einem privaten Unfall verletzt hat
b) Altersrente für einen Erwerbsunfähigen
c) Arbeitslosenhilfe
d) Hinterbliebenenrente für die Angehörigen einer Arbeitnehmerin, die bei einem Arbeitsunfall verunglückt ist
e) Pflegekosten eines Rentners, der Altersrente erhält, der mehrmals täglich auf fremde Hilfe angewiesen ist
f) Kurzarbeitergeld
g) Krankenkassenbeitrag der Arbeitslosen
h) Zahlung von „Harz IV" an Langzeitarbeitslose
i) Insolvenzgeld

12 ▶ Aufgabe (Gehaltsabrechnung, Personalbuchungen, Lohnsteuer)

Sie erledigen für die Firma Heiner Müller & Sohn aus Remscheid die Erstellung der Gehaltsabrechnungen. Folgende Personen sind beschäftigt:

› Monika Westphal, 43 Jahre alt, Lohnsteuerklasse 1, ledig, keine Kinder, evangelisch, Abteilungsdirektorin für den Verkauf, Monatsgehalt 6.150,00 €. Frau Westphal ist in einer privaten Krankenversicherung versichert. Ihr Arbeitgeber zahlt einen Beitrag zur privaten Kranken- und Pflegeversicherung in Höhe von 351,66 € und 69,20 €.

› Werner Schnell, 33 Jahre alt, Lohnsteuerklasse III, 1 Kinderfreibetrag, katholisch, verheiratet, Mitarbeiter in der Produktion. Sein Monatsgehalt beträgt 1.150,00 €.

› Christiane Müller, 39 Jahre alt, verheiratet, keine Kinder, Lohnsteuerklasse IV, konfessionslos, Sekretärin. Ihr Monatsgehalt beträgt 2.750,00 €.

Herr Schnell und Frau Müller sind bei der AOK-Rheinland/Hamburg krankenversichert. Die Beiträge: Zusatzbeitrag KV 1 %, U1 2,0 %, U2 0,48 %, U3 0,06 %.

a) Erstellen Sie die Gehaltsabrechnungen für den Monat Mai!
b) Erstellen Sie die Buchungssätze für die Bruttolohnbuchung!
c) Erstellen Sie die Buchungssätze für die Zahlungen per Bankeinzug! (Nutzen Sie für die Berechnung der Lohnsteuer den Lohnsteuerrechner vom Finanzministerium: www.bmf-steuerrechner.de)

13 ▶ Aufgabe (Einkommensteuer/Lohnsteuer)

Prüfen Sie für den folgenden Fall, welche Vergütungen sozialversicherungspflichtig und/oder lohnsteuerpflichtig (Angabe in Euro erforderlich) sind:

Der Angestellte Bruno Abel hat im Oktober folgende Vergütungen erhalten:

a) Sein Bruttogehalt beträgt 2.000,00 €. Auf seiner Lohnsteuerkarte ist ein Freibetrag von 250,00 € eingetragen.
b) Zur Geburt seines Kindes zahlt ihm der Arbeitgeber 500,00 €.
c) Der Arbeitgeberanteil der vermögenswirksamen Leistungen beläuft sich auf 13,00 €.

14 ▶ Aufgabe (Einkommensteuer)

Frau Anna Bauer, München, ist im Mai 2019 65 Jahre alt geworden. Sie hat seit über 40 Jahren Pflichtbeiträge zur Rentenversicherung gezahlt. Ab Juni 2019 erhält sie eine Rente in Höhe von 600,00 € monatlich. Bis zu diesem Zeitpunkt hat sie ein monatliches Bruttogehalt von 1.750,00 € erhalten.

a) Welche Art von Rente erhält Frau Bauer?
b) Sind alle Voraussetzungen für die Gewährung der Rente erfüllt?
c) Ermitteln Sie für Frau Bauer die Summe der Einkünfte für das Jahr 2019. Frau Bauer weist keine Werbungskosten nach!

15 ▶ Aufgabe (Einkommensteuer)

Herr Rudi Mattern, 33 Jahre, Düren, ist seit drei Jahren bei seinem Arbeitgeber als Angestellter beschäftigt. Davor hat er studiert. Sein monatliches Bruttogehalt beläuft sich auf 2.500,00 €, sein Nettogehalt auf 1.750,00 €. Herr Mattern ist kinderlos. Aus betrieblichen Gründen wird Herr Mattern Ende Juni gekündigt.

a) Hat Herr Mattern Anspruch auf Arbeitslosengeld?

b) Für welchen Zeitraum hat er diesen Anspruch?

c) Beurteilen Sie die einkommensteuerliche Behandlung der Einnahmen aus seiner Tätigkeit und die des Arbeitslosengeldes!

16 Aufgabe (Beiträge zur Sozialversicherung)

Steuerberaterin Helga Kruse beschäftigt einige Mitarbeiter, bei denen sie nicht sicher ist, wer welche Beiträge zur Krankenversicherung, Rentenversicherung und Unfallversicherung zu zahlen hat. Bitte helfen Sie in folgenden Fällen:

a) Fritz Erbach arbeitet seit 12 Jahren in der Kanzlei und verdient 3.100,00 € im Monat. Seine Krankenversicherung erhebt einen Zusatzbeitrag von 1,1 %.

b) Ernst Bitter arbeitet als Reinigungskraft für 200,00 € im Monat in einem Handelsbetrieb.

17 Aufgabe (Mutterschutz)

Sarah und Lars Küppers aus Saarbrücken haben geheiratet und eine Wohnung in der Innenstadt bezogen. Beide sind Arbeitnehmer in einem Großhandel für Eisenbeschläge. Sarah verdient monatlich 1.600,00 € und Lars verdient monatlich 2.780,00 €. Im Januar wird Sarah schwanger und der ausgerechnete Geburtstermin ist der 15. September. Um ihre Zukunft planen zu können, benötigen die beiden Ihre Hilfe zu folgenden Fragen:

a) Von wann bis wann besteht Mutterschaftsschutz für Sarah, wenn die Geburt „planmäßig" am 15. September stattfindet?

b) Welche Leistungen erhält Sarah während der Mutterschutzfrist von ihrem Arbeitgeber und von der Krankenkasse, wenn die Geburt „planmäßig" am 15. September stattfindet?

c) Kann Sarah vor der Geburt und nach der Geburt beschäftigt werden, wenn sie dies ausdrücklich wünscht?

18 Aufgabe (Zuständigkeiten)

Patrick Strahlke arbeitet in einem Stahlwerk in Duisburg. Am 10. Januar erleidet er einen Arbeitsunfall an der Stahlwalze und verliert das rechte Bein. Damit ist Herr Strahlke erwerbsunfähig.

a) Welche Stelle ist für die Einhaltung der Arbeitssicherheitsvorschriften zuständig?

b) Wer trägt die Kosten der ärztlichen Behandlung und des Krankenhausaufenthaltes?

c) Welche Leistungen hat Herr Strahlke von den Trägern der Sozialversicherungen zu erwarten?

19 Aufgabe (Umlageverfahren)

Herbert Zimmermann ist alleiniger Gesellschafter und Geschäftsführer der „Wiesel GmbH" in Hannover. Die Gesellschaft beschäftigt regelmäßig 52 Mitarbeiter.

a) Muss die GmbH Beiträge zur U1 leisten (Entgeltfortzahlung bei Krankheit)?

b) Muss die GmbH Beiträge zur U2 leisten (Zuschuss zum Mutterschaftsgeld)?

c) Muss die GmbH Beiträge zur U3 leisten (Insolvenzgeldumlage)?

Kapitel 6 Handelsrecht

Einführungssituation

1 Kaufmann

Der Mandant Peter Brand betreibt in Hannover einen Computerhandel. Er kauft die entsprechenden Teile bei verschiedenen Großhändlern ein, baut sie zusammen und verkauft die fertigen Geräte an Privat- und Geschäftskunden. Er arbeitet in angemieteten Räumen und beschäftigt zwei Techniker, eine Bürokraft und einen Verkäufer. Herr Brand hat seinen Betrieb nicht in das Handelsregister eintragen lassen.

Am 23. Januar erhält Herr Brand eine Lieferung von drei Computer-Tastaturen der Firma „Hardware Schmitz e. K.". Er legt diese Komponenten, ohne sie zu prüfen, in sein Lager. Erst am 18. April bemerkt er, dass die Tastaturen ohne Entertasten geliefert wurden. Auf sein empörtes Telefonat mit der Firma Schmitz erhält er folgenden Brief:

> Sehr geehrter Herr Brand,
>
> wir lieferten Ihnen am 23. Januar drei Tastaturen, die unserer Meinung nach völlig in Ordnung waren. Erst am 18. April konfrontieren Sie uns mit einer Reklamation und verlangten eine Neulieferung. Leider können wir dies nicht akzeptieren. Als Kaufmann wissen Sie, dass Sie Lieferungen sofort auf Mängel zu prüfen und zu rügen haben. Dies haben Sie unterlassen, weswegen wir nicht nochmals liefern müssen. Bitte haben Sie dafür Verständnis.
>
> Mit freundlichen Grüßen
>
> *Schmitz*

Ist die Auffassung der Firma „Hardware Schmitz e. K." richtig, dass Herr Brand Kaufmann ist und dass er deshalb jede Lieferung sofort überprüfen muss? Erklären Sie Sabine Koch, wie es zu der Mitgliedschaft in den verschiedenen Zweigen der Sozialversicherung kommt und wie sich die Beiträge zusammensetzen.

§§ 1–7 HGB   Die wichtigsten Vorschriften des Handelsrechts:

§§ 8 ff. HGB	Der Kaufmann muss sich in das Handelsregister eintragen lassen.
§§ 17 ff. HGB	Der Kaufmann führt eine Firma.
§§ 48 ff. HGB	Der Kaufmann kann Prokura und Handlungsvollmacht erteilen.
§§ 105 ff. HGB	Der Kaufmann kann eine OHG oder KG führen.
§§ 238 ff. HGB	Der Kaufmann muss eine ordnungsmäßige Buchführung erstellen.
§§ 343 ff. HGB	Der Kaufmann muss strengere Vorschriften bei seinen Handelsgeschäften beachten.
§§ 377 ff. HGB	Der Kaufmann hat kürzere Rügefristen zu beachten.

§ 241a HGB   Kaufleute, die ihren Betrieb in Form einer Einzelunternehmung führen, werden von der Buchführungspflicht befreit, wenn sie in zwei aufeinanderfolgenden Geschäftsjahren nicht mehr als 500.000 € Umsatzerlöse und nicht mehr als 50.000 € Jahresüberschuss erzielen. Im Fall der Neugründung genügt es, wenn am ersten Abschlussstichtag die Werte nicht überschritten werden.

Einige Vorschriften im Handelsgesetzbuch gelten für alle Gewerbetreibende, auch wenn sie keine Kaufleute sind:

§ 84 HGB   Handelsvertreter

§ 93 HGB   Handelsmakler

§ 383 HGB   Kommission

Wer Kaufmann ist, wird im Handelsgesetzbuch genau bestimmt. Es werden drei verschiedene Kaufmannsarten unterschieden.

Kaufmannseigenschaft		
IST-Kaufmann	KANN-Kaufmann	FORM-Kaufmann
§ 1 HGB	§§ 2, 3 HGB	§ 6 HGB
Kaufmann ist, wer ein Handelsgewerbe betreibt.	Kaufmann ist auch, wer sich freiwillig in das Handelsregister eintragen lässt.	Kaufmann ist die Handelsgesellschaft als juristische Person (z.B. AG, GmbH).
Voraussetzung für ein Handelsgewerbe:	Kleingewerbetreibende	§ 13 GmbH-Gesetz
Gewerbebetrieb	Land- und Forstwirte	§ 3 AktG
und		
ein in kaufmännischer Weise eingerichteter Geschäftsbetrieb		
Die Eintragung in das Handelsregister ist Pflicht.		

▪ IST-Kaufmann

Der IST-Kaufmann ist wegen der Art und des Umfanges seiner Geschäftstätigkeit mit Aufnahme seiner Geschäfte bereits Kaufmann.

§ 1 HGB

Voraussetzung ist die Ausübung eines Handelsgewerbes. Damit ein Handelsgewerbe vorliegt müssen zwei Voraussetzungen erfüllt sein:

§ 1 (2) HGB

› Es muss sich um einen Gewerbebetrieb handeln. Was ein Gewerbebetrieb ist, kann nach den Vorschriften des Einkommensteuergesetzes bestimmt werden[1]. Somit kann ein Freiberufler (Steuerberater, Rechtsanwalt, Arzt) kein Kaufmann werden.

› Zweite Voraussetzung ist, dass ein nach Art oder Umfang in kaufmännischer Weise eingerichteter Geschäftsbetrieb erforderlich ist. Eindeutige Abgrenzungskriterien gibt das Handelsgesetzbuch nicht. Es kommt auf das Gesamtbild des Unternehmens an. Als Anhaltspunkte können die Größenmerkmale der Abgabenordnung dienen.[2] Hinzu kommen Merkmale wie Höhe des Kapitals, Zahl der Beschäftigten, Art der Tätigkeit, Art der Buchführung, Organisation in Abteilungen, Vielfalt der Erzeugnisse, Zahl der Betriebsstätten u. a.

Jeder IST-Kaufmann ist verpflichtet, sich ins Handelsregister eintragen zu lassen. Seine Qualifikation als Kaufmann hängt allerdings nicht von der Eintragung ab. Von jedem Gewerbetreibenden wird vermutet, dass er Kaufmann ist. Wenn er sich darauf beruft, kein Kaufmann zu sein, liegt die Beweislast bei ihm.

▪ KANN-Kaufmann

§ 2 HGB

Jeder Gewerbetreibende, der nicht schon IST-Kaufmann ist, kann sich freiwillig in das Handelsregister eintragen lassen und damit die Kaufmannseigenschaft erwer-

---

[1] Selbstständigkeit, Nachhaltigkeit, Gewinnerzielungsabsicht, Beteiligung am allgemeinen wirtschaftlichen Verkehr, keine Einkünfte aus L+F und selbstständiger Arbeit

[2] § 141 AO, Gewinn 50.000 € und Umsatz 500.000 €

ben. Hierunter fallen die Gewerbebetriebe, die keinen in kaufmännischer Weise eingerichteten Geschäftsbetrieb benötigen.

§ 3 HGB

Auch die Land- und Forstwirte, die einen nach Art und Umfang in kaufmännischer Weise eingerichteten Geschäftsbetrieb erfordern, haben die Möglichkeit, sich ins Handelsregister eintragen zu lassen und somit die Kaufmannseigenschaft zu erwerben. Die Kaufmannseigenschaft ergibt sich dann erst mit Eintragung in das Handelsregister. Danach unterliegen sie allen Rechten und Pflichten eines Kaufmanns.

§ 5 HGB

Wer im Handelsregister eingetragen ist, gilt als Kaufmann, auch wenn sein Betrieb eine kaufmännische Organisation nicht (mehr) erforderlich macht (Scheinkaufmann). Auch wer im Geschäftsleben vorgibt ein Kaufmann zu sein, ohne ins Handelsregister eingetragen zu sein, muss die Bestimmungen des Handelsgesetzbuches gegen sich gelten lassen.

§ 6 (2) HGB

■ FORM-Kaufmann

Die „Aktiengesellschaft" und die „Gesellschaft mit beschränkter Haftung" sind immer Kaufleute. Sie entstehen durch die Eintragung in das Handelsregister und erwerben dadurch auch die Kaufmannseigenschaft. Dabei ist es unerheblich, ob sie ein Gewerbe betreiben oder ob sie eine kaufmännische Organisation benötigen.

■ Andere Gesellschaftsformen/Personenzusammenschlüsse

§ 6 (1) HGB
§ 106 HGB
§ 105 (2) HGB

Ein Personenzusammenschluss, der ein Handelsgewerbe betreibt, ist nach § 1 HGB Ist-Kaufmann und nach § 105 HGB eine „Offene Handelsgesellschaft" bzw. nach § 161 HGB eine „Kommanditgesellschaft". Die Eintragung in das Handelsregister ist Pflicht. Ein Personenzusammenschluss, der zwar einen Gewerbebetrieb betreibt, aber keine kaufmännische Organisation erfordert, wird durch die freiwillige Eintragung in das Handelsregister zum KANN-Kaufmann. Es handelt sich dann ebenfalls um eine „Offene Handelsgesellschaft" oder um eine „Kommanditgesellschaft". Nach § 105 HGB können auch Gesellschaften, die nur eigenes Vermögen verwalten, bei Eintragung in das Handelsregister eine OHG gründen und damit auch die Kaufmannseigenschaft erwerben. Alle anderen Personenzusammenschlüsse (Lottogemeinschaft, Kegelclub u. a.) sind keine Kaufleute.

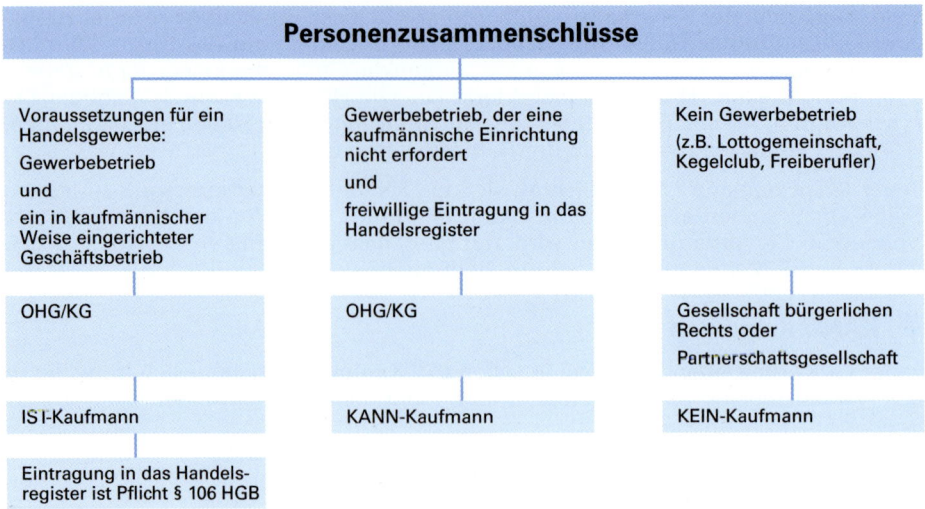

Beginn und Ende der Kaufmannseigenschaft

	Beginn der Kaufmannseigenschaft	Ende der Kaufmannseigenschaft
Ist-Kaufmann	Aufnahme der Geschäfte	Einstellung des Betriebes
Kann-Kaufmann	Eintragung in das Handelsregister	Austragung aus dem Handelsregister
Form-Kaufmann	Eintragung in das Handelsregister	Austragung aus dem Handelsregister

Erarbeitungsfälle

1 Aufgabe (Beginn der Kaufmannseigenschaft)

Werner Sauber betreibt in Rostock seit dem 1. Juli ein Unternehmen zur Gebäudereinigung. Seit diesem Zeitpunkt beschäftigt er regelmäßig 50 Arbeitskräfte. Er rechnet mit einem Jahresumsatz von 1.500.000 €. In das Handelsregister wurde Sauber am 1. Oktober eingetragen.

Ab welchem Zeitpunkt ist Sauber Kaufmann?

2 Aufgabe (Kaufmannseigenschaft)

Elly Polter betreibt einen Schreibwarenladen auf dem Marktplatz von Bad Schandau an der Elbe (Sachsen). Sie hat keine Mitarbeiter und hat im letzten Jahr einen Gewinn von 11.000 € bei einem Umsatz von 45.000 € erzielt.

a) Ist Frau Polter Kauffrau nach dem HGB?

b) Muss sich Frau Polter in das Handelsregister eintragen lassen?

3 Aufgabe (Kaufmannseigenschaft der GmbH)

Der Steuerberater Karl Schurz beschäftigt in seinem Büro fünf Mitarbeiter, die sich die Betreuung der Mandanten teilen. Aus Haftungsgründen wandelt Herr Schurz sein Unternehmen in eine Gesellschaft mit beschränkter Haftung um, in der er alleiniger Gesellschafter und alleiniger Geschäftsführer ist. Welchen Einfluss hat diese Umwandlung auf die Kaufmannseigenschaft des Herrn Schurz?

4 Aufgabe (Kaufmannseigenschaft bei Landwirten)

Wilhelm Pluer besitzt einen großen landwirtschaftlichen Betrieb in der Nähe von Wittenberg in Sachsen-Anhalt. Seinen Umsatz von 600.000 € erzielt er durch den Anbau von Getreide. Er hat neben vielen Erntehelfern, die alle als geringfügig Beschäftigte arbeiten, fünf fest angestellte Mitarbeiter. Herr Pluer überlegt, ob er sein Getreide in einer eigenen Schnapsbrennerei verarbeiten und in den Supermärkten der Umgebung verkaufen sollte, hat aber Angst, bei der dann notwendigen kaufmännischen Organisation unter die strengen Bestimmungen des Handelsrechts zu fallen.

a) Ist der Landwirt Wilhelm Pluer Kaufmann?

b) Nach welchen Vorschriften kann Herr Pluer – mit bzw. ohne Kaufmannseigenschaft – seinen Gewinn ermitteln?

c) Zu welcher Einkunftsart zählen die Einkünfte des Herrn Pluer?

5 Aufgabe (Beginn und Ende der Kaufmannseigenschaft)

Bestimmen Sie den Beginn bzw. das Ende der Kaufmannseigenschaft:

a) Walter Wald entschließt sich als Schreinermeister selbstständig zu machen. Er erwirbt dazu am 15. März ein geeignetes Gebäude, um dort eine Werkstatt einzurichten. Nach den erforderlichen Umbauten und der Anschaffung der entsprechenden Maschinen und Werkzeuge beginnt er am 1. Juni mit der Bearbeitung der ersten Aufträge. Er stellt 10 Mitarbeiter ein. Aufgrund seines erwarteten hohen Umsatzes hat ihn das Finanzamt schon zur Führung von Büchern aufgefordert.

b) Die Steuerberater Müller und Vogel wollen eine Steuerberatungsgesellschaft in der Rechtsform der GmbH gründen. Am 15. Februar schließen sie den Gesellschaftsvertrag in notariell beurkundeter Form ab. Am 1. März mieten sie die Geschäftsräume an. Im selben Monat kaufen sie die entsprechende Büroeinrichtung und die Computer. Zum 1. April beginnen sie die geschäftliche Tätigkeit in den Räumen und empfangen ihre ersten Mandanten. Die Eintragung der GmbH in das Handelsregister erfolgt am 15. Mai.

c) Peter Rauch besitzt einen größeren Schreibwarenhandel in der Innenstadt von Düsseldorf. Er beschäftigt mehrere Angestellte. Wegen seines hohen Alters beschließt er aber den Betrieb aufzugeben. Am 10. Oktober beginnt er mit dem Räumungsverkauf, den er am 31. Oktober beendet. Am gleichen Tag schließt er dann den Laden. Bis zum 1. Dezember veräußert er noch die Einrichtung des Ladens und begleicht seine restlichen Schulden.

6 ▶ Aufgabe (Buchführungspflicht)

Als Auszubildender in einem Steuerberaterbüro übernehmen Sie die Buchführung verschiedener Mandanten. Für Ihre Planung müssen Sie entscheiden, ob Ihre Mandanten Kaufleute sind und nach § 238 HGB und § 140 AO zur ordnungsmäßigen Buchführung verpflichtet sind. Entscheiden Sie auch, ob sie eventuell nach § 141 AO buchführungspflichtig sind. Begründen Sie Ihre Entscheidung sorgfältig!

a) Fritz Feid betreibt einen Möbelhandel in Neuss. Sein jährlicher Umsatz beträgt 800.000 €, sein Gewinn 300.000 €. Er hat sich pflichtgemäß in das Handelsregister eintragen lassen. Er hat 8 Angestellte und 3 Aushilfen.

b) Jens Lohrer hat als Steuerberater die „Steuer- und Wirtschaftsberatung GmbH" gegründet. Im ersten Jahr hat er nur einen Umsatz von 70.000 € erzielt. Im zweiten Jahr betrug sein Umsatz schon 320.000 €.

c) Helga Maassen betreibt in der Innenstadt von Düsseldorf eine kleine Modeboutique. Der Umsatz beträgt 25.000 €. Sie beschäftigt keine Mitarbeiter.

d) Wolfgang Sopp besitzt in Wuppertal eine Apotheke. Obwohl sein Betrieb keine kaufmännische Organisation erforderlich macht, hat er sich in das Handelsregister eintragen lassen.

e) Heiner Luser und Felix Gropper haben ein Unternehmen zur Softwareproduktion eröffnet. Bald beschäftigen sie 15 Mitarbeiter und erzielen einen Umsatz von mehreren Millionen Euro.

f) Ingrid Poster und Gabi Lauser betreiben in der Form einer Kommanditgesellschaft einen landwirtschaftlichen Betrieb. Sie produzieren Gemüse und Getreide im ökologischen Anbau. Sie haben sich freiwillig in das Handelsregister eintragen lassen.

7 ▶ Aufgabe (Kaufmannseigenschaft und Steuerpflicht)

Steuerberater Kurt Klimzig hat seine in Düsseldorf gelegene Praxis verkauft und sich zur Ruhe gesetzt. Er beschäftigt sich nur noch mit der Verwaltung seines Miethauses, das ebenfalls in Düsseldorf liegt. Er hat dieses Haus folgendermaßen vermietet:

Erdgeschoss: Ladenlokal einer Lebensmittelkette

1. Etage: Praxisräume eines praktischen Arztes

2. Etage: Wohnräume für einen Studiendirektor

3. Etage: Eigene Wohnräume

Vera Bolte hat eine Pension im Norden von Düsseldorf von ihrem Mann geerbt. Im Erdgeschoss befindet sich ihre private Wohnung. Die Zimmer in der ersten und zweiten Etage vermietet sie laufend an verschiedene Geschäftsleute, die die Messe der Stadt besuchen.

a) Besitzen Herr Klimzig und Frau Bolte die Kaufmannseigenschaft?

b) Im Rahmen welcher Einkunftsart erzielen Herr Klimzig und Frau Bolte ihre Einnahmen?

c) Sind Herr Klimzig und Frau Bolte gewerbesteuerpflichtig?

8 Aufgabe (Gewinnermittlungsmethoden und Steuerrecht)

Peter Schmitz betreibt ein Dienstleistungsunternehmen in Neuss. Er wohnt mit seiner Familie in Wuppertal. Für große Unternehmen versendet er Prospektmaterial, stellt Postsendungen zusammen oder packt kleine Pakete. Daneben beschäftigt er sich mit Telefon-Marketing und bietet eine sogenannte „Hotline" für ein Software-Unternehmen an. Hauptsächlich arbeitet Herr Schmitz mit Aushilfskräften zusammen. Daneben beschäftigt er eine Geschäftsführerin, einen technischen Leiter für Computer- und Telefonanlagen, sowie drei weitere Mitarbeiter und zwei Auszubildende. Im letzten Jahr erzielte Peter Schmitz einen Gewinn von 39.000 € bei einem Umsatz von 630.000 €. (Begründen Sie ihre Antwort sorgfältig!)

a) Welche Gewinnermittlungsmethoden kommen für einen Gewerbebetrieb grundsätzlich infrage?

b) Ist Herr Schmitz zur Buchführung nach § 238 HGB verpflichtet?

c) Welche Einkünfte erzielt Herr Schmitz im Rahmen der Einkommensteuer?

d) Welches Finanzamt ist für Herrn Schmitz zuständig?

2 Handelsregister

Einführungssituation

Der Schüler Mario Polter aus Hannover ist ein Computerfreak. Bei Freunden und Verwandten hat er schon öfter Computerprogramme installiert und kleinere Fehler behoben. Jetzt möchte er diese Tätigkeit ausweiten und sucht nach einem Namen, unter dem er seine selbstständige Tätigkeit ausüben könnte. Dieser sollte einzigartig sein und junge Leute ansprechen. Er beschließt, sein Unternehmen „Super-Mario-Computerwelt" zu nennen, will sich aber zunächst vergewissern, dass es ein Unternehmen mit diesem oder einem ähnlichen Namen nicht schon gibt. Wo kann Mario sich erkundigen?

Wer sich selbstständig machen will, hat sich bei den verschiedensten Institutionen anzumelden. Jeder Unternehmer muss sich bei seiner Gemeinde und beim Finanzamt melden, muss einer Berufsgenossenschaft beitreten und seine Mitarbeiter bei der Krankenkasse anmelden. Freiberuflich Tätige müssen Mitglied bei den zuständigen Stellen (z. B. Steuerberaterkammer, Rechtsanwaltskammer, Ärztekammer usw.) werden. Gewerbetreibende melden ihren Betrieb bei der Industrie- und Handelskammer bzw. bei der Handwerkskammer an. Kaufleute müssen sich zusätzlich in das Handelsregister eintragen lassen.

§§ 8–16 HGB

Das Handelsregister ist ein amtliches Verzeichnis der Kaufleute, das vom zuständigen Amtsgericht (= Registergericht) geführt wird. Das Handelsregister ist in zwei Abteilungen gegliedert:

Abteilung A: Einzelunternehmer und Personengesellschaften

Abteilung B: Kapitalgesellschaften

Neben dem Handelsregister gibt es weitere Register für bestimmte Personenkreise. So wird auch das Genossenschaftsregister, das Vereinsregister, das Partnerschaftsregister und das Grundbuch beim Amtsgericht (Registergericht) geführt.

Handelsregister – Abt. A – des Amtsgerichts Essen — HRA 55

Nummer der Eintragung	a) Firma b) Sitz c) Gegenstand des Unternehmens (bei juristischen Personen)	Geschäftsinhaber Persönlich haftende Gesellschafter Geschäftsführer Abwickler	Prokura	Rechtsverhältnisse	a) Tag der Eintragung und Unterschrift b) Bemerkungen
1	2	3	4	5	6
1	a) Sportgerätegroßhandel Kurfeß KG b) Hattingen	Christian Kurfeß, geb. am 17. Juli 1967, Hattingen Katrin Scheuermann, geb. am 23. August 1966, Hattingen		Kommanditgesellschaft Kommanditistin Monika Lück, geb. Remp in Freudenstadt, geb. am 2. Juli 1939, mit einer Einlage von 900.000,00 DM	a) Umgeschrieben von HRA 3296 am 19. September 1968 b) Tag der ersten Eintragung am 10. Juli 1949
2			Daniel Blank in Hattingen, geb. am 22. Oktober 1975, ist Einzelprokura erteilt worden.		a) 25. März 1996

Handelsregister – Abt. B – des Amtsgerichts Halle — Blatt (mit Fortsetzung Blatt) HRB 3870

Nummer der Eintragung	a) Firma b) Sitz c) Gegenstand des Unternehmens (bei juristischen Personen)	Grundkapital oder Stammkapital DM	Vorstand Persönlich haftende Gesellschafter Geschäftsführer Abwickler	Prokura	Rechtsverhältnisse	a) Tag der Eintragung und Unterschrift b) Bemerkungen
1	2	3	4	5	6	7
1	a) B & G Elektro-Handel GmbH b) Halle c) Gegenstand des Unternehmens ist der Einkauf und Vertrieb von Elektro-Geräten, Elektro-Einzelteilen und Elektro-Ersatzteilen	50.000,00	Karl Krotsche, geb. am 23. Februar 1945, Kaufmann, Schkeuditz		Gesellschaft mit beschränkter Haftung. Gesellschaftervertrag vom 3. April 1991, geändert am 25. Januar 1993. Die Gesellschaft hat einen oder mehrere Geschäftsführer. Jeder Geschäftsführer vertritt die Gesellschaft allein. Der Geschäftsführer Hermann Krotsche ist allein vertretungsberechtigt und befugt, mit sich selbst im eigenen Namen oder als Vertreter eines Dritten Rechtsgeschäfte mit der Gesellschaft abzuschließen (Befreiung von § 181 BGB). Die Sitzverlegung von Leipzig nach Halle mit der entsprechenden Änderung des § 1 Satz 2 des Gesellschaftsvertrages beschlossen.	a) 24. April 1994 b) Ges. Vertrag Bl. 36/43 Sbd. bisher: AG Leipzig HR B 937 Erster Eintrag: 15. April 1991 AG Leipzig HR B 995
2					Die Gesellschafterversammlung vom 3. März 1994 hat die Änderung des § 7 des Gesellschaftsvertrages durch Anfügen des Abs. 5 (Wettbewerbsverbot) beschlossen.	a) 23. März 1994 b) Bl. 49/52 Sbd.
3			Klaus Troff, geb. am 15. Oktober 1952, DV-Kaufmann, Dresden Karl Krotsche, geb. am 23. Februar 1945, Kaufmann, Schkeuditz		Karl Krotsche ist nicht mehr Geschäftsführer. Klaus Troff, DV-Kaufmann, Dresden, ist zum Geschäftsführer bestellt. Ihm ist es gestattet, die Gesellschaft auch bei Rechtsgeschäften mit sich selbst in eigenem und fremdem Namen zu vertreten. Klaus Troff ist nicht mehr Geschäftsführer. Karl Krotsche, Kaufmann, Schkeuditz, ist zum Geschäftsführer bestellt. Ihm ist es gestattet, die Gesellschaft auch bei Rechtsgeschäften mit sich selbst in eigenem und fremdem Namen zu vertreten.	a) 14. Juni 1996

Inhalt der Eintragung

Von jedem Kaufmann werden neben dem Namen (Firma) bestimmte Informationen im Handelsregister gespeichert. Die wichtigsten sind:

- Sitz und Gegenstand des Unternehmens
- Geschäftsinhaber, Gesellschafter
- Geschäftsführer, Vorstand
- Rechtsform
- Einlagen der Kommanditisten, Grundkapital, Stammkapital
- Prokura
- Gesellschaftsvertrag, Satzung

Nicht eingetragen werden die Kapitalanteile der Vollhafter, da dieses Kapital variabel ist. Die Unterschriften der zeichnungsberechtigten Personen werden beim Registergericht hinterlegt.

Anmeldung

§ 12 HGB

Die Anmeldung in das Handelsregister erfolgt in der Form der öffentlichen Beglaubigung (notariell beglaubigte Unterschrift) durch den oder die Inhaber bzw. bei juristischen Personen durch deren Vertreter. Die Eintragung kann durch Ordnungsstrafen (Zwangsgeld bis zu 5.000 €) erzwungen werden. Die Anmeldung eines Insolvenzverfahrens in das Handelsregister erfolgt von Amts wegen.

§ 129 HGB

§ 14 HGB

Lässt sich der Kaufmann nicht in das Handelsregister eintragen, obwohl er dazu verpflichtet ist, hat er trotzdem die Pflichten des Handelsgesetzbuches, z. B. die Buchführungspflicht, zu erfüllen.

Öffentlichkeit

§ 9 HGB

Die Eintragungen in das Handelsregister sind öffentlich, d. h., jedermann hat das Recht zur Einsicht und kann Abschriften gegen eine Gebühr verlangen. Außerdem werden die Eintragungen und Löschungen im Bundesanzeiger[1] und in den Amtsblättern veröffentlicht. Eintragungen wirken erst dann gegen Dritte, wenn sie veröffentlicht wurden. Das Handelsregister wird mithilfe der elektronischen Datenverarbeitung geführt und kann über das Internet genutzt werden.

§§ 10, 11 HGB

Publizität

Das Handelsregister schützt den gutgläubigen Dritten, d. h., ein Dritter kann sich auf die Richtigkeit der Eintragungen verlassen (öffentlicher Glaube).

Negative Publizität

Nicht eingetragene Tatsachen wirken nicht gegen Dritte, es sei denn, der Dritte wusste von der Tatsache oder hätte dies wissen müssen.

§ 15 (1) HGB

---

[1] Der Bundesanzeiger ist das amtliche Verkündigungsorgan der Bundesrepublik Deutschland. Amtsblätter sind i. d. R. die örtlichen Tageszeitungen.

> **Beispiel:**
>
> Unternehmer Arthur aus Regensburg entzieht dem langjährigen Prokuristen Sepp Huber am 15. Januar die Vollmacht. Die Löschung im Handelsregister unterbleibt irrtümlich. Am 30. März verkauft Huber ein Firmenfahrzeug zu sehr ungünstigen Bedingungen.
>
> Der Kaufvertrag ist wirksam zu Stande gekommen, wenn der Käufer vom Entzug der Prokura nichts wusste und auch nichts wissen konnte.

■ Korrekte Publizität

§ 15 (2) HGB — Eingetragene Tatsachen muss ein Dritter gegen sich wirken lassen, es sei denn, die Rechtshandlungen wurden innerhalb von 15 Tagen nach der Bekanntmachung der Eintragung vorgenommen und der Dritte kann beweisen, dass er die Tatsache weder kannte noch hätte kennen müssen.

> **Beispiel:**
>
> Dem Gesellschafter Meiser der Schmitz OHG wird die Vertretungsbefugnis mit Wirkung zum 1. September entzogen. Diese Tatsache wird korrekt am 15. September in das Handelsregister eingetragen und bekannt gemacht. Zwei Monate später verkauft Meiser eine Produktionsmaschine, die vom Betrieb noch dringend benötigt wird.
>
> Der Kaufvertrag ist nichtig. Herr Meiser durfte im Namen der Schmitz KG keine Geschäfte mehr tätigen. Der Kunde hätte diese Tatsache wissen müssen.

■ Positive Publizität

§ 15 (3) HGB — Unrichtig bekannt gemachte Tatsachen wirken auch gegen Dritte, es sei denn, der Dritte wusste von der Unrichtigkeit.

> **Beispiel:**
>
> Unternehmer Bender aus Berlin hat der langjährigen Angestellten Heike Siebe Prokura erteilt. Bei der Anmeldung zum Handelsregister unterläuft dem Notar ein Fehler. Statt „Heike Siebe" wird „Heiko Siebe" eingetragen und bekannt gemacht. Zufällig arbeitet auch ein Heiko Siebe im Unternehmen von Bender.
>
> Die Geschäfte, die Heiko Siebe abschließt, sind wirksam. Ein Dritter muss sich auf die Richtigkeit der Handelsregistereintragungen verlassen können.

■ Wirkung der Eintragung

Die Eintragung in das Handelsregister kann unterschiedliche Wirkungen haben, je nachdem, ob durch die Eintragung neues Recht geschaffen wird oder ob bestehendes Recht lediglich veröffentlicht wird.

Konstitutive, rechtserzeugende und rechtsbegründende Wirkung	Deklaratorische und rechtserklärende Wirkung
Kaufmannseigenschaft bei freiwilliger Eintragung der Kann-Kaufleute (§ 2 HGB)	Kaufmannseigenschaft bei der Pflichteintragung der Ist-Kaufleute (§ 1 HGB)
Firmenmonopole (§ 30(1) HGB)	Prokura (§ 53 HGB)
Rechtsform der Kapitalgesellschaften (§ 6 HGB)	Rechtsform der Personengesellschaften (§§ 106, 162 HGB)
Beschränkte Haftung der Kommanditisten (§ 172 HGB)	

Ist ein Handelsgewerbe in das Handelsregister eingetragen, so kann ein Dritter darauf vertrauen, dass der Gewerbebetrieb ein Kaufmann (Schein-Kaufmann) ist. Erfordert ein eingetragenes Handelsgewerbe keinen in kaufmännischer Weise eingerichteten Geschäftsbetrieb mehr, so ist der Inhaber verpflichtet, seinen Betrieb aus dem Handelsregister austragen zu lassen.

Von der Eintragung sind einige Rechte der Kaufleute abhängig. So kann nur ein eingetragener Kaufmann ein abweichendes Wirtschaftsjahr nach § 4 a EStG haben, eine Firma führen oder Prokuristen bestellen.

Erarbeitungsfälle

1 Aufgabe (Inhalt der Handelsregistereintragung)

Michael Müller hat im Januar einen Handy-Shop mit dem Namen „MM-Handy-Shop" eröffnet. Das Ladenlokal befindet sich in 23560 Lübeck, Hauptstraße 12, wo Herr Müller auch wohnt. Ziel des Unternehmens ist der Verkauf und die Wartung von Handys unterschiedlichster Hersteller. Zu seiner Unterstützung hat Herr Müller acht Mitarbeiter eingestellt.

a) Wo muss Herr Müller seinen Betrieb anmelden?
b) Welche Tatsachen muss Herr Müller in das Handelsregister eintragen lassen?

2 Aufgabe (Eintragungen in das Handelsregister)

Entscheiden und begründen Sie, ob die folgenden Tatsachen in das Handelsregister eingetragen werden!

a) Das Stammkapital einer GmbH wird von 50.000 € auf 100.000 € erhöht.
b) Eine allgemeine Handlungsvollmacht wird widerrufen.
c) Drei Steuerberater gründen eine GmbH.
d) Ein Geschäftsführer einer GmbH wird berufen, der nicht Gesellschafter der GmbH ist.
e) Zwei Ärzte betreiben eine Gemeinschaftspraxis in der Form einer „Gesellschaft bürgerlichen Rechts".

3 Aufgabe (Handelsregister)

Hans Heiser und Fritz Wüster sind beide Steuerberater. Sie wollen ihre Mandanten in Zukunft in Form der „Heiser & Wüster, Steuerberatung GmbH" betreuen. Das Stammkapital der GmbH beträgt 100.000 € und wurde von beiden Gesellschaftern gemeinsam je zur Hälfte aufgebracht. Sitz des Unternehmens ist 28250 Bremen, Moselweg 5. Der Gesellschaftsvertrag wurde am 12. Januar vor einem Notar geschlossen und die Gesellschaft am 30. Januar in das Handelsregister eingetragen. Es wurde vereinbart, dass beide Gesellschafter die Geschäftsführung gemeinsam übernehmen. Fünf Mitarbeiterinnen wurden bereits für das Unternehmen gewonnen. Frau Helga Fuchs soll Prokuristin werden.

a) In welche Abteilung des Handelsregisters muss das Unternehmen eingetragen werden?
b) Welche der o. g. Tatsachen müssen in das Handelsregister eingetragen werden?
c) Wann ist die Gesellschaft entstanden?
d) Welche Wirkung hat die Eintragung?

4 Aufgabe (Pflicht zur Eintragung)

Tanja Sauer betreibt seit Januar ein Unternehmen für Gebäudereinigung. Sie reinigt mit ihren 24 Mitarbeiterinnen einige kleine Büros und die Gebäude der

Stadtverwaltung. In Kürze wird sie weitere Mitarbeiterinnen einstellen, weil sie zusätzliche Aufträge erhalten hat. Frau Sauer erwartet einen Jahresumsatz von mindestens 600.000 €. Tanja Sauer wird am 12. März in das Handelsregister eingetragen.

a) War die Eintragung in das Handelsregister notwendig?
b) Wann hat Tanja Sauer die Kaufmannseigenschaft erworben?
c) Ab wann ist Frau Sauer buchführungspflichtig nach dem HGB?

5 Aufgabe (Form der Eintragung)

Der Unternehmer Peter Lustig muss sein Unternehmen in das Handelsregister eintragen lassen. Alle erforderlichen Angaben schreibt er sauber und ordentlich in einen Bericht, unterschreibt diesen und bittet einen seiner Angestellten, die Eintragung beim zuständigen Amtsgericht zu veranlassen. Wird das Registergericht die Eintragung vornehmen? Begründen Sie Ihre Ansicht!

6 Aufgabe (Pflichten des Kaufmanns)

Regina Odenwald betreibt in Kassel eine Gastwirtschaft. Ihr Umsatz ist in den letzten Jahren auf mittlerweile 600.000 € gestiegen, da Frau Odenwald ihr Angebot um die Lieferung von Büfetts erweitert hat. Sie beschäftigt mehrere Mitarbeiter, u. a. eine Buchhalterin für die täglichen Abrechnungen und die Lohnbuchhaltung. Ihren Gewinn ermittelt sie nach den Vorschriften des § 4 (3) EStG (Einnahme-Überschuss-Rechnung). Frau Odenwald will sich nicht in das Handelsregister eintragen lassen, weil sie befürchtet „… dann als Kauffrau eine Buchführung anfertigen zu müssen". Ist die Angst von Regina Odenwald berechtigt?

7 Aufgabe (Wirkung der Eintragung)

Eintragungen in das Handelsregister können konstitutive oder deklaratorische Rechtswirkung haben.

a) Erläutern Sie diese Rechtswirkungen!
b) Stellen Sie fest, ob die folgenden Eintragungen konstitutive Wirkung haben, deklaratorische Wirkung haben oder ob die Vorgänge nicht eingetragen werden.
  - Bestellung eines Prokuristen
  - Neugründung der Sauer & Co KG
  - Neugründung der Steuerberatungskanzlei „Schmitter"
  - Neugründung des Tischtennisclubs „NTTC-Nordstadt e. V."
  - Kreditgewährung an einen Angestellten
  - Neugründung der „Stahlwerke GmbH"

8 Aufgabe (Handelsregister und Personenzusammenschlüsse)

1 Die Freundinnen Irene und Claudia studieren beide in Hamburg Mathematik. In ihrer Freizeit kaufen sie gemeinsam Computerzubehör ein und verkaufen dieses auf den Flohmärkten der Umgebung. Im letzten Jahr erzielten sie einen Gewinn von 1.500 € bei einem Umsatz von 13.000 €. Prüfen und begründen Sie, ob die Freundinnen Kaufleute nach dem HGB sind!

2 Die Freundinnen beschließen ihr Studium aufzugeben, um hauptberuflich mit Computerzubehör zu handeln. Sie gründen am 01. Februar eine Offene Handelsgesellschaft, die am 14. März in das Handelsregister eingetragen wird.

  a) Welche Rechtswirkung hat die Eintragung in das Handelsregister für die OHG?

b) In welche Abteilung des Handelsregisters wird die OHG eingetragen?

c) Prüfen und begründen Sie, ob und ggf. ab wann die OHG buchführungspflichtig nach dem HGB geworden ist!

9 Aufgabe (Handelsregistereintragung)

Der Mandant Peter Weber möchte eine Gesellschaft mit beschränkter Haftung (GmbH) gründen. Er hat gehört, dass er die GmbH in das Handelsregister eintragen lassen muss und hat folgende Fragen an Sie:

a) Wo muss Herr Weber den Antrag auf Eintragung in das Handelsregister einreichen?

b) In welcher Form muss der Antrag auf Eintragung erfolgen?

c) Kann sich Herr Weber über schon bestehende Gesellschaften im Handelsregister informieren?

d) Wo werden die Eintragungen des Handelsregisters veröffentlicht?

e) In welche Abteilung des Handelsregisters wird die GmbH eingetragen?

10 Aufgabe (Publizität des Handelsregisters)

Heinrich Aust und sein Sohn Magnus betreiben die „Arzneimittel GmbH" in Haltern. Beide sind zu gleichen Teilen an der Gesellschaft beteiligt und beide sind als Geschäftsführer im Handelsregister eingetragen. Mit Beendigung seines 65. Lebensjahres am 23. September setzt sich Heinrich Aust zur Ruhe. Er wird am 15. Oktober im Handelsregister als Geschäftsführer gestrichen.

Schon am 20. November bereut Heinrich Aust seine Entscheidung, denn er ist der Meinung, dass sein Sohn viele Fehler in der Geschäftsführung macht. Heinrich Aust kauft an diesem Tag eine Produktionsmaschine zu günstigen Bedingungen. Sein Sohn ist davon nicht begeistert, weil die Maschine nicht in sein unternehmerisches Konzept passt. Er schickt die Maschine zurück an den Lieferanten und verlangt, dass der Kaufvertrag rückgängig gemacht wird. Seine Begründung lautet: „Mein Vater Heinrich hat keine Geschäftsführungsbefugnis mehr und das ist auch aus dem Handelsregister ersichtlich." Der Lieferant ist anderer Meinung: „Ich habe schon seit vielen Jahren mit Heinrich Aust Verträge abgeschlossen. Woher soll ich denn wissen, dass er dazu jetzt nicht mehr befugt ist?"

Wer hat Recht?

11 Aufgabe (Handelsregister und Kaufmannseigenschaft)

Folgende Personen möchten von Ihnen wissen, ob sie Kaufmann/Kauffrau sind, sich in das Handelsregister eintragen lassen müssen und ob sie eine ordnungsmäßige Buchführung erstellen müssen.

a) Frau Mutz ist Vermieterin eines 6-Familienhauses. Ihre Mieteinnahmen betragen 41.000 € im Jahr.

b) Frau Seitz betreibt einen Elektrohandel. Sie hat keine Mitarbeiter beschäftigt und führt ihr Geschäft alleine. Ihr Gewinn betrug im letzten Kalenderjahr 17.000 € bei einem Umsatz von 165.000 €.

c) Herr Neunzig ist Rechtsanwalt. Sein Gewinn betrug im letzten Kalenderjahr 230.000 € bei 590.000 € Betriebseinnahmen.

d) Herr Grimm betreibt einen Installationsbetrieb mit 25 Mitarbeiter. Sein Umsatz betrug im letzten Jahr 500.000 €. Er hat sich bisher allerdings noch nicht in das Handelsregister eintragen lassen, weil er meinte, dies sei nicht nötig.

e) Die Ärzte Glauber und Hoffer haben als Geldanlage umfangreiche Immobilien gekauft. Sie gründen für die Vermögensverwaltung dieser Immobilien die „Glauber und Hoffer Verwaltungs-GmbH".

f) Der Landwirt Gutest betreibt seinen landwirtschaftlichen Betrieb mit großem Erfolg. Er erzielte im letzten Kalenderjahr einen Gewinn von 90.000 € bei einem Umsatz von 450.000 €.

g) Die beiden Schüler Hans und Joachim betreiben gemeinsam den Vertrieb von Software. Im letzten Kalenderjahr erzielten sie einen Gewinn von 1.400 € bei Betriebseinnahmen von 4.700 €.

h) Die beiden Kunststudentinnen Silke und Anne handeln seit einigen Jahren mit verschiedenen Kunstgegenständen. Mithilfe ihres Rechtsanwaltes haben sie einen Vertrag über die Gründung einer Offenen Handelsgesellschaft abgeschlossen und haben sich auch in das Handelsregister eintragen lassen.

i) Die beiden Brüder Hans und Karl Roeseler betreiben gemeinsam eine Autoreparaturwerkstatt. Im letzten Jahr erwirtschafteten sie einen Gewinn von 235.000 € bei einem Umsatz von 980.000 €. Sie beschäftigen zehn Mitarbeiter in der Werkstatt und zwei Arbeitskräfte in der Verwaltung. Sie haben sich bisher nicht in das Handelsregister eintragen lassen.

12 Aufgabe (Freiwillige Eintragung in das Handelsregister)

Müssen sich die folgenden Unternehmen in das Handelsregister eintragen lassen? Wenn „nein", können sie sich eintragen lassen? Begründen Sie Ihre Entscheidungen!

a) Frau Heizer ist Vermieterin eines Mehrfamilienhauses. Ihre Mieteinnahmen betragen 83.000 € im Jahr.

b) Herr Seiler betreibt einen Elektrohandel. Er beschäftigt keine Arbeitnehmer und führt sein Geschäft alleine.

c) Herr Wilke ist Rechtsanwalt. Sein Gewinn betrug voriges Jahr 450.000 €.

d) Herr Grimm hat einen Installationsbetrieb mit 25 Mitarbeitern. Sein Umsatz betrug im letzten Jahr 1.450.000 €.

e) Frau Koslowski ist Handelsvertreterin. Sie erzielt in diesem Jahr einen Gewinn von 21.000 €.

f) Die Herren Muler und Meiser gründen die „Steuerberatungs-GmbH".

13 Aufgabe (Handelsregister und Gewinnermittlun)

Die Einzelhändlerin Karin Müller betreibt in der Innenstadt von Bochum eine kleine Modeboutique. Ihr Betrieb erfordert nach Art und Umfang keinen in kaufmännischer Weise eingerichteten Geschäftsbetrieb und ist auch nicht im Handelsregister eingetragen. Frau Müller ermittelt ihren Gewinn durch die Überschussrechnung nach § 4 (3) EStG. Im Januar schreibt sie einen Brief an das Finanzamt Bochum mit folgendem Inhalt:

> Sehr geehrte Damen und Herren,
>
> wegen Arbeitsüberlastung in den Monaten Dezember und Januar beabsichtige ich ein abweichendes Wirtschaftsjahr vom 01. April bis 31. März einzurichten. Ich hoffe auf Ihre Zustimmung.
>
> Mit freundlichen Grüßen

Wird das Finanzamt diesem Antrag zustimmen? Begründen Sie Ihre Antwort!

3 Firma

Einführungssituation

Der Lebensmittelgroßhändler Peter Schmitz aus Köln hat seinen Betrieb stark vergrößert seitdem er auch rechtsrheinische Kunden beliefert. Deshalb wurde er von der Industrie- und Handelskammer Köln aufgefordert, sein Unternehmen in das Handelsregister eintragen zu lassen. Er beantragt daraufhin, mithilfe eines Notars, die Eintragung in das Handelsregister mit der Firma „Peter Schmitz e. K.". Das Amtsgericht lehnt die Eintragung mit der Begründung ab, in Köln bestehe schon eine Firma „Peter Schmitz e. K.".

Welche Möglichkeiten hat Herr Schmitz, der Forderung der Industrie- und Handelskammer nachzukommen?

Firma ist der Name des Kaufmanns unter dem er seine Geschäfte betreibt, die Unterschrift abgibt, klagen und verklagt werden kann. Nur ein eingetragener Kaufmann kann eine Firma haben. Die Firma kann mit dem bürgerlichen Namen übereinstimmen, muss es aber nicht. §§ 17–37a HGB

Beispiel:

Bürgerlicher Name:	„Sabine Alter"
Firma:	„Sabine Alter e. Kfr."
Bürgerliche Namen	„Harald Pesch und Ingrid Schmitz"
Firma:	„Pech und Schwefel OHG"

Firmenarten

Für Einzelunternehmer, Personengesellschaften und Kapitalgesellschaften gilt die freie Wahl der Firma zwischen Personenfirma, Sachfirma und Fantasiefirma.

Personenfirma	Bürgerlicher Name	„Sabine Alter e. Kfr."
Sachfirma	Gegenstand des Unternehmens	„Stahl GmbH"
Fantasiefirma	Erfundener Name	„Tempo AG"

Eine Kombination aus diesen Teilen ist eine „gemischte Firma", z. B. „Sabine Alter Stahl GmbH".

Die Firma muss die Gesellschafts- und Haftungsbedingungen offen legen. Ein Rechtsformzusatz muss enthalten sein. § 19 HGB

Einzelunternehmen	„eingetragene/r Kauffrau/Kaufmann" oder „e. K." oder „e. Kfr./Kfm."
Personengesellschaften	„Offene Handelsgesellschaft" oder „OHG" „Kommanditgesellschaft" oder „KG"
Kapitalgesellschaften	„Aktiengesellschaft" oder „AG" „Gesellschaft mit beschränkter Haftung" oder „GmbH"

Wenn bei einer Personengesellschaft keine natürliche Person haftet, muss dies in der Firma zum Ausdruck kommen, z. B. „GmbH & Co. KG". § 19 (2) HGB

Firmengrundsätze

Um Konkurrenten, Kunden und Kreditgeber zu schützen, wurden aus den gesetzlichen Vorschriften und durch die Rechtsprechung die folgenden Grundsätze bei der Benutzung einer Firma entwickelt.

Firmenklarheit

§ 18 HGB — Die Firma darf nicht über Art und Umfang des Unternehmens täuschen. Eine Gesellschaft darf nicht vorgetäuscht werden. Die Firma muss Unterscheidungskraft gegenüber anderen Firmen besitzen.

Firmenmonopol

§§ 30, 37 HGB — Eine eingetragene Firma darf in einem Handelsregister nur von einem Unternehmen genutzt werden. Für überregionale Unternehmen gilt dies generell. Wer eine ihm nicht zustehende Firma gebraucht, ist vom Registergericht zur Unterlassung durch Androhung eines Ordnungsgeldes anzuhalten.

Firmeneinheit

Für das gleiche Unternehmen muss immer die gleiche eingetragene Firma benutzt werden.

Veräußerungsverbot

§ 23 HGB — Eine Firma ohne Geschäftsbetrieb darf nicht veräußert werden.

Firmenöffentlichkeit

§§ 29, 31 HGB — Die Firma muss in das Handelsregister eingetragen werden.

§ 37a HGB — Auf allen Geschäftsbriefen des Kaufmanns, die an einen bestimmten Empfänger gerichtet werden, müssen seine Firma, die Rechtsform, der Ort der Handelsniederlassung, das Registergericht und die Nummer der Eintragung angegeben werden.

Firmenbeständigkeit

§§ 21, 22 HGB — Ändert sich der Name des Inhabers, z. B. durch Heirat, kann die Firma fortgeführt werden. Ändert sich die Rechtsform, so muss dies auch in der Firma zum Ausdruck kommen.

Wechselt der Inhaber durch Verkauf oder Tod, kann die bisherige Firma ebenfalls fortgeführt werden, wenn der Verkäufer oder die Erben zustimmen. Ein Zusatz, z. B. „Nachfolger" oder „vormals", ist möglich.

Bei der Neuaufnahme von Gesellschaftern und beim Ausscheiden von Gesellschaftern kann die Firma auch fortgeführt werden. Dies gilt auch dann, wenn der bisherige Gesellschafter in der Firma ersichtlich ist. Der Gesellschafter oder die Erben müssen der Fortführung zustimmen.

In jedem Fall haftet der oder haften die neuen Inhaber für alle bestehenden Schulden. Diese Haftung kann ausgeschlossen werden, wenn alle Gläubiger informiert werden oder dieser Ausschluss in das Handelsregister eingetragen und veröffentlicht wird. Der ausgeschiedene Inhaber haftet noch fünf Jahre für die Verbindlichkeiten, die bei seinem Ausscheiden bestanden haben.

Erarbeitungsfälle

1 Aufgabe (Zulässige Firmenbezeichnungen)

Stellen Sie fest, ob die folgenden Firmenbezeichnungen zulässig sind!

a) Peter Meiser ist Einzelunternehmer in der Lebensmittelbranche:

„Peter e. K."

b) Otto Wilke und Klaus Nehrig betreiben eine Offene Handelsgesellschaft":

„Wilke und Nehrig"

c) Stahlhändler Karl Niemann gründet eine Aktiengesellschaft:

„Niemann AG"

d) Steuerberater Unger betreibt sein Büro in der Form einer Gesellschaft mit beschränkter Haftung:

„Steuerberatungsgesellschaft mbH"

e) Hermann Poster und Wolfgang Kohne betreiben ein Unternehmen der Computerbranche. Poster haftet mit 50.000 €, Kohne haftet mit seinem gesamten Vermögen unbeschränkt:

„Poster Gesellschaft"

f) Brigitte Schmitz betreibt zwölf Modeboutiquen im Raum Hamburg:

„Brigitte"

2 Aufgabe (Firma)

Machen Sie jeweils zwei Vorschläge zur Firmierung der folgenden Unternehmen!

a) Der Steuerberater Möcker möchte seine Kanzlei in der Rechtsform der Gesellschaft mit beschränkter Haftung führen.

b) Arnold Maus besitzt einen Handwerksbetrieb, in dem er verschiedenste Materialien vergoldet.

c) Christine Scheil und Marga Sinner betreiben eine Kommanditgesellschaft, die sich mit dem Vertrieb von Kunstdrucken beschäftigt. Frau Scheil ist die Vollhafterin und Frau Sinner die Teilhafterin.

d) Die Schüler Mario Maus, Max Klein und Klaus Schwatt gründen eine Offene Handelsgesellschaft mit dem Ziel, Computersoftware zu produzieren und zu verkaufen.

e) Herbert Greuel gründet eine Aktiengesellschaft, die sich mit dem weltweiten Stahlhandel beschäftigt.

f) Friedhelm Cleve besitzt im Rheinland mehrere Einzelhandelsgeschäfte der Unterhaltungselektronik.

3 Aufgabe (Firmenmonopol)

Hildegard Müller war nach ihrer Kaufmannsgehilfenprüfung als kaufmännische Angestellte in der Textilbranche tätig. Nachdem sie eine größere Summe Geld geerbt hat, möchte sie sich nun als Textilgroßhändlerin in Trier selbstständig machen. Sie möchte ihr Unternehmen „H. Müller, Textilgroßhandlung e. K." nennen.

a) Ist diese Firmenbezeichnung zulässig?

b) Frau Müller stellt bei der Anmeldung fest, dass es in Trier bereits ein Unternehmen mit dieser Firma gibt. Welche Möglichkeiten hat Frau Müller?

c) Welchem Zweck dient die Eintragung der Firma in das Handelsregister?

4 Aufgabe (Monopol der Firma)

In Köln existieren fünf Bäckereien mit der Bezeichnung „Peter Schmitz". Wie ist dies handelsrechtlich möglich?

5 Aufgabe (Firmenklarheit)

Heinz Heitges verkauft bei den Heimspielen des Fußballvereins „St. Pauli Hamburg" Speiseeis (im Sommer) und heiße Würstchen (im Winter) an die Stadionbesucher. Herr Heitges möchte sein Unternehmen in das Handelsregister eintragen lassen. Er schlägt dem Notar folgende alternative Firmen vor:

a) „Heinz Heitges – Lebensmittelzentrale Hamburg e. K."

b) „Langnese e. K."

Wird das Amtsgericht diese Eintragungen vornehmen? Begründen Sie Ihre Antwort!

6 Aufgabe (Firmeneinheit)

Heinrich Rennert betreibt in Kiel einen Lebensmitteleinzelhandel. Im Handelsregister ist sein Unternehmen mit der Firma „Heinrich Rennert Lebensmittel e. K." eingetragen. Da die Geschäfte gut laufen, eröffnet Herr Rennert eine Filiale im Hafengebiet von Kiel. Er möchte diesen Betrieb mit der Bezeichnung „Heinrich Rennert – gut und billig e. K." in das Handelsregister eintragen lassen. Wird das Amtsgericht diese Eintragung vornehmen?

7 Aufgabe (Veräußerung der Firma)

Paul Schwierz ist Inhaber der Privatbrauerei „Berliner Brause e. K." in Berlin. Wegen Zahlungsschwierigkeiten möchte Herr Schwierz den guten Namen seines Unternehmens zu Geld machen, ohne sein Unternehmen aufzugeben. Er verkauft die Bezeichnung „Berliner Brause e. K." an den Kaufmann Werner Arndt, der unter dieser Bezeichnung ein alkoholfreies Bier verkaufen möchte. Ist dies handelsrechtlich möglich? Begründen Sie Ihre Antwort!

8 Aufgabe (Firmenbeständigkeit)

Fritz Feid betreibt seit einigen Jahren einen gutgehenden Handel mit Antiquitäten. Sein Unternehmen ist im Handelsregister von Osnabrück mit der Firma „Feid – Antiquitäten e. K." eingetragen. Bei seiner Heirat mit Bettina Schwarz möchte Herr Feid eigentlich den Namen seiner Frau annehmen, hat aber Bedenken, dass er dann ja auch seine Firma, die in der Branche einen guten Ruf hat, ändern müsste. Sind die Bedenken von Herrn Feid berechtigt? Begründen Sie Ihre Antwort!

9 Aufgabe (Firmenbeständigkeit und Haftung)

Der Kaufmann Hartmut Kreiner aus Emden hat am Anfang dieses Jahres die Eisenhandlung „Karl Mustek e. K." gekauft. Er führt das Unternehmen mit gleicher Firma weiter. Im April erhält Herr Kreiner überraschend einen Brief der Allgemeinen Ortskrankenkasse Emden, in dem rückständige Beiträge für die Kranken- und Rentenversicherung angemahnt werden. Er schickt diesen Brief an Herrn Mustek weiter, da er der Meinung ist, dass dieser ja die Schulden gemacht hat und deshalb dafür auch haften muss. Wie ist die Rechtslage?

10 **Aufgabe (Änderung der Firma)**

Gisela Port und Manfred Schilling betreiben seit einigen Jahren ein Fachgeschäft für Arbeitskleidung. Das Unternehmen ist im Handelsregister mit der Firma „Gisela Port – Kleidung nach Maß OHG" eingetragen. Als Gisela Port nach einem Autounfall verstirbt, tritt ihre Tochter Lisa als Erbin in die Unternehmung ein.

a) Muss die Firma des Unternehmens im Handelsregister geändert werden?

b) In welcher Abteilung des Handelsregisters ist die OHG eingetragen?

c) Warum haben Lisa Port und Manfred Schilling ein Interesse an der Fortführung des Unternehmens mit gleicher Firma?

d) Müsste die Firma geändert werden, wenn Lisa nicht in das Unternehmen eintreten würde und Herr Schilling das Geschäft alleine weiterführen würde?

11 **Aufgabe (Fortführung der Firma)**

Frau Elly Moster aus Bielefeld hat das Geschäft von Heinrich Mohren gekauft. Sie will die im Handelsregister eingetragene Firma „H. Mohren e. K." weiterführen.

a) Unter welchen Bedingungen kann Frau Moster die Firma beibehalten?

b) Was muss Frau Moster unternehmen, wenn sie nicht für die Altschulden des Unternehmens haften will?

12 **Aufgabe (Firma und Einkommensteuer)**

Hermann Geier ist Inhaber der „Metallbau Hermann Geier e. K." in Hannover. Er ist jetzt 58 Jahre alt und der Meinung, in seinem Leben genug gearbeitet zu haben. Er verkauft seinen Betrieb an Jens Hofmann aus Bremen, der die Firma gerne fortführen möchte. Die Bilanz von Hermann Geier weist ein Eigenkapital von 320.000 € aus. Jens Hofmann zahlt 400.000 €, da er von dem guten Ruf der Firma und vom Kundenstamm des Herrn Geier profitieren will.

a) Kann Jens Hofmann das Unternehmen mit der Firma „Metallbau Geier e. K." betreiben?

b) Kann Jens Hofmann das Unternehmen mit der Firma „Metallbau Geier e. K." betreiben, wenn er dies gleichberechtigt zusammen mit seinem Bruder Paul machen will?

c) Hat Jens Hofmann den Betrag von 80.000 € in seiner Eröffnungsbilanz auszuweisen?

4 Stellvertretung

Einführungssituation

Der Kaufmann Adam Reisch aus Lübeck stellt in seinem Unternehmen Zubehör für die Automobilbranche her. Herr Reisch ist im Handelsregister mit der Firma „Adam Reisch e. K." eingetragen. Er beschäftigt 120 Mitarbeiter, davon 8 in der Verwaltung. Wenn Herr Reisch auf Geschäftsreise ist oder mit seiner Familie den Jahresurlaub antritt, führt sein langjähriger Mitarbeiter, Paul Reichart, die Geschäfte.

In diesem Jahr ist Herr Reisch für vier Wochen im afrikanischen Busch auf Abenteuerreise. In dieser Zeit hat Herr Reichart eine schwere Entscheidung zu treffen. Ihm liegt ein Angebot des VW-Konzerns vor, sämtliche Außenspiegel für die Marke

„Golf" herzustellen. Dies hätte zur Folge, dass keine anderen Aufträge mehr angenommen werden könnten und die Geschäftsbeziehungen zu allen anderen Kunden aufgegeben werden müssten. Andererseits wären die Gewinnmöglichkeiten der nächsten Jahre glänzend. Herr Reisch ist nicht zu erreichen und die Entscheidung ist innerhalb der nächsten Woche zu treffen.

Kann Herr Reichart diese schwierige Entscheidung für den Inhaber Reisch treffen?

§§ 164 ff. BGB

Kaufleute bedienen sich im Geschäftsleben der Mitarbeit anderer Personen. Wenn diese Mitarbeiter für den Kaufmann rechtsgültige Willenserklärungen abgeben können, handelt es sich um eine Stellvertretung oder Vollmacht. Im Handelsgesetzbuch wird der Umfang der beiden Vollmachten „Prokura" und „Handlungsvollmacht" gesetzlich geregelt. Der Umfang der Vollmachten des Bürgerlichen Gesetzbuches muss vertraglich geregelt werden. So wird z. B. die Generalvollmacht in großen Unternehmen mit sehr unterschiedlichen Befugnissen erteilt.

4.1 Prokura

§§ 48–53 HGB

§ 49 HGB

Prokura ist eine besondere handelsrechtliche Art der Vollmacht, die nur ein Kaufmann erteilen kann. Sie ermächtigt zu allen gerichtlichen und außergerichtlichen Rechtshandlungen, die der Betrieb eines Handelsgewerbes mit sich bringt. Damit geht diese Vollmacht sehr weit und setzt ein Vertrauensverhältnis zwischen Kaufmann und Prokuristen voraus. So kann der Prokurist Personal einstellen, Kredite aufnehmen, Anlagevermögen kaufen oder sogar den Gegenstand des Unternehmens ändern.

■ Beginn der Prokura

§ 48 (1) HGB

§ 46 GmbH
§ 76 AktG

Die Prokura muss ausdrücklich, schriftlich oder mündlich, vom Inhaber erteilt werden. Bei Personengesellschaften erteilen die geschäftsführenden Gesellschafter gemeinsam die Prokura. Bei der Gesellschaft mit beschränkter Haftung entscheidet die Gesellschafterversammlung, bei der Aktiengesellschaft der Vorstand über die Erteilung einer Prokura. Ein Angestelltenverhältnis ist zwar üblich, aber nicht erforderlich.

§ 53 HGB

Die Prokura ist zur Eintragung in das Handelsregister anzumelden. Die Eintragung hat lediglich eine deklaratorische Wirkung, da die Prokura auch ohne Eintragung wirksam ist.

■ Ende der Prokura

§ 52 HGB
§ 53 (2) HGB

Die Prokura kann jederzeit widerrufen werden. Dies kann jeder, der auch zur Erteilung der Prokura ermächtigt ist. Das Erlöschen der Prokura ist im Handelsregister einzutragen (deklaratorische Wirkung). Die Prokura endet auch, wenn das Unternehmen aufgelöst wird, das Dienstverhältnis beendet wird oder der Geschäftsinhaber wechselt. Stirbt der Geschäftsinhaber, hat dies zunächst keinen Einfluss auf die Wirksamkeit der Prokura.

	Erteilung der Prokura	Widerruf der Prokura
Einzelunternehmen	durch den Inhaber	
OHG/KG	durch **alle** geschäftsführenden Gesellschafter gemeinsam	durch **einen** geschäftsführenden Gesellschafter
GmbH	durch die Gesellschafterversammlung	
AG	durch den Vorstand	

■ Umfang der Prokura

Eine vertragliche Einschränkung der Prokura ist gegenüber Dritten unwirksam, es sei denn, der Dritte wusste von der Einschränkung. Der Gesetzgeber hat nur zwei wirksame Einschränkungen zugelassen: § 50 HGB

› **Gesamtprokura:** Die Vollmacht ist nur zusammen mit anderen Personen gültig, meistens mit einem anderen Prokuristen.   § 48 (2) HGB

› **Filialprokura:** Die Vollmacht gilt nur für eine Filiale des Unternehmens, wenn die Filiale in das Handelsregister eingetragen ist.   § 50 (3) HGB

Beide Einschränkungen gelten nur, wenn sie in das Handelsregister eingetragen sind oder der Dritte von diesen Einschränkungen wusste oder hätte wissen müssen.

Im Innenverhältnis sind alle Einschränkungen möglich. Üblich sind Beschränkungen auf bestimmte Geschäfte, auf bestimmte Zeiten oder auf bestimmte Umstände. Verstößt der Prokurist gegen diese vertraglichen Vereinbarungen und erleidet der Kaufmann einen Nachteil aus diesem Verstoß, so ist der Prokurist aus dem Arbeitsvertrag heraus schadenersatzpflichtig.

Folgende Rechtshandlungen darf ein Prokurist nicht vornehmen:
› Verkauf oder Einstellung des Unternehmens
› Gesellschafter aufnehmen
› Prokura erteilen oder widerrufen
› Anmeldungen zum Handelsregister
› Unterschriften unter Bilanzen, Inventuren und Steuererklärungen
› Insolvenzverfahren beantragen
› Eid für den Kaufmann leisten

Für den Verkauf oder die Belastung von Grundstücken benötigt der Prokurist eine besondere Vollmacht.

In Geschäftsbriefen unterschreibt der Prokurist in der Weise, dass er der Firma seinen Namen und den Zusatz „ppa." oder „per procura" hinzusetzt.   § 51 HGB

> **Beispiel:** ›››
>
> Frau Renate Blücker ist Prokuristin der „Max Reis und Klaus Harnisch KG". Sie unterschreibt ihre Briefe mit:
>
> Max Reis und Klaus Harnisch KG
>   ppa. Renate Blücker
>   *Blücker*

4.2 › Handlungsvollmacht   § 54 HGB

Eine Handlungsvollmacht[1] ist jede von einem Kaufmann erteilte Vollmacht, die keine Prokura ist. Der Handlungsbevollmächtigte kann alle gewöhnlichen und branchenüblichen Geschäfte des Handelsgewerbes des Kaufmanns ausführen. Dazu gehören die Wareneinkäufe, die Warenverkäufe, der Ein- und Verkauf von Anlagevermögen, die Einstellung oder Kündigung von Personal u. a. Da der Handlungsbevollmächtigte nur die Geschäfte tätigen darf, die branchenüblich sind, kann er für das Unternehmen unübliche, außergewöhnliche Geschäfte nicht ausführen. Dazu gehören z. B. der Kauf und Verkauf von Wertpapieren oder die Ausweitung oder Änderung des Geschäftsfeldes.

---

[1] Die Handlungsvollmacht, die nicht durch Absprachen eingeschränkt wurde, wird auch als „Allgemeine Handlungsvollmacht" oder „Generalhandlungsvollmacht" bezeichnet.

§ 54 (2) HGB In einigen Fällen benötigt der Handlungsbevollmächtigte eine besondere Vollmacht. Dazu gehören die Veräußerung oder Belastung von Grundstücken, die Wechselgeschäfte, die Aufnahme von Darlehen und die Führung von Prozessen. Natürlich darf der Handlungsbevollmächtigte auch die Rechtshandlungen nicht vornehmen, die der Prokurist nicht vornehmen darf.

Die Handlungsvollmacht kann formlos vom Inhaber, vom Prokuristen oder von anderen Bevollmächtigten erteilt werden und wird nicht in das Handelsregister eingetragen. Es können beliebig Untervollmachten erteilt werden. Die Erteilung wirkt im Innenverhältnis ab dem Tag der Erteilung und im Außenverhältnis mit Kenntnisnahme des Dritten. Die Handlungsvollmacht erlischt mit dem Widerruf, mit der Beendigung des Arbeitsverhältnisses oder mit der Auflösung des Unternehmens. Die Einzelvollmacht erlischt auch mit Beendigung des Auftrags.

Die Handlungsvollmacht kann beliebig weiter eingeschränkt werden. Dritten gegenüber sind diese Einschränkungen wirksam, wenn diese davon wussten oder hätten wissen müssen. In der Praxis haben sich die beiden folgenden Einschränkungen herausgebildet:

› Artvollmacht/Gattungsvollmacht: Sie ermächtigt zur Vornahme ganz bestimmter Geschäfte ohne zeitliche Begrenzung. Dazu gehört z. B. die Inkassovollmacht der Kassierer, die Einkaufsvollmacht für Mitarbeiter in der Einkaufsabteilung oder die Verkaufsvollmacht für Mitarbeiter im Verkauf des Unternehmens.

› Einzelvollmacht: Sie berechtigt zur Vornahme eines bestimmten Geschäftes, z. B. Kauf bestimmter Wertpapiere, Einstellung eines Auszubildenden oder Verkauf eines bestimmten Anlagegutes.

§ 50 HGB Wer in einem Laden oder Warenlager angestellt ist, besitzt die Vollmacht, alle gewöhnlichen Geschäfte eines solchen Betriebes durchführen zu können.

§ 57 HGB Der Besitzer einer allgemeinen Handlungsvollmacht unterschreibt Geschäftsbriefe mit dem Zusatz „i. V." (in Vertretung bzw. in Vollmacht). Für Mitarbeiter, die mit einer Einzel- oder Artvollmacht ausgestattet sind, gilt der Zusatz „i. A." (im Auftrag).

4.3 › Vergleich zwischen Prokura und Handlungsvollmacht

	Prokura	Handlungsvollmacht
Grundsatz	Vollmacht für alle Geschäfte, die **irgendein** Handelsgewerbe mit sich bringt.	Vollmacht für alle Geschäfte, die **dieses** Handelsgewerbe mit sich bringt.
Erteilung	ausdrücklich	keine Formvorschrift
Handelsregister	Eintragung mit deklaratorischer Wirkung	keine Eintragung
Unterschrift	ppa. per procura	i.V. (in Vollmacht, in Vertretung) i.A. (im Auftrag)
Gesetzliche Einschränkungen	› Verkauf des Unternehmens › Gesellschafter aufnehmen oder entlassen › Prokura erteilen oder widerrufen › Anmeldungen zum Handelsregister › Unterschriften unter Bilanzen, Inventuren und Steuererklärungen › Insolvenzverfahren beantragen › Eid für den Kaufmann leisten	Branchenunübliche Geschäfte wie z.B. › Kauf und Verkauf von Wertpapieren › Ausweitung oder Änderung des Geschäftsfeldes
nur mit besonderer Vollmacht möglich	Verkauf oder Belastung von Grundstücken	› Wechselgeschäfte › Aufnahme von Darlehen › Führung von Prozessen
weitere Einschränkungen	› Gesamtprokura › Filialprokura	Jede Einschränkung ist möglich, z.B. › Artvollmacht › Einzelvollmacht

Stellvertretung

Erarbeitungsfälle

1 Aufgabe (Umfang der Prokura)

Der Inhaber der Firma „Autofritz e. K.", Fritz Mauscher, ist bei einem Autounfall schwer verletzt worden und liegt für die nächsten Wochen im Krankenhaus. Während dieser Zeit leitet der langjährige Prokurist Paul Massig die Geschäfte. Entscheiden Sie, ob Paul Massig berechtigt war, die folgenden Geschäfte abzuwickeln!

a) Er kauft eine 40%ige Beteiligung an der Firma „Autozubehör GmbH".

b) Er unterschreibt die Bilanz und die G+V-Rechnung und reicht sie beim Finanzamt ein.

c) Er schließt eine Filiale und entlässt 13 Mitarbeiter.

d) Er erteilt einem Angestellten die allgemeine Handlungsvollmacht.

e) Er kauft ein angrenzendes Grundstück, um dort eine Ausstellungshalle zu errichten.

2 Aufgabe (Erteilung und Entzug der Prokura)

In der „Schulze und Wittke OHG" sind Peter Schulze und Hans Wittke geschäftsführende Gesellschafter. Hans Wittke ernennt am 14. Mai Frau Sommer zur Prokuristin und entzieht am gleichen Tag Herrn Winter die Prokura. War Herr Wittke zu diesen Handlungen berechtigt?

3 Aufgabe (Beginn der Prokura)

Am 15. Juni wurde der Angestellte Feid, durch ausdrückliche Erklärung in Anwesenheit des Lieferanten Knoll vom Kaufmann Krause zum Prokuristen ernannt. Gleichzeitig wird ihm untersagt, Geschäfte mit einem Wert von über 30.000 € abzuschließen. Die Prokura wird am 18. Juli in das Handelsregister eingetragen.

Am 17. September kauft der Prokurist Feid beim Lieferanten Knoll Waren im Werte von 45.000 €. Als der Kaufmann Krause davon erfährt ruft er aus: „Ich zahle keinen einzigen Euro für diese Lieferung!"

a) An welchem Tag wurde Feid Prokurist?

b) Wird die Beschränkung auf 30.000 € in das Handelsregister eingetragen?

c) Ist das Geschäft mit Knoll wirksam zu Stande gekommen und muss Krause zahlen? Begründen Sie Ihre Antwort!

4 Aufgabe (Ende der Prokura)

Frau Emma Piel ist Inhaberin eines Lebensmittel-Großhandels, der im Handelsregister eingetragen ist. Wegen Betrugs entlässt sie ihren langjährigen Mitarbeiter Werner Arndt am 15. Januar fristlos und entzieht ihm gleichzeitig die Prokura. Kündigung und Prokuraentzug teilt sie Herrn Arndt schriftlich mit. Gleichzeitig informiert sie auch alle Kunden über diese Entlassung. Die Löschung der Prokura wird am 30. März im Handelsregister vorgenommen.

Am 20. Februar bezahlt der Kunde Klaus Kraus eine offene Rechnung über 3.600 € durch Übergabe des Bargeldes an Werner Arndt, der das Geld nicht an Frau Piel weitergibt. Als Frau Piel die Rechnung bei Klaus Kraus anmahnt, verweigert dieser eine erneute Zahlung mit dem Hinweis auf den im Handelsregister eingetragenen Prokuristen. Muss Klaus Kraus nochmals zahlen? Begründen Sie Ihre Ansicht!

5 ▸ Aufgabe (Ernennung eines Prokuristen)

Die Firma „Treu und Glauben KG" beschäftigt in der Buchhaltung Frau Loser, die seit einiger Zeit die ausgehenden Briefe mit ihrem Namen und dem Zusatz „ppa." unterschreibt. Der Geschäftsführer hat davon Kenntnis bekommen und unternimmt zunächst nichts, da er sich aus Zeitgründen nicht mit der Angelegenheit beschäftigen kann.

Ist Frau Loser durch das Stillschweigen des Geschäftsführers Prokuristin geworden? Begründen Sie Ihre Antwort!

6 ▸ Aufgabe (Einschränkung der Prokura)

Die Einzelunternehmerin Angelika Cramer möchte ihrem Angestellten Gerhard Burger Prokura erteilen. Allerdings ist sie nicht sicher, ob Herr Burger auch in jedem Fall die für das Unternehmen richtige Entscheidung treffen wird. Deshalb ernennt sie den Angestellten zwar zum Prokuristen, informiert ihn aber darüber, dass er nur zusammen mit der langjährigen Prokuristin, Helga Maassen, Geschäfte tätigen kann. Um dies auch den Geschäftsfreunden mitzuteilen, möchte sie diese Einschränkung in das Handelsregister eintragen lassen.

Wird das Handelsregister diese Eintragung vornehmen?

7 ▸ Aufgabe (Geschäfte im Rahmen der Prokura)

In der Lebensmittelgroßhandlung „Super GmbH – Hamburg" wurde der Mitarbeiter Gunnar van der Tor zum Prokuristen bestellt. Ist er zur Vornahme folgender Geschäfte und Rechtshandlungen berechtigt?

a) Aufnahme eines Darlehens über 100.000 €

b) Entlassung des Verkaufsleiters

c) Kauf eines Grundstücks im Werte von 150.000 € und Belastung mit einer Hypothek in Höhe von 50.000 €

d) Unterzeichnung der Jahresbilanz

e) Anmeldung zur Eintragung eines neuen Gesellschafters beim zuständigen Handelsregister

f) Einstellung eines Lagerarbeiters

g) Kauf einer Schiffsladung Südfrüchte

h) Aufnahme eines Bankkredits für den Bau einer Lagerhalle

i) Verkauf von Aktien aus dem Betriebsvermögen

8 ▸ Aufgabe (Prokura und Handelsregister)

Der Einzelunternehmer Peter Becker ist im Handelsregister mit der Firma „Peter Becker e. K." eingetragen und hat seinem Mitarbeiter Werner Klauer Prokura erteilt und dies auch in das Handelsregister eintragen lassen. In dem schriftlich formulierten Vertrag wird ausdrücklich darauf hingewiesen, dass Werner Klauer keine Grundstücksgeschäfte abschließen darf.

Während einer längeren Abwesenheit des Inhabers kauft Herr Klauer für eine beabsichtigte Betriebserweiterung ein Grundstück von der Gemeinde Essen. Der Kaufvertrag wird notariell beurkundet.

a) In welche Abteilung des Handelsregisters ist die Firma von Peter Becker eingetragen?

b) Welche Wirkung hat die Eintragung der Prokura in das Handelsregister?

c) Ist der Kaufvertrag zwischen Werner Klauer und der Gemeinde Essen wirksam zu Stande gekommen?

d) Welche Möglichkeiten hat Herr Becker, auf das unerlaubte Geschäft des Prokuristen zu reagieren?

9 Aufgabe (Prokura und Handelsregistereintragung)

Der Kaufmann Franz Alter hat sich über seine Prokuristin Thea Uhlich sehr geärgert und entzieht ihr am 15. April die Prokura. Noch am gleichen Tag informiert er mit Rundschreiben alle Lieferanten hiervon. Die Löschung der Prokura im Handelsregister wird am 20. Juni vorgenommen.

Am 14. Juni kauft Frau Uhlich bei einem langjährigen Lieferanten Waren zu sehr ungünstigen Konditionen. Herr Alter möchte dieses Geschäft rückgängig machen. Der Lieferant lässt dies nicht zu mit der Begründung: „Das Handelsregister genießt öffentlichen Glauben. Frau Uhlich ist als Prokuristin im Handelsregister eingetragen und damit berechtigt, Waren bei mir zu kaufen."

Ist der Kaufmann Alter an den Kaufvertrag gebunden?

10 Aufgabe (Prokurabeschränkungen)

Irmgard Most ist kaufmännische Angestellte der „Backwaren GmbH" in Emden. Die GmbH betreibt Filialen in Bremen, Oldenburg und Leer, die als Niederlassungen im jeweiligen Handelsregister eingetragen sind. Frau Most wird am 12. März zur Prokuristin bestellt und in die Filiale Bremen versetzt. Die schriftliche Prokuraerteilung enthält folgende Textpassage: „… ist zur Vornahme aller Geschäfte und Rechtshandlungen in der Niederlassung Bremen berechtigt." Eine Durchschrift dieses Vertrages wird zur Eintragung an das Handelsregister Bremen gesandt.

a) Ist die schriftliche Form der Prokuraerteilung notwendig?

b) Wie wird die hier erteilte Art der Prokura genannt?

11 Aufgabe (Handlungsvollmachten)

Prüfen Sie in den folgenden Fällen, ob eine allgemeine Handlungsvollmacht, eine Artvollmacht oder eine Einzelvollmacht vorliegt!

a) In einem schriftlichen Vertrag wird ein Angestellter beauftragt, in den kommenden drei Monaten den Wareneinkauf durchzuführen.

b) Ein Angestellter unterzeichnet im Auftrag des Kaufmanns einen Kaufvertrag für ein Grundstück, der anschießend notariell beurkundet wird.

c) Ein Auszubildender wird zur Bank geschickt, um Wechselgeld zu holen.

d) Der Personalleiter stellt fünf Mitarbeiter ein.

e) Eine Aushilfskraft kassiert in einem Supermarkt.

12 Aufgabe (Vollmachten)

Entscheiden Sie, welche Vollmacht ein Kaufmann in den folgenden Fällen erteilt hat!

a) Frau Schmitz ist Kassiererin in einem Supermarkt.

b) Herr Meier darf Darlehen und Kredite aufnehmen.

c) Frau Müller darf zwar Anlagevermögen kaufen, aber keine Grundstücke.

d) Herr Geier wird zur Bank geschickt, um 1.000 € abzuheben.

e) Herr Sauer kann Waren ohne Betragsbegrenzung einkaufen.

13 Aufgabe (Umfang der Vollmacht)

Herr Wolfgang Räusch, Inhaber der Firma „Räuschmöbel e. K.", möchte in Zukunft etwas „kürzer treten" und deshalb seinem langjährigen Angestellten, Herrn Meinolf Goder, die Vollmacht zur Führung seines Geschäftes erteilen. Er ist noch unsicher, ob er Prokura oder allgemeine Handlungsvollmacht erteilen soll, und fragt, welche der folgenden Rechtsgeschäfte von einem Prokuristen, von einem Handlungsbevollmächtigten oder von keinem von beiden ohne besondere Vollmacht ausgeführt werden können.

a) Kauf- und Verkauf von Anlagevermögen

b) Aufnahme von Darlehen

c) Entlassung von Mitarbeitern

d) Erteilung der allgemeinen Handlungsvollmacht

e) Einkauf und Verkauf von Handelswaren

f) Erteilung einer Inkassovollmacht

g) Verkauf von Grundstücken

h) Kauf von Wertpapieren

i) Erteilung der Prokura

14 Aufgabe (Art der Vollmacht)

Die 16-jährige Auszubildende Simone Herbst arbeitet in einem Blumenladen. Sie wird von ihrem Chef, dem Kaufmann Max Weber, beauftragt, einen aufwendig gestalteten Blumenschmuck zu einem Kunden zu bringen. Da Simone auch den Rechnungsbetrag kassieren soll, nimmt sie die Rechnung mit, die der Kaufmann schon quittiert hat.

Der Kunde nimmt den Blumenstrauß und die Rechnung entgegen, weigert sich aber zu zahlen. Sein Argument: „Ich gebe einer 16-jährigen Auszubildenden kein Geld, weil sie keine Vollmacht dazu hat. Nachher muss ich nochmals zahlen."

a) Welche Art der Vollmacht hat Simone?

b) In welcher Form kann diese Vollmacht erteilt werden?

c) Kann der Kunde wirksam an Simone zahlen?

d) Wie kann Simone sich als Inhaberin einer Inkassovollmacht ausweisen?

15 **Aufgabe (Ende der Handlungsvollmacht)**

Die Kauffrau Margret Mai hat ihrem langjährigen Angestellten, Fritz Lang, die allgemeine Handlungsvollmacht erteilt. Er ist Einkaufsleiter und kauft laufend Handelswaren für das Unternehmen ein. Wegen Absatzschwierigkeiten muss Frau Mai ihrem Angestellten Lang kündigen, ein ausdrücklicher Entzug der Handlungsvollmacht unterbleibt allerdings.

Fritz Lang ärgert sich über seine Entlassung und kauft zu sehr ungünstigen Bedingungen weiterhin Waren für den Betrieb der Frau Mai ein. Sind diese Geschäfte für Frau Mai bindend? Begründen Sie Ihre Antwort!

16 **Aufgabe (Missbrauch der Handlungsvollmacht)**

Ingrid Kohl betreibt in Osnabrück einen Lebensmittelgroßhandel. Sie ist im Handelsregister mit der Firma „I. Kohl e. Kfr." eingetragen. Wenn Frau Kohl nicht da ist, hat die Aushilfskraft Manfred Huster mehrmals kleinere Geldbeträge für den Großhandel in Empfang genommen. Frau Kohl hat dem nicht widersprochen. Nach einiger Zeit überbringt der Postbote 2.000 € in bar. Herr Huster quittiert und verschwindet mit dem Geld.

Kann Frau Kohl die 2.000 € von der Post zurückfordern mit der Begründung: „Herr Huster hatte keine Vollmacht das Geld entgegenzunehmen. Der Postbote hätte das Geld nur mir persönlich übergeben dürfen?"

17 **Aufgabe (Handlungsvollmacht und Kündigung)**

Frau Hertha Weiler arbeitet als Buchhalterin in dem Modegeschäft des Kaufmanns „Heinz Toll e. K.".

a) Nach einer Vereinbarung mit Herrn Toll vertritt Frau Weiler in der Mittagspause die Kassiererin. Welche Art einer handelsrechtlichen Vollmacht besitzt Frau Weiler?

b) Am 12. April verkauft Frau Weiler ein Kleid für 400 €. Sie legt das Geld aber nicht in die Kasse, sondern nutzt es, um rückständige Kreditraten für ihre neue Kücheneinrichtung zu bezahlen. Liegt in diesem Verhalten ein Grund für eine fristlose Kündigung des Arbeitsvertrages vor?

c) Frau Weiler ist am 30. April im gegenseitigen Einvernehmen aus dem Arbeitsverhältnis ausgeschieden. Welche Unterlagen sind Frau Weiler auszuhändigen?

5 Mitarbeiter des Kaufmanns

Einführungssituation

Herr Schönau und Frau Ehl arbeiten beide für den Elektrogerätehersteller „Rückwerk e. K." aus Braunschweig. Beide besuchen Kunden im Bundesland Niedersachsen und vermitteln Kaufverträge im Namen und auf Rechnung des Unternehmers Rückwerk über Haushaltsgeräte. Während Herr Schönau vom Unternehmen einen genauen Plan erhält, wann und wo er Kunden besuchen muss, kann sich Frau Ehl ihre Zeit selbst einteilen. Manchmal arbeitet sie bis spät abends, da dann viele Menschen zu Hause anzutreffen sind. Herr Schönau und Frau Ehl erhalten für die Vermittlung eines Kaufvertrages eine Provision, Herr Schönau 3 % vom Verkaufspreis, Frau Ehl 10 % vom Verkaufspreis. Dafür erhält Herr Schönau aber auch ein monatliches Fixum von 1.700 € und den Ersatz seiner Fahrtkosten.

Bei einem Betriebsfest sprechen die beiden über ihre Arbeit und die viel zu hohe Steuerbelastung. Dabei stellt sich heraus, dass Frau Ehl neben den vierteljährlichen Zahlungen für die Einkommensteuer und die Gewerbesteuer auch noch monatliche Umsatzsteuerzahlungen an das Finanzamt leisten muss. Als sie erfährt, dass Herr Schönau keine Gewerbesteuer und auch keine Umsatzsteuer bezahlen muss, beschließt sie, am nächsten Morgen ihren Steuerberater nach dieser „Ungerechtigkeit" zu befragen.

Können Sie erklären, wie es zu dieser unterschiedlichen Behandlung im Steuerrecht kommt?

---

§ 59 HGB

Der Kaufmann beschäftigt in der Regel Mitarbeiter, die kaufmännische Dienste gegen Entgelt leisten. Diese Arbeitnehmer (kaufmännische Angestellte) werden als Handlungsgehilfen bezeichnet. Für sie gelten alle Vorschriften des Bürgerlichen Gesetzbuches und anderer Rechtsquellen zum Dienstvertrag bzw. Arbeitsvertrag.[1]

Im Absatzbereich arbeiten angestellte, aber auch selbstständige Personen für den Kaufmann, die besondere Vorschriften im Handelsgesetzbuch zu beachten haben.

5.1 Handelsreisender

§ 84 (2) HGB
§ 55 HGB

Der Handlungsreisende ist ein kaufmännischer Angestellter des Kaufmanns und damit unselbstständig. Er besitzt eine Artvollmacht (siehe Stellvertretung), besucht im Auftrag des Kaufmanns Kunden und schließt Verträge für den Kaufmann ab. Er erhält in der Regel ein festes Gehalt, Auslagenersatz und evtl. auch eine Provision für abgeschlossene oder vermittelte Verträge. Im Rahmen der Einkommensteuer erzielt er Einkünfte aus nichtselbstständiger Arbeit. Umsatzsteuerrechtlich ist er kein Unternehmer und führt damit auch keine steuerbaren Umsätze aus.

5.2 Handelsvertreter

Wer als selbstständiger Gewerbetreibender ständig damit betraut ist, für einen anderen Unternehmer Geschäfte zu vermitteln oder abzuschließen, ist Handelsvertreter im Sinne des Handelsgesetzbuches.

Vermittlungsvertreter	Abschlussvertreter
Der Handelsvertreter übermittelt dem Unternehmer den **Antrag** des Kunden. Der Unternehmer nimmt den Antrag an und erfüllt den Vertrag.	Der Handelsvertreter übermittelt dem Unternehmer den **Vertrag** (Antrag und Annahme) mit dem Kunden. Der Unternehmer erfüllt den Vertrag.

§ 91a HGB

In beiden Fällen handelt der Handelsvertreter im fremden Namen und für fremde Rechnung. Im Zweifelsfall besitzt der Handelsvertreter nur die Vollmacht zur Vermittlung eines Geschäftes, nicht zum Abschluss. Schließt er ein Geschäft ab, so ist dies zu Stande gekommen, wenn der Unternehmer nicht unverzüglich ablehnt.

---

[1] Vgl. 4. Kapitel Arbeitsrecht

Typische Aufgabengebiete für Handelsvertreter sind Versicherungen, Bausparkassen und der Absatz bestimmter Waren, z. B. Baumaschinen.

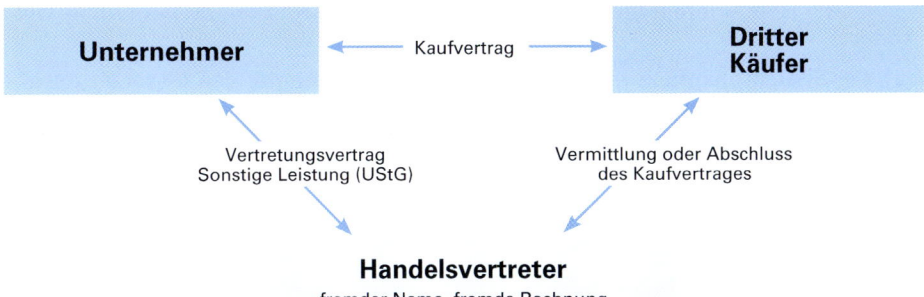

Vertragspartner werden einerseits der Kunde und der Unternehmer für das vermittelte Geschäft (z. B. Kaufvertrag) und andererseits der Handelsvertreter und der Unternehmer (Vertretungsvertrag). Für seine Tätigkeit erhält der Handelsvertreter eine Vermittlungs- oder Abschlussprovision. Selbstständig ist der Vertreter, wenn er im Wesentlichen frei seine Tätigkeit und seine Arbeitszeit bestimmen kann. Fehlen diese Merkmale, handelt es sich um einen nicht selbstständigen Handlungsreisenden, der im Arbeitsverhältnis zum Unternehmer steht.

§ 87 HGB

Der Handelsvertreter kann Kaufmann sein, da er ein Gewerbe betreibt (Ist- oder Kann-Kaufmann). Die Vorschriften des Handelsgesetzbuches gelten aber unabhängig davon. Er bezieht im Rahmen der Einkommensteuer Einkünfte aus Gewerbebetrieb und ist gewerbesteuerpflichtig. Umsatzsteuerrechtlich erbringt der Handelsvertreter eine „Sonstige Leistung, Vermittlungsleistung" für den Unternehmer, wobei das Entgelt in der Provision besteht.

Der Vertretungsvertrag ist formfrei abzuschließen. Jede Seite kann aber auf der Schriftform bestehen. Dies ist in der Regel auch sinnvoll, weil viele der im Handelsgesetzbuch aufgeführten Rechte und Pflichten der Beteiligten vertraglich anders vereinbart werden können. So werden z. B. oft Regelungen zum Gebietsschutz, zum Wettbewerbsverbot, zum Provisionsanspruch, zur Vertragskündigung oder zur Ausgleichszahlung in Verträgen schriftlich niedergelegt.

§ 85 HGB

■ Pflichten des Handelsvertreters

› Der Handelsvertreter hat die Interessen des Unternehmers zu wahren und sich um Abschluss oder Vermittlung von Geschäften zu bemühen.

› Jeder Abschluss bzw. jede Vermittlung ist dem Unternehmer sofort anzuzeigen.

› Informationen über den Unternehmer darf der Vertreter auch nach Beendigung seines Vertragsverhältnisses nicht verwerten.

› Während seiner Tätigkeit darf der Vertreter nicht für einen Konkurrenzunternehmer tätig werden. Meist wird vereinbart, dass dies auch nach Beendigung des Vertragsverhältnisses gilt. Hierfür ist die Schriftform vorgeschrieben.

§ 86 HGB

■ Rechte des Handelsvertreters

› Der Handelsvertreter hat Anspruch auf die Überlassung erforderlicher Unterlagen (Muster, Preislisten, Werbeunterlagen, Geschäftsbedingungen u. a.).

› Der Unternehmer hat den Vertreter über die Annahme, Ablehnung oder Abänderung der vermittelten Geschäfte zu informieren.

§ 86a HGB

§ 87 HGB
§ 87 (4) HGB
§ 87b HGB

> Der Handelsvertreter hat Anspruch auf eine Vermittlungs- oder Abschlussprovision. Sie wird in der Regel in Prozenten vom Bruttopreis berechnet, den der Dritte zu leisten hat. Daneben kann eine Inkassoprovision (für eingezogene Beträge) und eine Delkredereprovision (für die Haftung für Forderungen) vereinbart werden.

§ 87a HGB

Der Provisionsanspruch entsteht, sobald der Unternehmer das Geschäft ausgeführt hat oder schuldhaft nicht ausführt. Er wird spätestens fällig am letzten Tag des nächsten Monats. Der Anspruch auf Provision entfällt, wenn der Kunde seinen Zahlungsverpflichtungen nicht nachkommt.

§ 87 (2) HGB
§ 87 (3) HGB

Ist dem Handelsvertreter ein Bezirk zugewiesen (Bezirksvertreter), so hat er einen Anspruch auf Provision für alle Geschäfte, die in seinem Bezirk abgeschlossen werden, auch wenn er daran nicht mitgewirkt hat. Hat ein Vertreter ein Geschäft eingeleitet oder vorbereitet, besteht der Provisionsanspruch auch dann noch, wenn das Vertragsverhältnis zum Unternehmer beendet ist.

§ 89b HGB

> Der Handelsvertreter kann nach Beendigung des Vertragsverhältnisses einen angemessenen Ausgleich für die von ihm gewonnenen Kunden und Geschäftsbeziehungen verlangen, wenn der Unternehmer hieraus weiterhin erhebliche Vorteile hat. Dieser Ausgleichsanspruch beträgt höchstens eine Jahresprovision (Durchschnitt der letzten fünf Jahre). Er entfällt bei Kündigung des Unternehmers aus wichtigem Grund und bei der Kündigung durch den Handelsvertreter, wenn das Verhalten des Unternehmers hierzu keinen begründeten Anlass gab oder wenn die Kündigung nicht aus Alters- oder Krankheitsgründen erfolgte. Meist besteht eine vertragliche Regelung. Der Anspruch kann im Voraus nicht ausgeschlossen werden.

Der Ausgleichsanspruch gehört zu den Einkünften aus Gewerbebetrieb des Handelsvertreters. Er wird als „außerordentliche Einkünfte" nach § 34 EStG besteuert.

■ Vergleich zwischen Handlungsreisendem und Handelsvertreter

	Handlungsreisender	Handelsvertreter
Status	Kaufmännischer Angestellter und nicht selbstständig, da er seine Tätigkeit und seine Arbeitszeit nicht selbst bestimmen kann.	Gewerbetreibender und selbstständig, da er seine Tätigkeit und seine Arbeitszeit selbst bestimmen kann.
Vertrag	Dienstvertrag (Arbeitsvertrag)	Vertretungsvertrag
Aufgaben	Vermittlung und Abschluss von Geschäften (fremder Name, fremde Rechnung)	
Vergütung	Arbeitslohn, Auslagenersatz, Provision	Provision
Einkommensteuer	Einkünfte aus nicht selbstständiger Arbeit	Einkünfte aus Gewerbebetrieb
Gewerbesteuer	–	Gewerbesteuerpflicht
Umsatzsteuer		Sonstige Leistung, Vermittlungsleistung

5.3 Kommissionär

Wer in eigenem Namen, aber auf Rechnung des Unternehmers, Waren (oder Wertpapiere) kauft oder verkauft, ist Kommissionär im Sinne des Handelsgesetzbuches. Die Tätigkeit umfasst nicht nur die Vermittlung, sondern immer auch den Abschluss des Geschäftes. Der Kommissionsvertrag wird zwischen dem Kommissionär und dem Kommittenten (beauftragender Unternehmer) entweder auf Dauer oder nur für ein Geschäft abgeschlossen.

§ 383 HGB

Verkaufskommission

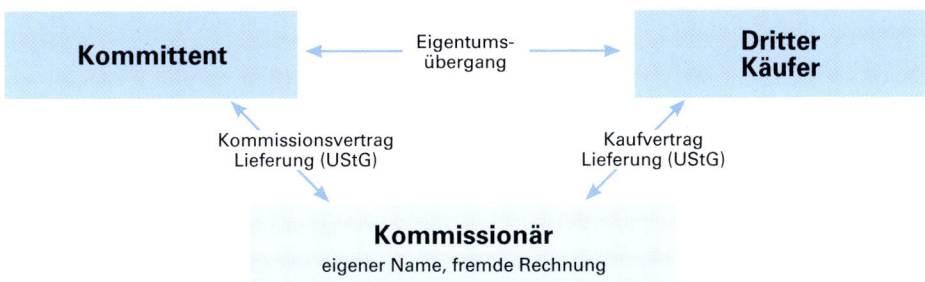

Der Kommissionär ist selbstständiger Gewerbetreibender (Einkünfte aus Gewerbebetrieb, Gewerbesteuerpflicht). Die Vorschriften des Handelsgesetzbuches sind auch dann zu beachten, wenn der Kommissionär kein Kaufmann ist. Umsatzsteuerrechtlich gilt, dass zwischen Kommissionär und Kommittent sowie zwischen Kommissionär und Drittem jeweils eine Lieferung stattfindet, auch wenn bei der Verkaufskommission das Eigentum nicht auf den Kommissionär übergeht. Der Kommissionär wird umsatzsteuerrechtlich wie ein Eigenhändler behandelt.

§ 3 (3) HGB

Beispiel:

Harald Jason möchte seinen privaten Pkw verkaufen. Er gibt den Wagen seiner Autowerkstatt „in Kommission", d. h., er beauftragt den Werkstattbesitzer, Fritz Weigel, das Auto für 3.500 € zu verkaufen. Es wird eine Kommissionsgebühr von 200 € vereinbart. Fritz Weigel gelingt der Verkauf an Frau Marx für 3.600 €.

Handelsrechtlich liegt eine Verkaufskommission vor. Herr Jason ist Kommittent und Herr Weigel ist Kommissionär. Der Kommissionär verkauft das Auto im eigenen Namen für fremde Rechnung an einen Dritten (Frau Marx). Das Eigentum wird von Herrn Jason direkt an Frau Marx verschafft.

Rechnung des Fritz Weigel an Frau Marx:

Pkw-Preis	3.600 €
Zzgl. 19 % USt	684 €
Rechnungsbetrag	4.284 €

Rechnung des Harald Jason an Fritz Weigel:

Pkw-Preis	3.600 €
Abzügl. Kommissionsgebühr	200 €
Rechnungsbetrag	3.400 €

Umsatzsteuerrechtlich liegen zwei Lieferungen vor. Herr Weigel liefert gegen ein Entgelt von 3.600 € an Frau Marx. Diese Lieferung ist steuerbar und steuerpflichtig. Herr Jason liefert gegen ein Entgelt von 3.400 € an Herrn Weigel. Diese Lieferung ist nicht steuerbar, da Herr Jason kein Unternehmer ist.

Handelsrecht

§ 394 HGB — Neben der Kommissionsgebühr kann eine Delkredereprovision vereinbart werden, wenn der Kommissionär die Haftung für die Erfüllung übernimmt. Die Ansprüche für die Provisionen entstehen, wenn das Geschäft erfüllt ist. Daneben kann der Kommissionär den Ersatz der Aufwendungen für Frachtkosten, Verpackungskosten, Maklergebühren, Zölle, Lagerkosten u. a. verlangen.

§ 384 HGB
§ 386 HGB
§ 387 HGB — Der Kommissionär hat stets das Interesse des Kommittenten zu wahren und die Ware sorgfältig zu behandeln. Der Kommissionär muss sich an die Preisvorgabe des Kommittenten halten. Er ist schadenersatzpflichtig, wenn er einen ungünstigeren Preis erzielt. Andererseits steht ihm ein Mehrerlös bei einem günstigeren Preis nicht zu. Die Ausführung der Kommission ist dem Kommittenten unverzüglich anzuzeigen. Nach jeder Kommission ist dem Kommittenten eine Kommissionsabrechnung mit Belegen zu übergeben.

5.4 Handelsmakler

§ 93 HGB
§ 99 HGB — Wer in fremdem Namen und auf fremde Rechnung Geschäfte als selbstständiger Gewerbetreibender vermittelt, ist Handelsmakler im Sinne des Handelsgesetzbuches. Für seine Tätigkeit erhält der Handelsmakler eine Vermittlungsgebühr (Courtage), die als „Einkünfte aus Gewerbebetrieb" zu versteuern sind. Damit ist er auch gewerbesteuerpflichtig. Umsatzsteuerrechtlich liegen „Sonstige Leistungen, Vermittlungsleistungen" vor. Handelsmakler können Kaufleute sein, die Vorschriften des Handelsgesetzbuches gelten aber unabhängig davon.

§§ 652 BGB — Der Handelsmakler wird nur „von Fall zu Fall" tätig. Die Courtage ist im Zweifelsfall von beiden Vertragsparteien je zur Hälfte zu tragen. Handelsmakler betätigen sich oft an Börsen und Großmärkten und sind streng zu trennen von den Zivilmaklern des Bürgerlichen Gesetzbuches. Hier entsteht nämlich ein Vertragsverhältnis zwischen Auftraggeber und Makler und damit das Recht auf Courtage vom Auftraggeber.

Handelsmakler (kein Vertragsverhältnis)	Zivilmakler (Vertrag mit dem Auftraggeber)
› Warenmakler	› Grundstücksmakler
› Versicherungsmakler	› Wohnungsvermittlung
› Effektenmakler	› Konzertvermittlung
	› Ehevermittlung

Erarbeitungsfälle

1 Aufgabe (Mitarbeiter im Außendienst)

Herr Geiger ist Außendienstmitarbeiter der „Elektro-Meier-KG". Er hat die Aufgabe, den vorhandenen Kundenstamm zu betreuen. Der Verkaufsleiter der KG stellt für jede Woche einen Besuchsplan auf, den Herr Geiger zu absolvieren hat. Herr Geiger erhält für seine Tätigkeit ein festes Monatsgehalt, den Ersatz seiner Fahrkosten und für abgeschlossene Verträge eine Provision.

Frau Meiser ist ebenfalls Außendienstmitarbeiterin der „Elektro-Meier-KG". Frau Meiser muss für ihre Fahrtkosten selber aufkommen, darf aber ihr Einsatzgebiet selber bestimmen. Für vermittelte Geschäfte erhält sie eine Provision.

a) Wie nennt das Handelsgesetzbuch die Tätigkeiten von Geiger und Meiser?

b) Nach welchem Kriterium werden die beiden Tätigkeiten unterschieden?

c) In welcher Einkunftsart müssen Geiger und Meiser ihre Einnahmen angeben?

2 ▶ Aufgabe (Rechte des Handelsvertreters)

Reinhard Marger war bis zum 31. Oktober Handelsvertreter der „Büromaschinen AG" in Rostock und zuständig für den Bezirk Mecklenburg-Vorpommern.

a) Einem Kunden auf Rügen wurde ohne Wissen des Handelsvertreters Marger am 15. Oktober eine Buchungsmaschine für 23.000 € verkauft.

b) Am 28. Oktober vermittelte Marger noch einen Auftrag für eine Frankiermaschine. Dieser Auftrag wurde von der Büromaschinen AG am 3. November bestätigt. Am 15. November wird die Maschine ausgeliefert.

Hat Herr Marger Anspruch auf Provision aus diesen beiden Geschäften? Begründen Sie Ihre Antworten!

3 ▶ Aufgabe (Pflichten des Handelsvertreters)

Der Inhaber einer Werkzeugfabrik in Bremen, Simon Greiner, hat mit Ilse Querling einen Handelsvertretervertrag abgeschlossen. Ihre Aufgabe umfasst den Verkauf von Werkzeugen im Gebiet Bremen/Bremerhaven. Nach einiger Zeit bemerkt Greiner, dass die Umsatzzahlen von Frau Querling sehr gering sind. Durch Nachforschungen bei den Kunden erfährt er, dass Frau Querling die Kunden nur sehr selten besucht und schlecht zu erreichen ist. Als Herr Greiner seine Handelsvertreterin zur Rede stellt, antwortet diese: „Die Betreuung der Kunden ist alleine meine Sache. Halten Sie sich da raus!"

a) Hat Frau Querling ihre Pflichten aus dem Handelsvertretervertrag erfüllt?

b) Welcher Name (Absender) steht auf den Rechnungen, die der Kunde beim Abschluss eines Kaufvertrages erhält?

c) Welche Leistungen erbringt der Handelsvertreter nach dem Umsatzsteuergesetz?

d) Welche Einkünfte erzielt Frau Querling im Rahmen der Einkommensteuer?

e) Erläutern Sie, ob Frau Querling Kauffrau und damit nach dem HGB buchführungspflichtig ist! Begründen Sie Ihre Antworten!

4 ▶ Aufgabe (Vergleich von Außendienstmitarbeitern)

Ein Industrieunternehmen beschäftigt sowohl Handelsreisende als auch Handelsvertreter zum Absatz seiner Produkte. Ein Reisender erhält ein monatliches Gehalt von 2.400 € und 3 % Umsatzprovision. Dem Handelsvertreter steht eine Umsatzprovision von 9 % zu.

a) Wie hoch sind die monatlichen Kosten für den Reisenden und für den Vertreter bei einem Umsatz von 60.000 €?

b) Bei welchem Umsatz sind die Kosten für den Reisenden und für den Vertreter gleich hoch?

c) Welche Einkunftsart erzielt der Reisende und der Vertreter im Rahmen der Einkommensteuer?

d) Wie werden die Leistungen des Reisenden und des Vertreters im Umsatzsteuerrecht behandelt?

e) Welche Vollmachten hat der Handlungsreisende gewöhnlich?

5 ▶ Aufgabe (Ausgleichsanspruch und Einkommensteuer)

Der langjährige Handelsvertreter der „Schlüter GmbH", Hermann Poste, beendet seine Tätigkeit. Da die Schlüter GmbH weiterhin mit den Kunden des Herrn Poste Geschäfte machen will, zahlt sie einen Ausgleichsanspruch nach § 89b HGB.

a) Wie hoch ist dieser Ausgleichsanspruch höchstens, wenn in den letzten sechs Jahren folgende Jahresprovisionen gezahlt wurden: 38.000 €, 44.000 €, 86.000 €, 42.000 €, 51.000 €, 38.000 €.

b) Zu welcher Einkunftsart gehört der Ausgleichsanspruch im Rahmen der Einkommensteuer?

c) Wie wird der Ausgleichsanspruch nach dem Einkommensteuergesetz besteuert?

6 ▶ Aufgabe (Handelsvertreter und Handlungsreisender)

Franz Grothe ist Erfinder und hat eine völlig neue Espressomaschine entwickelt. Er möchte diese Maschine selber produzieren und überlegt nun, ob er Handlungsreisende oder Handelsvertreter mit dem Verkauf beauftragen will.

a) Nennen Sie die wichtigsten Unterschiede zwischen Handlungsreisenden und Handelsvertretern!

b) Grothe kann seinen Verkäufern eine Abschluss- oder Vermittlungsvollmacht erteilen. Erklären Sie den Unterschied!

c) Grothe beabsichtigt, den Handlungsreisenden ein jährliches Gehalt von 24.000 € zzgl. 2 % Provision vom Nettoumsatz zu zahlen. Den Handelsvertretern soll eine Provision von 4 % zustehen. Ermitteln Sie den Umsatz, ab dem der Einsatz eines Handelsreisenden für Grothe günstiger ist!

7 ▶ Aufgabe (Kommission)

Ingrid Poster hat als Herstellerin von Badezimmerartikeln einen neuen Seifenspender erfunden. Damit dieser von möglichst vielen Fachhändlern in das Sortiment aufgenommen wird, beabsichtigt sie, den jeweiligen Fachhändlern den Seifenspender in „Kommission" zu geben.

a) Wie bezeichnet das Handelsgesetzbuch Ingrid Poster und den jeweiligen Fachhändler?

b) In welchem Namen und auf wessen Rechnung verkaufen die Fachhändler die Seifenspender?

c) Wer ist Eigentümer der Seifenspender, wenn diese bei den Fachhändlern ausgestellt werden?

d) Was vollzieht sich umsatzsteuerrechtlich bei einem Verkauf?

8 ▶ Aufgabe (Mehr- und Mindererlös bei der Verkaufskommission)

Der Tankstellenbesitzer Hans Benzen nimmt ein gebrauchtes Fahrzeug für seine langjährige Kundin Helga Massen in Kommission. Benzen stellt das Fahrzeug gut sichtbar auf seinen Parkplatz und versieht es mit dem vereinbarten Kaufpreis von 2.300 €.

a) Überraschenderweise kann das Fahrzeug für 2.500 € verkauft werden, weil sich mehrere Interessenten gefunden haben. Wer hat Anrecht auf den Mehrerlös?

b) Leider kann das Fahrzeug nur für 2.100 € verkauft werden, da zurzeit ein Überangebot von gebrauchten Fahrzeugen den Preis drückt. Wer muss den Mindererlös tragen?

Begründen Sie Ihre Antworten mit der Gesetzesstelle!

9 **Aufgabe (Kommissionsgeschäft und Umsatzsteuer)**

Der Kioskbesitzer Ludwig Letter verkauft Zeitschriften aller Art in Kommission.

a) Ein Kunde möchte eine Quittung über den Kauf einer Computerzeitschrift. Welcher Name steht auf dieser Quittung, der des Verlages oder der von „Ludwig Letter"?

b) Der Spiegel-Verlag verlangt eine monatliche Abrechnung über die Zahl der verkauften Zeitschriften sowie über die Einnahmen. Letter möchte aber nur eine halbjährliche Abrechnung abgeben. Zu Recht?

c) Wie erfolgt die Eigentumsübertragung vom Verlag über Letter zum Kunden?

d) Wer hat die Forderung gegen den Kunden, falls dieser nicht bezahlt?

e) Welche Leistungen werden umsatzsteuerrechtlich vom Kommissionär und vom Kommittenten erbracht?

Wiederholungsfall

1 **Aufgabe**

Bestimmen Sie in folgenden Fällen die Kaufmannseigenschaft:

a) Ein Rechtsanwalt in Rostock beschäftigt 9 Mitarbeiter und erzielt einen Umsatz von 1,2 Mio. Euro.

b) Ein Bäckermeister in Jena führt eine kleine Bäckerei ohne Mitarbeiter. Sein Gewinn liegt bei ca. 31.000 €.

c) Ein Pensionär aus Kassel gründet die „Freunde der Musik GmbH". Die Gesellschaft möchte keine Gewinne machen, sondern nur für die Mitglieder Konzerte organisieren.

d) Welche Wirkung (deklaratorisch oder konstitutiv) hätte eine Eintragung in das Handelsregister für den

e) Rechtsanwalt

f) Bäckermeister

g) Pensionär?

2 **Aufgabe**

Entscheiden Sie in den folgenden Fällen, ob eine Handelsregistereintragung notwendig ist und ob diese ggf. deklaratorische oder konstitutive Wirkung hat!

a) Die Firma „Oberhemden OHG" erteilt dem langjährigen Mitarbeiter Hans Weiser Prokura.

b) Frau Klauser betreibt einen Baustoffgroßhandel mit 120 Mitarbeitern und einem Umsatz von mehreren Mio. Euro.

c) Der Kommanditist Rainer Rauser der „Wertstoff KG" erhöht seine Einlage um 50.000 € auf 250.000 €.

d) Die Gastwirte der Neusser Innenstadt schließen sich zu einer Arbeitsgemeinschaft zusammen, um die Verpflegung beim großen Hansefest zu sichern.

e) Heinz Wittke betreibt in Emsdetten den „Textilgroßhandel e. K.". Seine Frau Hanna wird Handlungsbevollmächtigte.

f) Das Eigenkapital des Unternehmens „Autohaus e. K." steigt um 120.000 € auf insgesamt 2,4 Mio. Euro.

3 Aufgabe

Entscheiden Sie in den folgenden Fällen:

› ob und ggf. welche Kaufmannseigenschaft vorliegt.
› ob eine Handelsregistereintragung notwendig ist.
› wie der Gewinn für Zwecke der Einkommensteuer ermittelt werden muss.

a) Oskar Heilsing aus Kiel betreibt einen kleinen Kiosk am Hafen. Er beschäftigt keine Mitarbeiter und sein Umsatz liegt bei 120.000 € im Jahr.

b) Magdalena Kreis aus Hamburg ist Steuerberaterin. In ihrer Kanzlei beschäftigt sie 24 Mitarbeiter. Sie erzielt einen Gewinn von 230.000 € bei einem Umsatz von 1,2 Mio. Euro.

c) Friedrich Heister ist Inhaber der Heister GmbH, die sich mit der Vermietung von Automobilen beschäftigt. Sein Umsatz beträgt lediglich 18.000 € und das Unternehmen erzielte bisher nur Verluste.

d) Die Schülerin Jana Kleine verkauft in ihrer Freizeit Handytaschen über eBay. Sie kauft die Taschen in den USA für umgerechnet 1,20 € ein und verkauft sie in Deutschland für 9,90 €. Im letzten Jahr verkaufte Jana 450 Taschen.

4 Aufgabe

Frau Jessica Meller möchte eine GmbH eröffnen und möchte mit „Mode Meller" firmieren. Frau Meller möchte wissen:

a) Muss ich mich in das Handelsregister eintragen lassen?
b) Wo muss ich diese Eintragung beantragen?
c) Wer muss diese Eintragung beantragen?
d) In welcher Form erfolgt die Eintragung?
e) Welche Wirkung hat die Eintragung in das Handelsregister?
f) Kann ich meine gewünschte Firma eintragen lassen?

5 Aufgabe

Herr Kraft ist persönlich haftender Inhaber eines Fachgeschäftes für Herrenbekleidung. Er beschäftigt 25 Mitarbeiter in drei Betriebsstätten. Sein Jahresumsatz beträgt ca. 4 Mio. Euro.

a) Besitzt Herr Kraft die Kaufmannseigenschaft?
b) Muss sich Herr Kraft in das Handelsregister eintragen lassen?
c) Welche Wirkung hätte die Eintragung in das Handelsregister?
d) Mit welcher Firma könnte die Eintragung erfolgen? Machen Sie zwei Vorschläge!

6 Aufgabe

Olga Schneider ist Handlungsbevollmächtigte einer Druckerei, die Prospekte für eine Werbeagentur herstellt. Ihre Vollmacht umfasst den gesamten Geschäftsbetrieb. Entscheiden Sie in den folgenden Fällen, ob Frau Schneider die folgenden Handlungen ohne besondere Vollmachten vornehmen darf!

a) Mitarbeiter einstellen

b) Wertpapiere kaufen

c) Grundstücke kaufen

d) Rechnungsbeträge kassieren

e) Prokura erteilen

f) Prozesse führen

Entscheiden Sie in den Fällen a) bis f) auch, ob Frau Schneider die Geschäfte als Prokuristin tätigen dürfte!

7 Aufgabe

Erich Klauser betreibt in der Kölner Innenstadt eine Gaststätte mit „Kölsch-Spezialitäten". Seine Frau Erna arbeitet in der Küche mit und besitzt die allgemeine Handlungsvollmacht. Herr Klauser beschäftigt insgesamt 28 Mitarbeiter. Entscheiden Sie, ob die folgenden Handlungen von Frau Klauser durchgeführt werden dürfen!

a) Eröffnung einer Filiale in Düsseldorf.

b) Verkauf von Wertpapieren für die Ausstattung dieser Filiale.

c) Aufnahme eines Darlehens für die Ausstattung dieser Filiale.

d) Ankauf eines Sonderpostens „Frischfisch" auf dem Kölner Markt.

e) Einstellung einer Küchenhilfe.

f) Änderung der Speisekarten im Ausschank.

8 Aufgabe

Wer ist in den folgenden Unternehmensformen zur Erteilung und zum Entzug der Prokura berechtigt?

a) Einzelunternehmen

b) Offene Handelsgesellschaft

c) Kommanditgesellschaft

d) Gesellschaft mit beschränkter Haftung

9 Aufgabe

Erika Kurz aus Kempen vertreibt PC-Zubehör am linken Niederrhein. Neben einem Geschäftsladen in der Innenstadt mit drei Mitarbeiterinnen beschäftigt sie vier Außendienstmitarbeiter, die bei kleinen bis mittleren Unternehmen ihre Produkte verkaufen. Frau Kurz überlegt nun, ob sie die Außendienstmitarbeiter als Handlungsreisende oder als Handelsvertreter beschäftigen soll.

Nennen Sie je zwei Gründe für die Beschäftigung der Mitarbeiter als Handlungsreisende und als Handelsvertreter aus Sicht der Unternehmerin Kurz!

Kapitel 7 Gesellschaftsrecht

Einführungssituation

Karl-Josef Rosegger ist als technischer Leiter angestellt. In seiner Freizeit hat er einen neuartigen Toaster erfunden, der jedes Verbrennen des Toastgutes verhindert. Da sein Arbeitgeber kein Interesse an dieser Erfindung hat, möchte er das Gerät selbst herstellen und verkaufen. Dazu will er ein Unternehmen mit Produktionsstätte und Verkaufsorganisation gründen.

Da Herr Rosegger den erwarteten Gewinn mit keinem anderen teilen will, möchte er das Unternehmen alleine führen. Das benötigte Kapital von 8 Millionen Euro hofft er von einem Kreditinstitut zu erhalten. Vermögen hat Herr Rosegger nicht.

Wie beurteilen Sie die Chancen von Herrn Rosegger, sein Vorhaben auszuführen?

Ob der Unternehmer sein Unternehmen alleine oder mit anderen Personen betreibt, ist von großer Bedeutung. Die Entscheidung fällt zumeist schon bei der Gründung des Unternehmens und kann später oft nur mit hohem Aufwand verändert werden. Grundsätzlich ist der oder sind die Inhaber frei in der Wahl der Unternehmensform. Es gibt jedoch Faktoren, die solch eine wichtige Entscheidung beeinflussen.

Einflussfaktoren	Vorteile/Nachteile einer Gesellschaft
Größe des Unternehmens/ Kapitalbedarf	Ein großes Unternehmen benötigt oft sehr viel Kapital. Die Eigenkapitalbasis kann bei einer Gesellschaft größer sein, womit wiederum die Kreditwürdigkeit steigt. Eine höhere Kreditaufnahme wird möglich. Durch das höhere Eigenkapital kann das Unternehmen eine gewisse Marktmacht erreichen und Konkurrenz ausschalten.
Gewinnbeteiligung	Führt der Unternehmer sein Unternehmen alleine, so steht ihm auch der Gewinn alleine zu. Beteiligt er andere Personen, muss der Gewinn aufgeteilt werden.
Geschäftsführung und Vertretung	An der Führung und Vertretung der Gesellschaft sind mehrern Personen beteiligt, sodass Fachwissen mehrerer Personen genutzt werden kann. Familienangehörige können integriert werden. Die Verantwortung wird auf mehrere Schultern verteilt. Eine Entscheidung, an der mehrere Personen beteiligt waren, kann besser und ausgewogener ausfallen. Allerdings ist zu beachten, dass Entscheidungen u. U. nicht so schnell und flexibel getroffen werden können, wenn Abstimmungsprobleme auftreten. Meinungsverschiedenheiten unter den Gesellschaftern können zu falschen Entscheidungen führen.
Haftung	Für Verluste haften mehrere Personen, wodurch das Risiko verteilt wird. Die Gesellschafter haften ggf. gemeinsam, auch für Geschäfte die ein anderer Gesellschafter im Namen der Gesellschaft abgeschlossen hat. Dies kann zu finanziellen Belastungen führen.
Steuerbelastung	Natürliche Personen zahlen Einkommensteuer, meist als Einkünfte aus Gewerbebetrieb. Juristische Personen (Kapitalgesellschaften) zahlen Körperschaftsteuer.
Auflösung	Bei Gesellschaften führen Tod und Insolvenz nicht unbedingt zur Auflösung der Gesellschaft.

1 Einzelunternehmer

Der Einzelunternehmer vereinigt alle Rechte und Pflichten eines Unternehmers auf eine Person. Er ist alleine für die Kapitalaufbringung verantwortlich, leitet alleine und eigenverantwortlich das Unternehmen und vertritt es auch. Der erwirtschaftete Gewinn steht ihm alleine zu. Für einen Verlust haftet er alleine mit seinem gesamten Geschäfts- und Privatvermögen.

Merkmale des Einzelunternehmens	Vorteile	Nachteile
alleinige Kapitalbeschaffung	Mindestkapital ist nicht erforderlich	schmale Eigenkapitalbasis
alleinige Geschäftsführung und Vertretung	schnelle und flexible Entscheidungen, keine Kompetenz- und Abstimmungsprobleme	keine Entscheidungshilfe durch gleichberechtigte Partner evtl. geringes Know-how
alleinige und unbeschränkte Haftung mit Betriebs- und Privatvermögen	–	hohes Risiko evtl. schmale Kreditbasis
alleiniger Gewinnanspruch	hohe Motivation zur Gewinnmaximierung	–
evtl. Kaufmannseigenschaft Ist-Kaufmann oder Kann-Kaufmann	Eintragung in Abteilung A des Handelsregisters Firma mit dem Zusatz „e. K.", „e. Kfm." oder „e. Kfr."	

■ Steuerliche Auswirkungen

Der Einzelunternehmer erzielt eine der Gewinneinkunftsarten im Rahmen der Einkommensteuer. Er ist Unternehmer im Sinne des Umsatzsteuergesetzes und damit umsatzsteuerpflichtig. Betreibt der Einzelunternehmer einen Gewerbebetrieb, entsteht auch die Gewerbesteuerpflicht.

■ Bedeutung

Zu Beginn der Unternehmertätigkeit ist die Einzelunternehmung immer noch die wichtigste Unternehmensform in Deutschland. Die einfache und unbürokratische Gründung ohne Mindestkapital machen die Einzelunternehmung für kleine und mittelständische Unternehmer zu einer sehr beliebten Unternehmensform.

2 Personengesellschaften

Hat sich der Unternehmer entschieden mit mehreren Personen gemeinsam ein Unternehmen zu führen, so muss er eine bestimmte Form auswählen. Grundsätzlich ist es möglich, eine Personengesellschaft zu gründen, in der mehrere Personen gemeinsam ein Unternehmen führen.

Personengesellschaften				
Gesellschaft bürgerlichen Rechts (GbR)	Offene Handelsgesellschaft (OHG)	Kommanditgesellschaft (KG)	Stille Gesellschaft	Partnerschaftsgesellschaft
BGB-Gesellschaft nach §§ 705–740 BGB	§§ 105–160 HGB	§§ 161–177 HGB	§§ 230–237 HGB	Partnerschaftsgesellschaftsgesetz (PartGG)

2.1 Gesellschaft bürgerlichen Rechts

Einführungssituation

Der Steuerfachangestellte Norman Reich spielt zusammen mit seinen Kolleginnen und Kollegen jede Woche Lotto. Die insgesamt acht Angestellten haben sich verpflichtet, jede Woche 2 € einzuzahlen. Herr Reich ist beauftragt worden, das Geld einzusammeln und den Tippschein abzugeben.

In der vorigen Woche hat die Tippgemeinschaft 360 € gewonnen. Herr Reich hat das Geld in bar erhalten und will es nun in gleichen Teilen auszahlen. Dagegen protestiert die ewig streitbare Kollegin Anne Kiesinger. Sie möchte das Geld für einen „Super-System-Tipp" mit erhöhter Gewinnchance ausgeben.

Kann Herr Reich das Geld trotzdem verteilen?

§§ 705 ff. BGB

Die „Gesellschaft bürgerlichen Rechts" oder „BGB-Gesellschaft" ist ein vertraglicher Zusammenschluss von natürlichen oder juristischen Personen (Gesellschafter), die sich verpflichten, einen gemeinsamen Zweck zu fördern und die vereinbarten Beiträge zu leisten. Es entsteht keine Handelsgesellschaft. Es gelten die Bestimmungen des Bürgerlichen Gesetzbuches.

In der Praxis gründen sich BGB-Gesellschaften im Privat- und Geschäftsleben. So ist jeder Kegelclub, jede Schulklasse auf einer Klassenfahrt, jede Fahrgemeinschaft oder jede Lottogemeinschaft in dieser Form zusammengeschlossen. Freiberufler, die sich zu Sozietäten zusammenschließen, bilden ebenso eine BGB-Gesellschaft wie Kapitalgesellschaften vor der Eintragung in das Handelsregister[1]. Aber auch kleine Gewerbebetriebe, die von mehreren Personen betrieben werden, keinen nach Art und Umfang in kaufmännischer Weise eingerichteten Geschäftsbetrieb erfordern und auch nicht freiwillig in das Handelsregister eingetragen sind, bilden eine „Gesellschaft bürgerlichen Rechts". Durch eine freiwillige Eintragung in das Handelsregister werden diese Gesellschaften zur OHG oder KG und damit zu einer Handelsgesellschaft.[2]

■ Gründung der Gesellschaft

Zur Gründung wird ein Vertrag geschlossen, der an keine Form gebunden ist. Es entsteht keine Kaufmannseigenschaft, weswegen eine Firma nicht genutzt werden kann. Nach außen entsteht die Gesellschaft mit Aufnahme der Tätigkeiten.

§ 705 BGB

■ Einlagen

Die Einlagen der Gesellschafter werden gemeinschaftliches Vermögen der Gesellschafter (Gesamthandvermögen). Die einzelnen Gesellschafter haben keinen Anspruch auf einen Anteil an diesem Vermögen.

§ 706 BGB
§§ 718, 719 BGB

■ Geschäftsführung

Die Geschäftsführung betrifft das Verhältnis der Gesellschafter untereinander (Innenverhältnis), also die Frage, wer ein Geschäft für die Gesellschaft abschließen darf. Nach der gesetzlichen Regelung werden die Geschäfte von allen Gesellschaftern gemeinsam abgeschlossen. Für jedes Geschäft ist demnach die Zustimmung aller Gesellschafter erforderlich. Widerspricht ein Gesellschafter einem Geschäft, muss es unterbleiben.

§ 709 BGB

Im Gesellschaftsvertrag kann eine andere Vereinbarung getroffen werden, da die gesetzliche Regelung oft sehr umständlich zu erfüllen ist. So können einzelne Gesellschafter mit der Geschäftsführung beauftragt werden, wobei die ausgeschlossenen Gesellschafter dann ein umfangreiches Kontroll- und Widerspruchsrecht haben. Es kann auch vereinbart werden, dass die Stimmenmehrheit der Gesellschafter darüber entscheidet, ob ein Geschäft getätigt wird oder nicht. Dabei hat im Zweifel jeder Gesellschafter eine Stimme.

§§ 710, 711, 716 BGB

§ 709 BGB

■ Vertretung

Die Vertretung betrifft das Verhältnis der Gesellschafter zu Personen, die außerhalb der Gesellschaft stehen (Außenverhältnis). Nach der gesetzlichen Regelung vertreten alle Gesellschafter gemeinsam die Gesellschaft nach außen.

§ 714 BGB

Hat ein Gesellschafter nach dem Gesellschaftsvertrag die Geschäftsführungsbefugnis alleine, so ist im Zweifel davon auszugehen, dass er auch alleine die Gesellschaft nach außen vertreten kann und Geschäfte für die Gesellschaft abschließen kann.

> **Beispiel:** 〉〉〉
>
> Die Steuerberater, Herr Kuster und Frau Heidig, arbeiten in Form einer Sozietät (BGB-Gesellschaft) zusammen. Nach einer Absprache mit Herrn Kuster ist Frau Heidig für die Ausstattung und Organisation des Schreibbüros zuständig. In dieser Funktion kauft Frau Heidig einen Personalcomputer. Mit diesem Kauf ist Herr Kuster nicht einverstanden.
>
> Frau Heister hatte für dieses Geschäft, durch die vertragliche Absprache, die Geschäftsführungsbefugnis im Innenverhältnis. Sie hatte auch die Vertretungsmacht im Außenverhältnis, weshalb das Geschäft gültig zu Stande gekommen ist und die Gesellschaft verpflichtet wird.

---

[1] Die Kapitalgesellschaft (GmbH, AG) entsteht erst durch die Eintragung in das Handelsregister.
[2] Vgl. 6. Kapitel Handelsrecht

Haftung

§ 427 BGB

Die Haftung der Gesellschafter für Verluste ist in der Gesellschaft bürgerlichen Rechts sehr umfangreich.

Unbeschränkte Haftung	Unmittelbare Haftung	Solidarische Haftung
Jeder Gesellschafter haftet mit seinem gesamten Gesellschafts- und Privatvermögen.	Jeder Gesellschafter kann von einem Gläubiger der Gesellschaft unmittelbar für die gesamte Schuld in Anspruch genommen werden. Evtl. hat er dann einen Anspruch gegen die anderen Gesellschafter.	Jeder Gesellschafter haftet auch für die Geschäfte, die ein anderer Gesellschafter im Namen der Gesellschaft abgeschlossen hat.

§ 739 BGB

§ 130 BGB

Ausgeschiedene Gesellschafter haften für die bestehenden Verbindlichkeiten. Neu eintretende Gesellschafter haften entsprechend den Regelungen im Handelsgesetzbuch, auch für die bestehenden Verbindlichkeiten. Entgegenstehende Absprachen im Gesellschaftsvertrag sind Dritten gegenüber unwirksam.

Gewinn- und Verlustverteilung

§ 722 BGB

Jeder Gesellschafter erhält den gleichen Anteil am Gewinn, unabhängig davon, wie hoch seine Einlage ist. Vertraglich kann dies anders geregelt werden.

Auflösung

§§ 723 ff. BGB

Nach der gesetzlichen Regelung führen die folgenden Gründe zur Auflösung der Gesellschaft.
- Ausscheiden eines Gesellschafters durch Tod, Kündigung oder Insolvenz
- Beschluss der Gesellschafter
- Auflösung im Rahmen des Insolvenzverfahrens
- Vertragsablauf

Kündigen kann jeder Gesellschafter jederzeit, wenn die Gesellschaft nicht für eine bestimmte Zeitdauer gegründet wurde oder wenn ein wichtiger Grund vorliegt. Ein wichtiger Grund liegt insbesondere dann vor, wenn ein anderer Gesellschafter eine wesentliche Verpflichtung aus dem Gesellschaftsvertrag verletzt.

§ 733 f. BGB

§ 738 BGB

Bei der Auflösung der Gesellschaft werden aus dem Gesellschaftsvermögen zunächst die Schulden der Gesellschaft beglichen. Anschließend sind die geleisteten Einlagen der Gesellschafter zu erstatten. Verbleibt dann noch ein Überschuss, so ist er im gleichen Verhältnis wie ein Gewinn zu verteilen. Dieses Verfahren gilt auch beim Ausscheiden eines Gesellschafters.

§§ 723 (2) BGB

Kündigt ein Gesellschafter zur „Unzeit", ist er den anderen Gesellschaftern zum Schadenersatz verpflichtet.

> **Beispiel:**
>
> Ein Kegelclub beabsichtigt eine Kegeltour nach München zum Oktoberfest durchzuführen. Die Kegelbrüder wollen mit der Deutschen Bahn AG anreisen und kaufen ein Gruppenticket für 10 Personen mit einem Gruppennachlass von 15 %. Einen Tag vor der Tour kündigt der Kegelbruder Paul, ohne triftigen Grund, fristlos seine Mitgliedschaft und fährt nicht mit nach München. Dadurch geht den übrigen Gesellschaftern der Gruppennachlass verloren und jeder muss 24 € nachzahlen.
>
> Die Kündigung von Paul erfolgte zur „Unzeit" nach § 723 (2) BGB. Damit ist er zum Schadenersatz (9 × 24 €) verpflichtet, da die restlichen Gesellschafter keine Möglichkeiten mehr hatten, Ersatz für das ausgeschiedene Mitglied zu beschaffen.

Vertraglich kann vereinbart werden, dass beim Ausscheiden eines Gesellschafters die restlichen Gesellschafter die Gesellschaft fortführen.

■ Steuerliche Auswirkungen

Die BGB-Gesellschaft ist im Rahmen der Einkommensteuer kein selbstständiges Steuerobjekt, vielmehr sind die einzelnen Gesellschafter, soweit sie natürliche Personen sind, einkommensteuerpflichtig. Übt die BGB-Gesellschaft eine gewerbliche Tätigkeit aus, wird sie gewerbesteuerpflichtig. Im Rahmen der Umsatzsteuer ist die „Gesellschaft bürgerlichen Rechts" als Unternehmer umsatzsteuerpflichtig.

■ Bedeutung

Die BGB-Gesellschaft ist in der Praxis sehr häufig anzutreffen, auch wenn sich die Mitglieder darüber nicht immer im Klaren sind. Wegen der umständlichen Geschäftsführungs- und Vertretungsregelungen eignet sich diese Form allerdings nur begrenzt für ein Unternehmen. Gerade deshalb hat sich das Spezialrecht für Unternehmen, das Handelsrecht, gebildet, um die Nachteile der BGB-Gesellschaft zu vermeiden.

Zusammenfassung: Gesellschaft bürgerlichen Rechts

Begriff	Mindestens zwei Personen schließen sich zur Erreichung eines gemeinsamen Zwecks zusammen
Gründung	Formfreier Vertrag (keine Handelsgesellschaft, keine Kaufmannseigenschaft, keine Handelsregistereintragung, keine Firma) Die Gesellschaft entsteht nach außen mit Aufnahme der Tätigkeit.
Einlagen	Die Einlagen werden zum Gesamthandsvermögen der Gesellschafter.
Geschäftsführung	Gesamtgeschäftsführung
Vertretung	Gesamtvertretung
Haftung	〉 unbeschränkt 〉 unmittelbar 〉 solidarisch
Gewinn- und Verlustverteilung	gleiche Anteile
Auflösung	〉 Tod, Kündigung und Insolvenz eines Gesellschafters 〉 Beschluss der Gesellschafter 〉 Auflösung im Rahmen eines Insolvenzverfahrens 〉 Vertragsablauf
Steuerliche Auswirkungen	Einkommensteuerpflicht der Gesellschafter Gewerbesteuerpflicht bei gewerblicher Tätigkeit Umsatzsteuerpflicht als Unternehmer

Erarbeitungsfälle

1 ▶ Aufgabe (Gründung einer Gesellschaft)

Paul Roseck aus Freiburg betreibt einen Großhandel mit Obst und Gemüse. Er hat in den letzten Jahren seine unternehmerische Tätigkeit stark ausgeweitet und möchte sein Einzelunternehmen nun in eine Personengesellschaft umwandeln.

a) Geben Sie mindestens drei Gründe für diese Maßnahme an!

b) Sein Freund Kluge rät von diesem Schritt ab und meint: „Gesellschafter bringen nur Ärger!" Erläutern Sie drei Gründe für diese Aussage!

2 ▶ Aufgabe (GbR: Vertretung und Kündigung)

Die drei Freunde Kajo, Olli und Willi wollen einen gemeinsamen Campingurlaub in Frankreich verbringen. Bei einem Vorbereitungstreffen beschließen sie, dass die Reise vom 1. August bis zum 4. September stattfinden soll. Olli und Willi zahlen je 1.000 € in die Urlaubskasse ein. Kajo stellt sein Auto und die Campingausrüstung zur Verfügung. Er wird mit der Organisation der Reise beauftragt und erhält die Vollmacht, alle notwendigen Geschäfte abzuschließen.

a) Kajo mietet einen sehr teuren und ungünstig gelegenen Campingplatz an der Mittelmeerküste. Können Olli und Willi dieses Geschäft rückgängig machen?

b) Olli glaubt, dass Kajo die Urlaubskasse nicht ordentlich führt. Kann Olli verlangen, dass Kajo alle Unterlagen zur Einsicht zur Verfügung stellt?

c) Durch den Streit ist Kajo im Urlaub so verärgert, dass er sein Zelt einpackt und eher als geplant, ohne die beiden anderen, nach Hause fährt. Olli und Willi müssen mit der Bahn zurück fahren. Können sie Schadenersatz verlangen? Begründen Sie Ihre Antwort!

3 ▶ Aufgabe (GbR: Einlagen)

Frau Klein aus Rosenheim sucht seit einiger Zeit die Mitgliedschaft in einem Kegelclub. Auf eine Zeitungsanzeige hin trifft sie sich mit sieben Damen, die monatlich dem Kegelsport nachgehen. Nach einem „Probetraining" wird Frau Klein in den Club aufgenommen und zahlt 200 €. Dies ist genau ein Siebtel des Kassenbestandes. Am nächsten Kegelabend kommt es über einen Fehlwurf von Frau Klein zum Krach mit Frau Fischer. Frau Klein möchte nie mehr mit diesen Damen kegeln, kündigt ihre Mitgliedschaft und verlangt die 200 € zurück. Müssen die anderen Damen die 200 € zurückzahlen?

4 ▶ Aufgabe (GbR: Haftung)

Die Bauunternehmer Franz Komert und Heinz Holler aus Ingolstadt haben sich in Form einer BGB-Gesellschaft zusammengeschlossen, um ein großes Bauprojekt zu verwirklichen. Komert hat die Geschäftsführung für alle Einkäufe übernommen während Holler für die Überwachung der Baustelle zuständig ist. Franz Komert kauft für das Bauprojekt Fußbodenbeläge bei der Firma Geller & Co. im Werte von 140.000 €. Da die Gesellschaft zurzeit nicht über die notwendigen liquiden Mittel verfügt, zahlt sie die Rechnung trotz mehrfacher Mahnung nicht. Von wem kann die Liefererfirma Bezahlung verlangen?

5 ▶ Aufgabe (GbR: Gewinnverteilung)

Die Arbeitnehmer eines Einzelhändlers in Würzburg spielen wöchentlich Lotto. Fischer, Sprink und Kraus zahlen jeweils 3 € ein, Lehmann, Müller und Klos zahlen jeweils 2 € ein. In dieser Woche hat die Lottogemeinschaft den richtigen Tipp abgegeben und erhält 600.000 € ausgezahlt. Wie muss dieser Gewinn nach den gesetzlichen Vorschriften verteilt werden?

6 ▶ Aufgabe (GbR)

Beurteilen Sie, ob die folgenden Aussagen über die BGB-Gesellschaft richtig sind!

a) BGB-Gesellschaften können von Kaufleuten wie von Nichtkaufleuten gegründet werden.

b) Die BGB-Gesellschaft wird nicht in das Handelsregister eingetragen.

c) Die Firma muss den Zusatz „BGB-Gesellschaft" haben.
d) Eine Mindesteinlage kann vertraglich vereinbart werden.
e) Jeder Gesellschafter haftet nur für die von ihm getätigten Geschäfte.
f) Wenn keine anders lautende Vereinbarung der Gesellschafter besteht, kann jeder Gesellschafter alleine und ohne Absprache mit den anderen Gesellschaftern die Geschäfte führen.

2.2 Offene Handelsgesellschaft

Einführungssituation

Helga Massen und Holger Mager betreiben in Mainz ein Restaurant. Sie haben mithilfe eines Rechtsanwaltes einen Vertrag zur Gründung einer Offenen Handelsgesellschaft abgeschlossen. Die OHG ist unter der Firma „Prima Essen und Leben OHG" im Handelsregister eingetragen. Während Frau Massen die Arbeit im Restaurant übernommen hat, ist Herr Mager „Chef" in der Küche.

Als Herr Mager auf dem Wochenmarkt Gemüse einkauft, erhält Frau Massen ein tolles Angebot. Sie kann 20 kg frischen Seelachs zu einem außergewöhnlich günstigen Preis einkaufen. Eigentlich gehört der Einkauf zu den Pflichten von Herrn Mager, aber Frau Massen muss sich sehr schnell entscheiden und kauft die Fische.

Herr Mager ist von diesem Einkauf nicht begeistert, da er den Fisch nicht verarbeiten kann. Sehr schnell sind die 20 kg Seelachs nicht mehr brauchbar und müssen entsorgt werden. Herr Mager verlangt von Frau Massen den Ersatz des entstandenen Schadens. Zu Recht?

Eine Offene Handelsgesellschaft (OHG) ist ein Zusammenschluss von mindestens zwei Personen, die unter gemeinschaftlicher Firma tätig werden. Sie bildet eine spezielle Form der BGB-Gesellschaft, bei der auch die Vorschriften des Handelsgesetzbuches zu beachten sind. Die OHG ist entweder „Ist-Kaufmann", wenn sie ein Handelsgewerbe betreibt, oder „Kann-Kaufmann", wenn sie sich freiwillig in das Handelsregister eintragen lässt. Auch die Gesellschafter erhalten die Kaufmannseigenschaft. §722 BGB

§ 105 (2) HGB

Die OHG ist zwar nicht rechtsfähig, kann aber unter ihrer Firma Rechte erwerben, Verbindlichkeiten eingehen, Eigentum erwerben und klagen und verklagt werden. In den Geschäftsbriefen, die an eine bestimmte Person gerichtet werden, müssen die Rechtsform und der Sitz der Gesellschaft, das Registergericht und die Nummer, unter welcher die Gesellschaft in das Handelsregister eingetragen ist, angegeben werden. In Rundschreiben, Werbebriefen, Massendrucksachen usw. ist dies nicht erforderlich. § 125a HGB

■ Gründung der Gesellschaft

Im Innenverhältnis entsteht die Gesellschaft durch den Abschluss eines Gesellschaftsvertrages. Von diesem Zeitpunkt an gelten die gesetzlichen oder vertraglichen Vorschriften für die Rechtsverhältnisse der Gesellschafter untereinander, z. B. zur Geschäftsführung. § 109 HGB

Im Außenverhältnis, also im Verhältnis der Gesellschaft zu außen stehenden Personen, entsteht die Gesellschaft durch die Eintragung in das Handelsregister. Die Eintragung als „Ist-Kaufmann" hat deklaratorische Wirkung und die Eintragung als „Kann-Kaufmann" hat konstitutive Wirkung[1]. Hat die Gesellschaft ihre Geschäfte § 123 HGB

---

[1] Wenn die Gesellschaft kein Handelsgewerbe betreibt (kein Gewerbebetrieb oder Kleingewerbe), ist sie eine „BGB-Gesellschaft" und wird erst durch freiwillige Eintragung in das Handelsregister zur OHG, deshalb konstitutive Wirkung der Eintragung.

schon vor der Eintragung aufgenommen, so ist die Gesellschaft von diesem Zeitpunkt an nach außen entstanden.

Entstehung der Gesellschaft	
im Außenverhältnis	im Innenverhältnis
Aufnahme der Geschäfte (Ist-Kaufmann) oder Eintragung in das Handelsregister (Kann-Kaufmann)	Abschluss des Gesellschaftervertrages

§§ 106, 108 HGB

Die Eintragung in das Handelsregister ist von allen Gesellschaftern zu veranlassen und muss mindestens enthalten:

> Name, Vorname, Geburtsdatum und Wohnort eines jeden Gesellschafters
> Firma und Sitz des Unternehmens
> Beginn der Gesellschaft (Datum)

Beim Abschluss des Gesellschaftsvertrages ist eine Form zwar nicht vorgeschrieben, die Schriftform ist jedoch zu empfehlen, weil i. d. R. wichtige Vereinbarungen getroffen werden. Die Regelungen des Gesellschaftsvertrages gelten im Innenverhältnis vor den Regelungen des Gesetzes. Hierunter fallen die folgenden Bestimmungen:

> Art und Höhe der Kapitaleinlage
> Geschäftsführung
> Gewinn- und Verlustverteilung
> Recht zur Entnahme
> Wettbewerbsverbot
> Auflösungsgründe

Die gesetzlichen Regelungen für das Außenverhältnis (Vertretungsmacht, Haftung) sind im Grundsatz nicht zu verändern. Dies dient der Rechtssicherheit.

> **Beispiel für einen (verkürzten) Gesellschaftsvertrag**
> § 1 Gesellschafter
>   Gesellschafter sind Fritz Feid, geb. 23. April 1956, Feldstraße 580, 41462 Neuss, und Mechthild Köller, geb. 13. März 1960, Hansestraße 24, 41460 Neuss.
> § 2 Firma/Handelsregister
>   Die Firma lautet: „Feid und Köller OHG" und wird in das Handelsregister am Amtsgericht zu Neuss eingetragen.
> § 3 Beginn der Gesellschaft
>   Geschäftsbeginn ist der 15. Februar 2002
> § 4 Gegenstand des Unternehmens
>   Das Unternehmen entwickelt Software für den privaten Konsumbereich.
> § 5 Pflichten der Gesellschafter:
>   Jeder Gesellschafter hat eine Einlage von 15.000 € bis zum 15. Februar 2002 in bar zu leisten.
> § 6 Rechte der Gesellschafter:
>   Jeder Gesellschafter kann monatlich 500 € für private Zwecke entnehmen.

> **§ 7 Ergebnisverteilung**
>
> Jeder Gesellschafter erhält zunächst 5 % seiner Kapitaleinlage zu Beginn des Wirtschaftsjahres.
>
> Reicht der Gewinn hierzu nicht aus, ermäßigt sich der Zinssatz entsprechend.
>
> Gesellschafter Feid erhält anschließend 60 % des Restgewinns, Gesellschafter Köller 40 % des Restgewinns.
>
> An einem Verlust sind die Gesellschafter zu gleichen Teilen beteiligt.
>
> Neuss, 15. Februar 2002
> gez. Feid   gez. Köller   gez. Notar

■ Einlagen

Die Gesellschafter sind zur Leistung der vereinbarten Einlage in Geld oder Sachwerten verpflichtet. Das Vermögen wird Gellschaftsvermögen (Gesamthandsvermögen), d. h., der einzelne Gesellschafter kann über das Vermögen nicht mehr verfügen. Wer die vereinbarte Einlage nicht leistet ist schadenersatzpflichtig und muss Zinsen an die Gesellschaft zahlen. Ein Mindestkapital ist nicht vorgeschrieben.

§ 706 BGB

§ 111 HGB

■ Geschäftsführung

Zur Geschäftsführung sind alle Gesellschafter berechtigt und verpflichtet. Für gewöhnliche Geschäfte gilt die Einzelgeschäftsführung, bei außergewöhnlichen Geschäften ist die Zustimmung aller Gesellschafter notwendig. Außergewöhnlich sind z. B. der Kauf und Verkauf von Grundstücken, Eröffnung von Filialbetrieben und die Ernennung von Prokuristen. Außerdem hat jeder Gesellschafter ein Widerspruchsrecht gegen alle Geschäfte.

§§ 114 ff. HGB

Geschäftsführung für gewöhnliche Geschäfte	Geschäftsführung für außergewöhnliche Geschäfte
Einzelgeschäftsführung	Gesamtgeschäftsführung
Widerspruchsrecht aller Gesellschafter für alle Geschäfte	

Vertraglich wird oft vereinbart, dass bestimmte Aufgaben von einzelnen Gesellschaftern wahrgenommen werden. Dann ist z. B. Gesellschafter A für den Einkauf und Gesellschafter B für den Verkauf zuständig. Vertraglich oder durch Gerichtsentscheidung kann ein Gesellschafter von der Geschäftsführung ausgeschlossen werden. Er hat dann ein umfangreiches Kontrollrecht. Dieses Kontrollrecht besteht in einer laufenden Kontrolle aller Geschäfte und der Einsicht in die Handelsbücher und in den Jahresabschluss.

§ 118 HGB

■ Vertretung

Jeder zur Geschäftsführung berechtigte Gesellschafter kann die Gesellschaft alleine nach außen vertreten und damit wirksame Rechtsgeschäfte für die Gesellschaft abschließen. Die Vertretungsmacht erstreckt sich auf alle gewöhnlichen und außergewöhnlichen Geschäfte, einschließlich der Veräußerung und Belastung von Grundstücken sowie der Erteilung und des Widerrufs einer Prokura. Eine Beschränkung des Umfangs der Vertretungsmacht ist Dritten gegenüber unwirksam.

§§ 125, 126, 127 HGB

Vertraglich kann lediglich eine Gesamtvertretung in der Form vereinbart werden, dass
› nur alle Gesellschafter gemeinsam die OHG vertreten können oder
› nur ein oder mehrere Gesellschafter die OHG vertreten können oder
› ein Gesellschafter nur zusammen mit einem Prokuristen die OHG vertreten kann.

Ein Entzug der Vertretungsmacht ist bei wichtigem Grund durch Gerichtsentscheidung möglich.

Diese von der gesetzlichen Regelung abweichenden Regelungen müssen in das Handelsregister eingetragen werden, damit sie Dritten gegenüber wirksam werden.

■ Haftung

§§ 128 ff. HGB

Jeder Gesellschafter haftet für die Verbindlichkeiten der Gesellschaft. Dies bedeutet im Einzelnen:

Unbeschränkte Haftung	Unmittelbare Haftung	Solidarische Haftung
Jeder Gesellschafter haftet mit seinem gesamten Gesellschafts- und Privatvermögen.	Jeder Gesellschafter kann von einem Gläubiger der Gesellschaft unmittelbar für die gesamte Schuld in Anspruch genommen werden. Evtl. hat er dann einen Anspruch gegen die anderen Gesellschafter.	Jeder Gesellschafter haftet auch für die Geschäfte, die ein anderer Gesellschafter im Namen der Gesellschaft abgeschlossen hat.

Beispiel:

An der „Huber OHG" sind Ernst und Wolfgang Huber als Gesellschafter beteiligt. Ernst kauft im Namen der Gesellschaft eine Maschine im Werte von 300.000 €.

Krause kann von der „Huber OHG" Bezahlung verlangen. Er kann aber auch die Zahlung von jedem einzelnen Gesellschafter fordern, auch von Wolfgang, der an dem Geschäftsabschluss nicht beteiligt war (solidarische Haftung).

§ 130 HGB

§ 160 HGB

Hat ein Gesellschafter Schulden der Gesellschaft bezahlt, so hat er einen Ausgleichsanspruch gegen die anderen Gesellschafter. Beim Eintritt in die Gesellschaft haftet ein neuer Gesellschafter für alle bestehenden Verbindlichkeiten. Das Gleiche gilt bei der Umwandlung einer Einzelunternehmung in eine OHG. Beim Ausscheiden eines Gesellschafters haftet dieser noch fünf Jahre für die Verbindlichkeiten, die bei seinem Ausscheiden bestanden.

§ 128 HGB

Vertraglich kann die Haftung der Gesellschafter nicht eingeschränkt werden. Ein Haftungsausschluss im Innenverhältnis hat für die Gläubiger der Gesellschaft keine Bedeutung.

■ Gewinn- und Verlustverteilung

§ 121 HGB

Nach dem HGB erhält jeder Gesellschafter zunächst 4 % seiner Kapitaleinlage, wobei die Entnahmen und Einlagen des Jahres zu berücksichtigen sind. Reicht der Gewinn hierzu nicht aus, vermindert sich der Zinssatz entsprechend. Der Restgewinn wird in gleichen Teilen (nach Köpfen) verteilt. Ein Verlust wird in gleichen Teilen (nach Köpfen) verteilt.

Gewinne müssen nicht entnommen werden, sie erhöhen dann die Einlage des Gesellschafters. Verluste kürzen die Einlagen der Gesellschafter. Aufwendungen, die ein Gesellschafter im Interesse der Gesellschaft getätigt hat, sind zu ersetzen.

Vertraglich können die gesetzlichen Vorschriften zur Gewinn- und Verlustverteilung beliebig verändert werden. Insbesondere kann ein unterschiedlicher Arbeitseinsatz der Gesellschafter oder die Zur-Verfügung-Stellung eines Grundstücks oder eines Darlehens berücksichtigt werden.

■ Entnahmen

§ 122 HGB

Jeder Gesellschafter hat Anrecht auf Privatentnahmen während des Jahres bis zu 4 % seiner Einlage. Dies gilt auch dann, wenn Verluste der Gesellschaft zu erwarten sind. Eine höhere Entnahme ist mit Zustimmung der anderen Gesellschafter möglich.

■ Wettbewerbsverbot

Ohne Einwilligung der anderen Gesellschafter darf ein Gesellschafter

§ 112 HGB

> keine Geschäfte auf eigene Rechnung im Handelszweig der Gesellschaft abschließen und
> keine Beteiligung als Vollhafter in einer gleichartigen Handelsgesellschaft halten.

Verstößt ein Gesellschafter gegen diese Regelungen, so hat die OHG ein Recht auf Schadenersatz.

■ Auflösung

Eine OHG wird in den folgenden Fällen aufgelöst:

§ 131 HGB

> Vertragsablauf
> Beschluss der Gesellschafter
> Auflösung im Rahmen des Insolvenzverfahrens
> Gerichtliche Entscheidung

Durch das Ausscheiden eines Gesellschafters wird die OHG nicht aufgelöst.

Gründe für das Ausscheiden können insbesondere der Tod des Gesellschafters, ein Beschluss der Gesellschafter und ein Insolvenzverfahren über das Vermögen des Gesellschafters sein. Jeder Gesellschafter kann auch mit einer Frist von sechs Monaten zum Schluss eines Geschäftsjahres kündigen.

§ 132 HGB

■ Steuerliche Auswirkungen

Die OHG ist weder einkommensteuerpflichtig noch körperschaftsteuerpflichtig. Der Gewinn wird vom Betriebsfinanzamt zunächst einheitlich und gesondert festgestellt und dann den Wohnsitzfinanzämtern der Gesellschafter übermittelt. Nach § 15 EStG gehören zum Gewinn aus Gewerbebetrieb auch die Tätigkeitsvergütung, die Miete für überlassene Wirtschaftsgüter und die Zinsen für Darlehen der Gesellschafter. Wird ein handelsrechtlicher Gewinn ermittelt, bei dem die oben genannten Beträge als Betriebsausgabe erfasst wurden, müssen diese Beträge für steuerliche Zwecke wieder hinzugerechnet werden.

Beispiel:

Gesellschafter Furrer und Konner sind mit einer Einlage von jeweils 30.000 € an einer OHG beteiligt. Der Gewinn laut Buchführung beträgt 5.800 €. Über die Gewinnverteilung wurde im Gesellschaftsvertrag nichts vereinbart. Furrer erhält ein Geschäftsführergehalt von 40.000 € und Konner von 20.000 €, die als Betriebsausgabe gebucht wurden. Furrer erhielt zusätzlich 500 € für ein besonders arbeitsintensives Projekt. Auch dieser Betrag wurde als Betriebsausgabe erfasst.

Der handelsrechtliche Gewinn von 5.800 € muss um die Gehälter der Gesellschafter erhöht werden, da diese Beträge nach § 15 EStG zu den Einkünften aus Gewerbebetrieb gehören.

Steuerrechtlicher Gewinn: 66.300 €
(5.800 + 40.000 + 20.000 + 500)

Verteilung:

	Kapital	Vorweg	4 %	Rest	Gewinnanteil
Furrer	30.000	40.500	1.200	1.700	43.400
Konner	30.000	20.000	1.200	1.700	22.900

Wenn die OHG gewerblich tätig ist, wird auch Gewerbesteuer fällig. Im Rahmen der Umsatzsteuer gilt die OHG als Unternehmer und Steuerpflichtiger.

■ Bedeutung

Die Offene Handelsgesellschaft hat an Bedeutung verloren. Der entscheidende Nachteil, dass alle Gesellschafter unbeschränkt haften, kann die Vorteile, z. B. die Mitarbeit der Gesellschafter oder die fehlenden Bestimmungen zu einem Mindestkapital, nicht kompensieren.

Zusammenfassung: Offene Handelsgesellschaft

Begriff	Mindestens zwei Personen schließen sich zu einem Handelsgewerbe zusammen.
Gründung	formfreier Gesellschaftsvertrag
	Entstehung im Innenverhältnis durch Vertragsabschluss
	Entstehung im Außenverhältnis durch Aufnahme der Geschäfte oder Eintragung in das Handelsregister.
Einlagen	Die Einlagen werden Gesamthandsvermögen der Gesellschafter.
Geschäftsführung	Einzelgeschäftsführung für gewöhnliche Geschäfte.
	Gesamtgeschäftsführung bei außergewöhnlichen Geschäften.
	Widerspruchsrecht der anderen Gesellschafter für alle Geschäfte.
Vertretung	Einzelvertretung
Haftung	❯ unbeschränkt ❯ unmittelbar ❯ solidarisch
Gewinn- und Verlustverteilung	Gewinn: 4 % der Einlage, Rest nach Köpfen Verlust: Gleiche Teile
Entnahmen	4 % der Einlage
Wettbewerbsverbot	keine Geschäfte im Handelszweig der Gesellschaft und keine Beteiligung als Vollhafter in einer anderen Handelsgesellschaft.
Auflösung	❯ Vertragsablauf ❯ Beschluss der Gesellschafter ❯ Auflösung im Rahmen des Insolvenzverfahrens ❯ Gerichtliche Entscheidung
Steuerliche Auswirkungen	Einkommensteuerpflicht der Gesellschafter
	Gewerbesteuerpflicht bei gewerblicher Tätigkeit
	Umsatzsteuerpflicht als Unternehmer

Erarbeitungsfälle

1 ❯ Aufgabe (OHG: Gründung)

Der bisherige Einzelunternehmer Otto Ordal, der eine Getränkegroßhandlung in Esslingen betreibt, nimmt seine beiden Söhne Arno und Horst in das Unternehmen auf. Otto Ordal war bisher nicht im Handelsregister eingetragen. Die drei unterschreiben am 23. März einen Gesellschaftsvertrag zur Gründung einer Offenen Handelsgesellschaft mit der Firma „Ordal OHG". Die Eintragung in das Handelsregister wird am 15. Mai vorgenommen.

a) Zu welchem Zeitpunkt ist die OHG im Innenverhältnis entstanden?

b) Zu welchem Zeitpunkt ist die OHG im Außenverhältnis entstanden?

c) Welche Angaben müssen bei der Anmeldung zum Handelsregister gemacht werden?

2 ▶ **Aufgabe (OHG: Geschäftsführung und Vertretung)**

Heinz und Otto Witzke betreiben in München eine Softwarefirma in der Rechtsform der OHG. Nach dem Gesellschaftsvertrag ist nur Heinz Witzke zur Geschäftsführung berechtigt, benötigt aber bei Geschäften über 10.000 € die Zustimmung von Otto Witzke.

a) Heinz Witzke kauft aus den Beständen eines aufgelösten Konkurrenzbetriebes eine große Computeranlage für 14.000 €. Als er seinem Mitgesellschafter von diesem günstigen Geschäft erzählt ist dieser nicht begeistert: „Eine solch große Anlage benötigen wir nicht. Versuche den Kauf rückgängig zu machen!" War Heinz zum Abschluss des Kaufvertrages berechtigt und ist die OHG an diesem Vertrag gebunden?

b) Heinz Witzke kündigt dem langjährigen Prokuristen Werner Arendt fristlos. War er dazu ohne Zustimmung von Otto Witzke berechtigt?

c) Welche Rechte hat der nicht geschäftsführungsberechtigte Gesellschafter einer OHG grundsätzlich?

Begründen Sie Ihre Antworten!

3 ▶ **Aufgabe (OHG: Vertretung und Haftung)**

Heinz Baum, Karl Rösler und Wilhelm Kauer betreiben in Stuttgart ein großes Bauunternehmen unter der Firma „Baum und Co. OHG". Heinz Baum kauft im März eine große Baumaschine für 45.000 € ein, ohne die anderen Gesellschafter zu informieren.

a) War Heinz Baum zum Abschluss dieses Kaufvertrages berechtigt?

b) Karl Rösler ist mit dem Kauf nicht einverstanden. Hat er eine Möglichkeit, das Geschäft zu verhindern?

c) Von wem kann der Verkäufer der Maschine die Bezahlung verlangen?

Begründen Sie Ihre Antworten!

4 ▶ **Aufgabe (OHG: Gewinnverteilung)**

An der „Reform OHG" sind die folgenden Gesellschafter beteiligt:
› Heinrich Roth mit 140.000 €
› Klaus Meier mit 120.000 €
› Friedrich Gross mit 90.000 €

Am 31. Mai erhöht Gross seine Einlage um 30.000 €. Meier entnimmt einen Betrag von 15.000 € am 30. September. Am Geschäftsjahresende (31. Dezember) wird ein Gewinn von 70.000 € festgestellt.

Führen Sie die Gewinnverteilung nach den gesetzlichen Vorschriften durch und ermitteln Sie die Höhe der Kapitalkonten nach der Gewinnverteilung!

5 ▶ **Aufgabe (OHG: Gewinnverteilung)**

Gertrud Servos und Ingrid Conrad sind die Gesellschafterinnen der „Servos und Conrad OHG". Im Gesellschaftsvertrag wurde vereinbart, dass der Gewinn und Verlust im Verhältnis Servos = 5 Teile und Conrad = 3 Teile verteilt wird. Außerdem soll Frau Servos 70.000 € für die Geschäftsführung erhalten und Frau Conrad 10.000 € für die Verpachtung eines Grundstücks. Im vergangenen Geschäftsjahr ermittelte die OHG einen steuerrechtlich zutreffenden Verlust von 12.000 €.

Führen Sie die Verlustverteilung durch und ermitteln Sie die Einkünfte aus Gewerbebetrieb für Frau Servos und Frau Conrad!

6 Aufgabe (OHG: Wettbewerbsverbot)

Silke Muster und Wolfgang Kohne sind Gesellschafter der Firma „Werkzeuge OHG", die in ihren Verkaufsräumen Heimwerkerartikel verkaufen. Silke Muster möchte ihre Aktivitäten ausweiten und beschließt, mit ihrer Freundin Heike Müller eine Modeboutique in Form einer OHG zu eröffnen. Auch Wolfgang Kohne fühlt sich nicht ausgelastet und beabsichtigt, als selbstständiger Handelsvertreter Werkzeuge für den privaten Gebrauch zu verkaufen.

a) Ist die Firma „Werkzeuge OHG" zulässig?
b) Kann Silke Muster mit ihrer Freundin die Boutique eröffnen?
c) Kann Wolfgang Kohne selbstständiger Handelsvertreter für Werkzeuge werden?

Begründen Sie Ihre Antworten!

7 Aufgabe (OHG: Ausscheiden eines Gesellschafters)

Traudel Salvati, Hans Schmoll und Inge Mussek betreiben ein großes Walzwerk in Mannheim in Form einer OHG. Das Kalenderjahr entspricht dem Geschäftsjahr. Für das Ausscheiden eines Gesellschafters ist im Gesellschaftervertrag keine Regelung getroffen worden. Am 15. Mai kündigt Traudel Salvati ihre Mitgliedschaft in der OHG.

a) Wann scheidet Traudel Salvati aus der OHG aus?
b) Bleibt die OHG nach dem Ausscheiden von Traudel Salvati bestehen?
c) Ein Lieferant macht eine Forderung erst zwei Jahre nach dem Ausscheiden von Traudel Salvati geltend. Diese Forderung ist noch nicht verjährt und ist entstanden, als Traudel Salvati noch Gesellschafterin der OHG war. Haftet die ausgeschiedene Gesellschafterin noch für diese Schulden?

Begründen Sie Ihre Antworten!

8 Aufgabe (OHG: Geschäftsführung)

Prüfen Sie, ob der geschäftsführende Gesellschafter einer OHG die folgenden Handlungen vornehmen kann, ohne die anderen Gesellschafter zu fragen!

a) Einkauf von Waren
b) Erteilung einer Prokura
c) Kauf eines Geschäftsgrundstücks
d) Anmeldung zum Handelsregister
e) Kauf einer Beteiligung an einer Aktiengesellschaft
f) Entzug der Prokura

9 Aufgabe (OHG: Haftung)

Claus Adam, Rainer Bauer und Günter Schmitz sind Gesellschafter der „Adam, Bauer und Schmitz OHG". Günter Schmitz scheidet nach seiner Kündigung am 31. Dezember aus der Gesellschaft aus. Zum gleichen Termin tritt Claudia Weiser als neue Gesellschafterin in das Unternehmen ein.

a) Muss die OHG ihre Firma ändern?
b) Ist der Gesellschafterwechsel im Handelsregister anzumelden?
c) Haftet Frau Weiser für bestehende Schulden der Gesellschaft?

Begründen Sie Ihre Antworten!

10 **Aufgabe (OHG: Gewinn- und Verlustverteilung)**

An einer OHG sind die folgenden Gesellschafter beteiligt:
- Hans Reich mit 240.000 €
- Karsten Murk mit 60.000 €
- Johannes Kieser mit 120.000 €

Der Gesellschaftsvertrag bestimmt, dass Hans Reich für die Geschäftsführung jährlich 50.000 € erhält. Karsten Murk hat der OHG ein Grundstück zur Verfügung gestellt und erhält dafür eine Jahresmiete von 10.000 €. Ansonsten gelten für die Gewinnverwendung die gesetzlichen Vorschriften.

a) Ermitteln Sie die Einkünfte aus Gewerbebetrieb für jeden Gesellschafter, wenn die OHG einen handelsrechtlichen Gewinn von 80.000 € festgestellt hat!

b) Ermitteln Sie die Einkünfte aus Gewerbebetrieb für jeden Gesellschafter, wenn die OHG einen handelsrechtlichen Verlust von 2.000 € festgestellt hat.

Das Geschäftsführergehalt und die Miete wurden jeweils als Betriebsausgabe erfasst.

11 **Aufgabe (OHG: Einkommensteuer)**

Werner Arrest ist Gesellschafter der „Frischfleisch Arrest OHG" in Ulm. Seinem Steuerberater legt er Unterlagen vor, aus denen hervorgeht, dass er einen Anteil am Gewinn der OHG von 12.000 € erzielt hat. Außerdem hat er der OHG ein Darlehen gewährt und dafür 1.200 € erhalten.

Werner Arrest besitzt außerdem ein Mehrfamilienhaus in der Innenstadt von Ulm. Hier hat er Wohnungen an Privatpersonen vermietet und dafür 24.000 € an Jahresmiete erhalten. Im Untergeschoss hat er Lagerräume für die „Frischfleisch Arrest OHG" eingerichtet, wofür er eine Miete von 6.000 € jährlich erhält.

Ermitteln Sie die Einnahmen aus Gewerbebetrieb, aus Kapitalvermögen und aus Vermietung und Verpachtung des Herrn Arrest!

2.3 Kommanditgesellschaft

Einführungssituation

Heiner Müller und Axel Scholz wollen gemeinsam ein Unternehmen für Softwareentwicklungen in Form einer Personengesellschaft gründen. Während Heiner Müller der „Geschäftsmann" der Gesellschaft ist, der auch auf anderen Gebieten geschäftlich sehr erfolgreich ist, ist Axel Scholz eher der Tüftler und Erfinder, der Softwareprogramme entwickeln kann. Heiner Müller ist recht vermögend während Axel Scholz keine Ersparnisse vorweisen kann. Beim Vertragsabschluss erfährt Heiner Müller, dass er auch mit seinem Privatvermögen für die Schulden der Gesellschaft haften soll. Kann Herr Müller seine Haftung im Rahmen der Gesellschaft auf einen bestimmten Betrag begrenzen?

Eine Kommanditgesellschaft (KG) ist ein Zusammenschluss von mindestens zwei Personen, die unter gemeinschaftlicher Firma ein Handelsgewerbe betreiben und bei denen mindestens ein Gesellschafter mit seinem gesamten Vermögen wie ein OHG-Gesellschafter haftet und mindestens ein Gesellschafter nur mit seiner Vermögenseinlage haftet. Der unbeschränkt haftende Gesellschafter wird als Komplementär bezeichnet, während der beschränkt haftende Gesellschafter der Kommanditist ist. §§ 161 ff. HGB

Wenn im Handelsgesetzbuch in den §§ 161–177a HGB nichts anderes geregelt ist, gelten für die Kommanditgesellschaft die gleichen Vorschriften wie für die Offene Handelsgesellschaft. Dies gilt insbesondere für die Rechtsstellung des Komplementärs, der wie ein OHG-Gesellschafter behandelt wird. § 161 (2) HGB

Im Folgenden werden nur die Punkte aufgeführt, die eine von der OHG abweichende Regelung beinhalten.

■ Gründung der Gesellschaft

§ 162 HGB

Die Eintragung in das Handelsregister ist von allen Gesellschaftern, also auch von den Kommanditisten zu bewirken. Die Anmeldung hat zu enthalten:

› Name, Vorname, Geburtsdatum und Wohnort eines jeden Gesellschafters

› Firma und Sitz des Unternehmens

› Beginn der Gesellschaft (Datum)

› Betrag der Einlagen der Kommanditisten

§ 162 (2) HGB

Bei der Bekanntmachung im Bundesanzeiger werden keine Angaben über die Kommanditisten gemacht.

■ Einlagen

Die Gesellschafter sind zur Leistung der vereinbarten Einlagen verpflichtet.

Vertraglich kann vereinbart werden, dass die Kommanditisteneinlage zunächst nicht voll einzuzahlen ist. Dieser nicht eingezahlte Kommanditanteil wird in der Bilanz der KG als „Forderungen an Gesellschafter" ausgewiesen.

■ Geschäftsführung

§ 164 HGB

Die Kommanditisten sind von der Geschäftsführung ausgeschlossen. Lediglich bei außergewöhnlichen Geschäften besitzen sie ein Widerspruchsrecht. Prokuristen werden von den geschäftsführenden Gesellschaftern (Komplementäre) ernannt. Der Widerruf der Prokura kann von jedem Komplementär erfolgen.

§ 166 HGB

Weil der Kommanditist nicht an der Geschäftsführung beteiligt ist, hat er das Recht, den Jahresabschluss unter Einsicht der Bücher und Papiere zu prüfen. Das umfangreiche Kontrollrecht des von der Geschäftsführung ausgeschlossenen OHG-Gesellschafters hat der Kommanditist nicht.

■ Vertretung

§ 170 HGB

Der Kommanditist ist zur Vertretung der Gesellschaft nicht ermächtigt.

■ Haftung

§ 171 HGB

Der Kommanditist haftet nicht mehr, wenn seine Einlage voll eingezahlt ist. Ist die Kommanditeinlage noch nicht voll eingezahlt, haftet er mit dem ausstehenden Betrag.

> **Beispiel:** »
>
> An der Weiser KG sind der Komplementär Weiser mit 100.000 € und der Kommanditist Huber mit 50.000 € beteiligt. Wie vertraglich vereinbart, hat Huber von seiner Einlage erst 10.000 € eingezahlt. Wegen Zahlungsschwierigkeiten kann die Gesellschaft einen Bankkredit in Höhe von 60.000 € nicht zurückzahlen.
>
> Der Komplementär Weiser haftet mit seinem gesamten Vermögen für den Kredit. Der Kommanditist haftet mit der noch nicht eingezahlten Einlage in Höhe von 40.000 €.

Beim Eintritt in eine bestehende Gesellschaft haften die Kommanditisten für bestehende Verbindlichkeiten der Gesellschaft mit dem nicht eingezahlten Teil ihrer Einlage. § 173 HGB

Vor der Eintragung in das Handelsregister ist die beschränkte Haftung des Kommanditisten noch nicht wirksam, es sei denn, dass der Gläubiger von der beschränkten Haftung wusste. Der Kommanditist haftet dann wie ein Komplementär bzw. wie ein OHG-Gesellschafter. § 176 HGB

■ Gewinn- und Verlustverteilung

Nach dem Handelsgesetzbuch erhalten die Gesellschafter als Gewinnanteil zunächst 4 % ihrer Kapitalanteile. Der Rest und ein evtl. auftretender Verlust wird „in angemessenem Verhältnis" verteilt. Damit wird die Notwendigkeit einer vertraglichen Regelung betont. Dabei kann insbesondere berücksichtigt werden, dass der Kommanditist nicht an der Geschäftsführung beteiligt ist und nur in Höhe seiner Einlage haftet. § 168 HGB

Der Kommanditist kann die Auszahlung der Gewinne auch dann verlangen, wenn seine Kapitaleinlage noch nicht voll geleistet wurde. Nur wenn seine Kapitaleinlage durch einen Verlust in früheren Jahren vermindert wurde, muss ein Gewinnanteil zunächst seine Einlage wieder auffüllen. § 169 HGB

Hat der Kommanditist seine Einlage noch nicht voll eingezahlt, können seine Gewinnanteile solange dem Kapitalanteil zugeschrieben werden, bis die vereinbarte Einlage erreicht ist. Über die Kommanditeinlage hinausgehende Gewinne werden als „Verbindlichkeit an die Kommanditisten" gebucht oder, wenn die Gewinnanteile der Gesellschaft weiterhin zur Verfügung stehen sollen, als „Darlehen" ausgewiesen. In beiden Fällen entsteht kein gewinnberechtigtes Kapital. § 167 HGB

Ausgezahlte Gewinne müssen im Verlustfalle nicht zurückgezahlt werden. Einen Verlust hat der Kommanditist bis zum Betrag der eingezahlten und rückständigen Einlage zu tragen. § 169 HGB

> **Beispiel:**
>
> An der „Menke und Schenk KG" sind Claudia Menke mit 50.000 € als Komplementärin und Hans Schenk mit 50.000 € als Kommanditist beteiligt. Der steuerrechtlich zutreffende Gewinn von 30.000 € wird nach dem Gesellschaftsvertrag wie folgt aufgeteilt: Zunächst erhält jeder Gesellschafter 4 % seiner Kapitaleinlage. Für ihre Geschäftsführung erhält Claudia Menke 10.000 €. Der Rest wird zu gleichen Teilen verteilt.
>
> | | Kapital | Zinsen | Vorabvergütung | Rest | Gewinnanteil | Kapital nach Gewinn |
> |---|---|---|---|---|---|---|
> | Menke | 50.000 | 2.000 | 10.000 | 8.000 | 20.000 | 70.000 |
> | Schenk | 50.000 | 2.000 | | 8.000 | 10.000 | 50.000 |
>
> Die Gewinnanteile der Kommanditisten werden nicht dem Kapitalkonto gutgeschrieben, da diese ein festes Haftungskapital haben. Gewinnanteile müssen von den Kommanditisten entnommen werden.

■ Entnahmen

Der Kommanditist hat kein Recht zur Privatentnahme. § 169 HGB

■ Wettbewerbsverbot

Für den Kommanditisten gilt kein Wettbewerbsverbot. § 165 HGB

> **Beispiel:**
>
> An der „Klötzer Textiliengroßhandel KG", sind Mario Klötzer als Komplementär und Wolfgang Klötzer als Kommanditist beteiligt. Beide wollen sich an der „Baumaschinen OHG" beteiligen.
>
> Für den Komplementär Mario gilt das Wettbewerbsverbot des § 112 HGB. Eine Beteiligung als Vollhafter an einem anderen Unternehmen ist danach nicht möglich. Für den Kommanditisten gilt diese Beschränkung nicht.

■ Auflösung

Wenn vertraglich nichts anderes vereinbart wurde, wird die KG aus den gleichen Gründen aufgelöst wie eine OHG. Auch der Tod eines Kommanditisten führt nicht zu einer Auflösung, die Gesellschaft wird dann mit den Erben fortgeführt.

■ Steuerliche Auswirkungen

Steuerrechtlich gilt für die Kommanditgesellschaft das Gleiche wie für die OHG. Auch hier erzielen die Gesellschafter (auch die Kommanditisten) Einkünfte aus Gewerbebetrieb nach § 15 EStG. Die KG ist Unternehmer im Sinne des Umsatzsteuergesetzes und ist gewerbesteuerpflichtig, wenn sie ein Gewerbe betreibt.

■ Bedeutung

Die Bedeutung der Kommanditgesellschaft in der Form, dass mindestens zwei natürliche Personen als Komplementär und Kommanditist beteiligt sind, ist zurückgegangen. Die Kommanditgesellschaft kann den größten Nachteil der OHG, die unbeschränkte Haftung aller Gesellschafter, umgehen, indem nur ein Gesellschafter diese umfassende Haftung übernimmt. Die Funktion des Komplementärs kann eine GmbH übernehmen, wobei dann in Form der GmbH & Co KG eine Personengesellschaft betrieben werden kann, in der nur eine natürliche Person handelt und beschränkt haftet.

Zusammenfassung: Kommanditgesellschaft

Begriff	Mindestens zwei Personen schließen sich zu einem Handelsgewerbe zusammen, wobei mindestens ein Gesellschafter Teilhafter (Kommanditist) und ein Gesellschafter Vollhafter (Komplementär) ist.
Gründung	Formfreier Gesellschaftsvertrag Entstehung im Innenverhältnis durch Vertragsabschluss. Entstehung im Außenverhältnis durch Aufnahme der Geschäfte oder Eintragung in das Handelsregister.
Einlagen	Die Einlagen werden Gesamthandsvermögen der Gesellschafter.
Geschäftsführung	Die Komplementäre führen die Geschäfte der Gesellschaft. Kommanditisten sind von der Geschäftsführung ausgeschlossen.
Vertretung	Die Komplementäre vertreten die Gesellschaft nach außen. Kommanditisten sind von der Vertretung ausgeschlossen.
Haftung	Komplementäre haften wie OHG-Gesellschafter. Kommanditisten haften nur mit ihrer Kapitaleinlage.
Gewinn- und Verlustverteilung	Gewinn: 4 % der Kapitalanteile, Rest in angemessenem Verhältnis Verlust: in angemessenem Verhältnis
Entnahmen	Komplementäre können bis zu 4 % ihrer Einlage im laufenden Jahr entnehmen. Kommanditisten haben kein Entnahmerecht.

Wettbewerbsverbot	Die Komplementäre haben das Wettbewerbsverbot wie die OHG-Gesellschafter zu beachten Für Kommanditisten gilt dieses Wettbewerbsverbot nicht.
Auflösung	› Vertragsablauf › Beschluss der Gesellschafter › Auflösung im Rahmen des Insolvenzverfahrens › Gerichtliche Entscheidung
Steuerliche Auswirkungen	Einkommensteuerpflicht der Gesellschafter Gewerbesteuerpflicht bei gewerblicher Tätigkeit Umsatzsteuerpflicht als Unternehmer

Erarbeitungsfälle

1 Aufgabe (KG: Gründung)

Herr Peter Schmitz und Frau Gertrud Kulter haben eine Getränkegroßhandlung in der Rechtsform einer Kommanditgesellschaft gegründet. Der Firmensitz ist in Frankfurt. Herr Schmitz hat eine Einlage von 50.000 € getätigt. Seine Haftung beschränkt sich auf diesen Betrag, da er Kommanditist ist. Frau Kulter hat auch eine Einlage von 50.000 € getätigt. Sie haftet allerdings als Komplementärin mit ihrem gesamten Vermögen. Die beiden sind unsicher, welche Tatsachen sie in das Handelsregister eintragen lassen müssen und wer diese Anmeldung unterschreiben muss. Können Sie helfen?

2 Aufgabe (KG: Geschäftsführung)

Hans Meyer und Kurt Donner sind die Gesellschafter der Firma „Meyer KG" in Freiburg. Ihr Unternehmen entwickelt Regelungsanlagen für Heizungen. Hans Meyer ist Komplementär der Gesellschaft und Kurt Donner ist mit 40.000 € als Kommanditist beteiligt.

a) Hans Meyer kauft einen Sonderposten Dichtungsmaterial für insgesamt 2.300 €. Kurt Donner ist davon überhaupt nicht begeistert und widerspricht diesem Kauf. Muss der Kauf unterbleiben?

b) Kurt Donner mietet für die KG mit schriftlichem Mietvertrag Büroräume in der Freiburger Innenstadt an. Ist die KG an diesen Vertrag gebunden?

c) Hans Meyer beabsichtigt, überschüssige liquide Mittel der KG in eine hochspekulative Beteiligung an einer Goldmine in Kanada zu stecken. Kann Kurt Donner dies verhindern?

d) Kurt Donner verlangt die Einsicht in die Bücher und Unterlagen der KG, damit er feststellen kann, wie gut die Geschäftsführung durch Herrn Meyer ist. Er beruft sich dabei auf § 118 HGB. Zu Recht?

3 Aufgabe (KG: Haftung)

Der Kommanditist Rother ist mit einer Einlage von 100.000 € an der „Tele KG" beteiligt. Von seiner Einlage hat er erst 70.000 € eingezahlt. Die restlichen 30.000 € sollen durch seine Gewinnanteile erbracht werden.

a) Kann sich Rother trotzdem Gewinne auszahlen lassen?

b) Hat Rother das Recht, zur Bestreitung seines Lebensunterhalts Privatentnahmen zu tätigen?

c) Ein Großgläubiger wendet sich mit seiner Forderung über 100.000 € an Herrn Rother. Muss Herr Rother zahlen?

Begründen Sie Ihre Antworten unter Angabe der Rechtsgrundlagen!

4 ▸ Aufgabe (KG: Gewinnverteilung)

An der „Rust & Co. KG" sind die folgenden Gesellschafter beteiligt:

- ❯ Ingrid Rust als Komplementärin mit 200.000 €
- ❯ Werner Rust als Kommanditist mit 100.000 €
- ❯ Helmut Meiser als Kommanditist mit 50.000 €

Die Einlagen der Kommanditisten sind voll eingezahlt. Im Geschäftsjahr wurde ein handelsrechtlicher Gewinn von 72.000 € festgestellt. Das Geschäftsführergehalt für Frau Ingrid Rust wurde mit monatlich 4.000 € als Betriebsausgabe gebucht und durch Banküberweisung ausgezahlt. Weitere private Einlagen oder Entnahmen sind nicht getätigt worden. Im Gesellschaftervertrag wurden folgende Vereinbarungen zur Gewinn- und Verlustverteilung getroffen:

Ingrid Rust erhält für die Geschäftsführung monatlich 4.000 €. Die Kapitaleinlagen der Kommanditisten sind mit 3 % zu verzinsen. Der Restgewinn wird im Verhältnis 4 : 2 : 1 verteilt.

Wie hoch ist der steuerrechtliche Gewinn? Erstellen Sie die Gewinnverteilung und ermitteln Sie die Höhe der Beteiligungen nach der Gewinnverteilung.

5 ▸ Aufgabe (KG: Gewinnverteilung)

Im Gesellschaftsvertrag einer Kommanditgesellschaft finden sich folgende Bestimmungen:

Am Gewinn der Gesellschaft sind der Komplementär mit 6 Teilen und die Kommanditisten mit je 2 Teilen beteiligt. Ein Verlust wird „nach Köpfen" verteilt.

An der KG ist Hans Apfel mit 250.000 € als Komplementär beteiligt. Als Kommanditisten haben Claudia Mehrkorn und Christa Freise einen Anteil von je 60.000 €. Der steuerrechtliche Gewinn im Geschäftsjahr beträgt 50.000 €.

a) Wie hoch sind die Gewinnanteile für die drei Gesellschafter?

b) Wie hoch sind die Einlagen der drei Gesellschafter nach der Gewinnverteilung, wenn keine Entnahmen oder Einlagen getätigt wurden?

c) Wie hoch sind die Einkünfte aus Gewerbebetrieb bei Apfel, Mehrkorn und Freise?

6 ▸ Aufgabe (KG: Haftung)

Fritz Feid tritt am 1. Juli in die seit Jahren bestehende „Wildjäger KG" als Kommanditist ein. Die vereinbarte Einlage beträgt 80.000 €, auf die bei seinem Eintritt 30.000 € eingezahlt werden. Am 2. Juli fordert ein Gläubiger der KG Feid auf, eine offene Rechnung über 25.000 € zu begleichen, da die KG zahlungsunfähig sei. Kann Feid die Zahlung verweigern? Begründen Sie Ihre Antwort!

7 ▸ Aufgabe (OHG, KG: Gewinnausschüttung)

Oliver Schmitz ist Gesellschafter in einem Bauunternehmen. Er ist mit 50.000 € beteiligt. Welche Auswirkungen hat es auf die Höhe seiner Beteiligung, wenn er sich seinen Gewinnanteil nicht auszahlen lässt? Herr Schmitz ist beteiligt

a) als Gesellschafter einer OHG

b) als Komplementär in einer KG

c) als Kommanditist in einer KG

8 **Aufgabe (OHG, KG: Geschäftsführung)**

Jens Lohmann betreibt ein großes Fotolabor und ist im Handelsregister mit seiner Firma „Lohmann-Foto e. K." eingetragen. Für eine Geschäftserweiterung benötigt er neues Kapital und er entschließt sich, einen Gesellschafter aufzunehmen. Herr Lohmann überlegt, ob er eine OHG gründen soll oder den neuen Gesellschafter als Kommanditist in eine KG berufen will. Allerdings möchte Herr Lohmann weiterhin alle Entscheidungen alleine treffen können. Beraten Sie Herrn Lohmann, welche Konsequenzen es für den Abschluss von gewöhnlichen und außergewöhnlichen Geschäften hat, wenn er eine OHG bzw. eine KG gründet.

9 **Aufgabe (OHG, KG: Prokura)**

Der langjährige Mitarbeiter einer Holzgroßhandlung, Herbert Waserl, soll Prokurist werden. Seine Vollmacht soll aber auf den Einkauf von Holz beschränkt sein.

a) Wie wird die Prokura erteilt?

b) Welche Wirkung hat die Einschränkung der Prokura im Innen- und Außenverhältnis?

c) Wer kann die Prokura erteilen, wenn es sich bei der Holzgroßhandlung um eine OHG bzw. eine KG handelt?

d) Wer kann die Prokura entziehen, wenn es sich bei der Holzgroßhandlung um eine OHG bzw. eine KG handelt?

10 **Aufgabe (KG: Einkommensteuer, Abgabenordnung)**

Die Steuerpflichtige Helene Maus aus Aachen legt ihrem Steuerberater die gesammelten Belege für die Steuererklärung vor. Hieraus ist Folgendes abzuleiten:

Frau Maus ist Kommanditistin der „Blumenzwiebel KG" aus Koblenz und erhielt für den Veranlagungszeitraum einen Gewinnanteil von 15.000 €.

Darüber hinaus betreibt Frau Maus ein Blumeneinzelhandelsgeschäft in der Innenstadt von Aachen. Der festgestellte Gewinn beträgt im Veranlagungszeitraum 12.500 €.

Frau Maus wohnt in einem Einfamilienhaus in Saarbrücken.

Die Steuerpflichtige hat ein Mehrfamilienhaus von einem entfernten Verwandten in Rosenheim geerbt. Daraus erzielte sie einen Überschuss von 6.800 € im Veranlagungszeitraum. Die Verwaltung dieses Hauses hat ihr Bruder, der Rechtsanwalt in München ist, übernommen.

a) Welche Einkunftsarten erzielte Frau Maus für die angeführten Einnahmen?

b) Welche Finanzämter werden für die Feststellung der Einkünfte und für die Festsetzung der Einkommensteuer für Frau Maus tätig?

2.4 Stille Gesellschaft

Einführungssituation

Paul Schmotz ist Inhaber einer Fabrik für die Herstellung von bedruckten T-Shirts. Er führt sein Unternehmen alleine, weil er die Geschäftsführung und Vertretung nicht „aus der Hand" geben möchte. Das Unternehmen ist im Handelsregister mit der Firma „Schmotz e. K." eingetragen. Für die Anschaffung einer neuen, größeren Maschine für das Bedrucken von Hemden benötigt er 130.000 €, die er nicht alleine aufbringen kann. Er hätte die Möglichkeit, bei seiner Bank einen Kredit über diesen

Betrag zu erhalten. Außerdem hat ihm ein Geschäftsfreund angeboten, die benötigte Summe zur Verfügung zu stellen, allerdings gegen eine Gewinnbeteiligung. Welche Vor- und Nachteile ergeben sich aus diesen beiden Finanzierungsmöglichkeiten?

---

§§ 230 ff. HGB

Wenn sich an einem Handelsgewerbe eine natürliche oder juristische Person beteiligt, ohne dass diese Beteiligung nach außen erkennbar wird, entsteht eine stille Gesellschaft.

■ Gründung

§ 230 HGB

Die stille Gesellschaft wird durch einen formfreien Vertrag gegründet. Der stille Gesellschafter wird nicht in das Handelsregister eingetragen und erscheint i. d. R. auch nicht in der Firma des Handelsgewerbes.

■ Einlagen

Die Einlage des stillen Gesellschafters geht in das Vermögen des Inhabers des Handelsgewerbes über. Es wird ein langfristiges Gläubigerverhältnis begründet. Im Gegensatz zu einem Kredit- oder Darlehensvertrag ist der stille Gesellschafter am Gewinn und Verlust der Gesellschaft beteiligt.

Der stille Gesellschafter ist nicht an einem evtl. Liquidationserlös der Gesellschaft beteiligt (typisch Stiller Gesellschafter). Wenn dies im Vertrag vorgesehen ist, handelt es sich nicht mehr um eine stille Beteiligung, sondern um eine Mitunternehmerschaft des Gesellschafters (atypisch stille Gesellschaft).

> **Beispiel:**
>
> An dem Unternehmen „Fitnessstudio Krause e. K." sind Ingrid Polter und Gabriele Schmider als stille Gesellschafterinnen beteiligt. Im Vertrag von Ingrid Polter wird u. a. vereinbart, dass Frau Polter auch an den stillen Reserven und dem Liquidationserlös des Unternehmens beteiligt ist. Dieser Passus fehlt im Vertrag von Gabriele Schmider.
>
> Frau Ingrid Polter ist keine typisch stille Gesellschafterin. Bei einer Auflösung des Unternehmens erhält sie nicht ihre Einlage zurück, sondern erhält als Mitunternehmerin einen Anteil am Veräußerungsgewinn. Frau Gabriele Schmider ist typisch stille Gesellschafterin. Im Falle einer Auflösung erhält sie ihre Einlage zurück.

■ Geschäftsführung und Vertretung

§ 233 HGB

Der stille Gesellschafter ist von der Geschäftsführung und Vertretung ausgeschlossen. Er kann den Jahresabschluss unter Einsicht der Bücher und Papiere auf dessen Richtigkeit überprüfen. Das umfangreiche Kontrollrecht des von der Geschäftsführung ausgeschlossenen OHG-Gesellschafters hat der stille Gesellschafter nicht.

■ Haftung

Für Schulden der Gesellschaft haftet der stille Gesellschafter nicht.

Gewinn- und Verlustverteilung

Der stille Gesellschafter ist mit einem angemessenen Anteil am Gewinn beteiligt. Gewinne werden ausgezahlt und erhöhen die Einlage des stillen Gesellschafters nicht. Sie werden solange nicht ausgezahlt, als die Einlage nicht vollständig geleistet oder durch Verluste gemindert wurde. Ausgezahlte Gewinne müssen wegen eines späteren Verlustes nicht zurückgezahlt werden.   § 231 HGB

Am Verlust der Gesellschaft ist der stille Gesellschafter nur bis zur Höhe seiner eingezahlten oder rückständigen Einlage beteiligt.

Die Gewinnbeteiligung kann vertraglich nicht ausgeschlossen werden. Eine Beteiligung am Verlust der Gesellschaft kann im Gesellschaftsvertrag ausgeschlossen werden.   § 231 (2) HGB

Auflösung

Wenn vertraglich nichts anderes vereinbart wurde, wird die stille Gesellschaft aus den gleichen Gründen aufgelöst wie eine OHG. Dies bedeutet:

› Vertragsablauf
› Beschluss der Gesellschafter
› Kündigung des Gesellschafters
› Auflösung im Rahmen eines Insolvenzverfahrens
› Gerichtliche Entscheidung

Das Kündigungsrecht (sechs Monate zum Schluss des Geschäftsjahres) steht jedem stillen Gesellschafter zu.   § 234 HGB

Steuerliche Auswirkungen

Der stille Gesellschafter erzielt im Rahmen der Einkommensteuer „Einkünfte aus Kapitalvermögen". Bei der Gewinnausschüttung ist die Kapitalertragsteuer mit 25 % (zzgl. Solidaritätszuschlag) einzubehalten. Wenn der stille Gesellschafter an den stillen Reserven und einem evtl. Liquidationserlös beteiligt wird, handelt es sich einkommensteuerrechtlich um einen atypischen stillen Gesellschafter, der „Einkünfte aus Gewerbebetrieb" erzielt.   § 43a EStG

Für die Gewerbesteuer ist die stille Gesellschaft Steuerobjekt, wenn sie gewerblich tätig ist. Die gezahlten Gewinnanteile an einen stillen Gesellschafter werden zu 100 % dem Gewinn hinzugerechnet, wenn der Empfänger Privatperson ist. Andere Dauerschuldzinsen werden nur zu 50 % hinzugerechnet. Insofern ist die stille Beteiligung im Gewerbesteuergesetz benachteiligt.

Bedeutung

Für den Gesellschafter ist die stille Beteiligung an einem Unternehmen eine sehr gute Möglichkeit, am Gewinn beteiligt zu werden, ohne dass diese Beteiligung nach außen erkennbar wird. Allerdings hat der stille Gesellschafter keine Möglichkeit, sich an der Geschäftsführung zu beteiligen.

Für das Unternehmen ist die stille Beteiligung von Vorteil, weil dadurch u. U. das Kreditlimit der Banken nicht eingeschränkt wird.

Zusammenfassung: Stille Gesellschaft

Begriff	Beteiligung an einem Handelsgewerbe, die nach außen nicht sichtbar wird.
Gründung	Formfreier Vertrag ohne Eintragung in das Handelsregister.
Einlagen	Die Einlage geht in das Vermögen des Inhabers des Handelsgewerbes über.
Geschäftsführung	Der stille Gesellschafter hat keine Geschäftsführungsbefugnis und auch kein Widerspruchsrecht. Er kann lediglich den Jahresabschluss prüfen.
Vertretung	Der stille Gesellschafter kann die Gesellschaft nicht vertreten.
Haftung	Stille Gesellschafter haften nicht für die Schulden der Gesellschaft. Im Insolvenzverfahren treten sie als Insolvenzgläubiger auf.
Gewinn- und Verlustbeteiligung	Der stille Gesellschafter wird am Gewinn und Verlust in angemessenem Verhältnis beteiligt.
Entnahmen	Stille Gesellschafter haben kein Entnahmerecht.
Wettbewerbsverbot	Stille Gesellschafter unterliegen keinem Wettbewerbsverbot.
Auflösung	❯ Vertragsablauf ❯ Beschluss der Gesellschafter (Kündigung) ❯ Auflösung im Rahmen eines Insolvenzverfahrens ❯ Gerichtliche Entscheidung
Steuerliche Auswirkungen	Einkommensteuerpflicht des stillen Gesellschafters, entweder im Rahmen der Einkünfte aus Kapitalvermögen (typisch stiller Gesellschafter) oder im Rahmen der Einkünfte aus Gewerbebetrieb (atypisch stiller Gesellschafter). Gewerbesteuerpflicht der stillen Gesellschaft bei gewerblicher Tätigkeit. Umsatzsteuerpflicht der stillen Gesellschaft als Unternehmer.

Erarbeitungsfälle

1 ❯ Aufgabe (Stille Gesellschaft: Vertragsabschluss)

Sibylle Bertram möchte sich als stille Gesellschafterin an dem Einzelunternehmen des Herrn Klaus Reich mit 50.000 € beteiligen. Bei den Vertragsverhandlungen ist ihr Steuerberater, Hans Wilemsen, anwesend. Bei welchen der folgenden Vereinbarungen wird Herr Wilemsen Einspruch einlegen, weil sie nicht den gesetzlichen Vorschriften entsprechen? Begründen Sie Ihre Antworten!

a) Frau Bertram möchte einen Anteil am Gewinn erhalten.

b) Frau Bertram möchte sich nicht an einem Verlust beteiligen.

c) Frau Bertram möchte bei außergewöhnlichen Geschäften widersprechen dürfen.

d) Frau Bertram möchte jederzeit Einsicht in die Unterlagen und Belege des Unternehmens nehmen.

e) Frau Bertram möchte sich bei einem Konkurrenten von Klaus Reich, ebenfalls als stille Gesellschafterin, beteiligen.

f) Frau Bertram möchte bei der Auflösung des Unternehmens 25 % des Verkaufserlöses erhalten.

2 ❯ Aufgabe (Stille Gesellschaft: Haftung)

Karl User hat sich mit 50.000 € an der „Möbelhandlung e. K." als stiller Gesellschafter beteiligt. Entsprechend der vertraglichen Vereinbarung sind von dieser Einlage 10.000 € eingezahlt.

a) Mit welchem Betrag haftet Karl User für Verbindlichkeiten der stillen Gesellschaft?

b) Ein Gläubiger verlangt von Karl User die Begleichung einer offenen Rechnung. Muss User zahlen?

c) Welchen Betrag kann Karl User vom Inhaber verlangen, wenn dieser sein Unternehmen verkauft?

3 Aufgabe (Stille Gesellschaft: Gewinnverteilung)

An dem Einzelunternehmen „Marion Meez e. K." ist Herr Fritz Mülder mit 30.000 € als stiller Gesellschafter beteiligt. Nach dem Gesellschaftsvertrag ist er mit 5 % am Gewinn beteiligt. Eine Beteiligung am Verlust wurde ausdrücklich ausgeschlossen. Im vergangenen Jahr hatte das Unternehmen einen Gewinn von 60.000 € ausgewiesen. Der Anteil des stillen Gesellschafters ist dabei noch nicht berücksichtigt.

a) Kann in dem Gesellschaftsvertrag eine Beteiligung am Verlust der Gesellschaft wirksam ausgeschlossen werden?

b) Wie hoch ist der Gewinnanteil von Fritz Mülder für das vergangene Jahr und wie viel wird ihm ausgezahlt?

c) Im Rahmen welcher Einkunftsart muss Fritz Mülder seinen Gewinnanteil versteuern?

d) Wie hoch ist der einkommensteuerrechtliche Gewinn des Einzelunternehmens?

4 Aufgabe (KG und Stille Gesellschaft: Unterscheidung)

Sabine Kuller findet in der Tageszeitung folgende Anzeigen:

› Stille Beteiligung ab 50.000 € geboten. Hoher Ertrag garantiert.

› Beteiligung als Kommanditist mit 50.000 € möglich. Einzahlung mindestens 30.000 €.

Frau Kuller möchte von Ihnen wissen, worin sich die beiden Anlagemöglichkeiten unterscheiden. Sie interessiert sich insbesondere dafür, ob sie in der Gesellschaft mitarbeiten muss, ob sie am Gewinn beteiligt ist und welche Einkünfte im Rahmen der Einkommensteuer sie erzielt.

5 Aufgabe (KG und Stille Gesellschaft: Haftung und Vertretung)

Alfred Cremer hat die Möglichkeiten, sich als stiller Gesellschafter, als Komplementär oder als Kommanditist an einer KG zu beteiligen. In diesem Zusammenhang möchte er von Ihnen wissen, welche Aussage für welche Möglichkeit zutrifft.

a) Das haftende Kapital ist im Handelsregister eingetragen.

b) Der Gesellschafter haftet gesamtschuldnerisch.

c) Im Falle der Insolvenz ist der Gesellschafter Gläubiger der KG.

d) Der Gesellschafter hat keine Vertretungsmacht für die KG.

e) Der Gesellschafter erzielt Einkünfte aus Kapitalvermögen.

6 Aufgabe (Stille Gesellschaft und Einkommensteuer)

Die stille Gesellschafterin Karin Muster ist mit 40.000 € an der „Großbäckerei e. K." beteiligt. Ihr Gewinnanteil beträgt im Veranlagungszeitraum 3.800 €.

a) Welche Einkünfte erzielt Frau Muster im Rahmen der Einkommensteuer?

b) Im Gesellschaftervertrag ist u. a. die Vereinbarung getroffen worden, dass Frau Muster bei der Auflösung des Unternehmens am Liquidationserlös anteilig beteiligt wird. Welche Konsequenzen hat diese Vereinbarung für die steuerliche Würdigung der Gewinne aus dieser Beteiligung?

7 ▶ Aufgabe (Vergleich Personengesellschaften)

Vervollständigen Sie folgende Tabelle!

	Einzelunternehmer	Gesellschaft bürgerlichen Rechts	offene Handelsgesellschaft	Stiller Gesellschafter
Haftung		unmittelbar unbeschränkt solidarisch		
Geschäftsführung	durch Einzelunternehmer		Einzelgeschäftsführung	
Gewinnverteilung				angemessene (vertragliche) Beteiligung

2.5 ▶ Partnerschaftsgesellschaft

Einführungssituation

Die beiden Steuerberater Heinz Merser und Klaus Knaus haben ihre Praxen zusammengelegt, um ihre Mandanten umfassender und erfolgreicher beraten zu können. Die Gesellschaft ist in Form der „Gesellschaft bürgerlichen Rechts" organisiert. Die beiden haben mit dieser „Sozietät" schlechte Erfahrungen gemacht. Die notwendigen Absprachen sind recht umständlich und die umfangreiche Haftung für die Gläubiger macht diese Form der Gesellschaft nicht besonders attraktiv. In einer Fachzeitschrift haben die Steuerberater von der Möglichkeit gehört, eine Partnerschaftsgesellschaft zu gründen. Kann diese Gesellschaftsform ihre Probleme lösen?

Die Unternehmensform der Partnerschaft ermöglicht es den Angehörigen der freien Berufe, sich zur Ausübung ihrer Berufe zusammenzuschließen. Diese Möglichkeit wurde geschaffen, weil die üblichen Rechtsformen häufig nicht den besonderen Anforderungen der freien Berufe entsprechen.

Die Kapitalgesellschaften (üblich bei großen Wirtschaftsprüfungs- und Steuerberatungsgesellschaften) sind wegen ihrer Anonymität der juristischen Person, im Kontrast zu einem persönlichen Vertrauensverhältnis zwischen Feiberufler und Mandant, nicht optimal geeignet. Personengesellschaften, z. B. die OHG, passen als eher gewerbliche Unternehmen nicht zum Status des Freiberuflers. Außerdem ist die unbeschränkte Haftung der Gesellschafter ein Hindernis. Die Gesellschaft bürgerlichen Rechts ist für kleine freiberufliche Praxen evtl. geeignet. Allerdings ist der Name nicht geschützt und sie kann unter dem eigenen Namen nicht klagen oder verklagt werden.

§ 1 PartGG

Deshalb wurde im Jahre 1994 die Möglichkeit geschaffen, eine Partnerschaftsgesellschaft zu gründen. Partner dürfen nur natürliche Personen sein. Die Partnerschaftsgesellschaft übt kein Handelsgewerbe aus und wird im Partnerschaftsregister eingetragen. Damit erhält sie eine Rechtspersönlichkeit, die der juristischen Person weitgehend angenähert ist. Die Vorschriften über die Partnerschaft sind im „Gesetz über Partnerschaftsgesellschaften Angehöriger Freier Berufe" (Partnerschaftsgesellschaftsgesetz – PartGG) zusammengefasst. Hier wurden viele Regelungen übernommen, die für die OHG im Handelsgesetzbuch festgelegt sind. Soweit keine Regelungen im Partnerschaftsgesellschaftsgesetz getroffen wurden, gelten die Vorschriften des Bürgerlichen Gesetzbuches.

§ 1 (4) PartGG

Gründung

Die Rechte und Pflichten der Partner werden in einem schriftlichen Partnerschaftsvertrag geregelt. Mindestinhalte sind: § 3 PartGG

› Name und Sitz der Partnerschaft
› Name, Vorname, Wohnort und ausgeübter Beruf eines jeden Partners
› Gegenstand der Partnerschaft

Die Partnerschaft muss sich bei der Eintragung in das Partnerschaftsregister einen Namen geben. Dieser Name muss folgende Bestandteile enthalten:

› Name mindestens eines Partners
› Zusatz „Partner" oder „Partnerschaft"
› Berufsbezeichnung aller in der Partnerschaft vertretenen Personen

Die Firmengrundsätze des Handelsgesetzbuches gelten auch für die Namensgebung der Partnerschaft.

> **Beispiel:**
>
> Steuerberater Merser und Rechtsanwalt Knaus haben sich zu einer Partnerschaft zusammengeschlossen. Mögliche Namen sind:
> Merser und Partner, Steuerberater und Rechtsanwalt
> Knaus Partnerschaft, Steuerberater und Rechtsanwalt

Die Partnerschaftsgesellschaft entsteht durch die Eintragung in das Partnerschaftsregister. In der Zeit zwischen Vertragsabschluss und Eintragung ist eine BGB-Gesellschaft entstanden. § 4 PartGG

Einlagen

Die Einlagen der Gesellschafter werden gemeinschaftliches Vermögen der Gesellschaft (Gesamthandvermögen). Eine Mindesteinlage der Partner ist nicht vorgesehen.

Geschäftsführung

Wie in der OHG ist jeder Partner zur Einzelgeschäftsführung berechtigt und verpflichtet. Sie haben ihre beruflichen Leistungen unter Beachtung des für sie geltenden Berufsrechts zu erbringen. Einzelne Partner können im Partnerschaftsvertrag nur von der Führung der sonstigen Geschäfte ausgeschlossen werden. Dies sind Geschäfte, die nicht berufsbezogen in dem jeweiligen Beruf ausgeübt werden. Sonstige Geschäfte können Grundstückskäufe, Abschluss von Miet- und Arbeitsverträgen u. a. sein. Wie bei der OHG besitzen die Partner ein Widerspruchsrecht für alle Geschäfte. Für außergewöhnliche Geschäfte ist ein Beschluss aller Partner erforderlich. § 6 PartGG

Vertretung

Wenn im Partnerschaftsvertrag nichts anderes geregelt ist, gilt der Grundsatz der Einzelvertretung. Auch hier gelten die Vorschriften des Handelsgesetzbuches zum Vertretungsrecht eines OHG-Gesellschafters sinngemäß. § 7 PartGG

■ Haftung

§ 8 PartGG

Für Verbindlichkeiten der Partnerschaft haftet das Vermögen der Partnerschaft und jeder Partner als Gesamtschuldner. Dies gilt uneingeschränkt für Gesellschaftsschulden, die nicht speziell beruflich verursacht wurden. Waren nur einzelne Partner mit der Bearbeitung eines Auftrags befasst, so haftet neben der Gesellschaft nur der entsprechende Partner wegen fehlerhafter Berufsausübung.

Neu eintretende Partner haften für die bestehenden Verbindlichkeiten. Dies ist ein Nachteil gegenüber der BGB-Gesellschaft.

Neben der Partnerschaftsgesellschaft in der beschriebenen Form, gibt es seit 2013 eine Variante mit der Bezeichnung „Partnerschaftsgesellschaft mit beschränkter Berufshaftung" (PartG mbB oder PartG mbH). Sie ist gegenüber der Partnerschaftsgesellschaft keine eigene Rechtsform. Diese Gesellschaftsform ist für alle in § 1 PartGG genannten Berufsgruppen möglich.

Bei der Partnerschaftsgesellschaft mit beschränkter Berufshaftung wird die Haftung für entstehende Schäden bei fehlerhafter Berufsausübung auf das Gesellschaftsvermögen beschränkt. Voraussetzung ist, dass die Gesellschafter eine besondere Haftpflichtversicherung abschließen, wobei auf die berufsrechtlichen Regelungen der einzelnen Freien Berufe verwiesen wird. Die Berufshaftpflichtversicherung muss auf 2,5 Millionen Mindestversicherungssumme lauten, bei Wirtschaftsprüfern und Steuerberatern auf mindestens 1 Million je Versicherungsfall.

Die persönliche Haftung der Partner für sonstige Verbindlichkeiten bleibt jedoch bestehen. Zu diesen Verbindlichkeiten zählen beispielsweise die Bezüge der Mitarbeiter, Mieten oder Versicherungsbeiträge.

■ Gewinn- und Verlustbeteiligung

Das Partnerschaftsgesellschaftsgesetz enthält keine Vorschriften zur Gewinn- und Verlustverteilung. Somit gelten die Vorschriften der Gesellschaft bürgerlichen Rechts, also eine gleichmäßige Verteilung nach Köpfen. Vertraglich wird i. d. R. vereinbart, den Gewinn entsprechend dem Umsatz und der Leistung der Partner zu verteilen.

■ Auflösung

§ 9 (4) PartGG

Eine Partnerschaftsgesellschaft wird aus den gleichen Gründen aufgelöst, wie alle anderen Personengesellschaften. Auch hier führt das Ausscheiden eines Partners (Tod, Insolvenz, Kündigung) nicht zur Auflösung der Gesellschaft. Die personellen Änderungen sind im Partnerschaftsregister anzumelden. Eine Übertragung oder Vererbung des Anteils ist nur möglich, wenn alle Partner einverstanden sind und die neuen Partner ebenfalls einen freien Beruf ausüben.

■ Steuerliche Auswirkungen

Die Partnerschaftsgesellschaft ist weder einkommen- noch körperschaftsteuerpflichtig. Die Partner erzielen im Rahmen der Einkommensteuer Einkünfte aus selbstständiger Arbeit. Da kein Handelsgewerbe vorliegt, entfällt die Gewerbesteuer. Umsatzsteuerrechtlich ist die Partnerschaftsgesellschaft Unternehmer.

■ Bedeutung

Mit dem Partnerschaftsgesellschaftsgesetz wurde für die Mitglieder der freien Berufe eine Möglichkeit geschaffen, sich in einer Personengesellschaft zusammenzuschließen. Die Möglichkeit der Haftungsbeschränkung auf den Partner, der für die berufliche Leistung verantwortlich war, ist ein großer Vorteil gegenüber der OHG. Von den Freiberuflern wurde die Partnerschaftsgesellschaft unterschiedlich angenommen. Während Rechtsanwälte häufig die Möglichkeiten des Partnerschaftsgesellschaftsgesetzes nutzen, sind die Mitglieder der steuerberatenden Berufe zurückhaltender.

Zusammenfassung: Partnerschaftsgesellschaft

Begriff	Zusammenschluss natürlicher Personen zur Ausübung eines freien Berufes.
Gründung	Schriftlicher Partnerschaftsvertrag und Eintragung in das Partnerschaftsregister.
Einlagen	Die Einlagen werden Gesamthandsvermögen der Partner.
Geschäftsführung	Einzelgeschäftsführung
Vertretung	Einzelvertretungsbefugnis
Haftung	Vermögen der Partnerschaft und Partner als Gesamtschuldner. Haftungsbeschränkungen sind möglich.
Gewinn- und Verlustverteilung	Regelungen sind im Vertrag notwendig
Wettbewerbsverbot	Für die Partner gilt kein Wettbewerbsverbot.
Auflösung	〉 Vertragsablauf 〉 Beschluss der Partner 〉 Auflösung im Rahmen eines Insolvenzverfahrens 〉 Gerichtliche Entscheidung
Steuerliche Auswirkungen	Einkommensteuerpflicht der Partner Keine Gewerbesteuerpflicht Umsatzsteuerpflicht als Unternehmer

Erarbeitungsfälle

1 Aufgabe (PartG: Geschäftsführung)

Die Steuerberaterin Claudia Weigler und der Steuerberater Adolf Feuerstein arbeiten in Form einer Partnerschaftsgesellschaft zusammen. Beide akzeptieren die gesetzlichen Vorgaben des Partnerschaftsgesellschaftsgesetzes und vereinbaren zusätzlich, dass der Gewinn entsprechend dem Umsatz der Partner zu verteilen ist.

a) Die Partnerschaft soll mit dem Namen „Partnerschaft Weigler und Feuerstein" in das Partnerschaftsregister eingetragen werden. Ist dies möglich?

b) Frau Weigler stellt einen Steuerfachangestellten für ihr eignes Büro und eine Sekretärin für das gemeinsame Schreibbüro ein. Kann Herr Feuerstein gegen diese Einstellungen Widerspruch einlegen?

c) Herr Feuerstein kauft eine teure Computeranlage für sein eigenes Büro und eine Telefonanlage für das gemeinsame Büro. Kann der Lieferer auch Zahlung von Frau Weigler verlangen?

d) Die Partnerschaft hat im Veranlagungszeitraum 130.000 € Gewinn festgestellt. Frau Weigler konnte einen Umsatz von 890.000 € erzielen, Herr Feuerstein kam auf 710.000 €. Wie viel Gewinn erhalten die beiden Partner?

2 Aufgabe (PartG: Nachfolger)

Hans Meister, Partner der „Meister und Offer Partnerschaft, Steuerberater", verstirbt nach langer Krankheit. In seinem Testament hat er verfügt, dass sein Sohn, der Steuerberater Klaus Meister, seine Stelle in der Partnerschaft einnehmen soll. Ist dies möglich?

3 Kapitalgesellschaften

Während bei der Personengesellschaft die persönliche Haftung und die Mitarbeit der Gesellschafter im Vordergrund stehen, ist das Wesen der Kapitalgesellschaft gekennzeichnet durch eine beschränkte Haftung der Eigentümer und eine eigene Rechtspersönlichkeit der Gesellschaft.

Personengesellschaften	Kapitalgesellschaften
Gesellschaften sind nur in bestimmten Bereichen rechtsfähig.	Gesellschaften sind rechtsfähige juristische Personen.
Geschäftsführung und Vertretung durch die Gesellschafter.	Geschäftsführung und Vertretung durch Organe.
Meist haften die Gesellschafter unbeschränkt, unmittelbar und solidarisch.	Haftung nur durch die Gesellschaft mit dem Gesellschaftsvermögen.
Vermögen wird Gesamthandsvermögen der Gesellschafter.	Das Vermögen geht in das Eigentum der Gesellschaft über.
Grundsätzlich besitzen die Gesellschafter die Kaufmannseigenschaft.	Die juristische Person besitzt die Kaufmannseigenschaft.

Kapitalgesellschaften sind juristische Personen des Privatrechts[1]. Als Grundtyp aller Kapitalgesellschaften kann der Verein (§§ 21–79 BGB) angesehen werden. Vereine verfolgen, wie die BGB-Gesellschaft, einen gemeinsamen Zweck, besitzen aber eine eigene Rechtspersönlichkeit, handeln durch Organe und treten in eigenem Namen auf. Der rechtsfähige Verein entsteht als juristische Person mit der Eintragung in das Vereinsregister. Für Verbindlichkeiten haftet nur der Verein mit seinem gesamten Vereinsvermögen.

§§ 21 ff. BGB

Lässt sich ein Verein nicht in das Vereinsregister eintragen, wird er als nicht rechtsfähiger Verein bezeichnet, für den im Wesentlichen die Vorschriften der BGB-Gesellschaft gelten.

Die Rechtsform des Vereins wurde durch die Entwicklung zu unterschiedlichen Kapitalgesellschaften den Bedürfnisse der Wirtschaft angepasst.

Kapitalgesellschaften		
Gesellschaft mit beschränkter Haftung (GmbH)	Aktiengesellschaft (AG)	Eingetragene Genossenschaft (eG)
GmbH-Gesetz	Aktiengesetz	Genossenschaftsgesetz

3.1 Gesellschaft mit beschränkter Haftung

§ 13 GmbHG

Die Gesellschaft mit beschränkter Haftung (GmbH) ist als Kapitalgesellschaft eine juristische Person mit eigener Rechtspersönlichkeit. Sie kann im Geschäftsleben z.B. als Vertragspartner im Kaufvertrag auftreten und Eigentum erwerben. Sie handelt durch ihre Organe (Geschäftsführer und Gesellschafterversammlung). Die Gesellschafter sind mit ihren Geschäftsanteilen am Stammkapital der GmbH beteiligt.

Die Haftung der Gesellschaft ist auf das Gesellschaftsvermögen beschränkt. Die GmbH gilt als Handelsgesellschaft im Sinne des Handelsgesetzbuches und ist damit Formkaufmann[2].

---

[1] Vgl. Kapitel 2 – Grundlagen des Privatrechts
[2] Vgl. Kapitel 6 – Handelsrecht

Kapitalgesellschaften

■ Gründung

Eine GmbH kann von einer oder von mehreren Personen gegründet werden. Ein notariell beurkundeter Gesellschaftsvertrag ist notwendig. Der Gesetzgeber schreibt folgende Inhalte zwingend vor:

§ 1 GmbHG
§ 2 GmbHG
§ 3 GmbHG

› die Firma und Sitz der Gesellschaft,
› den Gegenstand des Unternehmens,
› den Betrag des Stammkapitals,
› die Zahl und die Nennbeträge der Geschäftsanteile (Stammeinlagen), die jeder Gesellschafter gegen Einlage auf das Stammkapital (Stammeinlage) übernimmt.

Die Gesellschaft kann in einem vereinfachten Verfahren gegründet werden, wenn sie höchstens drei Gesellschafter und einen Geschäftsführer hat. Für die Gründung im vereinfachten Verfahren. ist ein Musterprotokoll zu verwenden (Anlage zum GmbH-Gesetz). Dieses Protokoll gilt gleichzeitig als Gesellschafterliste und darf keine vom Gesetz abweichende Vereinbarungen enthalten.

§ 2 (1a) GmbHG

Das Stammkapital muss mindestens 25.000 € betragen Der Nennbetrag jedes Geschäftsanteils muss auf volle Euro lauten. Ein Gesellschafter kann mehrere Geschäftsanteile übernehmen und die Höhe der Nennbeträge dieser Geschäftsanteile kann unterschiedlich sein. Die Summe aller Nennbeträge muss mit dem Stammkapital der Gesellschaft übereinstimmen. Es sind Bar- und Sacheinlagen möglich. Der GmbH-Anteil (Geschäftsanteil) eines Gesellschafters kann als Ganzes oder in Teilen durch notarielle Beurkundung veräußert oder vererbt werden.

§ 5 GmbHG
§ 15 GmbHG

Zur Entstehung der Gesellschaft ist es notwendig, dass sie in das Handelsregister (Abteilung B) eingetragen wird. Diese Eintragung ist somit konstitutiv[1]. Die Eintragung in das Handelsregister kann erst erfolgen, wenn folgende Voraussetzungen erfüllt sind:

§ 7 GmbHG

› Auf jeden Geschäftsanteil muss mindestens ein Viertel eingezahlt sein.
› Auf das Stammkapital muss mindestens 12.500 € eingezahlt sein.

Sacheinlagen sind zu 100 % vor der Eintragung zu leisten und werden auf die Geldleistungen angerechnet.

	Stammkapital	Stammeinlagen
Höhe	mind. 25.000 €	lautet auf volle Euro
Einzahlung	mind. 12.500 €	mind. ein Viertel der Stammeinlage

Beispiel:

Die Schwestern Irene und Brigitte Bunstadt gründen in Nürnberg die „Gartenwelt-Bunstadt GmbH". Das Stammkapital soll 100.000 € betragen. Irene will eine Stammeinlage von 30.000 € und Brigitte will eine Stammeinlage von 70.000 € leisten. Irene und Brigitte zahlen zunächst je 15.000 € ein.

Eine Eintragung kann nicht erfolgen. Zwar ist das Mindeststammkapital von 25.000 € erreicht und auch die Mindesteinzahlung von 12.500 € ist geleistet worden. Brigitte hat aber nicht mindestens 25 % ihres Geschäftsanteils (70.000 · 25 % = 17.500 €) eingezahlt.

---

[1] Vgl. 6. Kapitel Handelsrecht

Die Eintragung in das Handelsregister umfasst:
- Firma, Sitz und Gegenstand der Gesellschaft
- Inländische Geschäftsanschrift
- Höhe des Stammkapitals
- Tag des Abschlusses des Gesellschaftsvertrags
- Geschäftsführer mit Vertretungsbefugnis

Der Anmeldung ist eine Liste der Gesellschafter mit der Höhe der jeweiligen Geschäftsanteile und der Gesellschaftsvertrag beizulegen.

Werden vor Abschluss des notariell beurkundeten Gesellschaftsvertrages schon Geschäfte getätigt, gelten die Haftungsregelungen des Einzelkaufmanns, der BGB-Gesellschaft oder der OHG. Das bedeutet, dass die Gesellschafter zu diesem Zeitpunkt unbeschränkt, unmittelbar und solidarisch[1] haften. Diese Gesellschaftsform wird allgemein als „Vorgründungsgesellschaft" bezeichnet.

Nach Abschluss des notariell beurkundeten Gesellschaftsvertrages entsteht die sogenannte „Vor-GmbH" oder „Vorgesellschaft". Jetzt haften die Gesellschafter nur noch im Innenverhältnis, d. h. für die Höhe des Stammkapitals. Schon die Vorgesellschaft ist i. d. R. körperschaftsteuerpflichtig.

Mit Eintragung der GmbH in das Handelsregister entsteht die juristische Person nach außen und die persönliche Haftung der Gesellschafter entfällt. Spätestens jetzt entsteht auch die Körperschaftsteuerpflicht.

Entstehung der GmbH	
Innenverhältnis	Außenverhältnis
Abschluss des notariell beurkundeten Gesellschaftsvertrages	Eintragung in Abteilung B des Handelsregisters

§ 4 GmbHG

Die Firma der GmbH muss den Zusatz „Gesellschaft mit beschränkter Haftung" oder eine verständliche Abkürzung, wie z. B. „GmbH", enthalten.

> **Beispiel:**
>
> Die Geschwister Hans und Ursula Klein aus Bad Tölz gründen einen Holzhandel in der Form einer GmbH. Mögliche Firmen sind:
>
> Hans und Ursula Klein GmbH
> Klein GmbH
> Holzhandel GmbH
> Holzhandelsgesellschaft mbH

§ 5a GmbHG

Unternehmergesellschaft

Seit dem 1. November 2008 gilt das Gesetz zur Modernisierung des GmbH-Rechts und zur Bekämpfung von Missbräuchen (MoMiG). Ein Kernanliegen der GmbH-Novelle ist die Erleichterung und Beschleunigung von Unternehmensgründungen. Hier wurde häufig ein Wettbewerbsnachteil der GmbH gegenüber ausländischen Rechtsformen wie der englischen Limited gesehen, denn in vielen Mitgliedstaaten der Europäischen Union werden geringere Anforderungen an die Gründungsformalien und die Aufbringung des Mindeststammkapitals gestellt.

Für die „Unternehmergesellschaft[2] gelten abweichende Bestimmungen bei der Gründung der Gesellschaft.

- Das Mindeststammkapital der GmbH (25.000 €) kann unterschritten werden. Die Firma muss dann die Bezeichnung „Unternehmergesellschaft (haftungsbeschränkt)" oder UG (haftungsbeschränkt) enthalten.

[1] Vgl. BGB-Gesellschaft
[2] Auch „Ein-Euro-GmbH" oder „Mini-GmbH" genannt.

> Das Stammkapital muss bei Gründung zu 100 % eingezahlt werden.
> Sacheinlagen sind nicht möglich.
> Ein Viertel des Jahresüberschusses muss in eine gesetzliche Rücklage eingezahlt werden, bis das Mindeststammkapital von 25.000 € erreicht ist. Aus der Unternehmergesellschaft wird dann eine „normale" GmbH. Die Firma kann beibehalten werden.

■ Organe

Organe der GmbH		
Geschäftsführer	Gesellschafterversammlung	Aufsichtsrat (ab 500 Mitarbeiter)

Geschäftsführer

Für die GmbH handelt ein oder handeln mehrere Geschäftsführer. Das können Gesellschafter, aber auch Nicht-Gesellschafter der GmbH sein. Die Geschäftsführer werden auf unbestimmte Zeit von der Gesellschafterversammlung bestellt und haben deren Beschlüsse umzusetzen. Die Geschäftsführer erhalten im Rahmen eines Arbeitsvertrages ein festes Gehalt von der GmbH.

§ 35 GmbHG

Grundsätzlich gilt im Innenverhältnis die gemeinsame Geschäftsführung und im Außenverhältnis die Gesamtvertretung durch alle Geschäftsführer. Im Gesellschaftsvertrag kann eine abweichende Regelung getroffen werden, die in das Handelsregister einzutragen ist. So können bestimmte Aufgabengebiete festgelegt werden, in denen ein Geschäftsführer alleine entscheiden kann.

§ 37 GmbHG

§ 43 GmbHG

Eine Beschränkung der Geschäftsführungs- und Vertretungsmacht ist im Innenverhältnis möglich, aber im Außenverhältnis unwirksam. Bei einer Pflichtverletzung werden die Geschäftsführer der Gesellschaft gegenüber schadenersatzpflichtig.

> **Beispiel:**
>
> Clara Sinner ist Geschäftsführerin der „PC-Stuttgart GmbH". Im Gesellschaftsvertrag ist vereinbart, dass Kredite nur aufgenommen werden können, wenn der Gesellschafter Friedrich Mai schriftlich zustimmt. Clara Sinner nimmt bei der Sparkasse Stuttgart einen Kredit über 30.000 € für die GmbH auf, ohne Friedrich Mai zu informieren.
>
> Das Kreditgeschäft ist wirksam zu Stande gekommen, weil im Außenverhältnis die Vertretungsmacht nicht einzuschränken ist. Clara Sinner verstößt gegen die Absprachen im Innenverhältnis und ist deshalb schadenersatzpflichtig.

Die Geschäftsführer haben in Angelegenheiten der Gesellschaft die Sorgfalt eines ordentlichen Kaufmanns anzuwenden. Es gilt, soweit es vertraglich nicht anders geregelt ist, das Selbstkontrahierungsverbot. Dies bedeutet, dass sie keine Geschäfte in eigenem Namen mit der vertretenen Gesellschaft abschließen dürfen.

§ 43 GmbHG

§ 181 BGB

Aufgaben der Geschäftsführer sind:
> Führung und Vertretung der Gesellschaft
> Erstellung des Jahresabschlusses und des Lageberichts
> Einberufung der Gesellschafterversammlung
> Beantragung des Insolvenzverfahrens

Auch für die GmbH gelten die Bestimmungen des Mitbestimmungsgesetzes, wonach bei einer Beschäftigung von mehr als 2000 Arbeitnehmern ein Arbeitsdirektor bestellt werden muss.[1]

---
[1] Vgl. Kapitel 4 – Arbeitsrecht

Gesellschafterversammlung

§§ 45 ff. GmbHG

Das beschließende Organ der GmbH ist die Versammlung aller Gesellschafter. Die Gesellschafterversammlung wird durch die Geschäftsführer einberufen. Die Beschlussfassung erfolgt mit einfacher Mehrheit. Für Änderungen des Gesellschaftsvertrages ist eine Dreiviertelmehrheit und die notarielle (öffentliche) Beurkundung erforderlich. Für jeden Euro Geschäftsanteil hat ein Gesellschafter eine Stimme.

Die Aufgaben der Gesellschafterversammlung sind:

- die Feststellung des Jahresabschlusses und die Verwendung des Jahresüberschusses
- die Einforderung von Einzahlungen auf die Stammeinlagen und der Nachschüsse
- die Bestellung und die Abberufung von Geschäftsführern sowie die Entlastung derselben
- die Prüfung und Überwachung der Geschäftsführung
- die Bestellung von Prokuristen und von Handlungsbevollmächtigten

Aufsichtsrat

§§ 52 GmbHG

Nach dem GmbH-Gesetz kann der Gesellschaftsvertrag die Einrichtung eines Aufsichtsrates vorsehen. Gesetzlich verpflichtet ist die GmbH zu Einrichtung eines Aufsichtsrates nur dann, wenn die Bestimmungen des Betriebsverfassungsgesetzes (ab 500 Arbeitnehmern), des Mitbestimmungsgesetzes (ab 2000 Arbeitnehmern) oder des Montanmitbestimmungsgesetzes greifen. Der Aufsichtsrat ist das Kontrollorgan der Gesellschaft, überwacht die Geschäftsführung und prüft den Jahresabschluss.[1]

§ 35a GmbHG

Angaben auf Geschäftsbriefen

Auf allen Geschäftsbriefen, die an einen bestimmten Empfänger gerichtet sind, müssen die folgenden Angaben gemacht werden:

- Geschäftsführer (evtl. Vorsitzender des Aufsichtsrates)
- Rechtsform der Gesellschaft
- Sitz der Gesellschaft
- Registergericht und Nummer der Registereintragung

Werden Angaben zum Stammkapital gemacht, müssen auch die ausstehenden Einlagen angegeben werden.

Haftung

§ 13 GmbHG
§ 19 GmbHG
§ 21 GmbHG
§ 24 GmbHG
§§ 26 ff. GmbHG

Für die Verbindlichkeiten der Gesellschaft haftet die Gesellschaft mit ihrem Betriebsvermögen. Die Haftung mit dem Privatvermögen der Gesellschafter ist ausgeschlossen. Jeder Gesellschafter ist zur Leistung seines Geschäftsanteils nach den Bestimmungen des Gesellschaftsvertrages verpflichtet. Kommt ein Gesellschafter seiner Verpflichtung zur Einlage nicht nach, können Verzugszinsen festgesetzt werden. Zahlt der säumige Gesellschafter auch nach einer Frist von mindestens einem Monat nicht, geht der Geschäftsanteil an die Gesellschaft. Der Geschäftsanteil kann dann im Wege einer öffentlichen Versteigerung verkauft werden. Wird dabei die Höhe der Stammeinlage nicht erreicht, haben die übrigen Gesellschafter den Fehlbetrag im Verhältnis ihrer Geschäftsanteile aufzubringen (Kaduzierungsverfahren).

Für den Verlustfall kann im Gesellschaftsvertrag eine beschränkte oder unbeschränkte Nachschusspflicht der Gesellschafter vereinbart werden. Zahlt ein Gesell-

---

[1] Vgl. Ausführungen zur Aktiengesellschaft

schafter trotz vertraglich vereinbarter beschränkter Nachschusspflicht nicht, kann er auch in diesem Falle seinen Geschäftsanteil verlieren (Kaduzierungsverfahren). Will er seiner unbeschränkten Nachschusspflicht nicht nachkommen, hat er das Abandonrecht, d.h., er kann seinen Geschäftsanteil der Gesellschaft zur Verfügung stellen und muss dann nicht zahlen.

Einzahlung der Stammeinlage	Beschränkte Nachschusspflicht	Unbeschränkte Nachschusspflicht
	Kaduzierungsverfahren	Abandonrecht

■ Gewinn- und Verlustverteilung

Über die Verwendung des Jahresüberschusses entscheidet die Gesellschafterversammlung mit einfacher Mehrheit. Der Überschuss kann verwendet werden für: § 29 GmbHG

› den Ausgleich eines Verlustvortrages
› Tantiemen der Geschäftsführer und Aufsichtsratsmitglieder
› die Bildung von Gewinnrücklagen
› die Bilder einer gesetzlichen Rücklage bei der Unternehmergesellschaft
› die Rückzahlung von Nachschüssen
› die Verteilung an die Gesellschafter

Die Gewinnverteilung an die Gesellschafter erfolgt im Verhältnis der Geschäftsanteile zueinander. Im Gesellschaftsvertrag kann ein anderer Maßstab der Verteilung festgelegt werden.   § 29 (3) GmbHG

Ein Verlust wird nur von der Gesellschaft getragen. Entweder werden durch den Verlust Rücklagen aufgebraucht oder er erscheint als Verlustvortrag oder Jahresfehlbetrag in der Bilanz. Evtl. sind die Gesellschafter zu einem beschränkten oder unbeschränkten Nachschuss verpflichtet (s. o.). Privatentnahmen der Gesellschafter sind nicht zulässig.

■ Rechnungslegung

Für die Aufstellung des Jahresabschlusses sowie für die Prüfung und Publizität, gelten die Bestimmungen des Handelsgesetzbuches für Kapitalgesellschaften.[1]   §§ 41, 42 GmbHG

■ Auflösung

Wenn im Gesellschaftsvertrag nicht weitere Gründe vorgesehen sind, wird die GmbH in folgenden Fällen aufgelöst: § 60 GmbHG

› Ablauf der im Gesellschaftsvertrag bestimmten Zeit
› Beschluss der Gesellschafter mit einer Mehrheit von drei Viertel der abgegebenen Stimmen
› im Rahmen des Insolvenzverfahrens

■ Steuerliche Auswirkungen

Als selbstständiges Steuersubjekt unterliegt die GmbH der Körperschaftsteuer. Für einbehaltene und ausgeschüttete Gewinne beträgt der Steuersatz 15 % (zzgl. 5,5 % Solidaritätszuschlag). Bei der Auszahlung der Gewinne ist die Abgeltungsteuer von 25 % (zzgl. 5,5 % Solidaritätszuschlag) im Rahmen der Einkünfte aus Kapitalvermögen einzubehalten.   § 43 (1) EStG
§ 20 (1) EStG

Unabhängig von ihrer Tätigkeit ist die GmbH gewerbesteuerpflichtig kraft Rechtsform. Ein Freibetrag wird bei Kapitalgesellschaften nicht gewährt.   § 2 (2) GewStG

---

[1] Beachte: Bei den Personengesellschaften (OHG, KG, GbR) erzielen die Gesellschafter Einkünfte aus Gewerbebetrieb, auch wenn die Zahlungen als Gehälter, Zinsen oder Mieten von der Gesellschaft gezahlt werden.

Betätigt sich ein Gesellschafter auch als Geschäftsführer, so bezieht er hieraus Einkünfte aus nicht selbstständiger Arbeit. Erzielt der Gesellschafter Mieterträge für die Überlassung von Grundstücken an die Gesellschaft oder Zinserträge für die Hingabe von Darlehen an die Gesellschaft, werden Einkünfte aus Vermietung und Verpachtung bzw. Einkünfte aus Kapitalvermögen erzielt.[1]

Im Rahmen der Umsatzsteuer ist die Gesellschaft als Unternehmer steuerpflichtig.

■ Bedeutung

Die Gesellschaft mit beschränkter Haftung eignet sich für kleine bis mittlere Unternehmen, bei der die Gesellschafter als Geschäftsführer gemeinsam die Geschäfte führen können und keine Haftungsverpflichtung eingehen müssen. Die GmbH benötigt relativ wenig Kapital und kann von einer Person alleine gegründet werden. Die Gründung der Gesellschaft ist relativ teuer (Notar, Registergericht, Mindesteinzahlung) kann aber über den Umweg einer Unternehmergesellschaft sehr günstig vollzogen werden.

Die GmbH ist in Deutschland weit verbreitet, auch weil sie nicht nur für gewerbliche sondern auch für freiberufliche Zwecke gegründet wird. Sie wird von vielen Steuerberatern und Wirtschaftsprüfern als geeignete Gesellschaftsform genutzt.

Zusammenfassung: Gesellschaft mit beschränkter Haftung

Begriff	Handelsgesellschaft (Formkaufmann) mit eigener Rechtspersönlichkeit, deren Gesellschafter mit einer Stammeinlage am Stammkapital beteiligt sind.
Gründung	Notariell (öffentlich) beurkundeter Gesellschaftsvertrag und Eintragung in das Handelsregister Firma mit dem Zusatz „GmbH" Mindestens 25.000 € Stammkapital, Mindesteinzahlung 12.500 € Stammeinlage muss auf volle Euro lauten Mindesteinzahlung 25 %
Geschäftsführer	Gesamtgeschäftsführung und Gesamtvertretungsmacht Vertragliche Regelungen sind möglich Einschränkungen sind im Außenverhältnis unwirksam
Gesellschafterversammlung	❭ Feststellung des Jahresabschlusses und Beschluss über die Verwendung des Gewinns ❭ Einforderungen von Einzahlungen auf die Stammeinlagen und auf Nachschüsse ❭ Bestellung, Abberufung und Entlastung der Geschäftsführer ❭ Überwachung der Geschäftsführung ❭ Bestellung von Prokuristen und Handlungsbevollmächtigten
Haftung	Gesellschaft haftet mit dem Betriebsvermögen
Gewinn- und Verlustverteilung	Gewinne werden im Verhältnis der Geschäftsanteile verteilt Verluste werden durch Rücklagen oder Nachschüsse gedeckt oder als Verlustvortrag in der Bilanz ausgewiesen
Auflösung	❭ Ablauf der im Gesellschaftsvertrag bestimmten Zeit ❭ Beschluss der Gesellschafter mit Dreiviertelmehrheit ❭ im Rahmen des Insolvenzverfahrens
Steuerliche Auswirkungen	Gesellschaft ist körperschaftsteuerpflichtig (Steuersatz 15 %) Die Gesellschafter versteuern ihren Gewinnanteil im Rahmen der Einkünfte aus Kapitalvermögen durch die Abgeltungssteuer von 25 % Gewerbesteuerpflichtig kraft Rechtsform Umsatzsteuerpflicht als Unternehmer

---

[1] Beachte: Bei den Personengesellschaften (OHG, KG, GbR) erzielen die Gesellschafter Einkünfte aus Gewerbebetrieb, auch wenn die Zahlungen als Gehälter, Zinsen oder Mieten von der Gesellschaft gezahlt werden.

Kapitalgesellschaften 217

Erarbeitungsfälle

1 Aufgabe (GmbH: Gründung)

Die drei Geschwister Hans, Elke und Veronika Klauser aus Rosenheim wollen ein Dienstleistungsunternehmen in Form einer GmbH gründen. Elke Klauser ist eine Mandantin Ihres Büros und sucht Sie auf, um Ihnen das Vorhaben vorzustellen. Entscheiden und begründen Sie, ob die Geschwister ihre Absicht in folgender Weise durchführen können.

a) Das Unternehmen soll mit „Gesellschaft für Dienstleistungen" firmieren und in das Handelsregister eingetragen werden.

b) Das Stammkapital soll 100.000 € betragen.

c) Hans soll 20.000 €, Elke 50.000 € und Veronika 30.000 € Stammeinlagen übernehmen. Da Hans zurzeit in finanziellen Schwierigkeiten ist, möchte er zunächst nichts einzahlen. Elke und Veronika wollen jeweils 30.000 € einzahlen.

d) Der Gesellschaftsvertrag soll in schriftlicher Form abgeschlossen werden.

e) Veronika soll Geschäftsführerin werden, Hans und Elke sollen Prokura erhalten.

2 Aufgabe (GmbH: Einlagen)

Anton Hertz und Monika Manhenke sind die Gesellschafter der „Hertz GmbH, Saarbrücken". Anton Hertz hat eine Stammeinlage von 60.000 € übernommen, von der er 40.000 € bereits eingezahlt hat. Monika Manhenke hat eine Stammeinlage von 80.000 € gezeichnet und hat diese in voller Höhe geleistet. Nach dem Gesellschaftsvertrag sind die Gesellschafter verpflichtet, ihre Einlage bis zum 30. Juni zu leisten. Am 15. Juli hat Herr Hertz immer noch nicht gezahlt.

a) Was kann Frau Manhenke unternehmen, damit Herr Hertz die restlichen 20.000 € einzahlt?

b) Kann Frau Manhenke bei Nichtzahlung des Herrn Hertz ihrerseits 20.000 € für private Zwecke entnehmen?

3 Aufgabe (GmbH: Geschäftsführung)

Holger Männe ist Geschäftsführer der „Ermittlungsgesellschaft mbH". Gesellschafter sind die Mitglieder der Familie Wehsan. Im Gesellschaftsvertrag ist erklärt, dass der Geschäftsführer, Herr Männe, keine Ausgaben über 2.000 € ohne Zustimmung der Familie Wehsan tätigen darf.

a) Aus Zeitgründen kauft Herr Männe eine Computeranlage für 3.500 €, ohne die Familie Wehsan zu fragen, um ein besonders günstig erscheinendes Angebot wahrnehmen zu können. Er informiert sie aber sofort am nächsten Tag von diesem guten Geschäft.

b) Die Familienmitglieder halten von diesen „neuartigen Dingen" wie einem Computer nichts und wollen den Kauf rückgängig machen.

c) Muss der Computerhändler das Gerät zurücknehmen?

d) Hat der Geschäftsführer mit Konsequenzen zu rechnen, falls der Computerhändler aus Kulanzgründen das Gerät für 3.100 € zurücknimmt?

4 Aufgabe (GmbH: Gesellschafterversammlung)

Hans Wittke, Jutta Biesel und Barbara Becker sind die Gesellschafter der „Betonbau GmbH" aus Aachen. Sie sind mit folgenden Beträgen an der GmbH beteiligt:
Hans Wittke   60.000 €
Jutta Biesel   20.000 €
Barbara Becker   32.000 €

Die Gesellschafterversammlung hat über folgende Vorhaben zu beschließen und stimmt wie folgt ab:

Für die vorgeschlagene Gewinnverteilung stimmen Hans Wittke und Jutta Biesel. Für die Bestellung eines weiteren Geschäftsführers stimmen Jutta Biesel und Barbara Becker.

a) Über wie viele Stimmen verfügt Hans Wittke?

b) Werden die vorgeschlagenen Beschlüsse wirksam?

5 Aufgabe (GmbH: Gründung)

Mario Polter studiert in Karlsruhe Informatik. Er hat von seiner verstorbenen Tante Elly 100.000 € geerbt, die er in festverzinslichen Wertpapieren sicher angelegt hat. Ansonsten ist Mario mittellos. Er möchte seine selbst geschriebenen PC-Programme verkaufen und plant die Gründung eines eigenen Unternehmens. Er möchte das Geschäft alleine betreiben und will das geerbte Geld nicht verwenden und auch nicht riskieren.

a) Welche Unternehmensform kommt für Mario infrage?

b) Wie viel Startkapital benötigt Mario für die Gründung dieses Unternehmens?

c) Nennen Sie die genaue gesetzliche Grundlage!

6 Aufgabe (GmbH: Unternehmergesellschaft)

Katharina Schmitz betreibt in Hannover ein Einzelhandelsgeschäft für Stoffe und Teppiche. Sie führt dieses Geschäft in der Form einer Unternehmergesellschaft mit der Firma: „Stoffe UG (haftungsbeschränkt)". Das Stammkapital beträgt 100 € und die gesetzliche Rücklagen nach § 5a GmbHG beträgt 10.000 €.

Beim Jahresabschluss wird ein Jahresüberschuss von 30.000 € festgestellt.

a) Wie kann bzw. muss der Jahresüberschuss verwendet werden?

b) Was kann Katharina Schmitz tun, wenn die gesetzliche Rücklage auf 25.000 € angewachsen ist?

c) Nennen Sie jeweils die gesetzliche Grundlage!

7 Aufgabe (GmbH: Haftung)

Die Freunde Bodo Rust und Achim Langer gründen in Lingen eine GmbH, die sich mit dem Vertrieb von Konserven beschäftigt. Am 20. Mai schließen sie den Gesellschaftsvertrag schriftlich ab und lassen ihn am gleichen Tag notariell beurkunden. In diesem Vertrag wird vereinbart, dass beide Gesellschafter alle Geschäfte alleine abschließen können. Die Eintragung in das Handelsregister erfolgt am 28. Juni.

Am 25. Juni kauft Bodo Rust einen kleinen Lastkraftwagen für einen Kaufpreis von 23.500 €. Der Wagen gefällt Achim Langer nicht und er kauft am 30. Juni einen weiteren Lastwagen für 17.300 €.

Die Gesellschaft der beiden Freunde gerät in Zahlungsschwierigkeiten. Die Händler der beiden Autos warten schon seit einiger Zeit auf ihr Geld und verlangen jetzt von Bodo Rust die Zahlung von 23.500 € und von Achim Langer 17.300 €.

Müssen die beiden zahlen? Nennen Sie auch die gesetzliche Grundlage im GmbH-Gesetz!

8 Aufgabe (GmbH: Gewinnverteilung)

An der „Auto-Clean-Dillingen GmbH" sind folgende Gesellschafter beteiligt:
- Hans Huberer mit 30.000 €
- Willi Weibl mit 60.000 €
- Gisela Geck mit 10.000 €

Geschäftsführerin Karin Sonner schlägt in der Gesellschaftsversammlung vor, den Bilanzgewinn in Höhe von 40.000 € wie folgt zu verwenden:

10.000 € sollen in die Rücklagen eingestellt werden

30.000 € sollen an die Gesellschafter ausgeschüttet werden

Willi Weibl unterstützt den Vorschlag, während Hans Huberer und Gisela Geck dagegen sind.

a) Wird der Bilanzgewinn wie von dem Geschäftsführer vorgesehen verwendet? Nennen Sie auch die gesetzliche Grundlage im GmbH-Gesetz!

b) Wie hoch ist der Gewinnanteil eines jeden Gesellschafters, wenn dem Vorschlag des Geschäftsführers gefolgt wird?

9 Aufgabe (GmbH: Geschäftsanteil)

An der „PC-Entwicklungsgesellschaft mbH" sind folgende Gesellschafter beteiligt:
- Britta Göser mit 30.000 €
- Mario Bauer mit 40.000 €
- Karl-Josef Rose mit 100.000 €

Im Zusammenhang mit einer Streitigkeit verkauft Britta Göser ihren Geschäftsanteil an Mario Bauer. Sie setzten zu diesem Zweck einen schriftlichen Vertrag auf. Mario Bauer zahlt 40.000 € durch Banküberweisung. Herr Rose ist gegen diese Übernahme, weil er die Mitarbeit von Frau Göser nicht verlieren will.

a) Kann Herr Bauer grundsätzlich einen weiteren Geschäftsanteil erwerben?

b) Kommt der Verkauf in der geschilderten Weise zustande? Nennen Sie auch die gesetzliche Grundlage im GmbH-Gesetz!

10 Aufgabe (GmbH: Gewinnbesteuerung)

Das zu versteuernde Einkommen laut Körperschaftsteuergesetz (= Gewinn) der „Walter GmbH" beträgt 60.000 €. Herr Walter ist alleiniger Gesellschafter und Geschäftsführer der GmbH und will eine Dividende von 30.000 € ausschütten. Herr Walter ist ledig und gehört keiner Religionsgemeinschaft an.

a) Wie hoch wird die GmbH mit Körperschaftsteuer belastet?

b) Berechnen Sie die Gutschrift, die Herr Walter aus der Dividende erhalten wird!

11 Aufgabe (Steuerliche Auswirkungen)

In der Gewinn- und Verlustrechnung der „Geiser GmbH" aus Nürnberg wird ein zu versteuerndes Einkommen laut Körperschaftsteuergesetz (= Gewinn) von 100.000 € ausgewiesen. Nach dem Gesellschafterbeschluss werden davon 70.000 € ausgeschüttet und 30.000 € als Rücklagen verwendet. An der Gesellschaft sind die Eheleute Hans und Ute Geiser mit je 200.000 € beteiligt.

a) Wie hoch ist Belastung mit Körperschaftsteuer und Solidaritätszuschlag der Geiser GmbH?

b) Wie hoch ist die Gutschrift aus dieser Ausschüttung auf dem Bankkonto eines jeden Ehegatten?

12 ▸ Aufgabe (GmbH-Gesetz und Handelsgesetzbuch)

Beantworten Sie die folgenden Fragen zur GmbH. Nennen Sie ggf. auch die gesetzlichen Regelungen!

a) Wann entsteht eine GmbH als juristische Person?
b) In welche Abteilung des Handelsregisters wird die GmbH eingetragen?
c) Welche wesentlichen Inhalte werden in das Handelsregister eingetragen?
d) Welche Vorschriften kennt das Gesetz zur Firmierung einer GmbH?
e) Wie hoch ist mindestens das Stammkapital und jede Geschäftsanteil?
f) Wie viel Euro muss jeder Gesellschafter bei der Gründung mindestens einzahlen?

13 ▸ Aufgabe (GmbH und OHG/Prokura)

Die „Auto und Rad GmbH" mit Sitz in Gütersloh beschäftigt sich mit der Entwicklung von elektrischen Komponenten für die Automobil- und Motorradindustrie. An der GmbH sind folgende Personen beteiligt, die auch Geschäftsführer sind:

- Max Weber   mit 1.200.000 €
- Helga Felder mit   300.000 €
- Heinz Wüster mit   400.000 €

Max Weber will dem langjährigen Angestellten Heinrich Muter Prokura erteilen und ernennt ihn am 14. Januar ausdrücklich zum Prokuristen. Fritz Felder und Heinz Wüster sind gegen die Ernennung.

a) Kann Herr Weber den Angestellten Muter in der angegebenen Form zum Prokuristen ernennen?
b) Können die Gesellschafter/Geschäftsführer Felder und Wüster etwas gegen die Ernennung des Herrn Muter zum Prokuristen unternehmen?
c) Könnte Herr Weber den Angestellten Muter in der angegebenen Form zum Prokuristen ernennen, wenn die drei Gesellschafter in der Rechtsform der OHG das Unternehmen betreiben würden?
d) Wer kann in der OHG bzw. in der GmbH die Prokura widerrufen?

14 ▸ Aufgabe (Gründung GmbH und OHG)

Die drei Geschäftsleute Mäuser, Neumann und Olfter beabsichtigen eine GmbH zu gründen. Das Stammkapital soll 30.000 € betragen, das von den Gesellschaftern zu gleichen Teilen übernommen werden soll. Die drei Gesellschafter haben zzt. die Möglichkeit, folgende Beträge aufzubringen:

- Mäuser   6.000 €
- Neumann   5.000 €
- Olfter   2.000 €

a) Kann die GmbH unter diesen Bedingungen gegründet werden?
b) Könnten die Geschäftsleute unter diesen Bedingungen eine OHG gründen?

15 ▸ Aufgabe (Vergleich KG und GmbH)

Entscheiden Sie, ob die folgenden Aussagen
- für einen Kommanditisten
- und/oder für einen Gesellschafter der GmbH
- oder gar nicht gelten.

a) Der Gesellschafter kann zum Schluss des Geschäftsjahres mit einer Frist von 6 Monaten kündigen.
b) Der Gesellschafter kann bis zu 4 % seiner Einlage privat entnehmen.

c) Der Gesellschafter erzielt Einkünfte aus Kapitalvermögen.

d) Durch den Tod des Gesellschafters wird die Gesellschaft aufgelöst.

16 Aufgabe (Vertretungsmacht, Vergleich der Unternehmensformen)

Wer hat bei den folgenden Gesellschaftsformen das Recht, die Gesellschaft nach außen zu vertreten?

a) Offene Handelsgesellschaft

b) Gesellschaft bürgerlichen Rechts

c) Gesellschaft mit beschränkter Haftung

d) Stille Gesellschaft

17 Aufgabe (Kündigung bei verschiedenen Unternehmensformen)

Elke Schaller, Dagmar Fiedler und Dieter Norall sind Gesellschafter eines Unternehmens, das mit Elektronikteilen handelt. Dagmar Fiedler möchte aus dem Unternehmen ausscheiden. Was muss sie unternehmen, wenn sie

a) Gesellschafterin einer GmbH ist

b) Gesellschafterin einer OHG ist

c) stille Gesellschafterin eines Einzelunternehmers ist

d) Gesellschafterin einer BGB-Gesellschaft ist?

3.2 Aktiengesellschaft

Für Unternehmen mit großem Kapitalbedarf ist die Rechtsform der Aktiengesellschaft (AG) sehr gut geeignet. Sie weist dieselben Wesensmerkmale wie die GmbH auf, hat aber bei der Übertragungsmöglichkeit der Anteile (Aktienhandel an der Börse möglich) deutliche Vorteile. Da es für „kleine" Aktiengesellschaften seit 1994 Vereinfachungsregeln gibt, wird die Rechtsform der AG auch von mittelständischen Unternehmen angenommen.

Die AG hat eine eigene Rechtspersönlichkeit (juristische Person) und gilt immer als Handelsgesellschaft (Formkaufmann). Die Firma muss die Bezeichnung „Aktiengesellschaft" oder eine verständliche Abkürzung (z. B. AG) beinhalten.

§ 3 AktG

§ 4 AktG

■ Gründung

Die AG kann von einer oder mehreren Personen gegründet werden. Es muss ein notariell beurkundeter Vertrag (Satzung) aufgestellt werden. Die Gründer übernehmen die Aktien und lassen die Gesellschaft in das Handelsregister (Abteilung B) eintragen. Dadurch entsteht die AG als juristische Person im Außenverhältnis. Die Anmeldung zum Handelsregister kann erst erfolgen, wenn auf jede Aktie mindestens 25 % des Nennwertes[1] eingezahlt wurde.

§ 2 AktG

§ 36 AktG

§ 37 AktG

Entstehung der Aktiengesellschaft	
im Innenverhältnis	im Außenverhältnis
Aufstellung der Satzung (Gesellschaftsvertrag)	Eintragung in das Handelsregister

Die Gründer bestellen den ersten Aufsichtsrat, der anschließend den Vorstand wählt.

§ 30 AktG

Das Grundkapital der AG muss mindestens 50.000 € betragen und ist in Aktien zerlegt. Der Nennwert der Aktie muss mindestens 1 € betragen. Es können auch

§ 7 AktG

§ 8 AktG

---
[1] Anteil der Aktie am gezeichneten Kapital.

Stückaktien ausgegeben werden (ohne Nennwert), die alle mit dem gleichen Anteil am Grundkapital beteiligt sind. Werden die Aktien zu einem höheren Kurswert ausgegeben, fließt der Mehrbetrag (Agio)[1] in die Kapitalrücklagen. Eine Ausgabe unter dem Nennwert ist nicht zulässig.

§ 272 (2) HGB
§ 9 AktG

> **Beispiel:**
>
> Rolf Dohmen und Anita Schwarz gründen eine Aktiengesellschaft mit einem Grundkapital von 100.000 €. Die Aktien lauten über 1 € und werden mit einem Kurs von 1,20 € ausgegeben.
>
> In der Bilanz der AG wird das Grundkapital mit 100.000 € und die Kapitalrücklagen mit 20.000 € ausgewiesen. Das Eigenkapital der Gesellschaft beträgt somit 120.000 €.

Aktien können als Inhaberaktie, als Namensaktie oder als vinkulierte Namensaktien ausgegeben werden. Im letzten Fall kann die Aktie nur mit Zustimmung des Vorstandes verkauft werden. Inhaberaktien können frei gehandelt werden, z. B. zum Kurswert an einer Wertpapierbörse. Vorzugsaktien gewähren dem Besitzer eine höhere Dividende und sind oft ohne Stimmrecht ausgestattet.

Organe

Organe der Aktiengesellschaft		
Vorstand	Hauptversammlung	Aufsichtsrat

Vorstand

§ 76 AktG

Der Vorstand leitet die Aktiengesellschaft. Vorstandsmitglieder werden vom Aufsichtsrat für höchstens fünf Jahre bestellt. Bei einem Grundkapital von mehr als 3 Millionen Euro besteht der Vorstand aus mindestens zwei natürlichen Personen, es sei denn, die Satzung bestimmt etwas anderes. Der Aufsichtsrat kann ein Mitglied zum Vorsitzenden oder Sprecher des Vorstandes ernennen. Bei Unternehmen der Montanindustrie und in Gesellschaften mit mehr als 2000 Arbeitnehmern gehört ein Arbeitsdirektor zum Vorstand, der überwiegend für personelle Angelegenheiten zuständig ist.

§§ 77, 78 AktG

Grundsätzlich besteht Gesamtgeschäftsführungsbefugnis und Gesamtvertretungsmacht. Sehr oft ist in der Satzung bestimmt, dass für bestimmte Aufgaben ein Vorstandsmitglied alleine oder zusammen mit einem Prokuristen zuständig ist. Gegen die Mehrheit der Vorstandsmitglieder kann kein Geschäft abgeschlossen werden, auch wenn für dieses Geschäft die Einzelgeschäftsführungsmacht gilt. Die Vertretungsbefugnis eines Vorstandsmitgliedes kann nicht eingeschränkt werden.

§ 82 AktG

Gesetzliche Regelung	
Gesamtgeschäftsführung	Gesamtvertretung
Vertragliche Abweichungen	
Einzelgeschäftsführung, aber keine Entscheidung gegen die Mehrheit der Vorstandsmitglieder.	Einzelvertretung oder Gesamtvertretung mit einem Prokuristen.
Einschränkungen der Geschäftsführungsbefugnis müssen im Innenverhältnis eingehalten werden.	Vertretungsbefugnis ist im Außenverhältnis nicht einzuschränken.

---

[1] Agio ist der Mehrbetrag, den der Käufer einer Aktie bei deren Ausgabe bezahlen muss.

> **Beispiel:**
>
> In der „Holzhandel AG" sind Hermann Maier, Sascha Keller und Monika Krause Vorstandsmitglieder. In der Satzung ist bestimmt, dass Monika Krause im Bereich Einkauf Geschäfte bis zu einem Wert von 50.000 € alleine durchführen kann. Als Monika Krause einen Posten Rohstahl für 60.000 € in Südafrika kaufen will, protestieren die beiden anderen Vorstandsmitglieder. Frau Krause schließt trotzdem den Vertrag ab.
>
> Zwar ist Frau Krause alleine für den Einkauf zuständig, gegen die Mehrheit der Vorstandsmitglieder dürfen aber keine Geschäfte abgeschlossen werden. Außerdem ist die Einschränkung auf 50.000 € im Innenverhältnis wirksam.
>
> Im Außenverhältnis kann die Einzelvertretung wirksam vereinbart werden. Eine Einschränkung (hier auf 50.000 €) ist jedoch unwirksam. Das Geschäft ist rechtsgültig. Die AG hat aber einen Schadenersatzanspruch an Frau Krause.

Die wichtigsten Aufgaben des Vorstandes sind:

› Geschäftsführung und Vertretung

› vierteljährlicher Bericht an den Aufsichtsrat   § 90 AktG

› Erstellung des Jahresabschlusses und Vorschlag zur Verwendung des Bilanzgewinns   § 264 AktG

› Einberufung der ordentlichen Hauptversammlung   § 121 AktG

Ohne Einwilligung der Hauptversammlung darf ein Vorstandsmitglied weder ein eigenes Handelsgewerbe betreiben, noch im Handelszweig der Gesellschaft Geschäfte auf eigene oder fremde Rechnung tätigen (Wettbewerbsverbot). Wenn es vertraglich nicht ausgeschlossen ist, gilt für Vorstandsmitglieder außerdem das Selbstkontrahierungsverbot. Dies bedeutet, dass Mitglieder des Vorstandes keine Geschäfte in eigenem Namen mit der vertretenen Gesellschaft abschließen dürfen.   § 88 AktG
§ 181 BGB

Die Vorstandmitglieder erhalten in der Regel ein festes Gehalt und eine Tantieme[1], über deren Höhe die Hauptversammlung oder die Satzung entscheidet.   § 86 AktG

Aufsichtsrat

Der Aufsichtsrat ist das Kontrollorgan der Aktiengesellschaft. Er besteht aus Vertretern der Aktionäre und der Belegschaft und wird für vier Jahre bestellt. Der Aufsichtsrat besteht aus mindestens drei natürlichen Personen wobei die Satzung eine größere Zahl bestimmen kann, die aber durch drei teilbar sein muss. Die Höchstzahl der Aufsichtsratmitglieder beträgt: § 95 ff. AktG

Bei einem Grundkapital von	
bis zu 1.500.000 €	9 Mitglieder
mehr als 1.500.000 €	15 Mitglieder
mehr als 10.000.000 €	21 Mitglieder

Für die Zusammensetzung des Aufsichtsrates gelten verschiedene Mitbestimmungsmodelle.[2]

Die wichtigsten Aufgaben des Aufsichtsrates sind:

› Bestellung und Überwachung des Vorstandes   § 84 AktG

› Prüfung des Jahresabschlusses und des Vorschlags zur Gewinnverwendung   § 171 AktG

---

[1] Tantiemen sind gewinnabhängige Zahlungen an Vorstands- und Aufsichtsratmitglieder.
[2] Vgl. 4. Kapitel Arbeitsrecht

§ 111 AktG
- Bericht in der Hauptversammlung
- Einberufung einer außerordentlichen Hauptversammlung

§ 100 AktG
Jede natürliche Person darf bis zu 10 Aufsichtsratmandate wahrnehmen. Eine gleichzeitige Tätigkeit im Vorstand der jeweiligen Gesellschaft ist ausgeschlossen. Die Mitglieder des Aufsichtsrates erhalten eine Tantieme, deren Höhe durch Satzung oder Hauptversammlung bestimmt wird.

Hauptversammlung

§§ 118 ff. AktG
§ 133 AktG
Die Aktionäre bilden die Hauptversammlung der Aktiengesellschaft. Das Stimmrecht wird nach den Nennbeträgen der Aktien ausgeübt, wobei der kleinste in der Satzung festgelegte Nennwert eine Stimme gewährt. Grundsätzlich ist die einfache Mehrheit erforderlich, z. B. bei der Entscheidung über die Gewinnverwendung. Bei Satzungsänderungen sind drei Viertel des bei der Beschlussfassung vertretenen Grundkapitals notwendig (qualifizierte Mehrheit). Das Stimmrecht auf der Hauptversammlung wird bei großen Gesellschaften oft von den Banken ausgeübt. Der Aktionär kann dann der Bank Weisungen zum Abstimmungsverhalten erteilen.

§ 119 AktG
Die wichtigsten Aufgaben der Hauptversammlung sind:
- Wahl der Aufsichtsratsmitglieder
- Wahl der Abschlussprüfer
- Verwendung des Bilanzgewinns
- Entlastung des Vorstandes
- Satzungsänderungen

Rechte der Aktionäre
Teilnahme an der Hauptversammlung
Anspruch auf Auskunft durch den Vorstand
Stimmrecht in der Hauptversammlung
Anspruch auf Anteil am Gewinn (Dividende)
Recht auf den Bezug junger (neuer) Aktien
Anspruch auf Anteil am Liquidationserlös bei Auflösung der Aktiengesellschaft

Angaben auf Geschäftsbriefen

§ 80 AktG
Auf allen Geschäftsbriefen, die an einen bestimmten Empfänger gerichtet sind, müssen die folgenden Angaben gemacht werden:
- Vorstandsmitglieder (Vorsitzender ist als solcher zu bezeichnen)
- Vorsitzender des Aufsichtsrates
- Rechtsform der Gesellschaft
- Sitz der Gesellschaft
- Registergericht und Nummer der Registereintragung

Haftung

§ 1 AktG
Für die Verbindlichkeiten der Gesellschaft haftet nur die Gesellschaft mit ihrem Vermögen. Aktionäre sind von der Haftung ausgeschlossen.

Gewinn- und Verlustverteilung

Die Verwendung des Jahresüberschusses ist teils im Aktiengesetz vorgeschrieben, teils liegt sie in der Hand des Vorstandes, des Aufsichtsrates und der Hauptversammlung.

› **Gesetzliche Vorschriften** § 150 AktG

Zunächst muss ein Verlustvortrag aus den Vorjahren ausgeglichen werden. Anschließend muss die gesetzliche Rücklage gebildet werden. Sie beträgt 5 % des Jahresüberschusses, bis 10 % des Grundkapitals erreicht ist.

› **Entscheidung des Vorstandes und des Aufsichtsrates** § 58 AktG

Von dem verbleibenden Betrag kann bis zu 50 % (anderer Anteil kann in der Satzung bestimmt werden) durch den Vorstand und den Aufsichtsrat in die freiwilligen Rücklagen eingestellt werden. Der Restbetrag ist der Bilanzgewinn.

› **Entscheidung der Hauptversammlung**

Über die Verwendung des Bilanzgewinns entscheidet die Hauptversammlung. Sie bestimmt die Höhe der Dividende, über die Höhe der Tantiemen für Vorstand und Aufsichtsrat und kann auch die freiwilligen Rücklagen bedienen. Der Restbetrag wird als Gewinnvortrag erfasst und im nächsten Jahr verwendet.

Gesetzliche Vorschriften	Jahresüberschuss
	+ Gewinnvortrag
	./. Verlustvortrag
	– Einstellung in die gesetzlichen Rücklagen
Entscheidung des Vorstandes und des Aufsichtsrates	= Zwischensumme
	./. Einstellung bis zu 50 % in die freiwilligen Rücklagen
Entscheidung der Hauptversammlung	= Bilanzgewinn
	./. Rücklagen
	./. Dividende
	./. Tantiemen
	= Gewinnvortrag

Jedem Aktionär steht eine Dividende pro Aktie nach seinem Anteil am Grundkapital zu. § 60 (1) AktG

> **Beispiel:** ⟩⟩
>
> Die Steuerberater, Herr Kuster und Frau Heidig, arDie „Folienfabrik AG" aus Aachen weist in ihrer Gewinn- und Verlustrechnung einen Jahresüberschuss von 120.000 € aus. Aus dem Vorjahr besteht noch ein Verlustvortrag von 12.000 €. Das Grundkapital der AG beträgt 1.000.000 €, die gesetzlichen Rücklagen 95.000 €. Der Vorstand und Aufsichtsrat beschließt, einen möglichst hohen Betrag in die freiwilligen Rücklagen einzustellen. Die Hauptversammlung beschließt, den gesamten Bilanzgewinn als Dividende auszuschütten.
>
> Der Jahresüberschuss muss zunächst für den Verlustausgleich in Höhe von 12.000 € verwendet werden. Anschließend müssen 5.000 € in die gesetzlichen Rücklagen fließen. Von dem Restbetrag von 103.000 € können 51.500 € in die freiwilligen Rücklagen eingestellt werden. Der Bilanzgewinn beträgt 51.500 €. Nach dem Beschluss der Hauptversammlung wird dieser Betrag als Dividende ausgeschüttet.

Gewinnrücklagen		Kapitalrücklagen
Einstellung aus dem Jahresüberschuss oder aus dem Bilanzgewinn		Einstellung bei der Ausgabe neuer Aktien (Agio)
Gesetzliche Rücklage	Freiwillige Rücklage	Gesetzliche Rücklage
Belastet mit 15 % Körperschaftsteuer		Keine Belastung mit Körperschaftsteuer

Gesellschaftsrecht

§§ 207 ff. AktG — Die Kapitalrücklagen dienen dem Schutz der Gläubiger und dürfen nur im Verlustfalle aufgelöst werden, wenn alle Gewinnrücklagen bereits verwendet wurden. Die Gewinnrücklagen dürfen auch zur Erhöhung des Grundkapitals aufgelöst werden.

Rechnungslegung

§ 267 HGB — Die Vorschriften zur Rechnungslegung von Kapitalgesellschaften[1] bestimmen sich größtenteils nach dem Handelsgesetzbuch. Dort wurden sehr genaue Abgrenzungen vorgenommen, je nachdem, ob es sich um eine kleine, mittelgroße oder große Kapitalgesellschaft handelt.

§ 267 HGB — Zwei der folgenden Schwellenwerte müssen an zwei aufeinander folgenden Bilanzstichtagen überschritten werden:

Merkmal	Kleine Kapitalgesellschaften	Mittelgroße Kapitalgesellschaften	Große Kapitalgesellschaften
Bilanzsumme in Euro	bis 6.000.000	bis 20.000.000	über 20.000.000
Umsatzerlöse in Euro	bis 12.000.000	bis 40.000.000	über 40.000.000
Arbeitnehmer	bis 50	bis 250	über 250
Börsenzulassung			wenn an einer EU-Börse zugelassen

	Die folgende Übersicht gibt einen Hinweis auf die wichtigsten Pflichten:		
Umfang Jahresabschluss	Bilanz G+V-Rechnung Anhang, mit Erleichterungen in § 288 HGB	Bilanz G+V-Rechnung Anhang mit Erleichterungen in § 288 HGB Lagebericht	Bilanz G+V-Rechnung Anhang Lagebericht
Frist für die Aufstellung Jahresabschluss	Aufstellung innerhalb der ersten sechs Monate nach Ende des Geschäftsjahres	Aufstellung innerhalb der ersten drei Monate nach Ende des Geschäftsjahres	
Form der Veröffentlichung	Einreichung zum Handelsregister und Hinweis im Bundesanzeiger		Einreichung zum Handelsregister und Veröffentlichung im Bundesanzeiger
Frist für die Veröffentlichung	12 Monate nach Ende des Geschäftsjahres	9 Monate nach Ende des Geschäftsjahres	
Prüfung Jahresabschluss	Keine Prüfung	Prüfung durch Wirtschaftsprüfer, bei der GmbH auch durch einen vereidigten Buchprüfer möglich	Prüfung durch Wirtschaftsprüfer

§§ 264 ff. HGB — Der Jahresabschluss wird vom Vorstand erstellt und von Wirtschaftsprüfern geprüft. Der geprüfte Jahresabschluss wird dem Aufsichtsrat vorgelegt. Wenn er den Abschluss billigt, gilt er als festgestellt. Wird der Abschluss nicht gebilligt, wird er der Hauptversammlung vorgelegt, die ihn dann billigen kann oder nicht. Der festgestellte Abschluss muss veröffentlicht werden.

§§ 284 ff. HGB — Im Anhang des Jahresabschlusses müssen Erläuterungen zu einzelnen Posten der Bilanz und der Gewinn- und Verlustrechnung gegeben werden. So sind z. B. die Grundsätze der Bilanzierung und Bewertung zu erläutern, die Verbindlichkeiten nach Fristigkeit zu gliedern und die Gesamtbezüge der Mitglieder des Aufsichtsrates und des Vorstandes aufzuführen.

---

[1] Gilt auch für OHG/KG, bei denen keine natürliche Person unbeschränkt haftet, z. B. GmbH & Co KG.

Im Lagebericht ist die Lage der Kapitalgesellschaft so darzustellen, dass ein den tatsächlichen Verhältnissen entsprechendes Bild vermittelt wird. Dabei ist darauf einzugehen, welche Vorgänge von besonderer Bedeutung waren oder in der Zukunft sein werden. Auch sollen die Bereiche der Forschung und Entwicklung sowie die Ergebnisse der Zweigniederlassungen dargestellt werden.

§ 267 HGB

■ Auflösung

Wenn in der Satzung nichts anderes bestimmt ist, wird die AG aus folgenden Gründen aufgelöst:
- Ablauf der in der Satzung bestimmten Zeit
- Beschluss der Hauptversammlung
- im Rahmen des Insolvenzverfahrens

■ Steuerliche Auswirkungen

Wie die GmbH ist auch die Aktiengesellschaft als selbstständiges Steuersubjekt körperschaftsteuerpflichtig, gewerbesteuerpflichtig und umsatzsteuerpflichtig.[1] Die Aktionäre erzielen Einkünfte aus Kapitalvermögen im Rahmen der Einkommensteuer. Die Vorstandsmitglieder erzielen Einkünfte aus nicht selbstständiger Arbeit, auch bei Tantiemenzahlungen. Die Mitglieder des Aufsichtsrates erzielen mit ihren Tantiemen Einkünfte aus selbstständiger Tätigkeit.

■ Bedeutung

Für große und kapitalintensive Unternehmen ist die Aktiengesellschaft die geeignete Unternehmensform. Durch die unkomplizierte Übertragung der Aktien an große Teile der Bevölkerung und durch die kleinen Nennbeträge ist die Kapitalbeschaffung einfach. Bei großen börsennotierten Unternehmen wechseln große Teile der Aktionäre täglich, wobei die Kreditinstitute durch die Abwicklung der Börsengeschäfte und die Verwaltung der Aktien einen sehr großen Einfluss nehmen. Die Kapitalgeber müssen nicht sachkundig sein, weshalb die Überprüfung und Kontrolle der AG umfangreich geregelt ist. Der Schutz der Aktionäre und der Gläubiger steht hier im Vordergrund.

Zusammenfassung: Aktiengesellschaft

Begriff	Handelsgesellschaft (Formkaufmann) mit eigener Rechtspersönlichkeit, deren Aktionäre mit dem Nennwert der Aktie am Grundkapital beteiligt sind.
Gründung	Notariell beurkundete Satzung und Eintragung in das Handelsregister Firma mit dem Zusatz „AG" Mindestens 50.000 € Grundkapital, Mindesteinzahlung 25 % Mindestnennbetrag 1 € (oder nennwertlose Aktien)
Vorstand	› Leitendes Organ mit Gesamtgeschäftsführung und Gesamtvertretungsmacht. › Vertragliche Regelungen möglich. › Keine Entscheidungen gegen die Mehrheit der Vorstandsmitglieder.
Aufsichtsrat	Kontrollorgan mit Mitgliedern der Kapitaleigner (Aktionäre) und Vertretern der Arbeitnehmern. Aufgaben: › Bestellung und Überwachung des Vorstandes › Prüfung des Jahresabschlusses und des Vorschlags zur Gewinnverwendung › Bericht in der Hauptversammlung

---

[1] Vgl. die Ausführungen zur GmbH

Hauptversammlung	Beschließendes Organ der Aktionäre › Verwendung des Bilanzgewinns › Satzungsänderungen
Haftung	Gesellschaft haftet mit dem Betriebsvermögen
Gewinn- und Verlustverteilung	Ausgleich eines Verlustvortrages und Einstellung in die gesetzlichen Rücklagen Einstellung in die freiwilligen Rücklagen durch Vorstand und Aufsichtsrat Verteilung des Bilanzgewinns durch die Hauptversammlung (Dividende, Tantiemen, Rücklagen)
Auflösung	› Ablauf der in der Satzung bestimmten Zeit › Beschluss der Hauptversammlung › im Rahmen des Insolvenzverfahrens
Steuerliche Auswirkungen	Gesellschaft ist körperschaftsteuerpflichtig, Steuersatz 15 % Gewerbesteuerpflichtig kraft Rechtsform Umsatzsteuerpflicht als Unternehmer Die Dividendenzahlungen unterliegen der Abgeltungssteuer von 25 %, zzgl. SolZ beim Aktionär.

Erarbeitungsfälle

1 ▸ Aufgabe (AG: Gründung)

Die drei Wirtschaftsprüfer Adler, Woller und Kohnen wollen eine Aktiengesellschaft gründen. Als Freiberufler wollen sie sich nicht in das Handelsregister eintragen lassen. Als Firmenbezeichnung wählen sie „Wirtschaftsprüfungsgesellschaft". Das Grundkapital soll 90.000 € betragen, jede Aktie soll einen Nennwert von 10 € haben. Als Ausgabekurs legen die Gründer 12 € fest. Jeder Aktionär soll ein Drittel der Aktien übernehmen. Die drei Gründer wollen Vorstandsmitglieder werden.

a) Überprüfen Sie, welche der vorstehenden Bedingungen mit den gesetzlichen Vorschriften übereinstimmen.

b) Wie wird das Eigenkapital der Gesellschaft in der ersten Bilanz auf der Passivseite ausgewiesen, wenn alle Beträge eingezahlt wurden?

c) Wie viel Euro muss jeder Gründer mindestens einzahlen?

d) Wie viele Stimmen hat jeder der drei Gründer in der Hauptversammlung?

2 ▸ Aufgabe (AG: Geschäftsführung)

In der „Stahl und Beton AG" bilden Lisa Maassen, Walter Trager und Fritz Täuber den Vorstand. Es wurde vereinbart, dass Lisa Maassen für den gesamten Einkauf verantwortlich ist.

Lisa Maassen möchte eine Partie Rohstahl aus Schweden einkaufen. Die beiden anderen Vorstandsmitglieder sind damit nicht einverstanden, weil sie von der Qualität nicht überzeugt sind.

Kann Lisa Maassen auch gegen den Willen der anderen Vorstandsmitglieder den Stahl in Schweden kaufen?

3 ▸ Aufgabe (AG: Organe)

Entscheiden und begründen Sie, ob folgende Aussagen für die Aktiengesellschaft nach den gesetzlichen Vorgaben zutreffen!

a) Frau Durel wurde vom Aufsichtsrat für 12 Jahre in den Vorstand gewählt.

b) Herr Meister wurde vom Vorstand in den Aufsichtsrat berufen.

c) Frau Geister ist als Vorstandsmitglied gleichzeitig Vorsitzende des Aufsichtsrates.

d) Herr Kutscher wurde von der Hauptversammlung in den Vorstand gewählt.

4 **Aufgabe (AG: Gewinnverteilung)**

Der Jahresüberschuss einer Aktiengesellschaft beträgt 290.000 €. Das Grundkapital beträgt 2.000.000 € und die gesetzlichen Rücklagen betragen 190.000 €. Der Aufsichtsrat stellt den Jahresabschluss fest und beschließt, 50 % des Betrages, über den er verfügen kann, in die freiwilligen Rücklagen einzustellen. Der Verlustvortrag aus dem Vorjahr beträgt 30.000 €.

In der Hauptversammlung beschließen die Aktionäre, dass der Vorstand eine Tantieme von 10.000 € und der Aufsichtsrat eine Tantieme von 5.000 € erhalten soll. Die Dividendenausschüttung soll insgesamt 105.000 € betragen.

Wie hoch ist der Gewinnvortrag für das nächste Jahr?

5 **Aufgabe (AG: Körperschaftsteuer)**

Die „Mutzer AG, Weiblingen" beschließt eine Dividendenausschüttung von 50.000 €, wovon die beiden Aktionäre, Irene und Inge Mutzer, je die Hälfte erhalten. Der Jahresüberschuss laut Körperschaftsteuergesetz (zu versteuerndes Einkommen) hatte 75.000 € betragen.

a) Wie hoch ist die Belastung mit Körperschaftsteuer für die Mutzer AG?

b) Wie hoch sind die Einnahmen aus Kapitalvermögen für Irene Mutzer?

c) Berechnen Sie den Betrag, der Inge Mutzer gutgeschrieben wird!

6 **Aufgabe (Prokura und Unternehmensformen)**

Wer ist bei den folgenden Gesellschaften zur Berufung von Prokuristen zuständig?

a) Kommanditgesellschaft

b) Gesellschaft mit beschränkter Haftung

c) Stille Gesellschaft

d) Aktiengesellschaft

7 **Aufgabe (Vertretung und Unternehmensformen)**

Entscheiden Sie, wer in den nachstehenden Gesellschaften das Vertretungsrecht nach den gesetzlichen Regelungen besitzt!

a) Kommanditgesellschaft

b) Aktiengesellschaft

c) BGB-Gesellschaft

d) Offene Handelsgesellschaft

e) Gesellschaft mit beschränkter Haftung

8 **Aufgabe (AG und GmbH)**

Beurteilen Sie, ob die folgenden Aussagen zutreffen! Begründen Sie kurz Ihre Meinung und geben Sie ggf. die Gesetzesstelle an!

a) Die GmbH ist immer Kaufmann und muss in jedem Fall in das Handelsregister eingetragen werden.

b) Der Vorstand der AG wird für höchstens 2 Jahre bestellt.

c) Der Aufsichtsrat einer AG beruft die ordentliche Hauptversammlung ein.

d) Sowohl die GmbH als auch die AG kann von einer natürlichen Person gegründet werden.

e) Jede AG muss ihren Jahresabschluss durch einen Wirtschaftsprüfer prüfen lassen.

f) Der Nennbetrag einer Aktie ist immer 1 €.

3.3 Genossenschaft

Einführungssituation

Die Steuerberater suchten in den 60er Jahren nach Möglichkeiten, die damals noch neue und teure EDV für ihre Beratungsaufgabe zu nutzen. Daraus entstand 1966 die Selbsthilfeeinrichtung DATEV als freiwilliger Zusammenschluss von freiberuflich tätigen Steuerberatern in der berufsständischen Organisationsform einer Genossenschaft. Im Kern ist diese Idee bis heute unverändert. Auch wenn die Herausforderungen weiter zunehmen, bleibt die Unternehmensphilosophie der DATEV als Erfüllungsgehilfe des steuerberatenden Berufsstandes erhalten.

Heute zählt die DATEV zu den größten Informationsdienstleistern und Softwarehäusern in Deutschland und in Europa. In der Genossenschaft können ausschließlich Angehörige des steuerberatenden Berufes die Mitgliedschaft erwerben und die DATEV-Dienstleistungen nutzen. Mittelbar kommen sie aber auch allen Mandanten der rund 38.000 DATEV-Mitglieder zugute.

Die Leitungsstruktur der DATEV wird von den drei nach dem Genossenschaftsgesetz vorgesehenen Organen Vorstand, Aufsichtsrat und Vertreterversammlung gebildet.

§ 1 GenG

Die eingetragene Genossenschaft ist eine besondere Unternehmensform, da sie die Förderung der Wirtschaft ihrer Mitglieder mithilfe eines gemeinschaftlichen Geschäftsbetriebes zum Ziel hat. Ihr Zweck ist also nicht in erster Linie auf Gewinnerzielung gerichtet, sondern auf die Zusammenarbeit und Stärkung der Mitglieder (Genossen) in einem bestimmten Bereich. Die Genossenschaft ist keine Personengesellschaft, die einen festen Personenkreis umfasst und auch keine echte Kapitalgesellschaft, da sie kein festes Kapital aufweist. Trotzdem hat die Genossenschaft viele Merkmale einer Kapitalgesellschaft. Sie ist eine juristische Person und nach

§ 3 GenG

dem HGB Formkaufmann, führt eine Firma mit dem Zusatz „eingetragene Genossenschaft" oder „eG" und wird in das Genossenschaftsregister eingetragen.

In der Praxis treten die Genossenschaften z. B. in folgenden Bereichen auf:

Bereich	Aufgabe/Ziel	Beispiele
Einkaufsgenossenschaften	Einkauf von Waren und Material	Malereinkaufsgenossenschaft eG Bäckereinkaufsgenossenschaft eG
Kreditgenossenschaften	Bankgeschäfte	Volksbank eG
Konsumgenossenschaften	Zentraler Großeinkauf von Handelswaren und Verkauf an die Verbraucher	REWE eG Edeka eG
Baugenossenschaft	Bau und Vermietung von Wohnhäusern	Wohnbaugenossenschaft eG

Gründung

Mindestens 3 Gründer stellen schriftlich ein Statut (Satzung) auf. Sie bestellen den Vorstand und den Aufsichtsrat. Der Vorstand meldet die Gesellschaft zur Eintragung in das Genossenschaftsregister beim zuständigen Amtsgericht an. Mit der Eintragung ist die Genossenschaft als juristische Person entstanden. Ein Mindestkapital oder eine Mindesteinlage sind gesetzlich nicht vorgesehen.

§ 4 GenG
§ 10 GenG

Einlagen

Jeder Genosse ist mit einem Geschäftsanteil an der Genossenschaft beteiligt. Im Statut wird der Betrag bestimmt, bis zu dem sich der Genosse an der Genossenschaft beteiligen kann. Die Mindesteinlage, die ebenfalls im Statut vorgeschrieben ist, muss mindestens 10 % des Geschäftsanteils betragen.

§ 7 GenG

Geschäftsanteil = gezeichnetes Kapital	Einzahlungen mind. 10 % des Geschäftsanteils	Geschäftsguthaben
	Gewinngutschriften	
	Rückständige Einzahlungen	

Das Geschäftsguthaben ist der Betrag, mit dem der Genosse tatsächlich an der Gesellschaft beteiligt ist. Es umfasst die Einlage, zzgl. der Gewinnanteile und abzüglich der Verlustanteile. Die Summe der Geschäftsanteile ist das in der Bilanz der Genossenschaft als gezeichnetes Kapital ausgewiesene Kapital.

Organe

Organe der Genossenschaft		
Vorstand	Generalversammlung oder Vertreterversammlung	Aufsichtsrat

Vorstand

Der Vorstand leitet die Gesellschaft und wird von der Generalversammlung bestellt. Er besteht aus mindestens zwei Personen, die Genossen sein müssen. Es gilt grundsätzlich die Gesamtgeschäftsführung und Gesamtvertretung der Vorstandsmitglieder. Im Statut kann auch Einzelgeschäftsführung und Einzelvertretung festgelegt werden. Auch kann bestimmt sein, dass Vorstandsmitglieder nur zusammen mit einem anderen Vorstandsmitglied oder mit einem Prokuristen handeln dürfen.

§§ 24 ff. GenG
§ 25 GenG

Einschränkungen der Geschäftsführungs- und Vertretungsbefugnisse sind möglich, haben aber im Außenverhältnis keine Wirkung.

§ 26 GenG

Die wichtigsten Aufgaben des Vorstandes sind:

› Geschäftsleitung und Vertretung
› Einberufung der Generalversammlung
› Aufstellung des Jahresabschlusses

Wie in der AG und in der GmbH gelten die Bestimmungen des Mitbestimmungsgesetzes.

Generalversammlung

§§ 43 ff. GenG

Die Versammlung aller Genossen ist die Generalversammlung, vergleichbar der Hauptversammlung in der Aktiengesellschaft. In der Generalversammlung hat jeder Genosse eine Stimme, unabhängig davon, wie hoch sein Geschäftsguthaben ist.

Die wichtigsten Aufgaben sind:

› Bestellung des Vorstandes und des Aufsichtsrates
› Feststellung des Jahresabschlusses und Beschluss über die Verwendung des Jahresergebnisses
› Entlastung des Vorstandes und des Aufsichtsrates
› Beschlüsse zur Änderung des Statuts

§ 43a GenG

In Genossenschaften mit mehr als 1.500 Mitgliedern kann das Statut bestimmen, dass statt der Generalversammlung eine Vertreterversammlung gebildet wird. In diesem Gremium sitzen mindestens 50 Genossen, die von allen Genossen gewählt werden (z. B. DATEV).

Aufsichtsrat

§§ 36 ff. GenG

Das Kontrollorgan ist auch in der Genossenschaft der Aufsichtsrat. Er wird von der Generalversammlung bestellt und besteht aus mindestens drei Personen, die Genossen sein müssen. Im Gegensatz zur Aktiengesellschaft wählt der Aufsichtsrat der Genossenschaft nicht den Vorstand.

Haftung

§§ 2, 23 GenG

§ 6 GenG

Für die Verbindlichkeiten der Genossenschaft haften die Genossen nicht. Sie sind lediglich verpflichtet, ihren Geschäftsanteil in voller Höhe einzuzahlen. Im Statut kann bestimmt werden, dass die Genossen im Insolvenzfall eine unbeschränkte oder beschränkte Nachschusspflicht haben. Im Falle der beschränkten Nachschusspflicht wird im Statut eine Haftsumme festgelegt, die nicht kleiner als der Geschäftsanteil sein darf.

> **Beispiel:**
>
> Im Statut einer Genossenschaft ist bestimmt, dass jeder Geschäftsanteil auf 500 € lautet und die Haftsumme 1.000 € beträgt. Die Genossin Helga Hunter hat 200 € auf ihren Geschäftsanteil eingezahlt. Gewinne oder Verluste sind noch nicht aufgetreten.
>
> Frau Hunter hat ein Geschäftsguthaben von 200 €. Im Falle der Insolvenz haftet sie mit ihrem Geschäftsanteil und mit der Haftsumme. An Zahlungen hat sie die noch ausstehende Einzahlung auf den Geschäftsanteil von 300 € und die Haftsumme von 1.000 € = 1.300 € zu leisten.

Gewinn- und Verlustverteilung

§ 19 GenG

Der Gewinn und Verlust der Genossenschaft ist nach dem Verhältnis der Geschäftsguthaben auf die Genossen zu verteilen. Die Gewinnzuschreibung erfolgt solange, bis die Höhe des Geschäftsanteils erreicht ist.

Das Statut kann eine andere Gewinn- und Verlustverteilung bestimmen. Insbesondere kann vereinbart werden, dass Gewinne schon vor der Erreichung des Geschäftsanteils ausgezahlt werden oder dass Gewinne ganz oder teilweise in die Rücklagen fließen.

■ Rechnungslegung

§ 23 GenG

Für Genossenschaften gelten die allgemeinen Vorschriften des Handelsgesetzbuches zum Jahresabschluss. Ergänzende Bestimmungen sind für Genossenschaften im Genossenschaftsgesetz aufgeführt. Die besonderen Vorschriften für Kapitalgesellschaften im Handelsgesetzbuch gelten nicht.

■ Auflösung

Die Genossenschaft wird aus folgenden Gründen aufgelöst:
- Ablauf der im Statut festgelegten Zeit
- Beschluss der Generalversammlung (Liquidation)
- im Rahmen des Insolvenzverfahrens
- weniger als 3 Mitglieder

Im Falle der Liquidation erhalten die Genossen einen Anteil am Liquidationserlös entsprechend ihrer Geschäftsguthaben. Ein darüber hinausgehender Betrag wird nach Köpfen verteilt.

Wer aus der Genossenschaft austreten will, muss auf den Schluss eines Geschäftsjahres mit einer Frist von mindestens 3 Monaten schriftlich kündigen. Der ausscheidende Genosse hat ein Recht auf Auszahlung seines Geschäftsguthabens. Einen Anspruch auf Teile der Rücklagen hat er nicht.

■ Steuerliche Auswirkungen

Wie die GmbH ist auch die Genossenschaft als selbstständiges Steuersubjekt körperschaftsteuerpflichtig, gewerbesteuerpflichtig und umsatzsteuerpflichtig.[1]

■ Bedeutung

In Deutschland gibt es ca. 8000 Genossenschaften. Ihre Bedeutung liegt im Zusammenschluss von wirtschaftlich Schwachen, die gemeinsam in Konkurrenz zu Großunternehmen treten können. Die Position der Genossenschaften wird oft noch dadurch gestärkt, dass sie sich zu Genossenschaftsverbänden zusammenschließen und bestimmte Aufgaben zentral wahrnehmen. Obwohl die Gewinnerzielung nicht das vorrangige Ziel von Genossenschaften ist, muss doch sichergestellt werden, dass ihre Organe eine wirtschaftliche Betriebsführung anstreben.

Zusammenfassung: Genossenschaft

Begriff	Gesellschaft mit offener Mitgliederzahl und ohne festes Kapital zur Förderung der Wirtschaft ihrer Mitglieder (Genossen). Gesellschaftszweck ist die Stärkung der Genossen und nicht in erster Linie Gewinnerzielung.
Gründung	mindestens 7 Gründer Firma mit Zusatz „e. G." Eintragung in das Genossenschaftsregister (Formkaufmann) Einzahlung von mind. 10% des Geschäftsanteils Aufstellung eines Statuts
Vorstand	Der Vorstand besteht aus mindestens 2 Genossen und wird von der Generalversammlung bestellt. Es gilt Gesamtgeschäftsführung und Gesamtvertretung.
Aufsichtsrat	Der Aufsichtsrat besteht aus mindestens 3 Genossen und wird von der Generalversammlung bestellt.
Generalversammlung	Die Generalversammlung ist die Versammlung der Genossen. Sie beschließt über die Gewinnverwendung und über Änderungen des Statuts.

[1] Vgl. Ausführungen zur GmbH

Haftung	Genossen haften mit ihrem Geschäftsanteil und evtl. mit einer im Statut festgelegten Haftsumme.
Gewinn- und Verlustverteilung	im Verhältnis der Geschäftsanteile
	zunächst Aufstockung des Geschäftsguthabens bis zur Höhe des Geschäftsanteils, danach Auszahlung
Auflösung	› Ablauf der im Statut festgelegten Zeit › Beschluss der Generalversammlung (Liquidation) › im Rahmen des Insolvenzverfahrens
Steuerliche Auswirkungen	Genossenschaft ist körperschaftsteuerpflichtig, Steuersatz 15 % Gewerbesteuerpflichtig kraft Rechtsform Umsatzsteuerpflicht als Unternehmer Ausgezahlte Gewinnanteile unterliegen der Abgeltungssteuer von 25 %, zzgl. 5,5 % SolZ.

Erarbeitungsfälle

1 Aufgabe (Gründung)

Die Installateure der Stadt Freudenberg schließen sich in Form einer Genossenschaft zusammen, um gemeinsam den Einkauf von Material zu organisieren. Sie erhoffen sich durch den dann möglichen Großeinkauf Preisvorteile bei den Herstellern zu erzielen. Die 28 Gründer stellen ein Statut in schriftlicher Form auf und geben sich den Namen „Materialeinkaufsgesellschaft". Die Höhe eines jeden Geschäftsanteils soll 2.000 € betragen, die Haftsumme 4.000 € und die Mindesteinzahlung 100 €. Die Gründer wählen den Steuerberater Hans Köllen zum einzigen Vorstandsmitglied und drei Gründer werden in den Aufsichtsrat gewählt. Die Ehefrau des Gründers Heinz Gilen, Monika Gilen, wird vom Vorstand zur Prokuristin ernannt.

a) Beurteilen Sie, ob die Gründung der Genossenschaft nach den gesetzlichen Regeln abgelaufen ist.

b) Wie hoch ist das in der Bilanz ausgewiesene Kapital der Genossenschaft, wenn alle Gründer die gesetzlich Mindesteinzahlung geleistet haben und noch keine Gewinnzuschreibungen oder Verlustabzüge gebucht wurden?

c) Mit wie viel Euro haftet jeder Genosse im Falle einer Insolvenz?

2 Aufgabe (Organe)

Über 38.000 Steuerberater aus Deutschland sind Mitglieder in der DATEV eG, die ca. 5.000 Mitarbeiter beschäftigt.

Welche Konsequenzen ergeben sich hieraus für die Zusammensetzung des Vorstands und des Aufsichtsrats?

3 Aufgabe (Geschäftsführung und Vertretung)

Im Statut der „Einkauf e. G." ist für den Vorstand Einzelgeschäftsführung und Einzelvertretung vorgesehen. Allerdings muss nach den Regelungen im Statut jedes Vorstandsmitglied bei Geschäften über 10.000 € die Zustimmung der Generalversammlung einholen. Vorstandsmitglieder sind Frau Abels und Herr Feller.

Frau Abels kauft eine PC-Konfiguration zum Preis von 11.500 €, ohne die Zustimmung der Generalversammlung einzuholen. Nach einigen Arbeitstagen stellt sich heraus, dass die Anlage für die Genossenschaft vollständig ungeeignet ist, da sie nur mit einem bestimmten Betriebssystem funktioniert.

a) Ist das Geschäft rechtswirksam zu Stande gekommen?

b) Wird Frau Abels schadenersatzpflichtig?

4 ▶ Aufgabe (Gewinnverteilung)

An einer Genossenschaft sind 10 Genossen mit einem Geschäftsanteil von je 1.000 € beteiligt. Acht Genossen verfügen über ein Geschäftsguthaben von 200 €. Zwei Genossen verfügen über ein Geschäftsguthaben von 400 €.

Wie hoch ist der Gewinnanteil eines jeden Genossen, wenn der Jahresüberschuss von 4.200 € nach der gesetzlichen Regelung verteilt werden soll?

5 ▶ Aufgabe (Einkommensteuer)

Heike Dorbel ist Genossin der Raiffeisenbank Schwerin. Ihr Gewinnanteil des letzten Jahres betrug nach Abzug der Körperschaftsteuer 300 €. Auf ihrem Bankkonto wurden dafür 220,87 € gutgeschrieben. Frau Dorbel erhielt außerdem eine Zinsgutschrift für Spargutwaben in Höhe von 515,37 €.

Da Frau Dorbel einen niedrigen persönlichen Steuersatz hat, möchte sie eine Antragsveranlagung durchführen und die Einkünfte aus Kapitalvermögen berechnen. Frau Dorbel hat keinen Freistellungsauftrag gestellt, ist ledig und hat keine Kinder.

6 ▶ Aufgabe (Vergleich)

Vervollständigen Sie folgende Tabelle:

	GmbH	AG	Genossenschaft
Leitungsorgan		Vorstand	
Kontrollorgan			Aufsichtsrat
Beschlussorgan	Gesellschafter Versammlung		
Geschäftsführung		Gesamtgeschäfts- führung	
Mindestkapitel		50.000 €	
Mindestgründer	1		
Haftung			
Firma		Zusatz: AG	

4 ▶ Sonderformen

In der Praxis haben sich eine Reihe von Gesellschaftsformen herausgebildet, die Eigenheiten und Notwendigkeiten verschiedener Branchen berücksichtigen. So besteht für die Versicherungswirtschaft die Möglichkeit, einen „Versicherungsverein auf Gegenseitigkeit" zu gründen, der Ähnlichkeit mit einer Genossenschaft hat. Für Bergbauunternehmen existiert die Form der „Bergrechtlichen Gewerkschaft" und für Gesellschaften, die sich mit dem Schiffsgüterverkehr beschäftigen, die Form der „Reederei". Hier soll nur auf zwei wichtige Sonderformen eingegangen werden.

4.1 Kommanditgesellschaft auf Aktien

§§ 278 ff. AktG

Die KGaA ist eine Kapitalgesellschaft mit eigener Rechtspersönlichkeit, bei der mindestens ein Gesellschafter unbeschränkt haftet (Komplementär) und die übrigen Gesellschafter mit Aktien am Grundkapital beteiligt sind, ohne persönlich zu haften (Kommanditaktionäre).

§ 280 AktG

Die Satzung der Gesellschaft muss von mindestens 5 Personen (Gründer) durch notarielle Beurkundung festgestellt werden. Bei der Eintragung in das Handelsregister sind die persönlich haftenden Gesellschafter anzugeben. Die Firma der Gesellschaft muss die Bezeichnung „Kommanditgesellschaft auf Aktien" oder eine Abkürzung (KGaA) enthalten.

Die Beteiligung an der Gesellschaft kann erfolgen

› durch Einlagen auf das Grundkapital gegen Ausgabe von Aktien (Kommanditaktionäre) oder

› durch freie Einlagen auf das Gesellschaftskapital außerhalb des Grundkapitals (Komplementäre).

Die Komplementäre bilden den Vorstand der Gesellschaft, ein Arbeitsdirektor nach dem Mitbestimmungsgesetz muss nicht bestellt werden.

§ 287 AktG

Der Aufsichtsrat wird von den Kommanditaktionären und von den Arbeitnehmern gewählt. Die Komplementäre können keine Aufsichtsratsmitglieder werden.

§ 285 AktG

Die Hauptversammlung bilden die Kommanditaktionäre. Sie beschließt über die Feststellung des Jahresabschlusses und über die Gewinnverwendung.

In Deutschland existieren nur noch wenige Kommanditgesellschaften auf Aktien. Die bedeutendste ist die „Henkel KGaA" aus Düsseldorf. Ein Vorteil dieser Gesellschaftsform ist die relativ einfache Kapitalbeschaffung durch Aktienausgabe. Größter Nachteil ist die Abhängigkeit von evtl. nur wenigen Vorstandsmitgliedern, die anders als in der Aktiengesellschaft keine Angestellten, sondern Komplementäre der Unternehmung sind.

4.2 GmbH & Co. KG

Eine Mischform aus GmbH und KG, die „GmbH & Co. KG", war in der Praxis eine sehr beliebte Gesellschaftsform. In dieser Kommanditgesellschaft nimmt die Rolle des Vollhafters (Komplementär) eine GmbH ein, die nur mit ihrem Gesellschaftsvermögen haftet. Meistens sind die oder ist der Gesellschafter der GmbH identisch mit dem oder den Kommanditisten der Kommanditgesellschaft.

> **Beispiel:**
>
> Sabine Meierling betreibt einen Großhandel für Textilien in der Rechtsform der GmbH & Co KG. Sie führt das Unternehmen alleine und übernimmt keine persönliche Haftung.
>
> Frau Meierling gründet zunächst eine „Ein-Personen-GmbH". Diese GmbH wird anschließend Komplementär in einer Kommanditgesellschaft. Die Kommanditistenrolle übernimmt Frau Meierling. Damit kann Frau Meierling als Geschäftsführerin der GmbH in der KG als Komplementär alleine die Geschäfte führen, ohne dass eine unbeschränkte Haftung für Verbindlichkeiten droht.

Die GmbH & Co. KG ist eine Personengesellschaft (KG). Aus der Firma muss ersichtlich sein, dass keine natürliche Person haftet.

> **Beispiel:**
>
> Stahlbau GmbH & Co. KG
> Meister und Fronzek GmbH und Co. Kommanditgesellschaft

Geschäftsführung und Vertretung

Für die Geschäftsführung und Vertretung ist in der KG der Komplementär zuständig, hier also der oder die Geschäftsführer der GmbH.

Haftung

Der Kommanditist haftet nur mit seinem noch nicht eingezahlten Kommanditanteil. Komplementär ist eine GmbH, die ebenfalls nur beschränkt haftet.

GmbH & Co. KG	
Vollhafter	Teilhafter
Komplementär	Kommanditist
GmbH	Natürliche Person
Geschäftsführung durch den Geschäftsführer der GmbH	kein Recht auf Geschäftsführung
Haftung der GmbH mit dem Geschäftsvermögen	keine Haftung

Rechnungslegung

Bis zum Jahre 1999 bestand ein großer Vorteil der GmbH & Co. KG in den vereinfachten Vorschriften für die Rechnungslegung der Personengesellschaften. Lediglich die GmbH musste die strengeren Vorschriften für Kapitalgesellschaften des Handelsgesetzbuches beachten. Seit dem Jahre 2000 gelten die Vorschriften zur Rechnungslegung, Prüfung und Veröffentlichung, einschließlich der Größenklassenerleichterungen auch für solche Personengesellschaften, bei denen keine natürliche Person unbeschränkt haftet.[1]

Steuerliche Auswirkungen

Der Gewinn der GmbH ist körperschaftsteuerpflichtig. Die Gewinnanteile der natürlichen Personen, die als Kommanditisten Gesellschafter der KG sind, gehören zu den Einkünften aus Gewerbebetrieb im Rahmen des Einkommensteuergesetzes. Das Gehalt des Geschäftsführers der GmbH gehört zu den Einkünften aus nichtselbstständiger Arbeit.

Die GmbH & Co. KG ist gewerbesteuerpflichtig und auch die Komplementär-GmbH gilt als Gewerbebetrieb. Sowohl die GmbH & Co. KG als auch die GmbH ist Unternehmer im Sinne des Umsatzsteuergesetzes.

Erarbeitungsfälle

1. **Aufgabe (Kapitalgesellschaften)**

   Entscheiden Sie, welche Kapitalgesellschaft in den folgenden Fällen beschrieben wird!

   a) Für die Gründung ist ein Mindestkapital von 25.000 € erforderlich.

   b) Die Eigentümer der Gesellschaft sind Mitglieder der Hauptversammlung.

   c) Für die Gründung sind mindestens 5 Personen erforderlich.

---

[1] Vgl. Rechnungslegung der Aktiengesellschaft

d) Die Komplementäre der Gesellschaft bilden den Vorstand des Unternehmens.

e) Neben dem Geschäftsanteil kann eine Haftsumme im Statut vereinbart werden.

f) In der Personengesellschaft haftet keine natürliche Person unbeschränkt.

g) Geschäftsführer können Gesellschafter oder andere natürliche Personen sein.

h) Die Gewinnerzielung ist nicht oberstes Ziel der Gesellschaft.

2 ▶ Aufgabe (GmbH & Co. KG)

Sandra Arnden möchte eine GmbH & Co. KG gründen, die sich mit der Erstellung von Websites für Mittelstandsunternehmen beschäftigt. Sie möchte alleine die Geschäfte führen, aber nicht unbeschränkt haften.

a) Wie viel Kapital muss Frau Arnden bei der Gründung aufbringen?

b) Welche Steuerpflicht entsteht, wenn Frau Arnden als GmbH-Geschäftsführerin ein Gehalt, als Kommanditistin der KG einen Gewinnanteil erhält und wenn die GmbH einen Gewinn ausweist?

c) Nach welchen Vorschriften muss Frau Arnden den Jahresabschluss der Gesellschaft aufstellen? Geben Sie die gesetzliche Vorschrift an!

Wiederholungsfall

1 ▶ Aufgabe

Herr Leurer betreibt in Lübeck ein Fischrestaurant in Form einer Einzelunternehmung. Er möchte seinen Verkaufsraum vergrößern und das benötigte Kapital will er durch die Aufnahme eines Gesellschafters beschaffen.

Am 15. Januar unterschreiben Herr Leurer und Frau Maus einen Vertrag zur Gründung einer Handelsgesellschaft. Beide Gesellschafter sollen gleichberechtigt sein und mit ihrem Gesamtvermögen haften. Herr Leurer hat einen Kapitalanteil von 22.000 € und Frau Maus einen Kapitalanteil von 15.000 € übernommen. Am 15. März wird die Gesellschaft in das Handelsregister eingetragen. Die Geschäfte gingen während der Verhandlungen weiter.

a) Welche Gesellschaft (Rechtsform) ist entstanden?

b) Wann ist die Gesellschaft im Innen- und Außenverhältnis entstanden?

c) Kann Frau Maus im April 500 € für ihren Lebensunterhalt entnehmen?

d) Wie hoch sind die Gewinnanteile der beiden Gesellschafter bei einem Gewinn von 134.500 €, wenn im Gesellschaftsvertrag keine Regelungen getroffen wurden?

2 ▶ Aufgabe

Die selbstständige Metzgermeisterin Karin Mauser möchte ihr Geschäft erweitern und benötigt deshalb zusätzliches Kapital. Deshalb möchte sie eine Kommanditgesellschaft gründen und nimmt die Gesellschafterin Helga Ruher als Kommanditistin auf. Frau Mauser selbst will Komplementärin werden. Frau Ruher soll eine Einlage von 200.000 € leisten. Der Gesellschaftsvertrag wird am 01. Februar unterzeichnet, die Handelsregistereintragung erfolgt am 15. März.

a) Nennen Sie zwei Vorteile der Kommanditgesellschaft gegenüber einer Kreditaufnahme bei einer Bank.
b) Wie haften Frau Mauser und Frau Ruher in der KG?
c) Zu welchem Zeitpunkt entsteht die Gesellschaft im Innen- und Außenverhältnis?
d) Was passiert, wenn Frau Ruher einen Pkw im Werte von 30.000 € für die Gesellschaft kauft und Frau Mauser nicht einverstanden ist?

3 **Aufgabe**

Marietta Heinze und Wilhelm Plate wollen ein Unternehmen zur Herstellung von Speisehefe gründen. Marietta ist recht wohlhabend und könnte neben einem Geschäftshaus auch 180.000 € in bar aufbringen. Ihr umfangreiches Vermögen soll aber nicht zur Haftung bereitstehen. Wilhelm Plate könnte 10.000 € in das Unternehmen investieren, hat ansonsten kein Vermögen.

a) Prüfen und begründen Sie, ob Marietta und Wilhelm eine Kommanditgesellschaft gründen können.
b) Entscheiden Sie, wer in diesem Fall Komplementär und wer Kommanditist werden sollte.
c) In welcher Form muss der Gesellschaftsvertrag abgeschlossen werden?
d) Wann entsteht die KG im Innen- und im Außenverhältnis?
e) Wer ist zur Führung der Geschäfte und zur Vertretung der Gesellschaft in einer KG befugt?
f) Wie wird der Gewinn bzw. der Verlust der Gesellschaft auf die beiden Gesellschafter verteilt?

4 **Aufgabe**

Gabriele Wiesen betreibt in Gießen einen Blumeneinzelhandel. Sie ist im Handelsregister mit der Firma „Wiesen Blumen e. K." eingetragen. Für eine Geschäftserweiterung benötigt Frau Wiese 100.000 € und entscheidet sich für die Aufnahme eines Stillen Gesellschafters.

a) Nennen Sie zwei Vorteile, die für die Aufnahme eines Stillen Gesellschafters sprechen, anstelle eines langfristigen Bankkredits!
b) Erläutern Sie die Einkommensteuerpflicht des Stillen Gesellschafters!
c) Frau Wiesen möchte das neben dem Geschäftsgrundstück liegende Grundstück für betriebliche Zwecke kaufen. Kann der Stille Gesellschafter diesen Kauf verhindern?

5 **Aufgabe**

Klaus Deutschmann will sich als Privatmann an dem Unternehmen Schirrer e. K. in Emden beteiligen. Seine Einlage als typischer Stiller Gesellschafter soll 100.000 € betragen. In diesem Zusammenhang hat er folgende Fragen:

a) Muss ich für Schulden haften, die das Unternehmen Schirrer macht?
b) Kann ich die Gesellschaft nach außen vertreten?
c) Werde ich in das Handelsregister eingetragen?
d) Kann ich von einer Verlustbeteiligung ausgeschlossen werden?
e) Was passiert, wenn das Unternehmen liquidiert wird? Bekomme ich meinen Anteil zurück oder erhalte ich einen Teil des Verkaufserlöses?

6 ▶ Aufgabe

Irina Schneider möchte mit einer Freundin eine Partnerschaftsgesellschaft gründen. Dazu hat Frau Schneider die folgenden Fragen.

a) Welche Berufe müssen ausgeübt werden, damit eine Partnerschaftsgesellschaft gegründet werden kann?

b) Kann die GmbH eines guten Freundes als dritter Gesellschafter aufgenommen werden?

c) Wie könnte sich die Partnerschaftsgesellschaft nennen?

d) In welcher Form muss der Gesellschaftsvertrag abgeschlossen werden?

e) Wann entsteht die Partnerschaftsgesellschaft im Außenverhältnis?

f) Wie haften die Gesellschafter einer Partnerschaftsgesellschaft?

g) Wird mein Anteil im Falle meines Todes an meine Tochter vererbt?

7 ▶ Aufgabe

Hermann Post und Sybille Kraus beitreiben gemeinsam eine Steuerberatungssozietät mit Sitz in Magdeburg. Bei der Gründung zahlte Herman Post 12.000 € und Sybille Kraus 15.000 € auf das Geschäftskonto ein.

a) In welcher Rechtsform wird die Steuerberatungssozietät betrieben? Nennen Sie die gesetzliche Grundlage!

b) Muss die Gesellschaft in das Handelsregister eingetragen werden?

c) Wie kann oder muss die Gesellschaft ihren Gewinn bzw. Verlust ermitteln? Beachten Sie die handelsrechtlichen und steuerrechtlichen Vorschriften!

d) Wie wird ein Gewinn von 178.000 € nach den gesetzlichen Vorschriften auf beide Gesellschafter aufgeteilt? Nennen Sie die gesetzliche Grundlage!

Wegen der wenig vorteilhaften Haftungslage überlegen Hermann Post und Sybille Kraus eine Partnerschaftsgesellschaft zu gründen.

e) Ist dies möglich?

f) Wie ändert sich die Haftung, wenn eine Partnerschaftsgesellschaft gegründet wird?

g) Muss eine Partnerschaftsgesellschaft in das Handelsregister eingetragen werden?

h) Wie kann oder muss eine Partnerschaftsgesellschaft ihren Gewinn bzw. Verlust ermitteln?

8 ▶ Aufgabe

Elisabeth Hoster und Felix Weinert möchten sich als Maler und Lackierer selbstständig machen. Wegen der beschränkten Haftung würden sie am liebsten eine „Gesellschaft mit beschränkter Haftung" gründen. Da die beiden keinerlei Kapital besitzen, rät ein guter Freund zu einer „Unternehmergesellschaft".

a) Worin besteht der Vorteil einer Unternehmergesellschaft im Gegensatz zu einer Gesellschaft mit beschränkter Haftung?

b) Wie viel Mindestkapital ist bei der Gründung einer Unternehmergesellschaft notwendig und wie viel muss davon eingezahlt werden?

c) Was ist bei der Firmenbezeichnung zu beachten?

d) Wie und bis zu welchem Betrag ist eine gesetzliche Gewinnrücklage zu bilden?

9 Aufgabe

Der Mandant Heinrich Heeser will eine GmbH gründen und hat dazu folgende Fragen:

a) In welche Abteilung des Handelsregisters muss die Eintragung erfolgen?

b) In welcher Form hat diese Eintragung zu erfolgen?

c) Wo und durch wen ist der Antrag auf Eintragung in das Handelsregister ggf. einzureichen?

d) Welche Voraussetzungen müssen erfüllt sein, damit dem Antrag auf Eintragung stattgegeben wird?

e) Welche Tatsachen müssen in das Handelsregister eingetragen werden?

10 Aufgabe

Heinz Wollny und Karin Kleiner gründen in Stuttgart eine GmbH. Unternehmenszweck ist die Reinigung von Bettwäsche. Heinz Wollny beteiligt sich mit 12.255 € und Karin Kleiner mit 18.390 €. Während Karin Kleiner ihren Geschäftsanteil in voller Höhe einzahlt, leistet Heinz Wollny zunächst nur 5.000 €. Die Zahlungen gehen am 12. Januar auf dem Konto der Gesellschaft ein. Der Gesellschaftsvertrag wird ebenfalls am 12. Januar abgeschlossen und die Eintragung in das Handelsregister erfolgt am 18. März. Am 01. Februar nimmt die GmbH ihre Geschäfte auf und bearbeitet die ersten Aufträge großer Hotels.

a) Sind die gesetzlichen Vorschriften zur Gründung einer GmbH erfüllt?

b) Zu welchem Zeitpunkt ist die Gesellschaft entstanden?

c) Welche Rechtsform besteht vor der Entstehung der Gesellschaft?

d) Ist die Eintragung der Gesellschaft in das Handelsregister konstitutiv oder deklaratorisch?

e) Wie wird der Bilanzgewinn von 77.000 € nach der gesetzlichen Vorschrift verteilt?

11 Aufgabe

Herbert Breuer möchte in Augsburg ein Eiscafé in Form einer Kommanditgesellschaft eröffnen. Er selbst möchte wegen der beschränkten Haftung Kommanditist werden. Als Komplementär soll eine GmbH gegründet werden, bei der Herr Breuer einziger Gesellschafter und Geschäftsführer sein soll.

a) Ist eine solche Konstruktion nach den gesetzlichen Vorschriften möglich?

b) Wie könnte dieses Unternehmen firmieren?

c) In welche Abteilung des Handelsregisters müsste das Unternehmen eingetragen werden?

d) Welchen Betrag muss Herr Breuer mindestens aufbringen, um dieses Unternehmen zu gründen?

12 Aufgabe

Elke Heiden und Anton Meinz sind die beiden Gesellschafter der „Elektrogroßhandlung Europa GmbH". Elke Heiden hält ihren Geschäftsanteil in Höhe von 100.000 € in ihrem Privatvermögen und hat 60.000 € hierauf eingezahlt. Anton Meinz hält seinen Geschäftsanteil in Höhe von 50.000 € im Betriebsvermögen seines Unternehmens „KFZ e. K." und hat diesen voll eingezahlt. Nach den Bestimmungen im Gesellschaftsvertrag sind beide Gesellschafter zur Führung der Geschäfte berechtigt. Bei Geschäften über 5.000 € müssen beide Gesellschafter zustimmen.

a) Die GmbH kauft am 12. März einen Posten Fernsehgeräte im Werte von 16.700 €. Der Lieferant wendet sich wegen der Bezahlung an Anton Meinz, da die Rechnung auch nach einer Mahnung noch nicht bezahlt ist. Muss Anton Meinz zahlen?

b) Der Kaufvertrag (siehe a) wurde von Anton Meinz abgeschlossen. Kann der Vertrag rückgängig gemacht werden, da Anton Meinz bei Geschäften über 5.000 € die Zustimmung der anderen Gesellschafterin einholen musste?

c) Elke Heiden ist durch das Verhalten ihres Partners sehr verärgert und möchte aus der GmbH aussteigen. Sie will ihren Geschäftsanteil verkaufen. Ist dies möglich?

Die GmbH erzielte ein zu versteuerndes Einkommen von 230.000 €. An Elke Heiden werden 80.000 € und an Anton Meinz werden 60.000 € ausgeschüttet.

d) Berechnen Sie die Körperschaftsteuer und den Solidaritätszuschlag der GmbH!

e) Wie wird bei Elke Heiden der Gewinnanteil einkommensteuerrechtlich behandelt?

f) Wie wird bei Anton Meinz der Gewinnanteil einkommensteuerrechtlich behandelt?

8 Investition und Finanzierung

Einführungssituation

Der Steuerberater Heinz Vogel plant, eine neue Computeranlage zu kaufen. Dazu sind die Einrichtung von 15 Einzelarbeitsplätzen sowie eines Servers notwendig. Herr Vogel hat bereits Angebote von Computerfachhändlern eingeholt. Sie ergeben ein Kostenvolumen von ca. 150.000 €. Zurzeit hat Herr Vogel keine ausreichenden finanziellen Mittel zur Verfügung, um die Computer aus eigenen Mitteln zu zahlen. Daher hat er sich Gedanken um die Finanzierung gemacht. Folgende Alternativen stehen ihm dabei zur Verfügung:

1. Alternative

Herr Vogel hat bei seiner Hausbank ein Kreditangebot eingeholt:

Kreditsumme:	150.000 €
Laufzeit des Kredits:	10 Jahre
Zinssatz:	11 %
Tilgung:	jährlich in gleichen Raten
Kreditsicherheiten:	durch Grundschuld abzusichern

Als Sicherheit kann Herr Vogel das eigene Gebäude und das Grundstück seiner Kanzlei einsetzen. Der Wert beläuft sich auf ca. 300.000 €, wobei schon ein Darlehen in Höhe von 100.000 € durch dieses Grundstück abgesichert ist.

2. Alternative

Sein Kollege Werner Möller fragt ihn schon seit Jahren, ob sie nicht gemeinsam eine Steuerberatungs-Partnerschaft eröffnen sollen. Er hat sich bereiterklärt, sich in die bestehende Steuerberatungspraxis des Herrn Vogel einzukaufen. Entsprechende finanzielle Mittel stehen ihm zur Verfügung.

3. Alternative

Außerdem liegt Herrn Vogel ein Leasingangebot einer Leasinggesellschaft vor:

Leasinggegenstand:	Computeranlage (15 Einzelplätze, Server)
Leasinglaufzeit:	10 Jahre
Leasingrate:	2.300 € + 19 % USt. monatlich
Leasingsonderzahlung:	15.000 € + 19 % USt.
Kaufpreis nach Ablauf der Leasingdauer:	40.000 € + 19 % USt.
oder	
Verlängerung des Leasingvertrages mit einer neuen Computeranlage.	

Zu welcher Finanzierung raten Sie Herrn Vogel?

Zur Verwirklichung seiner Ziele benötigt ein Unternehmen Kapital. Damit ein Steuerberater Jahresabschlüsse und Steuererklärungen erstellen kann, braucht er beispielsweise geschulte Mitarbeiter, einen leistungsfähigen Computer und entsprechende Räumlichkeiten. Er muss, bevor er mit seiner Tätigkeit beginnen kann, investieren.

Unter Investition versteht man die Verwendung von Kapital zur Anschaffung von

> Sachgütern (z. B. Grundstücke, Gebäude, Maschinen)
> Finanzgütern (z. B. Aktien, festverzinsliche Wertpapiere)
> immateriellen Gütern (z. B. Fortbildung von Mitarbeitern).

Ein Unternehmer wird nur dann Kapital investieren, wenn er erwarten kann, dass die Ausgaben für die Investitionen durch den Verkauf von Produkten und Dienstleistungen in angemessener Zeit wieder in das Unternehmen zurückfließen.

Man unterscheidet folgende Investitionsanlässe:

Investitionsanlässe		
Art	**Beschreibung**	**Beispiel**
Gründungsinvestition	Anlässlich der Gründung des Unternehmens	Kauf eines Grundstücks und Gebäudes
		Kauf eines Maschinenparks
		Kauf einer Computeranlage
Erhaltungsinvestitionen	Erhaltung der Leistungsfähigkeit der betrieblichen Anlagen	Reparaturen Wartungen
Ersatzinvestition	Ersatz verbrauchter Wirtschaftsgüter durch gleichartige neue	Ersatz eines defekten Computers durch ein gleichwertiges Modell
Erweiterungsinvestitionen	Vergrößerung des Betriebs	Zur Herstellung eines neuen Produkts müssen neue Produktionshallen gebaut werden.
		Übernahme einer Steuerberatungskanzlei
Rationalisierungsinvestition	Senkung der Produktionskosten zur Erhöhung der Produktivität	Einsatz effektiverer technischer Anlagen

Unter Finanzierung versteht man die Beschaffung des Kapitals für die verschiedenen Investitionsanlässe. Die entscheidende Fragestellung der Finanzierung ist die Herkunft von Kapital, um Investitionsvorhaben verwirklichen zu können.

Der Unterschied zwischen Investition und Finanzierung wird auch in der Bilanz deutlich. Die Aktivseite spiegelt die Investitionen des Unternehmers wider. Sie gibt Auskunft darüber, wie die Mittel verwendet wurden. Auf der Passivseite erkennt man die Herkunft der Mittel. Sie zeigt, wie die Investitionen finanziert wurden.

Aktiva	Bilanz zum 31. 12.	Passiva

A. Anlagevermögen
    I.   Immaterielle Vermögensgegenstände
    II. Sachanlagen
    III. Finanzanlagen
B. Umlaufvermögen
    I.   Vorräte
    II. Forderungen
    III. Kassenbestand, Bankguthaben
	A. Eigenkapital
	B. Fremdkapital
	    I. Verbindlichkeiten gegenüber Kreditinstituten
	    II. Verbindlichkeiten aus Lieferungen und Leistungen
	    III. Sonstige Verbindlichkeiten (Steuern, Löhne und Gehälter)

Investitionsseite der Bilanz	**Finanzierungsseite der Bilanz**
Wofür wurden die finanziellen Mittel verwendet?	Woher kommen die finanziellen Mittel?
Mittelverwendungsseite	**Mittelherkunftsseite**

Das folgende Kapitel beschränkt sich auf die Beschreibung der Finanzierungsproblematik.

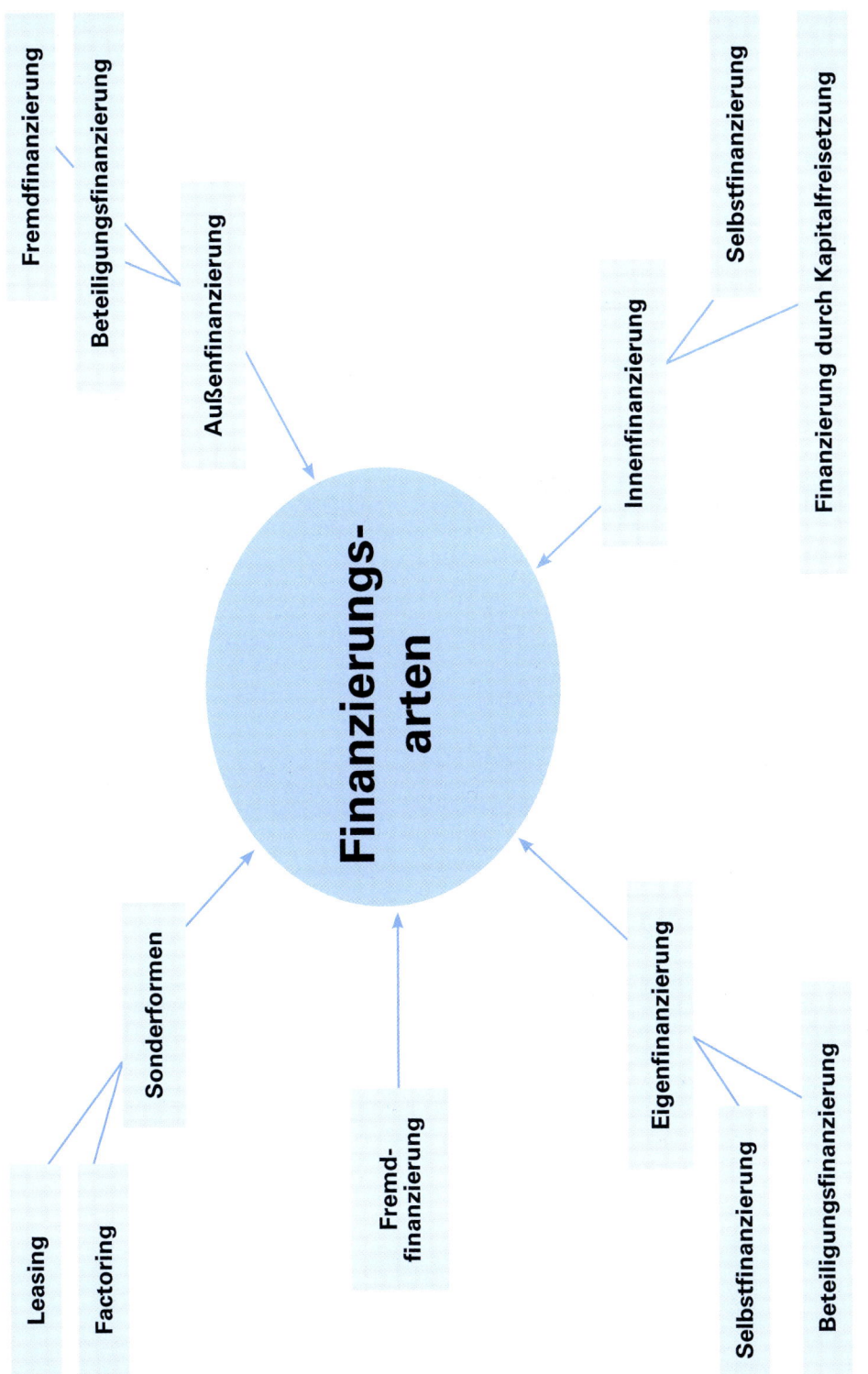

Zur Finanzierung von Investitionsvorhaben stehen dem Unternehmer verschiedene Möglichkeiten zur Verfügung. Diese Möglichkeiten lassen sich nach verschiedenen Kriterien, die zum Teil voneinander abhängig sind, unterscheiden:

1 ▶ Außenfinanzierung

Von Außenfinanzierung spricht man, wenn dem Unternehmen Kapital von außen zugeführt wird. Dies kann einerseits von unternehmensfremden Kapitalgebern erfolgen (z. B. Banken). Dann spricht man auch von Fremdfinanzierung.

Andererseits kann dem Unternehmen Kapital von den Eigentümern oder Gesellschaftern zugeführt werden. Dies wird auch als Beteiligungsfinanzierung bezeichnet.

2 ▶ Innenfinanzierung

Kommt das Kapital aus der Unternehmung selbst, liegt Innenfinanzierung vor. Aufgrund der betrieblichen Leistungserstellung und der Umsatztätigkeit (z. B. Herstellung und Verkauf von Waren oder Dienstleistungen) wird Kapital durch die Unternehmung gebildet. Hierbei unterscheidet man die Selbstfinanzierung (z. B. Einbehaltung von Gewinnen) und die Finanzierung aus Kapitalfreisetzung (z. B. Finanzierung aus Abschreibungen).

3 ▶ Eigenfinanzierung

Eigenfinanzierung liegt vor, wenn Kapital durch die Eigentümer in das Unternehmen eingebracht wird (sog. Beteiligungsfinanzierung) oder wenn das Kapital durch Vorgänge in dem Unternehmen selbst erhöht wird (sog. Selbstfinanzierung). Das Kapital steht der Unternehmung langfristig zur Verfügung und erhöht die Haftungsbasis.

4 ▶ Beteiligungsfinanzierung

Beteiligungsfinanzierung ist die Einbringung von Geld- oder Sachmitteln in die Unternehmung durch die Eigentümer. Dies geschieht vor allem bei Gründung, kann aber auch noch später in Form von Kapitalerhöhungen erfolgen. In welcher Form die Beteiligungsfinanzierung erfolgt, hängt von der Rechtsform der Unternehmung ab.

Rechtsform	Form der Beteiligungsfinanzierung
Einzelunternehmen	Der Eigentümer überträgt Geld- oder Sachwerte aus seinem Privatvermögen in das Betriebsvermögen (sog. Privateinlagen).
Offene Handelsgesellschaft Kommanditgesellschaft	Die Eigentümer leisten die vereinbarten Geld- oder Sachleistungen und übertragen sie in das Betriebsvermögen; später können weitere Einlagen oder die Aufnahme neuer Gesellschafter erfolgen.
Gesellschaft mit beschränkter Haftung	Bei Gründung leisten die Eigentümer Einlagen in Geld- oder Sachwerten und erhalten dafür einen Geschäftsanteil. Später können Kapitalerhöhungen vereinbart oder neue Gesellschafter aufgenommen werden.
Aktiengesellschaft	Bei Gründung werden Aktien ausgegeben, für die die Eigentümer Geld- oder Sachwerte der Unternehmung übertragen. Später kann eine Kapitalerhöhung erfolgen und neue Aktien können ausgegeben werden.

Das Kapital aus der Beteiligungsfinanzierung steht der Unternehmung langfristig zur Verfügung. Der Einzelunternehmer und die Gesellschafter erhalten einen Anspruch auf Gewinn, im Verlustfalle wird die Unternehmung aber nicht mit Zahlungen an die Gesellschafter belastet.

5 Selbstfinanzierung

Bei der Selbstfinanzierung unterscheidet man die offene und die stille Selbstfinanzierung.

› **offene Selbstfinanzierung**

Die Kapitalzuführung erfolgt aus einbehaltenen Gewinnen der Unternehmung. Die Gesellschafter verzichten in dem Falle ganz oder teilweise auf eine Ausschüttung der Gewinne, um das Eigenkapital der Unternehmung zu erhöhen und zu stärken. Man nennt diese Finanzierungsart offen, da man sie in der Bilanz eines Unternehmens erkennen kann.

In der Einzelunternehmung erhöht der einbehaltene Gewinn (Verzicht auf Privatentnahmen) das Eigenkapital des Unternehmens.

Bei der OHG wird der einbehaltene Gewinn den Kapitalkonten der Gesellschafter gutgeschrieben. Das Gleiche gilt für den Komplementär der KG. Die Einlage des Kommanditisten erhöht sich nicht durch die Gewinneinbehaltung, falls seine Einlage voll geleistet ist. Somit liegt hier keine Selbstfinanzierung vor.

Einbehaltene Gewinne bei der GmbH und bei der AG werden den Gewinnrücklagen zugeführt und stärken somit die Eigenkapitalbasis der Unternehmung.

› **stille Selbstfinanzierung**

Die stille Selbstfinanzierung ist dagegen nicht aus der Bilanz ersichtlich, da Gewinne nicht ausgewiesen werden. Dies kann durch eine Unterbewertung von Aktivposten und durch die Überbewertung von Passivposten in der Bilanz erfolgen.

> **Beispiel:**
>
> Ein Lkw wurde für 50.000 € netto angeschafft. Die Nutzungsdauer betrug 4 Jahre und der Lkw ist voll abgeschrieben worden. Der tatsächliche Verkaufswert des Lkw beträgt aber noch 20.000 €, da die tatsächliche Nutzungsdauer länger als die steuerrechtliche ist.
>
> In diesem Fall ergeben sich stille Reserven in Höhe von 20.000 €. Auf der Aktivseite ist der Lkw um 20.000 € zu niedrig ausgewiesen. Bei einem Ansatz mit dem realen Wert müsste das Anlagevermögen auf der Aktivseite und das Eigenkapital auf der Passivseite um den Betrag von 20.000 € erhöht werden.

Diese stillen Reserven stellen zusätzliches Eigenkapital für das Unternehmen dar, das bei der Veräußerung des entsprechenden Anlagegutes zur Verfügung steht.

Die Höhe der stillen Reserven einer Unternehmung können nicht genau festgelegt und nur grob geschätzt werden. Sie verändern ihren Wert Jahr für Jahr und können auch wieder aufgezehrt werden, falls der reale Wert dem Bilanzwert wieder entspricht.

6 Finanzierung durch Kapitalfreisetzung

Die Finanzierung durch Kapitalfreisetzung erfolgt in der Unternehmung selbst. Gebundenes Kapital wird durch Vermögensumschichtungsprozesse innerhalb der Unternehmung freigesetzt und steht der Unternehmung für andere Investitionsvorhaben zur Verfügung. Für die Finanzierung durch Kapitalfreisetzung gibt es verschiedene Beispiele.

› **Finanzierung aus Abschreibungen**

ergibt sich dadurch, dass jedes Unternehmen Abschreibungen für Anlagegüter in seine Verkaufspreise einkalkuliert. Über die Verkaufserlöse fließen die Abschreibungen wieder in das Unternehmen zurück. Diese Beträge müssen nicht sofort wieder (wie bei Materialien und Löhnen) ausgegeben werden, sondern stehen dem Unternehmen länger zur Verfügung, da ein Ersatzanlagegut erst zu einem späteren Zeitpunkt beschafft werden muss.

> **Beispiel:**
>
> Die „Frosta GmbH" ist eine Herstellerin von Tiefkühlkost. Insbesondere produziert man Tiefkühlsuppen. Die Kalkulation für das Produkt „chinesische Hühnersuppe" lautet wie folgt:
>
> | | |
> |---|---|
> | Materialeinzelkosten | 1,00 € |
> | Materialgemeinkosten (6 %) | 0,06 € |
> | Fertigungseinzelkosten | 0,36 € |
> | Fertigungsgemeinkosten (50 %) | 0,18 € |
> | (darin enthalten anteilige Abschreibungen 0,01 €) | |
> | Herstellkosten | 1,60 € |
> | Verwaltungsgemeinkosten (10 %) | 0,16 € |
> | Vertriebsgemeinkosten (5 %) | 0,08 € |
> | Selbstkosten | 1,84 € |
> | Gewinnzuschlag (30 %) | 0,55 € |
> | Listenverkaufspreis | 2,39 € |
>
> Bei einer Verkaufsmenge von 200.000 Produkten ergeben sich Erlöse von 478.000 €. Darin enthalten sind 2.000 € Abschreibungen für Anlagegüter (Maschinen), die ins Unternehmen zurückgeflossen sind. Sie stehen dem Unternehmen längerfristig zur Verfügung, da sie nicht sofort in eine Ersatzmaschine investiert werden müssen.

Durch die Finanzierung aus Abschreibungen wird das in den Anlagegütern gebundene Kapital nach und nach freigesetzt. Die Abschreibungen vermindern den Bilanzwert der Gegenstände des Anlagevermögens. Da sie in die Verkaufspreise einkalkuliert wurden, fließen sie als liquide Mittel dem Unternehmen wieder zu. Dadurch steigt der Kassen- bzw. Bankbestand. Bilanzmäßig liegt damit ein Aktivtausch vor. Vermögensgegenstände des Anlagevermögens werden somit in liquide Mittel umgewandelt. Allerdings wird das dem Betrieb zur Verfügung stehende Kapital nicht vergrößert, gebundenes Kapital wird nur freigesetzt.

› **Finanzierung aus Rückstellungen**

ergibt sich aus demselben Effekt wie die Finanzierung aus Abschreibungen. In die Verkaufspreise werden auch Anteile für Aufwendungen von Rückstellungen (z. B. Pensionsrückstellungen) einkalkuliert. Über die Verkaufserlöse fließen diese Anteile wieder in das Unternehmen zurück. Ausgaben für diese Rückstellungen fallen erst zu einem späteren Zeitpunkt an. Bis zu diesem Zeitpunkt steht das Kapital dem Unternehmen zur Verfügung. Der Finanzierungseffekt hängt hierbei von der Laufzeit der Rückstellung ab. Je langfristiger die Rückstellung besteht, desto größer ist der Finanzierungseffekt.

Der Finanzierungseffekt beider Beispiele wird dadurch verstärkt, dass die entsprechenden Aufwendungen die Gewinne reduzieren und damit die Steuerzahlungen ermäßigt werden.

7 ⟩ Fremdfinanzierung

Fremdfinanzierung erfolgt durch Kapitalbeschaffung von unternehmensfremden Gläubigern. Hierbei entsteht zwischen dem Kapitalgeber und -nehmer ein Kreditverhältnis. Als Kreditgeber treten insbesondere Banken, aber auch Lieferanten oder private Gläubiger auf.

7.1 ⟩ Der Kreditvertrag

Der Steuerfachangestellte Norman Reich spielt zusammen mit seinen Kolleginnen Rechtliche Grundlage für ein Kreditgeschäft ist der Kreditvertrag zwischen dem Kreditgeber und dem Kreditnehmer. Der Kreditvertrag wird meistens in schriftlicher Form abgeschlossen, es besteht aber keine Formvorschrift.

Das Kreditinstitut prüft vor Abschluss des Vertrages die Kreditfähigkeit und die Kreditwürdigkeit des Kreditnehmers:

■ Kreditfähigkeit

Unter Kreditfähigkeit versteht man die Fähigkeit, Kreditverträge rechtwirksam abschließen zu können. Sie liegt bei allen voll geschäftsfähigen Personen sowie juristischen Personen vor. Beschränkt geschäftsfähige Personen benötigen zum Abschluss die Zustimmung des gesetzlichen Vertreters.

■ Kreditwürdigkeit

⟩ **persönliche**

Bei der Kreditwürdigkeit prüft das Kreditinstitut zum einen die persönliche Kreditwürdigkeit. Dazu gehören der Ruf des Kreditnehmers, Familienstand, Zahlungsgewohnheiten, Vermögensverhältnisse, charakterliche Eigenschaften und fachliche Qualifikationen (Abschlüsse, unternehmerische Fähigkeiten).

⟩ **materielle**

Zum anderen prüft das Kreditinstitut die materielle Kreditwürdigkeit. Dazu verlangt sie vom Antragsteller Einkommensteuerbescheide, Gehaltsabrechnungen, Übersicht über Bankkonten sowie Jahresabschlüsse. Die Jahresabschlüsse werden von der Bank ausgewertet. Aufgrund dieser Auswertung versucht man Rückschlüsse auf den Zustand des Unternehmens zu ziehen.

7.2 ⟩ Finanzierungsregeln

Für die Auswertung eines Jahresabschlusses berechnet das Kreditinstitut bestimmte Kennzahlen, die sogenannten Finanzierungsregeln.

Finanzierungsregeln	
Vertikale Finanzierungsregeln	Horizontale Finanzierungsregeln
Eigenkapitalquote Fremdkapitalquote Verschuldungsgrad	Anlagendeckung I, II
Liquiditätskennzahlen (Liquidität 1. Grades, 2. Grades)	
Rentabilitätskennzahlen (Eigenkapitalrentabilität, Umsatzrentabilität)	

Sparkasse

Sparkasse Wuppertal

Kreditvertrag

Konto Nr. 887 766 554

Steuerberater
Heinz Vogel
Marienstraße 15

42105 Wuppertal

– nachstehend der Kreditnehmer genannt – schließt/schließen mit der Sparkasse folgenden Vertrag über einen Kredit in laufender Rechnung bis zum Höchstbetrag von

150.000,-- Euro, in Worten einhundertfünfzigtausend-- €:

Ort, Datum

1 Krediteinräumung

Der Kredit wird in genannter Höhe auf Girokonto Nr. 887 766 554 zur Verfügung gestellt.

2 Kreditkosten

Der Kreditnehmer verpflichtet sich, für den Kredit Zinsen und Provision nach den von der Sparkasse für Kredite dieser Art jeweils festgesetzten Zins- und Provisionssätzen zu zahlen. Änderungen dieser Sätze werden dem Kreditnehmer mitgeteilt. Zur Zeit beträgt der Zinssatz

8 % prd Jahr; die Zinsen werden nur aus dem in Anspruch genommenen Kreditbetrag berechnet.

Soweit der zugesagte Kredit nicht in Anspruch genommen ist, wird als Entgelt für die Bereithaltung der gesamten Kreditvaluta eine Kreditprovision von

--- % pro Jahr berechnet¹.

Daneben werden ___--- ___ % pro Jahr von dem in Anspruch genommenen Kreditbetrag als Umsatzprovision erhoben¹.

Daneben werden ___--- ___ % des reinen Umsatzes der Kontoseite, die den größeren Umsatz aufweist, als Umsatzprovision erhoben¹.

Die Rechnung des Kreditnehmers wird viertel jährlich, erstmals auf den 31. Dezember , abgeschlossen, wobei die Kreditkosten belastet werden. Wird dadurch der eingeräumte Kredit überschritten, so berechnet die Sparkasse für den überzogenen Betrag, wie bei jeder Kreditüberschreitung, neben den obengenannten Kreditzinsen die bei ihr für Überziehungen jeweils festgesetzte Überziehungsprovision, zur Zeit 3,5 % pro Jahr. Der Kreditnehmer verpflichtet sich, die Überziehung jeweils umgehend auszugleichen.

3 Kündigung, Befristung

Der Kreditvertrag kann von jedem Teil ohne Einhaltung einer Kündigungsfrist gekündigt werden.
Die Krediteinräumung ist unbeschadet eines jederzeitigen fristlosen Kündigungsrechts beider Parteien zunächst bis 30.09. befristet. Ist die Krediteinräumung befristet, kann sie auf Antrag des Kreditnehmers – bei mehreren Kreditnehmern auf Antrag eines jeden von ihnen mit Wirkung für alle – verlängert werden.

4 Besondere Vereinbarungen

keine

5 Kreditsicherung

¹ Nichtzutreffendes bitte streichen.

6 Mehrere Kreditnehmer

Mehrere Kreditnehmer haften für die Verbindlichkeiten aus diesem Vertrag als Gesamtschuldner. Eine Willenserklärung der Sparkasse wird ihnen gegenüber auch dann wirksam, wenn sie nur einem von ihnen oder einem Zustellungsvertreter zugegangen ist.

7 Auskunftspflicht

Der Kreditnehmer hat der Sparkasse, einem von dieser beauftragten Treuhänder oder ihrer zuständigen Prüfungsstelle jederzeit Einblick in seine wirtschaftlichen Verhältnisse zu gewähren, insbesondere auf Anfordern seine Bücher, Bilanzen, Abschlüsse und Geschäftspapiere vorzulegen oder die Einsicht und Prüfung dieser Vorgänge zu gestatten, jede gewünschte Auskunft zu erteilen und die Besichtigung seines Betriebes zu ermöglichen. Soweit die genannten Unterlagen auf Datenträger gespeichert sind, ist der Kreditnehmer verpflichtet, diese in angemessener Frist lesbar zu machen.

Die Sparkasse ist berechtigt, jederzeit die öffentlichen Register sowie das Grundbuch und die Grundakten einzusehen und auf Rechnung des Kreditnehmers einfache oder beglaubigte Abschriften und Auszüge zu beantragen, ebenso Auskünfte bei Versicherungen, Behörden und sonstigen Stellen, insbesondere Kreditinstituten, einzuholen, die sie zur Beurteilung des Kreditverhältnisses für erforderlich halten darf.

8 Kosten des Vertrages

Alle durch den Abschluß und Vollzug dieses Vertrages einschließlich einer etwaigen späteren Sicherheitenbestellung entstehenden Kosten trägt der Kreditnehmer.

9 Gerichtsstand

Soweit sich die Zuständigkeit des allgemeinen Gerichtsstandes der Sparkasse nicht bereits aus § 29 ZPO ergibt, kann die Sparkasse ihre Ansprüche im Klageweg an ihrem allgemeinen Gerichtsstand verfolgen, wenn der im Klageweg in Anspruch zu nehmende Kreditnehmer Kaufmann oder eine juristische Person im Sinne der Nr. 27 AGB ist oder nach Vertragsabschluß seinen Wohnsitz oder gewöhnlichen Aufenthaltsort aus der Bundesrepublik Deutschland oder dem Land Berlin verlegt oder sein Wohnsitz oder gewöhnlicher Aufenthaltsort im Zeitpunkt der Klageerhebung nicht bekannt ist.

10 Rechtswirksamkeit

Sollten Vereinbarungen, die in diesem Vertrag getroffen sind, ganz oder teilweise der Rechtswirksamkeit ermangeln oder nicht durchgeführt werden, so sollen dennoch die übrigen Vereinbarungen wirksam bleiben.

11 Allgemeine Geschäftsbedingungen

Die Sparkasse weist ausdrücklich darauf hin, daß ergänzend ihre Allgemeinen Geschäftsbedingungen (AGB) Vertragsbestandteil sind. Die AGB hängen/liegen in den Kassenräumen der Sparkasse zur Einsichtnahme aus[1].

Der Vertrag und die Durchschrift sind von **allen** *auf der Vorderseite genannten Kreditnehmern zu unterschreiben!*

Wuppertal, 23. September

Ort, Datum (falls abweichend von Seite 1) — Unterschrift des Kreditnehmers

Legitimation: persönlich bekannt

Legitimation geprüft und für die Richtigkeit der Unterschrift(en): Steinkamp

Unterschriften der Sparkasse

[1] Jeder Vertragspartner der Sparkasse erhält ein Exemplar der AGB, soweit noch keine Geschäftsverbindung besteht und der Vertragsabschluß außerhalb der Sparkasse erfolgt.

Eigenkapitalquote = Eigenkapital × 100/Gesamtkapital

Die Eigenkapitalquote gibt an, wie viel Prozent des Gesamtkapitals durch Eigenkapital gedeckt ist. Eine hohe Eigenkapitalquote erhöht die Kreditwürdigkeit, weil dann eine hohe Haftungsbasis und somit ein geringeres Risiko bei Verlusten des Unternehmens besteht.

Fremdkapitalquote = Fremdkapital × 100/Gesamtkapital

Die Fremdkapitalquote gibt an, wie viel Prozent des Gesamtkapitals einer Unternehmung durch Fremdkapital finanziert wurde. Eine hohe Fremdkapitalquote bedeutet hohe Zins- und Tilgungsbelastungen und vermindert die Kreditwürdigkeit.

Verschuldungsgrad = Fremdkapital × 100/Eigenkapital

Der Verschuldungsgrad gibt an, in welchem Verhältnis das Unternehmen durch Fremd- und Eigenkapital finanziert wurde. Ursprünglich wurde ein ausgeglichenes Verhältnis von Eigenkapital und Fremdkapital von den Banken verlangt. Da aber in der Praxis die Eigenkapitalquoten ständig sanken, wird heute ein Verhältnis von 1:2 als kreditwürdig angesehen.

Anlagendeckung I = Eigenkapital/Anlagevermögen

Anlagendeckung II = Eigenkapital + langfristiges Fremdkapital/Anlagevermögen

Das Anlagevermögen ist dazu bestimmt, langfristig dem Unternehmen zu dienen. Deshalb sollte das Anlagevermögen weitgehend durch Eigenkapital, zumindest aber durch langfristiges Fremdkapital finanziert sein. Investitionen im Anlagevermögen sind neben der Langfristigkeit oft auch mit hohem Kapitalbedarf verbunden. Diese Risiken sollen möglichst auf Eigenkapitalgeber übertragen werden.

Bei einer Anlagendeckung I = 1 finanziert das Eigenkapital vollständig das Anlagevermögen. Dies ist bei Unternehmen eher die Ausnahme. Zumeist benötigt das Unternehmen zur Abdeckung des Finanzierungsbedarfs im Anlagevermögen noch Fremdkapital. Deshalb achten die Banken darauf, dass die Anlagendeckung II > 1 ist. Dies bedeutet, dass das Anlagevermögen vollständig durch Eigenkapital und langfristiges Fremdkapital finanziert wird und ein Teil des langfristigen Fremdkapitals für die Finanzierung anderer Vermögensgegenstände verwandt wurde. Diese Vorgabe der Banken nennt man auch die goldene Bilanzregel.

Liquidität 1. Grades = flüssige Mittel (Kassenbestand, Barguthaben) × 100/kurzfristiges Fremdkapital

Liquidität 2. Grades = flüssige Mittel und Forderungen × 100/kurzfristiges Fremdkapital

Durch die Liquiditätskennziffern wird geprüft, inwieweit das Unternehmen in der Lage ist, seine Verbindlichkeiten zu zahlen. Dazu muss es in der Lage sein, Wirtschaftsgüter in möglichst kurzer Zeit in Bargeld zu verwandeln. Eine ausreichende Liquidität vermindert die Gefahr der Zahlungsunfähigkeit und erhöht somit die Kreditwürdigkeit, da die Bank sicher sein kann, dass Zinsen und Tilgungen vom Unternehmen bezahlt werden können. Auch eine zu hohe Liquidität kann der Unternehmung schaden, da sie z. B. in Wertpapieren angelegt werden kann und für das Unternehmen zusätzliche Erträge erwirtschaftet. Somit leidet unter einer zu hohen Liquidität die Rentabilität der Unternehmung.

Die Rentabilitätskennziffern geben Aussage über die Ertragskraft eines Unternehmens, d. h. über die Fähigkeit des Unternehmens, Gewinne zu erzielen.

Eigenkapitalrentabilität = Jahresüberschuss × 100/Eigenkapital

Die Eigenkapitalrentabilität zeigt an, wie hoch das eingesetzte Eigenkapital verzinst wird. Eigentümer und Anleger stellen ihr Kapital dem Unternehmen mit der Aussicht auf eine hohe Gewinnbeteiligung zur Verfügung. Eine Alternative für sie wäre es, ihr Geld am Kapitalmarkt anzulegen. Die Eigenkapitalrentabilität sollte deshalb über dem Kapitalmarktzins liegen.

Umsatzrentabilität = Jahresüberschuss × 100/Umsatz

Die Umsatzrentabilität gibt an, wie hoch der Gewinnanteil am Umsatz in Prozent ist. Bei einer Umsatzrentabilität von 3 % würde bei einem Umsatz von 1 € 3 Cent Gewinn übrig bleiben. Die Kennzahl zeigt an, ob sich die Geschäftstätigkeit des Unternehmens lohnt. In Deutschland liegt die durchschnittliche Umsatzrentabilität bei 2–3 %.

Da die Rentabilitätskennzahlen die Ertragskraft des Unternehmens widerspiegeln, erhöhen hohe Werte bei diesen Kennzahlen die Kreditwürdigkeit. Es handelt sich dann um ein Unternehmen, das eine große Ertragskraft hat, d. h. Gewinne erzielt.

Beispiel:

Die Müller OHG, Hersteller von Milchprodukten, plant eine neue Fertigungsanlage zu kaufen. Der Finanzierungsbedarf beläuft sich auf 250.000 €. Dafür möchte man einen Kredit bei der Hausbank aufnehmen. Zur Prüfung der Kreditwürdigkeit legt man folgende Bilanz und GuV vor:

Aktiva	Bilanz zum 31. 12.		Passiva
Grundstücke	700.000 €	Eigenkapital	1.861.500 €
Gebäude	950.000 €	Rückstellungen	120.000 €
Maschinen	540.000 €	Darlehen	1.100.000 €
Geschäftsausstattung	380.000 €	Verbindlichkeiten Kreditinstitute	250.000 €
Vorräte	635.000 €		
Forderungen	420.000 €	Verbindlichkeiten LL	320.000 €
Bank	125.000 €	Sonstige Verbindlichkeiten	135.000 €
Kasse	36.500 €		
	3.786.500 €		3.786.500 €

Bei den Rückstellungen handelt es sich um Steuerrückstellungen und Urlaubsrückstellungen, die alle im folgenden Geschäftsjahr aufgelöst werden. Bei den Verbindlichkeiten gegenüber Kreditinstituten, aus Lieferungen und Leistungen und den sonstigen Verbindlichkeiten beträgt die Restlaufzeit weniger als ein Jahr.

Gewinn- und Verlustrechnung 1.1.–31.12.	
Umsatzerlöse	3.072.500 €
Materialaufwand	1.500.000 €
Personalaufwand	850.000 €
Abschreibungen	80.000 €
Sonstige betriebliche Aufwendungen	56.000 €
Zinsen und ähnliche Erträge	5.500 €
Zinsen und ähnliche Aufwendungen	89.000 €
Steuern vom Einkommen und Ertrag	38.000 €
Sonstige Steuern	3.500 €
Jahresüberschuss	461.500 €

Die Eigenkapitalquote beträgt 49,2 % (1.861.500/3.786.500 × 100), die Fremdkapitalquote 50,8 % (1.925.000/3.786.500 × 100). Der Verschuldungsgrad liegt bei

103,4 % (1.925.000/1.861.500 × 100). Der gesamte Kapitalbedarf der Unternehmung ist zur Hälfte durch Eigen- und zur anderen Hälfte durch Fremdkapital abgedeckt. Damit wird das von Banken geforderte Verhältnis von Eigen- zu Fremdkapital (= 1:1) eingehalten. Die Kapitalstruktur ist als außerordentlich gut zu bewerten.

Die Anlagedeckung I beträgt 0,72 (1.861.500/2.570.000), die Anlagedeckung II beträgt 1,15 (2.961.500/2.570.000). Das Anlagevermögen ist zu 72 % durch das Eigenkapital gedeckt. Zusammen mit dem langfristigen Fremdkapital deckt das Eigenkapital das Anlagevermögen ab. Mit einer Anlagendeckung II > 1 erfüllt die Müller OHG die goldene Bilanzregel.

Die Liquidität 1. Grades beträgt 19,6 % (161.500/825.000 × 100), die Liquidität 2. Grades 70,5 % (581.500/825.000 × 100). Die Müller OHG ist in der Lage, die kurzfristigen Verbindlichkeiten zu 19,6 % durch flüssige Mittel auszugleichen. Zusammen mit den Forderungen ist sie in der Lage 70,5 % der kurzfristigen Verbindlichkeiten auszugleichen. Hier sollte ein Wert von 100 % erreicht werden, da die kurzfristigen Verbindlichkeiten vollständig durch flüssige Mittel und kurzfristig in flüssige Mittel zu verwandelnde Forderungen gedeckt sein sollten. Die Müller OHG sollte auf ihre Liquiditätssituation achten.

Die Eigenkapitalrentabilität liegt bei 24,8 % (461.500/1.861.500 × 100) und die Umsatzrentabilität bei 15,0 % (461.500/3.072.500 × 100). Das eingesetzte Kapital verzinst sich mit 24,8 %. Dies ist ein sehr hoher Wert. Von 1 € erzieltem Umsatz verbleibt dem Unternehmen 0,15 € Gewinn. Auch das ist ein sehr hoher Wert, weswegen man davon ausgehen kann, dass das Unternehmen sehr rentabel arbeitet und eine hohe Ertragskraft hat.

Insgesamt ist die Kreditwürdigkeit aufgrund der Zahlen der Bilanz und der GuV eindeutig zu bejahen.

7.3 Kreditarten

Je nachdem, welchem Zweck die Finanzierung dient, hat der Kreditnehmer verschiedene Kreditarten zur Auswahl. Sie unterscheiden sich in der Laufzeit des Kredits, in der Verfügbarkeit, im Verwendungszweck und der Art der Kreditsicherung.

Kontokorrentkredit

Beim Kontokorrentkredit hat der Kreditnehmer die Möglichkeit, sein Girokonto bis zu einer bestimmten Kreditlinie zu überziehen. Dem Kreditnehmer wird es freigestellt, in welcher Höhe er den Kredit (innerhalb der Kreditlinie) in Anspruch nimmt. Er kann den Kredit zu einem beliebigen Zeitpunkt in beliebiger Höhe tilgen. Die Bank legt zumeist einen Termin fest, bis das Konto wieder ausgeglichen sein muss. An Kosten fallen Zinsen, Kreditprovisionen, Kontogebühren und evtl. Überziehungsprovisionen an. Die Überziehungsprovisionen ergeben sich dann, wenn das Konto über die vereinbarte Kreditlinie hinaus überzogen wird. Für Guthaben werden auf dem Konto ggf. Habenzinsen gutgeschrieben.

Für private Kunden nennt man diese Kreditform Dispositionskredit.

Vorteile des Kontokorrentkredits	Nachteile des Kontokorrentkredits
› Eignung für den kurzfristigen Finanzbedarf im Rahmen des laufenden Zahlungsverkehrs. Man kann die Höhe des Kredits an den jeweiligen Finanzbedarf anpassen und somit flexibel auf veränderte Bedürfnisse reagieren. › Bequeme Inanspruchnahme, weil nach der Kontokorrentvereinbarung keine neuen Anträge gestellt werden müssen.	› hoher Zinssatz › bei Überziehung des Kontos über das Kreditlimit hinaus zusätzliche Verteuerung wegen der anfallenden Überziehungsprovisionen › Banken akzeptieren den Kontokorrentkredit nicht für Finanzierungsvorhaben im größeren Rahmen und für eine längerfristige Dauer.

■ Lieferantenkredit

Wenn der Lieferer seinem Kunden für gelieferte Waren ein Zahlungsziel einräumt, spricht man von einem Lieferantenkredit. Der Kunde muss seine Verbindlichkeit erst zu einem späteren Zeitpunkt begleichen. Durch die Gewährung von Skonto wird der Schuldner angehalten, die Verbindlichkeit so früh wie möglich zu begleichen. Der Lieferantenkredit ist kurzfristig. Trotzdem ist gerade für kleinere, nicht mit so viel Kapital ausgestatte Unternehmen der Lieferantenkredit eine wesentliche Finanzierungsform, insbesondere wenn sie nicht über ausreichende Kreditsicherheiten für die Gewährung eines Bankkredites verfügen. Die Lieferer verlangen meistens zur Absicherung des Kredits eine Lieferung unter Eigentumsvorbehalt[1].

> **Beispiel:**
>
> Die Reinders GmbH erhält von ihrem Lieferanten eine Rechnung über 15.000 €. Der Lieferant gewährt ein Zahlungsziel von 30 Tagen, bei einer Zahlung innerhalb von 10 Tagen gewährt er 3 % Skonto. Das Kontokorrentkonto der Reinders GmbH weist momentan einen Sollsaldo von 5.000 € auf. Mit der Bank wurde eine Kreditlinie von 50.000 € zu einem Zinssatz von 12,5 % vereinbart.
>
> Bei Ausnutzung des Skontos hat die Reinders GmbH eine Ersparnis von
>
> 15.000 € × 3 % = 450 €.
>
> An Kosten entstehen durch die weitere Überziehung des Kontokorrentkontos
>
> 14.550 € × 12,5 % × 20 Tage/360 Tage = 101,04 €.
>
> Für die Reinders GmbH lohnt es sich, den Kontokorrentkredit weiter in Anspruch zu nehmen, da sich durch die Ausnutzung des Skontos ein Gewinn von 450 € − 101,04 € = 348,96 € ergibt.

■ Darlehen

Für die Finanzierung von langfristigen und größeren Investitionsvorhaben eignet sich am besten das Darlehen. Es werden für einen vorher fest vereinbarten Zeitraum in einer festen Höhe Geldmittel zur Verfügung gestellt. Die Auszahlung erfolgt dabei in einer Summe oder in vorher festgelegten Teilbeträgen. Außerdem kann die Einbehaltung eines Abschlags (Damnum, Disagio) vereinbart werden. Hierbei handelt es sich um die Vorwegnahme von Zinsen. Die Rückzahlung erfolgt allerdings zur vollen Darlehenssumme. Vorteil der Vereinbarung eines Disagios ist die Gewährung eines geringeren Zinssatzes.

Nach der Art der Tilgung lassen sich folgende Darlehensarten unterscheiden:

---

[1] siehe Kapitel 2 „Grundlagen des Privatrechts"

› **Fest- oder Fälligkeitsdarlehen**

Bei dieser Darlehensart wird das gesamte Darlehen am Ende der Laufzeit in einem Betrag zurückgezahlt. Die Zinsen berechnen sich für einen bestimmten Zeitraum (zumeist monatlich) von der Darlehenssumme.

> **Beispiel:**
>
> Die Münch OHG möchte ihren Betrieb erweitern und benötigt dafür finanzielle Mittel in Höhe von 140.000 €. Die Hausbank unterbreitet folgendes Kreditangebot:
>
> Darlehen über 140.000 €
>
> Laufzeit 5 Jahre
>
> Rückzahlung am Ende der Laufzeit in einer Summe
>
> Zinssatz 8 %, jeweils am Ende des Monats zu zahlen
>
> Der Zinsaufwand der Münch OHG für diesen Kredit beläuft sich auf 140.000 € × 8 % × 5 Jahre = 56.000 €. Die monatliche Zinsbelastung beträgt 140.000 € × 8 %/ 12 = 933,33 €.

Vorteil dieser Darlehensart ist, dass die Belastungen während der Laufzeit gering sind, da nur Zinsen bezahlt werden müssen. Die Zinsbelastung ist allerdings insgesamt sehr hoch, da keine Tilgungen während der Laufzeit erfolgen. Am Ende der Laufzeit muss das gesamte Darlehen in einer Summe getilgt werden, was eine hohe finanzielle Belastung bedeutet.

› **Annuitätendarlehen**

Beim Annuitätendarlehen bleibt die Belastung für Tilgung und Zinsen (sogenannte Annuität) immer gleich hoch. Die Zinsen werden dabei immer von der Restschuld berechnet. Zu Beginn des Darlehens ist der Zinsanteil der Annuität sehr hoch, gegen Ende ist der Tilgungsanteil höher.

> **Beispiel:**
>
> Die Hausbank bietet der Münch OHG auch noch folgendes Annuitätendarlehen an:
>
> Darlehen über 140.000 €
>
> Laufzeit 5 Jahre
>
> Jährliche Annuität 35.000 €
>
> Zinssatz 8 %
>
> Für die Belastung aus diesem Darlehen ergibt sich folgendes Bild:
>
> | Jahr | Schuld am Anfang des Jahres in Euro | Tilgung in Euro | Zinsen in Euro | Annuität in Euro | Schuld am Ende des Jahres in Euro |
> |---|---|---|---|---|---|
> | 1 | 140.000,00 | 23.800,00 | 11.200,00 | 35.000,00 | 116.200,00 |
> | 2 | 116.200,00 | 25.704,00 | 9.296,00 | 35.000,00 | 90.496,00 |
> | 3 | 90.496,00 | 27.760,32 | 7.239,68 | 35.000,00 | 62.735,68 |
> | 4 | 62.735,68 | 29.981,15 | 5.018,85 | 35.000,00 | 32.754,53 |
> | 5 | 32.754,53 | 32.379,64 | 2.620,36 | 35.000,00 | 374,39 |
>
> Die Restschuld am Ende des 5. Jahres wird dann noch in einem Betrag gezahlt. Die gesamte Zinsbelastung für dieses Darlehen beläuft sich auf 35.374,89 €.

Bei dieser Darlehensart ist die gesamte Zinsbelastung niedriger. Allerdings ist die finanzielle Belastung während der Laufzeit höher, da zur Zinsbelastung die Tilgungsraten hinzukommen.

› **Abzahlungsdarlehen**

Beim Abzahlungsdarlehen fällt die Annuität während der Laufzeit. Der Tilgungsanteil der Annuität bleibt immer gleich, wogegen der Zinsanteil wegen der sich verringernden Darlehenssumme sinkt. Die Zinsen berechnen sich auch hier für einen bestimmten Zeitraum (zumeist monatlich) von der Restschuld.

Beispiel:

Als drittes Kreditangebot erhält die Münch OHG folgendes Angebot:

Darlehen über 140.000 €

Laufzeit 5 Jahre

Gleich hohe jährliche Tilgung von 28.000 €

Zinssatz 8 %

Für die Belastung ergibt sich folgendes Bild:

Jahr	Schuld am Anfang des Jahres in Euro	Tilgung in Euro	Zinsen in Euro	Annuität in Euro	Schuld am Ende des Jahres in Euro
1	140.000,00	28.000,00	11.200,00	39.200,00	112.000,00
2	112.000,00	28.000,00	8.960,00	36.960,00	84.000,00
3	84.000,00	28.000,00	6.720,00	34.720,00	56.000,00
4	56.000,00	28.000,00	4.480,00	32.480,00	28.000,00
5	28.000,00	28.000,00	2.240,00	30.240,00	0,00

Die gesamte Zinsbelastung für das Darlehen beläuft sich auf 33.600 €. Es ist damit das günstigste Darlehen, da es die geringste Zinsbelastung hat. Allerdings ist die finanzielle Belastung durch die Tilgung schon zu Beginn des Darlehens relativ hoch.

8 › Kreditsicherung

Zumeist verlangen Banken bei der Vergabe von Krediten Kreditsicherheiten. Kann der Kreditnehmer die Tilgung und die Zinsen nicht mehr aufbringen, so kann die Bank die Kreditsicherheit verwerten und damit die Rückzahlung des Kredites sicherstellen.

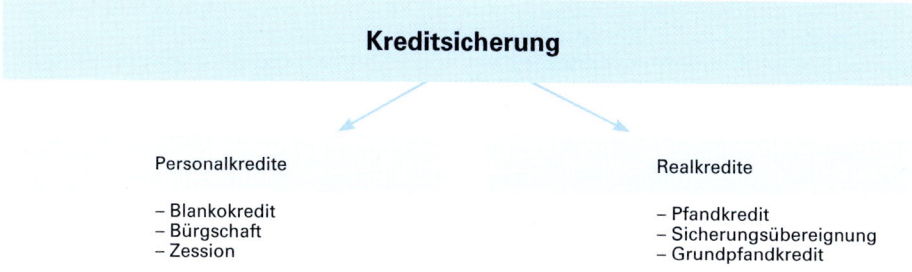

Bei einem Personalkredit haftet im Falle der Nichtrückzahlung der Kreditnehmer oder eine weitere dritte Person, wogegen beim Realkredit die Forderungen des Kreditgebers durch ein unmittelbares Zugriffsrecht auf bewegliche (z. B. Wertpapiere) oder unbewegliche Vermögenswerte (z. B. Grundstücke, Gebäude) abgesichert werden.

8.1 Blankokredit

Beim Blankokredit liegt die Kreditsicherheit in der Person des Kreditnehmers. Der Kreditgeber vertraut auf die guten Vermögens- und Ertragsverhältnisse und den guten Ruf des Kreditnehmers. Diese Kredite sind meist kurzfristig und werden als Kontokorrent gewährt.

8.2 Bürgschaft

§§ 765 ff. BGB

Durch die Bürgschaft sichert ein Dritter zu, die Kreditzahlung zu übernehmen, falls der Kreditnehmer mit seinen Tilgungs- und Zinszahlungen in Verzug kommt. Für die Bürgschaft muss ein Bürgschaftsvertrag[1] zwischen dem Kreditgeber und dem Bürgen abgeschlossen werden. Der Vertrag bedarf der Schriftform. Nur Kaufleute können auch ohne Schriftform bürgen.

§ 766 BGB
§ 350 HGB

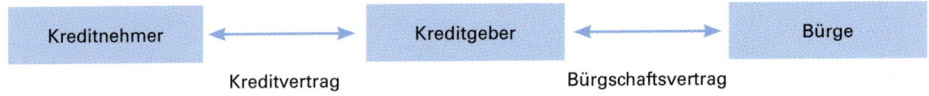

Wird der Bürge aus dem Bürgschaftsvertrag in Anspruch genommen und leistet die fälligen Zahlungen an den Kreditgeber, so geht die Forderung auf ihn über. Er kann dann, soweit der Kreditnehmer wieder zahlungsfähig ist, seine geleisteten Zahlungen zurückverlangen. Haften mehrere Bürgen neben dem Kreditnehmer, so handelt es sich um eine gesamtschuldnerische Bürgschaft. Der Kreditgeber kann von allen oder jedem einzelnen die Bezahlung seiner Forderung verlangen.

§ 774 BGB

Man unterscheidet zwei Arten von Bürgschaften:

§ 771 BGB

> **Ausfallbürgschaft**
>
> Die Ausfallbürgschaft verpflichtet den Bürgen erst dann zu zahlen, wenn der Kreditgeber gegen den Kreditnehmer erfolglos die Zwangsvollstreckung betrieben hat. Der Bürge hat das Recht der sogenannten „Einrede der Vorausklage".

> **Beispiel:**
>
> Der Privatmann Peter Rudolf hat bei seiner Bank einen Kredit in Höhe von 25.000 € zum Kauf eines Autos aufgenommen. Als Sicherheit bürgt sein Freund Reiner Grah. Nachdem Peter Rudolf die fälligen Raten zweimal nicht gezahlt und die Bank mehrmals gemahnt hatte, wendet sich die Bank an den Bürgen Reiner Grah und fordert ihn zur Zahlung der säumigen Beträge auf.
>
> Reiner Grah kann die Zahlung der säumigen Raten verweigern, da die Bank gegen Peter Rudolf kein Zwangsvollstreckungsverfahren betrieben hat. Er macht damit die Einrede der Vorausklage zu Recht geltend.

---

[1] Der Bürgschaftsvertrag ist ein einseitig verpflichtendes Rechtsgeschäft.

› **Selbstschuldnerische Bürgschaft**   § 773 BGB

Bei der selbstschuldnerischen Bürgschaft verzichtet der Bürge auf die Einrede der Vorausklage. Der Bürge kann jederzeit zur Zahlung herangezogen werden, ohne dass sich der Kreditgeber an den Kreditnehmer wenden müsste. Er haftet dem Gläubiger gegenüber wie der Hauptschuldner selbst. Kreditinstitute verlangen in der Regel eine selbstschuldnerische Bürgschaft. Eine Bürgschaft unter Kaufleuten ist stets eine selbstschuldnerische Bürgschaft.   § 349 HGB

8.3 Zession   § 398 BGB

Bei einem Zessionskredit tritt der Kreditnehmer eine oder alle Forderungen als Sicherheit an den Kreditgeber ab. Grundsätzlich können alle bestehenden und zukünftigen Forderungen abgetreten werden.

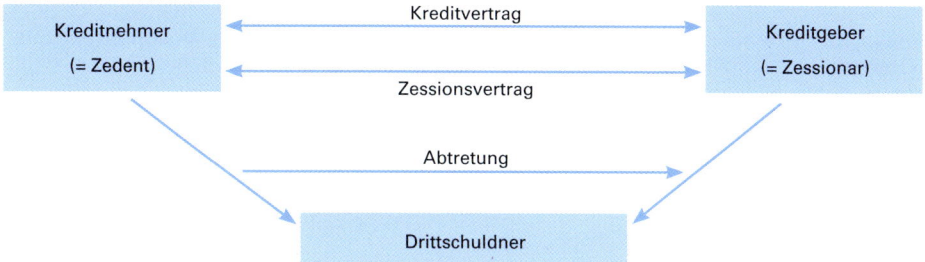

Beispiel:

Der Unternehmer Sebastian Adam, München, hat einen Forderungsbestand von 100.000 €.

Zur Absicherung eines Kredits zum Kauf von Waren, die ihm besonders günstig angeboten wurden, verlangt die Bank eine Sicherheit. Die Bank akzeptiert eine Zession als Sicherheit und Adam tritt die Forderungen an die Bank ab.

Es bestehen unterschiedliche Arten der Zession:

› **Stille Zession**

Der Drittschuldner erfährt nichts davon, dass die Forderung ihm gegenüber abgetreten wurde. Er zahlt an den Zedenten, der dann die Zahlung an den Zessionar weiterleiten muss.

Vorteile hat diese Form der Zession für den Kreditnehmer, da dann der Drittschuldner (meistens ein Kunde) nichts von der Abtretung erfährt.

Nachteile und Gefahren ergeben sich für den Kreditgeber, dadurch dass

› der Kreditnehmer die Zahlung der Forderung nicht weiterleitet oder

› die Forderung nicht mehr besteht oder

› die Forderung bereits abgetreten ist.

› **Offene Zession**

Erfährt der Drittschuldner von der Abtretung der Forderung, so spricht man von einer offenen Zession. Bei dieser Form muss der Drittschuldner direkt an den Zessionar zahlen.

Nachteilig für den Kreditnehmer ist, dass der Drittschuldner (zumeist ein Kunde) von der Abtretung der Forderung erfährt und über die Zahlungsschwierigkeit des Kreditnehmers informiert wird.

Vorteile für den Kreditgeber ergeben sich dadurch, dass die Risiken der stillen Zession ausgeschlossen werden.

⟩ Globalzession

Die Abtretung einzelner Forderungen ist sehr selten. Oft werden eine Vielzahl von Forderungen in Form der Globalzession abgetreten. Hierbei werden Forderungsgruppen (z. B. alle Forderungen gegenüber Kunden A–K) abgetreten. Alle bestehenden und zukünftigen Forderungen dieser Gruppe gehen dann auf den Zessionar über. Die Forderungsabtretung wird mit Entstehen der Forderung wirksam.

⟩ Mantelzession

Der Kreditnehmer tritt bestehende Forderungen in Höhe einer bestimmten Summe ab. Die Abtretung wird erst mit Übergabe einer Debitorenliste über die entsprechenden Forderungen und der Genehmigung dieser Liste durch den Kreditgeber wirksam. Der Gesamtbetrag der abgetretenen Forderungen muss immer erhalten bleiben. Bezahlte Forderungen müssen deshalb durch neue Forderungen ergänzt werden.

§ 287 AktG

8.4 ⟩ Pfandkredit

Der Pfandkredit ist zumeist ein kurzfristiger Kredit gegen die Verpfändung von beweglichen, wertvollen Sachen (z. B. Wertpapiere, Sparguthaben, Lebensversicherungen). Zwischen dem Kreditnehmer und dem Kreditgeber wird neben dem Kreditvertrag ein Pfandvertrag vereinbart.

Das Pfand geht in den Besitz des Kreditgebers über. Das Eigentum verbleibt aber beim Kreditnehmer.

Das Pfand wird nicht zu seinem vollen Wert als Kreditsicherheit akzeptiert. Dies geschieht zur Sicherheit des Kreditgebers, da der Wert des Pfandes sich während der Laufzeit des Kreditvertrages ändern kann.

Kommt der Kreditnehmer seinen Zahlungsverpflichtungen nicht nach, kann der Kreditgeber nach vorheriger Androhung das Pfand verwerten lassen. Die Verwertung erfolgt grundsätzlich im Wege der öffentlichen Versteigerung.

Das Pfandrecht erlischt, wenn der Kreditnehmer seine Schulden getilgt hat. Das Pfand ist dann zurückzugeben.

	Vorteile des Pfandkredits	Nachteile des Pfandkredits
Kreditnehmer	bleibt Eigentümer des Pfandes.	kann Pfand nicht weiter benutzen, da es dem Kreditgeber übergeben werden muss.
Kreditgeber	muss keine Herausgabe des Pfandes verlangen, da er bereits Besitzer ist.	muss Pfand aufbewahren.

8.5 Sicherungsübereignungskredit

Durch einen Sicherungsübereignungskredit bleibt im Gegensatz zum Pfandkredit der Kreditnehmer Besitzer der Sicherungsgegenstände, während dem Kreditgeber das Eigentum übereignet wird. Der Kreditnehmer kann den sicherungsübereigneten Gegenstand weiter benutzen. Übereignet werden meistens Gegenstände des Anlagevermögens, seltener Warenvorräte. Zwischen Kreditgeber und Kreditnehmer wird ein formfreier Sicherungsübereignungsvertrag abgeschlossen.

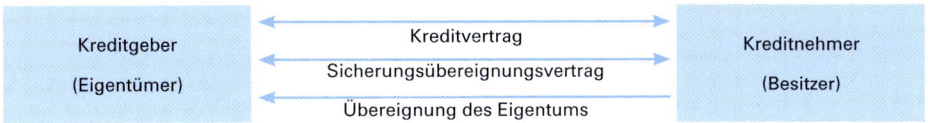

Die Sicherungsübereignung ist gesetzlich nicht geregelt. Sie hat sich aus der Praxis entwickelt und ist von der Rechtsprechung als Instrument der Kreditsicherung anerkannt.

> **Beispiel:**
>
> Die Wolter KG benötigt einen neuen Lkw. Die Kosten belaufen sich auf 75.000 €, die durch ein Darlehen abgedeckt werden sollen.
>
> Als Sicherheit erhält die Bank das Eigentum an dem Lkw sicherungsübereignet. Die Wolter KG ist Besitzer und kann somit den Lkw nutzen.

Kommt der Kreditnehmer seinen Zahlungsverpflichtungen nicht mehr nach, kann der Kreditgeber als Eigentümer sofort die Herausgabe der Sache fordern. Er benötigt keinen vollstreckbaren Titel.

	Vorteile der Sicherungsübereignung	Nachteile der Sicherungsübereignung
Kreditnehmer	Nutzung des sicherungsübereigneten Gegenstandes weiterhin möglich, da der Kreditnehmer Besitzer ist.	keine freie Verfügung über Gegenstand (z. B. Verkauf)
		Absicherung des Gegenstandes notwendig (z. B. Vollkaskoversicherung für sicherungsübereigneten Pkw)
Kreditgeber	Sicherungsgegenstand muss nicht aufbewahrt werden.	Risiko, dass › Sicherungsgegenstand bereits sicherungsübereignet ist. › Sicherungsgegenstand durch Nutzung an Wert verliert. › Sicherungsgegenstand unter Eigentumsvorbehalt gekauft worden ist. › Eigentum an Sicherungsgegenstand durch Kreditnehmer ohne Wissen des Kreditgebers an Dritten (gutgläubig) übereignet wird (z. B. nicht genehmigter Verkauf).

8.6 Grundpfandkredit

Beim Grundpfandkredit wird dem Kreditgeber das Pfandrecht an einer unbeweglichen Sache (Immobilie) übertragen. Dieses Pfandrecht muss im Grundbuch eingetragen werden.

Das Grundbuch ist ein öffentliches Register, das beim Amtsgericht geführt wird. In ihm werden die rechtlichen Verhältnisse an Grundstücken im entsprechenden Amtsgerichtsbezirk dargelegt. Jeder kann das Grundbuch einsehen und beglaubigte Grundbuchauszüge verlangen. Der Inhalt des Grundbuchs genießt öffentlichen Glauben. Eingetragene Tatsachen gelten Dritten gegenüber als richtig und vollständig, nicht eingetragene, aber tatsächlich bestehende Tatsachen gelten als nicht bestehend. Grundbucheintragungen erfolgen auf Antrag eines Beteiligten und Bewilligung desjenigen, dessen Recht durch die Eintragung betroffen wird. Das Grundbuch ist in drei Abteilungen untergliedert:

erste Abteilung	zweite Abteilung	dritte Abteilung
Angaben über Eigentumsverhältnisse des Grundstücks › Name, Wohnort, Geburtstag des Eigentümers › Rechtsgrund des Eigentumerwerbs › Zeitpunkt des Eigentumerwerbs	Angaben über Lasten und Beschränkungen, die mit dem Eigentum an diesem Grundstück verbunden sind › Vorkaufsrecht › Erbbaurecht › Verfügungsbeschränkungen von Amts wegen	Angaben über die auf dem Grundstück lastenden Grundpfandrechte › Hypothek › Grundschuld

Das Grundpfandrecht kann als Hypothek oder als Grundschuld eingetragen werden:

§§ 1113 ff. BGB

› **Hypothek**

Die Hypothek setzt immer das Bestehen einer Forderung voraus. Ohne Forderung kann eine Hypothek nicht entstehen oder weiterbestehen. Der Kreditgeber hat nur einen Anspruch in Höhe der ursprünglichen Forderung abzüglich der geleisteten Tilgungen. Der Kreditnehmer haftet mit dem Grundstück (= dingliche Haftung) und persönlich mit seinem ganzen Vermögen (= persönliche Haftung). Der Kreditgeber kann bei einer Zwangsvollstreckung seine Forderung sowohl durch das Grundstück als auch durch das übrige Vermögen des Kreditnehmers befriedigen. Zahlt der Kreditnehmer seine Verbindlichkeiten vollständig, erlischt die Hypothek. Der Kreditgeber erteilt eine Löschungsbewilligung und daraufhin kann der Kreditnehmer die Hypothek im Grundbuch löschen lassen.

§§ 1191 ff. BGB

› **Grundschuld**

Für die Bestellung einer Grundschuld muss keine Forderung vorhanden sein. Sie ist losgelöst von evtl. zu Grunde liegenden Schuldverhältnissen und ist auf deren Existenz und Höhe nicht angewiesen. Das Grundstück wird mit einer bestimmten Geldsumme zu Gunsten des Kreditnehmers belastet. In das Grundbuch wird nur die Grundschuld, nicht aber das zu Grunde liegende Schuldverhältnis (z. B. Aufnahme eines Darlehens) eingetragen.

Der Kreditnehmer haftet nicht persönlich, sondern nur mit dem Grundstück als Pfand (= dingliche Haftung). Auch bei voller Rückzahlung der Verbindlichkeit erlischt die Grundschuld nicht. Die Löschung erfolgt erst nach einem entsprechenden Antrag beim Grundbuchamt.

Kommt der Kreditnehmer mit seinen Zahlungen in Verzug, kann der Kreditgeber die Immobilie verwerten. Die Verwertung erfolgt durch die Zwangsvollstreckung. Hierbei besteht die Möglichkeit der Zwangsverwaltung, bei der der Kreditgeber sich aus den Erträgen des Grundstücks (z. B. Mieteinnahmen) befriedigt, oder die Möglichkeit der Zwangsversteigerung, bei dem das Grundstück versteigert wird und der Kreditgeber den Erlös erhält.

Werden durch ein Grundpfandrecht mehrere Kredite abgesichert, sind die Kreditgeber im Falle der Verwertung des Grundstückes nicht gleichberechtigt. Die Rangfolge der Befriedigung der Gläubiger ergibt sich aus dem Rang, mit dem der Gläubiger ins Grundbuch eingetragen wurde.

> **Beispiel:**
>
> Die Weisdorf GmbH hat drei Kredite in Höhe von insgesamt 360.000 € durch eine Grundschuld abgesichert. Als Kreditsicherheit dient ein Betriebsgrundstück mit Gebäude. Im Grundbuch sind die Gläubiger wie folgt eingetragen:
>
> | | | |
> |---|---|---|
> | 1. Rang | 180.000 € Grundschuld | zu Gunsten der Rheinischen Hypothekenbank |
> | 2. Rang | 120.000 € Grundschuld | zu Gunsten Friedrich Wenzel, geb. 19. Juli 1948 |
> | 3. Rang | 60.000 € Grundschuld | zu Gunsten der Bausparkasse Schönhausen |
>
> Aufgrund von Zahlungsschwierigkeiten wird die Zwangsversteigerung des Grundstücks durchgeführt. Der Erlös beläuft sich auf 290.000 €.
>
> Die Rheinische Hypothekenbank erhält aus dem Erlös 180.000 €. Ihr Kredit ist damit voll zurückgezahlt. Herr Wenzel erhält den restlichen Erlös von 110.000 €. Sein Kredit kann damit in Höhe von 10.000 € nicht befriedigt werden. Die Bausparkasse Schönhausen erhält keinen Anteil aus dem Versteigerungserlös.

Die Rangfolge wird zumeist vertraglich vereinbart und hängt von den übrigen Kreditvereinbarungen ab.

In der Praxis erfolgt die Absicherung durch ein Grundpfandrecht fast ausschließlich durch die Grundschuld, da sie gegenüber der Hypothek viele Vorteile hat:

› größere Unabhängigkeit von der gesicherten Forderung
› gute Sicherungsmöglichkeit für Kredite mit wechselnden Kredithöhen (Kontokorrentkredit)
› Rangstelle bleibt auch nach der Rückzahlung gewahrt
› Kreditnehmer haftet nur mit dem Grundstück und nicht persönlich

9 Sonderformen der Finanzierung

9.1 Leasing

Eine Alternative zum Kauf eines Gegenstandes ist das Leasen (= Mieten). Durch einen Leasingvertrag zwischen dem Leasinggeber und -nehmer erhält der Leasingnehmer ein zeitlich befristetes Nutzungsrecht an Gütern des Anlagevermögens (z. B. Fahrzeuge, Maschinen, Gebäude). Der Leasingnehmer wird dabei Besitzer, der Leasinggeber bleibt Eigentümer der geleasten Gegenstände.

Leasinggeber kann der Hersteller des Gegenstandes (sogenanntes direktes Leasing) oder eine Leasinggesellschaft sein, die den Gegenstand vom Hersteller gekauft und im Rahmen eines Leasingvertrages zur Verfügung gestellt hat (sogenanntes indirektes Leasing).

Der Leasinggeber stellt aufgrund des Vertrages den vereinbarten Gegenstand zur Verfügung. Der Leasingnehmer muss oft zu Beginn der Laufzeit eine Leasingsonderzahlung leisten. Danach fallen monatliche Leasinggebühren an. Am Ende der Leasingzeit kann er den Gegenstand zum Restwert kaufen, mit einem neueren Modell den Leasingvertrag fortsetzen oder den Vertrag ganz kündigen.

Eine zusätzliche Vereinbarung im Leasingvertrag kann die Wartung und Reparatur des Leasinggegenstandes beinhalten.

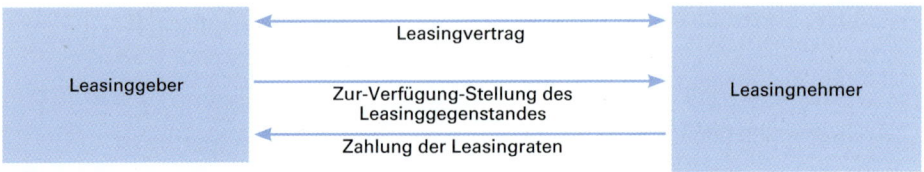

Vorteile des Leasings	Nachteile des Leasings
❯ Die Liquidität wird wenig belastet, da Gegenstände nicht gekauft werden müssen.	❯ Die Summe der Leasingraten ist höher als der Kaufpreis des Gegenstandes, da auch der Leasinggeber einen Gewinnanteil einkalkuliert.
❯ Leasinggegenstände können zu einem frühen Zeitpunkt ausgetauscht werden und somit auf dem neuesten Stand der Technik gehalten werden.	❯ Monatliche Leasingzahlungen können ebenfalls die Liquidität des Unternehmens belasten.
❯ Unternehmen, die keine Kredite wegen mangelnder Sicherheiten erhalten, können ebenfalls notwendige Gegenstände des Anlagevermögens nutzen.	
❯ Kreditsicherheiten werden geschont.	

■ **Leasingarten**

Leasingverträge können anhand einer Vielzahl von Kriterien unterschieden werden.

Mobilienleasing	Immobilienleasing
Der Leasinggegenstand ist ein bewegliches Wirtschaftsgut (z. B. PKW, Maschine).	Der Leasinggegenstand ist ein unbewegliches Wirtschaftsgut (z. B. Grundstücke, Gebäude). Die Verträge haben eine lange Laufzeit (bis 30 Jahre). Oft hat der Leasingnehmer nach Ablauf des Vertrages eine Kaufoption.
Operating-Leasing	**Finance-Leasing**
Dem Leasingnehmer wird der Leasinggegenstand nur für kurze Zeit überlassen. Für den Leasingnehmer besteht ein jederzeitiges Kündigungsrecht. Mithilfe dieser Leasingart überbrückt der Leasingnehmer meist einen Engpass (z. B. Maschinenausfall).	Der Leasingvertrag beinhaltet eine unkündbare Grundmietzeit, die einen erheblichen Teil der betriebsgewöhnlichen Nutzungsdauer umfasst. Diese Vertragsart dient damit zur Finanzierung der Investition. Das Risiko der technischen Veralterung und des Untergangs der Sache hat meist der Leasingnehmer zu tragen. Nach Ende der Laufzeit kann eine Verlängerungs- oder Kaufoption vereinbart werden.

Vollamortisationsleasing	Teilamortisationsleasing
Bei dieser Vertragsart hat der Leasingnehmer während der unkündbaren Grundmietzeit die vollen Anschaffungs- oder Herstellungskosten einschließlich aller Nebenkosten (Finanzierungskosten, Gewinnzuschlag) zu tragen. › ohne Option Am Ende der Grundmietzeit muss der Leasinggegenstand herausgegeben werden. › mit Kaufoption Der Leasingnehmer hat das Recht nach Ablauf der Grundmietzeit den Leasinggegenstand zu einem vorher vereinbarten Kaufpreis zu erwerben. Der Kaufpreis wird in der Regel nur eine geringe Höhe haben, da durch die Leasingraten die volle Amortisation der Investition erfolgt ist › mit Mietverlängerungsoption Der Leasingnehmer hat die Möglichkeit den Leasinggegenstand nach Ablauf der Grundmietzeit weiter zu leasen. Auch hier wird die Leasingrate aus den genannten Gründen relativ gering sein.	Bei dieser Vertragsart werden die Anschaffungs- oder Herstellungskosten des Leasinggutes nicht vollständig durch die Leasingraten gedeckt. Eine Armotisation der Investition ergibt sich erst aus der anschließenden Verwendung des Leasinggutes. › mit Andienungsrecht Der Leasingnehmer verpflichtet sich, am Ende der Vertragslaufzeit auf Verlangen des Leasinggebers den Leasinggegenstand zu einem vorher vereinbarten Kaufpreis zu erwerben. Von diesem Recht wird der Leasinggeber regelmäßig dann Gebrauch machen, wenn er keine günstigere Verwertungsmöglichkeit hat. › mit Aufteilung des Mehrerlöses Nach Ablauf des Leasingvertrages wird der Leasinggegenstand veräußert. Werden die Kosten dabei nicht gedeckt, hat der Leasingnehmer die Differenz zu erstatten. Wird ein Mehrerlös erzielt, ist er nach einem vertraglich vereinbarten Schlüssel aufzuteilen. › kündbarer Vertrag mit Abschlusszahlung Die Kündigung kann frühestens nach Ablauf der Grundmietzeit erfogen. Im Falle der Kündigung ist eine Abschlusszahlung in Höhe der nicht gedeckten Gesamtkosten zu entrichten. Im Falle der Veräußerung ist der Veräußerungserlös zu 90 % auf die Abschlusszahlung anzurechnen. Ist der Veräußerungserlös höher als die Abschlusszahlung, steht er in vollem Umfang dem Leasinggeber zu.
Spezialleasingverträge	
Wenn der Leasingvertrag so auf die speziellen Wünsche des Leasingnehmers zugeschnitten ist, dass eine wirtschaftlich anderweitige Nutzung nicht mehr möglich ist, spricht man von Spezialleasing.	

■ Zuordnung von Leasinggegenständen

Bei der Beurteilung der steuerlichen und bilanziellen Behandlung von Leasinggegenständen steht die Frage der Zuordnung des Leasinggegenstandes zum Leasinggeber oder -nehmer im Mittelpunkt. Grundsätzlich gilt dafür die wirtschaftliche Betrachtungsweise, die in § 39 Abs. 2 AO festgeschrieben ist. Demnach ist derjenige wirtschaftlicher Eigentümer, wenn der rechtliche Eigentümer für die gewöhnliche Nutzungsdauer von der Nutzung ausgeschlossen werden kann. Dies ist gerade beim Finanzierungsleasing oft der Fall. Die Finanzverwaltung hat auf der Grundlage eines Grundsatzurteils des BFH vom 26.1.1970 zwei sog. Leasingerlasse zu Verträgen mit Voll- und Teilamortisation herausgegeben.

Leasingverträge mit Vollamortisation (BMF-Schreiben vom 19.4.1971)

	Leasingverträge ohne Optionsrecht	Leasingverträge mit Kaufoptionsrecht	Leasingverträge mit Mietverlängerungs-optionsrecht
Leasinggeber bilanziert Leasinggut	Grundmietzeit 40 %–90% der Nutzungsdauer[1] des Wirtschaftsgutes	Grundmietzeit 40 %–90 % der Nutzungsdauer des Wirtschaftsgutes und Optionskaufpreis > Restbuchwert bei linearer AfA	Grundmietzeit 40 %–90 % der Nutzungsdauer des Wirtschaftsgutes und Anschlussmiete > lineare AfA
Leasingnehmer bilanziert Leasinggut	Grundmietzeit weniger als 40 % oder mehr als 90 % der Nutzungsdauer des Wirtschaftsgutes	Grundmietzeit weniger als 40 % oder mehr als 90 % der Nutzungsdauer des Wirtschaftsgutes oder Grundmietzeit 40 %–90 % und Optionskaufpreis < Restbuchwert bei linearer AfA	Grundmietzeit weniger als 40 % oder mehr als 90 % der Nutzungsdauer des Wirtschaftsgutes oder Grundmietzeit 40 %–90 % und Anschlussmiete < lineare AfA

Spezialleasingverträge sind grundsätzlich dem Leasingnehmer zuzurechnen, da nur er den Leasinggegenstand wirtschaftlich sinnvoll nutzen kann.

Leasingverträge mit Teilamortisation (BMF-Schreiben vom 22.12.1975)

Neben der nicht vollen Deckung der gesamten Kosten des Leasinggutes durch die Leasingraten ist noch eine Grundmietzeit von 40 %–90 % der betriebsgewöhnlichen Nutzungsdauer Merkmal des Teilamortisations-Leasingvertrages.

	Vertrag mit Andienungsrecht	Vertrag mit Aufteilung des Mehrerlöses	kündbarer Vertrag mit Abschlusszahlung
Leasinggeber bilanziert Leasinggut	Leasinggeber ist wirtschaftlicher Eigentümer, da er das Risiko der Wertminderung auf den Leasingnehmer abwälzen kann, allerdings die volle Chance der Wertsteigerung nutzen kann.	Leasinggeber erhält mind. 25 % des Mehrerlöses.	Wertsteigerung kommt voll dem Leasinggeber zugute. Somit ist er wirtschaftlicher Eigentümer.
Leasingnehmer bilanziert Leasinggut		Leasinggeber erhält weniger als 25 % des Mehrerlöses.	

Beispiel:

Die Unternehmerin Maria Baldauf hat vier Maschinen zu unterschiedlichen Konditionen geleast:

Maschine A: Es wurde keine Grundmietzeit vereinbart und der Vertrag ist jederzeit kündbar.

Maschine B: Es wurde eine Grundmietzeit von 4 Jahren vereinbart. Die Nutzungsdauer laut AfA-Tabelle beträgt 5 Jahre. Es ist kein Optionsrecht vereinbart worden. Die Anschaffungskosten der Maschine betragen 50.000 €, die Summe aller Leasingraten während der unkündbaren Grundmietzeit 52.000 €.

---

[1] Hierbei wird die Nutzungsdauer der AfA-Tabellen zu Grunde gelegt (Abweichungen sind aber laut Finanzgerichtsurteilen zulässig).

Maschine C: Es wurde eine Grundmietzeit von 14 Jahren vereinbart. Die Nutzungsdauer laut AfA-Tabelle liegt bei 15 Jahren. Auch hier wurde kein Optionsrecht vereinbart. Die Anschaffungskosten der Maschine betragen 100.000 €, die Summe aller Leasingraten während der unkündbaren Grundmietzeit 105.000 €.

Maschine D: Es wurde eine Grundmietzeit von 3 Jahren vereinbart bei einer Nutzungsdauer laut AfA-Tabelle von 4 Jahren. Nach Ablauf der Grundmietzeit kann der Vertrag gekündigt werden. Frau Baldauf hat im Fall der Kündigung eine Abschlusszahlung zu entrichten. Die Anschaffungskosten betragen 30.000 €, die Summe der Leasingraten während der Grundmietzeit 20.000 €.

Bei der Maschine A liegt ein Operating-Leasing-Vertrag vor. Somit hat der Leasinggeber die Maschine in seinem Anlagevermögen zu bilanzieren und abzuschreiben.

Bei Maschine B und C liegt ein Vollamortisationsleasingvertrag ohne Optionsrecht vor. Außerdem handelt es sich um Finance-Leasing. Die Maschine B muss vom Leasinggeber bilanziert werden, da die Grundmietzeit (4/5 × 100 =) 80 % der Nutzungsdauer ausmacht. Maschine C muss von der Leasingnehmerin Frau Baldauf aktiviert werden, da die Grundmietzeit (14/15 × 100 =) 93,33 % der Nutzungsdauer ausmacht.

Bei Maschine D liegt ein kündbarer Teilamortisationsleasingvertrag mit Abschlusszahlung vor. Die Grundmietzeit macht (3/4 × 100 =) 75 % der Nutzungsdauer aus. Hier muss der Leasinggeber das Leasinggut bilanzieren.

9.2 Factoring

Beim Factoring kauft ein Factor (Bank oder Factoring-Gesellschaft) von seinen Kunden (Factornehmer) Forderungen aus Lieferungen und Leistungen auf. Die Forderungen werden in der Regel als Globalzession an den Factor abgetreten. Im Unterschied zur Zession geht die Forderung endgültig auf den Factor als neuen Gläubiger über. Der Factornehmer erhält den Rechnungswert abzüglich Zinsen und einer Provision sofort gutgeschrieben.

Der Hauptvorteil für den Factornehmer besteht darin, dass er vorzeitig über Geldmittel aus den Forderungen verfügen kann, die erst später fällig werden. Somit wird die Liquidität verbessert und eigene Verbindlichkeiten können vorzeitig (z. B. unter Abzug von Skonto) gezahlt werden. Gegen eine zusätzliche Gebühr, die so genannte Delkredereprovision, übernimmt der Factor auch das Risiko eines Forderungsausfalls. Somit kann der Kunde das Kreditrisiko aus seinem Verkaufsgeschäft auf den Factor abwälzen. Außerdem bieten die Factor-Gesellschaften oft auch weitere Dienstleistungen wie Führen der Kundenbuchhaltung oder Erledigung des Mahnwesens.

Nachteilig für den Factornehmer ist die Kostenbelastung aufgrund von Gebühren und Zinsen. Außerdem kann das Verhältnis zu den Kunden nachteilig beeinflusst werden, da der Factor bei der Eintreibung der abgetretenen Forderungen keine Rücksicht auf das Lieferanten-Kunden-Verhältnis nimmt und für ihn die Begleichung der Schuld im Vordergrund steht.

Erarbeitungsfälle

1 Aufgabe (Finanzierungsarten)

Die vereinfachte Bilanz der Beimer KG aus Dresden weist folgende Positionen aus:

Aktiva	Bilanz zum 31. 12. 01		Passiva
Bebaute Grundstücke	392.500 €	Eigenkapital	
BGA	200.000 €	Einlagen Komplementäre	217.500 €
Vorräte	100.000 €	Einlagen Kommanditisten	225.000 €
Forderungen	125.000 €	Sonderposten mit Rücklageanteil	75.000 €
Bank/Kasse	50.000 €	Verbindlichkeiten Kreditinstitute	300.000 €
		Sonstige Verbindlichkeiten	50.000 €
	867.500 €		867.500 €

a) Erläutern Sie die Begriffe „Finanzierung" und „Investition" bezogen auf die Bilanz!

b) Ermitteln Sie anhand der vorliegenden Bilanz, wie viel Euro durch

– Beteiligungsfinanzierung als Außenfinanzierung,

– Fremdfinanzierung als Außenfinanzierung aufgebracht wurden.

2 Aufgabe (Finanzierungsarten)

Entscheiden Sie in den folgenden Fällen, um welche Finanzierungsart(en) es sich handelt. Verwenden Sie dazu folgende Begriffe, wobei immer zumindest zwei Begriffe genannt werden müssen:

Außenfinanzierung	Innenfinanzierung
Fremdfinanzierung	Beteiligungsfinanzierung
Selbstfinanzierung	Finanzierung durch Kapitalfreisetzung

a) Aufnahme eines langfristigen Darlehens bei der Bank

b) Erhöhung des Stammkapitals einer GmbH durch Ausgabe neuer Geschäftsanteile

c) Bei einer AG wird die Gewinnrücklage erhöht.

d) Regelmäßige Überziehung des Kontokorrentkontos

e) Vornahme einer planmäßigen Abschreibung

f) Aufnahme eines zusätzlichen OHG-Gesellschafters

g) Bildung einer Körperschaftsteuerrückstellung

h) Anzahlungen durch Kunden vor der Lieferung

3 Aufgabe (Kreditsicherung)

Nennen Sie die Art der Kreditsicherung, die sich in den folgenden Situationen anbietet:

a) Ein Spediteur kauft einen neuen Lkw, den er zu 60 % durch Kredit finanzieren möchte.

b) Ein Textilunternehmer beabsichtigt, Warenposten zu erwerben, die er im Rahmen einer Sonderaktion rasch verkaufen möchte. Er will diesen Erwerb durch einen Bankkredit finanzieren. Er besitzt Wertpapiere, die für den Geschäftsablauf vorerst nicht benötigt werden.

c) Ein Privatmann kauft ein Einfamilienhaus, wobei er 50 % des Kaufpreises als Eigenkapital angespart hat.

d) Unternehmer Glück benötigt zur Erweiterung seines Betriebes einen Kredit in Höhe von 100.0000 €. Er hat ein gutes Verhältnis zu seiner vermögenden Tante, die ihren Neffen schon des Öfteren finanziell unterstützt hat.

e) Die Walbrecht KG plant die Anschaffung einer neuen Computeranlage für 15.000 €. In den Forderungen aus Lieferungen und Leistungen der Walbrecht KG ist eine Forderung in Höhe von 20.000 € gegenüber einem namhaften Chemieunternehmen enthalten.

4 Aufgabe (Kreditsicherung)

Der Unternehmer Werner Münch e.K. möchte seinen Betrieb erweitern. Hierzu benötigt er Kapital in Höhe von 750.000 €. Die Finanzierung soll, wenn möglich, über eine Fremdfinanzierung erfolgen. Münch sieht auf der Grundlage des erstellten Jahresabschlusses mehrere Möglichkeiten, den benötigten Kredit abzusichern.

Bilanz zum 31. 12. 01
Werner Münch e.K. Einzelunternehmen

Aktiva		Passiva	
I. Anlagevermögen		I. Eigenkapital	725.000
Bebaute Grundstücke	500.000	II. Fremdkapital	
Maschinen	200.000	Darlehen	150.000
BuG-Ausstattung	175.000	Verbindlichkeiten LL	200.000
II. Umlaufvermögen			
Warenvorräte	35.000		
Forderungen	125.000		
Bank	30.000		
Kasse	10.000		
	1.075.000		1.075.000

In den bebauten Grundstücken sind stille Reserven von 100.000 € enthalten, die von der Bank auch akzeptiert werden. Die Maschinen und die BuG-Ausstattung werden mit 70 % ihres Bilanzwertes, die sonstigen Kreditsicherheiten mit 50 % des Bilanzwertes akzeptiert.

Das Darlehen ist durch eine Grundschuld abgesichert.

a) Welche Kreditsicherungsmöglichkeiten ergeben sich aus der Bilanz?

b) Warum akzeptiert die Bank nicht alle Kreditsicherungsmöglichkeiten zu ihrem Bilanzwert?

c) Ist der gewünschte Kredit durch Kreditsicherheiten abzusichern?

5 Aufgabe (Sicherungsübereignung)

Spirituosenhändler Jäger hat bei seiner Hausbank einen Kredit in Höhe von 200.000 € zum Kauf von Lastkraftwagen aufgenommen. Zur Sicherung übereignet Jäger die vier Lastkraftwagen der Bank.

a) Warum wird die Bank die Übergabe des Kraftfahrzeugbriefes verlangen?

b) Wie kann die Bank sich davor schützen, dass die Lastkraftwagen (z. B. durch Unfall) als Sicherungsgut wertlos werden?

c) Welches Recht hat die Bank, wenn Jäger insolvent wird?

d) Nennen Sie zwei Vorteile der Sicherungsübereignung für den Kreditgeber und für den Kreditnehmer!

6 ▶ Aufgabe (Zession)

Der Kaufmann Hubert Höller aus Köln möchte für einen größeren Wareneinkauf seinen Kontokorrentkredit bei der Sparkasse Köln erhöhen. Die Sparkasse stimmt einer Erhöhung nur durch Leistung einer entsprechenden Sicherheit zu. Höller bietet der Bank an, Forderungen im Wert von 80.000 € abzutreten. Die Bank erklärt sich dazu bereit, fordert allerdings eine offene Zession sowie eine Globalzession.

a) Geben Sie an, wer Zessionar, Zedent und Drittschuldner ist.

b) Erläutern Sie, was eine offene Zession ist und welche Konsequenzen sich daraus für Höller ergeben.

c) Welche alternative Zessionsart stünde noch zur Verfügung? Aus welchem Grund hat die Bank diese Zessionsart nicht gewählt?

d) Erläutern Sie, was eine Globalzession ist und begründen Sie, warum die Bank diese gefordert hat.

7 ▶ Aufgabe (Zession)

Ihr Mandant Stahl leistet versehentlich die Zahlung von 5.000 € für eine Warenlieferung direkt an den Lieferanten Müller. Müller hatte ihm jedoch zuvor bereits schriftlich mitgeteilt, dass er durch den Abschluss eines Abtretungsvertrages seine Forderungen an seinen Vorlieferanten Schmidt abgetreten (zediert) hatte. Schmidt verlangte weiterhin von Stahl die Zahlung der 5.000 €.

a) Konnte Stahl mit schuldbefreiender Wirkung auch an Müller zahlen? (Begründen Sie Ihre Ansicht!)

b) Muss Stahl nochmals, nämlich an Schmidt, zahlen?

c) Hat Stahl die Möglichkeit, seine geleistete Zahlung von Müller zurückzufordern?

8 ▶ Aufgabe (Bürgschaft)

Die Kauffrau Heike Rechter benötigt von ihrer Bank zur Erweiterung ihres Betriebes einen Kredit in Höhe von 100.000 €. Sie kann nicht entsprechende Sicherheiten leisten. Ihr Vater erklärt sich deshalb bereit, für diesen Kredit zu bürgen. Die Bank verlangt allerdings eine selbstschuldnerische Bürgschaft. Schon nach ein paar Monaten kommt Frau Rechter mit den Zahlungen in Verzug. Nach mehreren Mahnungen wendet sich die Bank an den Vater und verlangt die Übernahme der ausstehenden Beträge.

a) Erläutern Sie, wem gegenüber und in welcher Form die Bürgschaftserklärung von dem Vater abgegeben werden muss.

b) Erläutern Sie die selbstschuldnerische Bürgschaft und begründen Sie, warum die Bank auf ihr bestanden hat.

c) Der Vater von Frau Rechter ist nicht bereit, die Zahlungen zu übernehmen, da gegen seine Tochter noch nicht einmal eine Zwangsvollstreckung eingeleitet wurde. Weigert er sich zu Recht?

9 Aufgabe (Kapitalgesellschaften)

Walter Lenz, Eigentümer des Einfamilienhauses Tannenweg 17 in Bonn, fragt bei der Commerzbank an, ob sie ihm ein Darlehen über 40.000 € zum Ausbau des Dachgeschosses gewähren würde. Der Sachbearbeiter der Bank bittet Herrn Lenz, einen aktuellen Grundbuchauszug zu beschaffen. Der Auszug für das Haus Tannenweg 17 hat u. a. folgenden Inhalt:

Rang Nr. 1: 170.000 € Hypothek für die Dresdner Bank

Rang Nr. 2: 90.000 € Grundschuld für die Bausparkasse X

a) Was ist ein Grundbuch und wo wird es geführt?
b) Geben Sie die wesentlichen Unterschiede zwischen einer Hypothek und einer Grundschuld an!
c) Wird die Commerzbank Lenz das Darlehen bewilligen, falls er keine anderen Sicherheiten anbieten kann?
d) In welcher Reihenfolge und in welcher Höhe würden die Gläubiger bei einer Zahlungsunfähigkeit von Walter Lenz befriedigt, falls die Commerzbank mit Rang Nr. 3 eingetragen und der Erlös aus der Versteigerung des Hauses 240.000 € betragen würde?

10 Aufgabe (Leasing)

In welchen Fällen bietet es sich eher an, Gegenstände zu leasen statt zu kaufen? Begründen Sie Ihre Antwort!

a) Um konkurrenzfähig zu sein, benötigt der Unternehmer eine EDV-Anlage, die immer auf dem neuesten Stand der Technik ist.
b) Für die Außendienstmitarbeiter benötigt der Unternehmer 50 Pkw. Seine finanziellen Möglichkeiten sind zurzeit beschränkt.
c) Eine alte Maschine, mit der Standardprodukte hergestellt werden, soll durch eine gleichartige, neue ersetzt werden.
d) Eine Fabrikhalle, die genau den Vorstellungen des Unternehmers entsprechen muss, ist für die Produktion erforderlich.

11 Aufgabe (Leasing)

Der Unternehmer Kurt Knapp benötigt dringend einen neuen Firmen-Pkw. Der Pkw kostet 18.000 € zzgl. USt. Das Autohaus unterbreitet Herrn Knapp folgendes Leasingangebot:

Leasingobjekt	Pkw Golf IV
Leasingdauer	2 Jahre
Konditionen	Reparaturen sind in der Leasingrate enthalten
	Austausch nach 2 Jahren gegen eine neues Modell möglich
	Kaufmöglichkeit nach 2 Jahren für 13.000 € zzgl. USt.
	Einmalige Sonderzahlung von 2.500 € zzgl. USt.
Leasingrate	300 € zzgl. USt.

Außerdem bietet die VW-Kreditbank Herrn Knapp einen Kredit mit einer Laufzeit von 2 Jahren zu 8,9 % Zinsen p. a. an. Die Rückzahlung erfolgt am Ende der Laufzeit.

a) Welche Kosten ergeben sich aus den verschiedenen Angeboten?

b) Zu welcher Alternative raten Sie Knapp? Beachten sie dabei nicht nur das Kriterium der Kosten!

12 ▶ Aufgabe (Buchung Aufnahme eines Darlehens)

Der Unternehmer Werner Röller hat zum Bau einer neuen Lagerhalle am 1. Juni ein Darlehen in Höhe von 350.000 € bei seiner Hausbank aufgenommen. Folgende Vereinbarungen wurden getroffen:

Laufzeit	10 Jahre
Zinssatz	9 %, halbjährliche Zahlungsweise
Tilgung	jährlich in gleichen Raten
Disagio	5 % der Darlehenssumme

Erstellen Sie die Buchungen am 1. Juni, am 31. Dezember sowie am 1. Juli und am 31. Dezember des Folgejahres!

13 ▶ Aufgabe (Effektivzinsung)

Die Unternehmerin Susanne Taller hat zwei Kreditangebote erhalten:

Bank A:	Kreditsumme	150.000 €
	Laufzeit	4 Jahre
	Zinssatz	8 %
	Bearbeitungsgebühr	3 % der Kreditsumme
	Disagio	6 2/3 % der Kreditsumme
	Tilgung	am Ende der Laufzeit in einer Summe

Bank B:	Kreditsumme	150.000 €
	Laufzeit	4 Jahre
	Zinssatz	10 %
	Bearbeitungsgebühr	1 % der Kreditsumme
	Kein Disagio	
	Tilgung	am Ende der Laufzeit in einer Summe

a) Berechnen Sie die Effektivverzinsung für die beiden Kreditangebote!
b) Zu welchem Kreditangebot raten Sie Frau Taller?

14 ▶ Aufgabe (Rechnungswesen)

Ein Leasingvertrag über eine Maschine (Anschaffung Januar 01) mit Anschaffungskosten von 20.000 € + USt. und einer betriebsgewöhnlichen Nutzungsdauer von 10 Jahren enthält u.a. folgende Vereinbarungen:

- Leasingrate 375 € + USt. monatlich, beginnend ab Februar 01
- Grundmietzeit 5 Jahre
- Rückgabe nach Ablauf der Grundmietzeit

Entscheiden Sie, wer die Maschine aktivieren muss, und buchen Sie für den Leasinggeber und den Leasingnehmer im Grundbuch!

Wiederholungsfall

Gesamtaufgabe Investition und Finanzierung

Daniel Günther möchte sich auf dem alternativen Energiemarkt etablieren und in das Geschäft mit Holzpellets einsteigen. Dazu hat er schon eine Geschäftsverbindung mit einem Sägewerk hergestellt, die ihm die verbliebenen Sägespäne zu einem günstigen Preis verkaufen, aus denen er dann die Pellets pressen kann.

Die dazu notwendige Maschine kostet 200.000 €. Aus diesem Grund macht er sich Gedanken über die notwendige Finanzierung dieser Investition.

a) Welche Art von Investition nimmt Günther in diesem Fall vor?

b) Der beste Freund von Günther, Fabian Seiter, würde in das Geschäft einsteigen und wäre bereit, Kapital einzubringen. Allerdings möchte er nur als Kapitalgeber auftreten und nichts mit der Geschäftsführung zu tun haben. Außerdem verfügt Günther auch noch über private finanzielle Mittel, die er in das Geschäft einbringen könnte.

   (1) Beraten Sie Günther und Seiter hinsichtlich der Rechtsform der neuen Unternehmung.

   (2) Erläutern Sie in dem Zusammenhang den Begriff der Beteiligungsfinanzierung.

c) Die Hausbank der beiden macht ein Angebot zur Finanzierung der Maschine. Folgende Konditionen bietet sie an:

Darlehenshöhe	200.000 €
Laufzeit	5 Jahre
Auszahlung	100 %
Zinssatz	4 % fest für 5 Jahre
Jährliche Annuität	44.925,42 €

Benennen Sie die Darlehensart und erstellen Sie für dieses Darlehen einen Tilgungsplan.

d) Aufgrund der Erfahrung mit den Holzpellets entscheiden sich Günther und Seiter, auch Hackschnitzel-Kraftwerke zu betreiben. Das erste Projekt soll am Stammsitz des Unternehmens realisiert werden. Die Kosten für das dafür notwendige Grundstück und der Neubau werden auf 580.000 € veranschlagt. Die Finanzierung soll durch einen Bankkredit erfolgen. Die Bank verlangt dafür Sicherheiten. Folgende Bilanz weisen die beiden aus:

Aktiva		vereinfachte Bilanz zum 31.12.	Passiva
Grundstücke und Gebäude	500.000	Eigenkapital Günther	480.700
Maschinen	250.000	Eigenkapital Seiter	200.000
BGA	30.600	Fremdkapital	262.000
Fahrzeuge	50.400		
Rohstoffe	40.000		
Betriebsstoffe	34.400		
Forderungen	30.400		
Bank	4.000		
Kasse	3.000		
	942.700		942.700

Welche Kreditsicherungsmöglichkeiten ergeben sich aus der Bilanz?

e) Im Verlauf der Kreditverhandlungen wird auch die Absicherung durch eine Bürgschaft besprochen. Beschreiben Sie zwei Bürgschaftsarten und gehen Sie dabei auf die Unterschiede ein.

f) Die Bank akzeptiert Grundstücke und Gebäude mit einem Beleihungssatz von 80 %, alle anderen Kreditsicherheiten mit einem Beleihungssatz von 50 %. Warum setzt die Bank bei den Kreditsicherheiten nicht den Bilanzwert an?

g) Prüfen Sie rechnerisch, ob die Grundstücke und Gebäude als Sicherheiten für die o. g. Finanzierung von 580.000 € unter Berücksichtigung der Bankbedingungen und dem nachfolgend abgedruckten Grundbuchauszug ausreichen.

Lfd. Nummer der Eintragungen	Lfd. Nummer der belasteten Grundstücke im Bestandsverzeichnis	Betrag	Hypotheken, Grundschulden
1	1	180.000 €	Grundschuld für die X-Bank über zweihunderttausend Euro. Jahreszinssatz 5 % Einmalige Nebenleistung 5 % Sofort vollstreckbar gegen den jeweiligen Eigentümer.

Kapitel 9 Insolvenzrecht

Einführungssituation

Die Herder GmbH stellt Stoffe aller Art her. Sie beliefert insbesondere Herrenausstatter, die die Tuche zur Produktion von hochwertigen Herrenanzügen benötigen. Der Umsatz der Herder GmbH ist wegen der großen Konkurrenz aus dem asiatischen Raum stark zurückgegangen. Die Zahl der Mitarbeiter ist im Laufe der Jahre von 300 auf 120 Mitarbeiter gesunken. Die Rechnungswesenabteilung legt dem Geschäftsführer Manfred Herder folgende Bilanz für das letzte Geschäftsjahr vor:

Aktiva	Bilanz der Herder GmbH zum 31.12.		Passiva
Grundstücke	1.200.000 €	Rückstellungen	500.000 €
Technische Anlagen und Maschinen		Darlehen	2.000.000 €
Betriebs- und Geschäftsausstattung	500.000 €	Verbindlichkeiten LL	750.000 €
Roh-, Hilfs- und Betriebsstoffe	50.000 €		
Fertige Erzeugnisse	30.000 €		
Forderungen LL	70.000 €		
Bankguthaben	20.000 €		
Kassenbestand	5.000 €		
Nicht durch Eigenkapital gedeckter Fehlbetrag	1.000 €		
	1.374.000 €		
	3.250.000 €		3.250.000 €

Herr Herder hat Rohstoffe für die Produktion im Wert von 50.000 € bestellt. Der Eingang der Ware wird in den nächsten Tagen erwartet. Herr Herder weiß noch nicht, wie er die Waren bezahlen soll.

Die Darlehen sind durch das Grundstück in Form einer Grundschuld und durch die Maschinen in Form von Sicherungsübereignungen abgesichert. Neue Kredite lehnt die Bank wegen fehlender weiterer Sicherheiten ab.

Der Leiter der Rechnungswesenabteilung weist Herrn Herder darauf hin, dass das Unternehmen überschuldet sei. Herr Herder möchte sich noch einmal versichern und wendet sich mit folgenden Fragen an Sie:

a) Ist mein Unternehmen überschuldet oder zahlungsunfähig?

Was raten Sie mir in der vorliegenden Situation?

Bei Zahlungsunfähigkeit, drohender Zahlungsunfähigkeit oder Überschuldung gilt die Insolvenzordnung (InsO), die seit 1999 Anwendung findet. Sie regelt sowohl die Insolvenz eines Unternehmens (Unternehmensinsolvenz) als auch die der Privatleute (Verbraucherinsolvenz). Vor 1999 wurde die Insolvenz als Konkurs bezeichnet und war nur für Unternehmen möglich.

Ein Unternehmen kann aus den verschiedensten Gründen in Zahlungsschwierigkeiten kommen.

Innerbetriebliche Gründe	Außerbetriebliche Gründe
› falsche Entscheidungen der Geschäftsführung z. B. bei Beratung von Mandanten, neuen Investitionen, Veränderung der Produktpalette › zu hohe Kapitalentnahmen durch die Eigentümer › Mängel in der Organisation des Unternehmens, z. B. falsche Aufbaustruktur der Kanzlei, sodass Anweisungen nicht befolgt werden können. › Mängel im Rechnungswesen des Unternehmens, z. B. mangelndes Mahnwesen, mangelnde Kostenkontrolle	› Verschlechterung der Marktbedingungen durch Änderungen der Nachfrage, stärkere Konkurrenz, abschwächende Konjunktur › schlechte Zahlungsmoral der Schuldner

Sind bei einer Unternehmung ernsthafte Zahlungsschwierigkeiten oder die Zahlungsunfähigkeit eingetreten, so kann versucht werden durch geeignete Maßnahmen die Unternehmung zu erhalten oder, falls keine Rettung mehr möglich ist, die Unternehmung aufzulösen.

Maßnahmen zur Erhaltung der Unternehmung	Maßnahmen zur Auflösung der Unternehmung
Sanierung	(freiwillige) Liquidation
im Rahmen des Insolvenzverfahrens	
Insolvenzplan	Auflösung und Verwertung

1 Sanierung

Unter Sanierung versteht man alle Maßnahmen, die durch das Unternehmen selbst getroffen werden können, um die Erhaltung des Betriebes zu gewährleisten.

Die Sanierung erfordert zunächst die Analyse von Schwachstellen des Unternehmens. Häufig werden dazu Unternehmensberatungsgesellschaften in Anspruch genommen. Aufgrund dieser Ursachenforschung können dann z. B. folgende Maßnahmen eingeleitet werden:

› Personelle Maßnahmen (neue, innovative Mitarbeiter anwerben; Schulungen; Abbau von Personal; Umbesetzungen in der Unternehmensleitung bei mangelnder Qualifikation der Geschäftsführung)

› Organisatorische Maßnahmen (Rationalisierung der Produktion, Sortimentsbereinigungen, Straffung der Unternehmensorganisation, Werbekampagnen)

› Finanzielle Maßnahmen (Zuführung neuen Kapitals, außergerichtliche Regelungen mit Gläubigern)

In der Praxis kommt es meistens zu einer Kombination verschiedener Maßnahmen. Falls durch die Bedrohung einer großen Unternehmung viele Arbeitsplätze in Gefahr sind, versucht häufig auch der Staat durch Gewährung von Krediten oder Bürgschaften das Unternehmen zu retten.

2 ▌▶ Liquidation

Die Liquidation ist die freiwillige Auflösung des Unternehmens. Gründe hierfür können sein:

› Alter des bisherigen Eigentümers
› fehlende Nachfolger
› Streitigkeiten zwischen Gesellschaftern
› Verschlechterung der Geschäftslage und der Ertragsaussichten
› Modernisierungsbedarf des Betriebes

Die Liquidation der Unternehmung (auch Abwicklung genannt) erfolgt durch einen Liquidator. Dies kann der Eigentümer selbst oder eine andere Person sein. Dabei werden alle Vermögensgegenstände in liquide (flüssige) Mittel umgewandelt und alle Verbindlichkeiten abgelöst. Verbleibt danach noch ein restliches Vermögen, erhält es der Eigentümer oder es wird entsprechend dem Gesellschaftsvertrag unter den Gesellschaftern aufgeteilt. Bei Fehlen einer entsprechenden Regelung gelten die gesetzlichen Regelungen.

Die Beendigung der Liquidation und das Erlöschen der Firma ist im Handelsregister einzutragen. Die Bücher und Belege der Unternehmung sind noch 10 Jahre aufzubewahren.

§ 257 HGB, § 147 AO

3 ▌▶ Unternehmensinsolvenz

Ist eine Erhaltung durch das Unternehmen selbst nicht mehr möglich oder gescheitert, so wird über das Unternehmen durch ein Gericht das Insolvenzverfahren eröffnet. Ziel ist grundsätzlich die Rettung des Unternehmens mithilfe der Gläubiger. Sollte dies nicht möglich sein, steht am Ende des Verfahrens die Auflösung des Unternehmens. Aus dem Restvermögen werden die Gläubiger so gut es geht befriedigt.

Das Insolvenzverfahren erfolgt in folgenden Stufen:

> (1) Die Eröffnung des Insolvenzverfahrens wird beantragt.
> (2) Das Insolvenzverfahren wird eröffnet.
> (3) Der Insolvenzverwalter wird tätig.
> (4) Entscheidung der Gläubigerversammlung.

1. Stufe: Die Eröffnung des Insolvenzverfahrens wird beantragt.

Das Insolvenzverfahren kann sowohl durch einen der Gläubiger als auch durch das Unternehmen (Schuldner[1]) beantragt werden. Der Antrag muss bei dem zuständigen Amtsgericht (Insolvenzgericht) gestellt werden. Zuständig ist das Gericht, in dessen Bezirk der Schuldner seinen Geschäftssitz hat. Voraussetzung für die Eröffnung ist einer der folgenden Eröffnungsgründe:

§ 2 InsO

---
[1] Im Folgenden wird dem Gesetzestext folgend bei der insolventen Unternehmung bzw. deren Geschäftsführer oder Eigentümer vom Schuldner und bei allen Personen und Unternehmen, die Forderungen gegenüber der insolventen Unternehmung haben, von den Gläubigern gesprochen.

Zahlungsunfähigkeit § 17 InsO	Der Schuldner ist nicht mehr in der Lage, die fälligen Zahlungspflichten zu erfüllen.
Drohende Zahlungsunfähigkeit § 18 InsO	Der Schuldner ist voraussichtlich nicht in der Lage, die bestehenden Zahlungspflichten im Zeitpunkt der Fälligkeit zu erfüllen. Diesen Eröffnungsgrund kann nur der Schuldner geltend machen.
Überschuldung § 19 InsO	Überschuldung kann grundsätzlich nur bei juristischen Personen eintreten. Sie liegt vor, wenn das Vermögen die bestehenden Verbindlichkeiten nicht mehr deckt.

§ 92 AktG,
§ 84 GmbHG

Für juristische Personen, insbesondere für die AG und GmbH, besteht bei Vorliegen der Zahlungsunfähigkeit oder der Überschuldung eine Antragspflicht durch den Vorstand bzw. Geschäftsführer der überschuldeten Gesellschaft.

2. Stufe: Das Insolvenzverfahren wird eröffnet.

Das Insolvenzgericht prüft die Voraussetzungen für die Eröffnung des Insolvenzverfahrens. Reicht das vorhandene Vermögen des Schuldners nicht aus, um die Kosten des Insolvenzverfahrens (Gerichtskosten, Kosten des Insolvenzverwalters) zu decken, so wird das Verfahren mangels Masse abgelehnt. Die Gläubiger müssen dann durch Einzelvollstreckungsmaßnahmen versuchen, ihre Forderungen einzutreiben.

§ 26 InsO
§ 27 InsO

Ansonsten wird das Insolvenzverfahren eröffnet (Eröffnungsbeschluss) und ein Insolvenzverwalter bestellt. Dazu können geeignete, insbesondere geschäftskundige natürliche Personen bestellt werden. In der Praxis sind dies meistens Rechtsanwälte, Wirtschaftsprüfer oder Steuerberater. Der Eröffnungsbeschluss enthält:

› Firma oder Namen und Vornamen, Geschäftszweig, Niederlassung oder Wohnung des Schuldners
› Name und Anschrift des Insolvenzverwalters
› Stunde der Eröffnung.

Der Eröffnungsbeschluss wird im Bundesanzeiger veröffentlicht. Ist der Schuldner im Handelsregister eingetragen, so wird der Eröffnungsbeschluss dem Handelsregister mitgeteilt. Die Eintragung in das Handelsregister ist deklaratorisch.

Im Rahmen der Insolvenzeröffnung kann das Insolvenzgericht einen vorläufigen Gläubigerausschuss bestellen. Der Ausschuss hat u. a. Einfluss auf die Auswahl des Insolvenzverwalters. Dazu hat der Schuldner bereits beim Insolvenzantrag ein Verzeichnis aller wesentlichen Gläubiger vorzulegen.

	Wirkung des Eröffnungsbeschlusses durch das Insolvenzgericht im Rahmen des Insolvenzverfahrens
	beim Schuldner
§ 80 InsO § 81 InsO	› Der Insolvenzverwalter verwaltet das gesamte Vermögen des Schuldners, die sog. Insolvenzmasse. › Der Schuldner darf keine Verfügungen (z. B. Überweisungen) über das Vermögen mehr treffen. › Alle vom Schuldner vor der Eröffnung des Insolvenzverfahrens erteilten Vollmachten erlöschen. So verlieren z. B. eine Prokura oder eine Handlungsvollmacht sofort ihre Gültigkeit.
§ 97 InsO	› Der Schuldner muss für Auskünfte zur Verfügung stehen und dem Insolvenzverwalter bei seiner Arbeit unterstützen.
	bei Gläubigern
§ 28 InsO	› Die Gläubiger müssen ihre Forderungen beim Insolvenzgericht anmelden. Die Frist zur Anmeldung wird vom Insolvenzgericht festgelegt. Sie ist auf einen Zeitraum von mindestens zwei Wochen und höchstens drei Monaten festzusetzen.
§ 204 BGB	› Die Verjährung der Forderungen wird durch die Anmeldung gehemmt.
	bei Drittschuldnern
§ 82 InsO	› Bestehende Forderungen des Schuldners dürfen nicht mehr an ihn selbst, sondern nur noch zu Gunsten der Insolvenzmasse geleistet werden. Dies bedeutet, dass die Zahlungen nur an den Insolvenzverwalter erfolgen dürfen, damit das später an die Gläubiger zu verteilende restliche Vermögen des Unternehmens (sog. Insolvenzmasse) so hoch wie möglich ist.

> **Beispiel:**
>
> Die Falk AG, Köln, ist zahlungsunfähig geworden. Der Vorstand der Falk AG hat ein Insolvenzverfahren beim Amtsgericht Köln beantragt. Das Gericht hat per Eröffnungsbeschluss vom 1. März das Insolvenzverfahren über die Falk AG eröffnet und Rechtsanwalt Schmidt als Insolvenzverwalter bestellt. Der Beschluss wurde am 15. März in das Handelsregister eingetragen. Herbert Falk, Vorstandsvorsitzender der Falk AG, überweist sich am 18. März vorsorglich für drei Monate sein Gehalt im Voraus.
>
> Die Verwaltung des gesamten Vermögens (Insolvenzmasse) der Falk AG ist ab dem 1. März auf den Insolvenzverwalter Schmidt übergangen. Der Vorstand der Falk AG hat keine Verfügungsbefugnis mehr. Die Überweisung von Herrn Falk ist nicht rechtens, da mit Eröffnung des Insolvenzverfahrens die Verfügung über das Vermögen auf den Insolvenzverwalter übergegangen ist.

Der Schuldner kann während der Insolvenzeröffnung ein sog. Schutzschirmverfahren beantragen. Während dieser Phase kann er einen Insolvenzplan ausarbeiten, wird von einem von ihm vorgeschlagenen vorläufigen Sachwalter überwacht und das Gericht hat während dieser Phase eine eingeschränkte Anordnungskompetenz im Hinblick auf Sanierungsmaßnahmen. Diese sog. Eigenverwaltung soll grundsätzlich angeordnet werden, sofern diese dem Gericht nicht offensichtlich aussichtslos erscheint und lediglich drohende Zahlungsunfähigkeit oder Überschuldung vorliegt. Dadurch soll ein Anreiz geschaffen werden, das Insolvenzverfahren frühzeitig zu beantragen, um eine Sanierung zu ermöglichen. Der bisherige Eigentümer muss nicht befürchten durch einen Insolvenzverwalter ausgetauscht zu werden.

3. Stufe: Der Insolvenzverwalter wird tätig.

Folgende Aufgaben hat der Insolvenzverwalter zu erfüllen: §§ 148 ff. InsO

- Übernahme des zur Insolvenzmasse gehörenden Vermögens in Besitz und Verwaltung
- Abwicklung aller noch ausstehenden Geschäfte. Dabei kann der Insolvenzverwalter entscheiden, ob er die laufenden Geschäfte noch erfüllt oder ob er die Erfüllung des Vertrages ablehnt.
- Erstellung eines Verzeichnisses aller Gegenstände der Vermögensmasse
- Erstellung eines Gläubigerverzeichnisses
- Erstellung einer bilanzähnlichen Übersicht auf den Zeitpunkt der Eröffnung des Insolvenzverfahrens
- Miet-, Pacht- und Dienst-/Arbeitsverträge können vom Insolvenzverwalter gekündigt werden.

4. Stufe: Entscheidung der Gläubigerversammlung

Im Berichtstermin, der nach 6 Wochen stattfinden soll und zu der alle Gläubiger vom Insolvenzgericht eingeladen werden, hat der Insolvenzverwalter über die wirtschaftliche Lage des Schuldners und die Ursachen der Insolvenz zu berichten. Außerdem hat er über die Aussichten der Erhaltung der Unternehmung und die Möglichkeiten für einen Insolvenzplan zu berichten. § 29 InsO

Die Gläubigerversammlung hat im Berichtstermin die Entscheidung über den weiteren Fortgang des Insolvenzverfahrens zu treffen. Ein Beschluss gilt als gefasst, wenn die Forderungssumme der zustimmenden Gläubiger mehr als die Hälfte der Forderungen aller Gläubiger ausmacht. § 76 InsO

> **Beispiel:**
>
> Über die Meier OHG mit Sitz in Düsseldorf ist das Insolvenzverfahren eröffnet worden. Im Berichtstermin treffen sich die Gläubiger, um über den weiteren Fortlauf des Insolvenzverfahrens zu entscheiden. Folgende Gläubiger haben Ansprüche an die Meier OHG:
>
> | | |
> |---|---|
> | Sparkasse Düsseldorf | 900.000 € |
> | Handwerker Ritter | 30.000 € |
> | Wagner OHG (Lieferant) | 70.000 € |
>
> Die Sparkasse Düsseldorf verfügt über 90 % der gesamten Forderungssumme von 1.000.000 € und hat somit die Stimmenmehrheit in der Gläubigerversammlung.

Entscheidungsmöglichkeiten der Gläubigerversammlung im Berichtstermin

- Fortführung der Unternehmung und Erteilung des Auftrages zur Erstellung eines Insolvenzplans

oder

- Auflösung der Unternehmung und Verwertung der Insolvenzmasse

§ 2 InsO

■ Fortführung der Unternehmung und Erstellung eines Insolvenzplans

Sowohl der Schuldner selbst als auch der Insolvenzverwalter können dem Insolvenzgericht einen Insolvenzplan vorlegen.

Der Insolvenzplan besteht aus dem darstellenden Teil, in dem das Gesamtkonzept der Sanierung beschrieben wird, sowie aus dem gestaltenden Teil, durch den festgelegt wird, wie die Maßnahmen der Sanierung umgesetzt werden sollen und wie die Rechtsstellungen der Beteiligten (z. B. teilweiser Forderungserlass, Stundung, Zinsverzicht) sich ändern.

In einem anschließenden Erörterungs- und Abstimmungstermin wird der Insolvenzplan den Gläubigern vorgestellt. Der Plan muss allerdings vorher in der Geschäftsstelle des Insolvenzgerichts ausgelegt worden sein. Beim selben Termin entscheiden die Gläubiger über die Annahme oder Ablehnung des Insolvenzplans.

> **Beispiel:**
>
> Im Berichtstermin im Insolvenzverfahren der Meier OHG wurde von der Gläubigerversammlung mit den Stimmen der Sparkasse Düsseldorf die Fortführung der Unternehmung beschlossen.
>
> Der Insolvenzplan sieht folgende Regelungen vor:
>
> Die Sparkasse Düsseldorf verzichtet auf 50 % ihrer Forderungen. Außerdem werden die Tilgungsraten so lange ausgesetzt, bis die Gesellschaft wieder Gewinne erzielt.
>
> Die übrigen Gläubiger stunden der Meier OHG die Verbindlichkeiten für die Dauer von 1 Jahr. Danach ist eine Ratenzahlung über 2 Jahre vorgesehen. Die Höhe der Raten ist noch zu bestimmen.
>
> Im anschließenden Erörterungs- und Abstimmungstermin wird der Insolvenzplan vorgestellt und von den Gläubigern so akzeptiert.

Bei Annahme muss das Insolvenzgericht noch zustimmen. Danach wird der Insolvenzplan rechtskräftig und das Insolvenzverfahren aufgehoben.

Im Rahmen des Insolvenzplanverfahrens können Gläubiger Forderungen in Eigenkapital umwandeln. Die Gläubiger haben damit die Möglichkeit die Entscheidungen der Unternehmensführung zu beeinflussen und am Mehrwert des Unternehmens beteiligt zu werden. Wird der Insolvenzplan durch die Gläubiger oder das Insolvenzgericht abgelehnt, erfolgt die Auflösung und Verwertung der Insolvenzmasse.

Die Auflösung der Unternehmung und Verwertung der Insolvenzmasse

Die bestehende Insolvenzmasse[1] wird auf die einzelnen Gläubiger nach folgender Reihenfolge verteilt:

1. Aussonderungsberechtigte	Gläubiger, die ein Eigentumsrecht an Gegenständen der Insolvenzmasse haben (z. B. Ware, die unter Eigentumsvorbehalt geliefert wurde). Diese Gegenstände scheiden dann aus der Insolvenzmasse aus	§ 47 InsO
2. Absonderungsberechtigte	Gläubiger, die ihre Forderungen durch ein Pfandrecht gesichert haben.	§§ 165 ff. InsO
3. Aufrechnungsberechtigte	Gläubiger, die zur Aufrechnung berechtigt sind (z. B. Aufrechnung von Forderungen und Verbindlichkeiten an denselben Kunden).	§ 94 InsO
4. Massegläubiger	Gericht und Insolvenzverwalter für Verfahrenskosten	§ 53 InsO
	Vermieter für Mieten, Arbeitnehmer für Löhne und Gehälter nach Eröffnung des Verfahrens	
	Arbeitnehmer für Verbindlichkeiten aus dem Sozialplan	
5. Insolvenzgläubiger	Alle restlichen Gläubiger, die einen Anspruch an den Schuldner haben. Sie erhalten meist einen Bruchteil ihres Anspruchs	§§ 38, 174 ff. InsO

Beispiel:

Die Stricker GmbH soll aufgelöst und das Vermögen der Gesellschaft verwertet werden. Es ergibt sich eine Insolvenzmasse von 150.000 €.

Waren im Wert von 10.000 € waren durch Eigentumsvorbehalt gesichert. Sie werden aus der Insolvenzmasse ausgesondert.

Ein Kredit über 30.000 € war durch das Pfandrecht an Wertpapieren abgesichert. Dieser Betrag wird abgesondert und die Bank voll befriedigt.

Gegenüber einem Kunden hatte man Verbindlichkeiten und Forderungen in Höhe von jeweils 10.000 €. Hier erfolgt eine Aufrechnung.

Die Massekosten für Gericht und Insolvenzverwalter betragen 30.000 € und werden aus der Insolvenzmasse voll gezahlt. Für Verbindlichkeiten aus einem Sozialplan müssen noch 20.000 € aus der Insolvenzmasse gezahlt werden.

Somit ergibt sich eine restliche Insolvenzmasse von 50.000 €. (150.000 – 10.000 – 30.000 – 10.000 – 30.000 – 20.000)

Die übrigen Insolvenzgläubiger haben Forderungen in Höhe von 200.000 €. Unter ihnen wird die verbleibende Insolvenzmasse in Höhe von 50.000 € verteilt. Der Anteil beträgt 50.000/200.000 100 = 25 %. Jeder Gläubiger erhält also 25 % seiner Forderungen.

---

[1] Unter der Insolvenzmasse versteht man alle Vermögensgegenstände, die sich in Gewahrsam der insolventen Unternehmung befinden.

Nach Abschluss des Insolvenzverfahrens wird, falls ein Handelsregistereintrag bestanden hat, das Unternehmen im Handelsregister gelöscht.

Die juristischen Personen (insbesondere die AG und die GmbH) und die Personengesellschaften sind damit aufgelöst. Konnten durch das Insolvenzverfahren nicht alle bestehenden Schulden beglichen werden, sind die Schulden durch die Auflösung erloschen. Die Gläubiger können keine Zahlungen mehr beanspruchen.

Bei natürlichen Personen bleibt die Haftung für die nach dem Insolvenzverfahren verbliebenen Schulden bestehen. Die Gläubiger können weiterhin ihre Forderungen durch ein Zwangsvollstreckungsverfahren geltend machen. Die Verjährungsfrist für Insolvenzforderungen beträgt 30 Jahre. Um auch die natürlichen Personen endgültig zu entschulden, sieht die Insolvenzordnung die Möglichkeit der Restschuldbefreiung vor.

■ Restschuldbefreiung

Der Schuldner muss dafür beim Insolvenzgericht einen Antrag auf Restschuldbefreiung stellen. Gibt das Insolvenzgericht diesem Antrag statt, so muss der Schuldner für 6 Jahre den pfändbaren[1] Teil seiner Einkünfte und Bezüge an einen Treuhänder abtreten. Der Treuhänder verteilt diese Einkünfte und Bezüge dann anteilsmäßig an die Gläubiger.

Der Schuldner verpflichtet sich in dieser Zeit eine angemessene Erwerbstätigkeit auszuüben. Erbt der Schuldner ein Vermögen, muss er die Hälfte des erlangten Erbes an den Treuhänder abgeben. Der Schuldner muss jeden Wechsel seines Wohnsitzes und seiner Arbeitsstelle dem Insolvenzgericht und dem Treuhänder anzeigen. Zahlungen zur Befriedigung der Gläubiger können nur an den Treuhänder geleistet werden.

Nach den 6 Jahren kann der Schuldner die Leistung seinen Gläubigern verweigern. Die Verbindlichkeiten erlöschen aber nicht. Somit können Zahlungen, die trotzdem geleistet werden, nicht zurückverlangt werden.

Das Restschuldbefreiungsverfahren kann vorzeitig

› nach drei Jahren beendet werden, wenn innerhalb der ersten drei Jahre des Verfahrens mindestens 35 % der Gläubigerforderungen und die Verfahrenskosten beglichen werden.

› nach fünf Jahren beendet werden, wenn innerhalb der ersten drei Jahre des Verfahrens zumindest die Verfahrenskosten beglichen werden.

4 Verbraucherinsolvenz

Mit der Insolvenzordnung wurde in Deutschland die bis dahin unbekannte Verbraucherinsolvenz eingeführt. Dadurch können auch private Personen insolvent und nach Durchlauf eines Insolvenzverfahrens von ihren Schulden befreit werden.

---

[1] Nicht pfändbar ist der Teil der Einkünfte und Bezüge, die das Existenzminimum sichern.

Somit wird auch ihnen die Chance eingeräumt, sich nach dem Abschluss des Insolvenzverfahrens schuldenfrei eine neue Existenz aufzubauen.

Im Verbraucherinsolvenzverfahren sollen sich Schuldner und Gläubiger zunächst außergerichtlich auf eine gütliche Regelung einigen. Wenn der Vorschlag von allen Gläubigern angenommen wird, ist der Schuldner nach Erfüllung der vereinbarten Zahlungen schuldenfrei. Der außergerichtliche Einigungsversuch gilt als gescheitert, wenn er 6 Monate lang erfolglos durchgeführt wird. Dann erfolgt ein gerichtlicher Einigungsversuch.

Hierzu muss der Schuldner einen Antrag auf Eröffnung des Insolvenzverfahrens beim Insolvenzgericht stellen. Diesem Antrag ist beizufügen:

› Bescheinigung, dass ein außergerichtliches Verfahren über die Schuldenbereinigung innerhalb der letzten 6 Monate vor Eröffnung des Insolvenzverfahrens erfolglos war.
› Verzeichnis des vorhandenen Vermögens und der Einkünfte
› Verzeichnis der Gläubiger und deren Forderungen
› einen Schuldenbereinigungsplan, der die Interessen des Schuldners und der Gläubiger berücksichtigt.

Legt kein Gläubiger Einspruch gegen den Schuldenbereinigungsplan ein, gilt er als angenommen und der Antrag auf die Eröffnung des Insolvenzverfahrens als zurückgenommen. Das Gericht kann die Zustimmung einzelner Gläubiger ersetzen, wenn über die Hälfte der Gläubiger mit über der Hälfte der Summe der Ansprüche zugestimmt hat. Der Schuldner ist nach Erfüllung der im Schuldenbereinigungsplan vereinbarten Zahlungen schuldenfrei.

Wird der Schuldenbereinigungsplan wegen des Einspruchs eines Gläubigers abgelehnt, so folgt ein vereinfachtes Insolvenzverfahren. Hierbei ersetzt ein Treuhänder den Insolvenzverwalter. Er hat entweder die Insolvenzmasse (z. B. Vermögen des Schuldners) zu verwerten oder der Schuldner zahlt den Wert der Insolvenzmasse an den Treuhänder, der den Betrag dann unter den Gläubigern verteilt.

Sollte auch hier nach Abschluss des Insolvenzverfahrens eine Restschuld bestehen, hat der Schuldner ebenfalls die Möglichkeit, durch einen Antrag auf Restschuldbefreiung nach 6 Jahren schuldenfrei zu sein. Der Antrag wird gleichzeitig mit dem Antrag auf Eröffnung des Verbraucherinsolvenzverfahrens gestellt.

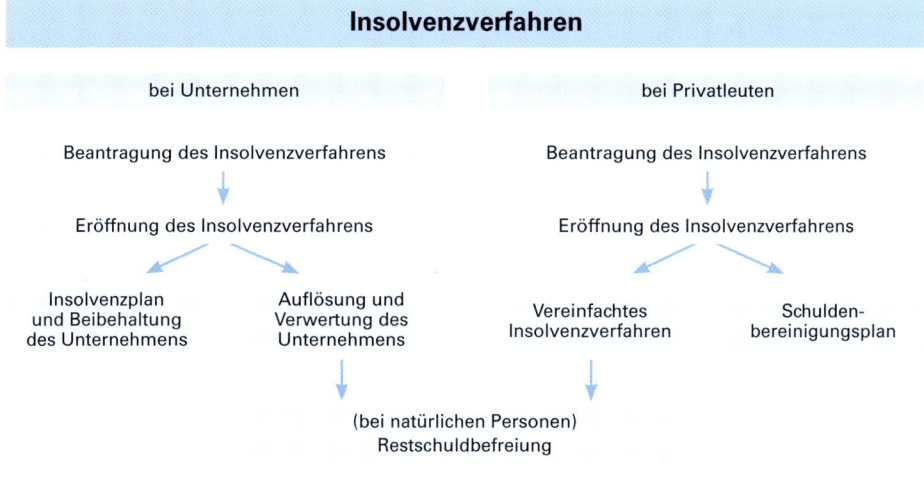

Erarbeitungsfälle

1 ▶ Aufgabe (Beantragung eines Insolvenzverfahrens)

Prüfen Sie in den folgenden Fällen, ob die Beantragung eines Insolvenzverfahrens
- möglich ist
- verpflichtend ist
- nicht möglich ist

Begründen Sie Ihre Antwort!

a) Der Einzelkaufmann Heinz Ohliger hat eine Verbindlichkeit gegenüber einem Lieferanten in Höhe von 100.000 €. Ohliger ist mit der Rechnung schon seit 2 Monaten im Rückstand. Für den nächsten Monat ist ebenfalls nicht mit einer Zahlung zu rechnen. Der Lieferant möchte die Eröffnung des Insolvenzverfahrens beantragen.

b) Die Einzelkauffrau Stefanie Just weist in ihrer Bilanz zum 31.12. einen nicht durch Eigenkapital gedeckten Fehlbetrag aus. Ihre Lieferanterechnungen kann sie aber wegen genügender Bankkredite bis jetzt ausnahmslos bezahlen. Ihr Steuerberater ist der Meinung, sie müsse ein Insolvenzverfahren wegen Überschuldung einleiten.

c) Die Förster GmbH weist in ihrer Bilanz zum 31.12. ein Eigenkapital in Höhe von 500.000 € aus. Auch die Begleichung der Rechnungen erfolgt rechtzeitig. Ein Konkurrent des Unternehmens beantragt beim zuständigen Gericht das Insolvenzverfahren gegen die Förster GmbH zu eröffnen. Er will sich damit gegenüber dem Konkurrenten einen Wettbewerbsvorteil verschaffen.

d) Der Vorstand der Beyer AG muss zum 31.12. die Überschuldung der Firma bekannt geben. In der Schlussbilanz ergibt sich ein nicht durch Eigenkapital gedeckter Fehlbetrag in Höhe von 500.000 €. Ein Vorstandsmitglied weist den Vorstandsvorsitzenden darauf hin, dass ein Insolvenzverfahren einzuleiten sei.

e) Die Pabst GmbH ist mit der Bezahlung von verschiedenen Lieferantenrechnungen in Verzug. Bisher wurden die Rechnungen allerdings mit ca. einmonatiger Verspätung dann doch bezahlt. Die Verspätungen häufen sich aber in letzter Zeit. Der Lieferant Walter Tönnessen ist beunruhigt und beantragt das Insolvenzverfahren gegen die Pabst GmbH, um sich eventuelle Ansprüche zu sichern. Die GmbH ist der Ansicht, eine Beantragung des Insolvenzverfahrens ist nicht möglich, da eine Zahlungsunfähigkeit nicht vorliege.

2 ▶ Aufgabe (Bilanz/Beantragung)

Die Schröder & Ronge GmbH hat zum 31.12. eine ordnungsgemäße Inventur durchgeführt und folgende Bestände festgestellt:

Geschäftsgrundstücke	1.200.000 €
Gebäude	1.000.000 €
Büroeinrichtung	320.000 €
Geschäftsausstattung	50.000 €
Warenbestand	500.000 €
Forderungen	45.000 €
Bankguthaben	23.000 €
Kassenbestand	9.000 €
Gezeichnetes Kapital	50.000 €
Langfristige Darlehen	2.000.000 €
Verbindlichkeiten Banken	1.500.000 €
Verbindlichkeiten Lieferanten	750.000 €

a) Erstellen Sie aus den Inventurwerten die Bilanz zum 31.12. für die Schröder & Ronge GmbH.

b) Stellen Sie fest, ob ein Insolvenzverfahren beantragt ggf. werden muss!

c) Wo muss das Insolvenzverfahren ggf. beantragt werden?

3 **Aufgabe (Gläubiger im Insolvenzverfahren)**

Die Einzelkauffrau Sabine Kremer hat von der Fenske GmbH einen Auftrag über die Lieferung von Waren im Wert von 500.000 € erhalten. Sie ist aber unschlüssig, ob sie diesen Auftrag annehmen soll, da ihr gerüchteweise zu Ohren gekommen ist, dass über das Vermögen der Fenske GmbH ein Insolvenzverfahren eröffnet worden sei.

a) Wie kann sich Frau Kremer informieren, ob ein Insolvenzverfahren eröffnet wurde?

b) Welche Informationen erhält Frau Kremer über die insolvente Firma?

c) Nehmen Sie an, das Insolvenzverfahren sei vom zuständigen Gericht eröffnet worden. War der Geschäftsführer der Fenske GmbH berechtigt, diesen Auftrag an Frau Kremer zu vergeben?

d) Nachdem Frau Kremer von dem Insolvenzverfahren erfahren hat, geht sie ihr Offene-Posten-Liste durch und stellt fest, dass sie auch noch Forderungen gegenüber der Fenske GmbH hat. Wie muss sie sich nun verhalten, um die Forderungen eventuell noch eintreiben zu können?

4 **Aufgabe (Handlungen nach Eröffnung des Insolvenzverfahrens)**

Über das Vermögen der Putzke & Essner OHG ist das Insolvenzverfahren eröffnet worden. Als Insolvenzverwalterin wurde die Rechtsanwältin Heike Siekmann durch das Insolvenzgericht bestellt. Der Beschluss über die Eröffnung wurde am 23. Oktober in das Handelsregister eingetragen.

Prüfen Sie, ob folgende Handlungen nach der Eröffnung des Insolvenzverfahrens noch möglich sind:

a) Der Gesellschafter Essner möchte sich seine gesellschaftsvertraglich vereinbarten Tätigkeitsvergütungen für die nächsten drei Monate sichern und überweist sich die Summe von 21.000 € vom Geschäftskonto auf sein Privatkonto.

b) Der Gesellschafter Putzke stand schon längere Zeit in Vertragsverhandlungen mit einem amerikanischen Unternehmen. Das Auftragsvolumen soll 250.000 € betragen. Herr Putzke unterschreibt voller Freude den Vertrag in der Hoffnung mit dem Geld einen Teil der Schulden ablösen zu können.

c) Die Putzke & Essner OHG hat Forderungen in Höhe von 20.000 € gegenüber dem Kunden Stolze. Dieser Kunde bezahlt am 28. Oktober fristgemäß auf das Geschäftskonto der OHG. Er hatte von der Eröffnung des Insolvenzverfahrens keine Kenntnis. Die beiden Gesellschafter Putzke & Essner planen, dieses Geld „beiseite" zu schaffen.

d) Außerdem hatten Herr Putzke und Herr Essner gemeinschaftlich dem Angestellten Klaus Wittenberg Prokura erteilt. Da sie nun erfahren haben, dass sie keine Geschäfte mehr tätigen dürfen, beauftragen sie Herrn Wittenberg Waren im Wert von 50.000 € zu bestellen.

5 **Aufgabe (Mehrheit in der Gläubigerversammlung)**

Über das Vermögen der Schiemenz KG ist das Insolvenzverfahren eröffnet worden. Folgende Gläubiger haben Forderungen angemeldet:

Deutsche Bank Düsseldorf	300.000 €
Dresdner Bank Wuppertal	400.000 €
Jörgens OHG	30.000 €
Erika Winkler e. K.	10.000 €

Auf der Gläubigerversammlung sprechen sich die Banken für die Auflösung des Unternehmens aus, die beiden anderen Gläubiger möchten gern eine Fortführung des Unternehmens.

Was wird die Gläubigerversammlung aufgrund der Mehrheitsverhältnisse beschließen? Begründen Sie Ihre Antwort!

6 ▶ Aufgabe (Insolvenzplan)

Über die Knapp GmbH ist das Insolvenzverfahren eröffnet worden. Der Insolvenzverwalter hat eine Bilanz über alle Vermögensgegenstände und Schulden erstellt und berichtet der Gläubigerversammlung über die wirtschaftliche Lage des Unternehmens und die Ursache der Insolvenz. Nach eingehenden Beratungen beschließt die Gläubigerversammlung mit der notwendigen Mehrheit, einen Insolvenzplan zu erstellen. Der Geschäftsführer der Knapp GmbH, Herr Walter Knapp, kann sich unter der Erstellung eines Insolvenzplans nichts vorstellen. Deshalb kommt Herr Knapp mit folgenden Fragen in Ihr Büro:

a) Welche Konsequenz hat der Beschluss der Gläubigerversammlung?

b) Was beinhaltet der Insolvenzplan?

c) Wer kann den Insolvenzplan aufstellen?

7 ▶ Aufgabe (Verteilung der Insolvenzmasse)

Das Insolvenzverfahren der Volkmann KG hat folgende Insolvenzmasse ergeben:

Unter Eigentumsvorbehalt wurden Waren im Wert von 40.000 € an die Volkmann KG geliefert. Die Waren wurden noch nicht bezahlt. Diese Waren sind nicht in die Insolvenzmasse einbezogen worden.

Die Insolvenzmasse beläuft sich auf insgesamt 340.000 €.

In der Insolvenzmasse enthalten sind Wertpapiere, die als Pfand für die Absicherung eines Kredites bei der Bank hinterlegt wurden, im Wert von 60.000 €. Außerdem enthalten sind Forderungen gegenüber dem Kunden Leveling im Wert von 20.000 €, denen Schulden im selben Wert gegenüberstehen.

Die Kosten für das Gericht belaufen sich auf 30.000 €. Für den Insolvenzverwalter ergeben sich Aufwendungen in Höhe von 90.000 €. Für den Sozialplan zur Absicherung der Arbeitnehmer müssen 100.000 € aufgewendet werden.

Insgesamt ergeben sich Forderungen der übrigen Insolvenzgläubiger in Höhe von 800.000 €.

a) Verteilen Sie die Insolvenzmasse in der geforderten Reihenfolge!

b) Berechnen Sie, welchen Prozentsatz (sog. Bruchteil) die restlichen Gläubiger ihrer Forderungen erhalten!

8 ▶ Aufgabe (Insolvenzverfahren)

Herr Walter Neumann, Geschäftsführer der Neumann GmbH, liest in der Tageszeitung folgende Bekanntmachung:

> Über das Vermögen der im Handelsregister des Amtsgerichts Münster unter HRB 7745 eingetragenen E und B GmbH, Münster, vertreten durch den Geschäftsführer Werner Kunze, wurde am 30.4. um 14 Uhr das Insolvenzverfahren eröffnet. Zum Insolvenzverwalter ist Rechtsanwalt Herbert Frank, Münster, bestellt worden. Forderungen der Insolvenzgläubiger sind bis zum 31.5. beim Insolvenzverwalter anzumelden. Der Berichtstermin findet am 15.6. um 9.30 Uhr in den Räumen des Amtsgerichtes Münster statt.

Die Neumann GmbH hat eine Forderung gegenüber der E und B GmbH in Höhe von 25.000 €.

a) Was muss Herr Neumann unternehmen, um seine Ansprüche aus dem Insolvenzverfahren zu sichern?

b) Bis zu welchem Datum muss Herr Neumann diese Maßnahme durchgeführt haben?

c) An wen muss sich Herr Neumann wenden?

d) Erläutern Sie die Bedeutung des Berichtstermins für Herrn Neumann!

9 **Aufgabe (Sozialversicherungsrecht)**

Die Wallbrecher OHG ist insolvent geworden. Das Insolvenzverfahren wurde eröffnet und ein Insolvenzverwalter eingesetzt. Der Insolvenzverwalter kündigt allen 20 Mitarbeitern der OHG.

a) War der Insolvenzverwalter zu dieser Maßnahme berechtigt?

b) Auf welche Leistungen haben die 20 Mitarbeiter für welchen Zeitraum aufgrund der Insolvenz ihres Arbeitgebers Anspruch?

c) Wer ist der Träger dieser Leistungen?

10 **Aufgabe (Verjährung im Insolvenzverfahren)**

Der Lieferant Werner Biegel hat gegenüber der Heinrich KG eine Forderung in Höhe von 150.000 €. Nachdem er von der Eröffnung des Insolvenzverfahrens gehört hat, hat er am 22. Dezember ordnungsgemäß seine Forderung beim zuständigen Gericht angemeldet. Am 31. Dezember läuft seine Verjährungsfrist ab. Der Geschäftsführer der Heinrich KG freut sich schon, da er dann Schulden in Höhe von 150.000 € los sei. Zu Recht?

11 **Aufgabe (Verjährung im Insolvenzverfahren)**

Ursula Harbich e. K. hat am 5. Oktober 01 an die Jonas GmbH Waren im Wert von 15.000 € geliefert. Durch einen Fehler in ihrem Mahnwesen wurde nicht bemerkt, dass die Forderung noch nicht bezahlt wurde. In der Zeitung liest sie am 20. Dezember 04 eine Nachricht über die Eröffnung des Insolvenzverfahrens über das Vermögen der Jonas GmbH. Alle Gläubiger mögen ihre Forderungen beim Amtsgericht anmelden. Bei Überprüfung der Buchführungsunterlagen fällt Frau Harbich auf, dass die Forderungen aus 01 noch nicht beglichen wurden. Sie meldet am nächsten Tag per Brief ihre Forderung beim Amtsgericht an. Am 10. Januar 05 schickt sie zusätzlich noch eine Mahnung an die Jonas GmbH. Kurz darauf erhält sie folgendes Antwortschreiben von der GmbH:

> Sehr geehrte Frau Harbich,
>
> leider müssen wir Ihnen mitteilen, dass über unser Unternehmen mit Wirkung vom 10. Dezember 04 das Insolvenzverfahren eröffnet wurde. Ihre Forderungen müssen Sie deswegen beim Amtsgericht Wuppertal geltend machen. Nach Überprüfung der Forderung sind wir aber zum Ergebnis gekommen, dass Ihre Forderung verjährt ist und Sie damit keinen Anspruch mehr auf Befriedigung haben.
>
> Mit freundlichen Grüßen

Ist die Forderung von Frau Harbich schon verjährt? Begründen Sie ihre Antwort!

12 Aufgabe (Rechnungswesen)

Am 22. April wird in der Westdeutschen Zeitung Folgendes veröffentlicht:

> Der Antrag über die Eröffnung eines Insolvenzverfahrens gegenüber der Marschall GmbH, Wuppertal, wird abgewiesen, weil eine die Kosten des Verfahrens deckende Masse nicht vorhanden ist.

a) Durch wen erfolgt diese Beschlussfassung?
b) Wer hat den Antrag auf Eröffnung eines Insolvenzverfahrens stellen können?
c) Welche Bedeutung hat die Ablehnung der Eröffnung für die Gläubiger?
d) Der Lieferant Werner Busse hat gegenüber der Marschall GmbH eine Forderung in Höhe von 35.700 €. Erstellen Sie die entsprechende Buchung, die sich aus dieser Veröffentlichung ergibt!

13 Aufgabe (Rechnungswesen)

Die Einzelkauffrau Giesela Schott lieferte an die Voigt AG am 20. November Waren im Wert von 59.500 € inkl. USt. Im Dezember erhält Frau Schott eine Mitteilung über Zahlungsprobleme der Voigt AG. Im Januar wird das Insolvenzverfahren eröffnet.

a) Frau Schott erwartet aufgrund von Angaben des Vorstandes der Voigt AG einen Ausfall der Forderung in Höhe von 40 %. Erstellen Sie die Buchung für die Erstellung des Jahresabschlusses zum 31.12.
b) Nach Abschluss des Insolvenzverfahrens überweist der Insolvenzverwalter am 20. März 17.850 € auf das betriebliche Bankkonto von Frau Schott. Welche Insolvenzquote wurde vom Insolvenzverwalter zu Grunde gelegt?
c) Erstellen Sie die Buchungen aus Anlass der Überweisung am 20. März.

14 Aufgabe (Verbraucherinsolvenz)

Die Familie Klein hat in letzter Zeit über ihre Verhältnisse gelebt. Für eine große Reise und eine Wohnungseinrichtung hat man insgesamt einen Kredit über 40.000 € aufgenommen.

Herr Klein erhielt als angestellter Schlossermeister ein Bruttolohn von 3.800 €. Aus Rationalisierungsgründen wurde ihm aber gekündigt. Seit einem Jahr ist Herr Klein arbeitslos. Der Unterhalt der Familie wird durch Arbeitslosengeld und Gelegenheitsjobs bestritten. Zur Abzahlung des Bankkredits hat es aber nicht mehr gereicht. Die Bank hat die Tilgungsraten gestundet und nur auf Zahlung der Zinsen bestanden. Durch die lange Arbeitslosigkeit ist Herr Klein immer frustrierter geworden und hatte sich bei speziellen Versandhäusern Selbstbaumodelle für Rennwagen gekauft, um sich die Zeit zu vertreiben. Die Schulden aus den Käufen belaufen sich mittlerweile auf 20.000 €.

Weder die Bank noch die Versandhäuser sind bereit, die Zahlung weiter zu stunden.

Herr Klein geht daraufhin zur Schuldenberatung. Dort wird ihm die Möglichkeit des Verbraucherinsolvenzverfahrens genannt.

a) Welche Schritte muss Herr Klein unternehmen, um ein Verbraucherinsolvenzverfahren einzuleiten?
b) Welche Konsequenzen hätte der Einspruch eines Gläubigers gegen das Verbraucherinsolvenzverfahren?
c) Welche Möglichkeit besteht für Herrn Klein, falls nach Abschluss des Insolvenzverfahrens noch nicht alle Schulden abgegolten sind?

Teil II Volkswirtschaftliche Grundlagen

1 Volkswirtschaftliche Fragestellungen

Während die Betriebswirtschaftslehre sich mit den Fragestellungen einer einzelnen Unternehmung auseinander setzt, geht es bei der Volkswirtschaftslehre um die wirtschaftlichen Fragestellungen eines gesamten Staates, einer Völkergemeinschaft (z. B. Europäische Union) oder der gesamten Welt. Solche Fragestellungen können zum Beispiel die Arbeitslosigkeit in der Bundesrepublik Deutschland, die Versorgung der europäischen Wirtschaft mit der Währung Euro oder die Probleme der unterschiedlichen wirtschaftlichen Entwicklungsstände der verschiedenen Länder der Welt sein.

Die Volkswirtschaftslehre versucht diese Phänomene zu erklären, Zusammenhänge zwischen verschiedenen Erscheinungen zu erkennen und Lösungen für bestimmte Problemstellungen anzubieten.

Schwierig dabei ist, dass die Wirklichkeit so komplex und miteinander verzahnt ist, dass die Erklärungen oft zu einfach sind, um solche komplexen Vorgänge zu erfassen. Deshalb arbeitet die Volkswirtschaftslehre mit vereinfachenden Modellen, die die komplizierte Wirklichkeit auf wenige Tatbestände reduzieren, um sie (halbwegs) zu verstehen. Sie geht aber dabei das Risiko ein, wichtige Tatsachen zu vernachlässigen.

Auch in diesem Kapitel werden zur verständlichen Darstellung von volkswirtschaftlichen Problemen Vereinfachungen vorgenommen und immer nur bestimmte Problembereiche beleuchtet.

2 Grundzüge der Wirtschaftsordnungen

Einführungssituation

Der Steuerberater Werner Reinders hat eine Kanzlei mit 10 Mitarbeitern. Sein Aufgabengebiet umfasst die Erstellung von Buchführungen, Jahresabschlüssen und Steuererklärungen sowie die steuerliche Beratung. Um seine Einnahmen auf eine breitere Basis zu stellen, möchte er seine Tätigkeitsfelder ausdehnen. Er will dazu seine „Produktpalette" um die Beratung in allgemeinen betriebs- und finanzwirtschaftlichen Fragen ausdehnen.

Als potenzielle Kunden sieht Herr Reinders insbesondere die klein- und mittelständischen Betriebe. Er hat festgestellt, dass bei ihnen der Beratungsbedarf in betriebs- und finanzwirtschaftlichen Fragen über die reine Steuerberatung hinaus stark zugenommen hat. Allerdings bieten nur große Unternehmensberatungsfirmen auf diesem Markt Dienstleistungen an, die die kleinen und mittelständischen Betriebe nicht bezahlen können. An zusätzlichen Kosten fallen für ihn vor allem Personalkosten an, da Herr Reinders zusätzliche Fachkräfte einstellen muss, sowie Kosten für die Anschaffung der entsprechenden Computerhard- und -software.

Herr Reinders möchte nun diese Unternehmensberatung zusammen mit seinen bisherigen Dienstleistungen zu einem akzeptablen Preis anbieten.

a) Erklären Sie, welche Überlegungen Herr Reinders sich im Vorfeld über sein Angebot an Unternehmensberatungsdienstleistungen gemacht hat!
b) Welche Überlegungen hat er über die potenziellen Nachfrager angestellt?
c) Nennen Sie die Kriterien, die bei der Festlegung des Preises eine Rolle spielen.
d) In Deutschland herrscht die sogenannte Marktwirtschaft. Erklären Sie an diesem Beispiel, welche Marktteilnehmer sich auf diesem Markt treffen und welches Gut gehandelt wird!

Wenn sich eine Gruppe von Menschen zusammenschließt, muss ihr Zusammenleben organisiert werden. Da jeder Mensch seine eigenen Interessen verfolgen will, ergeben sich oft Konflikte. Ein Zusammenleben ist erst dann möglich, wenn Regeln bestehen, die diese Konflikte lösen.

Das Zusammenleben der Menschen wird durch die Gesellschaftsordnung organisiert. Sie enthält alle Gesetze, Regelungen und Vereinbarungen zwischen Menschen, damit die Bürger miteinander auskommen und Konflikte friedlich geregelt werden.

In Deutschland besteht eine demokratische Gesellschaftsordnung, bei der die Freiheit des Menschen ein wichtiger Bestandteil ist.

Ein Teilbereich der Gesellschaftsordnung ist die Wirtschaftsordnung eines Landes, die das wirtschaftliche Leben der Menschen organisiert. Die Wirtschaftsordnung orientiert sich dabei an den Grundprinzipien der Gesellschaftsordnung. Die Hauptaufgabe einer Wirtschaftsordnung ist die Versorgung der Bürger mit Gütern.

Auf der Welt gibt es unterschiedliche Arten von Wirtschaftsordnungen: die Zentralverwaltungs- und die Marktwirtschaft.

■ Zentralverwaltungswirtschaft

In sozialistisch regierten Staaten herrschte die Zentralverwaltungswirtschaft vor. Sie existierte unter anderem in der DDR, der Sowjetunion und in anderen osteuropäischen Ländern.

Bei einer Zentralverwaltungswirtschaft erstellt eine übergeordnete Behörde einen Plan, der dann alle wirtschaftlichen Vorgänge des Staates steuert. Voraussetzung dafür ist, dass über die Produktionsmittel zentral verfügt werden kann. Die Produktionsmittel gehören deshalb der Gesellschaft bzw. dem Staat und nicht dem Einzelnen. Nach diesem zentralen Plan werden dann die Güter von Betrieben produziert und zu einem staatlich festgelegten Preis an die Bürger verkauft.

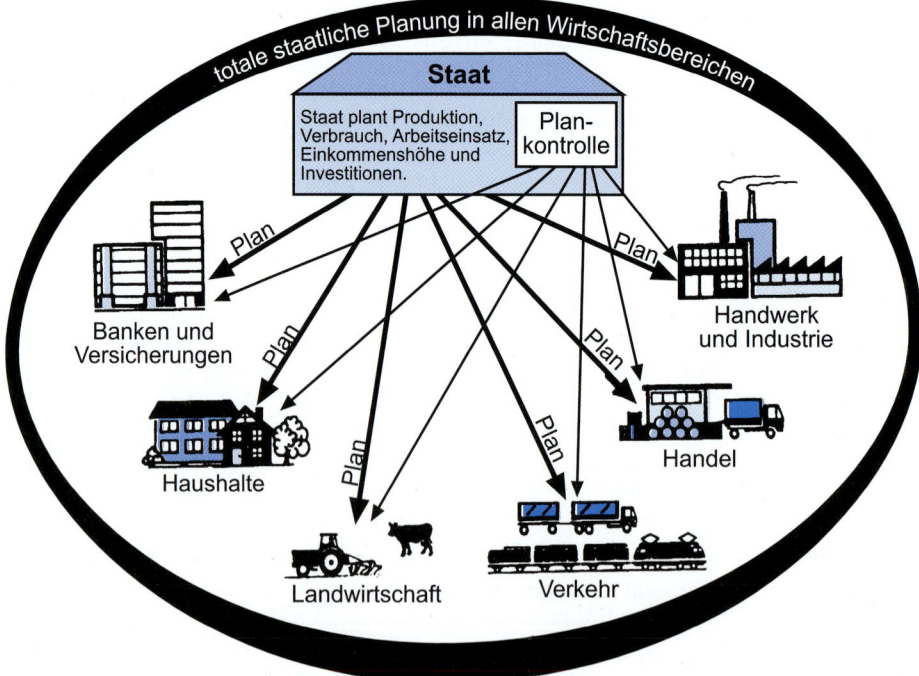

Die wichtigste Aufgabe einer Wirtschaftsordnung, die Versorgung der Bevölkerung mit Gütern, wurde durch diese Wirtschaftsordnungsform zumeist nicht gut bewältigt. Eine zentrale Behörde konnte die gesamten wirtschaftlichen Verflechtungen eines Landes, die Wünsche der Bürger und die Möglichkeiten der Betriebe nicht erfassen. Es kam häufig zu Fehlern im Plan und der Durchführung, sodass die Bevölkerung nur schlecht versorgt wurde. Mit der zunehmenden Demokratisierung in den Staaten der ehemaligen Sowjetunion und in Osteuropa war die Zentralverwaltungswirtschaft mit der neuen Gesellschaftsordnung nicht mehr vereinbar. Heutzutage sind nur noch wenige Länder dieser Wirtschaftsordnung zuzuordnen.

■ **Marktwirtschaft**

In Ländern mit einer demokratischen Gesellschaftsordnung existiert überwiegend das Wirtschaftsordnungsmodell der Marktwirtschaft. Da die Marktwirtschaft auch in Deutschland Teil der Gesellschaftsordnung ist, soll sie im Folgenden näher erläutert werden.

2.1 Der Markt

In der Marktwirtschaft erfolgt die Güterverteilung durch Märkte. Auf einem Markt treffen Anbieter und Nachfrager aufeinander und tauschen Güter. Hierbei wird auch Geld als ein Gut angesehen. Das Angebot setzt sich aus der Summe aller Verkaufswünsche zusammen. Die Nachfrage ergibt sich aus den Bedürfnissen der Menschen, die sie versuchen zu befriedigen. Hat man ausreichend Geld, um die Bedürfnisse zu erfüllen, spricht man von Bedarf. Bedürfnisse sind alle Wünsche des Menschen, der Bedarf nur die mit Kaufkraft ausgestatteten, d. h. finanzierbaren Wünsche. Die Nachfrage einer Volkswirtschaft ergibt sich aus der Summe des Bedarfs aller Marktteilnehmer.

Der Markt muss nicht unbedingt ein räumlich festgelegter Ort sein (z. B. ein Marktplatz). Ein Markt entsteht auch, wenn Anbieter und Nachfrager beispielsweise im Internet aufeinander treffen. Es gibt also zahlreiche und verschiedene Märkte. Die Verteilung der Güter erfolgt daher dezentral.

Man unterscheidet Märkte nach verschiedenen Kriterien:

Kriterium	Beispiele
Nach der Art der gehandelten Güter	Gütermärkte (Handel mit Waren)
	Finanzmärkte (Handel mit Geld, Krediten usw.)
	Arbeitsmärkte
Nach der Anzahl der Anbieter und Nachfrager	**Monopol** Es existiert nur ein Anbieter, der dadurch eine hohe Marktmacht hat. **Oligopol** Der Markt wird nur von einigen wenigen Anbietern beherrscht. **Polypol** Viele Anbieter konkurrieren untereinander um die Nachfrager. Jeder einzelne Anbieter hat wenig Marktmacht.

Der Markt erfüllt mehrere Funktionen:

1. **Versorgungsfunktion**

   Die Menschen sollen bestmöglich mit Gütern versorgt werden. Die Anbieter sorgen für die Produktion von Gütern gemäß den Wünschen und Bedürfnissen der Nachfrager.

2. Koordinationsfunktion

Güternachfrage und Güterangebot müssen zueinander finden und aufeinander abgestimmt werden. Durch den Markt können die Nachfrager ihre Wünsche und Bedürfnisse äußern. Die Anbieter erhalten diese Information und können dadurch ihre Produktion auf die Nachfragerwünsche abstimmen.

3. Verteilungsfunktion

Der Markt sorgt für die Verteilung der Güter. Die angebotenen Güter werden auf unterschiedlichen Märkten angeboten. Die Nachfrager haben die Möglichkeit, ihren Bedürfnissen und ihrem Einkommen gemäß Güter auszusuchen und zu kaufen.

4. Preisbildungsfunktion

Letztendlich müssen Güterangebot und -nachfrage übereinstimmen. Es kann nicht mehr nachgefragt als angeboten werden und die Anbieter können auf Dauer nicht mehr anbieten, als von den Nachfragern gekauft wird. Diese Abstimmung erfolgt über den Preis[1].

2.2 Das Angebot

Anbieter auf einem Markt sind zumeist Unternehmen. Sie produzieren Güter, die sie dann an die Nachfrager verkaufen. Ihre Motivation, Güter am Markt anzubieten, ergibt sich aus dem Ziel, einen höchstmöglichen Gewinn zu erzielen. Die Unternehmen betreiben Gewinnmaximierung.

■ Individuelles Angebot

Ob und wie viele Güter angeboten werden, hängt von verschiedenen Einflussgrößen ab:

1. **Zielsetzung der Anbieter**

    Es gibt unterschiedliche Motive, um ein Gut anzubieten:
    - Gewinnmaximierung
    - Kostendeckung
    - Steigerung des Marktanteils
    - Ausschalten von Konkurrenten

2. **Marktstellung der Anbieter**

    Die Absatzmöglichkeiten beeinflussen die Menge des Angebots. Hat ein Anbieter zahlreiche Konkurrenten, so wird er es schwerer haben seine Güter abzusetzen, als wenn er alleiniger Anbieter ist.

3. **tatsächliche und erwartete Marktlage**

    Das Angebot hängt von der Einschätzung der augenblicklichen und der erwarteten wirtschaftlichen Situation ab. So beeinflussen die Konjunkturlage, das Verhalten der Konkurrenten und die Höhe der Nachfrage das Verhalten der Anbieter.

4. **Kosten der Anbieter**

    Ein Anbieter muss immer zumindest seine Kosten durch den Verkauf seiner Güter decken. Die Kosten bilden daher die Preisuntergrenze. Sollte er diesen Preis auf dem Markt nicht erzielen, wird er auf Dauer seine Güter nicht anbieten können.

---

[1] siehe Kapitel 2.4

5. Preis

Je höher der Preis eines Gutes, desto mehr wird der Anbieter produzieren, da er dann auch einen höheren Gewinn erzielen kann. Bei sinkenden Preisen wird der Anbieter sein Angebot verringern oder langfristig ganz aus dem Markt nehmen, da er dann Verluste macht.

■ Zusammenhang Preis und Angebot

Den Zusammenhang zwischen Preis und angebotener Menge kann man auch grafisch darstellen:

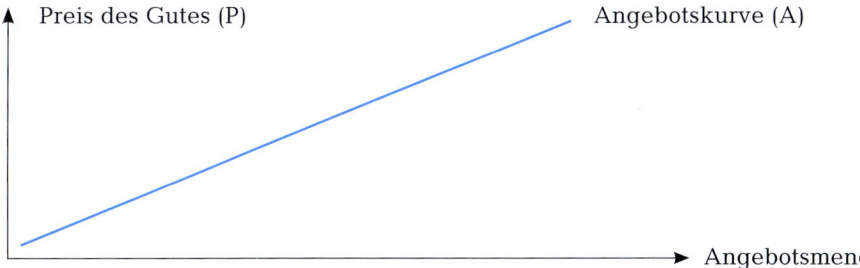

Dieser Zusammenhang gilt unter der Voraussetzung, dass das Angebot nur vom Preis abhängig ist. Die anderen Einflussgrößen werden vernachlässigt.

> Daraus wird das **Gesetz des Angebotes** abgeleitet:
> Bei geringem Preis ist die Angebotsmenge gering, bei hohem Preis ist die Angebotsmenge hoch.

Dieses Gesetz beschreibt den normalen Verlauf der Angebotskurve. Unter bestimmten Bedingungen kann es allerdings auch zu anderen Verläufen der Angebotskurve kommen.

■ Preiselastisches Angebot

Trotz steigender Nachfrage kommt es zu keiner Preiserhöhung auf dem Markt. Dies ist dann der Fall, wenn der Anbieter zu wenig absetzt, um seine Kapazitäten auszulasten und die Preise nicht erhöhen möchte, um den Absatz nicht zu gefährden.

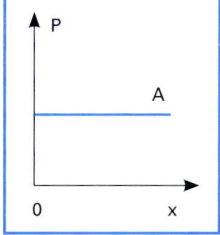

 **Beispiel:**
Ein Textilhersteller hat 22.000 T-Shirts auf Lager. Obwohl die Nachfrage steigt, behält er den Preis bei, um sein Lager abzubauen.

■ Preisunelastisches Angebot

Wenn ein Anbieter an seiner Kapazitätsgrenze angelangt ist, kann er sein Angebot nicht ausweiten. Er kann nur noch seine Preise erhöhen, nicht aber die produzierte Menge.

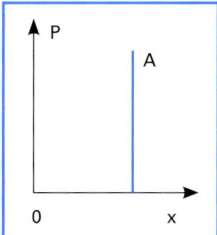

 **Beispiel:**
Ein Steuerberater erhält viele neue Mandantenanfragen. Er hat nicht genügend Personal, um die Aufträge zu bearbeiten, qualifizierte Steuerfachangestellte sind auf dem Arbeitsmarkt nicht zu finden. Um einige Mandantenanfragen abzuschrecken, erhöht er seine Gebühren.

■ Gesamtangebot

In der weiteren Betrachtung wird unterstellt, dass alle Anbieter sich nach dem Gesetz des Angebots verhalten und man damit die bereits besprochene Angebotskurve auch als Angebotskurve für den gesamten Markt unterstellen kann.

■ Angebotsverschiebungen

Im Laufe der Zeit kann sich das Marktangebot verschieben. So kann die Zahl der Anbieter zu- oder abnehmen. Des Weiteren kann der technische Fortschritt und die damit verbesserten Produktionsmöglichkeiten zu einer Ausweitung des Gesamtangebots führen. Zunehmendes Angebot bedeutet, dass bei bestehenden Preisen mehr Güter angeboten werden. Die Angebotskurve verschiebt sich nach rechts. Abnehmendes Angebot bedeutet, dass bei bestehenden Preisen weniger Güter angeboten werden. Die Angebotskurve verschiebt sich nach links.

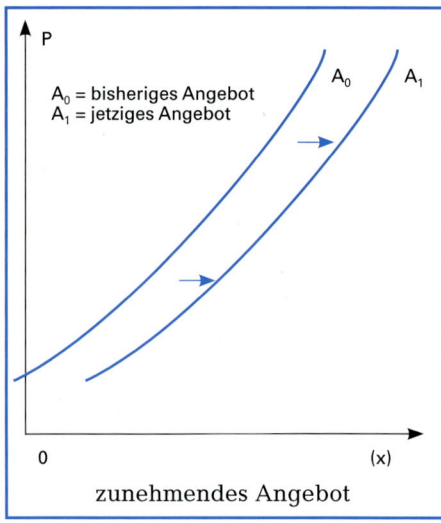
zunehmendes Angebot

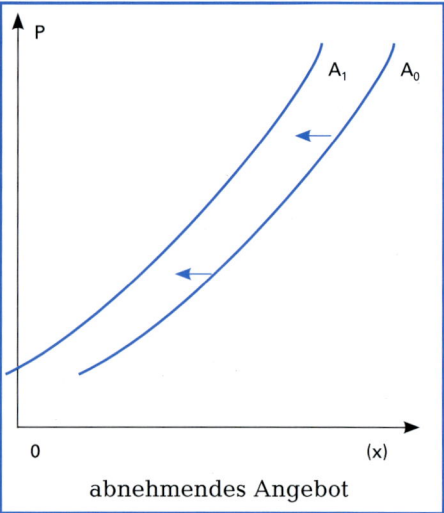
abnehmendes Angebot

A_0 = bisheriges Angebot
A_1 = jetziges Angebot

2.3 ■▶ Die Nachfrage

Nachfrager auf einem Markt können sowohl Unternehmen als auch private Haushalte sein. Ihre Motivation am Markt als Nachfrager aufzutreten ist, ihre Bedürfnisse zu befriedigen. Dabei versuchen sie die Güter zu kaufen, die ihre Bedürfnisse am stärksten befriedigen. Sie wollen ihren Nutzen aus dem Güterkauf maximieren. Man spricht deshalb davon, dass die Nachfrager Nutzenmaximierer sind.

■ Individuelle Nachfrage

Ob und wie viele Güter nachgefragt werden, hängt ebenfalls von verschiedenen Einflussgrößen ab:

1. **Stärke und Rangordnung der Bedürfnisse**

   Die individuelle Nachfrage ist von Mensch zu Mensch unterschiedlich, weil sie unterschiedliche Bedürfnisse und Wünsche haben.

2. **Verfügbares Einkommen**

   Die Nachfrage eines Individuums wird durch sein verfügbares Einkommen (Gehalt nach Abzug von Steuern und Sozialversicherungen) bestimmt.

3. **Preis des nachgefragten Gutes**

   Bei einem festen Einkommen legt der Preis des Gutes fest, welche Menge sich der Nachfrager leisten kann.

4. **Preise anderer Güter**

   Sind Güter untereinander austauschbar, so beeinflusst der Preis eines Gutes die Nachfrage eines anderen Gutes.

■ Zusammenhang Preis und Nachfrage

Je geringer der Preis eines Gutes ist, desto mehr wird von diesem Gut nachgefragt werden. Die bisherigen Nachfrager kaufen mehr von dem Gut und neue Nachfrager werden sich ebenfalls dieses Gut nun leisten können. Bei einem hohen Preis sind immer weniger Nachfrager bereit oder in der Lage, dieses Gut zu kaufen. Die Nachfrage sinkt. Dieser Zusammenhang gilt nur unter der Voraussetzung, dass die Nachfrage nur vom Preis abhängig ist. Die anderen Einflussgrößen werden dabei vernachlässigt.

Diesen Zusammenhang kann man grafisch darstellen:

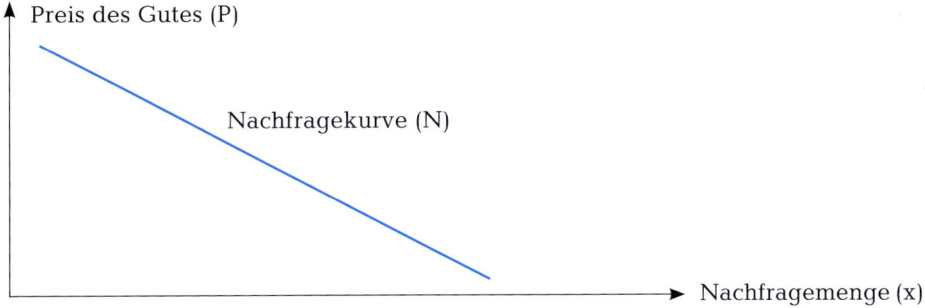

> Daraus ergibt sich das **Gesetz der Nachfrage:**
>
> Bei geringem Preis ist die Nachfragemenge hoch, bei hohem Preis ist die Nachfragemenge gering.

Dieses Gesetz beschreibt den normalen Verlauf der Nachfragekurve. Unter bestimmten Bedingungen kann es auch zu anderen Verläufen kommen.

▪ Unelastische Nachfrage

Bei lebensnotwendigen Gütern beeinflusst der Preis die Höhe der Nachfrage kaum, da der Verbraucher auf das Gut angewiesen ist (z. B. Nahrungsmittel).

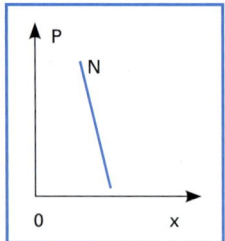

▪ Elastische Nachfrage

Bei nicht lebensnotwendigen Gütern führt eine geringe Preisänderung zu einem starken Rückgang der Nachfrage. Der Preis hat also eine große Bedeutung für die Höhe der Nachfrage (z. B. Luxusartikel).

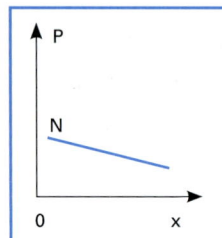

▪ Gesamtnachfrage

In der weiteren Betrachtung wird unterstellt, dass alle Nachfrager sich nach dem Gesetz der Nachfrage verhalten und man damit die bereits besprochene Nachfragekurve auch als Nachfragekurve für den gesamten Markt unterstellen kann.

▪ Nachfrageverschiebungen

In einer Wirtschaft verändern sich die Nachfrageverhältnisse laufend. Nimmt die Nachfrage zu, verschiebt sich die Nachfragekurve bei bestehenden Preisen nach rechts. Nimmt die Nachfrage ab, verschiebt sich die Nachfragekurve bei bestehenden Preisen nach links.

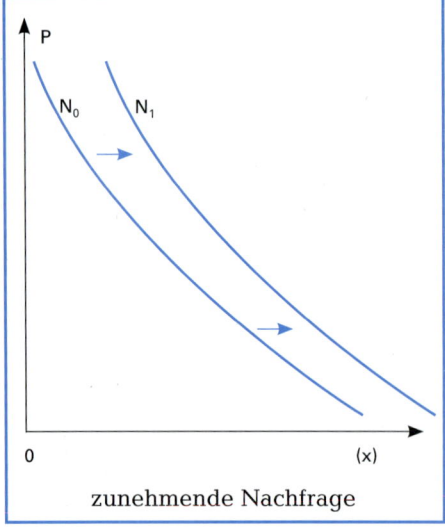

zunehmende Nachfrage

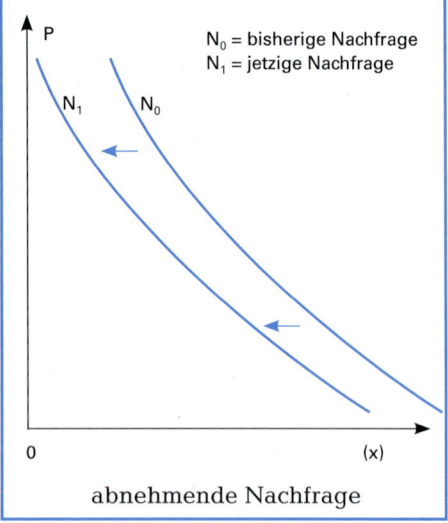

N_0 = bisherige Nachfrage
N_1 = jetzige Nachfrage

abnehmende Nachfrage

2.4 Der Preis

2.4.1 Der Preis beim Polypol[1]

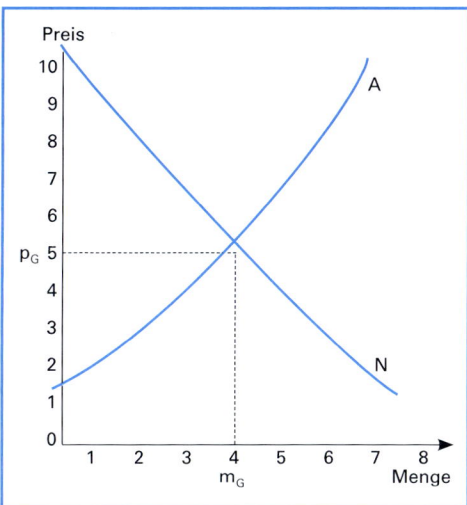

Anbieter und Nachfrager treffen auf dem Markt zusammen. Diesen Zusammenhang kann man in einem sogenannten Preis-Mengen-Diagramm darstellen.

Eine Marktfunktion ist die Abstimmung der Nachfrage mit dem Angebot. Es können immer nur so viele Güter gekauft werden wie produziert wurden, und es können auf Dauer nur so viele Güter abgesetzt werden, wie nachgefragt werden. Diese Abstimmung von Angebot und Nachfrage erfolgt durch den Preis. Er bestimmt sich durch den Schnittpunkt der Angebots- und der Nachfragekurve. In diesem Punkt stimmen angebotene und nachgefragte Menge überein (mG). Deshalb nennt man diesen Preis auch Gleichgewichtspreis (pG). Bei diesem Preis herrscht ein Marktgleichgewicht.

Beispiel:

An einer Wertpapierbörse liegen dem zuständigen Börsenmakler Kauf- und Verkaufsaufträge für die Sommer AG vor. Dabei haben Käufer und Verkäufer ihre Aufträge limitiert, d. h., sie haben den Makler beauftragt die Aktien nur bis zu einem bestimmten Kurs zu kaufen bzw. zu verkaufen.

Verkaufsaufträge = Angebot		Kaufaufträge = Nachfrage	
Stückzahl	Mindestkurs	Stückzahl	Höchstkurs
150	117	110	117
110	118	90	118
80	119	75	119
70	120	65	120
50	121	50	121
40	122	150	122
500		540	

Der Börsenmakler muss nun feststellen, bei welchem Kurs der höchste Umsatz erzielt werden kann. Dies erfolgt, indem er die Umsätze bei den einzelnen Preisen ermittelt.

Kurse	Kaufaufträge = Nachfrage	Verkaufsaufträge = Angebot	Umsatz
117	540	150	150
118	430	260	260
119	340	340	340
120	265	410	265
121	200	460	200
122	150	500	150

[1] siehe Seite 291

Der größtmögliche Umsatz von 340 liegt bei einem Kurs von 119. Damit liegt bei diesem Kurs der Gleichgewichtspreis.

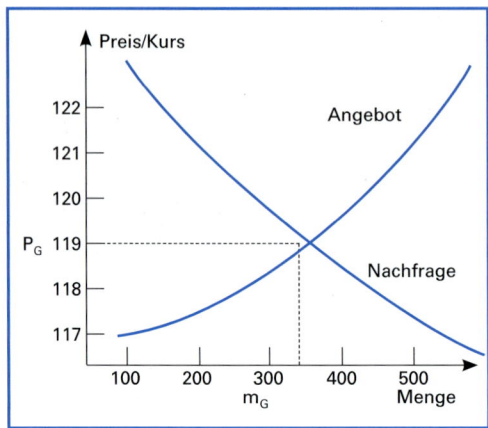

■ Marktungleichgewichte

Entspricht der Preis nicht dem Gleichgewichtspreis, können zwei Ungleichgewichtslagen entstehen:

Der Preis ist höher als der Gleichgewichtspreis ($P_1 > P_G$):

In dieser Situation ist das Angebot größer als die Nachfrage. Da ein hoher Preis herrscht, wollen viele Anbieter ihre Güter anbieten, da sie auf einen hohen Gewinn hoffen. Die Nachfrager empfinden den Preis aber als zu hoch und viele verzichten auf den Kauf der Güter. Es kommt zu einem Angebotsüberhang, da das Angebot größer als die Nachfrage ist.

Die Anbieter werden den Preis senken. Bei einem sinkenden Preis wird ein Teil der Anbieter dieses Gut nicht mehr anbieten, da sie dann für sich zu wenig Gewinn erzielen. Das Angebot wird sinken.

Die Nachfrager werden bei einem sinkenden Preis vermehrt bereit sein, dieses Gut zu kaufen. Es kommen auch Nachfrager hinzu, die sich das Produkt jetzt leisten können. Die Nachfrage wird also steigen.

Der ursprüngliche Angebotsüberhang geht zurück und der Markt tendiert wieder hin zum Gleichgewicht. Die Veränderung ist beendet, wenn der Gleichgewichtspreis erreicht wird, da dann Angebot und Nachfrage wieder ausgeglichen sind.

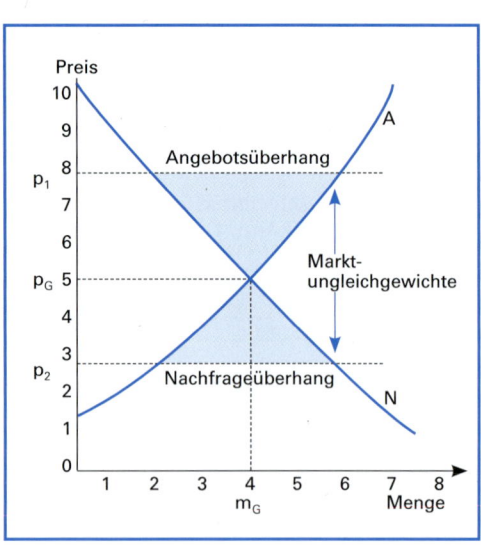

Der Preis ist geringer als der Gleichgewichtspreis ($P_2 < P_G$):

In dieser Situation ist das Angebot geringer als die Nachfrage. Diesen Zustand nennt man einen Nachfrageüberhang. Die Anbieter werden ihren Preis erhöhen, da genügend Nachfrager da sind, die die produzierten Güter abnehmen. Durch den steigenden Preis werden mehr Anbieter angelockt werden, die auch auf Gewinn hoffen. Das Angebot wird also zunehmen.

Die Nachfrager werden bei einem steigenden Preis in geringerem Maße bereit sein, Güter zu kaufen. Somit wird die Nachfrage zurückgehen.

Der ursprüngliche Nachfrageüberhang geht zurück und der Markt tendiert wieder hin zum Gleichgewicht, solange bis der Gleichgewichtspreis erreicht ist.

Auf einem Markt herrscht also immer die Tendenz zum Erreichen eines Ausgleichs zwischen Angebot und Nachfrage. Erst im Zustand des Gleichgewichts ist der Markt stabil.

■ Vollkommener Markt

Die oben beschriebenen Marktreaktionen gelten nur für einen Polypolmarkt, bei dem sich viele Anbieter und viele Nachfrager gegenüberstehen.

Eine weitere Voraussetzung, dass die Preisbildung wie oben beschrieben ablaufen kann, ist der vollkommene Markt:

Voraussetzung	Beschreibung	Beispiel
Vollständige Konkurrenz	Viele Anbieter müssen auf viele Nachfrager treffen = Polypol.	Gemüsemarkt
Homogene Güter	Auf dem Markt dürfen nur einheitliche und gleichartige Güter gehandelt werden.	Edelmetalle, Aktien
Keine räumlichen und zeitlichen Differenzen	Angebot und Nachfrage müssen am gleichen Ort zur gleichen Zeit aufeinander treffen.	Internet
Vollständige Markttransparenz	Alle Marktteilnehmer müssen alle notwendigen Informationen zur Verfügung haben.	Börse, Wochenmarkt
Keine persönlichen Präferenzen	Nachfrager dürfen keine bestimmte Marke bevorzugen.	No-Name-Produkte, Briefmarken

In der Realität kommt dieser vollkommene Markt fast nie vor. Das einzige Beispiel, das alle Kriterien in etwa erfüllt, ist die Wertpapierbörse.

■ Unvollkommener Markt

Märkte, die nicht den oben genannten Kriterien entsprechen, nennt man unvollkommene Märkte. Gründe können dafür sein, dass nicht gleichartige Güter gehandelt werden (z. B. Waschmittel für Bunt- und Kochwäsche) oder dass zeitliche und örtliche Differenzen bestehen (z. B. Oldtimermarkt in Hamburg und München).

Diese Unvollkommenheiten erlauben es dem Anbieter, ihre Preise innerhalb einer bestimmten Spanne festsetzen zu können. In der zeichnerischen Darstellung ergibt sich deshalb keine eindeutige Angebotskurve, sondern ein Angebotsband. Ebenso haben die Nachfrager keine einzige und eindeutige Preisvorstellung, so dass auch die Nachfragekurve als Band erscheint. Es wird also kein einheitlicher Preis festgesetzt werden können, sondern es ergeben sich lediglich Unter- und Obergrenze für den Preis.

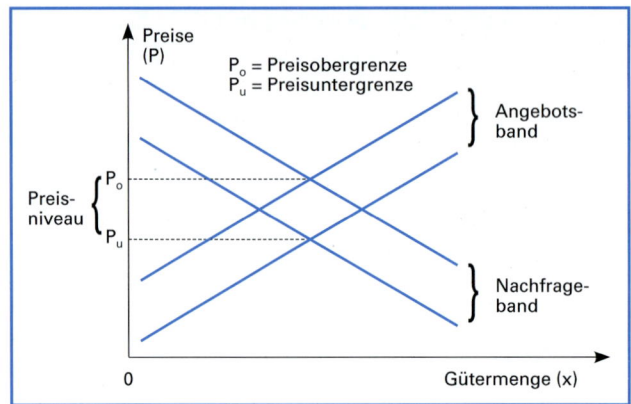

Funktionen des Gleichgewichtspreises

> **Ordnungsfunktion**

Der Preis lenkt die Güter dorthin, wo eine entsprechende Nachfrage herrscht und wo die Anbieter bereit sind, zu diesem Preis Güter anzubieten.

> **Ausgleichfunktion**

Der Gleichgewichtspreis bringt Angebot und Nachfrage zur Übereinstimmung.

> **Signalfunktion**

Er zeigt an, wie sich Nachfrage und Angebot bei sich verändernden Preisen verhalten.

2.4.2 Preisbildung des Monopols[1]

Ein Monopol liegt vor, wenn nur ein Anbieter oder nur ein Nachfrager auf dem Markt ist. Man spricht dann von einem Angebots- bzw. Nachfragemonopol.

In einer freien Marktwirtschaft kann es zu solchen Monopolen durch bahnbrechende Erfindungen oder aufgrund von Unternehmenszusammenschlüssen kommen.

In der Wirklichkeit kommt ein reines Monopol selten vor, jedoch gibt es Unternehmen, die eine sehr starke Marktstellung besitzen (z. B. regionale Stromanbieter), die der eines Monopolisten nahe kommt.

Die Preisbildung auf einem Monopolmarkt verläuft anders als bei einem Polypol, da er der alleinige Anbieter ist und den Preis ohne Berücksichtigung der Konkurrenz festsetzen kann.

Er wird seinen Preis so festsetzen, dass er den höchsten Umsatz oder Gewinn erreicht.

---

[1] siehe Seite 303

Beispiel:

Die Sportgeräte AG in Bremen hat einen neuen Tele-Trimmer entwickelt. Es handelt sich hierbei um ein Gerät, das geräuschlos betrieben wird und mit dem während des Fernsehens leichte sportliche Übungen durchgeführt werden können. Das Gerät ist mit einem Pulsfrequenzmesser versehen. Es ist patentrechtlich geschützt.

Vor der Aufnahme der Produktion wird ein Marktforschungsinstitut damit beauftragt, die Absatzchancen dieses neuartigen Sportgeräts festzustellen. Nach den Ergebnissen dieser Marktuntersuchung sind folgende Absatzchancen gegeben:

Preis je Stück in €	100	90	80	70	60	50	40	30	20
Absatzmengen in Tausend	0	10	20	30	40	50	60	70	80

Ein Preis unter 20 € ist nach der Vorkalkulation nicht möglich. Die Sportgeräte AG rechnet bei der Herstellung des Geräts mit Fixkosten in Höhe von 1,2 Millionen Euro und mit variablen Stückkosten in Höhe von 20 €.

Diesen Zusammenhang kann man auch grafisch anhand einer Preis-Absatz-Kurve darstellen, anhand der ablesbar ist, bei welchem Preis welche Gütermengen abgesetzt werden können.

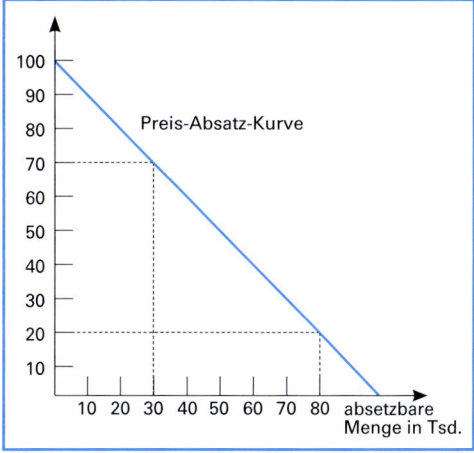

Bei folgenden Preisen wird die Sportgeräte AG folgende Umsätze und Gewinne bzw. Verluste erzielen:

Preis	Absetzbare Menge in Tsd.	Umsatz in Tsd. €	Fixe Kosten in Tsd. €	Variable Kosten in Tsd. €	Gesamtkosten in Tsd. €	Gewinn/Verlust in Tsd. €
100	0	0	1.200	0	1.200	– 1.200
90	10	900	1.200	200	1.400	– 500
80	20	1.600	1.200	400	1.600	0
70	30	2.100	1.200	600	1.800	300
60	40	2.400	1.200	800	2.000	400
50	50	2.500	1.200	1.000	2.200	300
40	60	2.400	1.200	1.200	2.400	0
30	70	2.100	1.200	1.400	2.600	– 500
20	80	1.600	1.200	1.600	2.800	– 1.200

Aus der Tabelle ist ersichtlich, dass der Monopolist bei einer Absatzmenge von 40.000 Stück zu einem Preis von 60 € sein Gewinnmaximum erzielt. Somit wird der Preis auf diesem Markt bei 60 € liegen.

Die grafische Darstellung des Gewinnmaximums erfolgt folgendermaßen:

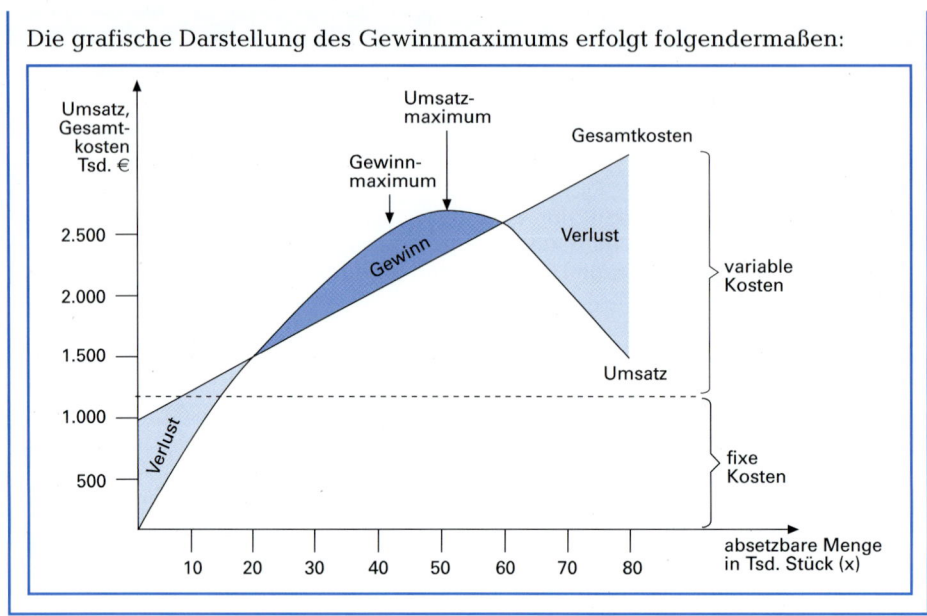

2.4.3 Preisbildung des Oligopols[1]

Welcher Preis sich auf einem vollkommenen Oligopolmarkt ergibt, hängt von dem Verhalten der Oligopolisten ab. Versuchen sich die Oligopolisten gegenseitig vom Markt zu verdrängen, ergibt sich ein Preiskampf. Dabei spricht man auch von ruinöser Konkurrenz, da die Anbieter versuchen, sich gegenseitig vom Markt zu verdrängen. Wahrscheinlicher ist allerdings ein abgestimmtes Verhalten der Oligopolisten, bei dem sich ein einheitlicher abgestimmter Preis ergibt, sodass keiner der Anbieter vom Markt verdrängt wird.

Auf einem unvollkommenen Oligopolmarkt werden die Anbieter sich auf einen Preis einigen und ihren Wettbewerb untereinander auf andere Maßnahmen als den Preis (z. B. Qualität, Werbung usw.) verlagern, um dem Verdrängungswettbewerb zu entgehen. Ein Beispiel für diese Marktform ist der Benzinmarkt.

2.4.4 Einflussmöglichkeiten des Staates

Zusätzlich hat der Staat verschiedene Möglichkeiten, auf den Preis Einfluss zu nehmen.

Dabei unterscheidet man Staatseingriffe, bei denen der Preismechanismus nicht außer Kraft gesetzt wird (sog. marktkonforme Eingriffe) und Staatseingriffe, bei denen der Preismechanismus außer Kraft gesetzt wird (sog. marktinkonforme Eingriffe).

■ Marktkonforme Staatseingriffe

Der Staat kann Steuern erheben, die die Preisbildung beeinflussen. Dies sind vor allem die Verbrauchsteuern, die die Preise einzelner Güter erhöhen. Somit sinkt die Nachfrage nach diesen Gütern. Der Staat verfolgt neben der Erzielung von Einnahmen auch ordnungspolitische Zwecke. So soll die Tabaksteuer den Zigarettenkon-

---

[1] siehe Seite 303

sum einschränken, um Gesundheitsschäden zu vermeiden, und die Mineralölsteuer soll zum Einsparen von Energie anhalten.

Weitere Einflussmöglichkeiten sind Subventionen und Transferzahlungen. Darunter sind Geldleistungen zu verstehen, die der Staat an Unternehmen oder private Haushalte zahlt. Erhält eine Unternehmung Subventionen, so sinken ihre Kosten für die Produktion und sie können eine größere Gütermenge anbieten. Erhalten Nachfrager Transferzahlungen (z. B. Wohngeld, Eigenheimzulage), so können sie ihre Nachfrage ausweiten. Diese Angebots- und Nachfrageänderungen haben dann auch unmittelbare Auswirkungen auf den Gleichgewichtspreis.

■ Marktinkonforme Staatseingriffe

Bei dieser Art des Eingriffs setzt der Staat den Preis fest. Die Preise bilden dann nicht mehr Gleichgewichtspreise und führen zumeist auch nicht zu einem Ausgleich von Angebot und Nachfrage. Beispiele dafür sind Güter, die der Staat selbst anbietet (öffentlicher Nahverkehr, Theater). Dadurch, dass Angebot und Nachfrage nicht mehr auf die Preisbildung einwirken, kann es zu Unter- oder Überversorgungen kommen.

Beispiel:

Die Europäische Union hat zum Schutz der Landwirte einen Mindestpreis für Getreide festgelegt. Dadurch soll den Landwirten ein Mindesteinkommen garantiert werden. Der Mindestpreis liegt über dem Gleichgewichtspreis.

Diese Situation stellt sich grafisch wie folgt dar:

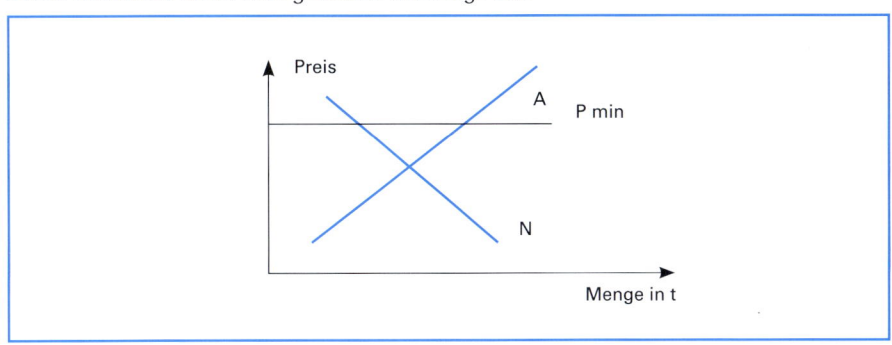

Auf dem Markt für Getreide kann sich kein Gleichgewichtspreis mehr bilden. Der Mindestpreis (P min.) liegt über dem Gleichgewichtspreis. Es stellt sich kein Marktgleichgewicht ein. Es besteht ein dauerhafter Angebotsüberhang, da zum bestehenden Mindestpreis mehr Angebot herrscht als Nachfrage. Der Marktmechanismus ist außer Kraft gesetzt.

2.5 ■ Das Geld

In einer modernen Volkswirtschaft ist der Austausch von Gütern ohne Geld nicht denkbar.

■ Eigenschaften des Geldes

Folgende Eigenschaften muss ein geeignetes Geldmittel mitbringen:

› **allgemein anerkannt**
  Jedes Mitglied einer Volkswirtschaft muss das Geld akzeptieren.

› **werterhaltend**
Geld muss seinen Wert behalten, damit man das Geld aufbewahren und in Zukunft damit andere Güter im selben Wert kaufen kann. Sollte das Geld an Wert stark verlieren, würden die Bürger das Vertrauen in das Geld verlieren und es nicht mehr als Zahlungsmittel akzeptieren.

› **teilbar**
Damit unterschiedliche Preise gezahlt werden können, muss das Geld in kleinere Einheiten teilbar sein.

› **verfügbar**
Geld muss jederzeit zur Bezahlung zur Verfügung stehen. Einerseits ist dies in Form von Bargeld möglich, andererseits existieren heute auch moderne elektronische Zahlungsmöglichkeiten, die eine jederzeitige Verfügbarkeit des Geldes ermöglichen.[1]

› **knapp**
Würde sich jeder problemlos mit Geld versorgen können, würden Tauschvorgänge zum Erliegen kommen, da sich jeder alle Güter leisten könnte. Da die Güterproduktion nicht unendlich groß sein kann, könnte der Markt seine Verteilungsfunktion nicht mehr erfüllen. Ein Ausgleich von Angebot und Nachfrage käme somit nicht zu Stande.

› **gegen Fälschung gesichert**
Würde Geld von jedem nachgemacht werden können, wäre es nicht knapp.

■ **Aufgaben des Geldes**

Aufgabe	Beschreibung
Zahlungsmittel	Mit Geld können Güter ver- oder gekauft werden.
Wertmaßstab	Durch Geld sind Güterwerte vergleichbar.
Wertübertragungsmittel	Geld ermöglicht die Übertragung von Werten zwischen Menschen (z. B. Erbe).
Wertaufbewahrungsmittel	Geld kann man sparen und ansammeln.

■ **Geldschöpfung**

Als Geldschöpfung bezeichnet man Vorgänge, durch die neues Geld entsteht und in den Wirtschaftskreislauf gelangt. Dabei können die Zentralbank des jeweiligen Landes (in Europa ist das die Europäische Zentralbank) und die Geschäftsbanken die Geldmenge beeinflussen.

Von Geldschöpfung spricht man, wenn die Geldmenge in einer Volkswirtschaft sich erhöht. Von Geldvernichtung, wenn die Geldmenge sich vermindert.

Die Zentralbank versorgt die Wirtschaft mit Bargeld. Sie ist die einzige Institution, die Geldscheine drucken und in Umlauf bringen darf.

Die Zentralbank produziert neues Geld, wenn sie Güter (meistens Wertpapiere oder Devisen) von den Geschäftsbanken kauft und diese mit Bargeld bezahlt. Dadurch kommt neues Geld in den Wirtschaftskreislauf. Außerdem kann sie Geschäftsbanken Kredite gewähren.

Die Zentralbank vernichtet Geld, wenn sie Güter an Geschäftsbanken verkauft. Die Geschäftsbanken zahlen mit Geld, das dadurch der Volkswirtschaft entzogen wird und zurück zur Zentralbank fließt.

---
[1] siehe Kapitel 8 Zahlungsverkehr

> **Beispiel:**
>
> Die Europäische Zentralbank kauft von einer deutschen Geschäftsbank Wertpapiere im Wert von 400.000 €. Außerdem gewährt sie einer Geschäftsbank einen Kredit in Höhe von 200.000 €. An eine dritte Geschäftsbank verkauft sie US-$ im Wert von 50.000 €.
>
> Es ergeben sich zwei Geldschöpfungsprozesse und ein Geldvernichtungsprozess. Durch den Kauf der Wertpapiere und die Kreditgewährung steigt die Geldmenge in der Europäischen Union, da die Europäische Zentralbank Bargeld an die Volkswirtschaft abgibt. Durch den Verkauf von US-$ sinkt die Geldmenge, da die Geschäftsbank mit Euro bezahlt und somit Bargeld an die Europäische Zentralbank aus der Volkswirtschaft zurückfließt.

Geldschöpfung durch Geschäftsbanken erfolgt, wenn sie Kunden einen Kredit gewähren. Zumeist erfolgt die Kreditgewährung auf dem Konto des Kreditnehmers. Es ist also Buchgeld[1] entstanden.

> **Beispiel:**
>
> Der Privatmann Müller legt 40.000 € bei seiner Hausbank in Sparbriefen an. Die Bank verwendet dieses Geld, um dem Handwerker Schneider ein Darlehen in Höhe von 40.000 € zu gewähren.
>
> Die Bargeldmenge hat sich in der Volkswirtschaft nicht erhöht, da die Zentralbank kein Bargeld in die Volkswirtschaft eingebracht hat. Allerdings ist die Buchgeldmenge gestiegen, da sowohl Herr Müller noch Besitzer der 40.000 € ist als auch Herr Schneider über Geldmittel in Höhe von 40.000 € verfügen kann.
>
> Insgesamt ist die Geldmenge der Volkswirtschaft daher gestiegen.

Beschränkt wird die Geldschöpfungsmöglichkeit der Geschäftsbanken durch die Mindestreserve. Die Banken sind verpflichtet, bei der Europäischen Zentralbank einen gewissen Prozentsatz (Mindestreservesatz) aller bei ihr angelegten Spar- und Sichteinlagen als Mindestreserve bei der Zentralbank zu halten.

> **Beispiel:**
>
> Nehmen Sie an, der Mindestreservesatz beträgt 5 %. Die Geschäftsbank aus dem vorigen Beispiel muss 5 % der Einlage von Herrn Müller = 2.000 € als Bargeld bei der Europäischen Zentralbank hinterlegen. Sie kann also nur noch einen Kredit in Höhe von maximal 38.000 € an den Handwerker Schneider verleihen.

2.6 Der Wirtschaftskreislauf

Um die Verflechtungen und Beziehungen zwischen verschiedenen Teilnehmern einer Volkswirtschaft deutlich zu machen, werden sie im sogenannten Wirtschaftskreislauf grafisch dargestellt.

Die Teilnehmer der Volkswirtschaft werden zu fünf großen Gruppen zusammengefasst:
- Private Haushalte
- Unternehmer
- Banken
- Staat
- Ausland

Es werden die verschiedenen Transaktionen zwischen diesen fünf Gruppen betrachtet. Die Transaktionen können entweder aus Güterströmen oder Geldströmen bestehen.

---

[1] Unter Buchgeld versteht man Geld, das nur auf Konten bei Geschäftsbanken existiert. Eine Geschäftsbank hat nie so viel Bargeld vorrätig wie Sichtguthaben auf den Konten ihrer Kunden.

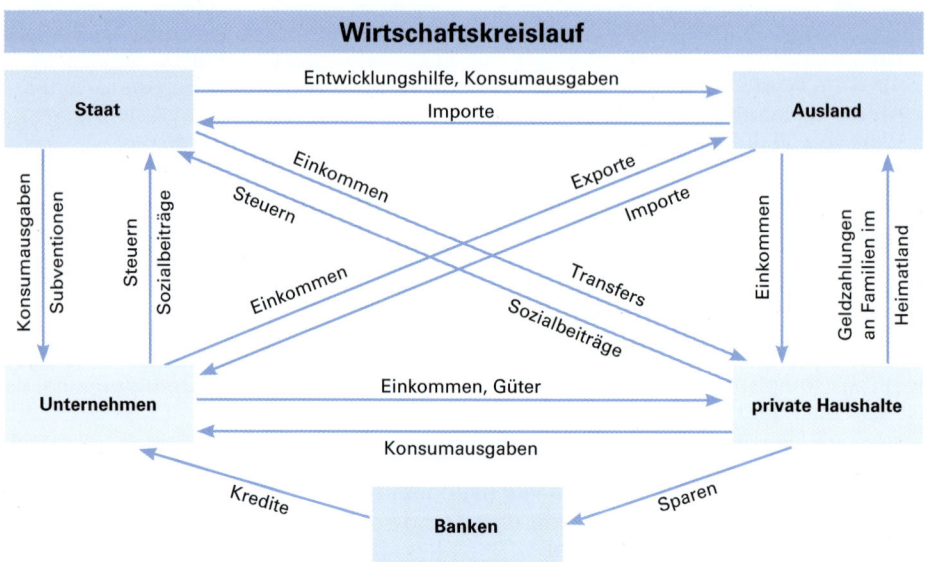

Unternehmen – private Haushalte

Die Unternehmen zahlen den Haushalten für ihre Arbeitsleistung ein Einkommen. Die Haushalte kaufen von den Unternehmen Konsumgüter und die Unternehmen erhalten dafür das Geld für die Konsumausgaben.

Unternehmen – Staat

Die Unternehmen zahlen an den Staat Steuern (z. B. Körperschaftsteuer, Gewerbesteuer) und Sozialbeiträge in Form des Arbeitgeberanteils zur Sozialversicherung. Der Staat zahlt an gefährdete Unternehmen Subventionen (z. B. Kohle, Stahl, Werften). Außerdem tritt der Staat auch als Nachfrager nach Gütern auf und leistet dafür Konsumausgaben. (Ein Finanzamt kauft von einem Bürogroßhändler eine Büroeinrichtung.)

Private Haushalte – Staat

Die privaten Haushalte zahlen an den Staat Steuern (z. B. Einkommensteuer) und Sozialbeiträge in Form des Arbeitnehmeranteils zur Sozialversicherung. Sie erhalten vom Staat Beihilfen in Form von Sozialhilfe, Kindergeld, Wohngeld usw. (sog. Transfers) und Einkommen, falls sie beim Staat beschäftigt sind (z. B. Finanzbeamter).

Private Haushalte – Banken

Private Haushalte sparen einen Teil ihres Einkommens und legen es bei den Banken zinsbringend an.

Banken – Unternehmer

Die Banken benutzen die Spareinlagen, um den Unternehmen Kredite zu gewähren, die diese für Investitionen benötigen.

Unternehmen – Ausland

Das Unternehmen verkauft Waren ins Ausland (sog. Exporte) und erhält dafür Devisen. Es bezieht Waren aus dem Ausland (sog. Importe) und zahlt diese mit Devisen. Außerdem zahlt es Einkommen für Mitarbeiter, die für das Unternehmen im Ausland arbeiten.

Private Haushalte – Ausland

Private Haushalte erhalten Einkommen aus dem Ausland, falls sie z. B. in Aachen wohnen, aber in Maastricht (Niederlande) arbeiten. Geldzahlungen an das Ausland werden geleistet, wenn ausländische Arbeitnehmer Geld an ihre Familie im Heimatland schicken.

Staat – Ausland

Reichere Staaten zahlen an ärmere Länder Entwicklungshilfe, um dort die Existenz der Menschen zu sichern. Außerdem importiert der Staat Güter von ausländischen Unternehmen.

Der Wirtschaftskreislauf bildet nicht alle Beziehungen der Wirklichkeit ab. So werden Wirtschaftsbeziehungen innerhalb der Sektoren (z. B. Unternehmen kauft Waren von einem anderen Unternehmen) nicht berücksichtigt. Außerdem unterstellt man, dass der unternehmerische Sektor nur Konsumgüter herstellt, die er an Haushalte oder an den Staat verkauft.

2.7 Die Volkswirtschaftliche Gesamtrechnung

Die Volkswirtschaftliche Gesamtrechnung (VGR) fasst die gesamten Transaktionen einer Volkswirtschaft zahlenmäßig zusammen und gibt ein übersichtliches und detailliertes Gesamtbild des wirtschaftlichen Geschehens, in das alle Wirtschaftseinheiten einbezogen werden.

Die VGR wird durch das Statistische Bundesamt erstellt und soll die wirtschaftliche Lage eines Landes übersichtlich darstellen. So kann festgestellt werden, ob eine Volkswirtschaft gewachsen oder geschrumpft ist, und Vergleiche mit anderen Volkswirtschaften werden möglich.

Zentrale Maßgröße der VGR ist das Bruttoinlandsprodukt (BIP). Es gibt Auskunft über den Wert aller in einem Jahr im Inland produzierten Güter und Dienstleistungen.

Die Berechnung des BIP erfolgt über die Entstehungsrechnung. Sie gibt Auskunft darüber, welche Wirtschaftsbereiche mit welchem Anteil zum BIP beigetragen haben.

Das BIP ergibt sich aus der Summe der Produktionsergebnisse der Wirtschaftsbereiche:
› Land- und Forstwirtschaft
› Produzierendes Gewerbe
› Baugewerbe, Handel, Gastgewerbe und Verkehr
› Finanzierung, Vermietung
› Dienstleister

Ausgehend vom BIP werden weitere wichtige volkswirtschaftliche Größen berechnet. Bei der Berechnung unterscheidet man in das Inlands- und in das Inländerkonzept.

Beim Inlandskonzept versucht man den Wert aller im Inland produzierten Güter zu berechnen, unabhängig davon, ob es sich um Menschen mit Wohnsitz in Deutschland oder im Ausland handelt. So wird z. B. die Leistung von Personen, die in den Niederlanden wohnen, aber in Deutschland arbeiten, in dieser Rechnung erfasst.

Beim Inländerkonzept versucht man den Wert aller von Personen mit Wohnsitz im Inland produzierten Gütern zu berechnen, unabhängig davon, ob sie in Deutschland oder im Ausland arbeiten. So wird in dieser Rechnung die Leistung der oben beschriebenen Niederländer nicht erfasst.

Inlandsprodukt		
Ausländer erbringen Leistungen im **Inland** und erhalten dafür Einkommen	**Inländer** erbringen Leistungen im Inland und erhalten dafür Einkommen	**Inländer** erbringen Leistungen im **Ausland** und erhalten dafür Einkommen
	Inländerprodukt	

Folgende Berechnungen ergeben sich:

Inlandskonzept	Inländerkonzept
Bruttoinlandsprodukt	
	+ vom Ausland erhaltene Primäreinkommen − an das Ausland gezahlte Primäreinkommen
	= Bruttonationaleinkommen
− Abschreibungen	− Ersatzinvestitionen
= Nettoinlandsprodukt zu Marktpreisen	= Nettonationaleinkommen zu Marktpreisen
− indirekte Steuern + Subventionen	− indirekte Steuern + Subventionen
= Nettoinlandsprodukt zu Faktorkosten	= Nettonationaleinkommen zu Faktorkosten = Volkseinkommen

Erläuterungen

Bruttoinlandsprodukt	Wert aller in einem Jahr im Inland produzierten Güter und Dienstleistungen
vom Ausland erhaltene Primäreinkommen/ an das Ausland gezahlte Primäreinkommen	Durch diese Größen werden aus dem BIP die Leistungen von Personen herausgerechnet, die zwar in Deutschland arbeiten, hier aber nicht ihren Wohnsitz haben, und die Leistungen von Personen dazugerechnet, die im Ausland arbeiten, aber in Deutschland ihren Wohnsitz haben.
Bruttonational- einkommen	Wert aller in einem Jahr von Inländern produzierten Güter und Dienstleistungen
Abschreibungen/ Ersatzinvestitionen	Ein Teil der Güterproduktion wird zum Erhalt der Anlagen (Gebäude und Maschinen) verwendet. Hierbei werden Güter nur ersetzt. Erst bei einer Güterproduktion über die Abschreibungen hinaus entsteht die Produktion neuer Güter.
Indirekte Steuern	Durch indirekte Steuern wird der Wert von Gütern künstlich erhöht. Es entsteht kein Wertzuwachs im eigentlichen Sinne. Daher werden sie bei der Berechnung abgezogen. **Durch die Umsatzsteuer verteuern sich die Produkte um 19 % (in Ausnahmefällen um 7 %), ohne dass das Gut dadurch mehr wert geworden wäre.**
Subventionen	Durch Subventionen wird der Preis von Gütern künstlich gesenkt. Ohne Subventionen wären die Güter teurer, haben also real einen höheren Wert. Deshalb werden sie hinzugerechnet. **Subventionen für den deutschen Bergbau führen dazu, dass die Unternehmen zu geringeren Preisen Kohle auf dem Weltmarkt anbieten können. Ohne die Subvention müssten höhere Preise verlangt werden und die deutsche Kohle wäre auf dem Weltmarkt nicht abzusetzen.**
Nettoinlandsprodukt zu Faktorkosten	Summe aller Erwerbs- und Vermögenseinkommen, die im Inland zugeflossen sind.
Nettonationaleinkom- men zu Faktorkosten = Volkseinkommen	Summe aller Erwerbs- und Vermögenseinkommen, die Inländern zugeflossen sind.

> **Beispiel:**
>
> Das statistische Amt eines Landes berechnet für ein Jahr folgende gesamtwirtschaftliche Daten:
>
> 1. Produktionsleistung gegliedert nach Wirtschaftsbereichen
>
> | | |
> |---|---:|
> | Produzierendes Gewerbe | 820 |
> | Baugewerbe | 180 |
> | Handel, Gastgewerbe und Verkehr | 500 |
> | Finanzsektor | 300 |
> | Dienstleister | 350 |
>
> 2. vom Ausland erhaltene Primäreinkommen   10
>
>   an das Ausland gezahlte Primäreinkommen   25
>
> 3. Abschreibungen   300
> 4. indirekte Steuern   250
> 5. Subventionen   150
>
> Daraus ergeben sich folgende Berechnungen:
>
> | Inlandskonzept | | Inländerkonzept | |
> |---|---:|---|---:|
> | Produktionsleistung
produzierendes Gewerbe
+ Baugewerbe
+ Handel, Gastgewerbe
+ Finanzsektor
+ Dienstleister | 820
180
500
300
350 | | |
> | = Bruttoinlandsprodukt | 2.150 | | |
> | | | + vom Ausland erhaltene Primäreinkommen
– an das Ausland gezahlte Primäreinkommen | 10

25 |
> | | | = Bruttonationaleinkommen | 2.135 |
> | – Abschreibungen | 300 | – Ersatzinvestitionen | 300 |
> | = Nettoinlandsprodukt zu Marktpreisen | 1.850 | = Nettonationaleinkommen zu Marktpreisen | 1.835 |
> | – indirekte Steuern
+ Subventionen | 250
150 | – indirekte Steuern
+ Subventionen | 250
150 |
> | = Nettoinlandsprodukt zu Faktorkosten | 1.750 | = Nettonationaleinkommen zu Faktorkosten (= Volkseinkommen) | 1.735 |

■ Nominales und reales Bruttoinlandsprodukt

Unterschieden wird zusätzlich noch das nominale und das reale Bruttoinlandsprodukt.

Das nominale Bruttoinlandsprodukt ergibt sich, wenn alle produzierten Güter einer Volkswirtschaft mit ihren Marktpreisen multipliziert werden.

Ist das BIP von einer zur nächsten Periode gestiegen, so kann es daran liegen, dass mehr Güter produziert wurden. Es kann aber auch daran liegen, dass die Preise gestiegen sind. Von größerem Interesse ist aber, ob mehr Waren produziert wurden. Um diese Größe zu errechnen, muss man die Preisveränderung aus dem BIP eliminieren. Dazu berechnet man das reale BIP, wozu man die produzierten Güter einer Periode mit den Preisen eines bestimmten Jahres (sog. Basisjahr) multipliziert.

Dadurch werden die Preisänderungen nicht berücksichtigt und man kann erkennen, ob man mengenmäßig mehr oder weniger hergestellt hat.

> **Beispiel:**
>
> Eine Volkswirtschaft hat nur eine Güterart produziert. Im ersten Jahr wurden 100.000 Güter zum Preis von 5 € hergestellt. Das BIP beträgt 500.000 €. Im nächsten Jahr hat man 90.000 Güter hergestellt, wobei die Preise auf 10 € gestiegen sind.
>
> Das nominale BIP des zweiten Jahres beträgt 90.000 × 10 € = 900.000 €. Nominal ist das BIP gestiegen. Dies spiegelt aber nicht wider, dass die tatsächliche Güterproduktion gesunken ist. Dies sieht man am realen BIP, das 90.000 × 5 € = 450.000 € beträgt. Die Güterproduktion ist um 50.000 € gesunken.

■ Entstehungs-, Verwendungs-, Verteilungsrechnung

Außerdem gibt die VGR darüber Auskunft

› wie das BIP entstanden ist (Entstehungsrechnung)

› wie das BIP verwandt worden ist (Verwendungsrechnung) und

› wie sich das Volkseinkommen verteilt (Verteilungsrechnung).

Rechnungsart	Beschreibung	Ermittlung
Entstehungs-Rechnung (siehe Seite 295)	Erfasst das Produktionsergebnis aller inländischen Wirtschaftsbereiche.	Land- und Forstwirtschaft, Fischerei + produzierendes Gewerbe + Baugewerbe + Handel, Gastgewerbe, Verkehr + Finanzierung, Vermietung + Dienstleister
Verwendungs-Rechnung	Gibt Auskunft darüber, wofür die hergestellten Güter verwendet wurden.	Private Konsumausgaben + staatliche Konsumausgaben + Bruttoinvestitionen (Erweiterungsinvestitionen + Ersatzinvestitionen) + Exporte − Importe
Verteilungs-Rechnung	Gibt Auskunft darüber, wie das Volkseinkommen verteilt wurde.	Arbeitnehmerentgelte + Unternehmens- und Vermögenseinkommen

Bei den Erweiterungsinvestitionen handelt es sich um Anschaffungen und Ausgaben, die zu einer Vergrößerung und Ausweitung der Unternehmen führen. Die Ersatzinvestitionen ermöglichen nur eine Erhaltung des jetzigen Standes der Unternehmen und entsprechen den Abschreibungen. Zusammen ergeben sie die Bruttoinvestitionen.

Der Anteil der Arbeitnehmerentgelte am gesamten Volkeinkommen wird als Lohnquote bezeichnet. Die Höhe und die Entwicklung der Lohnquote ist ein wichtiger Aspekt für die Tarifpolitik.

2.8 Freie und soziale Marktwirtschaft

Das Modell der Marktwirtschaft kommt in zwei unterschiedlichen Ausprägungen vor: die freie und die soziale Marktwirtschaft.

Freie Marktwirtschaft bedeutet, dass der Markt ohne jede weitere Einflussnahme die Verteilung der Güter vornimmt. Insbesondere der Staat soll nicht in das Marktgeschehen eingreifen. Er ist lediglich dafür verantwortlich, dass der Markt funktionieren kann, indem er die entsprechenden Rahmenbedingungen (z. B. Wettbewerbsordnung, Garantie von Eigentumsrechten) schafft und auf ihre Einhaltung achtet (Polizei, Gerichte). Er hat eine sogenannte Nachtwächterfunktion.

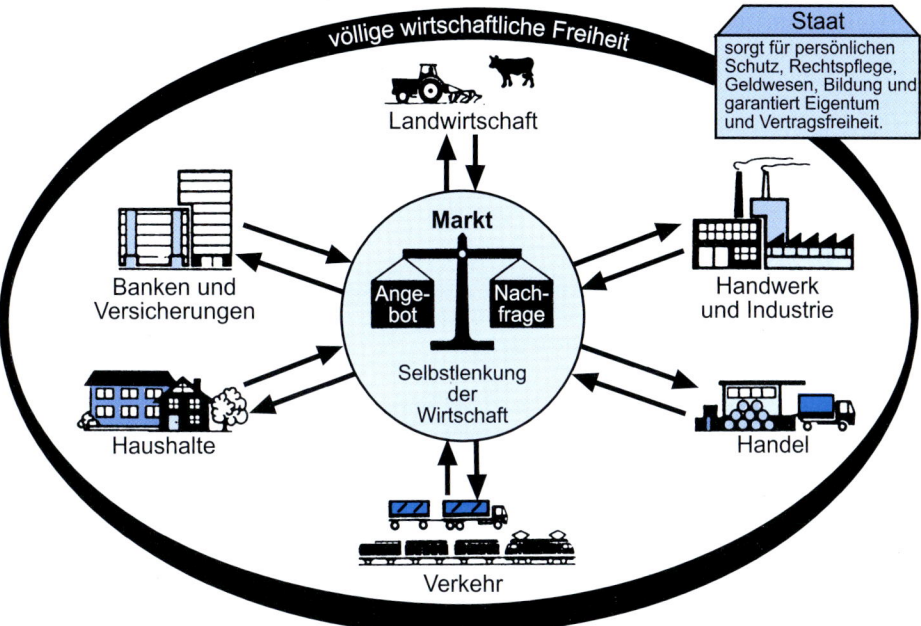

In der Realität gibt es kein Land, das die Modellvorstellungen der freien Marktwirtschaft vollkommen erfüllt hat. Der Staat mischt sich zumeist doch in das Marktgeschehen ein. Der Modellvorstellung am nächsten kommen die USA mit ihrer Wirtschaftsordnung.

In Europa hat man sich für eine andere Wirtschaftsordnung entschieden, in der neben den marktwirtschaftlichen auch soziale Gesichtspunkte zur Geltung kommen. In Deutschland nennt man sie die soziale Marktwirtschaft.

Grundsätzlich erfolgt die Verteilung der Güter weiterhin durch den Markt, allerdings werden die Ergebnisse des Marktes sozial abgesichert und korrigiert. Diese Absicherung und Korrektur erfolgt durch den Staat und seine Gesetzgebung.

Die soziale Marktwirtschaft gründet auf folgenden Bausteinen:

› **Persönliche Freiheit**

Dieses Recht wird vor allem durch den Art. 2 des Grundgesetzes garantiert. Für die Marktwirtschaft bedeutet dies insbesondere die wirtschaftliche Freiheit. Sie beinhaltet die Gewerbefreiheit, die jedem das Recht gewährt, ein Unternehmen zu gründen, zu führen und auch wieder aufzulösen. Die Vertragsfreiheit garantiert jedem das Recht, Verträge abzuschließen, den Inhalt frei zu bestimmen und sie wieder aufzulösen. Jeder Bürger ist frei in seiner Entscheidung, was er wann und wo kaufen möchte (Konsumfreiheit). Jeder hat das Recht, seinen Beruf frei auszuwählen und auszuüben. Dieses Recht der freien Berufswahl wird durch den Art. 12 GG garantiert. Der Art. 14 GG ermöglicht es jedem Bürger, Eigentum zu erwerben, weiterzugeben (z. B. durch Erbe) und wieder zu verkaufen.

> **Soziale Sicherheit**

Der Staat gewährt die soziale Sicherheit des Menschen. Dies erfolgt durch die Absicherung von wirtschaftlich Schwächeren durch gesetzliche Versicherungen

(z. B. Arbeitslosen-, Renten- und Krankenversicherung[1], Sozialhilfe, Mutterschaftsgeld) und durch die Begrenzung von zu starker wirtschaftlicher Macht (z. B. Verbot des Zusammenschlusses von Unternehmen[2], falls sie dadurch eine zu große Marktmacht erhalten).

Zum Schutz der Bevölkerung werden gewisse persönliche Freiheiten wieder eingeschränkt. Die Ausübung von bestimmten Berufen erfordert den Nachweis über Ausbildungen. Ansonsten wird die Berufsausübung untersagt (Art. 12 GG). Das Eigentumsrecht des Art. 14 GG wird durch die soziale Bindung begrenzt, da das Eigentum auch dem Wohle der Gemeinschaft dienen soll. Eine Einschränkung erfährt die Konsumfreiheit bei Gütern, die die Gesundheit gefährden. Die Ausübung eines Gewerbes unterliegt Arbeitsschutz- und Umweltschutzbestimmungen[3], die durch die Gewerbeordnung und bestimmte Umweltschutzgesetze gewährleistet werden.

> **Bereitstellung öffentlicher Güter**

Gewisse Güter sollen für alle nutzbar sein und keiner soll von der Nutzung dieser Güter ausgeschlossen werden können. Deshalb bietet der Staat diese (sogenannten öffentlichen) Güter an. Dazu gehören z. B. öffentliche Straßen, Schulen, Kindergärten und Krankenhäuser.

Im Folgenden wird das Modell der sozialen Marktwirtschaft als das gängige Modell angenommen. Dies ist auch eine realistische Annahme, da in den meisten Ländern der Welt zwar die Marktwirtschaft die gängige Wirtschaftsordnung ist, aber auf staatliche Eingriffe nicht verzichtet wird.

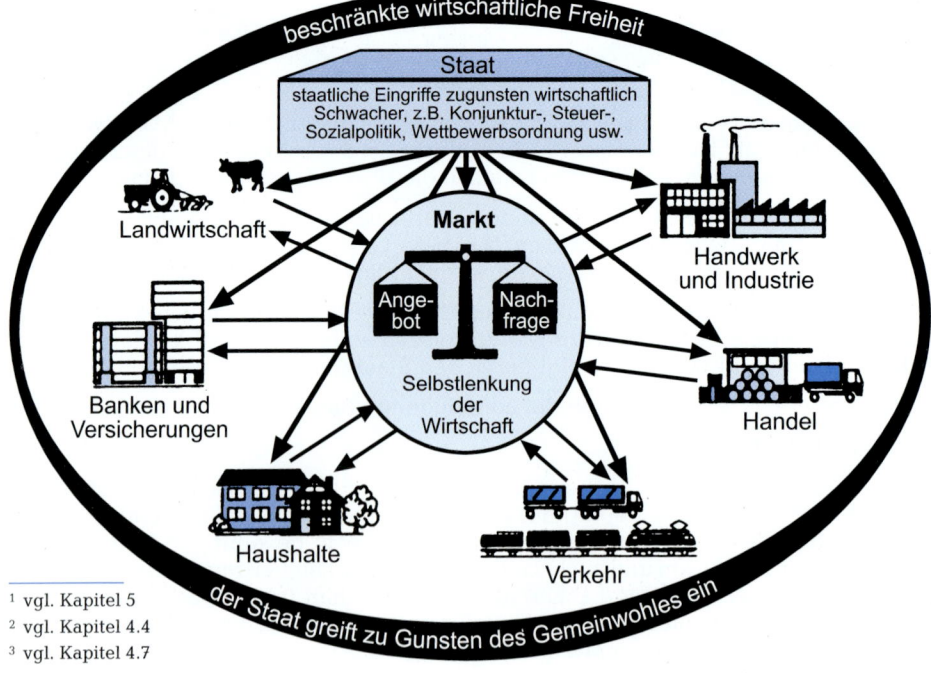

[1] vgl. Kapitel 5
[2] vgl. Kapitel 4.4
[3] vgl. Kapitel 4.7

Erarbeitungsfälle

1 Aufgabe (Marktformen)

Märkte werden unter anderem nach der Zahl der Anbieter bzw. der Nachfrager unterschieden. Ordnen Sie die folgenden Beispiele einer der Marktformen zu:

a) Die Post AG ist der einzige Anbieter für die überregionale Versendung von Briefen.

b) Auf dem Automarkt gibt es weltweit ca. 20 Anbieter.

c) In Deutschland werden in ungefähr 50.000 Supermärkten Lebensmittel angeboten.

d) Die Vereinigung erdölexportierender Länder (OPEC) bietet Erdöl an.

e) Landwirte bieten landwirtschaftliche Produkte an.

f) Auf dem deutschen Markt für Telekommunikationsleistungen gibt es zurzeit ca. 15 Anbieter.

2 Aufgabe (Angebot)

Drei Anbieter von Faxgeräten beliefern einen Markt mit ihren Produkten. Es handelt sich um Faxgeräte fast gleicher Qualität. Bei der Planung der Produktionsmengen orientieren sich die Herstellerfirmen an dem voraussichtlich erzielbaren Absatzpreis. Bei alternativen Absatzpreisen bieten die drei Produzenten Faxgeräte in folgenden Mengen an:

Preis/Anbieter	Produzent A	Produzent B	Produzent C	Angebotene Gesamtmenge
600	1000	800	1200	?
750	1300	950	1600	?
900	1600	1100	2000	?
1050	1900	1250	2400	?
1200	2200	1400	2800	?
1350	2500	1550	3200	?
1500	2800	1700	3600	?

a) Ermitteln Sie die für die verschiedenen Absatzpreise angebotenen Gesamtmengen.

b) Zeichnen Sie in ein Koordinatensystem die Abhängigkeit der Gesamtangebotsmenge vom Preis ein.

c) Welcher Beziehungszusammenhang besteht zwischen erzielbarem Verkaufspreis und angebotener Gesamtmenge?

3 Aufgabe (Nachfrage)

Die Nachfrager nach Eintrittskarten für ein Europacupspiel eines Fußballclubs können in drei Gruppen eingeteilt werden:

A: Jugendliche, Schüler, Studenten

B: Mitglieder

C: andere Zuschauer

Die Fußballfreunde orientieren sich am zu zahlenden Eintrittspreis.

Bei alternativen Preisen für einen Sitzplatz ist mit folgenden Zuschauerzahlen zu rechnen:

Preis/Nachfragergruppe	Gruppe A	Gruppe B	Gruppe C	Nachgefragte Gesamtmenge
6	30 000	5000	45 000	?
9	27 000	4500	40 000	?
12	24 000	4000	35 000	?
15	21 000	3500	30 000	?
18	18 000	3000	25 000	?
21	15 000	2500	20 000	?

a) Ermitteln Sie für die verschiedenen Eintrittspreise die zu erwartende Gesamtzuschauerzahl.

b) Zeichnen Sie in ein Koordinatensystem die Abhängigkeit der Gesamtnachfragemenge vom Preis ein.

c) Welcher Beziehungszusammenhang besteht zwischen Eintrittspreis und zu erwartender Zuschauerzahl?

4 ▶ **Aufgabe (Gleichgewichtspreis)**

Auf einem Wochenmarkt werden Eier von einem Bauern angeboten und von verschiedenen Kunden nachgefragt. Die Nachfrage- und Angebotsmenge ergibt sich aus folgender Tabelle:

Preis je Stück in Cent	Nachfrage in Stück	Angebot in Stück
20	800	–
22	700	100
24	600	300
26	500	500
28	400	700
30	300	900

a) Wie viele Eier (in Stück) werden bei den verschiedenen Preisen gehandelt bzw. wie hoch war der Umsatz bei den verschiedenen Preisen?

b) Erläutern Sie die Entwicklung der nachgefragten und der angebotenen Menge in Abhängigkeit vom Preis!

c) Wie hoch ist der Gleichgewichtspreis?

d) Welche Situation herrscht auf dem Markt bei einem Preis von 30 Cent? Wie werden sich Angebot und Nachfrage entwickeln und damit auch der Preis?

e) Welche Situation herrscht auf dem Markt bei einem Preis von 22 Cent? Wie werden sich Angebot und Nachfrage entwickeln und damit auch der Preis?

5 ▶ **Aufgabe (Elastizitäten)**

Die Hifi GmbH ist Hersteller von Hifi-Geräten, Fernsehern und DVD-Playern. Marktuntersuchungen haben ergeben, dass längerfristig mit einem erhöhten Bedarf an den Produkten der Hifi-GmbH zu rechnen ist.

a) Wodurch wird der Bedarf an Produkten der Hifi-GmbH beeinflusst? Geben Sie drei Beispiele!

b) Die folgenden Nachfragekurven zeigen die Abhängigkeit der Nachfrage nach verschiedenen Produktgruppen vom Preis.

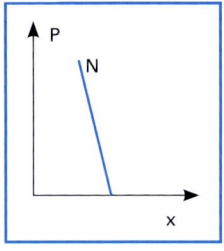
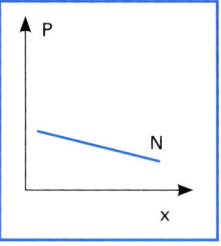

Standardgeräte   Luxusgeräte

Erklären und begründen Sie den jeweiligen Verlauf der Nachfragekurven!

6 **Aufgabe (Marktgleichgewicht, Verschiebung der Kurven)**

Auf einem Gemüsegroßmarkt ergeben sich folgende Kauf- und Verkaufsaufträge:

Kaufaufträge			Verkaufsaufträge		
Käufer	kauft	zum Preis von je kg	Verkäufer	verkauft	zum Preis von je kg
A	100 kg	20 €	A	100 kg	4 €
B	200 kg	16 €	B	200 kg	8 €
C	300 kg	12 €	C	300 kg	12 €
D	400 kg	8 €	D	400 kg	16 €
E	500 kg	4 €	E	500 kg	20 €

a) Ermitteln Sie die Gesamtnachfrage und das Gesamtangebot!

b) Zeichnen Sie mit den von Ihnen ermittelten Werten die Gesamtnachfrage- und die Gesamtangebotskurve. Ermitteln Sie den Gleichgewichtspreis.

c) Erklären Sie das Zustandekommen des Gleichgewichtspreises!

d) Welche Marktlage herrscht bei einem Preis von 8 €?

e) Die Nachfrage nach Gemüse zieht stark an. Daraufhin werden von jedem Nachfrager 50 kg mehr nachgefragt.

  (1) Ermitteln Sie die neue Gesamtnachfrage.

  (2) Zeichnen Sie die veränderte Gesamtnachfrage in das Schaubild aus Aufgabe b)!

f) Erläutern Sie verschiedene Funktionen, die der Marktpreis zu erfüllen hat.

7 **Aufgabe (Preisbildung beim Monopol)**

Die Seiler GmbH in Dortmund hat auf dem Gebiet der Computerbildschirme einige Patente angemeldet, die ihr eine Monopolstellung für gewisse Produkte garantiert. Nachdem eine Marktforschung durchgeführt wurde, muss ein Preis für dieses Produkt festgelegt werden. Die Fixkosten betragen 20.000 €, die variablen Kosten 100 € je Stück.

Folgende Nachfrage ergibt sich bei den alternativen Preisen:

Preis in €	Nachfrage (Stück)	Umsatz	Fixkosten	Variable Kosten	Gesamt-kosten	Gewinn/Verlust
350	0					
325	50					
300	100					
275	150					
250	200					
225	250					
200	300					
175	350					
150	400					
125	450					
100	500					

a) Ergänzen Sie die Tabelle. Bestimmen Sie dabei die gewinnmaximale Preis-Mengen-Kombination!

b) Zeichnen Sie in ein Koordinatensystem die Umsatz- und Gesamtkostenfunktion und bestimmen Sie grafisch das Gewinnmaximum!

8 Aufgabe (Markteingriffe des Staates)

Beschreiben Sie in den folgenden Fällen die Konsequenzen aus dem Markteingriff des Staates für das Angebot, die Nachfrage und den Gleichgewichtspreis.

a) Der Staat zahlt Wohngeld, um Beziehern von niedrigen Einkommen eine menschengerechte Unterbringung zu ermöglichen.

b) Der Staat erhöht die Mineralölsteuer.

c) Der Staat erlässt einen allgemeinen Mietpreisstopp, um ein weiteres Ansteigen der Mietpreise zu verhindern.

9 Aufgabe (Markteingriffe des Staates)

Die Stadt Köln hat sich entschlossen, etwas gegen die ihrer Meinung zu hohen Mieten in der Stadt zu unternehmen. Sie möchte die Mieter schützen und genügend Wohnraum zu akzeptablen Preisen anbieten. Der zuständige Mitarbeiter der Stadt legt den Verantwortlichen zwei alternative Vorgehensweisen zur Auswahl vor:

(1) Zahlung von Wohngeld für Bezieher von niedrigen Einkommen

(2) Festlegung einer max. Miethöhe, die unter dem aktuellen Niveau liegt.

Die momentane Situation auf dem Wohnungsmarkt stellt sich wie folgt dar:

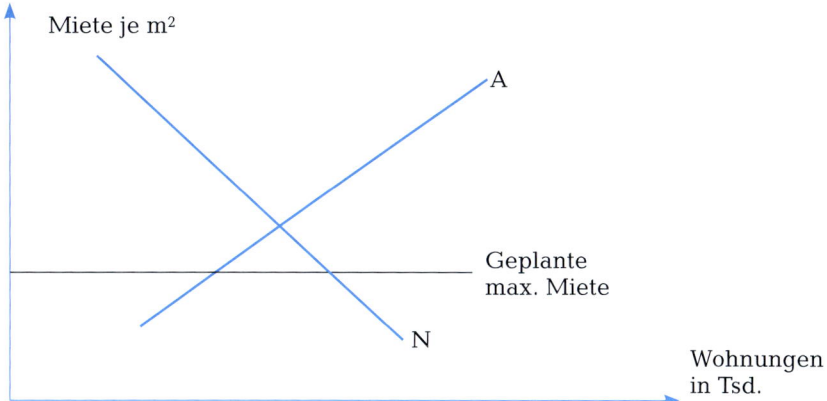

a) Um welche Art von Markteingriffen handelt es sich bei den beiden geplanten Maßnahmen?

b) Beschreiben Sie die Konsequenzen aus den beiden alternativen Markteingriffen für Angebot, Nachfrage und Preis.

10 Aufgabe (Aufgaben des Geldes)

Geben Sie in den folgenden Fällen die entsprechenden Aufgaben des Geldes an:

a) Die Auszubildende Sabine Meier zahlt von ihrem Auszubildendengehalt jeden Monat 50 € auf ihr Sparbuch ein.

b) Unternehmer Müller schenkt seiner Tochter zum bestandenen Abitur 1.000 €.

c) Ihr Chef hat Sie beauftragt, Kopierpapier einzukaufen. Sie holen sich Angebote von den verschiedenen Anbietern ein und vergleichen sie.

d) Andrea Schneider kauft sich von ihrem ersten Gehalt einen teuren Ring.

11 Aufgabe (Geldschöpfung)

Prüfen Sie in den folgenden Fällen, ob die Geldmenge erhöht oder vermindert wird.

a) Eine Geschäftsbank nimmt bei der Zentralbank einen Kredit auf und bekommt 5 Mio. Euro ausgezahlt.

b) Die Regierung der Bundesrepublik Deutschland verkauft Gold im Wert von 1 Mio. Euro an die Zentralbank.

c) Die Zentralbank verkauft an eine private Geschäftsbank Wertpapiere im Wert von 500.000 €.

d) Eine private Geschäftsbank zahlt einen Kredit in Höhe von 4 Mio. Euro an die Zentralbank zurück.

e) Eine private Bank verkauft der Zentralbank Wertpapiere im Wert von 2 Mio. Euro.

12 ▶ Aufgabe (Geldschöpfung)

Der Handwerker Reinhard Kreis bringt seine Tageseinnahmen in Höhe von 20.000 € zu seiner Geschäftsbank und zahlt sie auf sein Konto ein. Die Bank verwendet einen Teil dieses Geldes, um der Privatfrau Renate Heinemann einen Kredit in Höhe von 10.000 € zu vergeben.

a) Prüfen Sie, wie viel Bar- und Buchgeld von den beiden beteiligten Personen im Umlauf ist.

b) Beschreiben Sie, wie in diesem Fall eine Geschäftsbank Geld geschöpft hat.

13 ▶ Aufgabe (Wirtschaftskreislauf)

Ordnen Sie die unten stehenden Geld- und Güterströme aus der vereinfachten Darstellung des Wirtschaftskreislaufes den folgenden Vorgängen zu.

a) Ausgabe für den Kauf von Wohnungseinrichtungen
b) Zinszahlung für das Spargutzhaben eines Arbeitnehmers
c) Zahlung von Wohngeld
d) Zahlung von Gewerbesteuer
e) Aufnahme eines Investitionskredites
f) Entgeltzahlung an einen Industriefacharbeiter
g) Überweisung der Umsatzsteuerzahllast
h) Verpachtung der Fassade eines Privathauses zu Reklamezwecken an eine Brauerei

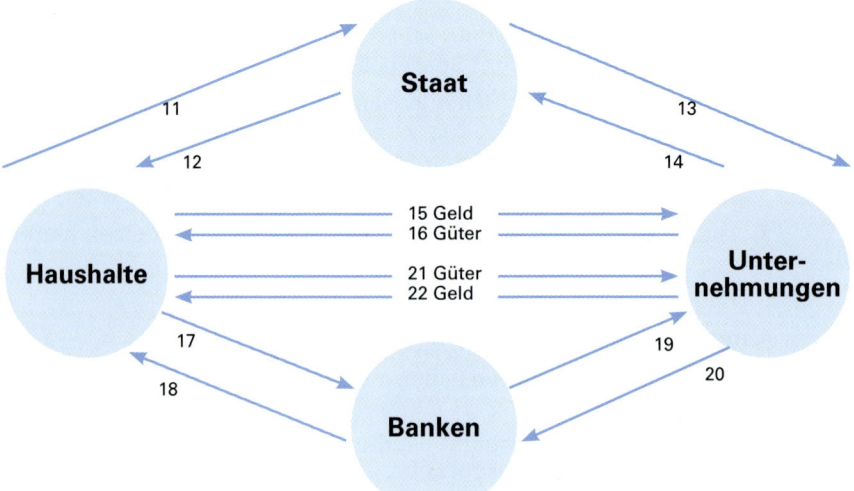

14 ▶ **Aufgabe (Volkswirtschaftliche Gesamtrechnung)**

a) Beschreiben Sie die Entwicklung und die Veränderung des Bruttoinlandsproduktes in Deutschland in den letzten Jahren.

b) In welchen Wirtschaftsbranchen wurde das BIP erwirtschaftet (Entstehungsrechnung)?

c) Wie wurde das BIP verwendet (Verwendungsrechnung)?

d) Wie wurde das BIP verteilt (Verteilungsrechnung)?

15 ▶ **Aufgabe (Volkswirtschaftliche Gesamtrechnung)**

Das statistische Amt des Landes „Utopia" hat folgende gesamtwirtschaftliche Daten für ein Jahr ermittelt:

Konsumausgaben der privaten Haushalte	1.200
Konsumausgaben des Staates	300
Bruttoinvestitionen	440
Exporte	150
Importe	100
Vom Ausland erhaltene Primäreinkommen	30
An das Ausland gezahlte Primäreinkommen	60
Abschreibungen	200
Indirekte Steuern	300
Subventionen	100
Bruttowertschöpfung produzierendes Gewerbe	735
Bruttowertschöpfung Baugewerbe	100
Bruttowertschöpfung Handel, Gastgewerbe, Verkehr	500
Bruttowertschöpfung sonstige Wirtschaftszweige	655
Arbeitnehmerentgelte	1.090
Unternehmenseinkommen	470

a) Berechnen Sie in einer übersichtlichen Darstellung das Bruttoinlandsprodukt, das Bruttonationaleinkommen und das Volkseinkommen.

b) Stellen Sie die Entstehungs- und Verwendungsrechnung des BIP und die Verteilungsrechung des Volkseinkommens übersichtlich dar.

16 ▶ **Aufgabe (soziale Marktwirtschaft)**

Beschreiben Sie anhand der Ausgaben im Bundeshaushalt und ihrer Struktur, warum in Deutschland eine soziale Marktwirtschaft vorherrscht.

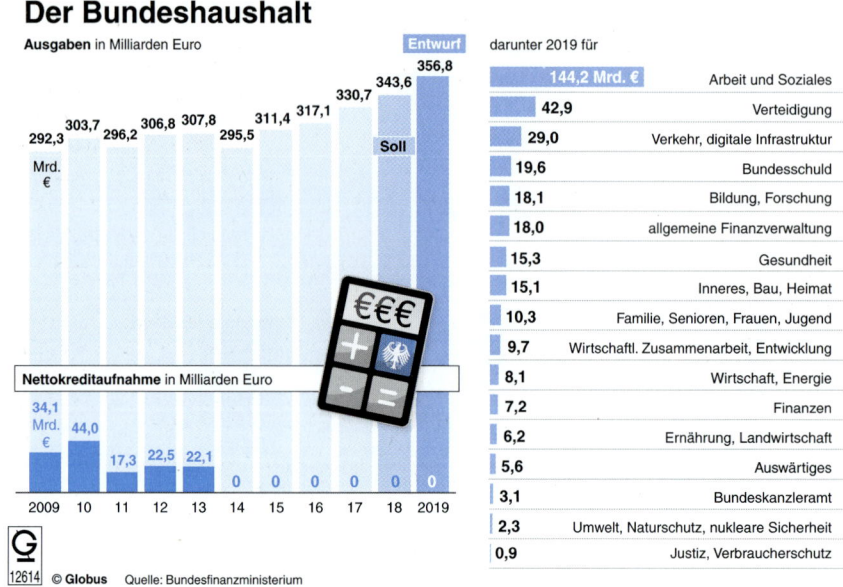

17 ▶ **Aufgabe (soziale Marktwirtschaft)**

In Spiegel Online ist am 05.03.2015 folgender Artikel erschienen, der die neu eingeführte Mietpreisbremse erläutert.

> **Bundestag beschließt Mietpreisbremse**
>
> **Die Mietpreisbremse kommt: Der Bundestag hat dem Gesetzentwurf von Justizminister Maas zugestimmt. Mehrere Bundesländer kündigten bereits an, den Beschluss zügig umzusetzen.**
>
> Berlin – Der Bundestag hat die Einführung der Mietpreisbremse beschlossen. Die Mehrheit der Abgeordneten stimmte am Donnerstag für den Gesetzentwurf von Justizminister Heiko Maas (SPD).
>
> Das verabschiedete Gesetz sieht vor, dass bei Neuvermietungen die Miete höchstens zehn Prozent über der ortsüblichen Vergleichsmiete liegen darf. Kostet eine Wohnung bisher 5,50 € pro Quadratmeter und die ortsübliche Vergleichsmiete liegt bei 6,00 €, darf der Vermieter nur bis auf 6,60 € heraufgehen. Schluss sein soll auch mit der Praxis, dass Vermieter die Kosten für einen Makler auf den Mieter abwälzen. Es soll das Prinzip gelten: „Wer bestellt, bezahlt."
>
> In welchen Gebieten die Mietpreisbremse eingeführt wird, sollen die Länder festlegen. Bundesländer mit großen Ballungsräumen und Universitätsstädten haben bereits angekündigt, die Mietpreisbremse schnell anwenden zu wollen. In Berlin soll sie so früh wie möglich gelten. „Die Vorlage liegt schon in der Schublade", sagte Stadtentwicklungssenator Andreas Geisel (SPD).

Auch Bayern, Baden-Württemberg, Nordrhein-Westfalen und Hamburg wollen sobald wie möglich von der Ermächtigung Gebrauch machen. Allerdings soll in vielen Bundesländern zunächst geprüft werden, in welchen Städten und Gemeinden das Instrument tatsächlich notwendig ist.

Bundesjustizminister Maas (SPD) sagte in der Debatte vor der Abstimmung: „Wir gehen davon aus, dass die Mietpreisbremse in Deutschland für fünf Millionen Wohnungen greifen kann und über 400.000 Mieterinnen und Mieter pro Jahr auch in den Genuss der Mietpreisbremse kommen können."

Handelt es sich bei der Mietpreisbremse um einen marktkonformen oder marktinkonformen Staatseingriff?

a) Was wird mit dem Staatseingriff in den Wohnungsmarkt bezweckt?

b) Erläutern Sie die Konsequenzen für Angebot und Nachfrage aus diesem Staatseingriff. Welche Probleme können sich daraus ergeben?

c) Beschreiben Sie, warum Marktinterventionen eine Konsequenz der sozialen Marktwirtschaft sind.

Wiederholungsfall

Gesamtaufgabe Grundzüge der Wirtschaftsordnungen

In den letzten Jahren wurde an den Warenbörsen festgestellt, dass der Preis für die dort gehandelten Rohkaffeebohnen sehr niedrig ist. Besonders betroffen davon sind Länder in Lateinamerika und Afrika, wie Guatemala, Nicaragua, Kolumbien und Kamerun, die zu den Haupterzeugerländern von Kaffee zählen.

An einer Warenbörse für Rohkaffee gehen folgende Kauf- und Verkaufsaufträge ein:

Verkäufer	Verkaufsaufträge	Käufer	Kaufaufträge
V1	2.000 kg zu mindestens 1,50 €/kg	K1	2.500 kg zu höchstens 1,50 €/kg
V2	2.000 kg zu mindestens 3,00 €/kg	K2	2.500 kg zu höchstens 3,00 €/kg
V3	2.000 kg zu mindestens 4,50 €/kg	K3	2.500 kg zu höchstens 4,50 €/kg
V4	2.000 kg zu mindestens 6,00 €/kg	K4	2.500 kg zu höchstens 6,00 €/kg
V5	2.000 kg zu mindestens 7,50 €/kg	K5	1.000 kg zu höchstens 7,50 €/kg

a) Ermitteln Sie den Gleichgewichtspreis und die Gleichgewichtsmenge für den Rohkaffee mithilfe der folgenden Tabelle:

Preis in €/kg	Angebot insg. in kg	Nachfrage insg. in kg	Umsetzbare Menge in kg

b) Nennen Sie die Verkäufer, die bei dem sich einstellenden Gleichgewichtspreis nicht mehr verkaufen wollen und die deshalb leer ausgehen.

c) Zeichnen Sie die Angebots- und Nachfragekurve und kennzeichnen Sie den Gleichgewichtspreis.

d) Beschreiben Sie, welche Marktlage beim Preis von 6 €/kg vorliegt.

e) Der Preis hat in einem marktwirtschaftlichen System wichtige Funktionen. Erläutern Sie zwei Preisfunktionen.

Aufgrund eines starken Befalls der Kaffeepflanzen durch Schädlinge fiel die Kaffeeernte deutlich geringer aus.

f) Beschreiben Sie die Veränderung der Marktsituation bei unveränderter Nachfrage. Wie verschiebt sich die Angebotskurve?

g) Welche Auswirkung ergibt sich aufgrund der veränderten Marktsituation für Preis und Menge der gehandelten Kaffeebohnen?

Sie haben in verschiednen Supermärkten, aber auch in Tante-Emma-Läden oder in Dritte-Welt-Läden, die Wahl zwischen vielen Kaffeesorten mit sehr unterschiedlichen Preisen.

h) Nennen Sie 4 Gründe für die unterschiedlichen Kaffeepreise. (Gehen Sie dabei auf die Voraussetzungen des vollkommenen Marktes ein.)

3 Ziele der sozialen Marktwirtschaft

Einführungssituation

Jedes Frühjahr werden von führenden deutschen Wirtschaftsinstituten die sogenannten Frühjahrgutachten veröffentlicht. Diese Gutachten geben eine Prognose über die wirtschaftliche Entwicklung ab. Die Frühjahrsgutachten enthalten Aussagen über die Erreichung mehrerer gesamtwirtschaftlicher Ziele, an denen sich auch die Regierung messen lassen muss.

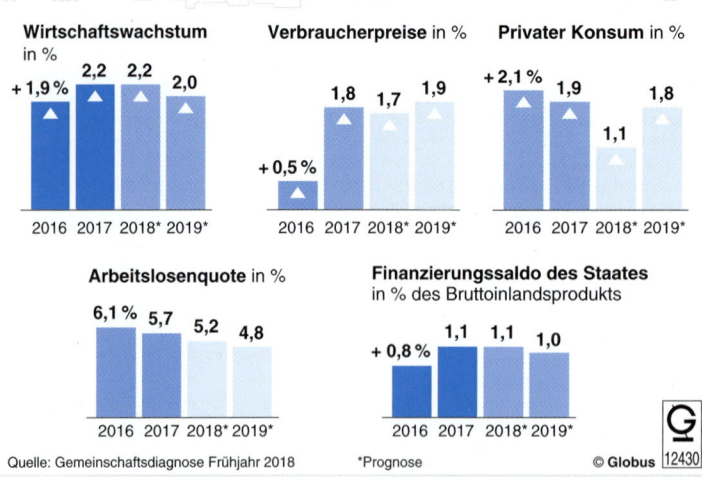

Konjunktur-Ausblick für Deutschland
Aus dem Frühjahrsgutachten 2018 der führenden Wirtschaftsforschungsinstitute

Quelle: Gemeinschaftsdiagnose Frühjahr 2018 *Prognose © Globus 12430

a) Nennen Sie die in der Grafik beschriebenen gesamtwirtschaftlichen Ziele.
b) Welche Prognosen werden für die einzelnen Ziele für das Jahr 2019 abgegeben?
c) Werden damit die gesamtwirtschaftlichen Ziele erreicht oder verfehlt?

Damit eine Wirtschaftsordnung ihre Aufgabe der bestmöglichen Güterversorgung und die Einhaltung bestimmter sozialer Aspekte gut erfüllen kann, sollten bestimmte Voraussetzungen erfüllt sein, die sogenannten gesamtwirtschaftlichen Ziele. In der sozialen Marktwirtschaft ist es vor allem der Staat, der mit seinen Eingriffen in den wirtschaftlichen Ablauf die Einhaltung dieser Ziele verfolgt.

In Deutschland wurden die vier wichtigsten Ziele im Gesetz zur Förderung der Stabilität und des Wachstums der Wirtschaft (Stabilitätsgesetz) gesetzlich verankert:

› Stabilität des Preisniveaus
› hoher Beschäftigungsstand
› außenwirtschaftliches Gleichgewicht
› stetiges und angemessenes Wirtschaftswachstum

Sie ergeben somit eine Verpflichtung zur Einhaltung und Förderung durch den Staat. Es haben sich aber über die Ziele des Stabilitätsgesetzes hinaus noch weitere Ziele herausgebildet.

3.1 Stabilität des Preisniveaus

Ist das Preisniveau einer Volkswirtschaft stabil, können die Bürger die Gewissheit haben, dass sie mit ihrem Geld immer die gleiche Gütermenge kaufen können. Erhalten die Arbeitnehmer eine Gehaltserhöhung, so können sie sich damit auch mehr Güter kaufen.

Ist das Preisniveau stabil, ist auch der Wert des Geldes stabil. Die Kaufkraft des Geldes bleibt gleich, da man für eine bestimmte Menge Geld auch immer die gleiche Menge an Gütern erhält.

Vergrößert sich allerdings die Geldmenge gegenüber der Gütermenge, dann sinkt der Wert des Geldes. Dem Mehr an Geld stehen nicht mehr Güter gegenüber. Das führt zu Preissteigerungen. Sinkt die Geldmenge gegenüber der Gütermenge, führt das zu Preissenkungen. Der Geldwert steigt.

Das Preisniveau und damit auch der Geldwert wird durch sogenannte Preisindizes gemessen. Dafür wird ein repräsentativer Warenkorb zusammengestellt, in dem die wichtigsten Güter vertreten sind (ca. 750 verschiedene Güter). Für diese Güter werden monatlich und jährlich die Preise ermittelt und dann zu einem Preisindex zusammengefasst. Dieser Preisindex wird jährlich vom Statistischen Bundesamt ermittelt und veröffentlicht. An der jährlichen Veränderung dieses Preisindex kann abgelesen werden, ob die Preise durchschnittlich gleich geblieben, gestiegen oder gefallen sind.

Ist der Preisindex im Vergleich zum Vorjahr gestiegen, spricht man von Inflation. Der Wert des Geldes ist gesunken, da man für sein Geld weniger Güter einkaufen kann.

Eine Inflation hat weit reichende Folgen für eine Volkswirtschaft und ihre Teilnehmer:

› **Folgen der Inflation für das Einkommen:**

Durch Inflation können Bezieher von Einkommen für ihr Gehalt weniger Güter kaufen. Sie haben damit reale Einkommensverluste. Um diese auszugleichen, müssen Einkommensbezieher die Inflation durch Einkommenserhöhungen aus

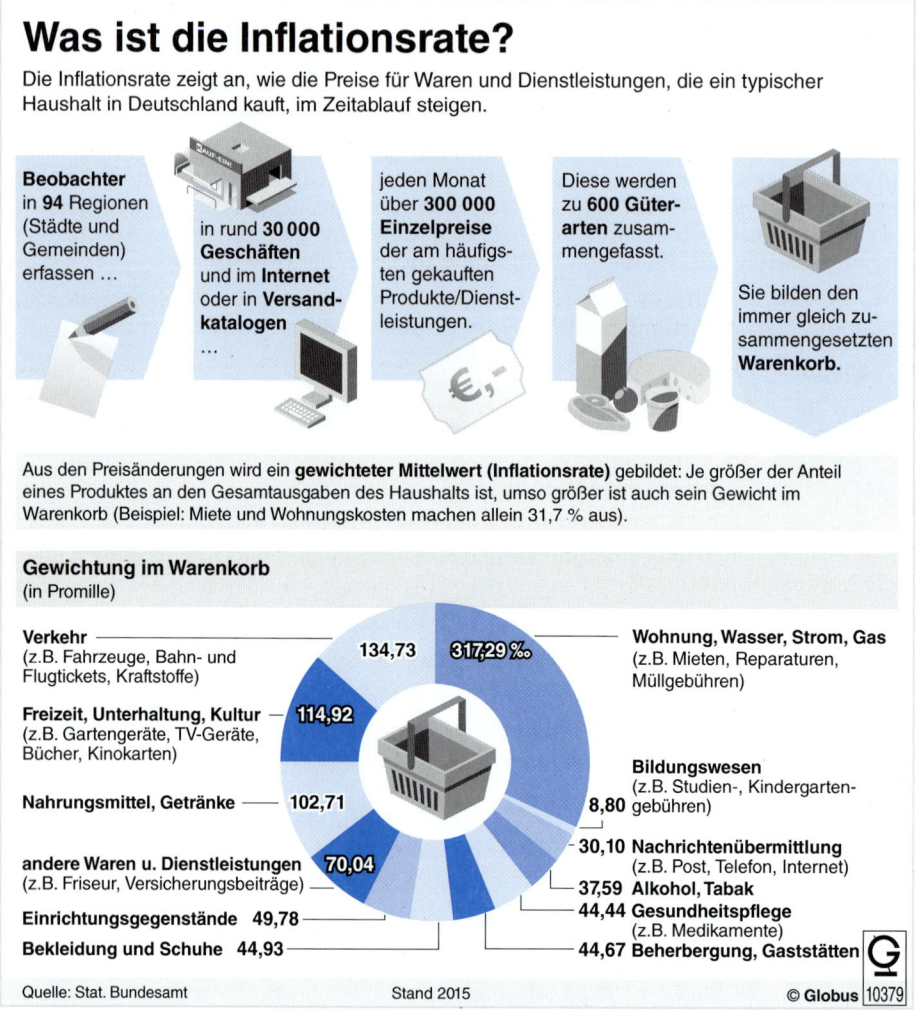

gleichen. Außerdem sind Bezieher geringerer Einkommen stärker durch eine Inflation betroffen, da sie bei hoher Inflation nahezu ihr gesamtes Einkommen für existenznotwendige Güter ausgeben müssen.

› **Folgen der Inflation für das Vermögen:**

Geldvermögen verlieren durch die Inflation an Wert, da man für die gesparte Geldmenge weniger Güter kaufen kann. Deshalb ist bei der Anlage des Geldes darauf zu achten, dass die Zinsen mindestens so hoch wie die Inflationsrate sein müssen, um reale Vermögenseinbußen zu vermeiden. Sachwerte (z.B. Immobilien) sind in Zeiten hoher Inflation besonders begehrt, da sie nicht wie das Geld an Wert verlieren und wertbeständig sind. Eine hohe Inflation führt zu einer Flucht in Sachwerte.

› **Folgen der Inflation für die Schulden:**

Schulden müssen immer zu ihrem Nominalwert zurückgezahlt werden. D. h., wer einen Kredit in Höhe von 100.000 € aufgenommen hat, muss auch dieselbe Geldsumme zurückzahlen. Da aber in Zeiten der Inflation das Geld an Wert verliert, muss ein Kreditnehmer real weniger zurückzahlen und ist somit ein Gewinner der Inflation.

> **Folgen der Inflation für die Nachfrage:**

Die durch Inflation steigenden Preise führen zu einer geringeren Kaufkraft. Sie vermindert die Güternachfrage einer Volkswirtschaft. Dadurch können sich negative Effekte auf die Produktion und die Beschäftigung ergeben.

Über die Frage, wann das Ziel der Preisniveaustabilität erreicht ist, ist man sich nicht einig. Eine Inflationsrate von 0 % ist nicht realisierbar. Man spricht deshalb mittlerweile bei einer Inflationsrate von ca. 2 % von Preisniveaustabilität.

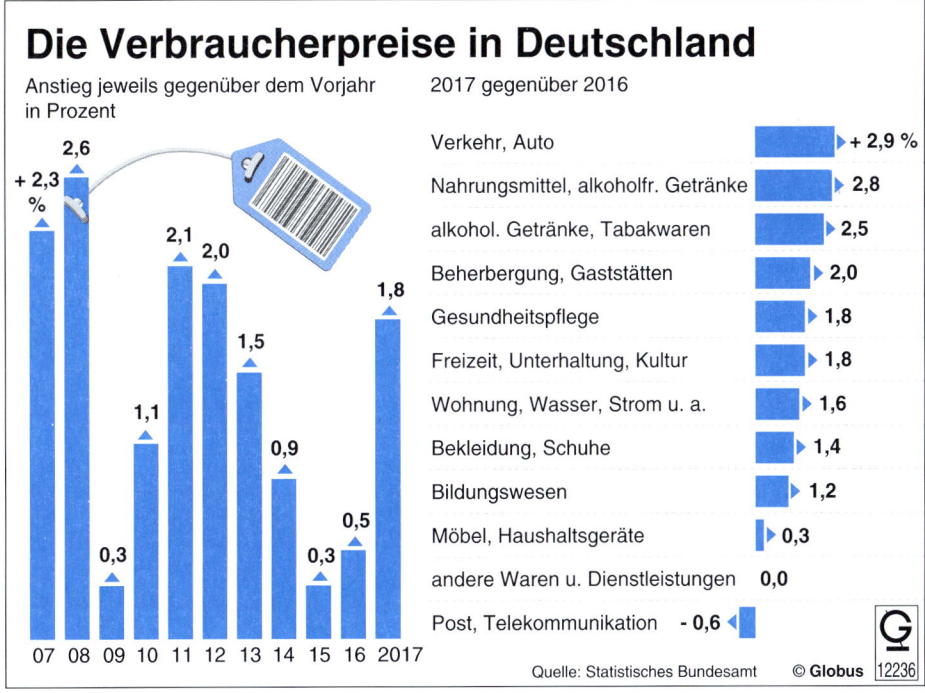

In den letzten Jahren war das Problem der Inflation in Deutschland insgesamt gesehen von eher untergeordneter Bedeutung. In einzelnen Teilbereichen der Wirtschaft kann es allerdings zu unterschiedlichen Entwicklungen kommen.

Eine Verringerung des Preisniveaus nennt man Deflation. In der Realität sind deflationäre Prozesse in Deutschland in den letzten Jahren nicht aufgetreten. Auch die Deflation hat negative Folgen für eine Volkswirtschaft. Unternehmen senken aufgrund sinkender Preise ihre Produktion. Dadurch geht das Angebot an Gütern zurück und die Arbeitslosigkeit steigt. Die letzte deflationäre Phase in Deutschland herrschte in den Jahren 1930–1932 und führte zu einer Arbeitslosigkeit von 6 Millionen Menschen.

3.2 Hoher Beschäftigungsstand

Arbeitslosigkeit bedroht die Betroffenen in ihrem Lebensstandard oder gar in ihrer Existenz. Als arbeitslos gilt, wer sich beim Arbeitsamt als arbeitssuchend gemeldet hat. Auch die anderen Teilnehmer der Volkswirtschaft (Unternehmer, Rentner, Staat) sind durch eine hohe Arbeitslosigkeit negativ betroffen, da in der Bevölkerung weniger Kaufkraft zur Verfügung steht und somit die Nachfrage sinkt. Der Staat selbst ist durch eine hohe Arbeitslosigkeit finanziell belastet, da er durch Steuerausfälle, Ausfälle in der Sozialversicherung, Arbeitslosenhilfe und Sozialhilfe hohe Ausgaben zu verkraften hat.

Deshalb ist eine möglichst geringe Arbeitslosigkeit ein wichtiges volkswirtschaftliches Ziel.

Die Arbeitslosigkeit wird durch die Arbeitslosenquote ermittelt:

$$\text{Arbeitslosenquote} = \frac{\text{Zahl der registrierten Arbeitslosen}[1]}{\text{Zahl aller Erwerbspersonen}[2]} \times 100$$

Eine Vollbeschäftigung ist allerdings nur selten möglich, da die Arten der Arbeitslosigkeit zu unterschiedlich sind.

Arten der Arbeitslosigkeit	Beschreibung	Dauer
Friktionelle Arbeitslosigkeit	Beim Wechsel des Arbeitsplatzes kann es zu Arbeitslosigkeit kommen	kurzfristig
Saisonale Arbeitslosigkeit	Jahreszeitliche bedingte Rückgänge der Beschäftigung (Baugewerbe, Tourismus)	kurzfristig
Konjunkturelle Arbeitslosigkeit	Eine schlechte Lage der gesamten Wirtschaft kann dazu führen, dass viele Arbeitnehmer für die Dauer der Konjunkturkrise arbeitslos werden.	mittelfristig
Strukturelle Arbeitslosigkeit	Sie ist bedingt durch den technischen Fortschritt beim Ersatz von Menschen durch Maschinen (Rationalisierung) und durch regionale Ursachen (Strukturänderung eines Wirtschaftszweiges, z. B. Kohle und Stahl)	langfristig

Wegen der existenziellen Bedrohung der Arbeitslosen und der hohen gesamtwirtschaftlichen Kosten muss der Staat vor allem bei der mittel- und langfristigen Arbeitslosigkeit unterstützend eingreifen. Die erste Maßnahme ist meist die Zahlung von Arbeitslosengeld, die allerdings die Arbeitslosigkeit nicht behebt, sondern nur deren Folgen abmildert.

Maßnahmen können sein:

> **Umschulungen und Weiterbildung der Betroffenen**

> Ein wichtiger Grund für Arbeitslosigkeit ist eine zu geringe Qualifizierung der Arbeitskräfte. Weiterbildungsmaßnahmen helfen dieses Defizit abzubauen und so die Möglichkeiten für eine neue Anstellung zu erhöhen.

> Arbeitslose, die in Branchen tätig sind, die vom Strukturwandel betroffen sind (z. B. Arbeiter im Bergbau), haben selten Möglichkeiten in der Branche eine andere Anstellung zu finden. Eine Umschulung für eine Tätigkeit in einer zukunftsträchtigen Branche erhöht ihre Anstellungschancen.

---

[1] Erfasst werden nur die registrierten Arbeitslosen. Es gibt eine Dunkelziffer von Arbeitslosen, die z. B. schon resigniert haben und sich nicht mehr beim Arbeitsamt melden.

[2] Selbstständige + abhängig Beschäftigte + registrierte Arbeitslose

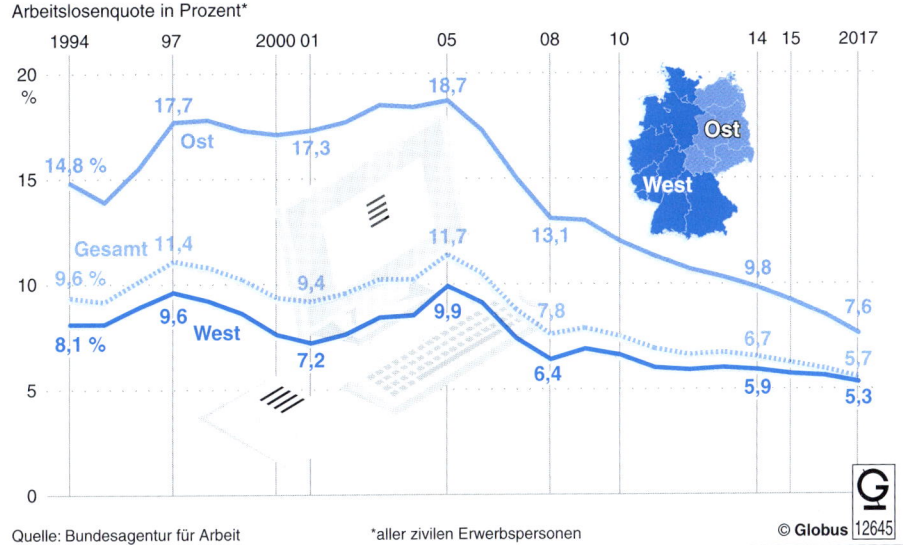

> **Unterstützung zukunftsträchtiger Wirtschaftszweige**
> Wirtschaftszweige, von denen ein starkes Wachstum ausgeht, benötigen viele Arbeitskräfte (z. B. IT-Bereich). Um dort weitere Arbeitsplätze zu schaffen, unterstützt der Staat Unternehmen diese Branche.

> **Deregulierungen im Arbeitssektor (Kündigungsregelungen)**
> Starre und komplizierte Einstellungs- und Kündigungsvorschriften schrecken viele Unternehmen ab, neue Arbeitskräfte einzustellen. Zusätzlich handelt es sich bei dem Arbeitssektor um einen stark regulierten Bereich mit vielen behördlichen Regelungen und Vorschriften. Deshalb fordern viele Unternehmer eine Lockerung dieser Regelungen. Hierdurch ergäbe sich ihrer Meinung nach dann ein großer Schub auf dem Arbeitsmarkt. Gewerkschaften sehen diese Forderung kritisch, da dadurch der Schutz von Beschäftigten aufgeweicht wird.

3.3 Außenwirtschaftliches Gleichgewicht

Die Länder der Welt sind wirtschaftlich stark miteinander verflochten. So können Länder mit Gütern versorgt werden, die sie selber nicht produzieren können (z. B. importiert Deutschland Bananen, die hier nicht angebaut werden können), oder mit Gütern, die sie selbst nur zu viel höheren Kosten produzieren können (Deutschland ist in der Lage, Hifi-Geräte herzustellen, aber die Produktionskosten sind in den asiatischen Ländern viel günstiger und deswegen importiert Deutschland zum großen Teil diese Produkte).

Die außenwirtschaftlichen Beziehungen sind für ein Land von großer Bedeutung. Wichtig dabei ist, dass ein ausgeglichenes Verhältnis von Importen und Exporten besteht. Ein Defizit würde sich ergeben, wenn auf Dauer mehr Güter importiert als exportiert würden. Dies hätte ein Finanzierungs- und Verschuldungsproblem des Landes zur Folge. Werden auf Dauer mehr Güter exportiert als importiert, fehlen die entsprechenden Güter den Inländern für Konsum oder neue Produktion. Außerdem bewirkt der Devisenzufluss eine steigende Geldmenge und eine importierte Inflation wäre die Folge.

Messgrundlage des außenwirtschaftlichen Gleichgewichts ist die so genannte Leistungsbilanz. Sie ist ein Teil der Zahlungsbilanz, die den gesamten wirtschaftlichen Verkehr einer Volkswirtschaft erfasst.

Zahlungsbilanz				
Leistungsbilanz			Kapitalverkehrsbilanz	Devisenbilanz
Handelsbilanz	Dienstleistungsbilanz	Übertragungsbilanz		

Die Leistungsbilanz unterteilt sich in:

› **Handelsbilanz**

Hier werden Ex- und Importe von Gütern (z. B. Autos, Rohstoffe) erfasst.

Die Handelsbilanz ist in Deutschland im Regelfall positiv, d. h. es werden mehr Güter aus- als eingeführt.

› **Dienstleistungsbilanz**

Sie erfasst den Ex- und Import von Dienstleistungen (z.B. Tourismus, Transport).

Die Dienstleistungsbilanz ist meistens negativ, da die Zahlungen der Deutschen für den Tourismus einen großen Anteil der Ausgaben ausmachen.

› **Übertragungsbilanz**

Sie erfasst Zahlungen an das Ausland und aus dem Ausland ohne Gegenleistungen (z.B. Überweisungen ausländischer Arbeitnehmer, Entwicklungshilfe).

Auch die Übertragungsbilanz ist traditionell negativ, da ausländische Arbeitnehmer große Summen in ihre Heimatländer überweisen.

Die deutsche Leistungsbilanz ist in den letzten Jahren durch hohe Überschüsse gekennzeichnet. Das Ziel des außenwirtschaftlichen Gleichgewichts ist damit nicht erreicht worden. Die Ursache liegt in dem hohen Überschuss der Handelsbilanz begründet.

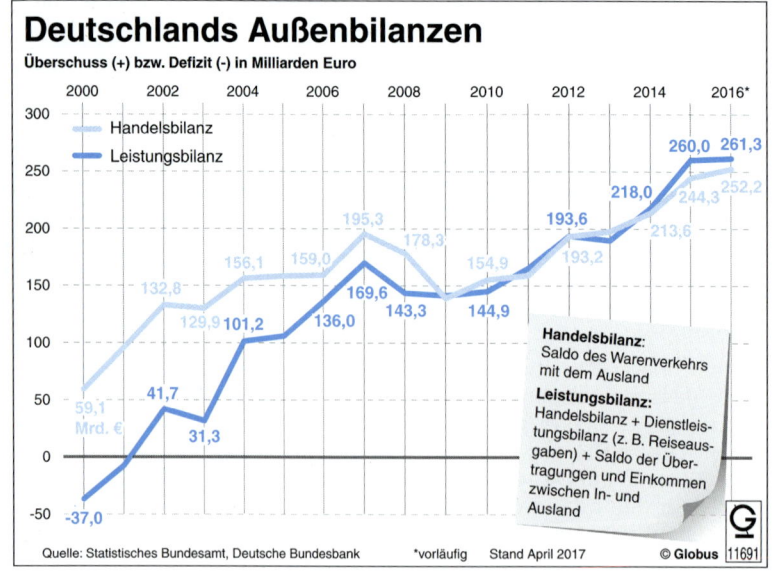

Neben der Leistungsbilanz werden in der Kapitalverkehrsbilanz die Ex- und Importe von Kapital (z. B. deutsche Unternehmer investieren in Korea) und in der *Devisenbilanz* die Zu- und Abnahme von Währungsreserven erfasst.

3.4 Stetiges und angemessenes Wirtschaftswachstum

Laut Stabilitäts- und Wachstumsgesetz wird ein stetiges und angemessenes wirtschaftliches Wachstum angestrebt, da damit ein hoher Beschäftigungsstand und Lebensstandard verwirklicht werden kann. Außerdem ist es im Zuge einer gerechten Einkommensverteilung innerhalb einer Bevölkerung leichter, Zuwächse zu verteilen als bestehende Einkommen umzuverteilen.

Gemessen wird das Wirtschaftswachstum durch die Veränderungen des Bruttoinlandsproduktes im Vergleich zum Vorjahr.

Die Meinung darüber, was ein angemessenes Wachstum ist, hat sich im Laufe der Jahre stark verändert. In den siebziger Jahren sprach man bei einem Zuwachs von 4 % von angemessen, in den achtziger und neunziger Jahren schon bei einem Zuwachs von 2–2,5 %.

Das gesamtwirtschaftliche Ziel „Wirtschaftswachstum" hat starke Kritik erfahren. Die Kritik bezieht sich darauf, dass ein viel zu quantitativ (nur auf die prozentuale Steigerung ausgerichtet) orientierter Wachstumsbegriff verwendet wurde. Nicht zuletzt das starke Wirtschaftswachstum in der gesamten Welt hat dazu geführt, dass viele Umweltschäden durch Luft- und Wasserverschmutzung und Ausbeutung von Ressourcen entstanden sind. Die Forderung geht vielmehr dahin, ein qualitatives Wachstum als gesamtwirtschaftliches Ziel zu verstehen, bei dem umweltpolitische Komponenten viel stärker zum Ausdruck kommen und nur solche Wirtschaftsbereiche gefördert werden, die umweltverträglich sind. Außerdem gibt es Meinungen, dass Wirtschaftswachstum kein eigenständiges Ziel ist, sondern nur die anderen drei Ziele unterstützt.

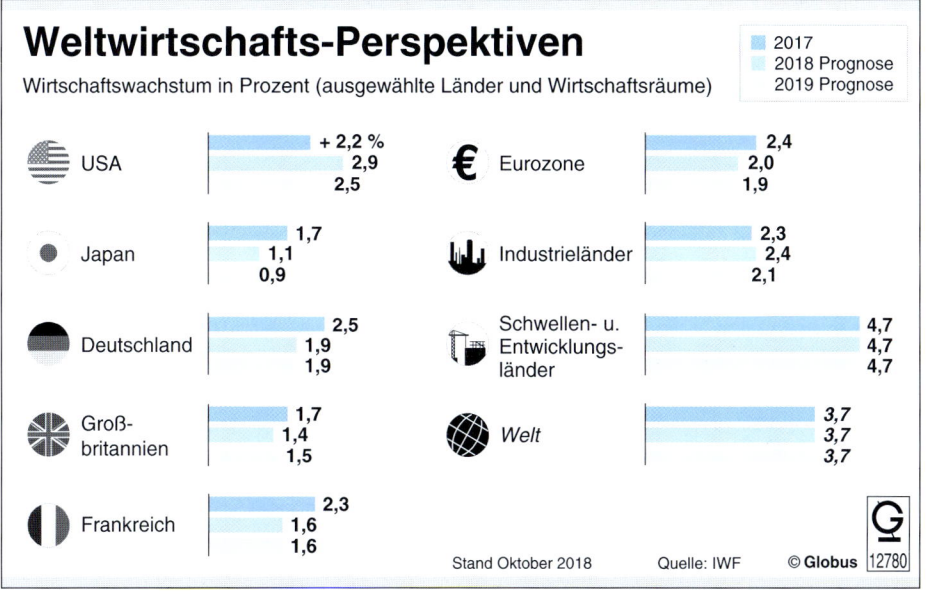

3.5 Zielkonflikt – Magisches Viereck

Diese vier gesamtwirtschaftlichen Ziele des Stabilitätsgesetzes (Preisniveaustabilität, hoher Beschäftigungsstand, außenwirtschaftliches Gleichgewicht, stetiges und angemessenes Wachstum) sind sehr schwer gleichzeitig zu erreichen. Teilweise beeinflussen sie sich auch negativ. Dies nennt man einen Zielkonflikt. Beeinflussen sich die Maßnahmen zur Erreichung zweier Ziele positiv, so spricht man von Zielharmonien.

> **Beispiel:**
>
> Exportüberschüsse sind für das Beschäftigungsziel erwünscht, da dann die Produktion ausgeweitet wird und viele Arbeitnehmer beschäftigt werden können. Allerdings wird das Ziel des außenwirtschaftlichen Gleichgewichts dadurch nicht eingehalten.
>
> Bei starker Arbeitslosigkeit wäre eine Steigerung der Staatsausgaben von Vorteil, da dadurch die Produktion und die Zahl der benötigten Arbeitskräfte steigt. Gleichzeitig führt eine gesteigerte Staatsnachfrage zu steigenden Preisen, sodass das Ziel der Preisniveaustabilität gefährdet ist. Dieser Effekt tritt aber nur ein, wenn das gesamtwirtschaftliche Angebot die zusätzliche Nachfrage nicht abdecken kann.
>
> Allerdings führt ein gesamtwirtschaftliches Wachstum oft zum Abbau der Arbeitslosigkeit, da dann durch die erhöhte Produktion mehr Arbeitskräfte benötigt werden.

Da es fast unmöglich ist, diese vier Ziele gleichzeitig zu erreichen, spricht man auch vom magischen Viereck.

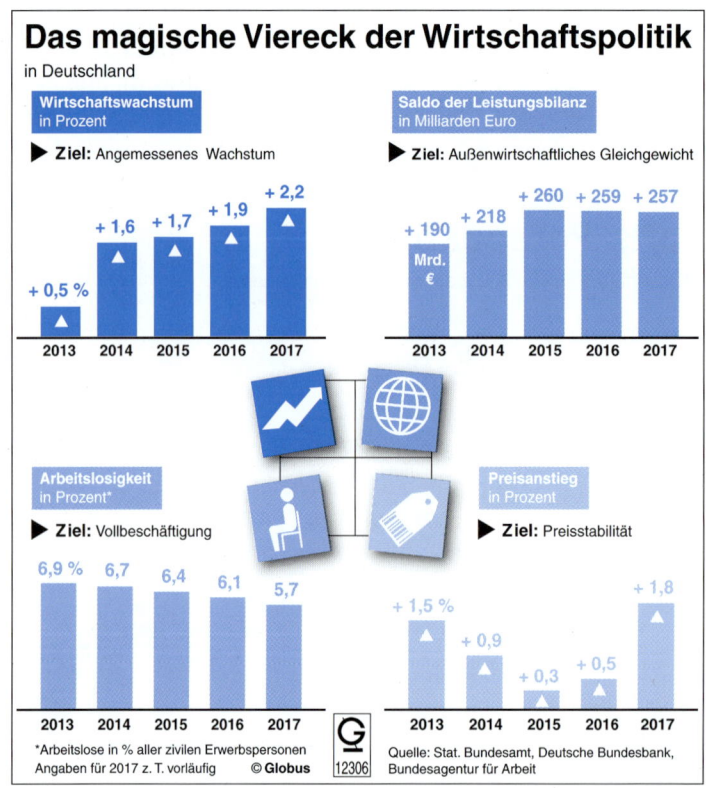

In der praktischen Wirtschaftspolitik werden dann vorrangig die Ziele angestrebt, die besonders stark verletzt werden. Allerdings hängt die Verfolgung dieser Ziele auch von politischen Interessen ab.

3.6 Weitere Zielsetzungen

In der heutigen Volkswirtschaftslehre haben sich noch andere wichtige gesamtwirtschaftliche Ziele herausgebildet. Deshalb spricht man mittlerweile auch nicht mehr von einem „magischen Viereck", sondern von einem „magischen Vieleck".

Als weitere Ziele sind in der Diskussion:

■ Sozial verträgliche Einkommens- und Vermögensverteilung

In einer Volkswirtschaft sollen Einkommen und Vermögen gerecht verteilt werden. Was gerecht ist, ist dabei umstritten. Es kommt die Verteilung nach der Leistung und nach dem Bedarf in Betracht. Die Verteilung nach der Leistung würde beinhalten, dass derjenige, der leistungsfähiger ist, auch ein höheres Einkommen und Vermögen erhält. Bei dem Bedarfsgesichtspunkt steht im Vordergrund, dass derjenige etwas erhält, der es am dringendsten braucht.

Ist der Zustand sozial verträglicher Verteilung nicht gegeben, so muss der Staat umverteilen. Die Umverteilung erfolgt z. B. durch Steuern, Kindergeld, Eigenheimzulage, Wohnungsbeihilfen, BaföG.

■ Lebenswerte Umwelt

Zur Erhaltung der menschlichen Lebensgrundlagen ist eine intakte Umwelt notwendig. Die Wirtschaft wird zum Schutze der Umwelt und ihrer schonenden Nutzung verpflichtet.

Dies kann zum einen durch marktkonforme Maßnahmen erfolgen. Über eine preisgesteuerte Beeinflussung soll das Verhalten der Wirtschaftssubjekte beeinflusst werden. So sollen mithilfe von Ökosteuern als umweltschädigend erkannte Maßnahmen und Produkte so stark verteuert werden, dass die Nachfrage sinkt. Umweltschonende Produkte sollen entlastet werden, damit die Nachfrage nach ihnen steigt.

Zum anderen stehen dem Staat marktkonträre Maßnahmen zur Verfügung. Sie setzen den Marktmechanismus außer Kraft. Dies erfolgt durch Ge- und Verbote. Verbote untersagen bestimmte umweltschädliche Produkte oder Maßnahmen (z. B. Gebrauch von FCKW). Gebote schreiben bestimmte umweltschützende Maßnahmen vor (z. B. Einbau von Filtern).

Zielkonflikte ergeben sich, wenn umweltschützende Maßnahmen das Wirtschaftswachstum negativ beeinflussen, da sie Kosten verursachen und somit die Unternehmungen weniger wettbewerbsfähig sind. Auf der anderen Seite entstehen durch den Umweltschutz auch ganz neue Branchen und Industrien, die Arbeitsplätze schaffen. Somit könnte sich mit dem Ziel hoher Beschäftigungsstand eine Zielharmonie ergeben.

Erarbeitungsfälle

1 ▶ Aufgabe (Preisniveaustabilität)

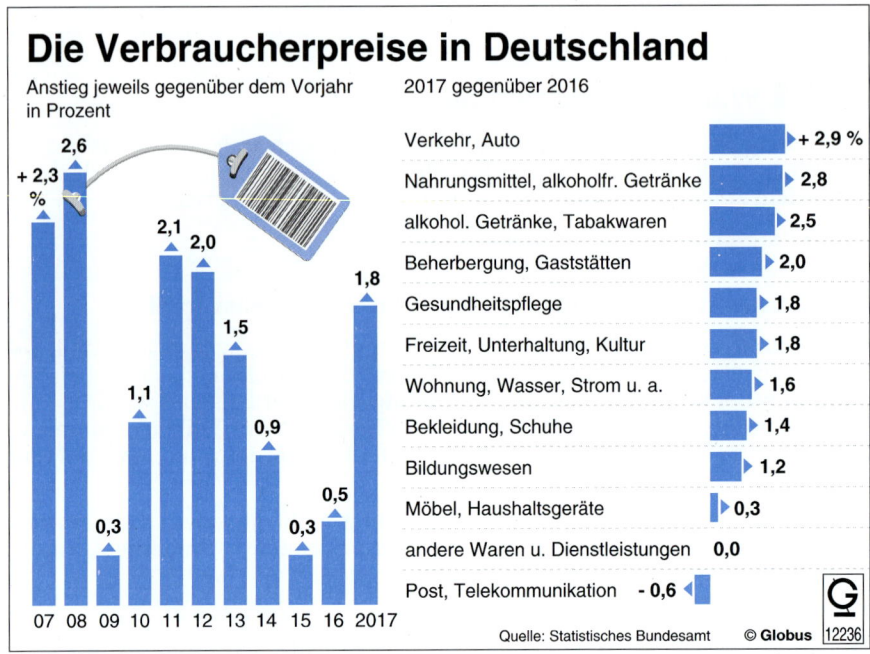

a) Beschreiben Sie die Entwicklung der Verbraucherpreise in Deutschland bis 2017.

b) Was bedeutet eine Preissteigerung von 1,8 % in 2017 im Vergleich zu 2016?

c) Erläutern Sie den Zusammenhang zwischen dem rechten Teil der Grafik und der gesamten Preissteigerung von 1,8 % in 2017 im Vergleich zu 2016.

2 ▶ Aufgabe (Inflation/Deflation)

Welche der Aussagen betreffen

    (1) nur die Inflation

    (2) nur die Deflation

    (3) sowohl die Inflation als auch die Deflation

    (4) weder die Inflation noch die Deflation?

a) Das Geldvermögen verliert an Wert.

b) Das Verhältnis von Geld- und Gütervolumen verändert sich.

c) Die Kaufkraft des Geldes steigt.

d) Sachvermögen werden bevorteilt.

e) Der Preisindex für die Lebenshaltung bleibt konstant.

f) Der Staat erhöht drastisch seine Ausgaben durch Kreditaufnahme.

g) Auf dem Konsumgütermarkt entsteht bei ausgelasteten Kapazitäten ein Nachfrageboom.

3 **Aufgabe (Preissteigerungsrate/Prozentrechnung)**

Warenkorb	Preise im Basisjahr in Euro	Preise im Berichtsjahr in Euro
Ernährung	450	455
Bekleidung	180	185
Mieten	850	830
Energie	250	275
Möbel, Hausgeräte	180	178
Gesundheit	150	165
Verkehr, Kommunikation	650	682
Bildung	120	122
Persönliche Ausstattung	110	112
Summe	2.940	3.004

a) Bei welchem Gut war die Preissteigerung am höchsten? Berechnen Sie die Preissteigerung in Euro und %.

b) Bei welchem Gut war die Preissteigerung am geringsten? Berechnen Sie die Preissteigerung in Euro und %.

c) Ermitteln Sie die Inflationsrate vom Basisjahr zum Berichtsjahr für den Warenkorb insgesamt. (Die einzelnen Positionen des Warenkorbs bleiben ungewichtet.)

d) Wie hoch wäre der heutige Preis, wenn ein Wohnzimmerschrank im Basisjahr 8.000 € gekostet hätte?

4 **Aufgabe (Arten der Arbeitslosigkeit)**

In ZEIT Online ist am 31.03.2105 folgender Artikel erschienen, der über die Entwicklung am deutschen Arbeitsmarkt berichtet:

> **Weniger als drei Millionen Arbeitslose**
>
> **Die gute Konjunktur sorgt auch am Arbeitsmarkt für Aufschwung: Im März waren 2,932 Millionen Menschen arbeitslos, die Quote ist so niedrig wie zuletzt vor 24 Jahren.**
>
> Die Zahl der Arbeitslosen in Deutschland ist im März wieder unter die Marke von drei Millionen gesunken: Die Bundesagentur für Arbeit (BA) registrierte 2,932 Millionen Erwerbslose. Das waren 85.000 weniger als im Februar und 123.000 weniger als vor einem Jahr. Die Arbeitslosenquote ging leicht um 0,1 Prozentpunkte auf 6,8 Prozent zurück. Das ist die niedrigste Arbeitslosenzahl in einem März seit 24 Jahren.
>
> „Die günstige Entwicklung am Arbeitsmarkt hält an", sagte BA-Chef Frank-Jürgen Weise. „Das liegt an der guten Konjunktur und der einsetzenden Frühjahrsbelebung."
>
> Ein Rückgang der registrierten Arbeitslosigkeit ist im März üblich, weil in der Regel mit dem Nachlassen des Winterwetters die Beschäftigung in den Außenberufen wie am Bau zunimmt. In diesem Jahr fiel die Abnahme etwas

höher aus. Unter Herausrechnung der jahreszeitlichen Schwankungen ging die Arbeitslosenzahl laut BA um 15.000 im Vergleich zum Februar zurück. Experten hatten eine Abnahme um 12.000 erwartet.

Zahl offener Stellen auf Rekordhoch

Die gute Auftragslage vieler deutscher Unternehmen hat in Deutschland zudem die Nachfrage nach Arbeitskräften zum Frühjahrsbeginn auf eine neue Rekordhöhe steigen lassen. Im März habe es so viele freie Stellen gegeben wie seit mindestens elf Jahren nicht mehr, berichtete die Bundesagentur für Arbeit. Die Nürnberger Bundesbehörde führt diese Entwicklung auf die „insgesamt positive Grundstimmung sowie die optimistischen Ausblicke der Unternehmen" zurück.

Allerdings sei die große Zahl der offenen Stellen nicht nur auf die gute konjunkturelle Lage zurückzuführen: Sie sei auch eine Folge des derzeit häufigeren Stellenwechsels. Dadurch würden viele Stellen frei, von denen manche nicht sofort besetzt werden könnten.

a) Der Rückgang welcher Art von Arbeitslosigkeit ist für die geringe Zahl von Arbeitslosen verantwortlich?

b) Im Text ist von einem häufigen Stellenwechsel die Rede. Welche Art von Arbeitslosigkeit kann durch den Wechsel der Arbeitsstelle entstehen und von welcher Dauer ist sie?

c) Welche weiteren Arten von Arbeitslosigkeit werden unterschieden?

d) Im Text wird von einer Quote gesprochen, die so niedrig ist wie zuletzt vor 24 Jahren. Von welcher Quote ist die Rede und wie wird sie berechnet?

e) Warum hat der Staat ein Interesse daran, die Arbeitslosigkeit so niedrig wie möglich zu halten?

f) Beschreiben Sie Maßnahmen zur Bekämpfung der Arbeitslosigkeit.

5 Aufgabe (Struktur der Arbeitsplätze)

Beschreiben und begründen Sie die Veränderungen in der Beschäftigungsstruktur.

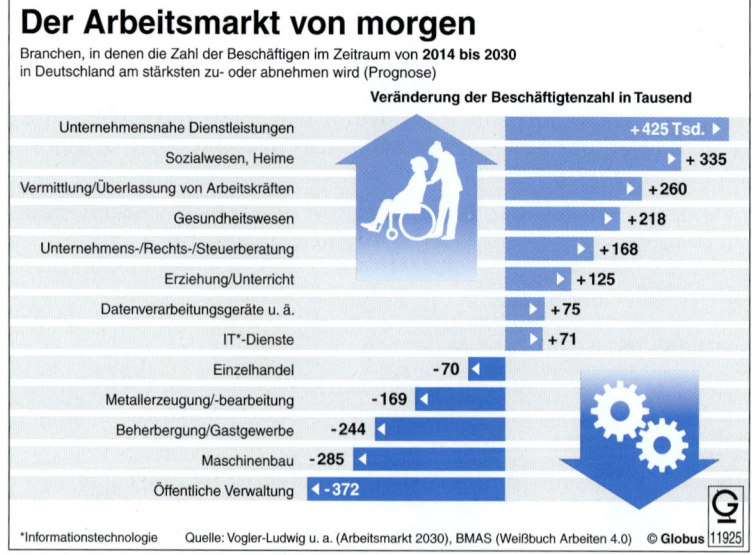

6 ▸ Aufgabe (Bekämpfung der Arbeitslosigkeit)

Begründen Sie mit einer Argumentationskette, wie folgende staatliche Maßnahmen die Arbeitslosigkeit bekämpfen können.

Beispiel: Mögliche Folgen einer Lockerung der Kündigungsregelungen könnten sein:

→ Unternehmer können Arbeitnehmer in schlechten Zeiten leichter kündigen
→ die Gefahr der dauerhaften finanziellen Belastung eines Unternehmers durch eine Einstellung sinkt
→ Unternehmer entschließen sich leichter Arbeitnehmer einzustellen
→ die Arbeitslosigkeit sinkt

a) Gewährung staatlicher Investitionszulagen

b) Senkung der Gewerbesteuer

c) Durchführung von Umschulungsmaßnahmen durch das Arbeitsamt

d) Verlängerung der Berufsausbildungszeit

e) Arbeitszeitverkürzung ohne vollen Lohnausgleich

f) Tarifvertragliche Beschränkungen von Überstunden

7 ▸ Aufgabe (Struktur des Außenhandels)

Beschreiben Sie anhand folgender Übersicht, warum ein außenwirtschaftliches Gleichgewicht gerade für Deutschland ein sehr wichtiges gesamtwirtschaftliches Ziel ist.

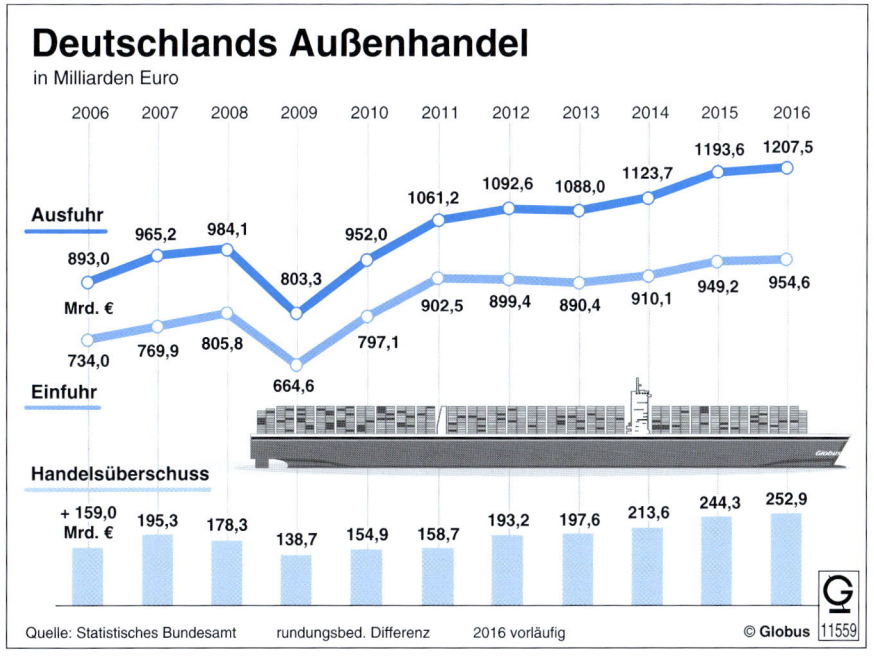

8 ▶ Aufgabe (Handels- und Leistungsbilanz)

a) Erläutern Sie die Unterschiede zwischen Handels- und Leistungsbilanz und erklären Sie die unterschiedliche Höhe.

b) Beurteilen Sie, ob das Ziel des außenwirtschaftlichen Gleichgewichts in den verschiedenen Jahren erreicht wurde.

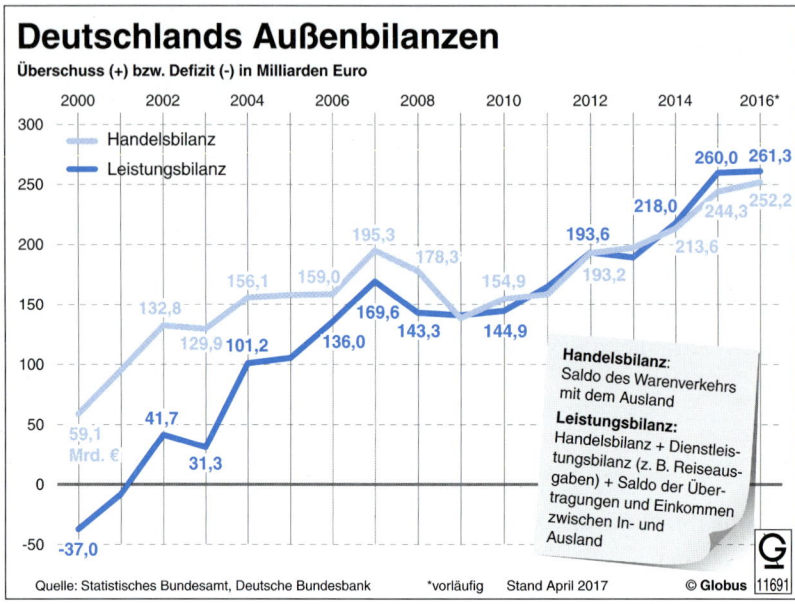

9 ▶ Aufgabe (Wirtschaftswachstum)

In der folgenden Abbildung sehen Sie die Entwicklung des Bruttoinlandsproduktes in Deutschland.

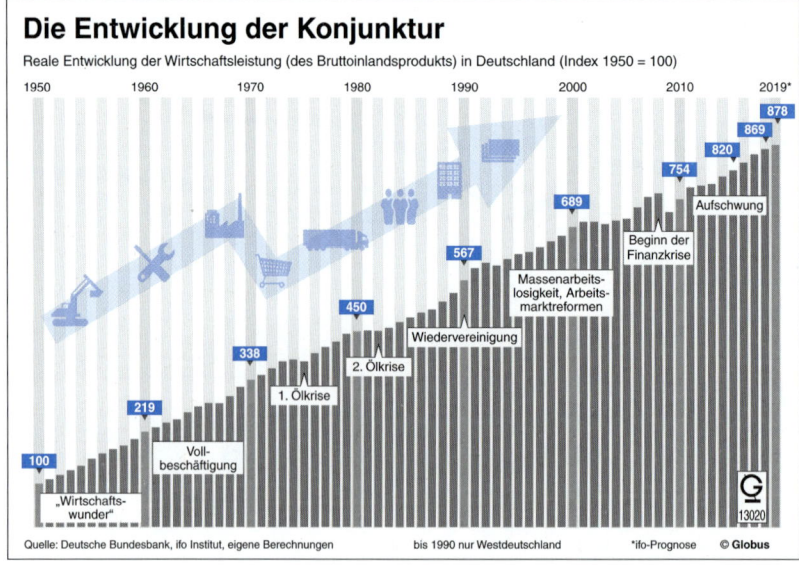

a) Beschreiben Sie die Entwicklung des BIP!
b) In der BRD ist die Enwicklung der Bevölkerung über die Jahre konstant bis leicht rückläufig. Wozu wird das stark gewachsene BIP (was dem Einkommen eines gesamten Volkes ungefähr gleichkommt) verwendet worden sein?
c) Versuchen Sie zu begründen, warum das Ziel des Wirtschaftswachstums in einer Volkswirtschaft wichtig ist.
d) Welche Kritikpunkte können Sie gegen diesen Wachstumsbegriff vorbringen?

10 Aufgabe (gesamtwirtschaftliche Ziele)

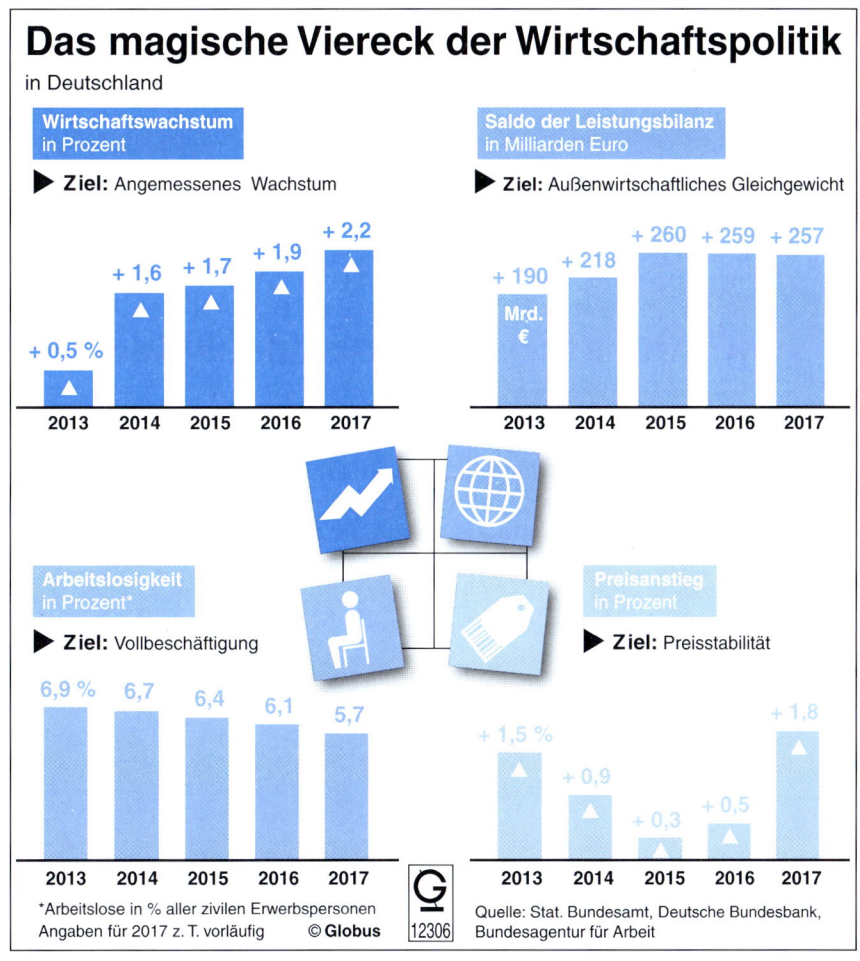

a) Welche wirtschaftspolitischen Ziele werden in dieser Grafik beschrieben? Beschreiben Sie die Ziele kurz und nennen Sie das Gesetz, in dem diese Ziele festgelegt sind.
b) Erläutern Sie, mit welchen Messinstrumenten beurteilt wird, ob die vorgegebenen wirtschaftspolitischen Ziele erreicht worden sind.
c) Beurteilen Sie, ob die Ziele zurzeit erreicht sind.

11 Aufgabe (Zielkonflikte)

Prüfen Sie in den folgenden Fällen, welches gesamtwirtschaftliche Ziel erreicht und welches verletzt wird:

a) Ein Land erlebt zurzeit einen Konjunkturaufschwung. Dieser Konjunkturaufschwung ist vor allem auf die erhöhten Exporte durch die steigende Nachfrage im Ausland zurückzuführen. Die Importe bleiben auf einem konstanten Niveau. Dadurch erfährt die Wirtschaft ein Wachstum in Höhe von 2,5 %.

b) Wegen Lohnerhöhungen steigt die Nachfrage im Inland. Da die Unternehmen so schnell nicht reagieren können, können sie nicht alle Bedürfnisse der Nachfrager befriedigen. Die Nachfrage hat eine Steigerung des Preisniveaus zur Folge. Durch die steigende Nachfrage und das sich langsam anpassende Angebot ergibt sich ein Wachstum der Wirtschaft von 1 %.

c) Die Regierung eines Staates ist der Meinung, dass durch eine Konjunktur- und Nachfragebelebung das Angebot an Gütern zu knapp ist. Dadurch ergab sich ein hohes Preisniveau. Sie beschließt deshalb, die Staatsnachfrage zu reduzieren, um einen Ausgleich herbeizuführen. Durch diese Entscheidung sehen die Unternehmen sich veranlasst, ihre Produktion zu drosseln.

12 Aufgabe (Zielkonflikt und -harmonie)

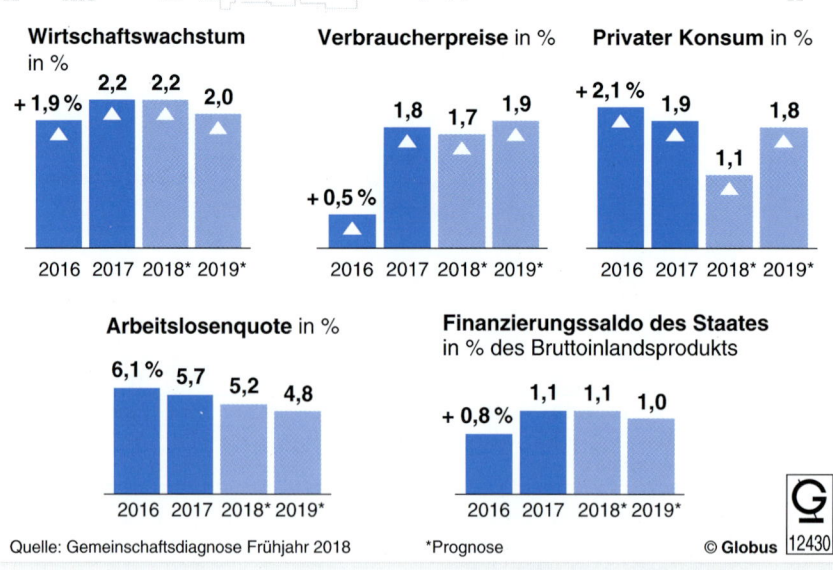

a) Beschreiben Sie anhand der Grafik, in welchen Jahren zwischen einzelnen Zielen Zielkonflikte oder Zielharmonien bestehen.

b) Wie können Sie die Zielharmonie und/oder den Zielkonflikt erklären?

13 **Aufgabe (Umweltschutz)**

Die beiden Tuchfabriken „Stoffe GmbH" und „Tuch OHG" stellen für den inländischen Bekleidungsmarkt Stoffe her. Beide Firmen kaufen ihre Rohstoffe wie Wolle, Farben usw. zu denselben Preisen ein. Pro Meter Stoff ergeben sich Materialkosten in Höhe von 4 €. An Löhnen und Gehältern geben beide Firmen 5 € pro Meter Stoff aus. An sonstigen Kosten, wie z. B. Miete und Strom, ergeben sich für beide Firmen 3 € pro Meter Stoff.

Bei der Produktion entstehen insbesondere durch das Färben giftige Abfallstoffe. Die „Stoffe GmbH" lässt einen Teil der Abfallstoffe durch eine Firma entsorgen, den anderen Teil lässt sie unerlaubterweise in einen nahe liegenden Fluss ab. An Entsorgungskosten für Abfallbeseitigungen und gelegentliche Geldbußen wegen Umweltverschmutzung ergeben sich 2 € pro Meter Stoff.

Die „Tuch OHG" hat für die Abfallstoffe eine eigene Kläranlage gebaut und lässt die Abwässer gereinigt in einen nahe liegenden Fluss. Hieraus ergeben sich 4 € Kosten pro Meter Stoff.

Warum ergeben sich in dem Beispiel durch die Einhaltung des Umweltschutzes Wettbewerbsnachteile?

4 Wirtschaftspolitik

Einführungssituation

- Europäische Zentralbank senkt die Leitzinsen
- Erhöhung der Mineralölsteuer führt zu geringerem Benzinverbrauch
- Strukturwandel im Ruhrgebiet durch tatkräftige Unterstützung der Politik geglückt
- Erhöhung der Staatsausgaben beschlossen um Rezession abzumildern
- Europäische Zentralbank verkauft Devisenreserven
- Vermögensteuer soll wieder eingeführt werden
- Steuerreform bringt mehr Geld in die Kassen der privaten Verbraucher
- Bundeskartellamt verbietet Unternehmenszusammenschluss

In den Zeitungsausschnitten werden verschiedene Einflussmöglichkeiten des Staates auf den wirtschaftlichen Ablauf genannt.

Nennen und beschreiben Sie diese verschiedenen Eingriffsmöglichkeiten.

In der sozialen Marktwirtschaft gibt es viele Eingriffsmöglichkeiten des Staates, um den Wirtschaftsverlauf so zu lenken, dass die gesamtwirtschaftlichen Ziele eingehalten werden. Die Gesamtheit der Maßnahmen nennt man die Wirtschaftspolitik. Hier sollen nur ausgesuchte Teilbereiche der Wirtschaftspolitik dargestellt werden:

Politikbereich	Beispiele
Konjunktur- und Fiskalpolitik	Erhöhung der Staatsausgaben, um die Nachfrage im Inland zu erhöhen.
Geldpolitik	Europäische Zentralbank vergibt Kredite an Geschäftsbanken und erhöht damit die Geldmenge.
Wettbewerbspolitik	Der Zusammenschluss von zwei Konzernen der Strombranche wird verboten, da sie sonst eine marktbeherrschende Stellung erlangen würden.
Einkommens- und Verteilungspolitik	Höhere Einkommen werden stärker mit Einkommensteuer belastet als geringere Einkommen.
Strukturpolitik	In Gebieten mit hoher Arbeitslosigkeit werden Beihilfen zur Industrieansiedlung gewährt.
Umweltschutzpolitik	Einführung der Ökosteuer für nicht erneuerbare Energien.
Außenwirtschaftspolitik	Für gewisse Länder besteht ein Handelsembargo, d. h. dass keine Waren in diese Länder eingeführt werden dürfen.

4.1 Träger der Wirtschaftspolitik

Träger der Wirtschaftspolitik sind alle Institutionen, die in maßgeblicher Weise das Wirtschaftsgeschehen beeinflussen. Von staatlicher Seite sind dies vor allem die Regierung und das Parlament. Weiterhin nehmen die Europäische Zentralbank, die Selbstverwaltungen der Wirtschaft (z. B. Kammern), die Parteien und internationale Organisationen Einfluss.

Träger der Wirtschaftspolitik	
Institution	**Beeinflussung des Wirtschaftsgeschehens durch**
Parlament und Regierung	hoheitliche und wirtschaftliche Maßnahmen aufgrund von Gesetzen und Verordnungen
Europäische Zentralbank	geldpolitische Instrumente
Selbstverwaltungsorganisationen der Wirtschaft	Ausbildungs-, Weiterbildungs-, und Prüfungsaufgaben
Verbände	Gutachten, Stellungnahmen, Lobbytätigkeit
Internationale Organisationen	internationale Abkommen

Wichtigste Entscheidungsträger sind das Parlament und die Regierung. Sie haben die größten Einflussmöglichkeiten. Das Parlament legt durch den Erlass von Gesetzen die Rahmenbedingungen für wirtschaftliches Handeln fest.

Die Regierung setzt diese Gesetze in der laufenden Politik um. Dies erfolgt auf hoheitlichem Gebiet (z.B. Gebote und Verbote) oder auf wirtschaftlichem Gebiet (z.B. Subventionen, Steuererleichterungen).

Europäische Union

In Europa erhält die Europäische Union immer mehr Aufgaben, die früher den nationalen Parlamenten zustanden. Somit nimmt sie auch einen großen Einfluss auf die Wirtschaftspolitik.

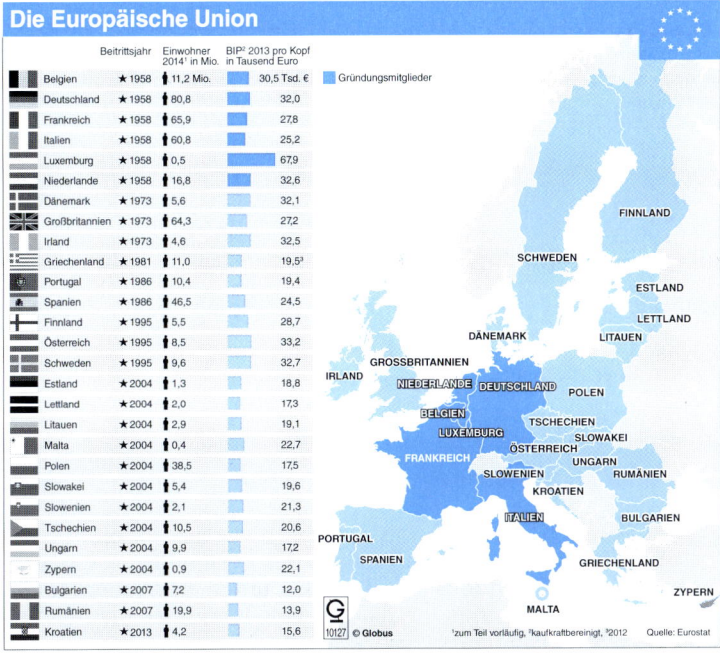

In 1991 haben die Staats- und Regierungschefs die Einrichtung der Wirtschafts- und Währungsunion in Maastricht beschlossen. Wichtigster Vertragsinhalt war die Einführung einer gemeinsamen Währung.

Nicht alle Länder der EU nehmen an der Wirtschafts- und Währungsunion teil und führen den Euro ein.

■ Organe der EU

Die EU verfügt über verschiedene Organe, denen verschiedene politische Kompetenzen übertragen wurden. Auf diesen Gebieten haben die nationalen Regierungen keine Rechte mehr.

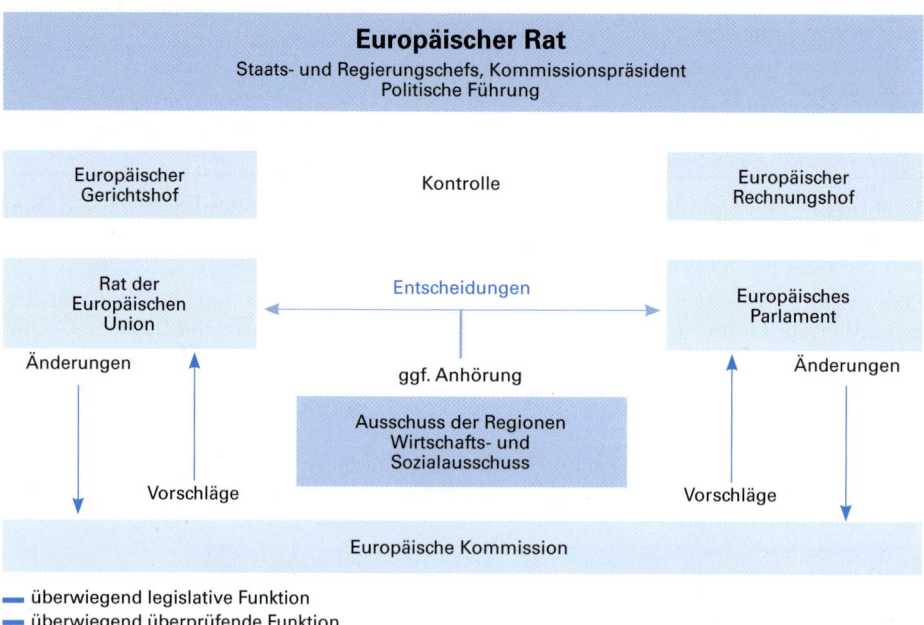

■ Ziele der Europäischen Union

Zunächst war die Realisierung der vier Grundfreiheiten innerhalb der EU vorgesehen:

› Abschaffung der Zölle und mengenmäßigen Beschränkungen bei der Ein- und Ausfuhr von Waren

Dieses Ziel ist mittlerweile weitestgehend verwirklicht.

› Freiheit des Personenverkehrs sowie Niederlassungsfreiheit

Dieses Ziel ist nur unvollständig realisiert.

Das Abkommen von Schengen, bei dem die Freiheit des Personenverkehrs vereinbart wurde, haben nicht alle Mitgliedsländer der EU ratifiziert. Außerdem ist die Möglichkeit, sich als Gewerbetreibender in der EU niederzulassen, durch unterschiedliche Berufsbefähigungsnachweise stark eingeschränkt.

› Dienstleistungsfreiheit

Dieses Ziel beinhaltet die Liberalisierung der Finanzdienste, die Harmonisierung der Banken- und Versicherungsaufsicht sowie die Öffnung der Transport- und Telekommunikationsmärkte. Auch hier ist die Verwirklichung noch nicht gelungen.

› Freiheit des Kapital- und Devisenverkehrs

Auch diese beiden Ziele wurden nur in eingeschränktem Maße verwirklicht. So gibt es in vielen Staaten noch Einschränkungen im grenzüberschreitenden Kapitalverkehr und im Devisentransfer.

Zur Verwirklichung dieser „vier EU-Freiheiten" ist noch die Harmonisierung von vielen Vorschriften innerhalb der EU nötig.

Das Endziel der EU ist die politische Integration Europas. Um dieses Ziel zu verwirklichen, müssen noch weitere Maßnahmen ergriffen werden:

› Angleichung der Steuervorschriften
› Angleichung des Gesellschaftsrechts
› Harmonisierung verschiedener Politikbereiche (z. B. Agrarpolitik, Verkehrspolitik, Umweltpolitik, Außen- und Sicherheitspolitik)

4.2 Konjunktur-/Fiskalpolitik

Die Entwicklung des Bruttoinlandsproduktes in einer Wirtschaft ist nicht immer gleichmäßig. An dem Wirtschaftsprozess sind viele unterschiedliche Teilnehmer (Haushalte, Unternehmer, Staat) beteiligt. Ihr Verhalten ist sehr unterschiedlich und gegenseitig beeinflusst, sodass die Entwicklung der Wirtschaft nicht gleichmäßig, sondern in wellenförmigen Schwankungen verläuft. Diese unterschiedlichen Verläufe nennt man Konjunktur.

Der Ablauf der Konjunktur wird an der Entwicklung des BIP abgelesen. Man kann den Konjunkturverlauf in 4 verschiedene Phasen unterteilen:

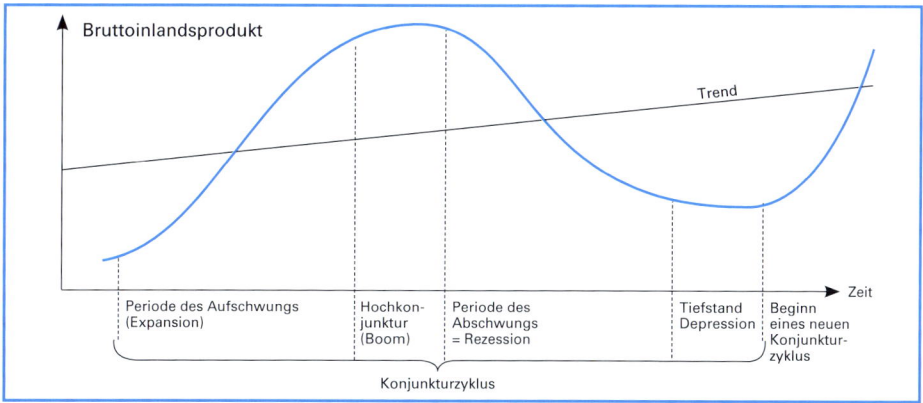

Betrachtet man die Entwicklung des Bruttoinlandsproduktes über einen längeren Zeitraum, so kann man feststellen, dass sich das BIP in eine bestimmte Richtung bewegt, den so genannten Trend. Die kurzfristigen Schwankungen um diesen Trend nennt man Konjunktur. In Deutschland zeigt dieser Trend einen ansteigenden Verlauf.

Um festzustellen, in welchem Zyklus sich die Wirtschaft gerade befindet, zieht man verschiedene Konjunkturindikatoren zu Rate:

Konjunktur-indikatoren	Konjunkturphasen			
	Aufschwung	Boom	Abschwung	Depression
Preise	leicht ansteigend	stark ansteigend	hohes Niveau, Tendenz sinkend	fallend
Güternachfrage	steigend	Höhepunkt bis leicht nachlassend	sinkend	gering
Auftragsbestand	steigend	ständig steigend	schnell fallend	gering
Produktionstätigkeit	zunehmende Kapazitätsauslastung	Kapazitätsüberbelastung	freiwerdende Kapazitäten	geringe Kapazitätsauslastung
Beschäftigungssituation	zunehmende Einstellungen	Voll- bis Überbeschäftigung[1]	Entlassungen, Kurzarbeit	hohe Arbeitslosigkeit
Stimmung, Erwartung	optimistisch	überschwänglich bis skeptisch	pessimistisch	niedergedrückt

Zum einen sollen Indikatoren die jetzige Konjunkturphase anzeigen, zum anderen ist für die Wirtschaftspolitik auch eine Prognose der zukünftigen Konjunkturentwicklung von Interesse. Deshalb werden die Indikatoren in drei große Gruppen eingeteilt.

Konjunkturindikatoren		
Art	Merkmal	Beispiele
Frühindikatoren	Besitzen zeitlichen Vorlauf zur Wirtschaftsentwicklung und geben eine Prognose über die zu erwartende Entwicklung ab. So vermutet man bei steigenden Auftragseingängen eine anziehende Konjunktur.	Auftragseingänge Investitionsnachfrage der Unternehmen Erwartungen
Gleichlaufende Indikatoren	Geben den gegenwärtigen Zustand an	Reales Bruttoinlandsprodukt Produktionstätigkeit
Spätindikatoren	Zeigen Folgeerscheinungen wirtschaftlicher Schwankungen an	Beschäftigungssituation Preisniveau

In der Wirklichkeit sind die Indikatoren nicht immer eindeutig und teilweise widersprüchlich, sodass eine genaue Festlegung der momentanen Konjunkturphase nicht oder erst im Nachhinein möglich ist.

Der Staat hat ein Interesse daran, diese Schwankungen der Konjunktur so gering wie möglich zu halten, damit die negativen Folgen der Konjunkturausschläge (z. B. Arbeitslosigkeit, hohe Preise) abgemildert werden. Dazu hat er verschiedene konjunkturpolitische Instrumente:

---

[1] Der Produktionsfaktor Arbeit wird knapp, in einigen Teilbereichen stehen nicht genügend Arbeitskräfte zur Verfügung.

Nachfrageorientierte Konjunkturpolitik = Fiskalpolitik

Hierbei geht man davon aus, dass vor allem eine ausreichend hohe Nachfrage nötig ist, damit die Arbeitslosigkeit gering ist. Dieser Ansatz geht auf John Maynard KEYNES aus den dreißiger Jahren zurück. Von folgenden Annahmen war er überzeugt:

- Eine Volkswirtschaft, in die vom Staat nicht eingegriffen wird, schafft nicht von sich aus ein stabiles Gleichgewicht bei Vollbeschäftigung. Es kann zwar ein Gleichgewicht auf den Märkten geben, dies kann aber auch bei Unterbeschäftigung sein.
- Unterbeschäftigung ist auf eine nicht ausreichend gesamtwirtschaftliche Nachfrage zurückzuführen.
- Ursache für die konjunkturellen Schwankungen liegen in der Instabilität des privaten Sektors.

Daraus resultierten für Keynes folgende Schlussfolgerungen:

- Der Markt führt nicht zu zufriedenstellenden Ergebnissen, also bedarf er der Steuerung.
- Die Nachfrage als problematischer Faktor muss beeinflusst werden.
- Vor allem der Staat kann gezielt, schnell und mit der notwendigen Stärke seine Nachfrage verändern. Bei zu geringer Nachfrage muss der Staat sie durch die eigene Staatsnachfrage ankurbeln.
- Reicht die privatwirtschaftliche Nachfrage aus, soll der Staat seine Ausgaben kürzen, um eine Überhitzung der Wirtschaft zu verhindern. In dieser Hochphase der Konjunktur soll er Rücklagen für den nächsten Konjunkturabschwung bilden (antizyklische Fiskalpolitik).
- Reichen die Staatseinnahmen zur Finanzierung der staatlichen Nachfrage nicht aus, so muss der Staat sich verschulden (deficit-spending).

Wegen der Bevorzugung finanzpolitischer Maßnahmen des Staates wird die nachfrageorientierte Position auch Fiskalismus genannt.

Folgende Instrumente stehen dem Staat zur Verfügung:

- Steuersenkungen und -anhebungen zur Beeinflussung der Konsumnachfrage
- Erhöhung und Verstetigung der staatlichen Investitionen
- Ausgleich privater Nachfrage durch Staatsnachfrage

Dieser Konjunktur- und fiskalpolitische Ansatz wurde vor allem in den 60er und 70er Jahren in Deutschland verfolgt. Die gewünschten Ergebnisse wurden selten erreicht. Die hohe Staatsnachfrage führte zu einer hohen Inflation, und auch das Ziel der Vollbeschäftigung wurde nicht erreicht.

Das führte zu folgender Kritik an dem nachfrageorientierten Ansatz:

- Die starke Einflussnahme des Staates setzt die Marktmechanismen außer Kraft und führt zu einer Verplanung der Wirtschaft.
- Antizyklische Fiskalpolitik trägt nicht zur Verstetigung bei, sondern verunsichert durch das ständige Vor und Zurück die Unternehmen und ihre Investitionsbereitschaft.
- Gefahr hoher Staatsverschuldung
- Durch großen Staatseinfluss wächst die Bürokratie.

Angebotsorientierte Konjunkturpolitik

Der Grundsatz dieses Politikansatzes ist: so viel Markt wie möglich, so wenig Staat wie nötig. Er steht damit im Gegensatz zur Position von Keynes. In den fünfziger Jahren wurde dieser Ansatz von Milton FRIEDMAN entwickelt. Er geht von folgenden Grundpositionen aus:

- Instabilitäten kommen eher vom staatlichen Sektor.
- Wachstumsschwäche hat ihre Ursachen vor allem im Angebotsbereich.
- Unterbeschäftigung ist auf unzureichende Investitionen zurückzuführen.
- Die Nachfrageentwicklung hängt in erster Linie von der Entwicklung der Geldmenge ab.

Aufgrund der letzten Annahme gehen die Anhänger dieser Theorie davon aus, dass nicht die staatliche Nachfrage die Steuerungsgröße für den wirtschaftlichen Ablauf ist, sondern die Geldmenge und damit die Versorgung der Wirtschaft mit Geld. Deshalb nennt man sie auch Monetaristen.

Folgende Forderungen und Empfehlungen ergeben sich aus den Annahmen:

- Die Bedingungen des Angebotssektors müssen verbessert werden. Produktion schafft Einkommen, Einkommen schafft Nachfrage.
- Investitionshemmnisse (z. B. hohe Arbeitskosten) müssen beseitigt werden.
- Steuerung soll über die Geldpolitik und nicht über die staatliche Fiskalpolitik erfolgen. Es muss sichergestellt werden, dass die Wirtschaft mit einer ausreichenden Geldmenge versorgt ist. Deswegen soll sich das Geldmengenwachstum an dem Wirtschaftswachstum orientieren.

Auch an diesem Ansatz haben sich einige Kritikpunkte ergeben:

- Beseitigung von Investitionshemmnissen fördert zwar die Investitionsfähigkeit, nicht jedoch zwangsläufig die Investitionsbereitschaft.
- Produkte können nur abgesetzt werden, wenn auch eine ausreichend große Nachfrage vorhanden ist. Auch bei besten Angebotsbedingungen kann keine Produktion ohne Nachfrage erfolgen.
- Löhne sind nicht nur ein Kostenfaktor, sondern auch ein Nachfragefaktor. Hohe Löhne ermöglichen auch eine hohe Nachfrage.
- Belange der Umwelt und eine sozialverträgliche Einkommensverteilung werden nicht berücksichtigt.

Die heutige Konjunkturpolitik versucht sowohl die Angebots- als auch die Nachfrageseite zu beeinflussen.

4.3 Geldpolitik

Die Ausgabe der Banknoten erfolgte in Deutschland durch die Deutsche Bundesbank. Mit dem Beginn der Europäischen Währungsunion am 1. Januar 1999 ist diese Zuständigkeit auf die Europäische Zentralbank (EZB) in Frankfurt übertragen worden.

■ Die europäische Zentralbank

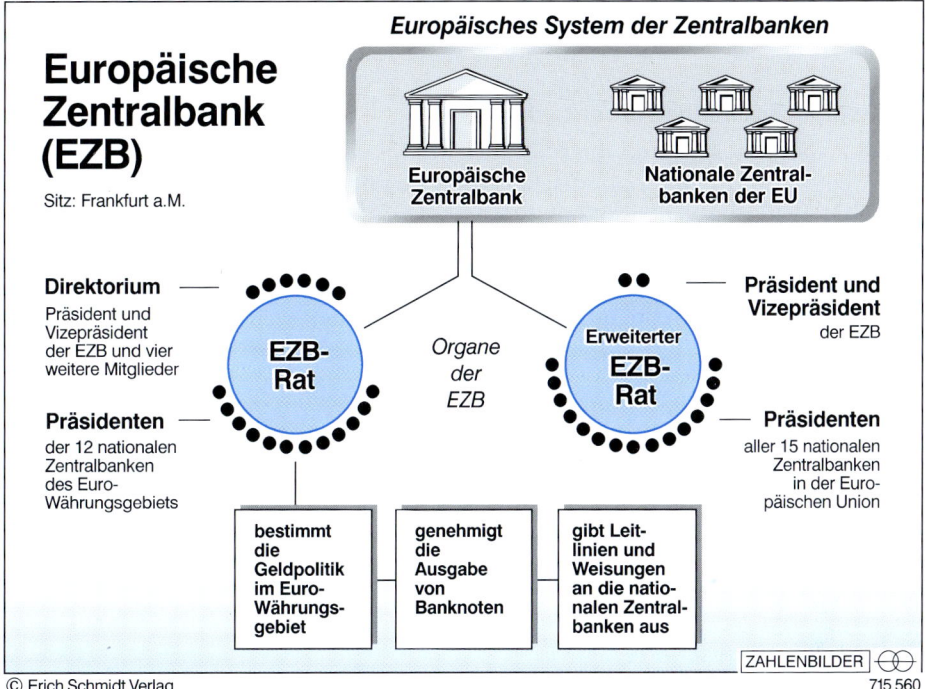

Die EZB ist Teil des Europäischen Systems der Zentralbanken (ESZB). Es besteht aus der EZB selber und den nationalen Zentralbanken aller EU-Mitgliedsländer.

Die grundlegenden Aufgaben der EZB sind:

› Festlegung und Durchführung der Geldpolitik der Gemeinschaft. Das oberste Ziel der Geldpolitik der EZB ist die Preisstabilität im EWU-Raum. Sie ist nach einem Beschluss des EZB-Rates bei einer Inflation von unter 2 % verwirklicht.

› Unterstützung der allgemeinen Wirtschaftspolitik der Gemeinschaft

› Ausgabe der Banknoten

› Förderung des reibungslosen Funktionierens der Zahlungssysteme

Die EZB ist gegenüber den nationalen Regierungen der EWU weisungsunabhängig. Auf dem Gebiet der Geldpolitik ist sie die alleinige Entscheidungsträgerin. Sie ist alleine an die o.g. Zielsetzungen gebunden, die im Artikel 105 des EG-Vertrages festgelegt wurden.

Die Unabhängigkeit der EZB ist gesichert durch:

› Institutionelle Unabhängigkeit

Weder die EZB noch eine nationale Zentralbank darf von EU-Organen oder von einer Regierung der Mitgliedstaaten Weisungen einholen oder entgegennehmen.

› Personelle Unabhängigkeit

Der Präsident und die Direktoren der EZB werden von den Regierungen für acht Jahre gewählt. Eine Amtsenthebung kann nur durch den Europäischen Gerichtshof erfolgen.

› Operative Unabhängigkeit

Die EZB ist die alleinige Entscheidungsträgerin auf dem Gebiet der Geldpolitik. Nationale Regierungen haben auf diesem Politikbereich keine Entscheidungsbefugnisse mehr.

Geldpolitische Instrumente der EZB

Das oberste Ziel der EZB ist die Preisniveaustabilität. Dieses Ziel ist vor allem dann gefährdet, wenn die gesamtwirtschaftliche Nachfrage größer ist als das Angebot. Die gesamtwirtschaftliche Nachfrage wird aber erst dann wirksam, wenn genügend Geld zur Verwirklichung der Nachfrage vorhanden ist. Bestehen Kaufwünsche, muss genügend Geld im Umlauf sein, damit diese Kaufwünsche realisiert werden können. Deshalb versucht die EZB vor allem über die Steuerung der Geldmenge die Preisniveaustabilität zu beeinflussen. Die EZB orientiert sich bei dem Einsatz ihrer geldpolitischen Instrumente an der Geldmengenentwicklung und an der Entwicklung des Preisniveaus.

Dazu stehen ihr folgende geldpolitische Instrumente zur Verfügung:

Die wichtigsten geldpolitischen Instrumente der Europäischen Zentralbank (EZB)		
Offenmarktgeschäfte	Ständige Fazilitäten	Mindestreserve

Offenmarktgeschäfte

Die EZB tritt über mehrere Instrumente als Teilnehmer am Markt für Geld auf, an dem sie Geschäftsbanken Geld zu bestimmten Bedingungen zur Verfügung stellt. Die Geschäftsbanken sind auf die Refinanzierung zur Sicherung ihrer Liquidität bei der EZB angewiesen. Deshalb heißen diese Geschäfte auch Offenmarktgeschäfte. Im Folgenden werden die beiden wichtigsten erläutert.

Das häufigste Offenmarktgeschäft ist mit einem Anteil von ungefähr 70 % das **Hauptrefinanzierungsinstrument** (Haupttender). Hierbei erhalten die Geschäftsbanken in einem Auktionsverfahren Zentralbankgeld von der EZB gegen Zinszahlungen. Das Auktionsverfahren kann auf zwei verschiedene Arten (sog. Tender) durchgeführt werden: der Zins- und der Mengentender.

Beim Zinstender wird das angebotene Zentralbankgeld den höchstbietenden Geschäftsbanken zugeteilt. Zur besseren Orientierung legt die EZB einen Mindestbietungszinssatz fest. Dieser Mindestbietungszinssatz (auch Hauptrefinanzierungssatz) wird aufgrund seiner Bedeutung oft auch als Leitzins der EZB bezeichnet.

Beim Mengentender gibt die EZB den Zinssatz vor und die Banken geben lediglich die Höhe ihrer mengenmäßigen Gebote ab. Früher kam nur der Zinstender zum Einsatz, zur Bekämpfung der Finanzkrise verleiht die EZB seit 2008 Geld wieder nach dem Mengentender.

Als Sicherheit müssen die Banken bei der EZB Wertpapiere hinterlegen. Diese Wertpapiere müssen bestimmte durch die EZB festgelegte Kriterien erfüllen, damit sie akzeptiert werden.

Die Transaktionen finden einmal pro Woche statt. Ihre Laufzeit beträgt ebenfalls eine Woche. Dadurch kann die EZB kurzfristig mit jedem neuen Geschäft entscheiden, ob sie das Geldvolumen ausweiten oder einschränken will.

Um die Basisversorgung der Geschäftsbanken mit Liquidität zu gewährleisten, gibt es noch die **langfristigen Refinanzierungsgeschäfte**, die eine Laufzeit von drei Monaten haben. Im Rahmen der Finanzkrise wurden diese Fristen zum Teil massiv ausgeweitet.

Ständige Fazilitäten

Mithilfe der ständigen Fazilitäten können die Geschäftsbanken sich ganz kurzfristig Geld beschaffen, die sog. Übernachtliquidität. Die Laufzeit beträgt nur einen Geschäftstag.

1. **Spitzenrefinanzierungsfazilität**

    Durch die Spitzenrefinanzierungsfazilität können sich Geschäftsbanken zu einem vorgegebenen Zinssatz Geld beschaffen.

2. **Einlagefazilität**

    Über die Einlagefazilität können die Geschäftsbanken Guthaben bis zum nächsten Tag anlegen.

Die beiden Fazilitäten sind vom Volumen her unbegrenzt, haben aber typischerweise einen unattraktiven Zinssatz. Wegen der unbegrenzten Verfügbarkeit stellt der Zinssatz für die Spitzenrefinanzierungsfazilität einen Höchstsatz und der Zinssatz für die Einlagefazilität einen Mindestsatz für Tagesgeld auf dem Geldmarkt dar.

Ein zentrales Element zur Beeinflussung der Geldmenge ist also bei beiden bisher genannten Instrumenten der Zinssatz zu dem die Banken Geld aufnehmen oder anlegen können. Erhöht die EZB den Zinssatz, wird die Geldmenge verknappt, da weniger Kredite von den Geschäftsbanken aufgenommen werden und mehr Geld bei der EZB angelegt wird und umgekehrt.

Mindestreserve

Außerdem müssen die Geschäftsbanken von bestimmten Einlagen[1] einen von der EZB festgelegten Prozentsatz bei ihr hinterlegen. Das ist die sogenannte Mindestreserve. Wird der Mindestreservesatz durch die EZB erhöht, verringern sich die Kreditvergabemöglichkeiten der Geschäftsbanken. Bei einer Verminderung des Mindestreservesatzes erhöhen sich die Kreditvergabemöglichkeiten der Geschäftsbanken und die Geldmenge. Allerdings halten die Geschäftsbanken über die gesetzlich vorgeschriebene Mindestreserve hinaus noch freiwillige Barreserven, um immer zahlungsfähig zu sein.

Neue Instrumente

Im Rahmen der Finanzkrise hat die EZB sich entschlossen, Staatsanleihen zur Finanzierung von Staaten, die keine Kredite mehr an den internationalen Finanzmärkten erhalten, zu kaufen. Diese Maßnahmen sind politisch umstritten, da man dadurch eine Gefährdung der Einhaltung des obersten Ziels der Preisniveaustabilität sieht.

---

[1] Zu diesen Einlagen gehören täglich fällige Einlagen, Einlagen mit einer vereinbarten Laufzeit von bis zu 2 Jahren, Einlagen mit einer vereinbarten Kündigungsfrist von bis zu 2 Jahren, Schuldverschreibungen mit einer Laufzeit von bis zu 2 Jahren und Geldmarktpapiere.

4.4 Wettbewerbspolitik

Kooperation und Konzentration

In einer Marktwirtschaft stehen die Unternehmen in einem mehr oder weniger harten Wettbewerb. Um den Konkurrenzdruck zu mildern, versuchen sie häufig, mit anderen Unternehmen zusammenzuarbeiten.

Diese Zusammenarbeit bezeichnet man als Kooperation. Erreichen die Unternehmen durch ihre Kooperation eine überdurchschnittlich hohe Marktmacht, spricht man von Unternehmenskonzentration.

Die Kooperation zwischen Unternehmen kann verschiedene Gründe haben.

Ziel	Beispiele
Kostensenkung	Gemeinsame Forschung, Rationalisierungen
Absatzsteigerung	Gemeinsame Werbung
Sicherung der Rohstoffversorgung	Gemeinsame Erschließung von Rohstoffvorkommen
Sicherung des Absatzes	Gemeinsame Preispolitik
Beschränkung des Wettbewerbs	Mengen- oder Preisabsprachen zur Ausschaltung von Konkurrenten
Finanzierung	Gemeinsame Finanzierung von Aufträgen, zu denen ein Unternehmen alleine nicht in der Lage ist.

Die Unternehmen können auf unterschiedliche Arten kooperieren.

Kooperationsarten		
Kartelle	Verbundene Unternehmen	Trusts

Kartelle

Ein Kartell ist ein vertraglicher Zusammenschluss von rechtlich selbstständigen Unternehmen eines Wirtschaftszweiges. Ihre wirtschaftliche Selbstständigkeit wird durch die Absprachen mehr oder weniger beeinflusst.

Beispiele für Kartelle sind das Preiskartell, bei dem einige oder alle Unternehmen einer Branche ihre Absatzpreise festlegen oder zumindest eine Preisober- und -untergrenze vereinbaren. Damit wird der Preiswettbewerb zwischen den Mitgliedern aufgehoben. Ein weiteres Beispiel ist das Rationalisierungskartell, bei dem durch Rationalisierungsmaßnahmen im Beschaffungs-, Fertigungs- oder Absatzbereich Kosten gespart werden. Eine besondere Form des Rationalisierungskartells ist das Syndikat. Hierbei gründen die Kartellmitglieder ein gemeinsames Unternehmen, das bestimmte Aufgaben für alle anderen Unternehmen des Kartells übernimmt. Die Unternehmen können beispielsweise eine gemeinsame Vertriebsgesellschaft gründen, die den Verkauf der Produkte aller Mitglieder organisiert. Vorteil ist, dass das einzelne Unternehmen sich nicht mehr mit dieser Aufgabe befassen muss und sich vollkommen auf die Herstellung konzentrieren kann. Nachteil ist, dass ein Unternehmen keine eigenständige Absatzpolitik mehr betreiben kann.

Verbundene Unternehmen

Auch verbundene Unternehmen haben das Ziel, den Markt zu beherrschen. Verbundene Unternehmen ergeben sich

> durch eine Kapitalbeteiligung des einen an dem anderen Unternehmen. Dabei entscheidet die Höhe der Kapitalbeteiligung über die Abhängigkeit und Möglichkeit der Einflussnahme der Unternehmen.

> durch Konzerne, wenn durch kapitalmäßige Mehrheit und einen Beherrschungsvertrag ein beherrschendes Unternehmen die einheitliche Leitung über das abhängige Unternehmen ausübt. In einem Konzern sind Unternehmen zusammengeschlossen, die rechtlich selbstständig sind, aber ihre wirtschaftliche Selbstständigkeit aufgegeben haben, indem sie sich einer einheitlichen Leitung unterstellen. Diese einheitliche Leitung übernimmt dann eine Holdinggesellschaft. Sie hat dann lediglich Verwaltungs- und Finanzierungsaufgaben.

Trusts

Unternehmenszusammenschlüsse, bei denen die Teilnehmer ihre rechtliche und wirtschaftliche Selbstständigkeit aufgegeben haben, nennt man Trust. Ein Trust entsteht durch eine Fusion zweier oder mehrerer Unternehmen zu einem neuen.

Auswirkungen der Unternehmenskonzentration

Unternehmenskonzentrationen sind nicht mit den Prinzipien der sozialen Marktwirtschaft vereinbar, da der Wettbewerb der wichtigste Baustein einer Marktwirtschaft ist. Die freie Preisbildung muss gewährleistet sein. Durch Unternehmenskonzentrationen kann es zu Monopolstellungen kommen, sodass eine freie Preisbildung nicht mehr gewährleistet ist.

Bei freiem Wettbewerb sind die Unternehmen durch den Konkurrenzdruck angehalten, so kostengünstig wie möglich zu produzieren. Dieser Druck würde durch die Unternehmenskonzentration entfallen, was zu einer sinkenden Investitionsneigung führt.

Des Weiteren würden Unternehmenszusammenschlüsse mit Monopolstellungen einen überhöhten Gewinn zu Lasten der anderen Marktteilnehmer erzielen.

Außerdem besteht die Gefahr des Missbrauchs der Marktmacht durch Monopolstellungen, vor allem zum Nachteil sozial und wirtschaftlich Schwächerer.

Maßnahmen der Wettbewerbspolitik

Um den Wettbewerb zu garantieren, muss der Staat für seine Aufrechterhaltung sorgen. Es ist darauf zu achten, dass nicht zu starke Unternehmen und Unternehmenszusammenschlüsse mit der Gefahr von Monopolstellungen entstehen. Es ist aber auch darauf zu achten, dass die Unternehmen eine ausreichende Größe für ihre Wettbewerbsfähigkeit behalten.

Gesetz gegen Wettbewerbsbeschränkungen (GWB)

Das Gesetz gegen die Wettbewerbsbeschränkungen beinhaltet drei wesentliche Regelungen zum Schutze des Wettbewerbs.

1. **Verbot der Beschränkung des Wettbewerbs**

   > **§ 1 GWB**
   >
   > Vereinbarungen zwischen Unternehmen, Beschlüsse von Unternehmensvereinigungen und aufeinander abgestimmte Verhaltensweisen, die eine Verhinderung, Einschränkung oder Verfälschung des Wettbewerbs bezwecken oder bewirken, sind verboten.

   Als Beschränkung des Wettbewerbs ist dabei jede Beeinträchtigung der Freiheit anzusehen, sich als Anbieter oder Nachfrager von Produkten oder Dienstleistungen selbstständig und unabhängig zu betätigen.

   Unter die Wettbewerbsbeschränkungen fallen miteinander im Wettbewerb stehende Unternehmen (sog. horizontale Beschränkungen) und Unternehmen, die auf verschiedenen Wirtschaftsstufen tätig sind (sog. vertikale Beschränkungen).

   Falls die Vereinbarungen zwischen Unternehmen die Warenerzeugung oder -verteilung oder den technischen oder wirtschaftlichen Fortschritt fördern, sind sie von dem Verbot des § 1 freigestellt. Weitere Voraussetzung ist eine angemessene Beteiligung des Verbrauchers.

   Vereinbarungen die gegen den § 1 verstoßen, sind von Anfang an unwirksam. Außerdem kann ein Bußgeld bis zu 1.000.000 € oder bis zu 10 % des Unternehmensumsatzes verhängt werden. Zusätzlich besteht noch die Möglichkeit, den Mehrerlös abzuschöpfen.

2. **Verbot der missbräuchlichen Ausnutzung einer marktbeherrschenden Stellung (§ 19 GWB)**

   Verboten ist die missbräuchliche Ausnutzung einer marktbeherrschenden Stellung durch ein oder mehrere Unternehmen. Ein Unternehmen gilt als marktbeherrschend, wenn es

   - ohne Wettbewerber ist oder
   - keinem wesentlichen Wettbewerb ausgesetzt ist oder
   - eine im Verhältnis zu seinen Wettbewerbern überragende Marktstellung hat.
   - Eine marktbeherrschende Stellung wird vermutet, wenn
   - ein Unternehmen einen Marktanteil von mindestens einem Drittel hat
   - eine Gesamtheit von bis zu drei Unternehmen, wenn sie zusammen einen Marktanteil von 50 % erreichen
   - eine Gesamtheit aus höchstens fünf Unternehmen besteht, wenn sie zusammen einen Marktanteil von zwei Dritteln erreichen.

   Können die Unternehmen nachweisen, dass die Wettbewerbsbedingungen zwischen ihnen wesentlichen Wettbewerb erwarten lassen oder die Gesamtheit der Unternehmen im Verhältnis zu den übrigen Wettbewerbern keine überragende Marktstellung hat, so fallen sie nicht unter das Verbot des § 19.

3. **Zusammenschlusskontrolle (§§ 35 ff. GWB)**

   Im Rahmen der Zusammenschlusskontrolle wird geprüft, ob die beteiligten Unternehmen durch einen Zusammenschluss eine Marktstellung erhalten, die zu Wettbewerbsbeschränkungen führen können. Ein Zusammenschluss kann untersagt oder mit Auflagen und Bedingungen erlaubt werden. Der Bundesminister für Wirtschaft kann einen Zusammenschluss trotzdem zulassen (sog. Ministererlaubnis), wenn die wettbewerblichen Nachteile von gesamtwirtschaftlichen Vorteilen aufgewogen werden.

Das Bundeskartellamt mit Sitz in Bonn ist die zentrale Behörde, die über die Einhaltung des Gesetzes wacht, Untersagungen ausspricht, Genehmigungen erteilt und Strafen verhängt.

Weiterhin gibt es Regelungen auf der Ebene der europäischen Union, die Beeinträchtigungen des Handels zwischen EU-Staaten verbieten. Die Regelungen sind weitestgehend mit den nationalen vereinheitlicht.

Gesetz gegen den unlauteren Wettbewerb

Am 22.12.2008 ist das Erste Gesetz zur Änderung des Gesetzes gegen den unlauteren Wettbewerb in Kraft getreten. Ziel des Gesetzes ist der Schutz der Mitbewerber, der Verbraucher und sonstiger Marktteilnehmer vor unlauterem Wettbewerb.

Grundsätzlich sind unlautere geschäftliche Handlungen unzulässig, wenn sie geeignet sind, die Interessen von Mitbewerbern, Verbrauchern oder sonstigen Marktteilnehmern spürbar zu beeinträchtigen (Generalklausel § 3 UWG).

Eine besondere Beachtung gilt den geschäftlichen Handlungen gegenüber Verbrauchern. Sie sind unzulässig, wenn der Verbraucher durch das Verhalten des Unternehmers beeinträchtigt wird, aufgrund von Informationen zu entscheiden, und zu einer Entscheidung veranlasst wird, die er andernfalls nicht getroffen hätte.

Die Liste der unlauteren Handlungen ist lang. Im § 4 werden wichtige Beispiele genannt:

- geschäftliche Handlungen die geeignet sind, die Entscheidungsfreiheit der Verbraucher oder sonstiger Marktteilnehmer durch Ausübung von Druck, in menschenverachtender Weise oder durch sonstigen unangemessenen unsachlichen Einfluss zu beeinträchtigen;
- geschäftliche Handlungen, die geeignet sind, geistige oder körperliche Gebrechen, das Alter, die geschäftliche Unerfahrenheit, die Leichtgläubigkeit, die Angst oder die Zwangslage von Verbrauchern auszunutzen;
- Verschleierung des Werbecharakters von geschäftlichen Handlungen;
- bei Verkaufsförderungsmaßnahmen wie Preisnachlässen, Zugaben oder Geschenken werden die Bedingungen für ihre Inanspruchnahme nicht klar und eindeutig angegeben;
- die Teilnahme von Verbrauchern an einem Preisausschreiben oder Gewinnspiel wird von dem Erwerb einer Ware oder der Inanspruchnahme einer Dienstleistung abhängig gemacht;
- die Kennzeichen, Waren, Dienstleistungen, Tätigkeiten oder persönlichen oder geschäftlichen Verhältnisse eines Mitbewerbers werden herabgesetzt oder verunglimpft;

§ 5 verbietet irreführende geschäftliche Handlungen. Diese liegen vor, wenn sie unwahre Angaben oder sonstige zur Täuschung geeignete Angaben enthält.

§ 6 stuft vergleichende Werbung als unlauter ein, wenn sie mittelbar oder unmittelbar einen Mitbewerber oder die von einem Mitbewerber angebotene Waren und Dienstleistungen erkennbar macht.

Außerdem ist eine geschäftliche Handlung, durch die ein Marktteilnehmer in unzumutbarer Weise belästigt wird, unzulässig. Eine unzumutbare Belästigung liegt u. a. vor:

- bei Werbung mit einem Telefonanruf gegenüber einem Verbraucher ohne dessen vorherige ausdrückliche Einwilligung oder gegenüber einem sonstigen Marktteilnehmer ohne dessen zumindest mutmaßliche Einwilligung,
- bei Werbung unter Verwendung einer automatischen Anrufmaschine, eines Faxgerätes oder elektronischer Post, ohne dass eine vorherige ausdrückliche Einwilligung des Adressaten vorliegt, oder

› bei Werbung mit einer Nachricht, bei der die Identität des Absenders, in dessen Auftrag die Nachricht übermittelt wird, verschleiert oder verheimlicht wird oder bei der keine gültige Adresse vorhanden ist, an die der Empfänger eine Aufforderung zur Einstellung solcher Nachrichten richten kann, ohne dass hierfür andere als die Übermittlungskosten nach den Basistarifen entstehen.

4.5 ▶ Einkommens- und Verteilungspolitik

Die Einkommens- und Verteilungspolitik verfolgt das Ziel, eine gerechte Verteilung von Einkommen und Vermögen innerhalb einer Volkswirtschaft zu erzielen. Diese staatliche Aufgabe ist im Gesetz über die Bildung eines Sachverständigenrates konkret aufgenommen worden. Was dabei eine gerechte Verteilung ist, soll anhand von zwei Maßstäben ermittelt werden.

Das Leistungsprinzip befürwortet eine Verteilung nach der Leistung, wogegen das Bedarfsprinzip eine Verteilung nach sozialen Gesichtspunkten erfordert. Politisch relevant ist die Fragestellung, welcher Maßstab vorrangig behandelt werden soll und wie die Kombination der beiden Prinzipien erfolgt.

Als wirtschaftspolitische Instrumentarien stehen drei Möglichkeiten zur Verfügung:

Mittel der Einkommens- und Verteilungspolitik		
Erhebung von Steuern	**Transferzahlungen**	**Bereitstellung öffentlicher Güter**
Insbesondere die Einkommensteuer dient der Umverteilung. Der Steuertarif ist progressiv gestaltet, d. h., wer ein höheres Einkommen hat wird auch mit einem höheren Steuersatz belastet. Bezieher von geringen Einkommen werden nicht besteuert.	Kindergeld Ausbildungsbeihilfen (BaföG) Wohngeld Sozialhilfe Elterngeld	Einkommensschwächeren Personen (Rentner, Kinder) werden öffentliche Güter (z. B. Verkehrsmittel, Eintritt in öffentliche Einrichtungen) billiger zur Verfügung gestellt.

4.6 ▶ Strukturpolitik

■ Strukturveränderungen

Die Wirtschaft eines Landes und der ganzen Welt ist ständigen Veränderungen unterworfen. Ganze Branchen verlieren an Bedeutung und verschwinden irgendwann vollständig (z. B. Kohle), andere Branchen entstehen neu und verzeichnen ein starkes Wachstum (z. B. Medien, Biotechnologie, Internet). Diese Veränderungen nennt man Strukturwandel. Er bringt deshalb große Probleme mit sich, da die Arbeitskräfte von einem Wirtschaftsbereich in den anderen „wandern" müssen. Dies erfordert hohen finanziellen Aufwand, da die Arbeitnehmer andere Qualifikationen erlernen müssen.

■ Maßnahmen der Strukturpolitik

Die Strukturpolitik verfolgt das Ziel, unterschiedliche Entwicklungen in einzelnen Wirtschaftssektoren oder Regionen auszugleichen.

Die sektorale Strukturpolitik strebt ein ausgewogenes Verhältnis zwischen den verschiedenen Wirtschaftsbranchen an. Ein Beispiel in Deutschland dafür ist die Kohle- und Stahlpolitik. Hier werden für Not leidende Branchen Subventionen gezahlt, um Arbeitsplätze zu erhalten.

Die regionale Strukturpolitik möchte die Unterschiede zwischen einzelnen Regionen in Deutschland ausgleichen. So zahlen beim Länderfinanzausgleich reichere Bundesländer in einen Fonds ein, aus dem ärmere Bundesländer Zahlungen erhalten.

Folgende Mittel der Strukturpolitik stehen dem Staat zur Verfügung:

› Investitionsförderung

Um bestimmte Wirtschaftsbereiche oder -regionen zu fördern, muss dort investiert werden. Zum einen kann der Staat private Investitionen in bestimmten Wirtschaftsbereichen fördern und unterstützen. So kann er z. B. für Firmenneugründungen im Medien- oder IT-Bereich zinsgünstige Kredite, kostenlose Darlehen oder finanzielle und steuerliche Starthilfen geben. Des Weiteren kann der Staat selber als Investor auftreten, indem er in die Infrastruktur investiert oder Verwaltungseinrichtungen in den entsprechenden Bereichen ansiedelt.

› Bildungspolitik

Struktureller Wandel erfordert eine hohe Qualifikation und Flexibilität der Arbeitnehmer. Sie müssen in der Lage sein, von einem Wirtschaftsbereich in einen anderen wechseln zu können. Dies erfordert Fortbildungen oder Umschulungen, die durch den Staat finanziert werden.

› Forschungspolitik

Um neue Wirtschaftsbereiche zu begründen und zu fördern, die das Arbeitsplatzangebot erweitern, ist Forschung notwendig. Diese Forschungen sind nur mit großem finanziellen Aufwand möglich. Der Staat kann hier mit einer entsprechenden Beteiligung unterstützen.

› Infrastrukturpolitik

Eine wichtige Voraussetzung für die Ansiedlung neuer Betriebe ist die Infrastruktur. Unter Infrastruktur versteht man Straßen, Zugverbindungen, Telefonnetze, Häfen, Krankenhäuser, Schulen, Energieversorgung, Telefonnetze, Verwaltungen usw. Mit Investitionen in diesem Bereich fördert der Staat den Abbau der Arbeitslosigkeit, weil er durch die Bautätigkeit selber neue Arbeitsplätze schafft, sowie die Voraussetzungen für die Ansiedlung neuer Unternehmen schafft.

4.7 Umweltschutzpolitik

Durch die starken Umweltzerstörungen infolge der intensiven Nutzung der Natur ist die Umweltschutzpolitik immer stärker in den Vordergrund gerückt. Umweltverschmutzungen erfolgen durch Luftverschmutzung, Wasserverunreinigung, Bodenverseuchung sowie Lärmbelastung.

Hierbei stellt sich allerdings das Problem, dass der Umweltschutz kein nationales Problem ist, sondern in der internationalen Völkergemeinschaft gelöst werden muss. Deshalb sind die einzelstaatlichen Eingriffsmöglichkeiten begrenzt.

Trotzdem stehen dem Staat eine Vielzahl umweltpolitischer Instrumente zur Verfügung.

Zu den bevorzugten umweltpolitischen Maßnahmen gehören die ordnungspolitischen Instrumente, bei denen der Staat für die Wirtschaft und den privaten Verbrauch Gebote und Verbote erlässt. Problematisch hierbei ist zum einen die Kontrolle der Einhaltung sowie die Tatsache, dass es sich um marktkonträre Maßnahmen handelt.

Diesen Nachteil versuchen die steuerpolitischen und ökonomischen Instrumente zu vermeiden, da sie den Marktmechanismus nicht außer Kraft setzen und auf ökonomische Anreize setzen. Bei ihnen handelt es sich um marktkonforme Maßnahmen.

Umweltpolitisches Instrument	Beschreibung
Ordnungspolitische Maßnahmen	
1. Gebote	Umweltschutzvorgaben für Unternehmen, die eingehalten werden müssen
– Luftreinhaltung	Vorschriften zur Reinhaltung und Höchstbelastung der Luft
– Gewässerschutz	Auflagen bezüglich der Reinhaltung von Meeren, Seen und Flüssen
– Abfallentsorgung	Vorschriften über die ordnungsgemäße und saubere Entsorgung von giftigen Abfällen
2. Verbote	Verbote untersagen ein bestimmtes umweltschädigendes Verhalten (z. B. Chemikalienverbotsverordnung)
Steuerpolitische Maßnahmen	
1. Ökosteuer	Ökosteuern haben den Zweck, den Verbrauch von umweltschädigenden Gütern und nicht erneuerbaren Energien zu verteuern und damit einzuschränken. Außerdem können die Einnahmen aus der Ökosteuer für Umweltschutzmaßnahmen wieder ausgegeben werden.
2. Umweltabgaben	Umweltabgaben werden dem Verursacher auferlegt, um die Umweltverschmutzung wieder zu beseitigen.
Ökonomische Maßnahmen	
Umweltlizenzen	Umweltlizenzen sind handelbare „Verschmutzungsrechte". Grundvorstellung ist, dass für eine bestimmte Region oder ein Land das Ausmaß der zulässigen Gesamtverschmutzung festgelegt wird. Diese Gesamtmenge wird in kleine Teile zerlegt und kann von Unternehmen gekauft werden (sog. Emissionszertifikate). Die Zertifikate werden an Börsen gehandelt. Unternehmen, die ihren Schadstoffausstoß verringern, können so Kosten einsparen. Vorteil dieser Maßnahme ist, dass die Umweltverschmutzung nun Kosten verursacht und somit für Unternehmen mit einer umweltschonenden Produktion weniger Kosten entstehen und sie damit einen Wettbewerbsvorteil erlangen. Allerdings ist die Einhaltung der Schadstoffgrenzen schwer zu kontrollieren. In Deutschland ist dieses Konzept mittlerweile realisiert worden. Bis zum 30.9.2004 wurde den einzelnen Unternehmen Verschmutzungsrechte für CO_2 zugeteilt. In den Jahren 2005–2007 erfolgt eine erste Handelsphase, in der der Ablauf getestet wird. Ab 2008 können auch andere Treibhausgase mit einbezogen werden.
Fiskalpolitische Maßnahmen	
1. Umweltschutzinvestitionen	Der Staat investiert in umweltfreundliche oder umweltschützende Technologie
2. Subventionen	Unternehmen, die auf den Umweltschutz achten, werden durch Zuschüsse des Staates belohnt.
Erziehungspolitische Maßnahmen	
1. Information, Beratung, Bildung	Durch Information über die Umweltschutzmöglichkeiten sollen alle Bürger zu umweltschonendem Verhalten erzogen werden. Die Einsicht der Bürger in die Notwendigkeit von Umweltschutz soll gefördert werden.
2. Umweltstrafrecht	Durch das Umweltstrafrecht wird umweltschädigendes Verhalten als Straftat oder Ordnungswidrigkeit geahndet. Entsprechende Tatbestände ergeben sich aus dem Strafgesetzbuch und den Umweltgesetzen.

Eine immer größere Bedeutung bekommen die erziehungspolitischen Maßnahmen, da der Umweltschutz selber durch jeden einzelnen Menschen erfolgen muss. Der Staat kann nur die Rahmenbedingungen schaffen. Ein umfassender Umweltschutz ist nur möglich, wenn die Menschen die entsprechenden Einsichten haben und bereit sind, sich dementsprechend zu verhalten. Durch Information und Beratung soll Einsicht, Verantwortung und Eigeninitiative der Bürger in Bezug auf den Umweltschutz gestärkt werden.

4.8 Außenwirtschaftspolitik

Die Wirtschaftsnation Deutschland ist sehr stark in den internationalen Handel verflochten. Deutschland ex- und importiert viele Waren in und aus der ganzen Welt.

Außenhandel

Folgende Gründe sind für den Außenhandel ursächlich:

> Produktionskostenunterschiede:

In bestimmten Ländern kann zu geringeren Kosten produziert werden, sodass die Produkte in diesen Ländern hergestellt werden.

> Klimaabhängigkeit:

Viele landwirtschaftliche Produkte wachsen nur oder besser in bestimmten Regionen der Welt.

> Rohstoffvorkommen:

Nicht in allen Teilen der Welt kommen wichtige Rohstoffe wie Erdöl und -gas vor.

> Begrenzte inländische Marktaufnahmefähigkeit:

Ist die heimische Produktion zu groß für den Inlandsmarkt, müssen sich die Unternehmen ausländische Märkte suchen, um ihre Produkte abzusetzen.

Exporte verbessern die heimische Wirtschafts- und Beschäftigungslage. Durch die international kostengünstigste Produktion wird der Lebensstandard der Bevölkerung gehoben. Außerdem sorgt der internationale Handel dafür, dass die Beziehungen zwischen den Ländern verbessert werden. Allerdings bedeutet der Außenhandel auch eine Abhängigkeit vom Ausland.

Die Außenwirtschaftspolitik umfasst die staatlichen Maßnahmen, die die außenwirtschaftlichen Beziehungen eines Staates beeinflussen. Sie besteht aus der Währungspolitik, der Außenhandelspolitik und der Entwicklungspolitik.

Währungspolitik

Im internationalen Handel verursacht die Bezahlung Schwierigkeiten, da die Vertragspartner zwei unterschiedliche Währungen haben. Das Austauschverhältnis zwischen den beiden Währungen nennt man Wechselkurs.

Ein Wechselkurs drückt aus, wie viele Einheiten der fremden Währung man für eine Einheit der heimischen Währung erhält.

Der Wechselkurs bildet sich an den Devisenbörsen der Welt. Der Mechanismus ist der gleiche wie bei den Gütermärkten. Auf den Devisenmärkten treffen Anbieter und Nachfrager nach bestimmten Währungen zusammen.

Es gibt zwei verschiedene Arten von Wechselkurssystemen.

> Freie Wechselkurse

Hier wird die Bildung des Wechselkurses vollkommen dem Markt überlassen. Die Zentralbanken greifen nicht oder nur selten in das Marktgeschehen ein. Man spricht dann auch davon, dass die Wechselkurse floaten.

Ein Beispiel für flexible Wechselkurse sind der US-$ und der Euro. In diesem Bereich verzichtet man auf eine aktive Wechselkurspolitik.

› Feste Wechselkurse

Die Regierungen verschiedener Länder vereinbaren bestimmte Bandbreiten, in denen der Wechselkurs schwankt. Verlässt der Wechselkurs diese Bandbreiten, greifen die Zentralbanken am Markt ein und kaufen oder verkaufen Währungen, um den festen Kurs zu stützen.

Ein Beispiel für feste Wechselkurse ist die dänische Krone im Verhältnis zum Euro.

Zu beachten ist, dass die Währungspolitik in der EU nicht den Regierungen unterliegt, sondern der Europäischen Zentralbank.

■ Außenhandelspolitik

Die Außenhandelspolitik soll die heimische Wirtschaft im internationalen Warenverkehr unterstützen und schützen.

Ein Instrument dafür ist die Zollpolitik, die ausländische Produkte mit Zöllen belegt, um die heimischen Produkte wettbewerbsfähiger zu machen. Unter Zoll versteht man eine Abgabe des Staates beim grenzüberschreitenden Warenverkehr. Im Zuge der Liberalisierung des Außenhandels sind Zölle in die Kritik geraten, werden aber immer noch im internationalen Handel eingesetzt, um die heimische Wirtschaft zu schützen. In der EU sind Zölle abgeschafft.

Ein weiteres Instrument ist die Kontingentpolitik, bei der der Import mengenmäßig durch den Staat beschränkt wird. Auch diese Maßnahme widerspricht der Liberalisierung des Außenhandels.

Das Außenwirtschaftsgesetz bestimmt, welche Waren nicht oder nur mit einer Genehmigung nach Deutschland eingeführt oder in andere Länder ausgeführt werden dürfen. Beschränkungen bestehen beispielsweise für Waffen, bestimmte Pflanzen oder Tiere und für Länder, in denen eine unsichere politische Lage herrscht.

Weitere außenwirtschaftliche Maßnahmen können sein:

› steuerliche Vergünstigungen für Exporteure
› Krediterleichterungen
› Ausfuhrgarantien, bei denen das wirtschaftliche und politische Risiko abgedeckt werden (sog. Hermes-Bürgschaften)
› Devisenbewirtschaftung, bei der die Möglichkeit des Devisenkaufs für Importeure beschränkt wird
› direkte Marktinterventionen des Staates, der als Anbieter oder Nachfrager auftritt.

■ Entwicklungspolitik

Die Entwicklungspolitik umfasst alle Maßnahmen zur Förderung der Zusammenarbeit mit Entwicklungsländern. Eine Zielsetzung ist natürlich die humanitäre Hilfe sowie die Verbesserung der Lebensbedingungen in den Entwicklungsländern. Zum anderen können sich durch diese Hilfen aber auch neue Absatzmärkte für die heimischen Waren oder neue Rohstofflieferanten ergeben.

Maßnahmen der Entwicklungspolitik sind die

› Kapitalhilfe, bei der Geldmittel für Entwicklungsvorhaben zur Verfügung gestellt werden;
› technische Hilfe, bei der Maschinen und Geräte zur Verfügung gestellt werden;
› personelle Hilfe, bei der Fachkräfte und Berater entsandt werden.

Probleme bei der Entwicklungspolitik ergeben sich dadurch, dass die Gelder oft nicht richtig eingesetzt werden, sondern sich bestimmte Schichten daran bereichern. Außerdem wird durch die Hilfe die Eigeninitiative gebremst, da man sich auf die Geber verlässt.

4.9 Steuerpolitische Maßnahmen im Rahmen der Wirtschaftspolitik

Die Steuerpolitik bildet keinen eigenen Bereich im Rahmen der gesamten Wirtschaftspolitik. Steuern haben zunächst nur das Ziel der Erlangung von Einnahmen für den Staat. Nebenzweck der Steuern können aber auch ordnungspolitische Zielsetzungen sein. Deshalb werden Steuern als Instrument für viele Teilbereiche der Wirtschaftspolitik eingesetzt. Im Folgenden soll eine Übersicht über die steuerpolitischen Instrumentarien gegeben werden:

■ Einkommensteuer

Die Einkommensteuer ist vor allem ein Instrument der Einkommens- und der Verteilungspolitik. Mit ihr wird Einkommen umverteilt. Durch den progressiven Einkommensteuersatz werden höhere Einkommen stärker belastet als niedrigere. Somit soll eine Umverteilung von höheren Einkommen zu den niedrigeren Einkommensgruppen erfolgen.

Die Einkommensteuer wird auch zur Durchsetzung von Sozial- und Familienpolitik benutzt, da Familien und Ehepaare zahlreiche Vergünstigungen (Kinderfreibetrag, Kindergeld, Ausbildungsfreibetrag, Splittingtarif) im Einkommensteuerrecht erfahren.

■ Umsatzsteuer

Die Umsatzsteuer wäre ein mögliches Instrument zur Durchsetzung der antizyklischen Fiskalpolitik. In Boomzeiten würde dann die Umsatzsteuer erhöht, um eine Überhitzung der Konjunktur zu vermeiden. In Phasen der Rezession könnte dann die Umsatzsteuer gesenkt werden, um die Nachfrage zu stärken. Dieses Instrument wird aber nicht eingesetzt. Insbesondere haben solche Maßnahmen eine starke zeitliche Verzögerung (sogenanntes time-lag).

In der Sozialpolitik wird die Umsatzsteuer eingesetzt, um die Versorgung mit existenziell notwendigen Gütern zu gewährleisten. Dies erfolgt zum einen durch Steuerbefreiungen (z.B. ärztliche Leistungen) oder durch einen geringeren Steuersatz (z. B. für Lebensmittel).

Insgesamt spielt die Umsatzsteuer für die Wirtschaftspolitik aber eine untergeordnete Bedeutung.

■ Gewerbesteuer

Die Gewerbesteuer ist vor allem ein Instrument der Strukturpolitik. Zur Ansiedlung von Industrien versuchen gerade strukturschwache Gebiete durch einen geringeren Hebesatz die Region attraktiv für Unternehmen zu machen.

■ Erbschaftsteuer

Die Erbschaftsteuer ist ein Instrument der Einkommens- und Verteilungspolitik. Hohe Vermögen werden stärker besteuert als geringere Vermögen. So soll eine Umverteilung erfolgen. Sozial- und familienpolitische Belange werden durch Steuerfreibeträge und unterschiedliche Steuersätze berücksichtigt.

■ Verbrauchsteuern

Verbrauchsteuern haben zumeist den Nebenzweck, die Nachfrage nach bestimmten Gütern einzuschränken. Damit verfolgt man einen gesundheitspolitischen oder umweltpolitischen Zweck.

Durch eine Besteuerung des Verbrauchs von nicht erneuerbaren Energien soll zum Energiesparen angehalten werden. Dazu wurde in Deutschland die sogenannte „Ökosteuer" eingeführt. Sie besteuert den Verbrauch von Strom, Gas, Benzin, Diesel und Heizöl. Der Verbrauch des Benzins und Diesels wird durch eine eigene Steuer, die Mineralölsteuer, belastet. Kritik an der Steuer ist, dass nicht der umweltpolitische Aspekt im Vordergrund steht, sondern die Steuer nur zur Finanzierung anderer Staatsausgaben benutzt wird.

Eine weitere umweltpolitische Zielsetzung wird mit der Kfz-Steuer verbunden, da die Steuer sich unter anderem nach der Umweltschädlichkeit des Fahrzeugs bemisst.

Eine gesundheitspolitische Zielsetzung hat z. B. die Tabaksteuer.

Solidaritätszuschlag

Der Solidaritätszuschlag hat einen verteilungspolitischen Gedanken. Finanzielle Mittel sollen vom Westen in den Osten Deutschlands umverteilt werden.

Erarbeitungsfälle

1 ▶ **Aufgabe (Konjunkturverlauf)**

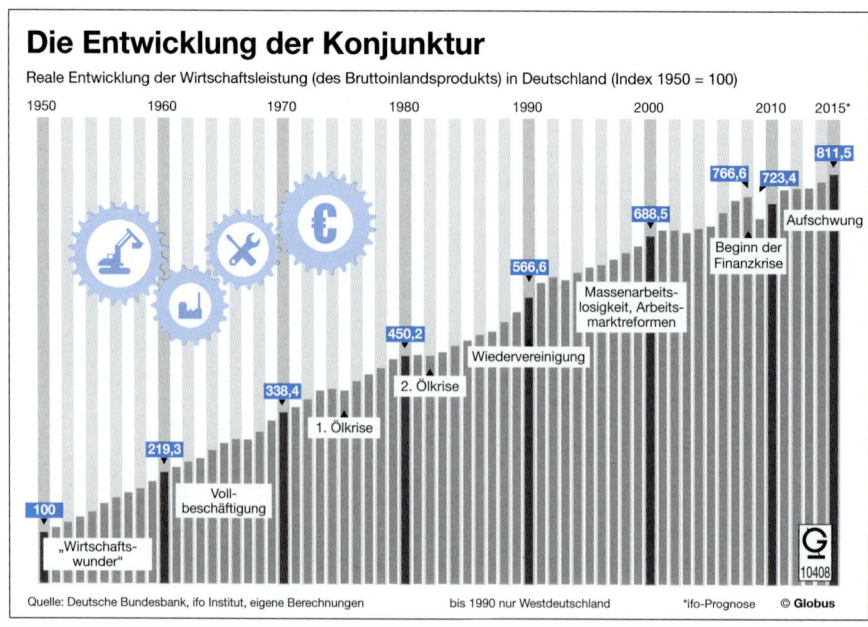

a) Beschreiben Sie den Konjunkturverlauf der Bundesrepublik Deutschland über die Jahre.
b) Weshalb ergibt sich zwangsläufig eine „Berg- und Talfahrt" der Konjunktur?

2 Aufgabe (Konjunkturphasen)

Folgende Grafik gibt eine Übersicht über den Konjunkturverlauf:

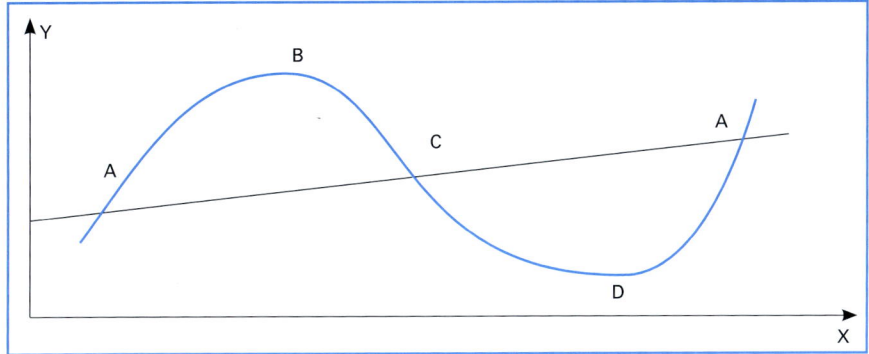

a) Benennen Sie die Achsen x und y in der Grafik!

b) Kennzeichnen Sie die mit A bis D benannten Konjunkturphasen.

c) Beschreiben Sie zwei Konjunkturphasen Ihrer Wahl anhand von jeweils drei Indikatoren!

d) In welcher Konjunkturphase befindet sich die deutsche Wirtschaft gegenwärtig? Begründen Sie Ihre Antwort!

3 Aufgabe (Konjunkturpolitik)

a) Beschreiben Sie anhand der Übersicht, in welchem Land eine eher nachfrageorientierte und in welchem eine eher angebotsorientierte Konjunkturpolitik erfolgte.

b) Ein Ziel der Politik ist es, die Staatsquote zu senken. Erklären Sie diese Zielsetzung!

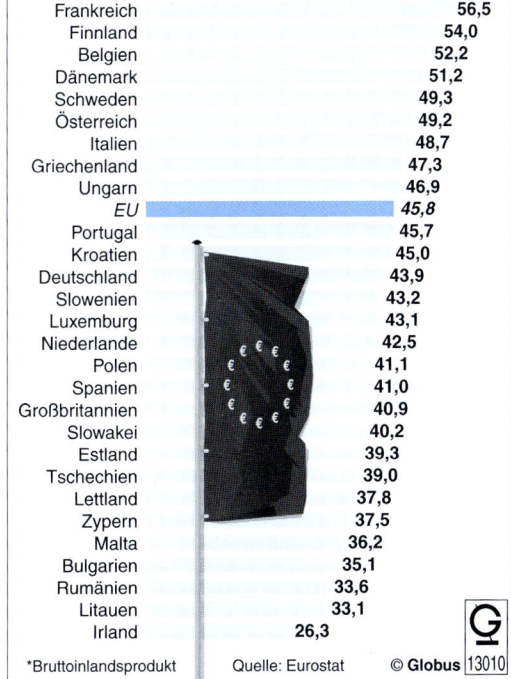

Staatsquoten im Vergleich

Die Gesamtausgaben des Staatssektors der EU-Staaten beliefen sich im Jahr 2017 auf rund **7,0 Billionen Euro**. Das entspricht **45,8 Prozent des BIP***. So viel gaben die EU-Staaten in Prozent ihrer Wirtschaftsleistung aus:

Land	%
Frankreich	56,5
Finnland	54,0
Belgien	52,2
Dänemark	51,2
Schweden	49,3
Österreich	49,2
Italien	48,7
Griechenland	47,3
Ungarn	46,9
EU	45,8
Portugal	45,7
Kroatien	45,0
Deutschland	43,9
Slowenien	43,2
Luxemburg	43,1
Niederlande	42,5
Polen	41,1
Spanien	41,0
Großbritannien	40,9
Slowakei	40,2
Estland	39,3
Tschechien	39,0
Lettland	37,8
Zypern	37,5
Malta	36,2
Bulgarien	35,1
Rumänien	33,6
Litauen	33,1
Irland	26,3

*Bruttoinlandsprodukt Quelle: Eurostat © Globus 13010

4 ▶ **Aufgabe (Geldmenge)**

Die Geldmenge in der Europäischen Union erhöht sich, wenn Banknoten die EZB verlassen, und vermindert sich, wenn Banknoten zur EZB zurückkehren. Prüfen Sie in den folgenden Fällen, ob die Geldmenge erhöht oder vermindert wird:

a) Eine Geschäftsbank nimmt bei der EZB einen Kredit auf und bekommt 5 Mio. Euro ausbezahlt.

b) Die Regierung der Bundesrepublik Deutschland verkauft Gold im Wert von 1 Mio. Euro an die EZB.

c) Die EZB verkauft an eine private Geschäftsbank Wertpapiere im Wert von 500.000 €.

d) Eine private Geschäftsbank zahlt einen Kredit in Höhe von 4 Mio. Euro an die EZB zurück.

e) Eine private Bank verkauft der EZB Wertpapiere im Wert von 2 Mio. Euro.

5 ▶ **Aufgabe (Geldpolitik, geldpolitische Instrumente)**

In Spiegel-Online ist am 31.08.2017 folgender Artikel erschienen:

> ### Inflation in der Eurozone: Energie und Lebensmittel werden teurer
>
> **Die Inflationsrate im Euroraum hat stärker zugelegt als angenommen. Energie, aber auch Nahrungsmittel treiben die Preise. Das Ziel der Zentralbank für ein Ende der Minizinsen ist aber noch nicht erreicht.**
>
> Die Verbraucherpreise sind in den Euro-Ländern im August stärker gestiegen als erwartet. Das Preisniveau habe sich im Vergleich zum Vorjahresmonat um 1,5 Prozent erhöht, teilte das Statistikamt Eurostat mit. Analysten hatten im Mittel einen Zuwachs um 1,4 Prozent erwartet, nachdem sich die Preise im Juli um 1,3 Prozent erhöht hatten. Die Kerninflation, die Energie und Lebensmittel außen vor lässt, lag konstant bei 1,2 Prozent.
>
> Die Europäische Zentralbank (EZB) verfehlte damit erneut das für die 19 Länder der Eurozone angestrebte Inflationsziel von knapp zwei Prozent. Diese Rate wird seit mehreren Jahren nicht mehr erreicht, weshalb die Zentralbank ihre Geldpolitik massiv gelockert hat. Diese Geldschwemme ist vor allem in Deutschland umstritten. Es mehren sich Forderungen nach einem Ausstieg aus der ultralockeren Geldpolitik.
>
> Allerdings zeichnet sich ein Ende dieser Politik ab: Der EZB-Rat trifft sich kommende Woche zu seiner nächsten Zinssitzung, wobei die Zukunft der billionenschweren Anleihekäufe zur Sprache kommen dürfte. Fachleute rechnen für das kommende Jahr mit einem schrittweisen Zurückfahren der Käufe. Eine erste Zinsanhebung dürfte aber noch länger auf sich warten lassen.
>
> Teurer als im August 2016 war bezogen auf die ganze Eurozone im vergangenen Monat vor allem Energie – mit einem Plus von vier Prozent. Dienstleistungen wie Mieten wurden um 1,6 Prozent teurer, für Lebensmittel mussten im Schnitt 1,4 Prozent mehr gezahlt werden als vor einem Jahr. Am schwächsten war die Inflation mit 0,5 Prozent nach wie vor bei Industriegütern.
>
> Auch in Deutschland stieg die Inflationsrate im August – auf 1,8 Prozent. Hierzulande mussten die Menschen vor allem für Nahrungsmittel (plus drei Prozent) sowie Haushaltsenergie und Sprit (plus 2,3 Prozent) mehr bezahlen. In Italien stiegen die Verbraucherpreise laut Statistikamt Insee im August nach europäischer Rechnung (HVPI) um 1,4 Prozent zu – ebenfalls leicht stärker als von Volkswirten erwartet.

a) Welches Oberziel verfolgt die EZB?
b) Welche Definition von stabilen Preisen hat die EZB?
c) Der Text spricht davon, dass die EZB ihre „Geldpolitik massiv gelockert hat" und von einer „ultralockeren Geldpolitik". Erläutern Sie, was darunter zu verstehen ist.
d) Die EZB kauft Staatsanleihen, weil das angestrebte Inflationsziel von knapp zwei Pozent ... „seit mehreren Jahren nicht mehr erreicht wird." Beschreiben Sie in mindestens vier Schritten, wie der Kauf von Staatsanleihen zu einer Preissteigerung führen kann.
e) Wer entscheidet über solche geldpolitischen Maßnahmen wie den Ankauf von Staatsanleihen?
f) Beschreiben Sie die drei „klassischen" geldpolitischen Instrumente der EZB, die sie normalerweise zur Geldversorgung der Wirtschaft einsetzt.

6 Aufgabe (Geldpolitik)

Die Geschäftsbanken in Deutschland verfügen über Spareinlagen in Höhe von 1 Mio. Euro. Die gesamte Reservehaltung (Barreserve und Mindestreserve) beträgt 11 %. Die EZB erhöht den Mindestreservesatz um 1 %.

Wie wirkt sich diese Maßnahme auf die Geldschöpfungsmöglichkeiten der Geschäftsbanken aus?

7 Aufgabe (Verteilungspolitik)

Betrachten Sie die unten stehende Grafik.

a) Welche Maßstäbe zieht man zur Beurteilung der Gerechtigkeit heran?
b) Würden Sie die Verteilung der Einkommen in Deutschland als „gerecht" bezeichnen? Begründen Sie Ihre Antwort!
c) Welche Möglichkeiten hat der Staat, Einkommen und Vermögen umzuverteilen?

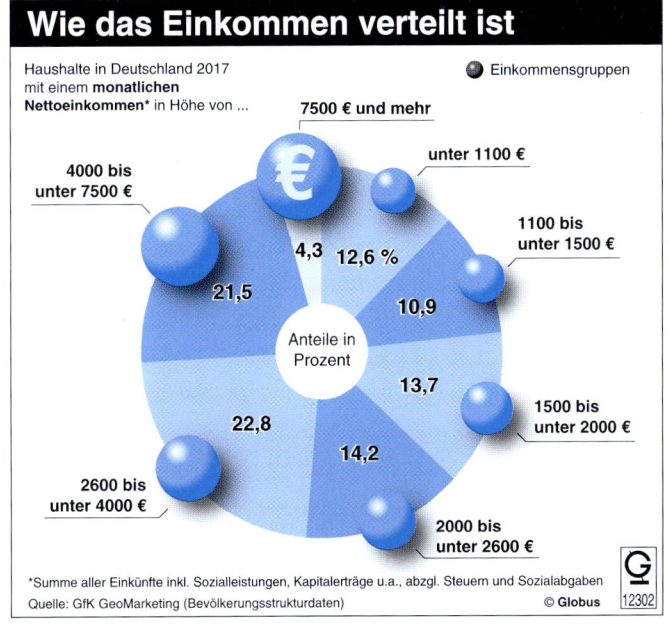

8 Aufgabe (Verteilungspolitik)

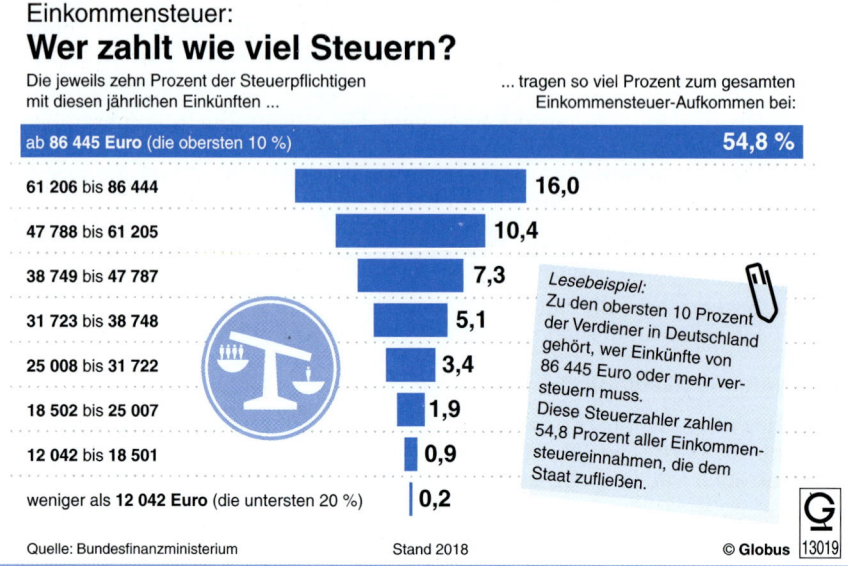

a) Beschreiben Sie anhand der Grafik, wie es durch die Einkommensteuer zu einer Umverteilung von Einkommen kommt.

b) Warum ist die Einkommensteuer ein gutes Instrument zur Umverteilung von Einkommen?

9 Aufgabe (Konzentrationsformen)

Über welche Konzentrationsformen berichten nachstehende Auszüge aus Zeitungsmeldungen:

a) Nach den Zusammenschlüssen der Öl exportierenden Länder (OPEC), der Kupferproduzenten (CIPEC), der Bauxitproduzenten und der Uranproduzenten wollen nun neun Eisen exportierende Länder ihre Preispolitik miteinander abstimmen.

b) Die Rot-Werke GmbH und die Grün AG haben fusioniert. Die neue Gesellschaft firmiert jetzt unter der Rot-Grün Aktiengesellschaft. Das neue Unternehmen verfügt über einen Marktanteil von 15 %.

c) Die CKJ AG, Autohersteller, hat an ihrem Zulieferanten Gasch AG einen Anteil im Wert von 5 Mio. Euro Nennwert erworben. Die einheitliche Leitung wurde auf die CKJ AG übertragen.

10 ▶ **Aufgabe (Konzentration)**

Lesen Sie bitte folgenden Zeitungsausschnitt:

> **Kooperation und Zusammenschlüsse der Unternehmen**
>
> Wenn Unternehmen zusammenarbeiten oder sich zusammenschließen, können dafür unterschiedliche Ursachen und Gründe, Ziele und Motive maßgebend sein.
>
> Beispiele sind die Erfassung und Entwicklung neuer, komplizierter Technologien, Arbeitsstoffe und Produkte (zum Beispiel Flugzeugbau, Raumfahrt, Entwicklung neuer Energieträger und Erschließung neuer Rohstoffquellen), Kostensenkung und Steigerung der Rentabilität und Wirtschaftlichkeit in der Produktion, wachsender Wettbewerbsdruck auf immer größer werdenden Märkten, Erschließung neuer Absatzmärkte, wirtschaftliche Existenzsicherung (zum Beispiel kleinerer Unternehmen), Fertigung und Ausbau der Marktstellung, Verbesserung der Finanzierungsmöglichkeiten durch Verbreiterung der Kapitalbasis und größere Risikoverteilung, bessere Nutzung der Steuervorteile und wirtschaftliche Macht.

Sie stehen dem Artikel kritisch gegenüber. Verfassen Sie einen Gegenartikel aus gesamtwirtschaftlicher Sicht.

11 ▶ **Aufgabe (Wettbewerbspolitik)**

In ZEIT Online ist im April 2015 folgender Artikel erschienen, in dem es um den Zusammenschluss von zwei Supermarktketten geht:

> **SUPERMARKT-FUSION**
>
> **Tengelmann und Edeka beantragen Ministererlaubnis**
>
> **Die beiden Supermarktketten wollen ihren Zusammenschluss erzwingen: Der Wirtschaftsminister soll das Kartellamt überstimmen.**
>
> Die Supermarktketten Tengelmann und Edeka wollen das Veto des Bundeskartellamts gegen ihre Fusionspläne nicht hinnehmen und haben eine Ministererlaubnis beantragt. Das teilte Tengelmann mit. „Wir sind überzeugt, dass die tatsächlichen gesamtwirtschaftlichen Vorteile unseres Fusionsvorhabens die rein wettbewerbsrechtlichen Kritikpunkte des Bundeskartellamtes weit überwiegen", sagte Tengelmann-Chef Karl-Erivan Haub. Vor allem die etwa 16.000 Arbeitsplätze bei Tengelmann könnten „nur mit der Fusion umfassend gesichert werden".
>
> Anfang April hatte das Kartellamt die Fusion der beiden Unternehmen untersagt. Die Tengelmann-Gruppe hatte den Verkauf seiner 450 Filialen in Bayern, Berlin und Nordrhein-Westfalen zum 30. Juni 2015 angestrebt. Nach dem Beschluss des Kartellamts hatten Edeka und Tengelmann angekündigt, die Entscheidung prüfen zu wollen.
>
> Nach Ansicht des Kartellamts würde die Fusion den Wettbewerb auf zahlreichen ohnehin stark konzentrierten regionalen Märkten verschlechtern, so etwa im Großraum Berlin, in München und Oberbayern sowie Nordrhein-Westfalen. Die Einkaufsalternativen würden durch den Zusammenschluss für die Verbraucher erheblich eingeschränkt und die Gefahr von Preiserhöhungen würde steigen, so die Sorge. Edeka ist schon heute der mit Abstand größte Lebensmittelhändler Deutschlands. Beide Unternehmen hatten mit Enttäuschung auf die Entscheidung des Kartellamts reagiert.

> Sie beklagten, jetzt verstärke sich die „vermeidbare Unsicherheit bei unseren 16.000 Mitarbeiterinnen und Mitarbeitern bei Kaiser's Tengelmann". Sie müssten weiterhin um ihren Arbeitsplatz bangen, statt sich auf eine sichere Zukunft im Edeka-Verbund verlassen zu können.
>
> Eine Ministererlaubnis würde das Veto des Kartellamts überstimmen. Ein solcher Antrag muss innerhalb eines Monats nach der Ablehnung durch das Kartellamt gestellt werden, der Minister hat dann vier Wochen Zeit für seine Entscheidung.

a) Was versteht man unter einer Fusion?

b) Aus welchen Gründen, die das GWB vorsieht, hat das Bundeskartellamt die Fusion verboten?

c) Welche Nachteile für den Verbraucher fürchtet das Bundeskartellamt?

d) Welche Gründe führt der Tengelmann-Chef für die Fusion an?

e) Was versteht man unter der beantragten „Ministererlaubnis"?

f) Nehmen Sie zu der Aussage Stellung: „Wettbewerb ist der beste Verbraucherschutz."

12 Aufgabe (Wettbewerbspolitik)

Folgender Artikel ist im Mannheimer Morgen am 11.4.2007 erschienen:

> ### Vergleichende Werbung hat ihre Grenzen
> #### Vor allem die Herabsetzung des Wettbewerbers ist verboten/Zahlreiche Rechtsstreitigkeiten
>
> Mannheim. Seit dem Jahr 2000 ist vergleichende Werbung auch in Deutschland erlaubt, entsprechende Regelungen sind im Gesetz gegen unlauteren Wettbewerb (UWG) festgeschrieben. Dennoch: Vergleichende Werbung ist ein sensibles Gebiet des Wirtschaftsrechts, die, so wird in der Branche gelästert, vor allem den Rechtsanwälten eine Menge Arbeit und Geld beschert. (...)
>
> Beispiel 1: Werbung eines Fernsehgeschäfts: „Der Grundig-Fernseher Typ A kostet bei uns 20 % weniger als der Sony-Fernseher Typ B beim Unterhaltungselektronik-Anbieter gegenüber."
>
> Beispiel 2: Werbung von Burger-King: „Danke Deutschland. 62 % der Wähler haben sich für den Whopper entschieden und nur 38 % für den BigMäc von McDonalds."
>
> Beispiel 3: Werbung von Renault: „Gut, dass Mercedes an alles, (auch an ein multifunktionales Notrufsystem) denkt. Gut, dass sie nicht die einzigen sind."
>
> Beispiel 4: Werbung für Leitungswasser als Trinkwasser: „Hängen Sie noch an der Flasche?"
>
> Beispiel 5: Werbung eines Maschinenbauunternehmens: „Wir bieten eine Flaschenabfüllanlage mit denselben Eigenschaften an wie das Produkt des Marktführers, nur um die Hälfte billiger."
>
> Außerdem ist jeder Versuch untersagt, durch vergleichende Werbung eine Verwechslungsgefahr zwischen dem umworbenen eigenen Produkt und dem Konkurrenzprodukt herbeizuführen.

a) Beurteilen Sie die angeführten Beispiele, ob sie ein Verstoß gegen das UWG darstellen.

b) Welchen Zweck hat das UWG?

13 **Aufgabe (Strukturpolitik)**

In DIE ZEIT ist am 19.04.2012 folgender Artikel erschienen, der sich mit dem sich ändernden Ruhrgebiet befasst.

> **Krasse Gegend!**
>
> **Duisburg ist ein Spiegel des Ruhrgebiets und seines Wandels: Ex-Bergarbeiter wachen über moderne Logistikzentren, Rumänen verdrängen Türken, ganze Viertel stürzen ab. Eine Besichtigung kurz vor der Landtagswahl**
>
> Das Ding auf dem Kai des Duisburger Innenhafens liegt da wie ein Denkmal des Scheiterns. Ein Skelett aus Stahlträgern, gut 50 Meter lang, 30 breit und wohl mehr als 20 hoch. Die Tragekonstruktion eines hallengroßen, zweistöckigen Gehäuses. Es sollte am Himmel über der Ruhr auf der Spitze eines 50 Meter hohen Silos der Küppersmühle zu liegen kommen – ein gewollt anspruchsvolles Stück Architektur. Leider ist die Konstruktion zu sparsam verschweißt, und unter dem Baustopp ging der Bauherr, die städtische Gebag, in die Knie. Also bemächtigt sich inzwischen der Rost des Teils, das eine Attraktion wider Willen geworden ist, zu der das Volk in Scharen pilgert. Dabei gäbe es rundherum genug zu sehen, worauf ein Duisburger stolz sein kann. Auf den Kais des alten Hafenbeckens sind Museen und schicke Restaurants in sanierte Industriebauten eingezogen. Ganz nahe der Innenstadt haben die Stadtplaner eine Dockland-Situation hinbekommen, in der sich Menschen dem Eindruck hingeben können, dass es aufwärts geht mit ihrer Stadt. Was zählt also am Innenhafen: Flop oder top? Um der Frage nachzuspüren, wie es um den Wandel der Wirtschaftsstruktur im Ruhrgebiet steht, könnte man sich auch nach Essen, Gelsenkirchen, Bochum oder Dortmund begeben. Die Frage stellt sich seit 30 Jahren, seit der Niedergang der im Kohlenpott dominanten Montanindustrie eingesetzt hat. Akut ist sie, weil in Nordrhein-Westfalen bald Landtagswahl ist, die Lage an der Ruhr spielt dabei immer eine große Rolle. Außerdem verlangen, ermutigt von einem Dossier in der ZEIT (Nr. 11/12), etliche Oberbürgermeister aus dem Revier, dass der Solidarpakt mit dem Osten aufgekündigt wird: Sie wollen ihren defizitären Kommunalhaushalten nicht länger immer neue Schulden aufbürden, um Geld in die neuen Bundesländer zu überweisen, wo die Infrastruktur der Städte längst besser in Schuss ist als die eigene. Zum Leidwesen der Wirtschaftsförderer hat die Debatte als unerwünschten Nebeneffekt den Eindruck erweckt, dass es an der Ruhr doch schlechter läuft, als man gern glauben machen wollte.
>
> Duisburg eignet sich besonders für eine Inspektion, weil sich in dieser Stadt die zentralen Aspekte des Wandels sehr dicht beieinander in Augenschein nehmen lassen. Anders gesagt: In Duisburg sieht man krasse Gegensätze. Und eben daraus lässt sich ein Urteil ableiten, ob der Strukturwandel im Ruhrgebiet insgesamt gelingt. Und was jenseits einer platten Soli-Debatte zu tun wäre.
>
> Nur sechs Kilometer sind es von der Innenstadt nach Rheinhausen. Zum linken Ufer des Rheins führt eine Brücke hinüber, die seit dem Winter 1987/88 berühmt ist. Die streikenden Arbeiter des ThyssenKrupp-Stahlwerks hatten sie damals zur „Brücke der Solidarität" umgetauft und monatelang blockiert, um gegen die Schließung ihrer Hütte zu protestieren. 1992

war das Werk endgültig zu, das Gelände wurde abgeräumt, und außer ein paar verfallenden Direktorenvillen sowie einem alten Krupp-Kasino, in dem anhängliche Rentner ein preiswertes Mittagsbuffet bekommen, ist vom Stahl nichts geblieben. Dafür kurven auf frisch angelegten Straßen Sattelschlepper durch Verkehrskreisel. Durch Schluchten von Containerbergen echot der Sound ihrer Dieselmotoren und Getriebe. Auf voluminösen Lagerhallen finden sich die Firmenlogos von allem, was im europäischen Transportgewerbe einen Namen hat. Wo das Stahlwerk stand, erstreckt sich nun Logport I. Der große Logistikknoten nimmt Warenströme von den Nordseehäfen Rotterdam und Antwerpen auf und verteilt sie über ganz Europa, bis weit in den Osten und hinunter nach Italien.

Gestützt und geschoben wurde der Wandel durch massive Subventionen. Von den 6,5 Milliarden Euro, die das Land Nordrhein-Westfalen zwischen 1991 und 2010 für Wirtschaftsförderung ausgegeben hat, gingen 4 Milliarden Euro ins Gebiet des Regionalverbandes Ruhr. Aus Strukturfonds der Europäischen Union flossen von 1990 bis 2010 weitere 2,2 Milliarden Euro an die Ruhr, mit denen Investitionen von 7 Milliarden Euro ausgelöst wurden.

a) Beschreiben Sie in diesem Zusammenhang Begriff Strukturwandel.
b) Welcher Strukturwandel hat sich im Ruhrgebiet vollzogen?
c) Wie hat der Staat versucht, diesen Strukturwandel zu unterstützen?
d) Welche Probleme haben sich dabei ergeben?
e) Beschreiben Sie mögliche wirtschaftspolitische (insbesondere strukturpolitische) Maßnahmen!

14 Aufgabe (Umweltschutzpolitik)

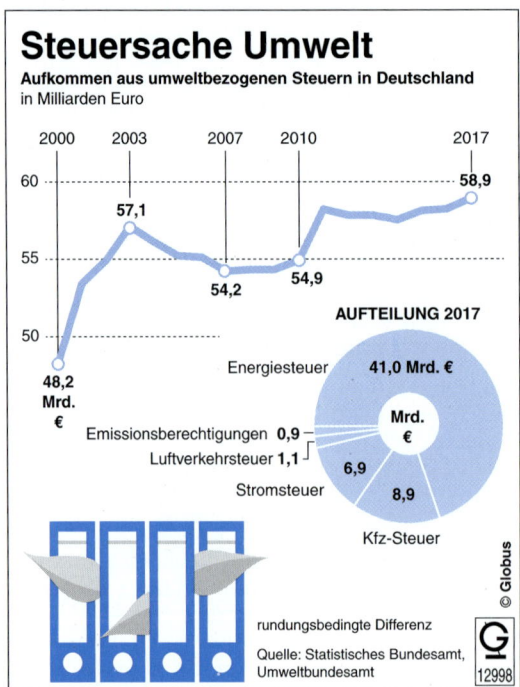

a) Welches umweltschutzpolitische Instrument hat der Gesetzgeber durch die Umweltsteuern gewählt?

b) Welche Wirkung soll die Einführung haben?

c) Machen Sie andere Vorschläge für umweltpolitische Instrumente zum Einsparen von Energie!

15 **Aufgabe (Umweltschutzpolitik)**

In ZEIT Online ist am 01.06.2016 ein Artikel über das Erneuerbare-Energien-Gesetz (EEG) erschienen, das für Anbieter von Strom aus erneuerbaren Energieneinen Mindestpreis festlegt, zu dem ihnen der Strom garantiert abgenommenwird. Finanziert wird diese garantierte Vergütung über eine Umlage auf den Strompreis, den jeder Verbraucher bezahlen muss.

> **ERNEUERBARE-ENERGIEN-GESETZ:**
> ## Streit um Ökostromreform entschärft
> **Bund und Länder haben sich in sechsstündigen Verhandlungen auf Eckpunkte über den Ausbau erneuerbarer Energien verständigt. Die Kanzlerin spricht von Fortschritten.**
>
> Eine definitive Einigung zwischen der Bundesregierung und den Ministerpräsidenten der Länder über die geplante Reform des Erneuerbare-Energien-Gesetzes (EEG) lässt weiter auf sich warten. Aber es gibt bereits Eckpunkte. „Wir haben die größte Wegstrecke zurückgelegt", sagte Bundeskanzlerin Angela Merkel (CDU) nach einer Nachtsitzung mit den Länderministerpräsidenten am frühen Mittwochmorgen. Man habe sich in einer Reihe von Fragen geeinigt. Bei der wichtigsten Stromquelle – Wind an Land – sollen jährlich Windräder mit einer Leistung von 2,8 Gigawatt gebaut werden dürfen. Davon allerdings wegen der Gefahr der Netzüberlastung nur ein bestimmter Teil in Norddeutschland.
>
> Keine Einigung gab es in der Frage des Ausbaus der Biomasse, die vor allem Bayern wichtig ist. Sie gehe aber davon aus, dass auch dieser Punkt noch zu klären sei, sagte Merkel. Auch Details des Ausbaus der Stromnetze sowie der künftigen regionalen Verteilung von Windstrom an Land sind nach Angaben von Bundeswirtschaftsminister Sigmar Gabriel (SPD) noch umstritten. Die Union dringt auf Kürzungen beim Ausbau von Windrädern an Land – wegen fehlender Leitungen, um Windstrom aus dem Norden in die Industriezentren im Süden Deutschlands zu transportieren.
>
> Merkel sprach wie Gabriel von einem Paradigmenwechsel mit Blick auf die geplanten neuen Förderbedingungen für Ökostrom. Diese sollen mit der Reform des EEG ab 2017 umgestellt werden. Dann fallen die auf 20 Jahre festgelegten Garantiepreise für die Stromabnahme für neue Anlagen weg. Stattdessen werden Projekte ausgeschrieben: Wer wenig Subventionen verlangt, erhält dann den Zuschlag. „Sie sind keine jungen Welpen mehr, die Welpenschutz brauchen", sagte Gabriel mit Blick auf die erneuerbaren Energien, „sondern ziemlich flinke Jagdhunde."
>
> Vertreter der Länder äußerten sich im Grundsatz zuversichtlich, dass es gelingen werde, auch die verbliebenen Meinungsverschiedenheiten auszuräumen. Bremens Bürgermeister Carsten Sieling sagte, 90 Prozent auf dem Weg zur endgültigen Einigung seien zurückgelegt.

a) Welche Ziele werden mit dem Erneuerbaren-Energien-Gesetz (EEG) verfolgt?

b) Welche Auswirkung hat das EEG auf die Strompreise?

c) Warum soll der Garantiepreis für die Stromabnahme jetzt abgeschafft werden? Bedenken Sie bei Ihrer Antwort mögliche Zielkonflikte mit anderen wirtschaftspolitischen Zielen.

d) Beschreiben Sie, welches umweltpolitische Instrument der Staat mit den Ökostrom-Zuschüssen einsetzt.

e) Beschreiben Sie das umweltpolitische Instrument auf der folgenden Grafik.

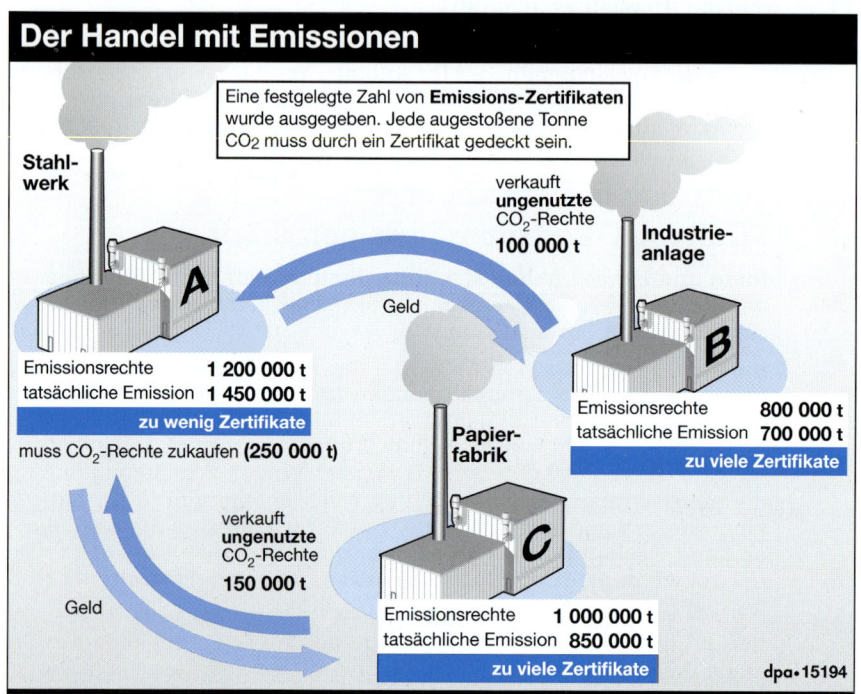

f) Nennen Sie andere mögliche umweltpolitische Instrumente.

Wiederholungsfall

Gesamtaufgabe Wirtschaftspolitik

Im Handelsblatt ist am 07.10.2012 folgender Artikel erschienen, der über die aktuelle Geldpolitik der EZB und deren Gefahren berichtet:

„Unsere Nachbarn über dem Atlantik schöpfen aus dem Vollen. Bis zu 75 Mrd. Dollar aus dem Staatshaushalt wollen sie in die Wirtschaft pumpen, um die Konjunktur wieder in Schwung zu bringen. Sie haben jene antizyklische Finanzpolitik, von der in Europa so viel geredet wird, längst in die Tat umgesetzt.

Das sind grundsätzlich gute Nachrichten, auch für Europa. Wenn die Rechnung der US-Regierung aufgeht und die Konsumnachfrage sich stabilisiert oder gar steigt, dann wird davon nicht zuletzt die europäische Exportwirtschaft profitieren." (Pressemitteilung)

a) Erläutern Sie die theoretischen Grundzüge der finanzpolitischen Strategie der US-Regierung.

b) Beschreiben Sie drei Argumente, die von den Kritikern dieser wirtschaftspolitischen Konzeption vorgebracht werden.

c) Erläutern Sie den im Text angedeuteten Zusammenhang zwischen der aktuellen amerikanischen Wirtschaftspolitik und deren wirtschaftlichen Auswirkungen auf Europa.

d) Ein anderes Konzept zur Beeinflussung der Konjunktur ist die angebotsorientierte Wirtschaftspolitik. Erläutern Sie kurz die Grundgedanken, Folgerungen und Mittel dieses Konzepts.

Wichtige Ziele der Wirtschaftspolitik in Deutschland sind unter anderem stetiges und angemessenes Wachstum, Preisniveaustabilität und hoher Beschäftigungsstand.

e) Es wird behauptet, dass zwischen den Unterzielen des Stabilitätsgesetzes folgende Beziehungen bestehen:
   - Bei gleichzeitiger Verfolgung eines stetigen und angemessenen Wirtschaftswachstums und eines hohen Beschäftigungsstandes besteht Harmonie.
   - Zwischen den Zielen Stabilität des Preisniveaus und hoher Beschäftigungstand treten regelmäßig Konflikte auf.

Erläutern Sie, warum die behaupteten Zusammenhänge zwischen den oben genannten Zielen nicht immer mit der Wirklichkeit übereinstimmen.

f) Als weiteres Ziel wird die Erhaltung einer lebenswerten Umwelt genannt. Erläutern Sie einen Konflikt zwischen diesem Ziel und einem Ziel, das im Stabilitätsgesetz genannt ist.

g) Zwischen den Euro-Teilnehmerländern besteht keine Möglichkeit mehr, über Anpassung des Wechselkurses einseitig Vorteile im Außenhandel zu erzielen.
Beurteilen Sie die wirtschaftspolitischen Konsequenzen, die sich aus dem Wegfall der Wechselkurs-Problematik für das Erreichen des Ziels „hoher Beschäftigungsstand" für Deutschland ergeben.

h) Erläutern Sie anhand von zwei Indikatoren, wie eine Rezession relativ frühzeitig vorausgesagt werden kann.

i) Das Statistische Jahrbuch einer Volkswirtschaft weist folgende Angaben aus (in Tsd.):

Jahr	Bevölkerung	Erwerbspersonen
1	79.984	39.424
2	82.340	40.978
	Erwerbstätige	registrierte Arbeitslose
1	38.454	2.602
2	38.919	3.852

Berechnen Sie die Arbeitslosenquote für die Jahre 1 und 2. Ist das Ziel der Vollbeschäftigung erreicht worden (Begründung)?

In seiner Rede auf dem Bargeldsymposium in Frankfurt am 10.10.2012 erklärte der Bundesbankpräsident Dr. Jens Weidmann: „Die Notenbanken des Europäischen Systems der Zentralbanken haben die Verantwortung dafür, dass die

Menschen weiterhin gutes und wertstabiles Geld in den Händen halten. Denn Preisstabilität ist zwar nicht alles, aber ohne Preisstabilität ist alles nichts."

j) Nennen Sie das Gremium innerhalb der EZB, dem Dr. Jens Weidmann in seiner Funktion als Präsident der Deutschen Bundesbank angehört.

k) Beschreiben sie, was unter dem Begriff „Europäisches System der Zentralbanken" zu verstehen ist.

l) Erklären Sie anhand von je einem Argument, warum Preisstabilität eine notwendige Voraussetzung für eine günstige wirtschaftliche Entwicklung darstellt und zur Sicherung des Lebensstandards beiträgt.

Abzahlungsdarlehen 257
Aktiengesellschaft 221
Altersvorsorgezulage 127
Anfechtbarkeit 43
Anfrage 49
Angebot 49, 292
angebotsorientierte
　Konjunkturpolitik 346
Angebotsverschiebungen 294
Anlagendeckung I 252
Anlagendeckung II 252
Annuitätendarlehen 256
Arbeitslosenquote 326
Arbeitslosenversicherung 129
Arbeitslosigkeit 326
Arbeitsrecht 93
Arbeitsschutzbestimmungen 99
Arbeitsvertrag 93
Ausbildungsvertrag 9
Ausfallbürgschaft 258
Außenfinanzierung 246
Außenhandel 357
Außenhandelspolitik 358
außenwirtschaftliches
　Gleichgewicht 327
Außenwirtschaftspolitik 357

Bereitstellung öffentlicher Güter 354
Berufsausbildungsrecht 7
Besitz 31
Bestellung 50
Beteiligungsfinanzierung 246
Betriebsvereinbarungen 105
Blankokredit 258
Bruttoinlandsprodukt 308, 309
– nominales 309
– reales 309

Darlehen 255

Eigenfinanzierung 246
Eigenkapitalquote 252
Eigenkapitalrentabilität 253
Eigentum 32
Eigentumsübertragung 32
Eigentumsvorbehalt 34
Einkommens- und
　Verteilungspolitik 354
Einzelunternehmer 181
elastische Nachfrage 296
Elternzeit/Elterngeld 120
Entstehungsrechnung 310
Entwicklungspolitik 358
Erfüllungsort 53
Erhebung von Steuern 354
Europäische Union 341
Europäische Zentralbank 347

Factoring 267
Fälligkeitsdarlehen 256
Finanzierung aus Abschreibungen 248
Finanzierung aus Rückstellungen 248
Finanzierung durch
　Kapitalfreisetzung 248
Finanzierungsarten 245
Finanzierungsregeln 249
Firma 157
Fiskalpolitik 345
Form von Rechtsgeschäften 41
Fremdfinanzierung 249
Fremdkapitalquote 252
Funktionen des Gleichgewichts-
　preises 300

Gattungskauf 51
Geld 303
Geldpolitik 347
geldpolitische Instrumente 348
Geldschöpfung 304
Geldwert 323
Genossenschaft 230
Gerichtsbarkeit 20
geringfügig Beschäftigte (Minijob) 136
Geringverdiener 135
Gesamtgeschäftsführung 222
Gesamtvertretung 222
Geschäftsfähigkeit 25
Gesellschaft bürgerlichen Rechts 182
Gesellschaft mit beschränkter
　Haftung 210
Gesetz gegen den unlauteren
　Wettbewerb 353
Gesetz gegen Wettbewerbs-
　beschränkungen (GWB) 351
Gewinnrücklagen 225
Gläubigerversammlung 279
Gleichgewichtspreis 297
GmbH & Co. KG 236
Grundpfandkredit 261
Grundschuld 262

Handelskauf 51
Handelsmakler 174
Handelsregister 149
Handelsreisender 170
Handelsvertreter 170
Handlungsvollmacht 163
Hemmung der Verjährung 88
hoher Beschäftigungsstand 326
Hypothek 262

Inflation 323
Innenfinanzierung 246
Insolvenzmasse 281
Insolvenzplan 280

Insolvenzrecht 275
Insolvenzverfahren 277
Insolvenzverwalter 278
Investitionsanlässe 244

Jugendarbeitsschutzgesetz 12
Jugend- und Ausbildungs-
　vertretung 107

Kapitalerhöhungen 246
Kapitalrücklagen 225
Kartelle 350
Kaufmann 144
Kaufvertragsrecht 48
Kommanditgesellschaft 195
Kommanditgesellschaft auf Aktien 236
Kommissionär 173
Konjunkturindikatoren 344
Konjunkturphasen 344
Kontokorrentkredit 254
Konzentration 350
Kooperation 350
Krankenversicherung 113
Kreditfähigkeit 249
Kreditvertrag 249
Kreditwürdigkeit 249
Kündigung 97
kurzfristig Beschäftigte 135

Leasing 263
Leasingarten 264
lebenswerte Umwelt 331
Lieferantenkredit 255
Liquidation 277
Liquidität 1. Grades 252
Liquidität 2. Grades 252
Lohnformen 95

Magisches Viereck 330
Mahnverfahren 82
Markt 291
Marktgleichgewicht 297
marktinkonforme Staatseingriffe 303
marktkonforme Staatseingriffe 302
Marktungleichgewichte 298
Marktwirtschaft 291, 311
– freie 311
– soziale 311
Mindestreserve 348, 349
Mitarbeiter des Kaufmanns 169
Monopol 300
Mutterschutz 100

Nachfrage 294
Nachfrageverschiebungen 296
Nachteile des Leasings 264
Neubeginn der Verjährung 88

Nichtigkeit von Rechtsgeschäften 42
nicht-rechtzeitige Annahme 75
nicht-rechtzeitige Lieferung 63
nicht-rechtzeitige Zahlung 79

Offene Handelsgesellschaft 187
offene Selbstfinanzierung 247
Offenmarktgeschäfte 348
öffentliche Güter 312
Oligopol 302

Partnerschaftsgesellschaft 206
Pfandkredit 260
Pflegeversicherung 121
Polypol 297
Preis 293, 295, 297
preiselastisches Angebot 293
Preisindex 323
preisunelastisches Angebot 293
Prokura 162

Recht 17
– öffentliches 17
– privates 17
Rechtsfähigkeit 23
Rechtsgeschäfte 38
Rechtsobjekte 30
Rentenversicherung 124
Restschuldbefreiung 282

Sanierung 276
Schlechtleistung 67
selbstschuldnerische Bürgschaft 259
Sicherungsübereignungskredit 261
sozial verträgliche Einkommens- und
　Vermögensverteilung 331
Stabilität des Preisniveaus 323
ständige Fazilitäten 348, 349
stetiges und angemessenes Wirtschafts-
　wachstum 329
stille Gesellschaft 201
stille Selbstfinanzierung 247
Störungen bei der Erfüllung des
　Kaufvertrages 62
Strukturpolitik 354
Strukturveränderungen 354
Stückkauf 51

Tarifvertrag 102
Träger der Wirtschaftspolitik 341
Transferzahlungen 354
Trust 351

Umsatzrentabilität 253
Umweltschutzpolitik 355
unelastische Nachfrage 296
Unfallversicherung 133

Unternehmergesellschaft 212
unvollkommener Markt 299

Verbraucherinsolvenz 282
Verbrauchsgüterkauf 51
verbundene Unternehmen 351
Verjährung 86
Verschuldungsgrad 252
Verteilungsrechnung 310
Vertragsarten 39
Verwendungsrechnung 310
volkswirtschaftliche Gesamt-
 rechnung 307
vollkommener Markt 299
Vollstreckungsbescheid 82
Vorteile des Leasings 264

Währungspolitik 357
Wettbewerbspolitik 350
Wirtschaftskreislauf 305
Wirtschaftspolitik 340
Wohnsitz oder Geschäftssitz des
 Käufers 53
Wohnsitz oder Geschäftssitz des
 Verkäufers 53

Zahlungsbilanz 328
Zentralverwaltungswirtschaft 290
Zession 259
Zwangsvollstreckung 83